Introduction to
OPERATIONS MANAGEMENT

생산운영관리

김대철 · 김승철 · 윤재홍 · 이창원 공저

한 경 사

생산운영관리

저　자 김대철, 김승철, 윤재홍, 이창원
발행일 2021년 2월 16일　2쇄
발행처 **한경사**
발행인 이계남
등록사항 제10-1951호 2000년 4월 14일
주　소 서울시 마포구 신수로 59-1 (3층)
전화번호 02_717_7264~5
팩스번호 02_717_7226
홈페이지 hankyungsa.co.kr
전자우편 hankyungsa@hanmail.net
ISBN 978-89-6844-163-9　93320
가　격 30,000원

| 차례 |

머리말 8

1부 생산운영 기초

1장 생산운영관리의 기본 개념 ………… 13

도입사례: 4차 산업혁명 시대의 생산관리 13

1-1 생산운영관리의 개념 16
1. 생산운영관리의 정의와 시스템 16
2. 생산운영 프로세스 17

1-2 생산운영관리의 역할과 특성 18
1. 생산운영관리의 기능과 역할 18
2. 산출물로서의 제품과 서비스의 차이 — 제조업 대 서비스업 21

1-3 생산운영관리의 다양한 관점 25
1. 시스템적인 관점 25
2. 고객 만족 관점 26

1-4 생산운영관리의 역사적 발전 28
1. 생산운영관리의 발전과정 28
2. 생산운영관리의 새로운 추세 37

요약 39

복습문제 39

2장 생산운영관리와 생산성 ………… 42

도입사례: 생산성 수수께끼, 구글은 이렇게 풀었다 42

2-1 생산성의 의미 43
1. 생산성의 개념 44
2. 생산성 영향 요인 48
3. 생산성 향상 방법 50
4. 서비스 생산성 51

2-2 성과측정의 영역 52
1. 품질 52
2. 원가 53
3. 납기 등 고객 서비스 54
4. 자산관리 55

2-3 성과측정의 문제점 55
1. 원가관리의 관점 55
2. 전통적 성과측정 시스템의 문제점 56

2-4 바람직한 성과측정 57
1. 생산운영 성과의 정의 57
2. 바람직한 생산운영 성과의 측정 58
3. 성과측정의 개선 — 균형성과표 58

요약 59

복습문제 60

2부 생산운영 전략

3장 생산운영전략 ………… 65

도입사례: 4차 산업혁명 시대의 비즈니스 모델과 생산운영전략 65

3-1 운영전략 67

3-2 운영전략의 경쟁 차원 68
1. 운영전략의 4대 목표와 경쟁 차원 68
2. 경쟁 우선순위 관계에 관한 이론 72

3-3 기업전략 설계 프로세스 77
1. 외부환경 분석법 77
2. 내부핵심경쟁력 분석법 78
3. 균형성과표 적용 79

3-4 자원투입 효과를 고려한 전략 수립 - 전방위 전략과 초점전략 86
1. 전략 수립과 자원투입 86

2. 초점전략을 적용한 전략수립 지침 87
3-5 전략 적합성 — 생산운영 활동의 전략 적합 89
1. 제조업의 운영전략 프레임워크 89
2. 운영전략의 개발 90
3-6 생산운영 부문의 주요 의사결정 요소 92
요약 94
복습문제 94

4장 프로젝트 관리 96
도입사례: 우주개발 프로젝트 96
4-1 프로젝트 관리의 정의와 중요성 97
1. 프로젝트 관리의 중요성 97
2. 프로젝트의 정의와 특징 98
4-2 프로젝트 관리의 지식분야와 목적 98
1. 프로젝트 관리의 지식분야 98
2. 프로젝트 관리의 목적 100
4-3 프로젝트 수명주기 100
4-4 프로젝트 관리 기법 102
1. 프로젝트 범위관리 102
2. 프로젝트 일정관리 103
4-5 체계적인 프로젝트 관리의 효과 115
요약 117
복습문제 117

5장 품질경영 120
도입사례: 국가품질상 120
5-1 품질의 개념과 정의 122
1. 품질관리의 의의 122
2. 품질의 개념 123
3. 품질명세 124
5-2 종합적 품질경영의 정의 125
1. 종합적 품질경영의 특성 125
2. 종합적 품질경영의 적용 절차 125
5-3 품질비용 126
1. 품질비용의 정의와 분류 126
2. 품질비용에 관한 전통적 관점과 현대적 관점 128
3. 잠재된 품질비용 129
5-4 식스 시그마 방식 130
1. 식스 시그마 정의 130
2. 식스 시그마 방법론(로드맵) 132
3. 식스 시그마 활동을 위한 품질관리 기본도구 7개 기법 133
4. 식스 시그마에서 인적자원관리 — 역할과 책임 137
5-5 싱고 시스템 138
5-6 ISO 9001: 2008 인증 및 국가품질상 140
1. ISO 9001: 2008 주요 항목 140
2. ISO 14001:2004 인증의 의미 142
3. 품질경영상 142
5-7 통계적 품질관리 144
1. 품질의 측정 144
2. 통계적 공정관리와 관리도 145
3. 공정능력 153
4. 샘플링 검사 155
5. 다구찌의 품질공학 157
요약 160
복습문제 160

6장 기술경영 164
도입사례: 삼성, 미래車 기술·표준 행보 '가속도' 164
6-1 기술 및 기술경영의 정의 165
1. 기술경영의 정의 165
2. 기술경영의 영역 168
3. 기술경영의 목적 169
6-2 기술획득 단계 170
1. 기술획득의 추진단계 170
2. 기업의 기술획득 방법 171
3. 기술 혁신 주기 173
6-3 유연생산시스템 174
1. 유연생산시스템의 개념 174
2. 유연생산시스템의 구성 175
3. 유연생산시스템의 전략적 의미 176
4. 유연생산시스템의 성과 177
5. 유연생산시스템의 문제점 178

6-4 컴퓨터통합시스템 178
1. 컴퓨터통합시스템의 정의 178
2. CIMS의 발전 연혁 179
3. CIMS의 구조 180
4. CIMS 실행의 전제 조건 180
6-5 서비스 기술 182
1. 운영 시스템 182
2. 계획시스템 184
3. 통신시스템 185
요약 189
복습문제 189

3부 생산운영 계획

7장 제품 설계와 프로세스 선택 193
도입사례: 디자인 경영 193
7-1 제품 설계의 의의 194
1. 제품 설계의 의의 195
2. 설계의 중요성 196
7-2 신제품 개발 과정 197
7-3 고객지향적 제품 설계 기법 200
1. 동시공학 200
2. 제조를 위한 설계 200
3. 가치분석과 가치공학 201
4. 품질 기능 전개 202
5. 설계 표준화 206
6. 모듈러 설계 206
7. 환경친화설계 209
8. 품질 로버스트 설계 209
7-4 글로벌 관점에 의한 제품 설계 및 생산 209
1. 글로벌 제품 설계 전략 210
7-5 제품 개발 성과의 측정 210
7-6 생산을 위한 프로세스 선택 211
1. 프로세스 선택을 위한 공정의 종류 211
2. 생산 프로세스의 기술적 측면 212
3. 생산 설비(기계)의 선택 212
4. 제품-공정 매트릭스 212
요약 215
복습문제 216

8장 서비스 설계와 프로세스 선택 218
도입사례:사우스웨스트 항공사 218
8-1 서비스의 정의 및 본질 219
1. 서비스의 정의 219
2. 서비스 품질의 차원 219
3. 경제활동에서의 서비스의 역할 220
4. 서비스의 본질 220
5. 서비스 비즈니스와 내부 서비스 222
6. 서비스 접점 — 서비스 삼각형 223
8-2 서비스의 운영상 분류 및 특징 225
1. 서비스 운영상 분류 225
8-3 서비스 접점의 관리 226
8-4 서비스 접점의 구성: 서비스 시스템 설계 매트릭스 228
8-5 서비스의 설계 230
1. 서비스 설계의 고려사항 230
2. 제품 개발과 서비스 상품 개발의 차이 230
3. 서비스 운영전략: 집중과 우위 231
4. 경쟁우위 획득을 위한 마케팅과 운영의 통합 231
8-6 서비스 청사진과 안전장치 232
1. 서비스 청사진 232
2. 안전장치 233
8-7 서비스 선날시스템 설계의 세 가지 섭근 233
1. 생산라인 접근 233
2. 셀프 서비스 접근 234
3. 개인적 배려 접근 235
요약 237
복습문제 237

9장 시설의 입지와 능력계획 ······ 239

도입사례: 에스오일 생산능력계획 239

9-1 시설의 입지 240
- 1. 입지의 정의와 중요성 240
- 2. 설비입지 결정 모형 242
- 3. 설비입지 결정 단계 245
- 4. 설비입지 결정의 종속성 246
- 5. 서비스기업에서의 입지 결정 247

9-2 능력계획의 의미와 측정 249
- 1. 생산능력의 개념 249
- 2. 생산능력의 종류 251
- 3. 생산능력의 측정 252

9-3 생산능력의 규모의 결정 254
- 1. 규모의 경제 254
- 2. 규모의 비경제 256
- 3. 범위의 경제 257
- 4. 경험곡선 259
- 5. 능력 집중 259
- 6. 능력 유연성 260
- 7. 최적 경제 규모 260

9-4 생산능력의 확장과 전략 261
- 1. 생산능력의 확장 261
- 2. 능력계획의 확장 시점 264
- 3. 능력전략 267

9-5 서비스 능력계획 268
- 1. 제조업 대비 서비스의 능력계획 268
- 2. 능력 이용과 서비스 품질 269

요약 270

복습문제 271

4부 생산운영 실행

10장 공급사슬관리 ······ 277

도입사례: 청년 물류인력 세계로 파견, 시장 넓히자 277

10-1 공급사슬관리의 개념 및 정의 278
- 1. 공급사슬관리의 개념 278
- 2. 공급사슬관리의 정의 279
- 3. 공급사슬관리의 중요성 281
- 4. 공급사슬관리의 발전단계 281
- 5. 공급사슬관리의 중요 기능 282
- 6. 공급사슬관리에서 채찍 효과 및 동태성 283

10-2 효과적 공급사슬관리 설계 및 모델 유형 284
- 1. 효과적 공급사슬관리 설계 284
- 2. 공급사슬관리 모델의 유형 286

10-3 공급사슬관리 설계 전략 287
- 1. 기능성 및 혁신성 제품의 분류 287
- 2. 공급사슬전략 네 가지 유형 288
- 3. 아웃소싱 289
- 4. 물류 고려 설계 289

10-4 공급사슬관리 설계 프로세스 290
- 1. 공급사슬관리 설계의 중요성 290
- 2. 공급사슬관리 설계 291

10-5 공급사슬관리 통합 294

10-6 공급사슬관리 성과측정 296
- 1. 성과측정 지표 296
- 2. 성과측정 시스템 297

요약 298

복습문제 299

11장 수요예측 ······ 300

도입사례: 수요자 맞춤형 해양기상정보 서비스 실시 300

11-1 수요예측의 의의와 중요성 301
- 1. 수요의 구성 요소 302
- 2. 수요에 영향을 미치는 요인 303

11-2 예측 방법의 종류 및 방법 304
- 1. 정성적 예측 305
- 2. 계량적 예측 방법 305
- 3. 예측 방법의 선정 306

11-3 시계열 예측 방법 307
1. 정성적 방법 307
2. 계량적 예측 방법 308
11-4 인과형 예측 방법 322
1. 회귀모형의 구조 322
2. 회귀모형의 정확도와 유의성 323
요약 328
복습문제 328

12장 생산계획시스템 ······ 331
도입사례: ERP 생산계획 정보시스템 331
12-1 생산계획시스템의 의의 332
12-2 총괄생산계획 334
1. 정의와 목적 334
2. 주요 변수 334
3. 총괄생산계획의 전략 335
4. 총괄생산계획과 관련된 비용 335
12-3 총괄생산계획 수립 기법 336
12-4 기준생산계획의 과정 340
12-5 예상 기준생산계획의 개발 341
1. 기말재고량의 계산 341
2. 기준생산계획의 양과 시간구획 342
3. 납품약속 가능량 343
4. 기준생산계획의 확정 346
12-6 자재소요계획 346
1. 기본 개념과 목표 346
2. MRP의 이점 347
3. 자재명세서, MRP의 재고기록 348
4. MRP의 계획 요인 355
5. 능력소요계획 359
6. 제조자원계획 360
7. 배송소요계획 360
8. 전사적 자원계획 360
요약 363
복습문제 363

13장 재고관리 ······ 367
도입사례: '산'처럼 쌓이는 반품재고 약 "이젠 한계점 왔다" 367
13-1 재고관리의 기초 368
1. 재고관리의 개념 368
2. 재고의 특성 371
3. 재고관리의 중요성 372
4. 재고의 네 가지 유형 373
5. 재고관리 비용 374
6. 재고 측정지표 375
13-2 재고 통제 시스템 376
1. 고정 주문량 시스템 377
2. 정기 주문 시스템 377
3. Q시스템과 P시스템의 비교 378
13-3 경제적 주문량 모형 379
1. 경제적 주문량 모형(EOQ) 379
13-4 경제적 생산량 모형 383
1. 경제적 생산량 모형의 개념 383
2. 총비용의 결정 384
13-5 통합 재고관리 387
1. 적시관리에서의 재고관리 387
2. 재소요계획과 생산자원계획 390
3. 공급자관리재고 394
요약 396
복습문제 396

참고문헌 399
복습문제 해답(일부) 402
찾아보기 408
저자소개 414

| 머리말 |

생산운영이 모든 기업 활동의 중심이 되어야 한다는 것은 아무리 강조해도 지나치지 않을 것 같다. 요즘 산업계에서 많이 회자되는 단어는 '4차 산업혁명'과 '제조업의 부활'이다. 이 두 가지 현상의 중심에 생산운영이 자리잡고 있다. 세계적으로 유명한 기업 전략의 대가인 마이클포터가 지적했듯이 기업이 경제 활동에서 맡고 있는 가장 본질적인 두 가지 역할은 재화를 만들어 파는 것 즉, 생산과 마케팅이라고 할 수 있다. 우리나라 경제를 주도해 온 산업을 보면 섬유와 소비재 산업에서 조선, 해운, 자동차를 거쳐 반도체와 컴퓨터, 가전제품 등으로 변화해 왔고 앞으로 바이오, 생명과학, 친환경, 인공지능 등으로 발전해 갈 것으로 예측되고 있다. 시대가 바뀜에 따라 산업의 종류는 변화가 있었지만 그 본질적인 것은 항상 어떤 재화나 서비스를 생산해 내는 생산운영의 기능이 튼튼한 기반을 이루고 있어야 혁신적인 아이디어를 구현할 수 있다는 것이다.

이 책은 생산운영관리를 경영학의 관점에서 기술하였다. 기업에는 크게 두 가지 역할을 맡는 사람들이 일하고 있다. 하나는 계획을 담당하는 관리직 분야이고 다른 하나는 현장에서 직접 생산을 담당하는 생산직 분야이다. 생산운영관리는 그 내용상으로 볼 때 현장의 생산직 담당자들의 업무에 해당되는 것으로 보이지만 학교에서의 교육은 경영학의 일부나 이공계통에서 산업공학의 일부로 포함된다. 어느 관점에서 생산운영을 파악하느냐에 따라 내용적인 기술이 달라질 수 있는데 이 책은 기업 전략 및 마케팅, 재무, 인사 등과 연결하여 생산운영을 파악하는 관점을 채택하고 있다.

이 책은 다음과 같은 구성으로 이루어졌다.

1부는 생산운영의 기초적인 개념을 정리하는 부분으로 생산운영관리의 개념과 역할에 대한 정의를 바탕으로 제조업과 서비스업에 대한 비교를 통해 독자들이 생산운영을 정확히 이해할 수 있도록 도와준다. 아울러 생산운영관리를 파악하는 다양한 관점과 함께 역사적인 발전 과정을 정리해 준다. 또한 생산운영 기능이 기업과 국가경제의 발전에 기여하는 정도를 측정하는 기본이 되는 생산성에 대한 논의를 담고 있다.

2부는 생산운영 전략을 바탕으로 기업에서 생산운영 기능이 맡아야 하는 역할의 방향성을 제시해 주는 내용을 담고 있다. 새로운 방향으로 나갈 때 반드시 필요한 프로젝트 관리와 재화와 서비스 생산에서 기본이 되는 품질경영에 대한 내용과 함께 기술의 획득과 혁신의 추진 등과 같은 기술경영에 대한 논의를 담고 있다.

3부는 생산운영 계획에 대한 내용을 담고 있는데 생산운영을 실행하기 위해서 몇 가지

준비하고 계획할 것이 있다. 즉 어떤 제품과 서비스를 생산할 것이며, 어떤 생산시스템과 프로세스를 사용하고, 시설은 어느 곳에 어떤 규모로 지을 것인지를 결정할 필요가 있다. 이와 같은 결정을 돕기 위해 제품과 서비스에 맞추어 적절한 프로세스를 선택하고 필요한 시설과 입지를 선정하며 규모에 대한 능력계획을 수립하는 과정과 지식에 대한 논의를 담고 있다.

4부는 생산운영의 실행에 대한 내용을 담고 있는데 잘 수립된 생산운영 계획을 구체적으로 실현하기 위해서 생산운영관리에서 특별히 관심을 기울일 필요가 있는 주제를 중심으로 구성되어 있다. 생산운영의 시작에 해당하는 원자재의 생산에서 최종소비자까지의 연결과정을 다루는 공급사슬관리, 생산운영이 작동하는 동기를 부여하는 소비자의 요구사항에 대한 수요예측, 생산시스템을 실제적으로 운영하기 위해 필요한 MRP, JIT 등의 운영방식에 대한 내용과 함께 생산운영의 결과물인 재고관리에 대한 내용을 중심으로 한 논의를 담고 있다.

이 책은 생산운영관리를 하나의 흐름으로 파악할 수 있도록 주제와 구성을 만들었다. 생산운영은 이 책에 포함되어 있는 내용보다 더 광범위하지만 모든 것을 다 언급하는 것이 그 분야를 이해하는 데 반드시 필요하거나 도움이 되는 것은 아니다. 오히려 짧은 시간에 간결하게 맥을 짚어주는 것이 생산운영관리를 공부하는 독자들이 이 분야를 빨리 이해하고 앞으로 지식을 확대 발전시켜 나가는 데 도움이 될 것으로 생각하고 책을 집필하였다. 저자들의 기대와 바람은 많은 학습자들에게 보탬이 되고 애용되는 책이 될 수 있으면 좋겠고, 또 앞으로도 계속 수정하고 보완해 나갈 것을 약속드린다.

2017년 10월

저자 일동

1부

생산운영 기초

1장 생산운영관리의 기본 개념

2장 생산운영관리와 생산성

1 생산운영관리의 기본 개념

도입사례

4차 산업혁명 시대의 생산관리

2016년 1월 스위스에서 개최된 다보스 포럼에서 "4차 산업혁명의 이해"라는 주제로 세계 지도자들이 모여서 논의를 벌인 이후 사회 각 분야에서 일어나는 변화들을 4차 산업혁명이라는 개념으로 정의하고 있다. 4차 산업혁명 시대를 맞아 특히 생산과 소비는 큰 변화를 겪고 있다. 제조업에서 서비스업으로 국민경제의 중심이 옮아간 뒤에 다시 생산현장에 일어나고 있는 변화를 살펴보면 광범위하게 퍼져있는 정보통신 네트워크를 통해 수집된 다양하고 방대한 빅데이터를 인공지능 기술과 결합하여 새롭고 다양한 제품과 서비스를 만들어 내고 있다.

이런 변화의 바람에 대응하기 위해서 생산관리에서 일어나고 있는 몇 가지 변화의 특징을 살펴볼 필요가 있다. 첫째, 변화의 바람은 생산 영역에서 가장 큰 변화를 가져올 전망인데 특히 핵심기술로서 3D 프린터를 중심으로 인공지능(artificial intelligence), 사물인터넷(internet of things), 가상현실(virtual reality) 등이 주목을 끌고 있다. 이러한 핵심기술들이 기반이 되어 제조혁명을 가져오고 각 분야의 연결을 마련해 주는 초연결 플랫폼이 만들어지고 있다.

둘째, 생산에서 일어나고 있는 이른바 "제조혁명"은 생산 측면뿐만 아니라 수요 측면에도 영향을 미쳐 개인의 일상생활에서 일어나는 소비 패턴에서 많은 변화가 일어나고 있다. 사물인터넷, 빅데이터, 인공지능 등이 연결되어 만들어 내는 새로운 연결 플랫폼 속에서 생산과

학습목표

1. 생산운영관리란 무엇인지 이해한다.
2. 왜 최근에 운영관리란 용어를 더 자주 사용하게 되었으며 제조업과 서비스업의 차이는 무엇인지 알아본다.
3. 생산운영관리의 다양한 관점과 그 관점에서의 평가기준은 무엇인지 이해한다.
4. 생산운영관리의 역사는 과거에서 현재까지 어떻게 흘러 왔는지 알아본다.

〈그림 1: 제조혁명과 핵심기술의 연관관계〉

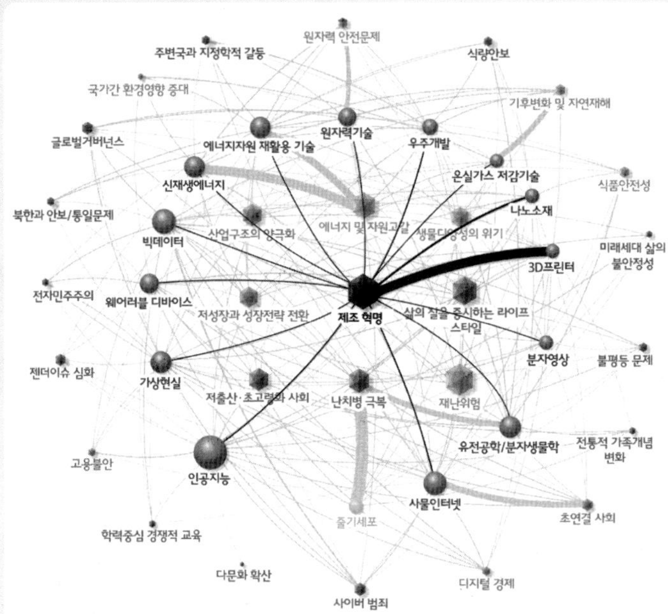

출처: 미래창조과학부 미래준비위원회, "10년 후 대한민국, 미래전략 보고서," p.22.

〈그림 2: 초연결 플랫폼을 통한 생산과 소비의 실시간 연결〉

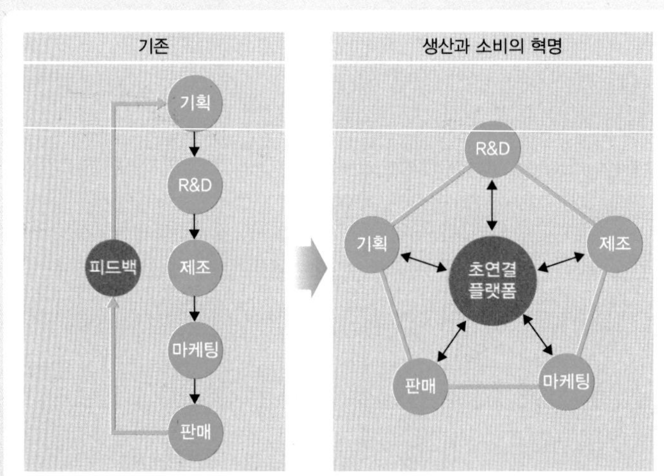

출처: 미래창조과학부 미래준비위원회, "10년 후 대한민국, 미래전략 보고서," p.30.

〈그림 3: 4차 산업혁명이 가져오는 가치사슬의 변화〉

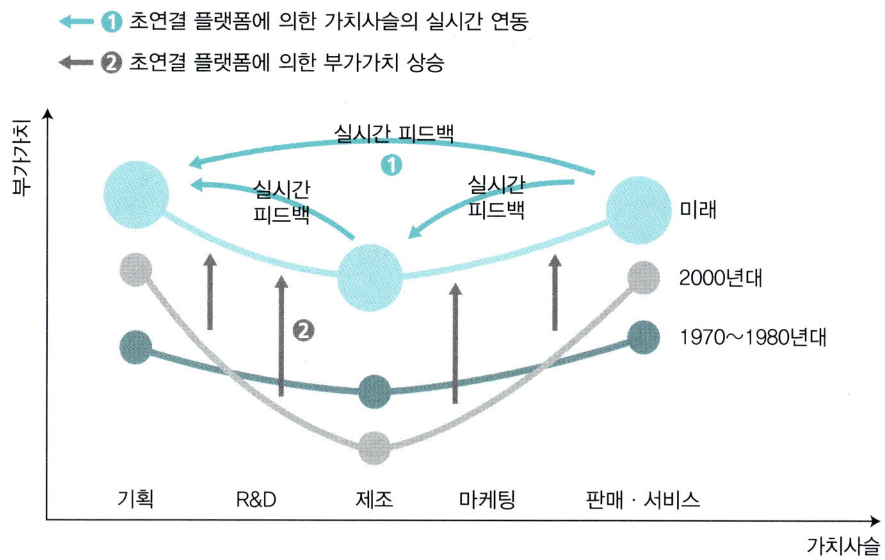

출처: 미래창조과학부 미래준비위원회, "10년 후 대한민국, 미래전략 보고서," p.31.

소비가 실시간으로 정보를 교환하게 되며, 소비자의 요구사항이 상품 기획, 디자인, 제조 단계에 바로 반영됨으로써 고객화 생산이 더욱 활발해질 것이며, 이 결과로 소비자의 요구 만족이 획기적으로 개선되게 될 것이다.

셋째, 가치사슬의 변화가 일어나고 있다. 산업혁명 이후에 국가경제에서 제조업이 차지하는 비중이 높았지만, 1980년대 이후에 서비스업의 발전으로 점차 비중이 줄어들었고, 2000년대에는 정보를 기반으로 하는 지식경제의 발전으로 제조업 비중이 급격하게 줄어들었다. 그러나 4차 산업혁명으로 가치사슬에 변화가 일어나며 〈그림 3〉에서 보는 바와 같이 제조 부문의 비중이 다시 높아지는 현상이 일어나고 있다.

이와 같이 4차 산업혁명 시대를 맞이하여 생산관리도 큰 변화를 맞고 있으며 지난 몇 십년 동안 굴뚝산업으로 불리며 간과되었던 제조업에 대해 다시 중요성을 인식하면서 각 국가마다 활성화를 위한 여러 가지 방안이 취해지고 있다. 미국을 비롯한 선진국들도 제조업의 부활을 외치면서 그 동안 개발도상국이나 제3국으로 넘어갔던 제조업 공장들을 다시 본국으로 돌리려는 리쇼어링(reshoring) 현상도 일어나고 있다. 우리도 이와 같은 맥락에서 기업경영에서 생산관리가 갖는 중요성과 앞으로의 발전 방향을 이해할 필요가 있을 것이다.

1-1 생산운영관리의 개념

1. 생산운영관리의 정의와 시스템

생산운영관리(operations management)는 소비자가 필요로 하는 제품과 서비스를 생산하여 전달하기 위해 사용하는 전반적인 변환 과정을 관리하는 활동으로 생산계획의 수립부터 원자재의 조달, 생산, 배송, 회수 등의 프로세스에서 적용되는 개념과 기법, 기술에 대한 내용을 포함하고 있다.

생산운영 활동은 어떤 사회가 필요로 하는 제품, 즉 경제재를 만들어 내는 활동으로 "일련의 투입물(input)을 변환하는 과정(transformation process)을 거쳐 제품이나 서비스라는 산출물(output)을 만들어냄으로써 가치(value)를 창출하거나 부가하는 경제적 행위"를 뜻한다. 이러한 생산운영 활동이 이루어지는 전체 과정을 시스템으로 파악할 수 있는데 투입물, 변환 과정, 산출물, 피드백(환류)으로 이루어져 있다. 이를 그림으로 나타내면 〈그림 1-1〉과 같다.

투입물은 생산에 사용되는 자원으로서 자재, 기계, 사람, 원료, 자본, 기술, 관리 등을 의미하며 외부에서 조달을 통해 생산시스템에 유입되는 자원이다. 제조업에서는 주로 유형적인 자원들이 사용되지만 서비스산업에서는 지식, 정보, 경험 등과 같이 무형적인 자원들도 투입물로 사용된다.

변환 과정은 실제로 가치를 창출(create value)하거나 부가하는 활동(add value)을 말한다. 변환 과정은 두 가지 방법을 통해 이루어질 수 있는데, 첫째, 투입물의 유용성을 새롭게 창출하거나 증가시키는 방법이고, 둘째, 제품과 서비스의 희소성을 통제하는 방법이다. 또한 변환 과정은 물리·화학적 변환(제조 활동), 지역적 변환(수송, 창고의 운영 활동), 교환(도·소매업), 신체적 변환(건강관리), 심리적 변환(연예, 엔터테인먼트 활동), 정보의 변

〈그림 1-1〉 생산운영 활동

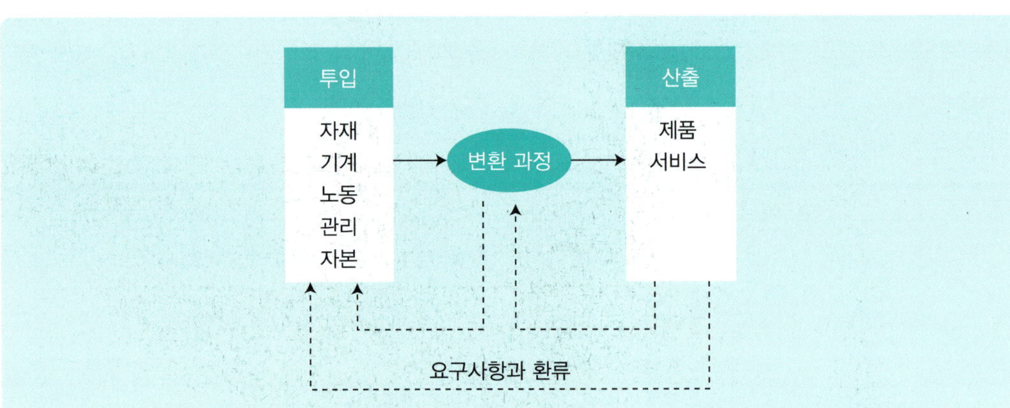

환(의사소통communication) 등으로 나타낼 수 있다.

산출물은 변환 과정의 결과로 창출되는 것으로 소비자가 필요로 하는 경제재(제품이나 서비스)를 의미한다. 제조업에서는 자동차나 냉장고 등과 같은 유형의 재화로서 산출물이 만들어지고 서비스업에서는 의사의 진료, 교육서비스의 강의와 같이 무형적인 경험의 형태로 만들어지는 것이 일반적이다.

피드백(환류)은 생산운영시스템의 변환 과정에서 산출물과 투입물 사이를 연결시켜 주는데 정보의 형태로 전달이 변환 과정이 적절하게 수행되었는지 알려주는 역할을 한다. 생산운영 활동은 고객이나 외부의 요구사항에 맞추어 산출물을 만들어 내기 위한 활동이므로 산출물이 요구사항에 적합하게 만들어졌는지 확인하고 잘못되었을 때에는 변환 과정에 대한 조치를 취할 수 있도록 해 준다. 또한 변환 과정이 얼마나 효율적인가 하는 정보도 파악할 수 있어 생산운영시스템을 통제하는 데 매우 중요한 역할을 한다.

2. 생산운영 프로세스

생산운영 프로세스는 공급사슬의 관점에서 정의해 보면 계획(plan), 조달(source), 생산(make), 배송(deliver), 회수(return)의 5개 프로세스로 나누어볼 수 있다. 각 프로세스에서 수행되는 활동을 살펴보면 다음과 같다.

계획. 생산운영 프로세스를 어떻게 운영할 것인지 전략적인 방향을 설정하고 계획을 세우는 프로세스다. 수요의 양과 내용을 예측하고 이것을 어떻게 충족시킬 것인지에 대하여 공급과 수요의 균형을 맞추기 위한 전반적인 방안에 대해 결정해야 한다.

〈그림 1-2〉 공급사슬 관점의 생산운영 프로세스

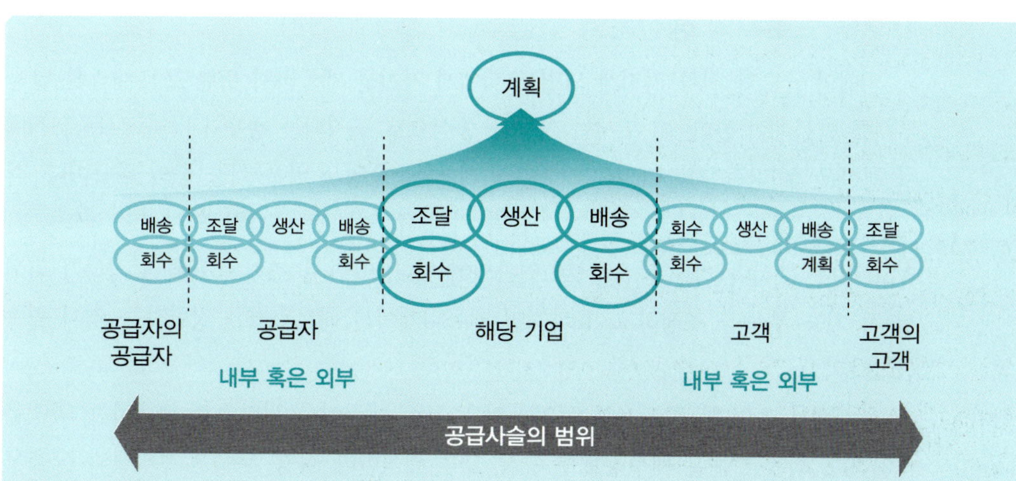

출처: Supply Chain Council (www.supply-chain.org).

조달. 수요를 충족시키기 위해 필요한 자원을 조달하는 프로세스로서 재화와 용역을 제공할 공급자를 선정하는 결정을 한다. 입고, 검사, 공급자 관리 등이 포함된다.

생산. 예측되거나 실제의 수요에 맞추기 위해 재화와 서비스를 완성된 상태로 변환하는 프로세스로서 이 단계에서는 생산이 원활하게 진행될 수 있도록 자원을 조정하고 일정을 수립하는 활동이 필요하다. 품질, 생산성, 속도 등을 측정하여 관리할 필요가 있다.

배송. 완성된 재화와 서비스를 고객에게 전달하는 프로세스로서 이런 활동을 원활히 하기 위해 정보를 수집하고 제품의 이동을 조정하는 활동을 하게 된다. 물류 네트워크를 개발하고 관리하며 고객 주문의 접수와 배송 등을 관리하는 물류정보시스템을 운영할 필요가 있다.

회수. 제품이 고객에게 전달된 후에 불량이거나 불필요한 제품을 고객으로부터 회수하는 프로세스로서 판매 후 고객을 지원하는 서비스를 제공한다.

1-2 생산운영관리의 역할과 특성

1. 생산운영관리의 기능과 역할

기업에는 생산운영 외에도 마케팅, 재무, 회계, 인사 등 다양한 기능부서가 있으며, 생산운영관리(operations management)는 기업의 여러 기능 부문과 연결을 갖고 기업의 목적에 기여하기 위해 활동하고 있다. 생산운영관리의 주된 역할은 기업의 생산자원을 관리하는 것인데 구체적으로 어떠한 역할을 하는지 살펴보기로 하자.

1) 기능으로서의 생산운영 활동

기업의 규모가 점차 커지게 되면 고객에게 가치를 제공하기 위한 프로세스를 맡을 부서를 만들어야 한다. 이 부서는 기능을 중심으로 조직되는 경우가 많다. 모든 조직에서 생산운영이라는 기능이 반드시 필요하다. 생산운영은 많은 기능 중의 하나이다. 각 기능은 전문화되어 있으며 고유의 기술과 지식, 주 업무, 프로세스, 의사결정 영역을 가지고 있다. 부서나 기능 등은 서로 연관되어 있다. 따라서 조직 목표를 달성하기 위해서 각 기능 부문을 조정하고, 효과적인 커뮤니케이션 네트워크를 정립하는 것이 필수적이다.

조직에서 운영 부문은 보통 투입자원을 최종 제품이나 서비스로 변환하는 과정을 책임진다. 회계 부문은 재무정보를 수집, 요약, 해석한다. 유통 부문은 투입물과 산출물을 필요한 곳으로 수송한다. 엔지니어링 부문은 제품과 서비스 설계와 생산 방법들을 개발한다. 재무 부문은 회사의 자산을 보장하고 투자한다. 인적자원 부문(인사 부문)은 인력을 고용하고 교육한다. 마케팅 부문은 회사의 산출물에 대한 수요의 창출에 책임을 진다.

그러나 일부 조직들은 어떤 기능을 전혀 필요로 하지 않는 경우도 있다. 또 어떤 조직에서는 엔지니어링과 같은 일부 기능은 내부 부서로 두지 않고 필요한 때에만 하청을 주는 것이 경제적이라고 여겨지기도 한다. 작은 기업의 소유자는 마케팅과 운영 등 하나 이상의 기능 부문을 한꺼번에 직접 관리하기도 한다.

운영 분야는 많은 조직에서 상급 관리직으로서의 좋은 승진경로가 되고 있다. 제조기업에 대한 최근의 조사에 의하면 최고경영자로 지명된 사람의 45% 이상이 생산운영 부문의 배경을 갖고 있다. 제조업에서 운영 부문의 책임자는 보통 최고운영책임자(chief operations officer: COO) 또는 운영부사장이라는 직명으로, 서비스업에서는 COO 또는 운영부사장이라고 부른다. 이 최고경영자의 휘하에는 고객 서비스, 생산 및 재고 통제, 품질 보증, 수표처리 등을 담당하는 분야별 책임자가 있다.

2) 의사결정 과정으로서의 생산운영관리

전략적이든 전술적이든 모든 경영활동의 핵심이 되는 의사결정은 생산운영관리에서도 일어난다. 상황에 따라 구체적인 내용은 달라지지만 의사결정 과정은 일반적으로 다음과 같은 단계를 거친다. (1) 문제 인식과 명확한 정의, (2) 가능한 대안 분석에 필요한 정보 수집, (3) 가장 바람직한 대안 선택, (4) 선택한 대안 실행이 그것이다. 전략적 의사결정은 전술적 의사결정보다 먼 미래를 위한 의사결정이기 때문에 체계적이지 않고 계획 기간이 긴 편이다. 반면, 전술적 의사결정은 체계적이고 일상적이고 반복적이며 계획 기간이 짧다.

이러한 일반적인 전술적 혹은 전략적 의사결정의 정의가 생산운영관리에서 달라지는 것은 아니다. 여기서는 생산운영관리자가 현실에서 수행하는 주요 의사결정들을 다룬다.

전략적 의사결정에서 생산운영관리자는 능력을 개발하고 관리하여 현재와 미래에 최대로 운영하는 프로세스를 다룬다. 생산운영관리자는 전략적 의미가 있는 신규 프로세스를 설계하고, 외부 고객을 기업 내부의 프로세스에 연결하는 가치사슬을 개발하고 조직화하는 데 관여한다. 생산운영관리자는 원가, 품질 등의 주요 성과 지표에 대한 책임도 지고 있다. 이러한 의사결정들은 기업이 경쟁력을 확보하려는 필요한 프로세스들에 영향을 미치기 때문에 전략적인 효과가 있다.

전략적 의사결정이 매우 중요하기는 하지만, 전술적 의사결정이 받쳐 주지 않으면 아무런 성과도 거두지 못한다. 생산운영관리자가 관여하는 중요한 전술적 의사결정에는 여러 가지가 있는데, 그중에는 프로세스 개선과 성과측정, 수요예측, 생산 및 인력 일정계획, 재고 관리, 자원 일정관리 등이 있다. 이 책의 뒤 쪽에는 이런 의사결정의 예와 그 영향과 효과 등을 다양하게 제시할 것이다. 그리고 경영자들이 문제를 인식하고 정의하고 다양한 대안 중에서 최적의 대안을 선택할 때 사용하는 의사결정 도구도 공부하게 될 것이다.

운영관리자의 의사결정은 기업전략을 반영해야 한다. 계획과 정책 그리고 행동이 다른 기능 영역들의 계획, 정책, 행동과 연계되어서 기업의 목표를 달성하는 데 협력해야 한다. 이러한 연계를 강화하려면 기업을 프로세스 관점에서 파악하여야 한다. 생산운영 관리자가 되고 싶은 사람이든 더 넓은 부문을 관리하는 경영자가 되고 싶은 사람이든 어떤 프로세스가 성공적이기 위해서는 인적자원, 자본, 정보 등을 효과적으로 관리해야 한다는 점을 잊어서는 안 된다. 생산운영 기능뿐만 아니라 조직 내의 모든 부문은 운영 프로세스를 설계하고, 품질과 기술의 인력 수급을 다루어야 한다. 조직의 다양한 부문은 각각의 고유한 특성을 가지고 있으면서 생산운영 부문과 연결되어 있다.

3) 시스템의 관리 활동

시스템의 관리 활동이란 시스템 운영(operation)을 계획(planning), 조직(organizing) 및 설계(designing), 집행(operating), 통제(controlling)하는 의사결정 과정(decision making process)을 말한다. 따라서 생산운영 활동은 단순히 공학적인 제조 활동(manufacturing)의 영역에서 벗어나 모든 서비스의 창출 활동까지도 포함하는 운영 시스템으로 인식되어야 하고, 관리 과정인 계획 → 조직(설계) → 집행 → 통제의 의사결정 과정으로 인식되어야 한다.

첫째, 계획은 생산운영 시스템의 목표를 설정하는 단계이다. 목표는 구체적인 목표(몇 %의 생산성, 원가 절감)와 질적인 목표(제조업 혹은 서비스업, 기술 지향적 혹은 노동 집약적)를 명확히 해야 한다.

둘째, 조직 및 설계는 인적 조직설계와 물적 조직설계로 나눌 수 있다. 인적 조직설계는 생산시스템의 조직 형태, 공정 및 작업 방법의 설계, 작업측정과 표준설정 등을 정하는 것이다. 그리고 물적 조직설계는 공장이나 사무실의 시설 배치, 공장시설의 입지 등을 결정하는 것이다.

셋째, 집행은 외부로부터 제품 및 서비스에 대한 수요를 예측(forecasting)하고 이를 충족할 생산운영 시스템의 능력계획(capacity planning)이 필요하다. 이를 기초로 하여 일정계획(제품을 언제 얼마나 생산할 것인가), 재고관리(적정재고 수준을 계획, 통제), 품질관리(적정 수준의 품질과 규격의 설계 및 관리)가 이루어져야 한다.

넷째, 통제는 생산운영 시스템의 목표 및 계획이 인적, 물적 조직을 이용하여 수행한 결과와 일치하는지의 여부를 분석한다. 만일 차이가 있으면 이를 규명하고 개선조치를 취하게 된다.

4) 서비스로서의 생산운영 활동

최근에는 제조업의 서비스화로 많은 제조기업이 서비스 비즈니스를 동시에 제공한다. 제조업에서 제공할 수 있는 서비스로는 핵심 서비스와 부가 서비스가 있다.

핵심 서비스(core service)는 고객이 구매하는 상품으로부터 그들이 원하는 어떠한 기본적인 것을 의미하는 것으로, 핵심 서비스의 목표는 비용감소, 납기준수, 품질 향상 그리고 유연성 증대 등이다. 반면에 가치부가 서비스(value added service)는 외부고객에게는 생활의 편리함을 제공하는 서비스이며, 내부고객에게는 각자 특정한 업무를 보다 잘 처리할 수 있게 하는 서비스이다.

가치부가 서비스에는 네 가지 범주가 있는데, 첫째, 정보(information)로 내·외부 고객에게 결정적인 데이터를 제공하는 능력이고, 둘째, 문제해결(problem solving)로 내·외부 그룹들의 문제를 해결할 수 있게 도와주는 능력을 의미하며, 셋째, 판매지원(sales support)은 생산운영 부문을 잘 설명하여 마케팅 부문이 더 잘할 수 있도록 도움을 줄 수 있는 능력을 말하고, 마지막으로 현장지원(field support)은 불량 부품을 신속히 교체하거나 재고를 신속히 보충해 줄 수 있는 능력을 의미한다.

이러한 가치부가 서비스의 역할은 두 가지가 있다. 이는 첫째, 경쟁자와 구분되는 차별점을 제공하는 것, 둘째, 이러한 이점으로 인해 고객과의 관계 구축이 용이하다는 것이다.

2. 산출물로서의 제품과 서비스의 차이 — 제조업 대 서비스업

생산운영관리는 제품을 제조하는 활동의 관리에만 국한하지 않고 병원, 레스토랑, 학교, 은행 등 서비스를 제공하는 조직의 관리에도 활용할 수 있다. 따라서 종래의 생산관리(production management)에서 운영관리(operations management)라는 용어를 쓰고 있다. 하지만 아직도 많은 사람이 전통적인 명칭인 생산관리에 익숙하기 때문에 본서에서는 제조업뿐만 아니라 서비스업도 연구의 대상으로 포함한다는 의미에서 생산운영관리라는 용어를 사용하기로 한다.

생산운영관리는 산출물로서 제품뿐만 아니라 서비스까지 포함하기 때문에 이 두 가지의 차이를 여기서 밝혀보는 것이 필요하다. 서비스는 한마디로 정의하기 어렵지만 보통 "자원을 적절히 응용시켜 투입이 바람직한 산출로 변환하는 개방된 과정"을 말한다. 여기서 자원이란 시설, 원자재, 노동, 정보, 소비자 등을 의미하고, 투입은 소비자를, 산출은 만족된 소비자를 의미한다.

1) 서비스 시스템

만족된 서비스를 산출물로 하는 기업은 병원, 레스토랑, 세탁소, 백화점 등이 해당된다. 서비스기업은 여러 종류가 있는데 이를 구별하기 위한 기준으로 서비스를 창출하는 과정에서 고객이 그 창출 과정에 얼마나 참여하는가(고객 접촉 정도)를 가지고 살펴보자.

서비스 시스템에서 고객이 서비스 창출의 모든 과정에 참여해야 하는 서비스업체도 있고 대부분의 창출 과정에 참여할 필요가 없는 서비스업체도 있으며 그 중간에 위치하는 서비스업체도 있다. 첫 번째와 같이 고객이 계속적으로 서비스 창출 과정에 참여해야 하는 서비스업체를 순수 서비스업체라 한다. 순수 서비스업체로는 호텔, 학교, 여행사, 극장 등을 들 수 있다.

한편, 두 번째처럼 고객이 거의 참가하지 않아도 되는 서비스업체를 준제조 서비스업체라 한다. 그 예로는 도매상, 우체국, 연구소 등이 있다.

그리고 세 번째는 그 중간에 위치한 혼합 서비스업체가 있다. 혼합 서비스업체로는 경찰서, 소방서, 이삿짐센터 등을 예로 들 수 있다.

서비스 시스템과 고객의 접촉 정도는 시스템을 관리하는 데 상당히 중요하다. 일반적으로 고객과 서비스 시스템과의 접촉이 많으면 많을수록, 시스템을 관리하기가 어려워진다. 왜냐하면 서비스 품질과 생산량이 통제할 수 없는 고객에 의해서 영향을 받아 대부분의 의사결정 과정에 영향을 주기 때문이다. 고객과의 접촉이 많으면 많을수록 시스템을 운영하는 데 불확실성이 증가하고, 고객의 요구를 충족시키는 데 어려움이 많아진다. 또 고객을 상대하는 종업원들의 태도가 중요시되고 시간에 대한 개념이 중요시된다.

2) 제품과 서비스의 차이

이제 제조업체와 서비스업체 간의 비교를 보다 명확히 하기 위해서 제조업체와 순수 서비스업체와의 차이를 들면 〈표 1-1〉과 같다.

제품의 외형적 특성. 제조업체는 눈으로 볼 수 있는, 즉 형태가 있고 오래 사용할 수 있는 제품을 생산하는 반면에, 서비스업체는 유·무형의 형태를 지닌, 그리고 주로 일회성인 서비스를 창출한다. 물론 서비스업체는 아이디어나 개념 또는 정보처럼 소비자가 손으로 만질 수 없는 무형의 재화를 창출하기도 한다. 그러나 여기에서 주의해야 할 점은 서비스업체가 고객에게 서비스를 제공하기 위해서는 유형의 물질을 동반할 수도 있다는 것이다.

순수 서비스업체인 호텔을 예로 들어보자. 서비스를 제공하기 위해서 호텔은 반드시 객실과 수건, 비누, 화장지와 같은 물품들을 구비해야 한다. 객실은 눈으로 볼 수 있지만 호텔은 고객에게 객실이라는 물체를 파는 것이 아니고, 편안한 잠자리를 제공하는 것이다. 또 숙박 서비스는 대개 단기간 동안 고객에게 판매하는 일회성 상품이다. 그래서 서비스업체로부터 느끼는 소비자의 만족도는 주로 제공된 서비스의 가치에 의해서 결정되는 것이지, 단순히 눈으로 보이는 것들에 의해 결정되지는 않는다.

〈표 1-1〉 제조업체와 순수 서비스업체의 차이

항목	제조업체	순수 서비스업체
외형	유형	유형과 무형
재고보유	보관이 가능	보관이 불가능
고객과의 접촉 횟수	없음	아주 많음
고객 수요에 대한 반응시간	덜 신속	신속
시장 범위	국제적	지역적
설비규모	대규모	소규모
집약 형태	자본 집약적	노동 집약적
품질 측정	용이함	용이하지 않음
생산과 소비의 동시성	동시에 발생하지 않음	동시에 발생
생산량 측정정도	용이함	용이하지 않음
입지 결정	투입물에 가까움	고객과 가까움
생산성 측정	쉬움	어려움
주요 비용	자재비	인건비
견본	가능	가능하지 않음

자료: 안영진 외 (2011).

재고보유 여부. 제조업체는 제품을 생산하여 보관하거나 수송한다. 보관된 제품은 미래의 수요에 대비해 다시 다른 지역으로 옮겨진다. 그러나 서비스업체에서는 서비스 재화를 저장하거나 보관할 수 없다. 그래서 일정 기간 동안 사용되지 않은 서비스는 소멸된다. 자동차는 유형재화로서 장기간 동안 보관할 수 있다. 오늘 판매되지 않은 자동차는 내일 또는 한 달 후에 심지어는 일 년 후에도 판매할 수가 있다.

그러나 서비스업체인 호텔을 예로 들어보면 오늘 손님이 투숙하지 않은 객실을 보존하였다가, 내일 다시 다른 손님에게 판매할 수가 없다. 즉 오늘 사용하지 못한 객실은 그 가치가 소멸되고 내일은 또 하나의 객실로써만 존재할 뿐이다. 이렇게 서비스는 유형의 재화처럼 미리 만들어서 창고에 보관할 수가 없다.

고객과의 접촉 빈도. 제조업체에 비해 서비스업체는 고객과의 접촉이 훨씬 빈번하다. 제조업체는 제품을 생산할 때 고객과의 접촉이 필요 없다. 고객과의 접촉은 유통업체나 소매상이 거의 전담하고 있다. 예를 들어 자동차가 아무리 열악한 환경에서 생산되더라도, 자동차가 마음에 들면 고객은 개의치 않는다.

하지만 서비스업체에서는 고객과 서비스를 제공하는 사람과의 접촉이 상당히 많다. 레스토랑을 예로 들어보면 손님은 식사를 주문하고, 서비스를 제공하는 사람과 자주 접촉해야 하고, 음식에 문제가 있을 때에는 바로 항의하고, 또 필요할 경우에는 여러 가지 주문을 한다. 그래서 서비스업체에서는 서비스를 제공하는 장소의 외관도 상당히 중요하다. 또 어떤 경우에는 고객이 서비스 창출 과정에 직접 참여할 때도 있다. 원래 레스토랑에서는 음식을 종업원이 손님에게 가져다준다. 그러나 뷔페에서는 손님이 직접 음식을 가져다 먹는다.

고객 수요에 대한 반응시간. 서비스업체는 고객 수요에 대한 반응시간이 신속해야 한다. TV를 사러갔는데 품절이어서 3일 동안 기다려야 한다고 할 때, 고객은 3일간 기다릴 수 있다. 그러나 레스토랑에 갔는데, 재료가 없어 원하는 식사를 할 수가 없다면 손님은 다른 식사를 주문하거나 또는 다른 레스토랑으로 가버리지 그 음식을 먹기 위해 기다리지는 않을 것이다.

시장의 범위. 유형재는 보관되어 멀리 떨어져 있는 고객에게 운반된다. 따라서 유형재는 시장 범위가 전국적이며 심지어는 국제적이다. 그러나 서비스는 내구성이 없고, 보통 그 자리에서 소비되는 특성 때문에 시장 범위가 대체적으로 제한된다. 그러나 최근에는 정보통신기술의 발달로 서비스도 그 시장 영역이 점차로 확대되고 있다. 예를 들어 뉴욕에 있는 환자의 상태를 서울에 있는 의사가 정보통신기술을 이용하여 진단하고 치료할 수 있다.

생산 설비 규모. 제조업체는 일반적으로 생산시스템의 규모가 서비스업체에 비해 크다. 제조업의 생산시스템은 서비스업체에 비해 보다 자동화되어 있고, 보다 많은 면적과 투자를 필요로 한다. 물론 제조업체가 항상 서비스업체에 비해 생산 설비 규모가 큰 것은 아니다. 통신회사 같은 서비스업체는 막대한 자본과 생산 설비 규모를 필요로 한다.

자본 또는 노동 집약적. 제조업체는 생산 설비 규모가 크기 때문에 대개 자본 집약적이고, 서비스업체는 주로 노동력에 의존하는 노동 집약적이다.

품질 측정의 용이성. 제조업체는 눈에 보이는 형태가 분명한 제품을 생산하기 때문에 제품의 품질을 측정하기가 용이하다. 그러나 서비스는 그렇지가 않다. 서비스는 앞에서 언급한 대로 형태가 무형인 경우가 많다. 또 서비스 창출 과정에 고객과의 접촉이 많기 때문에, 서비스 품질을 측정하는 것이 어렵다.

유형재화의 품질은 미리 설정한 품질 규격에 의해 품질이 객관적으로 측정되지만, 서비스는 고객의 주관적인 판단과 경험에 의존하기 때문에 객관적인 측정이 상당히 어렵다. 또 제조업체에서는 라인 끝에서 제품의 품질을 검사할 수 있지만, 서비스는 그렇게 할 수가 없다.

생산과 소비의 동시성. 제품은 생산과 소비가 동시에 발생하지 않지만, 서비스는 거의 동시에 발생한다. 치료, 여행, 식사 등은 전부 생산과 소비가 동시에 발생하는 예들이다. 이것은 앞에서 언급한 재고 보유 여부와 고객과의 접촉 빈도와 밀접한 관계를 가지고 있다. 재고 형태로 보관이 가능한 제품은 내구성이 있고 시간이 흘러도 제품의 기능에 그리 큰 영향을 주지 못하지만, 서비스는 일회성이고 보관이 거의 불가능하기 때문에 서비스를 받는 즉시 소비가 된다.

생산량 측정의 용이성. 서비스에 비해 제품은 표준 규격에 의해 생산되기 때문에 생산량을 분명하게 파악할 수 있다. 그러나 서비스는 고객의 수요가 다양하고 유·무형의 재화로 구성되어 있어 생산량 측정이 어렵다.

입지 결정. 제조시스템은 주로 제품을 생산하는 데 필요한 투입물이 저장되어 있는 장소 가까이에 위치한다. 이러한 투입물은 대체로 부피가 크고, 무겁기 때문에 투입물을 이동하는 것보다는 그 장소로 생산 설비를 직접 설치하는 것이 훨씬 경제적이기 때문이다. 반면에 서비스 상품은 서비스 창출 과정에 고객이 직접 참여하므로 고객이 직접 서비스업체까지 와야 된다. 혹은 고객의 요청에 신속하게 대응하여 서비스를 제공해야 하기 때문에(예: 중국음식의 배달, 청소서비스, 출장 뷔페 등) 서비스업체는 고객의 접근이 용이하도록 가능한 고객과 가까이 접근해야 한다.

생산성 측정의 차이. 생산성은 품질과 마찬가지로 제조업체에 비해 서비스업체는 측정하기가 어렵다. 이것은 산출량과 투입물을 서비스업체에서는 측정하기가 어렵기 때문이다.

자재취급비용. 제조업체는 취급하는 자재의 양이 많고, 자재의 부피가 크고, 또 무게가 무겁기 때문에 자재취급비용이 서비스업체에 비해 훨씬 크다. 보통 제조업체의 총생산비용 중에서 가장 많은 비중을 차지하고 있는 비용이 자재비이다.

1-3 생산운영관리의 다양한 관점

1. 시스템적인 관점

시스템적인 관점에서 생산운영관리는 '생산 및 서비스 시스템이 외부의 고객으로부터 제품에 대한 수요가 있을 때 이 수요의 요건에 대해 생산 및 서비스 시스템을 적응해 나가기 위하여 자체의 자원 또는 능력을 계획, 조직, 운영, 통제해 나가는 일련의 활동'을 말한다.

즉 "기업시스템의 외적 환경에 대한 시스템 내적 능력의 적응"이 생산 및 서비스 시스템의 시스템적인 관점이다. 〈그림 1-3〉에서 보듯이 이를 수행하는 활동은 외부에서 발생

〈그림 1-3〉 생산운영 시스템과 환경

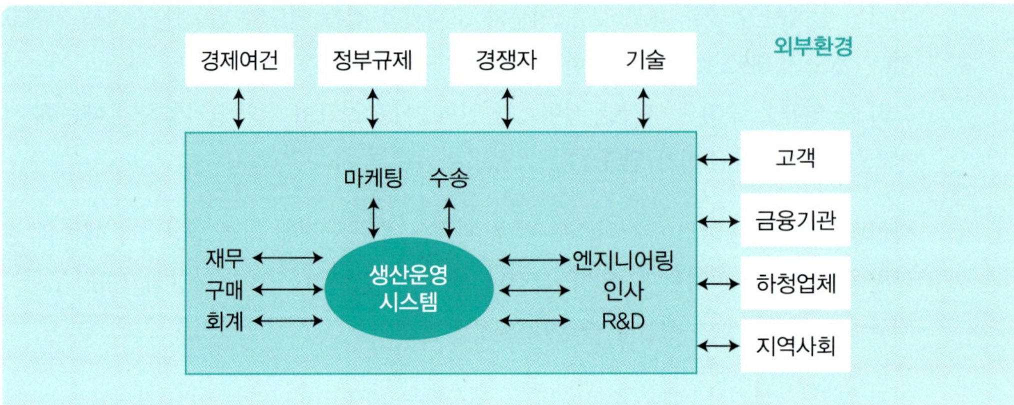

하여 기업시스템에 영향을 주는 수요, 기술변화, 경제상황, 정부정책, 사회적 변동 등 다양한 상황적 요인에 대처해 가면서 제품 및 서비스를 공급하는 관리 활동이 된다. 생산 및 서비스 시스템은 고객 수요의 요건이 양질(quality)의 제품 및 서비스를 적시(time)에 적당한 양(quantity), 적당한 가격(cost)에 공급하기 위해 생산 및 서비스 시스템을 외적 환경의 변화에 적응할 수 있도록 내적 자원을 효율적으로 계획 → 조직(설계) → 운영(수행) → 통제하게 된다.

위와 같이 기능을 잘 수행했는지 알아보기 위해서는 적합한 통제 수단인 평가기준이 수립되어 있어야 한다. 평가기준은 기업의 목표와 일치시켜야 하는데 이 목표는 산출(양, 질에 대한 기준)과 비용(발생비용, 기회비용) 등으로 나타난다.

2. 고객 만족 관점

최근의 생산운영 환경과 관련하여 과거에는 생산자가 생산하면 모두 팔리는 시대(seller's market)였다. 따라서 생산시스템도 대량생산 체제로 구축하였으나 대량마케팅 시대(mass marketing)를 거쳐 최근에는 구매자 시대(buyer's market)로 접어들었기 때문에 이에 맞는 대량고객화(mass customization)가 매우 중요하다.

대량고객화 시대의 특징은 다음과 같다. 첫째, 제품수명주기(product life cycle)가 짧아지게 된다. 둘째, 고객의 요구가 빠르게 변화한다. 셋째, 이에 따라 기존에는 제품의 생산, 영업, 연구개발(R&D)이 중요한 기능이었으나 대량고객화 시대에서는 고객을 위한 제품 개발, 고객을 통한 주문 창출과 고객에게 적합한 서비스 제공이 중요한 기능이 된다. 이를 그림으로 나타내면 〈그림 1-4〉와 같다.

이러한 시대의 변화에 따라서 대량고객화에 부응하기 위해 고객의 가치를 전달하는 시스템은 다섯 가지의 중요한 프로세스로 구성된다. 이 과정은 첫째, 신제품 개발 과정,

〈그림 1-4〉 생산운영 환경의 변화

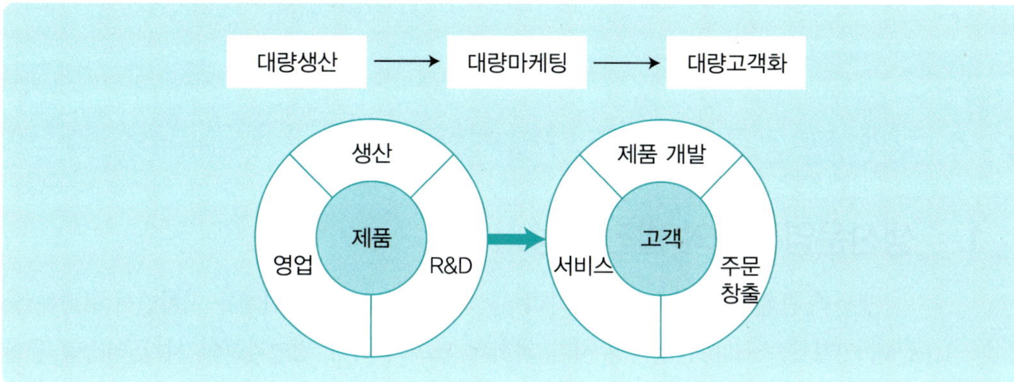

둘째, 공급사슬(supply chain)을 통한 원자재 및 부품을 조달하는 과정, 셋째, 자재의 물리적 변환 과정, 넷째, 유통체인을 통해 고객의 주문을 충족시키는 과정, 마지막으로, 제품판매 후 애프터서비스, 소비자교육, 품질보증 및 수선 서비스를 제공하는 소비자 및 제품지원 과정으로 구성된다.

이 과정을 고객의 요구를 충족시키기 위한 본원적 핵심 과정(generic core process)이라 하고, 다음의 〈그림 1-5〉와 같이 나타낼 수 있다.

일반적으로 기업들은 본원적 핵심 과정들이 제대로 수행되어 고객의 요구를 만족시켰는지 평가할 때에 사용하는 지표가 고객 만족도이다. 고객 만족도(degree of customer satisfaction)는 고객이 획득한 가치를 희생한 가치로 나누어 나타낼 수 있다.

〈그림 1-5〉 고객 가치의 전달을 위한 본원적 핵심 과정

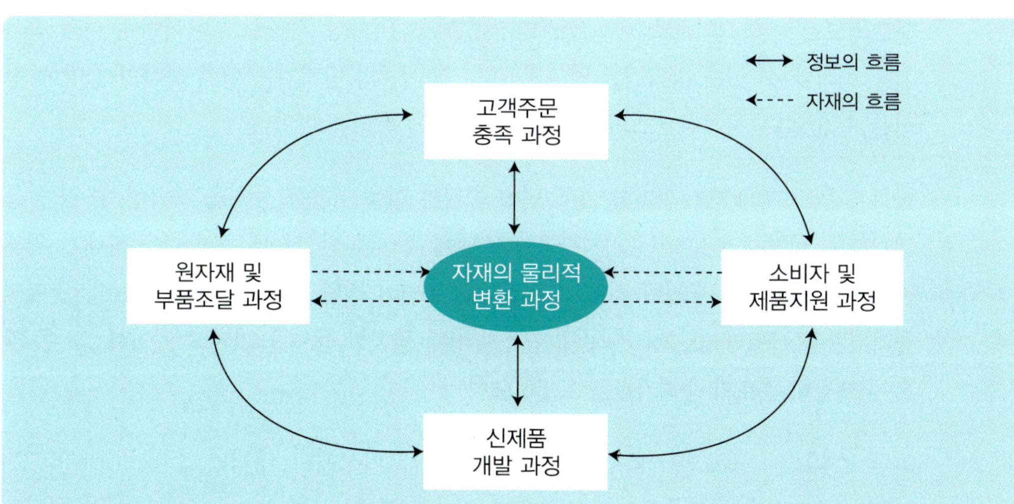

$$고객\ 만족도 = \frac{획득가치}{희생가치}$$

1-4 생산운영관리의 역사적 발전

1. 생산운영관리의 발전과정

생산과 관련된 기술의 발전에 따라 생산운영관리는 여러 단계를 거치면서 변화해 왔는데 여기서는 크게 산업혁명 시기, 과학적 관리의 시기, 경영과학의 시기, 시스템 통합의 시기로 나누어 보고자 한다. 각 시기에 따라 생산운영관리의 발전에 기여한 인물과 중요한 사건들을 중심으로 설명하였다.

1) 산업혁명 시기

산업혁명 이전에는 인간은 거의 농업에 종사하였고, 자급자족 시대를 이루고 있었다. 공업도 가내수공업 형태였으며, 기술 수준도 낮았고 조직이라는 개념도 별로 존재하지 않았다. 그래서 제품도 작은 장소에서 은장이(silversmith)나 대장장이(blacksmith) 같은 한두 사람의 기술자에 의해서 생산되었다. 소수의 기술자와 도제는 대개 자신의 집에서 고객이 주문한 제품을 손으로 만들어 팔았다. 그래서 고객에게 판매되는 제품은 다 달랐고, 한 사람이 처음부터 끝까지 만들었다.

그러나 1770년대 영국에서 발생한 산업혁명(industrial revolution)은 공장제 공업이라는 새로운 산물을 낳았다. 산업혁명은 인간이 체험한 중요한 혁명 중 하나이며, 인간의 문명을 획기적으로 개혁시킨 중요한 사건이다.

하그리브스. 하그리브스(Hargreaves)(1745~1778)는 역사상 처음으로 한꺼번에 여덟 줄의 실을 방적할 수 있는 방적기를 발명하였다. 그 이전의 방적기는 단지 하나의 실밖에 방적할 수 없었다. 하그리브스의 방적기는 1770년에 특허를 받았다.

왓트. 왓트(Watt)(1736~1819)는 1764년에 증기의 힘을 이용해 동력을 자아낼 수 있는 증기기관을 발명하였다. 이 증기기관은 1769년에 특허를 받았는데, 목화실을 짜내기 위해 증기기관이 공장에 도입된 것은 그로부터도 16년이 지난 1785년에 이루어졌다. 왓트의 증기기관은 아크라이트(Arkwright)의 수력에 비해 월등한 동력을 가지고 있어서, 그 후 많은 공장들이 왓트의 증기기관을 도입하였다.

아담 스미스. 1723년 영국 스코틀랜드의 가고디시에서 태어난 스미스(Smith)(1723~1790)는 1776년 「국부론(The Wealth of Nations)」이란 책에서 분업(division of labour)이란 개념을

소개하였다. 이 책에서 스미스는 어떤 제품을 대량으로 생산하기 위해서는 제품을 서로 다른 사람들이 수행된 과업을 여러 개의 세부적인 부문으로 구분하고, 각 부문을 서로 다른 사람이 수행해야 한다고 하였다. 일반적으로 분업은 다음과 같은 효과를 가져 온다. 과업의 범위를 축소시킴으로써 기술을 발전시킨다. 한 과업에서 다른 과업으로 과업을 변경할 때 발생하는 변경시간을 감소시킨다.

분업은 어떤 한 분야에서 기술의 발전을 가져와 자연스럽게 기계화를 촉진시킨다. 똑같은 과업을 반복적으로 계속하면 할수록 작업자의 기술이 증가한다. 분업의 개념에 의해 그 당시 한 사람이 하루에 1,000개의 핀(pin)을 만드는 작업을 여러 사람이 18개의 공정으로 세분해 수행하였을 때, 하루에 48,000개의 핀을 생산할 수 있었다. 이렇게 분업은 생산성을 4.8배 증가시켰다. 그래서 분업은 전문화(specialization)와 단순화(simplification)라는 중요한 개념을 탄생시켰다.

엘리 위트니. 목화씨아를 처음으로 발명한 위트니(Whitney)는 호환성 부품(interchangeabie parts)이라는 새로운 개념을 1798년에 최초로 소개하였다. 1790년 위트니는 미국 육군에 부싯돌식 발화장치의 소총 만 개를 개당 13.4달러에 공급하기로 약속하였다. 그러나 모든 부품을 전부 똑같이 만드는 것이 생각만큼 쉽지가 않았다. 약속을 지키기 위해 위트니는 코네티컷주의 뉴헤이븐에 공장을 세우고, 정확한 수치의 소총을 만들기 위해 새로운 금속세공기계를 개발하였다. 그러나 2년 만에 공급한다는 약속을 지키지 못하고 10년이라는 긴 세월이 흘러서야 위트니는 만 개의 머스킷 총을 육군에 공급할 수 있었다.

이렇게 소총을 공급하는 데 시간이 많이 걸리게 된 이유로 세 가지를 들 수 있다. 첫째, 머스킷 총을 만드는 데 필요한 능력 있는 숙련공이 절대적으로 부족하였다. 둘째, 추운 날씨와 황열병 때문에 공장을 건설하는 데 예상보다 시간이 많이 소요되었다. 셋째, 총을 만든 원자재인 금속의 품질이 좋지 않았다.

위트니의 호환성 부품 개념은 기업에 표준화(standardization)라는 개념을 가져다주어 대량생산의 계기를 만들었다. 위에서 설명한 전문화와 단순화, 표준화를 그 글자들의 첫 글자를 따라 3S라 부른다. 근대 산업혁명이 인간에게 가져다 준 중요한 세 가지 개념이다.

찰스 바베지. 산업혁명은 공장관리라는 새로운 용어를 만들었다. 그러나 공장관리를 보다 과학적인 관점에서 연구하고 실천한 사람은 영국인 바베지(Babbage)(1792~1871)이다. 1832년 「공장에서의 기계의 경제성」이란 책을 저술하였고, 이 책에서 처음으로 관리하는 개념과 관리의 중요성에 대해 역설하였다. 관리라는 개념은 그 당시 상당히 진보된 개념이었으며, 아직까지도 사용되고 있다.

바베지는 아담 스미스의 이론대로 공장에서 분업만 하면 생산성이 자동적으로 향상된다는 것에 의문을 가졌다. 그래서 핀을 만드는 제조 공정을 일곱 개의 공정으로 세분하여 제조시간과 제조 원가를 비교 측정하였다. 그 결과 분업의 효과를 더욱 향상시킬 수 있는 '숙련 제한의 원칙(the principle of limiting skills)'을 도출하였다. 이 원칙은 분업의 효과를 높이기 위해서는 중요도가 적고 힘든 공정을 분리하여 관리해야 한다는 것이다. 그래야만 숙련공의 기능을 극대화할 수 있다고 하였다. 바베지는 영국 캠브리지대학의 수학교수로 있으면서, 주로 분석적인 계산을 하는 기계를 만들기 위해 많은 시간을 보냈다.

비록 그의 꿈은 실현되지 못했지만, 그의 연구는 후에 컴퓨터를 만드는 데 필요한 정보를 제공하는 계기가 되었다. 바베지가 계산기를 만들지 못한 이유는 신뢰성이 높은 수많은 부품을 생산할 수 없었기 때문이었다. 이 부품들을 만들 수 있는 공장을 찾기 위해 바베지는 영국과 미국의 많은 공장을 방문했다. 비록 공장은 찾지 못했지만, 바베지는 수많은 공장을 방문하면서 공장이 비능률적으로 운영된다는 사실을 발견하였다. 그래서 바베지는 이 문제들을 해결하기 위해 「공장에서의 기계의 경제성」을 저술하였다.

바베지의 개념을 간단하게 몇 가지로 요약해 보면, 첫째, 생산비용과 그리고 변동비와 고정비와의 관계를 분석하였다. 또 스미스의 분업의 개념이 결국은 생산비용을 감소시킨다고 하였다.

둘째, 공장을 운영하기 위해서는 과학적인 방법이 필요하다고 하였다. 그래서 체계적인 서베이를 실시해 문제점을 파악한 후 공장을 운영해야 한다고 하였다. 그리고 기업의 조직 형태를 라인과 스태프(staff)의 형태로 운영해야 한다고 하였다.

셋째, 생산과 인간관계의 문제에 대해 관심을 가졌다. 작업 방법을 정확하게 측정할 수는 없었지만, 바베지는 작업 시간을 감소시키고자 하였다. 또 낭비를 감소하고, 부산물들을 효과적으로 이용해야 한다고 주장하였다.

넷째, 신제품의 개발과 광고, 판매에 관심을 가짐으로써 판매관리에 대한 개념을 소개하였다. 그리고 기업의 수익성을 증가시키기 위해서는 생산비를 최대한도로 감소시켜야 한다고 하였다. 그리고 제품 한 개의 큰 마진보다는 이익 폭이 작지만, 대량판매를 통해서 이익을 추구하는 것이 바람직하다고 하였다.

2) 과학적 관리의 시기

과학적 관리법은 과업을 과학적 방법에 의하여 조직적으로 분석하고 연구하는 방법으로써, 생산성을 크게 향상시켰다. 이 시기에는 과학적 관리법 외에도 인간관계론이 나오기도 하였다. 과학적 관리법은 인간을 인간으로 보지 않고 기계로 간주함으로써 많은 문제점이 발생하였는데 이에 대한 반작용으로 나온 이론이 인간관계론이다.

프레드릭 테일러. 최초로 지식을 작업의 연구에 적용한 테일러(Taylor)(1856~1915)는 학창시절 프랑스와 독일, 그리고 이탈리아에서 공부를 하였다. 1874년 테일러는 EHS(Enterprise Hydraulics Shop)에서 견습공으로 취직해 처음으로 직장생활을 시작했다. 그리고 미국 시 근교의 철강회사에서 1878년부터 1899년까지 작업자로 시작하여, 사무원, 기계기사, 반장, 직장, 그리고 수석 엔지니어로 근무하였다. 이 회사에서 테일러는 작업자들이 자기 자신의 방법과 속도에 의해서 주먹구구식으로 작업을 수행하는 것을 발견하였다. 이러한 방법이 비능률적이라는 것을 인식한 테일러는 작업의 능률성을 향상시키기 위해서 어떤 방법이 작업을 수행하는 가장 적합한 방법인가를 연구하게 되었다. 테일러는 1899년에 컨설팅 엔지니어가 되었다. 그가 맡은 첫 번째 업무는 베들레헴(Bethlehem) 철강회사를 상담해 주는 것이었다. 1901년 테일러는 컨설팅 직을 은퇴하고 본격적으로 과학적 관리법을 개발하는 데 총력을 기울였다.

미국기계학회의 회원인 테일러는 학회에서 타운(Towne)의 발표에 감명을 받고 공장관리와 바베지의 관리에 대해서 많은 관심을 가졌다. 테일러는 생산량을 증가하기 위해서는 우선 작업자들을 엄격하게 관리해야 한다고 생각하였다. 그래서 작업자들이 업무를 세부화하고 측정해야 한다고 하였다. 이렇게 테일러는 작업자들의 생산량을 증가시키기 위해서는 주먹구구식이 아닌 과학적인 법칙을 적용해야만 한다고 결론을 내렸다.

과학적 관리법(scientific management)은 작업을 과학적으로 관찰하고 측정하고 분석하여 최선의 방법을 파악하고 표준화시킨 다음 모든 작업자에게 훈련시켜 작업자들의 능률을 향상시키는 방법이다. 그 후 1911년 테일러는 「과학적 관리법의 원리(The Principles of Scientific Management)」라는 책을 출판하였다. 과학적 관리법은 공장을 관리하는 하나의 도구이기보다는 경영자와 작업자 간에 있어서 작업과 책임을 균등히 분배하는 하나의 철학이라고 테일러는 주장하였다. 한때 미국 테니스 국가 챔피언이었던 테일러는 후에 과학적 관리법의 아버지, 산업공학의 아버지로 불리게 되었다.

그러나 과학적 관리법은 당시 많은 사람에게 환영을 받지 못했다. 특히 노동조합은 과학적 관리법을 두려워하였고, 또 적극적으로 반대하였다. 테일러는 임금의 절하와 조직적인 태업을 방지하기 위해서 시간연구라는 기법을 적용한 과업관리를 시도하였다. 그리고 조직적인 나태함을 방지하기 위하여 작업자 개개인의 성과에 따라 고율, 저율의 임금을 지급하는 차별능률급제를 실시하였다. 과학적 관리법, 과업관리, 그리고 차별능률급제의 3개를 일컬어 테일러 시스템(Taylor system)이라고 한다.

테일러 시스템을 도입한 기업에서 관리자와 노동자 간에 많은 갈등이 발생하였다. 테일러 시스템을 도입한 관리자가 작업을 표준화시키는 것을 기피하고 단순히 테일러 시스템만을 이용하였기 때문이다. 즉 관리자들은 임률을 계속 낮추었고 작업자들을 혹사시켰으며 작업 방법의 개선을 등한시하였다. 이러한 일련의 사태는 결국 1913년 미국의회에 의하여 시간연구와 차별능률급제의 사용을 금지시키는 법안을 상정하게끔 하였다.

이러한 조치에 적극 동조하는 노동조합은 테일러의 주요 실험 대상이었던 철강소 작업자인 슈미트(Schmidt)가 테일러의 기법들의 계속적으로 시도하다가 결국은 힘에 지쳐 죽었다고 주장하였다. 그 증거로 노동조합은 슈미트의 무덤 사진을 배포하였다. 그러나 실제로 슈미트라는 작업자(본명은 헨리 놀리Henry Nolle임)는 죽지 않고 조장으로써 근무하고 있는 사실이 확인되었다. 그러나 이 법안은 결국 의회를 통과하지 못했다. 이 밖에도 종업원 선발, 생산계획과 스케줄링, 동작연구, 그리고 인간적인 측면을 다루는 여러 가지 기법들에 관해 많은 공헌을 하였다.

또 하나 테일러가 공헌한 중요한 분야는 경영자와 작업자의 임무를 분명하게 구별한 것이다. 즉 테일러는 계획과 실행을 엄격하게 구별해야 한다고 하였다. 테일러는 작업자와 감독자는 계획을 수립하는 능력이 결여되어 있다고 생각하였다. 그래서 계획은 경영자와 엔지니어가 해야 한다고 하였다. 여기서 경영자는 계획과 조직, 스태핑(staffing)과 지휘 그리고 통제를 하는 사람을 말한다.

테일러는 20세기에서 산업에 가장 영향을 많이 끼친 사람 중 하나임에 틀림없다. 그래서 드러커(P. Drucker)(2000)는 현대 세계를 창조한 삼위일체 칼 마르크스(Karl Marx), 찰스 로버트 다윈(Charles Robert Darwin), 지그문트 프로이드(Sigmund Freud) 중에서 대신 테일러를 포함시켜야 한다고 하였다.

길브레드 부부. 테일러의 영향을 받은 프랭크 길브레드(Frank Gilbreth)와 릴리안 길브레드(Lillian Gilbreth)는 1911년 과학적 관리법의 원리를 직접 실용화하려고 하였다. 그들은 실험모형으로써 오랫동안 수행되어온 작업 중 하나인 벽돌쌓기를 선택하였다. 과거에 한 시간당 보통 120개의 벽돌을 쌓았는데, 부부는 새로운 기법을 개발하여 시간당 350개의 벽돌을 쌓을 수 있었다. 더구나 새 기법을 이용한 작업자는 과거보다 훨씬 피로를 덜 느꼈다. 길브레드 부부는 테일러가 개발한 기법을 계속 개선시켰다. 특히 길브레드 부부는 작업을 가장 능률적으로 수행하기 위하여 동작연구(motion study)를 1912년에 개발하였다.

헨리 간트. 테일러의 동료인 간트(Gantt)도 미드베일(Midvale) 철강회사에서 근무하였다. 간트와 테일러는 서로 공장관리에 대해 비슷한 견해를 가지고 있었다. 그러나 하나 다른 점은 테일러는 작업에 비중을 많이 두었고, 간트는 작업보다는 작업자들에게 보다 많은 관심을 두었다. 그래서 간트는 작업자들의 심리를 이해하려고 하였고, 경제적인 보상 이외의 다른 동기부여에 대해서도 많은 관심을 보였다. 1902년 간트는 과학적 관리법 컨설턴트 사무실을 개소하였다. 그리고 보너스(bonus) 시스템과 공장조직의 재구축에 대해 집중적으로 연구하였다. 그 결과 간트는 1913년 작업계획과 실제업적을 비교할 수 있는 간트도표(Gantt chart)를 고안하였다. 간트도표는 제1차 세계대전 중 간트가 미국정부에서 일하면서 고안했으며, 그 후 기업체에서 널리 사용되었다.

헨리 포드. 미국 미시건주 디어본의 농가에서 태어난 포드(Ford)(1863~1947)는 대량생산 방식을 자동차생산에 도입하여 생산성을 향상시켰다. 대량생산(mass production)은 부품의 완전하고 일관된 상호 교환성과 부품을 서로 쉽게 탈부착할 수 있는 단순성에 의하여 가능하였다. 이것은 하나의 생산혁신으로써, 조립라인(assembly line)이라는 새로운 생산

방식을 탄생시켰다.

부품의 상호 교환성을 달성하기 위하여 포드는 모든 생산 과정에서 모든 부품에 대하여 동일한 표준치수를 사용하였다. 부품의 상호 교환성과 단순성은 생산성을 획기적으로 향상시켰다. T 모형을 소개한 1908년 포드자동차에서는 각 작업자가 자동차의 상당한 부분을 혼자서 조립하였는데, 자동차를 조립하기 위해서 필요한 부품이 상당히 다양했다. 그러나 각 작업자는 이러한 부품을 직접 창고에서 찾아 작업장으로 가져와 조립해야 했다. 이 때 1명의 작업자가 조립하는 평균과업 사이클은 514분이었다. 그런데 포드는 물류 방법을 바꿔서, 부품을 각 작업장으로 직접 공급하였다.

그래서 이제는 작업자가 작업장을 떠나지 않고 계속 그 자리에 있으면서 작업을 할 수 있었다. 또 부품의 상호 교환성이 완전히 실현되자, 포드는 분업의 개념을 작업장에 도입하였다. 그래서 이제는 작업자로 하여금 많은 부품들을 조립하게 하지 않고, 여러 라인을 돌아다니면서 오직 한 과업만 전문적으로 수행하게 하였다. 1913년 8월 1명의 작업자가 조립하는 평균과업 사이클은 5년 전의 514분에서 2.3분으로 단축되었다.

그러나 포드는 작업자들이 이 작업장에서 다른 작업장으로 돌아다님으로써 시간이 낭비되고, 라인의 연속성이 중단되는 사실을 파악하였다. 이 문제를 해결하기 위해 나온 것이 바로 컨베이어벨트를 이용한 조립라인이었다. 조립라인(assembly line)은 작업자들의 이동을 제거하여, 작업자들이 그 자리에 가만히 있으면서 조립을 하게 되었다. 조립라인은 다시 작업자의 평균과업 사이클을 2.3분에서 1.19분으로 단축시켰다. 이러한 혁신은 자동차의 가격을 계속 하락시켰다. 그래서 1920년대 초반 200만 대의 T 모형을 판매하였을 때의 자동차 가격은 초기 가격의 1/3밖에 되지 않았다. 더구나 1925년 T 모형의 값은 260달러밖에 되지 않았다.

그러나 1927년부터 T 모형에 대한 수요가 감소되기 시작하였다. 이것은 너무나 똑같은 제품만 판매하는 포드의 전략에 소비자들이 식상하였기 때문이었다. 그래서 소비자들은 가격은 포드보다 조금 비싸지만, 다양한 차종을 공급하는 GM에 서서히 눈을 돌리기 시작하였다. 또 포드는 대량생산에는 성공하였지만, 거대한 조직을 효율적으로 관리하는 데도 실패하였다.

그러나 미국의 경제전문지인 포춘(Fortune)은 포드를 20세기 최고의 기업가로 선정하였다. 포춘지는 1999년 9월 "포드는 우리가 살고 있는 이 땅을 변모시킨 산업의 창시자이며, 대량생산과 이를 실천하는 수단을 창안한 우리 시대가 만난 가장 위대한 기업가"라고 선정 이유를 밝혔다.

해리스. 해리스(F. W. Harris)는 1915년 재고관리의 중요한 모형인 경제적 주문량(economic order quantity) 모형을 개발하였다. 경제적 주문량 모형은 재고비용을 최소화시키는 주문시기와 주문량을 결정하는 수리적인 모형으로써, 독립수요에 사용되는 모형이다.

메이요와 뢰스리스버거. 과학적 관리법은 너무나 능률향상에 중점을 두었다. 그러나 호손실험은 이러한 경향을 바꾸었다. 호손(Hawthorne) 실험은 미국의 일리노이주에 있는 서부 전기회사(Western Electric)의 호손공장에서 하버드 대학의 사회학자인 메이요(Mayo)(1880~1949)와 뢰스리스버거(Roethlisberger)에 의해 1927년부터 1932년까지 수행되었다. 호손실험의 목적은 생산성을 향상시키기 위해 작업장에서 어떤 작업 환경이 최상의 조건인지를 결정하는 실험이었다. 여기에서 작업환경은 조명의 밝기였다.

1939년 발표된 연구 결과에 의하면, 기대하지 않았던 상당히 의외의 결과가 나왔다. 조명의 밝기가 생산성에 직접 영향을 주지 않고, 오히려 조명의 밝기가 작업자들에게 주는 심리적인 영향이 생산성을 향상시킨다는 사실이 발견되었다. 이것은 그 때까지 생산성 향상을 위한 새로운 접근 방법을 제시하였다. 과학적 방법은 직무설계에 있어서 주로 기술적인 면에 중점을 두었다.

여기에 비해 호손실험의 결과는 기술적인 측면보다는 인간의 요소를 새롭게 강조하고 있다. 이것이 바로 인간관계론이다. 그러나 인간관계론도 직무를 왜 하는지 그 이유에 대해서는 관심을 갖지 않았다.

3) 경영과학의 시기

제2차 세계대전 중 전쟁을 효율적으로 수행하기 위해서는 군수무기의 효과적인 수송과 배치가 절대적으로 중요하였다. 이러한 목적을 수행하기 위해 복합적이며 수리적인 방법이 대두되었다. 이것이 운영연구이다. 운영연구(operations research: OR)는 여러 부문의 이론을 복합적으로 이용하고 있다. 수학, 생물학, 통계학, 사회학, 심리학 그리고 경제학 등을 복합적으로 이용한다. 그래서 이 부문의 전문가들이 모여 어떤 특정의 문제에 대한 수리적인 최적의 해답을 제공하기 위하여 과학적인 모형을 사용한다. 이것은 후에 이러한 OR 기법을 산업 문제에 적용시키는 경영과학(management science)을 도출하였다. 경영과학은 경영관리의 문제해결에 있어서 수리적인 최적해를 구하는 새로운 접근 방법이다.

조지 단찌히. 단찌히(George Dantzig)는 1947년에 복잡한 선형계획법을 푸는 심플렉스법(simplex method)을 발표하였다. 선형계획법은 자원분배와 수송계획, 그리고 기계에 작업할당을 하는 수리적인 모형이다. 단찌히가 제시한 심플렉스법은 선형계획법을 해결하는 데 있어서 수학적 체계와 절차에 의하여 모든 해를 전부 풀어보지 않고, 단시간 내에 최적해를 도출하는 기법으로서 아직까지도 널리 사용되고 있다.

컴퓨터의 등장. 오늘날 사용되고 있는 컴퓨터는 1940년대에 개발되었다. 물론 이 당시의 컴퓨터는 부피가 상당이 컸고, 비쌌으며, 성능도 그리 좋지 않았다. 그러나 막대한 자료를 저장하고, 계산을 신속하게 할 수 있는 능력으로 인류의 새로운 장을 열었다.

조 올리키. 1970년대는 생산의 문제를 해결하는 데 컴퓨터의 이용이 급증하였다. 그 중에서도 IBM사에 근무하는 올리키(Joe Orlicky)에 의해서 주도된 자재소요계획(material requirments planning: MRP)은 생산계획 및 통제를 수행하는 중요한 기법이 되었다. MRP는 방대한 자료를 컴퓨터를 이용하여 처리할 수 있는 소프트웨어이다.

4) 시스템 통합의 시기

1970년대 이후에는 생산운영관리를 기업 경쟁전략의 중요한 기능으로 간주하는 전략적인 관점이 나타났으며, 아울러 컴퓨터와 인터넷 기반 정보기술의 비약적인 발전에 힘입어 기업 내부의 프로세스들이 MRP나 ERP시스템을 이용하여 통합되어 가고 외부적으로도 SCM 개념의 발전에 따라 공급사슬의 전후방 기업들을 통합하려는 추세가 일반화 되었다. 이처럼 기업의 생산운영 문제를 생산전략 및 통합시스템적인 관점에서 해결해 보려는 접근 방법들이 주를 이루는 시기이다.

위컴 스키너. 스키너(Wickham Skinner)는 생산전략의 중요성을 역설하였다. 그래서 생산 기능이 기업의 경쟁무기가 될 수도 있고 또는 경쟁의 장애물이 될 수도 있음을 지적하였다. 그래서 기업전략을 수립하는 데 기업의 생산 특성이 반드시 고려되어야 한다고 하였다.

다이찌 오노. 1970년대에 들어서면서 일본 제품이 서서히 국제시장을 잠식하기 시작하였다. 바야흐로 일본이 경제대국으로 들어가는 시기인 것이다. 그래서 생산 운영관리 분야에서는 일본이 어떻게 이렇게 짧은 기간에 막강한 경쟁력을 갖추었는가에 대한 연구가 활발히 진행되었다. 일본의 경쟁력 강화에 기인한 많은 원인이 제시되었는데, 그중에서 가장 주목을 많이 받고, 연구가 가장 많이 된 시스템으로 린 생산을 들 수 있다.

일본 도요타(Toyota) 자동차의 오노(Taichi Ohno)에 의해 개발된 린 생산 혹은 JIT(just in time) 시스템은 무재고 시스템이라고도 불린다. 린 생산의 기본적인 개념은 고객이 원하는 시기에 고객이 원하는 수량만큼 완제품을 생산해야 하며, 또 원자재도 필요한 때에 필요한 만큼만 공급되어야 한다는 것이다. 이렇게 함으로써 재고를 감소시킬 수 있다. 린 생산은 작업준비 시간의 단축과 종업원들의 다양한 기술, 부품 공급업자와의 긴밀한 협력관계, 기계의 완전한 예방보전, 엄격한 품질관리, 지속적인 개선, 의사결정에 종업원의 참여를 강조한다.

공장자동화. 컴퓨터의 급속한 발전과 태크놀로지의 개발, 그리고 소비자 기호의 급속한 변화는 공장자동화에 대한 인식을 높였다. 1965년에 영국의 몰린(Molin)사에서 개발된 유연생산시스템(flexble manufacturing system: FMS), 1977년 워즈니악(Wozniak)과 잡스(Jobs)에 의해 개발된 마이크로 컴퓨터, 그리고 1985년 미국의 GM사가 개발한 CIM(computer integrated manufacturing) 소프트웨어는 전부 공장자동화의 발달을 촉진시키는 계기가 되었다.

공급사슬관리. 기업의 기능은 너무나도 독립적으로 운영되어 왔다. 그러나 이것은 기업의 효율성을 떨어뜨린다. 공급사슬관리(supply chain management: SCM)는 특히 물류 분야에서 구매, 생산, 수송, 유통의 관리를 통합한 생산관리의 통합을 이룬 혁신적 방법이다. SCM은 이렇게 공급업자, 생산자, 그리고 고객까지 통합한 개념으로 발전되었다.

품질의 혁신. 1980년대는 품질에 대한 관심이 급속히 증가되었다. 이러한 현상은 국제시장에서의 경쟁력이 품질에 의해 많이 결정되었기 때문이다. 가장 대표적인 국가로 일본을 꼽을 수 있다. 1960년대만 하더라도 일본의 경쟁력은 형편이 없었다. 그러나 1980년대에 들어서면서부터 일본은 강력한 경쟁력을 갖춘 국가가 되었다. 이렇게 일본이 강한 경쟁력을 갖게 된 이유 중의 하나는 바로 일본 제품의 높은 품질이다. 이러한 현상은 많은 국가들로 하여금 품질에 대한 높은 관심을 불러 일으켰다.

품질은 그 의미가 상당히 광범위해 단순하게 정의하기가 상당히 어렵지만, 일반적으로 '고객의 욕구를 일관되게 충족시키기 위해 제품과 서비스가 지니고 있는 속성 또는 특성'이라고 할 수 있다. 이런 관심의 일환으로 나온 개념이 1980년대 미국에서 탄생한 종합적 품질경영(total quality managemnet)과 식스 시그마이다. 종합적 품질경영과 식스 시그마는 그 후 많은 기업들에 의해 채택되었고, 지금은 미국뿐만 아니라, 세계의 많은 기업들에 의해서 도입되고, 실행되고 있다. 우리나라도 예외는 아니어서 많은 기업이 종합적 품질경영과 식스 시그마를 도입하여 실행하고 있다.

종합적 품질경영과 식스 시그마는 품질의 혁신이다. 특히 품질의 의미를 경영의 차원으로 승화시켰다. 종합적 품질경영과 식스 시그마는 고객을 중요시한다. 그래서 품질을 과거처럼 생산자가 결정하지 않고 제품과 서비스를 직접 사용한 소비자가 결정한다. 또 종합적 품질경영과 식스 시그마는 모든 직원의 적극적인 참여를 기본으로 하고 있다. 이제 최고경영자에서부터 평사원에 이르기까지 모든 사람이 품질에 책임을 져야 한다. 과거처럼 품질부서만이 품질에 대해 책임을 지는 것이 아니고, 계층이나 직급에 관계없이 모든 부서의 모든 사람이 품질을 중요시하고 품질에 대해 책임을 져야 한다. 그러나 종합적 품질경영과 식스 시그마는 다르다. 이것은 뒤에서 자세하게 설명하도록 하겠다.

서비스 과학. 서비스 부분이 성장하고 있는 결과로 서비스 과학이 대두되고 있다. 서비스 과학은 기술기반 조직에서 서비스를 지속적으로 창출하기 위해 정보기술의 최신 개념을 적용하려는 것이다. 최근에 서비스 분야는 지속적으로 새로운 것을 만들어 내고 있다. 정보(전화, 구글)는 물론 유통(프랜차이즈, 전자상거래, 아마존, 이베이 등), 커뮤니케이션(모바일, 스카이프 등), 교통(항공, 운송 등), 금융 서비스 등의 발전이 진행되었거나 되고 있다. 이 분야의 미래는 무궁무진하며 아무도 미래를 정확히 예측할 수 없다.

〈표 1-2〉는 생산운영관리의 역사를 일목요연하게 보여주고 있다. 이 표는 연대순으로 중요한 사건만을 포함하고 있다.

〈표 1-2〉 연대순으로 본 생산운영관리의 중요한 역사

시기	개발자	개념 또는 사건
1764년	James Watt	증기기관
1776년	Adam Smith	분업, 전문화, 단순화
1798년	Eli Whitney	호환성 부품, 표준화
1832년	Charles Babbage	관리
1911년	Frederick Taylor	과학적 관리법, 시간연구, 차별적 능률급제
1911년	Gilbreth 부부	동작연구, Therblig
1913년	Henry Gantt	간트도표
1913년	Henry Ford	이동조립라인
1932년	Elton Mayo	호손연구, 인간관계론
1935년	Dodge Romig	샘플링 기법
1950년	Operations Research	대기이론, 시뮬레이션, 의사결정이론, PERT/CPM
1970년	Wickham Skinner	생산전략
1971년	Joe Orlicky	MRP(material requirements planning)
1970년대	Taichi Ohno	JIT시스템
1980년대	공장자동화	FMS(flexible manufacturing system)
1980년대	William Deming	종합적 품질경영(total quality managemnet)
1987년	Michael Harry	식스 시그마
1990년대		SCM(supply quality management)
1990년대		ERP(enterprise chain management)
2003년		린 식스 시그마
2012년		서비스 과학–정보, 유통, 커뮤니케이션, 교통 등

2. 생산운영관리의 새로운 추세

1980년대 이후에 서비스산업이 비약적으로 발전하고 국가경제에서 큰 비중을 차지하게 됨에 따라 제조업은 굴뚝산업으로 치부되어 뒷전에 밀려나고 있었으나 2000년대 이후에 제조업의 부활이라는 이름하에 미국과 일본을 비롯하여 여러 선진국가에서 제조업의 중요성이 다시 주목을 받고 있으며, 이와 함께 생산운영관리도 그 중요성이 점차적으로 커지고 있는 분야 중의 하나이다. 오늘날의 생산운영관리는 단순히 제조업만을 대상으로 하는 것이 아니라 서비스산업의 운영을 포함하는 포괄적인 내부운영 전체를 관장하는 역할을 담당하는 기능으로 인식되고 있다. 생산운영관리에서 최근의 경향과 앞으로의 추세를 살펴보면 다음과 같다.

첫째, 글로벌 경쟁의 심화이다. 오늘날 원자재공급자부터 완제품생산자 및 유통업체를 거쳐 최종소비자까지 이어지는 공급사슬의 개념이 일반화 되었으며 하나의 제품을 생산하기 위해 전 세계에 걸쳐 다양한 기업이 참여하게 됨에 따라 전 세계적인 시장에서의 경쟁의 강도는 점차 더 심해지고 있다. 이에 따라 공급자와 생산 및 유통 네트워크의 글로벌화가 촉진되고 있으며 경쟁에서 우위를 차지하기 위해 기업들은 다양한 방법으로 생산성을 높이기 위해 노력하고 있다. 글로벌 생산네트워크를 구성하고 전사적 자원관리(ERP)를 적극적으로 활용하여 제품의 개발부터 설계, 구매, 생산, 출하, 유통에 이르는 전과정에 걸쳐 세심한 관리가 요구되고 있다.

둘째, 제품 다양성의 확대와 대량고객화의 촉진이다. 전 세계적으로 재화의 생산이 수요를 능가함에 따라 소비자들은 재화의 소비에서 취향에 따라 골라서 구매하고 사용할 수 있게 되었다. 이에 따라 모든 산업에 걸쳐 제품과 서비스의 다양성이 더욱 촉진되고 수명주기가 짧아지고 있고 기업들은 고객화 생산을 할 수밖에 없게 되었다. 그러나 기업의 입장에서는 수익성을 확보하기 위해서 생산비용을 낮추어 주는 대량생산을 포기할 수 없기 때문에 다양성과 비용 절감을 동시에 추구하기 위해 대량생산과 고객화생산을 복합한 대량고객화가 생산의 주된 추세가 되어가고 있다. 이를 위해 기업들은 대량고객화를 실현하기 위한 다양한 전략과 생산기법을 추구하고 있다.

셋째, 서비스 부문의 비약적 성장과 중요성 증대이다. 산업화를 거친 대부분의 국가경제에서 서비스업이 차지하는 비중이 60~70%를 상회하고 있으며 앞으로도 더욱 커질 것으로 예상되므로 서비스산업에 대한 연구가 더욱 필요하다. 특히 앞으로의 서비스산업은 그 자체뿐만 아니라 제조업과의 협력을 통해 그 역할이 더욱 확대될 전망이다. 예를 들어 제조업에 서비스를 가미하는 서비타이제이션(servitization)은 제조업의 경쟁력을 강화시키는 중요한 방안으로 여겨지고 있으며 동시에 서비스에 유형적인 재화를 결합시키는 서비스의 제품화를 통해 서비스업도 그 영역을 더욱 확장해 가고 있다. 이와 같은 쌍방향 협력을 통해 제조업과 서비스업이 모두 발전하고 있으며 그 중심에서 생산운영관리의 역량을 갖추는 것이 기업의 성공에 중요해지고 있다.

넷째, 기술의 급속한 발전이다. 인공지능(AI), 클라우드 컴퓨팅, 사물인터넷(IoT) 등을 포함하는 정보기술, 자동화기술, 전자상거래 기술 등이 더욱 발전할 것으로 예상되며, 이에 따라 기업들은 다양한 기회와 위협을 동시에 맞닥뜨리게 될 것이다. 기술의 변화와 발전은 새로운 제품과 서비스의 출현을 가속화 시키며 생산 방식에도 영향을 미쳐 기업간에 경쟁력 차이를 유발하게 될 것으로 보인다. 변화에 빨리 적극적으로 적응하는 기업들은 기회를 포착하고 발전하겠지만 그렇지 못한 기업들은 도태될 것이기 때문에 기업들에게 이러한 기술능력의 획득과 활용이 생존의 관건이 될 수 있을 것이다. 따라서 기술에 대한 올바른 선택과 관리를 통해 역량을 키우고 경쟁력 향상에 이용해야 한다.

다섯째, 환경경영, 기업의 사회적인 책임, 윤리경영 등 지속가능성(sustainability)의 중요성이 더 커지고 있다. 기업들이 환경에 대한 중요성을 인식하는 데 더욱 압력을 받을 것이고 이를 준수하려는 윤리나 사회적 책임을 더욱 강요받게 되고 사회적 기업으로서의 역할을 기대하고 있으며 환경을 생각하는 녹색경영이 관심을 받고 있다. 또한 종업원들의 작업 안정성, 긍정적인 작업 조건 그리고 경력개발의 기회 제공 등은 매우 중요한 사항으로 고려되고 있다.

요약

이 장에서는 생산운영관리에 대한 기본 개념과 프로세스를 파악하고 기업에서 담당하는 역할과 기능 및 특성 등을 이해하는 내용을 다루고 있다. 또한 제조업과 서비스업에서 생산운영의 차이를 비교하였으며 생산운영관리를 바라보는 다양한 관점에 대해 살펴보았다. 생산운영의 현재를 이해하기 위해 과거의 역사적 발전과정을 파악하였으며 앞으로의 발전 방향과 추세를 점검해 보았다.

생산운영 활동은 시장이 필요로 하는 제품이나 서비스를 만들어 냄으로써 사회적인 공헌과 기업의 목표에 기여한다. 생산운영 프로세스는 공급사슬의 관점에서 정의해 보면 계획, 조달, 생산, 배송, 회수의 5개 프로세스로 나누어볼 수 있다. 생산운영은 제조업과 서비스업의 두 분야에서 모두 수행되며 내부적인 생산 기능을 담당한다. 생산운영을 이해하기 위해서 시스템적인 관점이나 고객관점과 같은 다양한 시각이 존재할 수 있으며, 또한 역사적으로도 산업혁명 이후에 과학적 관리의 시기, 경영과학의 시기, 시스템 통합시기 등의 여러 시기를 거치면서 내용적으로 풍부해지고 다양한 방법으로 기업의 경쟁력을 개선하는 데 중요한 역할을 하였으며 사회적인 가치를 창출하는 데 기여하면서 발전해 왔다.

복습문제

1. 생산운영관리는 어떻게 정의할 수 있는가?
2. 산출물로서 제품과 서비스의 차이를 나열하라.
3. 생산운영관리의 시스템적 관점과 고객 만족 관점에서 기본 기능을 설명하라.
4. 생산운영관리의 역사적인 발전 과정을 제시하고 새로운 추세는 어떤 것들이 있는지 설명하라.

마무리사례: 서비타이제이션 – 제조업과 서비스업의 융합

4차 산업혁명이 진행됨에 따라 인공지능(artificial intelligence), 사물인터넷(internet of things), 클라우드 컴퓨팅(cloud computing) 등이 생산현장에 많이 도입되고 있다. 이와 더불어 융복합이란 개념이 관심을 끌고 있는데 그중에서 특히 서비타이제이션은 기업의 경쟁력을 창출할 수 있는 새로운 접근법으로 주목을 받고 있다. 서비타이제이션이란 초기에는 제품 판매 후에 사후서비스(after sales service)를 제공함으로써 핵심제품에 대한 고객들의 관심을 끌고 부가가치를 창출하기 위한 것이었으나 요즘에는 그 범위가 확대되어 제품의 서비스화(product servitization) 또는 서비스의 상품화(service productization), 그리고 기존 서비스와 신규 서비스의 결합 현상을 포괄하는 개념을 지칭하는 것으로 되었다.

서비타이제이션을 실현하는 방안은 여러 가지가 있는데 제품과 서비스의 결합을 예로 들면 자동차와 같은 제품을 판매한 후에 다양한 사후서비스를 제공함으로써 부가가치를 창출하는 것이다. 자동차회사는 고객에게 자동차를 판매할 때 대출과 같은 금융상품을 제공해서 고객에게 자동차 구입 대금을 마련할 수 있도록 해주며, 보험회사와 연결하여 보험상품을 판매하기도 하고, 구입 후에도 정기적으로 점검과 수리를 할 수 있도록 서비스센터를 연결해 주고, 길에서 고장이 나면 견인 서비스도 제공을 하고 있다. 이렇게 다양한 서비스 상품을 제공함으로써 고객의 편의성을 높여 핵심제품인 자동차의 판매를 용이하게 하고 다른 자동차 회사보다 경쟁력을 높일 수 있는 것이다.

글로벌 기업들 중에서 서비타이제이션을 이용하여 성공을 거둔 기업이 많이 있다. 애플(Apple)은 아이팟, 노트북, 휴대폰 등을 판매하면서 이와 연결하여 아이튠(itunes)나 앱스토어 등을 설치하고 자체적인 서비스 생태계를 구축함으로써 새로운 비즈니스 모델을 만들고 경쟁에서 앞서 나가는 모습을 보여주고 있다. GE는 의료기기 제품을 생산하면서 원격의료 기술을 개발하여 원격의료진단 서비스를 제공하는 서비타이제이션을 구현하였으며, IBM은 컴퓨터와 네트워크 기술을 이용하여 국제적인 스포츠행사나 대규모 국제회의 등에서 행사기간 동안에 필요한 컴퓨터 기반시설 및 통신 서비스를 종합적으로 제공하는 서비스회사로 탈바꿈하는 데 성공하였다. 롤스로이스(Rolls Royce)사는 항공기 엔진을 판매하면서 유지관리 서비스를 제공하여 고객이 항상 엔진을 사용 가능한 상태로 유지할 수 있게끔 하는 "Power by the Hour"라는 통합서비스패키지(total care package)를 함께 판매하였다.

롤스로이스사의 항공기 엔진 정비서비스.

우리나라에서는 제품과 서비스를 결합한 대표적인 서비타이제이션 사례로 코웨이(Coway)사의 정수기, 비데, 공기청정기 등의 렌탈서비스를 들 수 있다. 코웨이사는 정수기나 공기청정기를 생산하면서 일반적인 판매를 하는 것이 아니라 고객에게 장기적인 렌탈서비스를 통해 이들 제품을 제공하고 있다. 고객 입장에서는 꽤 고가의 제품을 한꺼번에 많은 돈을 들여 구입하기 어려울 때 월 사용료만 내면 되기 때문에 초기 구매비용을 낮추는 혜택이 있고, 또한 기업 입장에서는 이 제품들을 사용하면서 필요한 유지관리 서비스를 제공할 기회를 얻음으로써 추가적인 수익을 얻는 새로운 비즈니스 모델을 만들었다는 이점이 있다.

코웨이사에서 렌털서비스로 제공하는 정수기와 공기청정기.

이외에도 한국타이어는 타이어를 생산하는 제조기업이지만 단순히 타이어 판매에 그치지 않고 T-Station이라는 서비스센터 네트워크를 구축하여 타이어를 판매할 뿐만 아니라 겨울용 타이어 임대, 휠얼라이인먼트, 앞뒤 타이어 위치교환 등 각종 다양한 서비스를 제공하는 토탈케어서비스(total care service)를 제공하는 서비타이제이션 기업으로 성공적으로 탈바꿈하였다.

이처럼 서비타이제이션은 오늘날 제조업 기업들이 기존 제품을 서비스와 융합하여 경쟁력을 강화해 나가는 새로운 방안을 제공해 주고 있으며, 생산운영관리에서 중요하게 생각해 볼 이슈로 떠오르고 있다.

〈토의 문제〉

1. 서비타이제이션을 정의해 보라.
2. 국내 또는 해외에서 제품의 서비스화에 성공한 서비타이제이션 사례를 찾아보라.
3. 국내 또는 해외에서 서비스의 상품화에 성공한 서비타이제이션 사례를 찾아보라.

생산운영관리와 생산성

2

학습목표

1. 생산성의 의미를 이해한다.
2. 생산성에는 어떠한 지표들이 있는지 파악한다.
3. 생산성 향상 방안에 대해 알아본다
4. 성과측정의 영역에 대해서 이해한다.
5. 전통적인 성과측정 방식들의 장점과 단점에 대해서 토의한다.
6. 성과측정의 대안으로 균형성과표에는 어떤 것들이 있는지 이해한다.

도입사례

생산성 수수께끼, 구글은 이렇게 풀었다

기술은 발전하는데 왜 생산성은 그만큼 늘지 않을까? 세계 경제학자들이 난제로 여기는 '생산성의 수수께끼(productivity puzzle)'다. 구글은 이 문제에 대한 해답을 사람 간의 관계에서 찾았다.

20개가 넘는 뷔페식 카페테리아, 30m마다 놓인 간식대, 직원 개인별로 맞춤형 책상, 낮잠 캡슐에서 애완동물 돌봄 센터까지, 구글의 직원 사랑은 여기서 끝나지 않는다. 구글 직원이 사망할 경우 배우자·동거인은 직원이 받던 급여 50%를 10년간 받을 수 있다. 구글의 인적자원운영부서(people programs)에서 매니저로 일하는 라라 하딩은 "직원들의 자유와 권한을 인정하고 행복하게 일할 수 있는 환경을 만들어 주면 직원들이 주인의식과 책임감을 가지고 일하는 데 큰 동기부여가 된다"고 설명했다.

문제는 생산성이었다. 구글은 수년간 행복한 기업, 일하기 좋은 기업 상위권에 이름을 올렸지만 정작 직원의 생산성은 높아지지 않았다. 생산성 지표로 활용되는 직원 1인당 순익 기여도(actual net income per employee)를 살펴보면 2006년 28만 8,300달러(약 3억 6,000만원)에서 2007년 25만 달러, 2008년에는 20만 달러로 3년 내리 하락세를 보였다. 구글은 인사 관련 데이터를 자체 분석해 생산성 문제를 풀기 시작했다. 구글에서 수만 건의 인사 빅데이터를 분석한 결과, 생산성이 좋은 상위 25% 팀과 하위 25%인 팀을 구분 짓는 결정적 요인은 관리자의 탁월한 리더십이었다.

2009년 구글 인력분석팀(people analytics)은 '프로젝트

산소(Oxygen Project)'를 발족해 구글 내 팀장급 이상에 관한 자료 100종류, 1만 건 이상을 수집해 분석했다. '좋은 리더야말로 조직의 산소'와 같다는 뜻으로 좋은 리더의 요건을 알아내기 위해 착수한 프로젝트였다. 꼬박 1년이 걸렸다. 좋은 리더가 되기 위한 8가지 조건이 추려졌다. 라즐로 복 구글 최고인적자원책임자(CHRO)는 "조건들을 중요도에 따라 순위를 매기자 뜻밖의 결과가 나왔다"라며 "직원들은 기술적인 우수성(전문성)을 가진 리더보다 1대 1 미팅을 자주 만들어 대화하고, 직원들의 삶과 경력관리에 관심을 가져주는 리더를 선호했다"고 말했다. 좋은 리더가 되려면 업무능력과 인간미를 균형 있게 갖춰야 한다는 것이 프로젝트 산소의 결론이었다.

자료: 중앙일보, 2017년 2월 5일자.

2-1 생산성의 의미

제조기업에서 운영 활동의 효율적 운영을 평가하기 위해서는 관리업무를 수행하기 위해 항상 준비해야 할 자료(정보)가 필요하다. 자료는 데이터베이스를 구축하여 항상 이용할 수 있도록 해야 하는데 그러한 자료로서, 첫째, 운영능력을 측정할 척도로서의 표준시간 자료, 둘째, 제품 단위당 소요원자재의 표준투입량, 셋째, 수요예측 또는 미납주문(backlog)자료, 넷째, 원자재구매, 노동비, 운영 수준 변동비, 재고유지비, 재고부족비, 기타 비용자료, 마지막으로, 실제 결과와 계획에 차질을 야기하는 불확실한 요인들에 대한 자료이다. 이렇게 추구하는 바가 다르기 때문에 성과측정도 달라야 하는데, 전략의 효과성에 대해서는 위에서 설명한 바 있고, 운영의 효율성을 측정하는 데 필요한 관리 자료와 효율성을 측정하는 대표적인 지표인 생산성에 관해 설명한다. 전략과 운영의 관계와 추구하는 바의 차이는 다음 〈그림 2-1〉에 나와 있다.

〈그림 2-1〉 전략과 운영의 비교와 목표

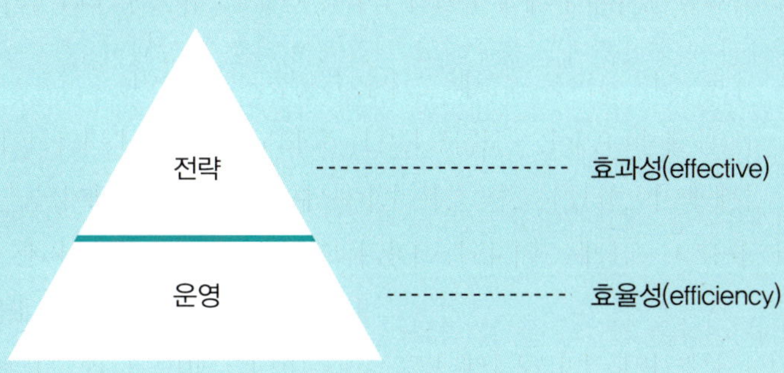

1. 생산성의 개념

1) 생산성의 정의

생산성(productivity)은 국가, 산업 또는 사업 단위가 자원(또는 생산 요소)을 얼마나 잘 활용하는가를 측정하는 일반적인 척도이다. 생산관리는 기업에서 가용한 자원을 최고로 잘 이용하는 데 초점을 두기 때문에, 생산성 척도는 생산 관련 성과를 이해하는 데 기본적으로 중요하다. 이 책의 나머지 부분에서는 여러 가지 척도가 등장할 것이다.

가장 광범위한 생산성의 정의는 투입 대비 산출이다. 생산성을 높이기 위해서, 투입 대비 산출의 비율을 높이기를 원한다.

$$\text{생산성} = \frac{\text{산출(output)}}{\text{투입(input)}}$$

2) 생산성의 비교

생산성은 상대적인 척도이다. 다른 말로 하면, 뭔가 다른 것과 비교해야 의미가 있는 척도이다. 예를 들면, 레스토랑에서 지난주에 한 시간에 8.4명의 고객이 식사를 하고 갔다는 생산성을 측정하였다면, 그 의미는 무엇인가?

생산성의 비교는 다음과 같은 두 가지 방식으로 이루어진다. 첫째, 동종업계 유사 기업과의 비교를 하거나 업계 평균 자료가 사용될 수 있다면 이를 이용하여 비교하는 것이다. 예를 들면, 프랜차이즈 내의 다른 점포에서 시간을 두고 반복적으로 생산성을 측정하여 비교하는 것이다.

둘째, 동일한 조직 내에서 시간을 두고 반복적으로 생산성을 측정하여 비교하는 것이다. 한 기간의 생산성과 다음 기간의 생산성을 비교하는 경우가 여기에 해당된다.

3) 생산성 딜레마

생산성 딜레마(productivity dilemma)란 "제조 부문에서의 생산성과 마케팅에서의 시장점유율 증대를 이룩했음에도 불구하고 기업의 이익은 향상되지 않는 현상"을 말한다. 이 현상이 발생하는 이유는 생산성(노동, 자본, 기술)만을 강조한 나머지 다른 운영전략 즉, 품질(예방비용-공정품질, 실패비용-제품품질), 유연성(준비-제조유연성, 대기-공정유연성, 유휴-기계유연성, 재고-수요유연성) 등과 같은 다른 운영전략을 경시함으로써 발생하게 된다.

이러한 현상은 기업의 운영전략과 일체감을 가질 수 없으며 기술 혁신의 신속한 도입을 저해시킬 뿐 아니라 근로자들에게 스트레스를 가중시켜 단기적이고 전술지향적 의사결정을 유발하게 된다.

4) 생산성의 유형

생산성 측정은 단일의 투입요소로 측정되는 부분생산성(partial productivity), 하나 이상의 투입요소로 측정되는 다요소생산성(multifactor productivity), 모든 투입요소로 측정되는 총요소생산성(total productivity) 등으로 측정될 수 있다. 생산성 척도에 대한 몇 가지 예를 들고 있다. 생산성 척도는 주로 측정목적에 따라 다르게 선택된다. 측정목표가 노동생산성이라면 노동력이 주된 투입척도가 된다. 생산성 측정에 사용되는 기준이나 모델은 측정대상, 내용, 방법 등에 따라 다양하게 제시될 수 있다.

물적생산성과 가치생산성. 이는 생산성 모델의 분자가 되는 '산출'을 물량기준으로 할 때 물적생산성이고, 금액기준으로 할 때 가치생산성이 된다.

물적생산성 = 산출량 ÷ 투입 예) 1인당 생산량 = 제품생산량 ÷ 종업원수
가치생산성 = 산출량 ÷ 투입 예) 1인당 생산액 = 제품생산액 ÷ 종업원수

물적생산성은 능률이나 생산기술 수준을 살피는 데는 적합한 개념이지만, 품종별로 금액 차이가 많거나 생산 품목이 다를 때에는 가치생산성이 유리하다.

요소생산성과 총요소생산성. 이는 생산성 모델의 분모가 되는 투입을 단일 생산 요소로 하면 요소생산성이고, 전체 생산 요소로 하면 총요소생산성이다.

투입되는 생산 요소별로 산출을 비교하는 것을 요소생산성이라 한다. 가령 노동생산성(산출 ÷ 노동)이나 자본생산성(산출 ÷ 자본)을 예로 들 수 있다.

노동생산성은 오랫동안 생산 활동의 능률을 측정하는 데 적용된 대표적인 생산성비율로서 노동 집약적 산업에서 특히 유용한 지표이다. 그러나 자본장비율이 높거나 물적 수단의 영향이 높은 경우에는 이들에 산출 부분은 제외할 필요가 있는데, 이와 같은 취지에서 제시된 것 중의 하나가 부가가치 노동생산성으로 흔히 부가가치생산성이라 한다.

부가가치생산성 = 부가가치 ÷ 노동투입량 = 부가가치 ÷ 종업원수

여기서 총부가가치 = 매출액 − (재료비 + 외주가공비 + 동력비 + 소모품비)
순부가가치 = 순이익 + 노무비 + 지대 + 이자 + 조세공과

이 모델은 자본비율의 큰 영향 없이 경영능률이나 노동능률을 나타내고 경영자와 근로자의 공헌도를 시장가치로 평가할 수 있는 장점이 있는 바, 서비스 생산성측정의 유용한 도구가 된다.

요소생산성은 한 가지 생산 요소만을 고려하므로 전체 생산 요소의 영향력을 밝히기 어렵다는 단점이 있다. 가령 노동생산성은 투입된 노동의 질이나 양과 관계없이 외부 여건이나 기계 설비의 상태 등에 의해서 영향을 받을 수 있다. 이러한 요소생산성의 결

점을 고려해서 제시된 것이 다음의 총요소생산성이다.

$$\text{총요소생산성} = \text{순산출} \div (\text{투입노동} + \text{투입자본})$$

여기서 순산출(net output)은 부가가치를 뜻한다. 투입 요소 총계에 대한 산출의 비율을 총요소생산성이라 한다.

부분생산성과 종합생산성. 부분생산성(partial productivity)이란 생산에 투입되는 각 투입요소에 관련되는 생산성으로 노동생산성이나 자본생산성과 같은 요소별 생산성을 예를 들 수 있다.

이에 대해서 생산에 투입된 모두와 이로써 이루어진 전체 산출을 비교하는 개념을 종합생산성(total productivity)이라 한다. 전술한 총요소생산성도 종합생산성의 범주로 볼 수 있는데, 대표적인 것은 아래의 종합(가치)생산성이다.

$$\text{종합생산성} = \frac{\text{총산출}}{\text{총투입}} = \frac{\text{매출액 또는 생산액}}{\text{노동} + \text{자본} + \text{자재} + \text{서비스}}$$

부분생산성 지표(척도)는 가끔 생산운영관리에 있어서 가장 중요한 관심의 대상이 되고 있다. 〈그림 2-2〉는 부분생산성 척도를 예시하고 있다.

예제 2-1. 차량엔진을 제조하는 한국정밀(주)의 2017년 상반기 생산자료에 의하면 종업원 100명으로 투입자원과 생산실적이 다음과 같다.

투입자원(단위: 백만 원)
자재 500, 노동 200, 자본 300, 에너지 100, 기타 60

〈그림 2-2〉 부분생산성 척도의 예

노동생산성	노동시간당 산출량 교대횟수당 산출량 노동시간당 부가가치 노동시간당 산출물의 화폐가치
기계생산성	기계작동시간당 산출량 기계작동시간당 산출물의 화폐가치
자본생산성	투자된 화폐단위당 산출량 투자된 화폐단위당 산출물의 화폐가치
에너지생산성	전력사용시간당 산출량 전력사용단위당 산출물의 화폐가치

생산실적: 엔진생산 1,000대 대당출하가격 100만 원, 총생산액 1,000개 × 100만 원

이 자료를 이용하여 요소생산성(노동생산성, 자본생산성), 부가가치생산성, 총요소생산성 및 종합생산성을 계산하라.

풀이

(1) 요소생산성

① 노동생산성

물적 노동생산성 = 생산량 ÷ 종업원수 = 1,000대 ÷ 100명 = 10대/인

가치노동생산성 = 생산액 ÷ 종업원수 = 1,000백만 원 ÷ 100명 = 10백만 원

가치노동생산성은 종업원수 대신에 노무비를 투입하여 구할 수 있는데, 이 경우 생산액 ÷ 노무비 = 1,000 ÷ 200 = 5이다.

② 자본생산성 = 생산액 ÷ 투입자본 = 1,000 ÷ 300 = 3.33

(2) 부가가치생산성 = 부가가치 ÷ 종업원수

= {매출액 − (자재 + 에너지 + 기타)} ÷ 종업원 수

= {1,000 − (500 + 100 + 60)} ÷ 100 = 3.4백만 원

(3) 총요소생산성 = 순산출 ÷ (노동 + 자본) = 부가가치 ÷ (노동 + 자본)

= 340 ÷ (200 + 300) = 0.68

(4) 종합생산성 = 총산출 ÷ 총투입 = 생산액 ÷ (노동+자본+자재+에너지+기타)

= 1,000 ÷ 1,160 = 0.862 ■

예제 2-2. 다음 문제에 대한 생산성을 계산하라.

(1) 4명의 작업자가 8시간 동안 카페트 1440m^2를 설치하였다.

(2) 두 대의 기계가 세시간 동안 126개의 부품을 제조하였다.

풀이

(1) 노동생산성 = 카페트설치규모/작업시간

= 1440m^2/4명×8시간

= 45m^2/시간

(2) 기계생산성 = 제품생산량/제조시간

= 126개/2대×3시간

= 21개/시간 ■

생산성은 여러 수준에서 측정될 수 있다. 개별 부서 혹은 조직 차원에서의 생산성 측정은 시간에 따른 성과를 추적하는 데 사용될 수 있다. 이러한 측정은 경영자로 하여금 성과를 판단하게 하고 개선이 필요한 부서 또는 조직을 결정하는 데 도움이 된다. 생

산성 측정은 산업 또는 국가 차원의 생산성을 측정하기 위하여 여러 기업이나 산업의 측정치를 결합하여 결정되는 종합적 척도로도 측정된다.

본질적으로, 생산성 측정은 자원의 효율적 활용에 대한 측정으로 볼 수 있다. 기업 경영자들은 생산성을 경쟁력과 관련하여 생각해 볼 수 있다. 만약 두 기업이 모두 동일한 수준의 산출량을 나타내고 있다고 하자. 한 기업은 높은 생산성으로 인하여 더 적은 투입량이 소요된다면 이 기업은 더 낮은 가격으로 경쟁함으로 말미암아 결과적으로 시장점유율이 증가될 수 있다. 그렇지 않고 동일한 가격으로 경쟁한다 하더라도 그것으로 말미암아 더 큰 이익을 얻을 수 있을 것이다. 정부 관료들은 생산성과 국가의 생활표준 사이에 밀접한 관계를 가지기 때문에 국가 차원의 생산성에 관심을 가지게 된다. 높은 수준의 생산성은 선진 산업국가들의 생활수준을 반영할 정도로 상대적으로 높으나 임금과 가격인상이 항상 생산성 향상에 의해 나타나는 현상은 아니며 국가경제에 인플레이션을 초래하는 경향이 있다.

2. 생산성 영향 요인

'어떤 국가, 산업 또는 기업이 생산성의 향상을 획득할 수 있는 방법은 무엇일까?' 라는 질문에 대하여 연구자들이 제시하는 생산성에 대한 부정적 영향요인들을 소개하면 다음과 같다.

1. 자본형성의 둔화와 외국제품을 선호하는 낮은 저축성향과 높은 소비 성향
2. 많은 기업의 비생산적인 관리적 부담을 가져오는 정부규제의 증가
3. 미국의 경우처럼 제조업보다 비생산적인 서비스에 대한 수요의 증가
4. 단기성과에 대한 지나친 강조로 인해 장기적인 문제해결에 대한 유인동기의 감소 등

많은 정부관료나 전문가는 1970년대와 1980년대 미국의 생산성 증가율이 침체하게 된 책임을 기업경영상의 문제로 들고 있다. 그들은 외국 경쟁업체들이 미국의 기업체보다 비슷하거나 또는 열악한 조건에도 불구하고 생산성은 높게 나타났다고 지적하고 있다. 일부 전문가들은 대부분의 외국경쟁업체가 미국 제조업체들을 단순히 따라잡기 위하여 생산성을 낮게 정하여 시작하기 때문이라고 제기하기도 한다. 어떤 면에서는 그것이 사실이다. 더구나 외국경쟁업체들은 서구방식을 연구함으로써 품질과 생산성 향상에 관하여 많은 것들을 배울 수 있다. 그러나 많은 기업은 이미 미국기업들의 생산성 수준에 유사한 수준 또는 심지어 더 우수한 수준까지 왔다. 일부는 기술혁신을 통해 생산공정을 성공적으로 통합하는 과정에서 미국경영자들의 무능력을 비판하기도 한다. 미국경영자들은 기술이 어떻게 경쟁적인 우위를 확보할 수 있도록 활용될 수 있는지를 확인하기 위하여 공정을 합리적으로 분석하기보다는 공정에 기술을 단순히 적용하는 수준

에 머무르고 있다는 것이다.

또 다른 관리적 이슈는 생산성을 정확하게 측정하는 데 대한 어려움이다. 예컨대, 업무의 내용이 다르거나 창의적인 화이트칼라나 골드칼라의 생산성을 측정하기란 더욱 어렵다. 또한, 서비스산업에 있어서의 다양한 직무내용은 생산성 측정을 왜곡시킬 수 있다. 예컨대, 식당에서 2시간 간격으로 수요일에는 80회, 목요일에는 90회의 식사를 준비하는 4명의 여종업원을 채용했다고 가정하자. 그러나 수요일에는 목요일보다 낮은 산출량으로 실제로 손님이 적게 왔음을 의미한다. 또한, 두 명의 응급실 담당의사의 경우 그 중 한 명의 의사는 경상환자 6명을 치료하고 다른 의사는 같은 시간동안 중환자 한 명을 치료했을 경우를 생각해 보자. 이것은 6명의 환자를 치료한 의사가 높은 생산성을 가진다고 말하기는 어렵다는 것이다.

또한, 품질의 차이도 생산성 측정을 왜곡시킬 수 있다. 예컨대, 한 공장의 생산성을 1960년대와 1990년대를 서로 비교하는 것과 같이 시간의 변화를 무시하는 것도 마찬가지로 측정을 왜곡시킬 수 있다. 지금의 품질이 그 당시보다 훨씬 높아졌음에 동의하지 않는 사람은 없지만 생산성 측정과 품질을 연결하는 것은 단순하지 않다. 대체로 생산성 측정은 관련 요인의 인식과 더불어 검토되어야만 한다. 따라서 생산성을 정확하게 측정하는 것보다 대략적인 지표로 다루는 것이 더 좋은 방법이라고도 할 수 있다.

생산성에 영향을 미치는 요인들은 방법, 자본, 품질, 기술 및 관리 등이 있다. 많은 양의 학기말 보고서를 작성하려는 학생을 생각해 보자. 그 학생은 시간당 3장의 보고서를 작성할 정도의 타자실력을 가지고 있다. 그 학생은 어떻게 생산성을 향상할 수 있을까? 즉 한 시간에 더 많은 양을 타이핑할 수 있을까? 한 가지 방법은 타이핑 기술(방법)을 향상시키기 위해 학원의 단기코스에 등록할 수 있다. 다른 방법은 맞춤법을 체크하고 오타를 수정(품질)하는 것과 같은 자동체크 특성에 속도를 추가한 워드프로세싱 패키지와 좀 더 값비싼 컴퓨터(자본)로 타자기를 교체하는 것이다. 또한, 조직개선과 타이핑 예습(관리)을 통해서도 생산성 향상을 이룰 수 있다. 업무수행에 대한 자신감과 학점에 대한 기대감이 역시 생산성 향상에 중요한 요인이 될 수 있다. 전술한 모든 요인이 과제물 작성뿐만 아니라 어떤 종류의 일에도 적용될 수 있는 생산성 향상의 잠재적인 원천이 될 수 있으며 그 요인들이 개발되는 것은 일반적으로 경영자에게 달려 있다.

일반적으로 작업자가 생산성의 주된 결정요인이라고 잘못 이해하고 있다. 이 이론에 따르면 생산성 향상은 종업원들을 더 열심히 일하게 함으로써 가능하다고 생각하는 것이다. 그러나 과거에는 주로 기술개선으로 생산성이 향상되어 왔다. 그러나 기술만으로는 생산성을 향상할 수 없다. 왜냐하면 기술이 합리적이고 사려깊게 사용되어야만 생산성을 향상시킬 수 있기 때문이다. 철두철미한 계획 없이는 고비용, 비합리적인 작동 및 비탄력성을 야기한다면 기술은 실제적으로 생산성을 감소시키는 요인이 될 수 있다.

3. 생산성 향상 방법

생산성을 향상시키는 방법으로는 생산성 개념에 의한 투입량의 상호관계를 변화시킴으로써 달성 가능하며 다음의 몇 가지로 요약할 수 있다.

1. 투입량을 일정하게 하고 산출량을 늘이는 방법이다.
2. 산출량을 일정하게 하고 투입량을 줄이는 방법이다.
3. 투입량을 산출량의 비율보다 더 많이 줄이는 방법이다.
4. 산출량을 투입량의 비율보다 더 많이 늘이는 방법이다.
5. 이상적인 방법으로 투입량은 줄이고 산출량은 늘이는 방법이다.

이러한 방법들은 종업원의 교육훈련, 기술수준의 향상, 자동화 기계 또는 신설비의 대체, 작업방법의 개선 등 기업의 제상황을 고려하여 검토하여야 할 것이다.

생산성 향상을 위하여 다음과 같은 몇 가지 방법을 제시할 수 있다.

1. 모든 생산활동에 대한 생산성 척도를 개발하라 : 측정은 생산운영의 관리와 통제의 첫 단계이다.
2. 시스템을 전체적인 관점에서 고찰하라. 이 개념은 전체적인 생산성에 대하여 설명하고 있다. 이 그림에서는 생산활동의 산출이 병목활동(bottleneck operation)으로 공급되는 제작업들로 구성되어 있음을 나타내고 있다. 병목작업의 능력은 투입으로 주어지는 각 작업의 통합능력보다 낮다. 그래서 작업대기로 인하여 작업지연이 발생하여 병목현상이 발생하게 된다. 병목작업의 개선은 병목작업의 산출율이 비병목작업의 산출율과 같게 되는 시점까지 생산성이 증가될 것이다.
3. 다른 기업의 생산성 향상 방법을 연구하고 작업의 수행 방법을 재검토하면서 구성원들(작업자, 관리자, 기술자)의 아이디어를 결집하는 등의 생산성 향상 방법을 개발하라.
4. 생산성 향상을 위해 합리적인 목표를 수립하라.
5. 경영자가 생산성 향상을 위하여 적극적으로 지원하고 격려하라. 작업자에게는 공헌에 대하여 보상하기 위한 인센티브를 고려하라.
6. 생산성 향상을 측정하고 그것을 종업원들에게 인식시켜라.
7. 효율성과 생산성을 혼돈하지 말라. 효율성은 주어진 자원으로 최상의 것을 추구하는 좁은 개념인 반면에 생산성은 전체 자원의 효과적인 활용에 적합한 광의의 개념이다. 예컨대, 잔디깎는 기계가 수동일 때 효율성의 관점은 수동 잔디깎는 기계의 사용을 위한 최상의 방법에 집중된다. 생산성의 관점에서는 수동기계 외에 동력 잔디깎는 기계의 사용에 대한 가능성 검토도 포함된다.

4. 서비스 생산성

제조기업에 비해 서비스기업의 생산성 측정은 매우 어렵다. 서비스의 생산성 또한 산출물의 가치를 투입물의 비용으로 나눈 값이다. 서비스기업이 창출하는 가치는 주로 무형재이기 때문에 측정이 쉽지 않고, 어떤 경우에는 투입물의 측정도 쉽지 않다. 서비스기업의 가장 중요한 투입물은 노동력이라고 볼 수 있다.

서비스기업에서 생산성을 향상시키기 위해서는 여러 가지 방법이 존재한다. 다음은 서비스기업의 생산성을 향상시킬 수 있는 여러 가지 방안을 소개하고 있다.

1) 대체

서비스기업에서의 대체(substitution)는 여러 방법을 통해 이루어진다. 첫째, 노동력을 자본으로 대체하는 것이다. 둘째, 자본을 자본으로 대체하는 것이다. 오래되고 낡은 기계를 새것으로 대체하는 경우로서 서비스 시설의 전산화는 자본을 자본으로 대체하는 한 예이다. 셋째, 노동력을 노동력으로 대체하는 것이다. 많은 서비스업체가 비용을 절감하기 위하여 업무를 임금이 적은 사람으로 대체하는 경우가 있다. 넷째, 노동력을 고객의 노동력으로 대체하는 것이다. 이는 고객을 직접 서비스 창출 과정에 참여시키는 것이다. 다섯째, 위에서 제시된 방법을 모두 동원하는 것이다. 예컨대 은행에서 ATM(automatic teller machine)을 설치하는 것이다. 이는 서비스에서 새로운 기술로 창구직원이 필요 없으며 고객이 직접 서비스 창출 과정에 참여하게 된다.

2) 낭비 제거

낭비 제거에는 여러 방법이 있다. 첫째, 서비스 방법의 개선이다. 제조기업에서 오랫동안 사용하여 왔던 시간연구와 동작연구를 통해 서비스를 수행하는 방법에 대해 과학적인 분석을 통해 서비스 방법을 개선하는 것이다.

둘째, 품질 향상이다. 서비스 품질의 향상은 생산성의 향상으로 이어진다. 이 방법은 단기보다는 장기적으로 효과가 발생하는데 특히 실수방지장치와 같은 기법은 서비스품질을 향상시키는 데 좋은 효과가 있다.

셋째, 시간관리이다. 서비스의 설계에서부터 고객에게 서비스를 제공할 때까지 발생하는 모든 요소에 대한 시간을 분석하고 감소시키는 것이 시간관리의 목적이다.

넷째, 과업을 분리하지 않고 한 사람이 모두 수행하는 것이다. 이는 여러 사람이 서비스를 수행할 때 발생하는 변경시간을 없애줄 뿐만 아니라 과업 전체에 대한 책임감을 높여준다.

3) 변동과 다양성의 감축

수요와 서비스에서 발생하는 변동을 제거하거나 감소시키는 것은 생산성을 향상시키는 데 기여한다. 또 서비스의 다양성 증대는 서비스 공급 능력을 제한한다. 변동과 다양성을 감축시켜 생산성을 높이는 방법은 다음과 같은 것들이 있다.

첫째, 표준화이다. 표준화는 생산성을 높이지만 고객에게 다양한 서비스를 제한하여 고객 요구의 다양성을 충족시키지 못할 수도 있으므로 이 점에 유의해야 한다.

둘째, 고객과의 접촉을 가능한 범위 내에서 줄이게끔 서비스를 설계하여, 서비스에서 발생하는 변동을 감소시키는 것이다.

4) 수요관리

서비스는 재고가 없으므로 효율적인 수요관리를 통해 생산성을 향상시킬 수 있다. 서비스업체는 성수기의 수요를 비수기로 이동시켜야 한다. 이는 주로 가격을 통해 이루어진다. 또한 기존 설비에 대한 고정비를 감소시키기 위해 새로운 업무를 추가시킬 수도 있을 것이다.

5) 규모의 경제와 집중력의 경제

어떤 서비스업체들은 설비규모를 증대시킴으로써 생산성을 향상시킬 수 있다. 이 경우 커뮤니케이션이나 수송과 같은 자본 집약적인 서비스업에 적용된다. 그리고 고객을 오게 함으로써 집중력의 경제 효과를 얻을 수도 있다.

2-2 성과측정의 영역

기업들이 구매, 생산, 유통의 기능에서 고객 서비스 수준 목표와 수익성 목표를 달성하기 위해서는 네 가지의 성과 영역이 필수적이다. 이들은 바로 품질, 원가, 납기, 유연성 등 고객 서비스 그리고 자산관리이다.

1. 품질

제품이나 서비스를 구매함에 있어서 고객은 품질을 최우선 순위에 놓는다. 품질의 기본 측정치는 제품의 기능성 혹은 서비스의 안정성이다. 구매와 생산에 있어 가장 널리 사용되고 있는 품질 측정 기준은 불량률이다. 오늘날 대부분의 기업은 100만분의 일(parts-per-million: PPM) 단위로 불량률을 관리한다. 이 정도의 품질 성과를 달성하기 위해 제품은 반드시 품질에 많은 신경을 기울여서 설계되어야 하고, 프로세스는 품질과 안정성을 갖추도록 설계되어야 한다.

유통에 있어 품질은 서비스 안정성에 반영된다. 주문을 올바르게 입력했는가? 제품은 정확히 인출되었는가? 문서는 정확히 작성되었는가? 제품이 손상 혹은 하자 없이 배송되었는가? 대부분의 경우 품질은 수행된 모든 활동 건수에서 올바르게 수행된 활동 건수의 비율로 측정된다.

품질에 대한 마지막 이슈로는 정보의 가용성과 정확성을 들 수 있다. 필요한 정보가 제공되는가? 그렇다면 그것은 정확한 것인가? 관리자들은 제공되지 못하는 정보의 유형을 분류하여, 이를 내부 관리자와 외부 고객에게 정확한 정보를 제공할 수 있도록 시스템을 변경하는 데에 활용해야 할 것이다.

2. 원가

원가 관련 성과는 매우 중요하게 취급되며 다른 성과 지표들에 비해 훨씬 더 세심하고 포괄적인 방법으로 추적된다. 이러한 현상은 종종 비용발생 기능으로 다루어지는 구매, 생산, 유통과 같은 공급사슬 기능에서 더욱 뚜렷이 나타난다. 경쟁사의 도전 혹은 경제적인 도전에 직면하게 되었을 때, 많은 경영자는 본능적으로 원가를 절감하려 한다. 예컨대, 미국 달러에 대한 엔화의 가치가 가파르게 상승하여 일본 업체들이 수익성을 위협할 지경에 다다르게 되자, 도요타는 전례 없는 수준의 원가 절감을 단행하겠다고 발표했다. 그 결과 도요타의 원가우위는 2002년도에 다임러크라이슬러, 포드, GM의 이익을 모두 합친 것보다 더 큰 이익을 달성하였다.

그러나 경영자들이 반드시 기억해야 할 것은 만약 원가 절감이 기업의 필수적인 기능을 해칠 경우 매우 위험한 것이 될 수 있다는 점이다. 기업은 원가 절감보다는 새로운 경쟁우위를 만들어 낼 때 번영하게 된다. 위대한 기업이 되기 위해 원가 절감에만 매달리는 기업은 거의 없다. 많은 경영자가 이 사실을 망각한다. 왜 원가 절감이 도요타에서는 통했을까? 그것은 변화된 외부환경이 원가 절감을 필요로 했기 때문이지, 도요타의 경영이 허술하고 비효율적이었기 때문은 아니었다. 도요타는 훌륭하게 관리되는 기업으로 세계 최고의 차를 만들겠다는 자사의 기업전략의 일부로 원가 절감을 추진하였다. 원가 절감 자체를 전략으로 보지 않았다. 원가 절감 자체에 해당하는 기업은 어느새 자신이 끝없는 원가 절감의 소용돌이에 빠져 있다는 사실을 깨닫는 경우가 많다.

원가를 낮추는 데 유용한 도구가 생산성이다. 생산성은 기업이 사용한 자원을 투입요소로 하고 기업에 산출한 제품이나 서비스의 비율로 표현된다. 생산성 측정은 모든 것이 부족하고 절박했던 2차 대전 중에 활발히 이루어졌다. 당시 인건비의 비율은 제품 원가의 50%에 이를 정도였다. 따라서 노동생산성은 전체 생산성을 좌우할 수 있는 요소였다. 아직도 대부분의 기업은 노동이 전체 제조원가의 5~10% 정도에 불과한 요즘에도 생산성의 기본 척도로 노동생산성을 활용하고 있다.

스키너는 경영자들이 생산성 향상을 정의하는 방법과 생산성 향상을 위해 사용하는 도구가 그들의 목표를 달성하기 어렵게 만든다고 경고한 바 있다. 그는 생산 기능의 경쟁우위 중 약 40% 정도가 장기적인 생산 구조 변화에서 나오며 다른 40%는 도구 및 프로세스 기술의 커다란 변화로 비롯되며 마지막 20%는 생산성 증대를 위한 전통적인 노력들로부터 오는 것이라고 하였다.

이와 비슷한 관계는 구매와 유통에서도 찾아볼 수 있다. 비록 추적은 더 어렵지만 노동, 원자재, 자본, 에너지 등을 복합적으로 반영한 종합생산성(total factor productivity) 기준을 활용하면 프로세스에 대한 이해도를 제고하고, 경쟁력 있는 의사결정을 내릴 수 있을 뿐 아니라, 노동자도 소외감을 덜 느낀다.

3. 납기 등 고객 서비스

고객 서비스는 고객이 필요로 하는 제품을 필요로 하는 장소로 적시에 제공하는 것이다. 서비스 측정 기준은 가용성, 시간, 만족도에 초점을 맞추는 것이 일반적이다. 가용성을 측정하기 위한 주요 기준으로는 충족률, 완성주문, 품질, 미납주문이 있다. 충족률은 고객이 주문한 상품의 수를 고객에게 배송된 상품의 수로 나누면 되는데, 서비스를 측정하는 데에는 완성주문비율(고객의 주문 수/배송이 완료된 주문 수)이 더 낫다. 궁극적으로 고객은 자신의 주문에서 충족되지 않은 품목을 추적하느라 혼란스러워하기를 원하지 않는다.

시간기준은 정시 배송과 사이클 시간을 강조하는 것이다. 정시 배송되는 제품의 비율은 구매, 생산, 유통에 있어 매우 중요한 측정 기준이 된다. 가치 창출 프로세스상의 그 어느 단계에서라고 정시 배송이 되지 않는다면 이는 전반적인 고객 서비스를 위협하고 비용을 증가시킬 수 있다.

사이클 시간은 반응성의 척도로서, 고객의 주문에서 배송까지 걸리는 시간을 말한다. 사이클 시간이 짧을수록 유연성을 높일 수 있을 뿐 아니라, 높은 기대 수준을 가진 다양한 고객의 수요도 충족시킬 수 있기 때문에 사이클 시간은 신제품 개발에서 생산, 고객주문 처리에 이르는 프로세스에 있어 가장 중요한 목표가 된다. 모든 사무용 가구를 주문 이후 단 12일 만에 배송할 것을 약속하는 스틸케이스사는 자사의 전체 부가가치 프로세스에서 사이클 시간을 줄이는 데에 모든 노력을 기울이고 있다.

또한, 고객 서비스를 측정하는 기준들 중 널리 사용되는 것으로 고객 불만을 들 수 있다. 제품·서비스에 불만을 품은 고객이 불만을 제기할 때까지 기다리는 것은 고객 만족의 측정기준으로 좋지 않은 기준이다. 그러나 많은 기업들이 고객 만족도를 측정할 때 고객의 불만 건수를 자주 사용한다. 고객 서베이가 좀 더 개선된 방법이지만, 여전히 서비스 수준과 만족 수준을 측정하기에는 부족한 방법이다. 이에 많은 기업들이 포커스 그룹, 분기별 경영점검, 고객 자문위원회를 운영하고 있으며, 서비스 수준에 대한 고객인지도를 더 잘 이해하기 위하여 최고경영진이 직접 현장을 방문하기도 한다.

4. 자산관리

성공한 기업은 미래를 위해서 그들의 역량에 투자한다. 해당 투자에 의해 그들이 얻는 이익을 꼼꼼히 평가한다. 중요한 자본 투자는 설비, 기계장비, 기술, 재고에 대한 투자이다. 설비와 기계장비에 대한 투자는 생산능력 가동률에 의해 평가된다. 일례로 연간 20만 대의 모터사이클을 생산할 수 있는 시설에서 15만 대만을 생산하고 있다면 이는 전체 시설의 75%만을 활용하는 것으로, 효율성을 제고하여 규모의 경제를 달성하기에는 다소 낮은 가동률이다. 대부분의 생산시설은 생산능력의 90%에서 최대의 효율성을 발휘하도록 설계된다. 일반적으로 서비스의 경우는 가동률이 그만큼 높지 않더라고 수익을 올릴 수 있다. 일례로 항공운수업에서 좌석 이용률은 약 74% 정도만 되어도 수익을 올릴 수 있다.

전통적인 자산관리의 목적은 설비와 기계장비의 정기적인 유지보수, 작업자의 훈련, 기타 중요한 보존 요소를 해치지 않는 범위 내에서 가능한 이론적 생산능력에 근접하게 활용하는 것이었다. 그러나 골드렛은 그의 저서 〈The Goal〉에서 생산능력의 활용을 지나치게 강조할 경우, 기업에 혼란을 초래할 수도 있는 과도한 양의 재고를 보유하게 될 가능성이 있을 뿐 아니라 좋은 결정을 내릴 수 있는 경영자의 능력을 제한할 수도 있다고 지적한 바 있다. 또한 병목 현상과 한정된 자원을 잘 식별하여 주의 깊게 관리해야 한다고 강조하였다.

2-3 성과측정의 문제점

1. 원가관리의 관점

일반적으로 성과측정의 문제는 생산운영관리에서 다뤄졌다기보다는 원가관리에서 많이 연구되어 왔다. 그런데 최근에 원가관리에서 과학적 관리법 시대의 표준원가에 의해 성과를 평가하는 것이 다품종 소량생산 시대에서도 그대로 적용될 수 없다는 문제점이 제기되었다.

전통적인 원가관리의 문제점은 첫째, 질적 효과의 비계량화, 둘째, 제조 간접비 배분의 부정확, 셋째, 원가관리 및 자동화 관련 비용의 통제부족, 넷째, 비재무적인 성과측정의 어려움, 마지막으로 품질측정 및 보고상의 문제(개별품질원가에 초점, 품질비용 정보의 한정성)로 요약될 수 있다.

〈표 2-1〉 원가관리 특성 및 국가별 비교

구분	표준원가관리	일본의 원가기획	미국의 ABC
발달시기	1920년대 이후	1970년대 이후	1980년대 이후
수단	표준원가 설정후 실제원가와 차이분석	제품의 기획·설계 단계에서 보다 엄격한 목표원가 설정	원가동인 분석을 통한 낭비적 원가의 절감
주요적용 대상업종	소품종 대량생산	다품종 소량생산 업종으로서 가공조립형 산업	다품종 소량생산 업종으로서 제조간접비 비중이 큰 산업
특징	• 제조간접비를 조업도 관련기준(작업 시간, 기계시간 등)에 의해 배부 • 생산·제조단계에서의 원가통제, 생산능율 향상을 목표로 함 • 차이분석을 통해 소극적·수동적 개선방안 모색	• 기획·설계 단계에서 목표원가 설정을 위한 VE활동 및 허용원가 절감 노력 전개 • 기획·설계 단계에서부터 보다 철저한 원가 절감 개시 • 엄격한 수준의 목표원가 설정 • 전사적인 관련부서의 적극적인 참여로 전략 경영 실천 가능	• 제조간접비의 원가동인에 의해 배부 • 제조 과정에서 발생하는 제반활동의 정확한 추정 • 비능률적인 원가동인 제거를 통해 원가 절감 • 비능률적인 원가동인 분석 결과를 경영전략 수립에 활용 가능
한계점	• 표준원가설정시 비과학적인 요소가 내재 • 현상유지적 표준 설정	• 원가기획 과정이 복잡하고 그 과정 수행에 과도한 인원과 비용 투입 우려	• 원가동인 분석과정에서 과도한 인원과 시스템 구축투자 비용 우려

위와 같은 원가관리의 문제점 때문에 활동기준 원가회계(ABC), 신제조기술(FMS, CIMS)에 따라 원가 및 관리회계의 수정 문제, 신제조기술 도입시 투자안 타당성평가 문제, 품질비용개념의 도입 문제, 일본식 제조기술(JIT)에 따른 원가회계의 수정 문제, 일본식 원가관리(목표원가 등) 등과 관련된 연구들이 활발히 진행되었다.

2. 전통적 성과측정 시스템의 문제점

비록 근본적으로 '틀린' 것은 아니지만 전통적 성과측정 시스템은 오늘날 경영자들이 의사결정에 필요로 하는 앞에서 설명한 성과측정의 영역들을 제대로 충족시켜 주지 못하고 있다는 점에서 갈수록 많은 비판을 받고 있다. 캐플란에 따르면, 전통적인 성과측정 기준들은 단기적 재무성과와 원가 절감에만 지나치게 초점을 맞추고 있다. 나아가 이들은 기업에 대한 전반적인 시각을 제공하지 못하고 있을 뿐 아니라 정렬과 협력을 촉진하는 데에도 효과를 거두지 못하고 있다.

전통적 성과측정 시스템의 또 다른 문제점은 이들이 기본적으로 기능의 측정만을 수집하는 데에 적합하도록 설계되어 있다는 것이다. 기능에 대한 측정만을 지나치게 강조하면, 최적 이하 혹은 비생산적인 활동들을 야기하게 되며, 때로는 바람직한 사고에 장애물이 될 수도 있는 것이다.

최근의 경제 상황과 환경변화 속에서 보다 적합하고 신속한 의사결정을 내리기 위해서는 공격적이고 혁신적인 성과측정 기준이 필요하게 되었다. 최근 발생하고 있는 경쟁 상황의 변화는 아래와 같다.

- 전 세계에 산재한 능력 있는 경쟁 기업들이 원가 이외의 경쟁 영역을 강조하도록 만들고 있다. 그러나 전통적 성과측정 기준은 원가 정보를 제공하는 데에만 가장 적합할 뿐 다른 영역의 성과를 측정하는 데에는 상대적으로 적합하지 않다.
- 적시 생산이나 린 경영을 통해 공급사슬에서의 재고를 정보가 대체하고 있음에 따라 실시간으로 정확한 재고 정보를 요구하고 있다.
- 프로세스 관리를 위해서는 기능 간 민첩성과 기능의 우수성을 동시에 향상시킬 수 있도록 해 주는 더 좋은 측정 기준이 필요하다.
- 세계적인 네트워크 하에서는 네트워크의 일일 작업 통제뿐 아니라 네트워크 구조의 구축과 협력에 관한 의사결정을 돕기 위한 광범위한 측정치를 필요로 한다.
- 고객의 요구를 충족시키기 위해서는 고객으로부터 직접 얻는 만족도 관련 정보가 필요하다.

경쟁우위를 갖추기 위한 성과측정 시스템은 기업 내부에 초점을 맞추면서도 기업 외부에 기반을 두고 있는 더 많은 종류의 실시간 정보를 제공할 수 있어야만 한다.

2-4 바람직한 성과측정

1. 생산운영 성과의 정의

생산운영 성과(operations performance)는 "기업이 생산하는 제품이 시장에서 얼마나 경쟁력이 있는가, 다시 말해서 소비자의 욕구를 얼마나 잘 충족시킬 수 있는가를 평가하는 기준"을 말한다. 따라서 생산성과는 기업이 경쟁수단을 선택하고 이를 달성하기 위해 지속적으로 추진해 온 전략적 목표를 기준으로 측정해야지 단순히 재무적 성과를 기준으로 측정해서는 안 된다. 전략적 성과를 측정하는 데 재무적(회계적) 성과의 측정에 의존하는 경우의 문제점을 들어보자.

재무적 운영성과만을 측정하는 경우 첫째, 원가회계시스템은 제조의사결정의 원인(또는 선도자)이라기보다는 결과(또는 추종자)의 기능만 수행하고 있어 전사적 품질관리(TQC), 적시재고시스템(JIT), 컴퓨터통합제조공정(CIM)을 통한 제조 부문의 효율 및 효과의 증대를 파악하지는 못한다. 둘째, 재무적 측정시스템은 신제품정착시간 감소, 유연성, 제조 소요시간, 주문조달기간의 단축 등을 파악하지는 못한다. 셋째, 단기적 이익지표는 제조 공정의 개선, 작업인력의 기술, 충성도와 사기, 분배채널에 대한 지출과 소비자 인식, 제조 및 정보 시스템을 위한 개선된 소프트웨어의 개발에 따르는 신호역할을 하지 못한다.

이러한 문제를 극복하기 위한 새로운 성과 지표로 고려되어야 할 것으로 품질을 측정하기 위해 내부 실패지표(스크랩, 재작업율, 부품불량률, 서비스 요청회수)를 제시하고 있고, 적시재고생산의 성공도와 납기에 관한 내용을 측정하기 위해 평균준비 시간, 생산완료시간, 주문조달시간, 평균생산일수 등을 제시하고 있고, 설계 및 공정이 유연성을 측정하기 위해 제품 단위당 총 부품의 수, 보통부품과 특수부품의 비율, 하위 조립 공정의 수, 자재명세서 수준을 들고 있으며, 종업원들의 발전이나 가치증대를 측정하기 위해 결근율, 이직률, 모집의 성공 정도, 사기, 기술 수준, 승진 가능성 등이 있다.

운영전략의 성과를 분석하는 데 '경쟁력 향상이 궁극적인 전략 성과'라고 할 수 있다. 이러한 장기적이고 궁극적인 목적을 달성하기 위해서는 금년도에 또는 이번 분기에 어떤 구체적 목표를 달성해야 하는가를 우선순위에 따라 결정해야 한다. 이러한 관점에서 볼 때 운영전략의 목표를 대상으로만 평가되어야 하며 막연히 당기순이익과 같은 재무적 성과만을 놓고 평가하는 경우 관리 절차에 일대 혼선을 야기하는 결과가 된다.

2. 바람직한 생산운영 성과의 측정

성과측정의 타당성 문제와 관련하여 살펴볼 때 다음과 같이 요약할 수 있는데 첫째, 성과측정 시에 '무엇을(what)' 측정해야 하는가 하는 것은 운영전략의 목표에 맞추어 성과를 측정해야지 막연히 당기순이익과 같은 재무적 성과를 측정해서는 안 된다. 즉 운영전략의 목표로 원가중심전략을 추구했다면 효율중심 성과 지표, 재무적 성과 지표를 중심으로 측정되어야 하고 품질, 납기, 신축성 등과 같은 차별화 전략을 추구했다면 효과중심 성과 지표, 비재무적 성과 지표를 중심으로 측정되어야 한다.

둘째, '어떻게(how)' 성과를 측정해야 하는 것은 효과를 측정해야 한다는 것이다. 실제로 기업에서는 운영 활동의 성과는 '생산성 향상'으로 인식되고 있으나 생산성 향상을 위해 강조하는 내용을 보면 주고 작업자 및 작업설비 등으로 구성된 운영 시스템의 효율을 극대화시켜서 궁극적으로 생산원가를 절감하려는 시도이다. 그러나 운영전략에 따른 생산 활동의 성과를 측정하려는 경우 이는 효율의 문제라기보다는 효과(effectiveness), 즉 목표달성 정도의 문제인 것이다. 실제로 기업에서 생산 활동의 성과를 측정할 때 무엇을, 어떻게 측정해야 하는지를 정확하게 알고 이를 성과측정 시 반영해야 좋은 성과를 이룩할 수 있게 된다.

3. 성과측정의 개선—균형성과표

균형성과표(Balanced Score Card: BSC)는 재무적 측정지표들을 보완하면서 재무적 성과뿐만 아니라 재무적 성과의 동인이 되는 비재무적 성과에도 관심을 둠으로써 전통적 관리

〈표 2-2〉 균형성과표의 네 가지 관점

관점	특징
재무 관점	회사의 모든 경영활동의 최종 결과로서 경영손익의 결과를 평가 • 자산, 부채, 자본을 구성하고 있는 대차대조표상의 지표 • 성장성/활동성/안정성/생산성/유동성 등의 경영분석 지표 • 수입, 비용, 이익지표 • 기타 재무비율 상으로 귀결되는 개념으로 추가된 지표 등
고객 관점	고객의 가치를 평가 – 품질, 원가, 시간, 만족도 등
내부 프로세스 관점	고객 만족 및 기업성과 극대화를 위하여 내부적으로 수행하는 업무활동을 평가 – 손익, 매출액, 시장점유율 등
학습 및 성장 관점	미래의 지속적인 성장을 위한 끊임없는 변화 창출을 주도할 수 있는 활동, 인프라(시스템)를 평가

방법과는 달리 전략적 분석과 운영 프로세스에 관련된 틀을 제시하고, 각각의 지표들의 연계를 통한 기업의 장기적 비전과 전략의 수행에 핵심적인 역할을 수행할 수 있도록 도움을 준다. 균형성과표는 재무 관점, 고객 관점, 내부 프로세스 관점 그리고 학습 및 성장 관점으로 구성되어 있다.

요약

이 장에서는 생산성에 관한 기본적인 내용 및 이와 관련된 운영성과에 관하여 학습하였다. 핵심 내용을 요약하면 다음과 같다. 생산성이란 생산활동에 투입되는 여러 자원에 대한 제품 또는 서비스의 산출을 측정한 척도인데 투입량 대비 산출량의 비율이다. 생산성의 측정은 여러 형태로 구분할 수 있으며 부분생산성, 다요소생산성, 총요소생산성으로 구분 가능하며, 부분생산성으로는 노동생산성, 기계생산성, 자본생산성, 에너지생산성, 부가가치 생산성 등으로 세분화할 수 있다. 생산성 향상 방법으로는 투입량과 산출량을 조절함으로써 가능하며 기술혁신, 종업원의 교육훈련, 자동화 및 설비의 대체, 작업시스템의 개선 등 기업의 여러 상황을 고려하여야 한다. 효과적인 전략의 수립은 가격, 품질, 시간, 유연성, 서비스 등과 같은 경쟁적 우선순위를 고려함으로써 가능할 것이다. 성과 측정은 전략과 운영이 연계되어야 하며 전략은 제품 또는 서비스의 전체 프로세스를 수행하는 데 걸리는 시간을 단축하는 데 초점을 둔 전략으로, 이 전략은 시간의 단축이 비용의 절감으로, 생산성 및 품질의 향상으로, 결국 고객 서비스를 개선함으로써 고객만족을 최대화할 수 있다는 것이다.

복습문제

1. 생산환경의 변화에 의해 전통적 관리회계시스템이 달라져야 하는데 이러한 변화가 나타나는 영역과 개선방안에는 어떤 것이 있는가?
2. 전통적 성과측정 방법으로 시스템의 구매, 생산, 유통 기능 등에서는 5개의 성과측정 영역이 필수적인데 어떤 것들이 있는지 알아보라.
3. 생산성과를 제대로 측정하기 위하여 전략과 운영 부문으로 나누었을 때 전략영역에서는 무엇을 해야 하며 어떻게 측정해야 하는지 토의하라.
4. 생산성과를 제대로 측정하기 위하여 전략과 운영 부문으로 나누었을 때 운영영역을 측정하는 대표적인 지표인 생산성은 무엇으로 측정되는지 알아보라.
5. 성과측정 지표의 개선이 필요한 이유와 유용한 성과 지표에 대해 토의하라.
6. 생산성 딜레마를 설명하라.
7. 제조간접비가 향후 증대될 수 있는 이유로 '숨겨진 공장'이 있는데 그 배경에 대해 알아보라.
8. 제조간접비와 관련되어 있는 향후 발생하거나 발생한 업무는 어떤 것들이 있는가?
9. 제조간접비 절감을 위한 방안으로 어떤 것을 들 수 있는가?
10. 현재 한국제조업체들의 제조원가 구조, 즉 원재료비, 노무비와 제조간접비의 비중을 알아보고 구성비율의 관점에서 제조경쟁력 강화방안을 생각해 보라.
11. 생산 활동의 운영을 효율적으로 하기 위해 관리자가 유지해야 하는 자료는 무엇이 있는가?
12. 부가가치생산성과 총요소생산성은 어떤 식에 의해 계산할 수 있는가?
13. 차량생산업체인 갑을공업사의 금년 상반기 생산자료에 따르면 생산에 투입된 자원과 생산실적은 다음과 같다.

투입생산자원		생산실적	
자재	800백만 원	차량생산	2,000대
노동	400백만 원 (종업원수 200명)	출하가격(대당)	1백만 원
자본	500백만 원	생산액	= 2,000대×1백만 원
에너지	150백만 원		
기타	50백만 원		

(1) 노동생산성(물적, 가치)을 계산하라.

(2) 자본생산성을 계산하라.

(3) 부가가치생산성을 계산하라.

(4) 총요소생산성을 계산하라.

(5) 종합생산성을 계산하라.

14. 서비스 생산성의 측정 방법과 생산성 향상 방법을 설명하라.

마무리사례: 경쟁우위를 달성하기 위한 새로운 도전 – 할리데이비슨 오토바이 회사의 대량고객화 전략

1980년대 마이클 포터(Michael Porter)의 본원적 전략이 소개된 이후로 기업들은 시장에서 경쟁하기 위해 비용 우위를 앞세운 저가전략을 채택하던가 품질이나 속도, 디자인과 같은 차별적 특성을 앞세운 차별화전략을 채택하는 것이 일반적인 전략 접근법이었다. 기업 수준에서 저가전략을 채택한다면 생산부문에서는 생산원가를 가급적 줄일 필요가 있기 때문에 대량생산이 주된 생산운영전략이 되어야하고, 차별화전략이 채택된다면 생산부문에서는 고객화생산을 생산운영전략으로 채택하여야 한다. 또한 생산운영전략의 핵심개념 중의 하나인 상쇄관계 이론에서는 생산원가의 절감과 품질과 같은 차별적 특성을 동시에 탁월하게 만드는 것은 불가능하다고 알려져 왔다. 따라서 시장에서 기업이 경쟁우위를 달성하는 방법은 생산운영전략에서 대량생산이나 고객화생산 중에 하나를 택해야 한다는 것이었다. 그러나 요즘은 두 마리 토끼를 모두 잡는 방안이 추구되고 있으며 이를 성공적으로 실행하는 대량고객화 생산을 생산운영전략으로 채택하는 기업이 늘어나고 있다.

미국의 할리데이비슨(Harley Davidson) 오토바이 회사는 세계에서 가장 유명한 오토바이 제작사 중의 하나다. 1903년 회사가 처음 창업한 이후로 대형 오토바이를 생산해 오고 있으며, 미국의 넓은 고속도로를 요란한 소리를 내며 달리는 오토바이족들은 미국의 자유를 나타내는 대표적인 상징이 되었다. 할리 오토바이를 유명하게 만든 것은 그 요란하고 독특한 배기음 소리와 함께 다양한 튜닝과 개조를 고객 맞춤식으로 제공하고 있다는 점이다.

그동안은 오토바이 개조 전문점에서 이러한 튜닝과 개조를 위한 부품과 악세사리를 판매해 왔는데, 2011년부터 할리 회사는 고객화 전략을 적극적으로 채택하여 아예 주문시에 고객이 요구사항을 다양하게 넣을 수 있도록 만들었다. 즉 "Build your own bike"라는 웹사이트를 개설하여 핸들, 머플러, 시트 등의 다양한 부품을 구매자가 선택하여 조합하는 방식으로 주문을 받도록 한 것이다. 각종 오토바이 모델과 부품별로 조합을 달리하면 모두 1,000 개 이상의 다양한 선택이 가능하다고 한다. 즉 할리 회사는 기존의 대량생산 체제에 고객이 원하는 방식으로 부품을 고객화하는 방안을 도입하여 실행해 가고 있다.

할리 오토바이의 부품 고객화를 위한 화면 이미지 (휠, 연료탱크, 색깔 등을 다양하게 주문한다)

이처럼 고객 한 사람 한 사람의 요구에 맞추어 고객화 생산을 추구하면서 대량생산을 동시에 실행해 가는 것이 할리데이비슨의 새로운 비즈니스 모델이 되었으며, 그 중심에 생산부문의 대량고객화 생산전략이 자리잡고 있다는 것은 기업이 시장에서 경쟁우위를 달성하기 위해 생산전략이 얼마나 중요한 역할을 하는지 알려주는 좋은 사례이다.

〈토의 문제〉

1. 대량고객화의 개념을 정의해 보라.
2. 대량고객화에 성공한 기업의 사례를 찾아보라

2부

생산운영 전략

3장 생산운영전략

4장 프로젝트 관리

5장 품질경영

6장 기술경영

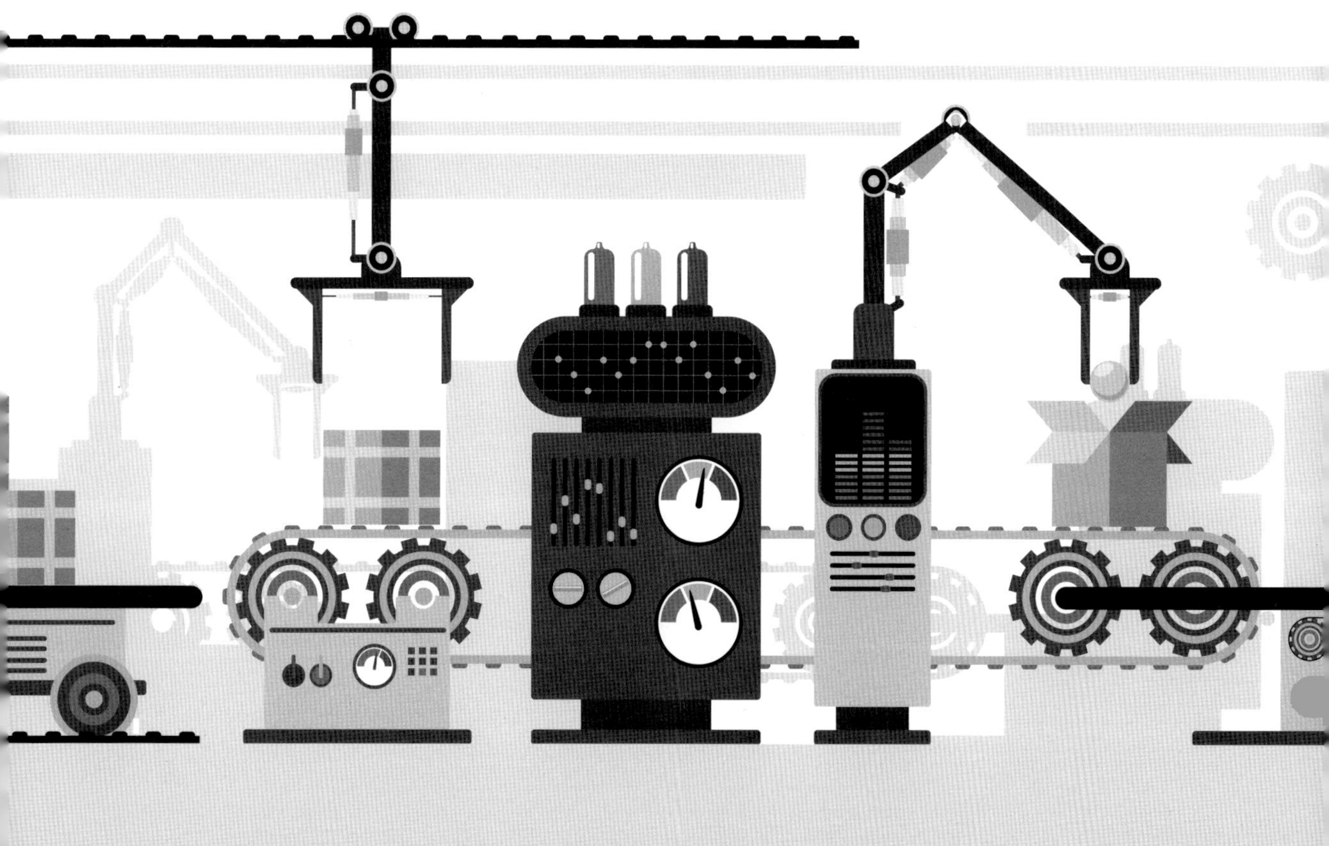

3 생산운영전략

도입사례

4차 산업혁명 시대의 비즈니스 모델과 생산운영전략

기업은 비즈니스 모델에 따라 사업을 수행한다. 비즈니스 모델은 가치 창출에 대한 과정을 정의해 주는데 어떻게 가치를 창출하여, 어떤 고객에게 전달하며, 어떻게 수익을 남기는지를 보여준다. 즉 비즈니스 모델은 목표 고객, 핵심 경쟁력, 파트너 네트워크, 가격 구조, 수익 모델 등 운영의 전반을 보여준다. 따라서 기업은 비즈니스 모델을 적절히 설정하고 유지하고 발전시켜 가는 게 필요하다. 오늘날 4차 산업혁명 시대를 맞아 생산과 소비의 혁명이 일어나고 있는 상황에서 비즈니스 모델의 혁신은 더욱 중요하다. 세계적으로 성공을 거두고 있는 애플이나 테슬라 등과 같은 글로벌 기업들이 일으킨 혁신은 단순히 제품과 서비스의 혁신이 아니라 비즈니스 모델의 혁신으로 봐야 할 것이다.

한국 기업은 ICT를 적극적으로 활용하고 있으며 온라인을 기반으로 한 모바일 생태계로의 전환도 빠르게 적용하고 있으나, 한국 기업들이 세계적인 수준에서 비즈니스의 다양한 방법론을 적극적으로 시도하고 세계적인 비즈니스 모델이나 플랫폼을 만들어 냈다고 하기는 어렵다. 이와 같은 상황에서 한국 기업들은 비즈니스 모델을 어떻게 혁신할 것인가를 심도 깊게 모색할 필요가 있다. 생산과 소비의 변화 속에서 프로세스별로 구분하여 미래의 변화 방향과 필요한 역량을 살펴볼 필요가 있을 것이다.

비즈니스 모델의 각 프로세스별로 혁신을 이루기 위해서는 실제공간과 가상공간이 통합되는 환경을 최대한

학습목표

1. 운영전략이란 무엇인지 이해한다.
2. 경쟁 차원, 경쟁 우선순위는 무엇인지 알아본다.
3. 전략의 설계-성과측정을 위한 BSC란 무엇인지 이해한다.
4. 전략적합성이란 무엇인지 알아본다.
5. 생산운영 부문의 주요 의사결정 요소에는 무엇이 있는지 이해한다.

활용하여 '디지털 아키텍처(digital architecture) 역량'을 강화할 필요가 있다. 디지털 아키텍처 역량이란 디지털 기술이 가치를 창출하도록 설계할 수 있는 능력을 말하는데 인공지능이나 정보기술을 중심으로 생산과 소비가 융합되는 미래에 특히 중요하다. 생산자는 미래의 환경 변화에 능동적으로 대응할 수 있도록, 디지털 아키텍처 역량을 키우고, 이를 새로운 비즈니스 모델과 결합하여 사업방식이나 프로세스를 새롭게 혁신할 필요가 있다.

프로세스 혁신의 구체적인 방안을 기획, 연구개발(R&D), 생산, 마케팅으로 구분해서 살펴보면 다음 표에 정리된 것처럼 사업 프로세스별로 다양한 변화를 도입할 수 있다.

〈생산과 소비 프로세스의 단계별 혁신〉

프로세스	As-Is	To-Be
기획	• 경영자의 직관과 경험이 중요하게 작용하는 의사결정 • 주기적으로 이루어지는 기획 • 생산자 중심의 기획	• 데이터에 기반을 둔 의사결정 • 실시간으로 이루어지는 동적 기획 • 고객수요에 맞춰 이루어지는 기획 • 검소한 혁신
연구개발	• 기술을 개발하여 확산하는 기술중심 R&D • 독자적·목표 지향적 R&D	• 고객수요를 파악하여 충족하는 고객중심 R&D • 조합형·적응형 혁신 • FastWorks 등 도입, 개방성 확대
생산	• 품질경쟁·가격경쟁 위주 • 수직계열화에 기반을 둔 대량생산	• 고객수요에 따른 맞춤형 생산 • 메이커 활성화 • 아웃소싱을 통한 유연성 제고
마케팅	• 생산 프로세스의 마지막 단계에서 제품·서비스를 고객에 전달하는 역할 • 단기간에 많은 고객에 알리기 위한 매스미디어 이용	• 고객수요를 이해하고 가치를 제안하며 생산·소비를 선도 • 다양해지는 미디어를 경제적으로 이용

출처: 미래창조과학부 미래준비위원회, "10년 후 대한민국, 미래 전략 보고서," p.137.

첫째, 기획에서는 데이터에 기초한 고객 중심의 기획이 필요하다. 기존의 전략 기획에서는 경영진의 직관과 경험이 중요한 역할을 했으나 사업 범위가 크게 확대되고, 환경의 빠른 변화로 불연속적인 변동이 빈번하게 발생하는 상황에서는 빅데이터, 머신 러닝 등의 기술을 이용하여 최신의 데이터로부터 최적의 답을 찾아내는 방법론을 이용하는 것이 필요하다. 즉 지능정보기술을 활용하여 고객, 경쟁사, 시장, 생산, 재고 등의 데이터와 정보를 취합하고 종합해 의사 결정을 진행하는 것이다.

둘째, 연구개발에서는 소비자 가치 지향 및 다양한 방법론 도입이 필요하다. 지금까지 연구개발은 경쟁우위를 확보하도록 해주는 최첨단 기술의 개발 위주로 추진되었으나 미래에는 시장과 고객의 요구를 파악하고 이를 적극적으로 충족시키는 것에 초점을 맞출 필요가 있다. 기술 진보에 따른 시장의 빠른 변화는 시간과 비용을 최대한 절감하면서도 상황에 맞도록 유연하게 대응할 수 있도록 요구하고 있다. 이를 위해 기술 중심이 아니 고객 중심으로 연구개발의 방향성을 전환하고, 기존에 나와 있는 기술의 결합을 이용하는 '조합적 혁신'이 부각되고 있다. 즉 다른 산업에서 이미 충분히 검증된 부품, 소프트웨어, 개발 도구를 결합해 새로운 결과물을 창출하는 것이다.

셋째, 생산 분야에서는 제조업의 스마트화와 아웃소싱으로 유연성을 제고하는 것이 필요하다. 생산과정에서 소프트웨어의 역할이 커지는 것에 대한 대응책을 마련해야 하며, 개인적인 취향을 맞춤식으로 충족시키는 고객화 생산을 위한 혁신이 필요하다. 또한 제품의 수명주기가 단축되고 수요의 변동성이 커지면서, 수직 계열화된 대량생산 구조의 이점은 줄어들 전망이므로 아웃소싱에 대한 의존성이 많이 늘어날 것으로 보이는데, 이것은 대규모 고정비 투자를 회피하고 유연성을 높이는 방편이 될 수 있다. 또한 제품과 서비스 생산에 있어 창의적인 소비자들과 협력하는 방안도 적극적으로 모색해 봐야 하는데 소비자를 생산 프로세스에 참여시키는 방안을 이용하는 기업들이 늘어날 것이다. .

넷째, 마케팅에서는 다양한 매체를 활용하여 소비자와 지속적인 관계를 유지하는 것이 필요하다.

과거에는 영업 및 마케팅이 생산 이후 마지막 단계에서 제품·서비스를 고객에게 단순히 전달하는 역할에 그쳤다. 그러나 향후 맞춤형 소비 시대에는 가치를 제안하고, 고객의 요구 사항을 이해하며, 생산과 소비를 선도하게 될 것이다. 이를 위하여 여러 가지 온·오프라인 매체를 활용한 고객과의 소통이 필요하며 저비용의 양방향 홍보 매체들을 어떻게 활용하는가가 중요해지고 있다.

자료: 미래창조과학부 미래준비위원회, "10년 후 대한민국, 미래전략 보고서."

3-1 운영전략

운영전략(operations strategy)은 '제품이나 서비스를 생산하고 분배하는 방법을 서술하는 계획'이라고 정의할 수 있다. 기업의 장기적 경쟁전략을 가장 잘 지원하기 위해 기업의 자원을 이용하기 위한 광범위한 정책과 계획을 수립하는 것이다. 기업의 운영전략은 기업전략과의 통합을 통하여 이해되어야 하며, 전략은 어쩔 수 없는 변화를 촉진하는 장기 프로세스와 밀접한 관계가 있다.

운영전략은 프로세스를 지원하기 위해 필요한 기반구조와 프로세스의 설계와 관련된 의사결정과 밀접한 관계가 있다. 프로세스 설계에는 적절한 기술의 선택, 시간별 프로세스 규모 결정, 프로세스 내 재고의 역할, 그리고 프로세스의 입지 등이 포함된다. 기반구조에 관한 의사결정에는 계획 통제 시스템과 관련된 논리, 품질관리 접근법, 작업자 임금 지불 구조, 그리고 생산 기능 조직 등이 포함된다. 운영전략이 어떻게 수립되는지 그 과정을 나타낸 것이 〈그림 3-1〉, 〈그림 3-2〉이다.

〈그림 3-1〉 운영전략 수립과정 1

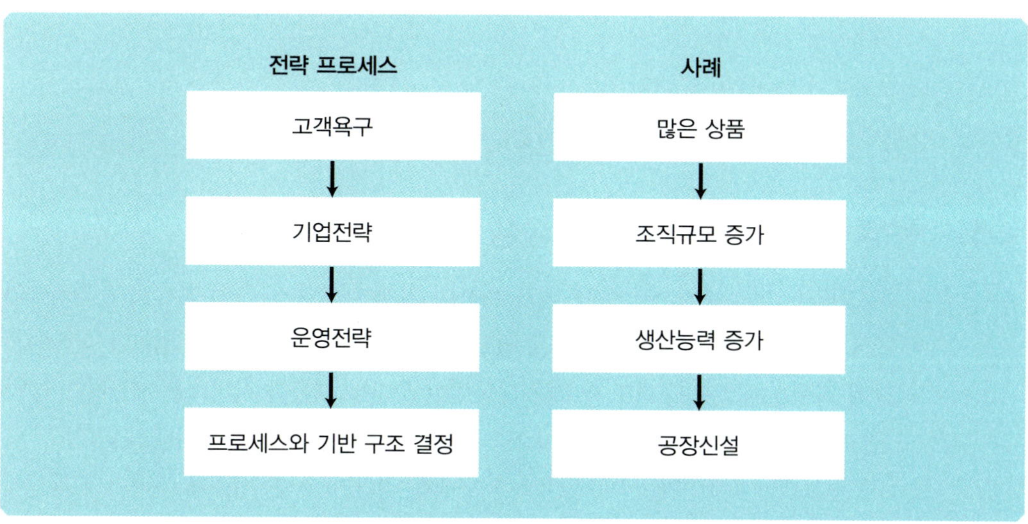

〈그림 3-2〉 운영전략 수립과정 2

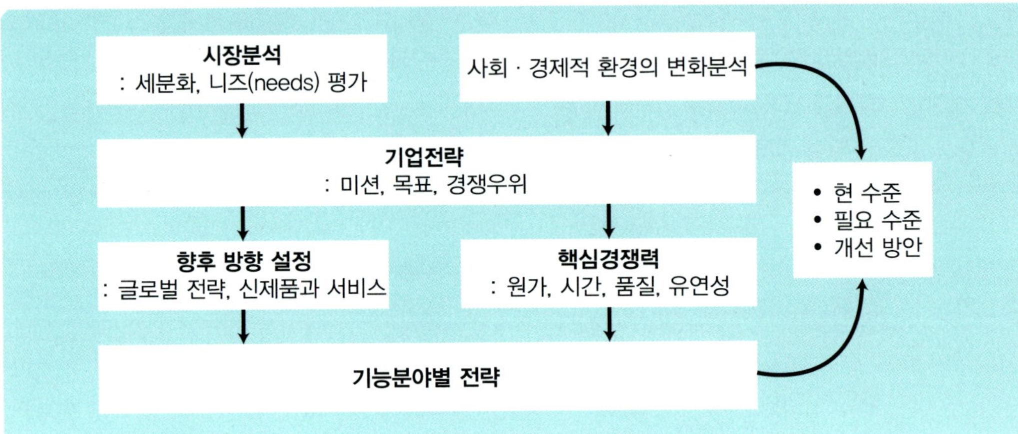

운영전략은 상위 조직의 목적과 생산 목적을 조정하는 계획 프로세스의 일부라고 볼 수도 있다. 상위 조직의 목표가 변화하기 때문에, 운영전략은 미래의 니즈를 예상하여 설계되어야 한다. 기업의 생산역량은 기업 고객의 변화하는 제품이나 서비스에 대한 니즈에 적응하기에 최적인 포트폴리오라고 볼 수 있겠다.

역사적 관점에서 2차 대전 이후에 미국 기업들은 전쟁기간 중 갇혀 있었던 엄청난 수요를 경험하게 된다. 결과적으로 미국 내 제조업은 이러한 수요를 충족하기 위해 제품의 대량생산 체제를 갖추게 되었다. 그와 대조적으로, 같은 기간 동안에 일본의 제조업체들은 제품의 품질에 초점을 두었다. 경쟁력을 유지하기 위한 우선순위는 두 나라의 기업별로 달랐던 것이다. 운영전략에서 성공하기 위한 열쇠는 개별적인 선택의 결과를 이해하고, 그에 따른 상쇄관계를 찾아가는 데 있어서, 우선순위 선택을 어떻게 할 것인가를 규명하는 데에 있다.

3-2 운영전략의 경쟁 차원

1. 운영전략의 4대 목표와 경쟁 차원

경쟁력을 가진 운영 시스템이 되기 위하여 가져야 할 능력은 무엇이며, 운영전략의 목표와 그에 따른 경쟁능력은 무엇을 필요로 할 것인가? 다른 경쟁 기업보다 신속하게 시장에 제품을 내놓는 능력도 필요하고, 품질이 우수한 제품과 서비스를 제공하는 능력도 필요하다. 〈표 3-1〉은 생산운영 시스템의 경쟁 우선순위 차원을 나타내고 있다.

과연 고객이 어떤 제품이나 서비스를 구매할 것인지? 어떤 제품과 서비스의 특성에 끌리는지는 각각의 고객마다 다르며, 제품이나 서비스의 원가에 이끌리는지, 품질에 이

〈표 3-1〉 생산운영 시스템의 경쟁능력의 차원

차원	경쟁능력
원가(cost)	• 낮은 원가의 생산(low-cost operations)
품질(quality)	• 고성능 설계(high-performance design) • 균일한 품질(consistent quality)
납기(delivery)	• 신속한 납품(fast delivery) • 정시납품(on-time delivery)
유연성(flexibility)	• 고객화(customization) • 수량 유연성(volume flexibility) • 신제품 개발 속도(new product development speed)

끌리는지를 파악하여 기업은 이에 대응하려고 노력한다. 이러한 노력은 기업의 경쟁지위를 갖게 하는 중요한 경쟁 차원이다.

1) 원가

비용에 기반을 둔 경쟁 우선순위는 저렴한 비용의 제품 및 서비스 창출 능력을 의미한다. 모든 산업에서 구매의 기준을 저원가로 하는 세분시장은 존재하기 마련이며, 이런 틈새시장에서 경쟁하여 승리하려면, 기업은 저원가 생산자가 되어야 한다. 하지만 저원가 생산자가 되었다고 해도 반드시 수익성이나 성공이 보장되는 것은 아니다. 다만 원가 위주로 판매하는 제품은 대개 일반적인 제품이기 마련이고, 고객들은 이런 제품에 대해서 어느 회사의 제품인지 잘 구별해내지 못한다.

이러한 세분시장은 대개 규모가 크며, 다수의 기업이 대량생산에 따른 상당한 수익을 기대하며 달려든다. 그렇지만 결과적으로는 이런 시장에서의 경쟁은 매우 치열하여 망하는 기업도 생긴다. 결국엔 최저원가 생산자만이 생존하며 이런 기업이 대개 이 시장의 판매가격을 형성한다.

적은 비용으로 제품을 생산할 수 있다는 것은 두 가지 의미를 내포하는데, 하나는 제품이나 서비스를 창출하기 위해서 필요한 투입자원의 구매가격이 낮다는 의미이다. 즉 저렴한 가격으로 원재료를 구입할 수 있거나 값싼 노동력을 활용할 수 있는 경우가 이에 해당한다. 두 번째는 상대적으로 적은 투입자원으로 많은 산출물을 창출할 수 있다는 의미를 나타낸다. 자원의 낭비를 줄임으로써 동일한 자원의 투입으로 많은 산출물을 낼 수 있다면 상대적으로 산출물 1단위당 투입자원의 사용비용을 줄일 수 있을 것이다.

2) 품질

경쟁 우선순위로서 품질은 두 가지 의미를 내포한다. 하나는 우수한 설계능력(high-performance design), 즉 성능이 우수한 제품을 설계할 수 있는 설계품질 능력을 의미하고, 다른 하나는 적합 품질(conformance quality), 즉 균일한 제품을 생산하는 능력을 의미한다. 설계능력은 절대적으로 우수한 성능과 기능을 가진 고급제품이나 서비스를 생산하는 능력을 말하고, 적합 품질이란 제품이 가져야 할 규격에 잘 부합되도록 만드는 능력을 지칭하는 개념이다.

제품 설계 단계의 품질 수준은 목표시장에 따라 달라질 수 있다. 어린이용 두발 자전거와 세계 수준의 사이클 선수의 자전거의 품질 수준은 당연히 다를 것이다. 알루미늄 합금과 특수 제작된 경량바퀴와 체인은 선수용 자전거의 성능을 개선하는 데 중요한 특성일 것이다. 이 두 유형의 자전거는 서로 다른 두 그룹 고객의 니즈에 맞춰 설계된 것이다. 선수용 자전거는 여러 가지 특성을 부가하기 때문에 보다 높은 시장가격을 형성하게 된다.

제품 품질의 적정한 수준을 만들어 내려는 목표는 고객의 요구사항에 초점을 두어야 달성이 가능할 것이다. 너무 높은 품질 수준으로 과도하게 설계된 제품은 고객의 눈에 비싸 보일 것이다. 반대로 형편없이 설계된 제품은 보다 높은 가치를 제공해야 만족하는 고객들에게, 원가에 비해 좋아 보이지 않는 제품을 제공하기 때문에, 고객은 외면할 것이다.

프로세스 품질은 제품의 신뢰성에 직접적인 연관이 있기 때문에 매우 중요하다. 어린이용 두발 자전거든 선수용 최고급 자전거든 상관없이 고객들은 불량 없는 제품을 원한다. 그래서 프로세스 품질의 목적은 무결점 제품을 생산하는 것이다. 주어진 범위 내에서 제품이 어떻게 만들어져야 하는지 정확히 정의한다. 이러한 허용오차 내에서 생산하면, 사용 목적에 맞게 정의된 제품의 신뢰성을 확보할 수 있다.

3) 납기

배달 속도 — 신속한 제품 배달. 치열한 경쟁환경에서 살아남기 위해서 시간 기반 경쟁능력(time-based competence)'의 중요성이 강조되고 있다. 이것은 경쟁 기업보다 빠르게 제품을 배달할 수 있는 능력을 가졌다는 것을 의미하는데 그만큼 제한된 시간에 보다 많은 고객주문을 충족시킬 수 있다는 의미도 된다. 신속한 제품 배달(fast delivery) 능력을 위해서는 제품을 보다 빠르게 생산하는 능력, 즉 짧은 생산 리드타임을 가져야 한다. 이는 원재료가 투입되고 가공되어서 조립되는 생산의 흐름이 원활하게 진행될 수 있어야 한다는 것이다.

예를 들면, 컴퓨터 네트워킹 장비수리 서비스업의 경우가 여기에 해당된다. 한두 시간 만에 현장까지 달려가서 수리해 주는 회사는 24시간 이내 출동을 보장하는 기업에 비해 경쟁력이 있을 것이다.

배달 신뢰성 – 정시 제품 배달. 고객이 원하는 시간에 원하는 수량의 제품을 정확하게 인도하는 능력, 즉 배달의 신뢰성(reliability)을 유지하는 능력을 의미한다. 배달하기로 약속한 정시나 그 이전에 제품이나 서비스를 제공할 수 있는 능력에 관한 것으로, 자동차 제조업의 경우, 타이어 공급업체가 필요한 수량을 매일 자동차 생산량에 맞춰 공급해 줄 수 있느냐는 매우 중요하다.

만약 어떤 자동차의 타이어를 조립하는 시점에 그 자동차용 타이어가 없으면 그 타이어가 도착할 때까지 공장 조립라인을 세워 두어야 하기 때문이다. 1980년대와 1990년대에 재고를 줄여 원가를 낮추려는 노력에 있어서, 배달 신뢰성이 공급업자를 선정하는 중요한 기준이 되기도 하였다. 특히, 항공기제작, 조선, 건설, 플랜트사업과 같은 프로젝트 산업인 경우에 그 중요성이 두드러지게 나타난다.

4) 유연성

수요 변화에 대응하기 – 수량 유연성. 많은 시장에서 수요의 증감에 대응하는 기업의 능력은 경쟁력의 중요한 요소가 된다. 수요가 증가하는 기업은 미래가 보장된 기업이다. 수요가 안정적으로 증가할 때엔, 규모의 경제가 작용하여 원가는 지속적으로 줄어들게 되고, 신기술에 대한 투자도 쉽게 결정할 수 있다. 그렇지만 상황이 바뀌어 수요가 감소하면 종업원을 줄여야 한다든가 자산을 감축해야 하는 등 여러 가지 어려운 결정을 해야 할 경우가 생긴다. 장기적으로 역동적으로 변화하는 수요에 효과적으로 대응하는 능력은 운영전략의 중요한 요소 중의 하나이다.

유연성과 신제품 도입 속도 – 설계 유연성. 유연성 혹은 신축성이란 환경변화에 효과적으로 대처하는 능력을 의미한다. 유연성이란 바로 설계변화와 수요 변화에 효과적으로 대응할 수 있는 능력을 말한다. 현대의 고도로 세분화된 시장의 다양하고 변덕스러운 고객욕구를 충족시켜주기 위해서는 개별적인 고객의 욕구를 대량으로 충족시켜줄 수 있는 능력, 즉 대량고객화(mass customization)의 추구를 필요로 한다.

전략 관점에서 유연성은 고객에게 다양한 제품구색을 제공하는 기업의 능력이다. 상이한 제품을 제공하는 이러한 능력의 중요한 요소는 신제품을 개발하거나 신제품을 위한 프로세스를 전환할 때 걸리는 시간이며, 생산운영 시스템의 유연성이 높아지기 위해서는 설비나 기계의 유연성과 작업자의 유연성이 모두 높아야 한다.

5) 기타 제품 특이 속성

위에서 설명한 경쟁 차원은 대개 일반적인 내용이다. 하지만 특정한 제품과 상황에 따라 이와는 다른 차원들도 있을 수 있다. 다음에 제시하는 차원은 대개 서비스에서 적용되는 예이다. 생산된 제품의 판매에 부가되는 형태로 특별 서비스가 제공되기도 한다.

- 기술 지원: 제조업체들에게 부품을 공급하는 공급업자는 대개 제품 개발 단계, 특히 생산과 설계의 초기 단계에서 제조업체로부터 기술 지원을 받을 수 있을 것으로 기대한다.
- 동시작업의 진행 가능: 복잡한 프로젝트를 진행할 경우엔 다른 기업이나 팀들과의 조정이 필요하다. 이러한 경우에 개발 작업이 완료되어야 생산에 돌입할 수 있다. 기업들 간의 작업 조정이나 동시에 작업을 진행할 경우 프로젝트 완성 소요 시간을 단축할 수 있게 한다.
- 공급업자의 판매 후 지원: 중요한 경쟁 차원 중의 하나는 제품 판매 후 지원을 제공할 수 있는 기업의 능력이다. 이것은 부품 교환가능, 수정 주문, 기존 제품의 성능개선 등에 관한 것이다. 이러한 판매 후 고객의 요구에 대한 빠른 반응 속도 역시 매우 중요하다.
- 기타 경쟁 차원: 다양한 색상, 규격, 무게 등에 대한 선택 사양, 공장의 위치, 맞춤 주문의 가능성 여부 등이 기타 경쟁 차원에 속하는 내용들이다.

2. 경쟁 우선순위 관계에 관한 이론

경쟁 우선순위 간의 관계에 대한 세 가지 형태의 견해가 존재하는데, 첫째는 경쟁 우선순위를 높이기 위해서는 다른 경쟁 우선순위를 희생해야 한다는 상쇄관계 이론(trade-off theory)이고, 둘째, 경쟁 우선순위는 일정한 순서로 차례차례 쌓아져야 한다는 모래성 이론(sand cone theory) 혹은 누적 이론(cumulative theory)이며, 셋째는 시장 환경에 따라서 경쟁에 참여하기 위해 필수적으로 갖춰야 하는 경쟁 우선순위와 경쟁의 우위에 서기 위해서 부가적으로 갖춰야 하는 경쟁 우선순위가 존재한다고 보는 주문자격-주문획득 요소 이론(order qualifiers and order winners theory)이 있다. 여기서는 경쟁 우선순위의 상쇄관계이론 및 주문자격-주문획득 요소 이론을 생산 및 마케팅과의 연계를 통해 알아보고자 한다.

1) 상쇄관계 이론

운영전략의 핵심 개념 중의 하나는 운영 초점과 상쇄관계라는 개념이고, 상쇄관계 이론의 초점은 생산운영 의사결정은 생산운영 시스템이 추구하는 경쟁 우선순위에 따라서 차별화된 내용을 담고 있어야 한다는 것이다. 그 기본 논리는 운영의 모든 차원을 동시에 탁월하게 하기는 불가능하다는 것이다. 따라서 경영자는 성과의 어떤 지표가 기업의 성공에 가장 중요한 요인인가를 결정해야 하며, 그에 따라 특정 분야에 기업의 자원을 집중해야 한다.

예를 들면, 어떤 회사가 배달 속도에 집중하기로 하였다고 하자, 그러면, 그 회사는 다양한 제품을 제공하는 능력으로 표현되는 유연성을 높이기는 어려울 것이다. 이와 마찬가지로 저원가 전략은 배달 속도나 유연성과 양립되기는 쉽지 않다. 고품질 역시 저원가와는 상쇄관계가 있다고 하겠다. 기존의 대규모 설비를 가진 기업을 위해서 스키너(Skinner)는 공장 내 공장(plant within a plant: PWP) 개념을 제안하였다. 이는 공장 설비 내에 상이한 제품을 생산하는 라인을 여러 개 별도로 설치하여 각 라인별로 상이한 운영전략을 수행하게 하는 것이다. 공장 내에서 셀 라인이나 U 라인 등을 활용하면 기본적으로 저원가 전략을 수행하면서 유연성을 향상시킬 수 있다.

하나의 전략적 포지션은 다른 포지션과 양립되지 않을 때 상쇄관계가 발생한다. 항공사에서 비용도 더 들고 서비스 시간도 더 걸리는 기내식 제공을 선택할 수도 있고, 또 선택하지 않을 수도 있다. 다만, 효율적으로 이 두 가지를 동시에 할 수는 없을 것이다.

양다리 걸치기(straddling)는 기존의 포지션을 유지하면서 성공적인 포지션의 혜택에 필적하기 위한 방법을 찾는 기업에서 생기는 현상이다. 이 경우엔 기존의 수행하던 활동에 새로운 특성, 서비스, 또는 기술을 더한다. 예를 들어, 컨티넨탈항공(Continental Airlines)이 사우스웨스트항공(Southwest Airlines)의 전략에 대응한 방법이다. 컨티넨탈항공은 풀 서비스 항공사로서의 포지션을 유지하면서, 사우스웨스트항공의 여러 점대점(point-to-point) 노선에 대응하기 위한 방안을 강구했다. 이 항공사는 컨티넨탈 라이트(Continental Lite)라는 새로운 서비스를 제공하였다. 이는 기내식과 일등석 서비스도 없고, 출항 빈도를 높였고, 요금을 인하했으며, 수속시간을 단축한 서비스이다. 컨티넨탈항공은 다른 노선에서는 여전히 풀 서비스 항공사로 남아 있기 때문에 여행사를 계속 이용했으며, 여러 항공기종을 사용하고, 수화물 처리와 좌석 배정을 해주었다.

상쇄관계가 컨티넨탈 라이트를 결과적으로 좌초시켰다. 이 항공사는 수백만 달러의 손실을 보았고, 이 일로 CEO는 직장을 잃었다. 이 항공사 비행기는 복잡하게 얽힌 거점도시를 거쳐야 하기에 시간은 지연되었고, 수화물 전달 때문에 수속이 더디게 되었다. 지연과 취소로 하루에도 수천 건의 고객 불평이 접수되었다. 컨티넨탈 라이트는 가격으로 경쟁할 여력이 없었고, 여전히 여행사에게 수수료를 지급하고 있었다. 그러나 풀 서비스를 제공하기 위해서는 여행사 없이 일할 수도 없는 상황이었다. 그런데 이 항공사는 모든 컨티넨탈 비행기의 수수료를 삭감하여 손실을 보전하려 했다. 그와 동시에, 라이트 서비스에 훨씬 저렴한 항공료를 지불한 여행객들에게 풀 서비스와 같은 마일리지 서비스를 제공할 여력도 없었다. 그러자 컨티넨탈항공 전체 마일리지 프로그램의 보상을 줄이는 조치를 취했다. 그 결과는 어떠했을까? 여행사와 풀 서비스 이용고객은 화가 단단히 났다. 컨티넨탈항공은 한 번에 두 가지 방식을 병행하여 경쟁하려 했지만 양다리 걸치기에 따른 엄청난 비용을 지불하고 2012년 유나이티드항공(United Airline)에 흡수·통합되었다.

경쟁의 초점이 어디에 두어지는 가에 따라 중점을 두는 경쟁 우선순위의 내용이 달라져야 한다는 상쇄관계 이론은 제한된 조직의 자원을 효과적으로 배분하기 위한 토대를 제공한다는 점에서 바람직한 접근일 수 있다. 그러나 이 이론이 가지는 큰 제약은 단일한 차원의 경쟁능력 우수성만으로는 시장에서의 성공을 보장할 수 없다는 데에 있다. 아무리 유연성 있게 고객주문과 수요에 대응하는 능력을 가졌다 하더라도 제공하는 제품이나 서비스의 품질이 우수하지 못하다면 고객의 신뢰를 얻기가 어려울 것이기 때문이다.

2) 누적 이론

일본 와세다대학의 나카네(Jinichiro Nakane) 교수는 생산전략의 경쟁요소들인 원가, 품질, 납기, 유연성이 모두 동시에 좋아질 수 없기 때문에 하나를 선택하면 다른 것을 희생해야 한다는 상쇄관계 이론에 대비되는 누적 이론을 제시하였다. 즉 누적 이론에서는 품질이 기업 경쟁력의 가장 기본이 되며 품질을 확고히 해야 그 바탕 위에 차례로 납기와 원가, 유연성 등이 달성될 수 있다고 하였다. 상쇄관계 이론이 서양에서 전통적인 기업 전략의 이론으로 받아들여진 것에 비하여 누적 이론은 일본기업들이 적시생산(just in time) 방식이나 품질의 무결점주의(zero defects), 무재고(zero Inventory) 생산 등과 같은 성공 사례를 보여줌으로써 학계와 산업계의 주목을 받게 되었다.

〈그림 3-3〉 누적 이론 모형

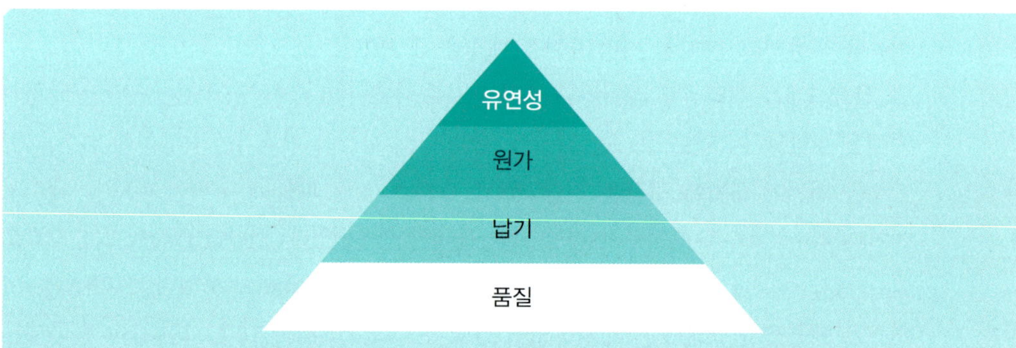

3) 모래성 이론

INSEAD 대학의 퍼도우스(Ferdows)와 드메이어(De Meyer) 교수 등은 일본 와세다 대학의 나카네 교수가 제시한 누적 이론이 실제적으로 산업 현장에서 어떻게 실현되고 있는지 연구하는 과정에서 누적 이론을 수정하여 모래성 이론(sand cone)을 제안하게 되었다. 모래성 이론은 기업에서 경쟁력을 확보해 가는 과정은 모래를 쌓아서 성을 만드는 것과 같아서 각 경쟁요소들은 순차적으로 완성되어 가는 것이 아니라 한 경쟁요소를 확보하고 다음 단계로 나아갈 때 그 아래 단계의 기반도 동시에 확대할 필요가 있다는 것이다.

〈그림 3-4〉 모래성 이론

출처: Ferdows and De Meyer, 1990.

모래성의 가장 밑 부분의 토대를 이루는 것은 품질이고, 그 위에 신뢰성, 속도, 원가효율성이 모래를 부을 때처럼 높이가 올라가면서 동시에 아래 토대 부분도 넓어져 가면서 모래가 쌓여가는 것처럼 기업의 경쟁력이 만들어져 간다는 것이다.

누적 이론과 모래성 이론은 모두 품질이 모든 경쟁력 창출의 기반이라고 생각하고 있으며 따라서 품질이 제대로 확립되지 않으면 납기, 유연성, 원가 등 기업의 모든 경쟁 요인이 실현될 수 없다고 지적하고 있다. 이는 곧 품질을 관리한다는 것은 기업의 경쟁력을 관리하는 것과 같다고 할 정도로 기업 전략에서 품질의 중요성을 강조하는 것이다.

4) 최소요건-주문획득요건 이론: 마케팅과 생산의 연계

마케팅과 생산관리는 재화를 생산해서 고객에게 제공한다는 기업의 본질적 역할을 담당하는 가장 중요한 두 가지 본원적 기능이다. 따라서 기업 전략이 효과를 발휘하기 위해서 두 기능은 서로 밀접하게 연계되어 일관성 있게 전략을 수립되고 실행될 필요가 있다.

옥스퍼드대학교 교수 테리 힐(Terry Hill)은 시장환경을 파악해서 기업전략을 수립하는데 마케팅 중심의 차원을 바탕으로 설명하기 위해서 주문획득요건(order winner)과 최소요건(order qualifier)의 개념을 제안하였다(Hill, 2000). 주문획득요건은 어떤 기업의 제품이나 서비스를 다른 기업의 그것과 차별화하는 기준이다. 상황에 따라 다르겠지만, 주문획득요건은 제품의 원가(가격), 제품의 품질과 신뢰성, 납기, 속도, 유연성 등과 같은 경쟁 차원이나 또는 앞에서 살펴보았던 여타 차원이 될 수 있을 것이다. 최소요건은 구매의 가능한 대안으로 고려되기 위해서 기업의 제품이 가지고 있어야 할 최소한의 적격 기준이다. 힐 교수는 기업은 반드시 자기 비즈니스에서 최소요건을 충족하는지 매일 검토해야

〈그림 3-5〉 주문획득요건과 최소요건의 경쟁력 창출 효과

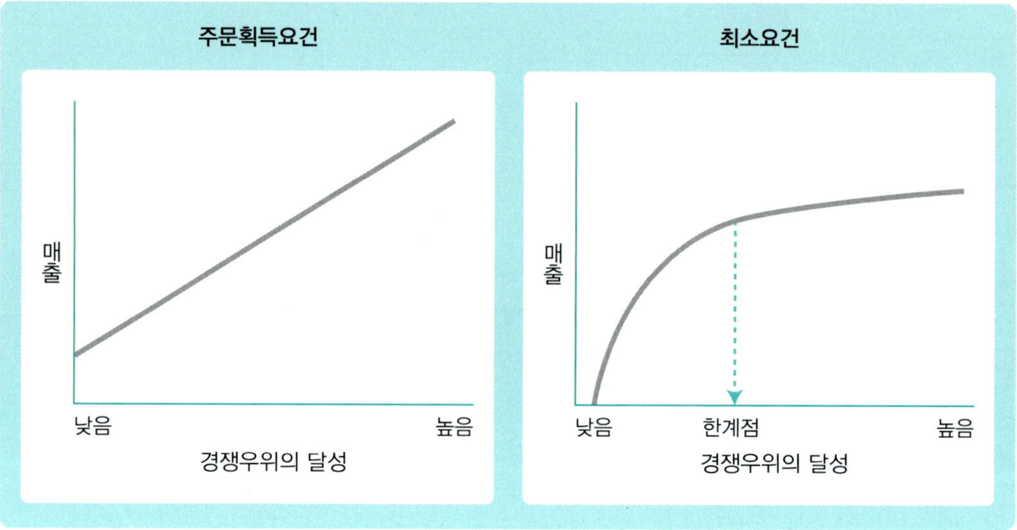

한다고 강조하였다. 〈그림 3-5〉는 주문획득요건과 최소요건의 경쟁력 창출 효과의 차이를 보여주고 있다.

최소요건. 고객으로부터 잠재적인 공급업체로 선정되기 위해 반드시 충족시켜야 할 경쟁능력의 차원을 말한다. 가령 공급업체 자격을 가지기 위해서 ISO 9000 인증을 필요로 한 경우가 많다. 이 경우 ISO 9000 인증을 획득하지 못한 기업이라면 고객의 잠재적인 공급업체 리스트에 이름을 올리는 것조차도 불가능할 것이다. 물론 ISO 9000 인증을 받았다고 해서 고객으로부터 주문을 얻어 내는 것은 아니지만 인증을 받는 것이 최소한 주문을 얻어 내기 위해 필요한 자격 요건은 되는 것이다.

주문획득요건. 고객으로부터 주문을 얻어 내기 위해 필요한 경쟁능력의 차원을 말한다. 고객이 주문을 낼 대상을 선정할 때는 주문자격 요소를 충족시키는 잠재적인 공급업체를 대상으로 다양한 측면의 평가와 심사를 하게 된다. 이 경우 가장 적합한 공급업체로 선정되기 위해서는 다른 경쟁적 공급업체보다 무엇인가 차별화되는 뛰어난 경쟁능력의 차원을 가지고 있어야 할 것이다. 주문획득에 직접적인 영향을 미치는 경쟁능력의 차원이 바로 주문획득요건이다.

주문획득요건과 최소요건의 기준도 시간의 흐름에 따라 변화하였다. 예를 들면, 일본 기업들이 세계 자동차 시장에 진입했던 1970년대에는, 주문획득요건이 가격에서 제품의 품질과 신뢰성으로 변화하였다. 미국 자동차 회사들은 일본 기업의 품질에 눌려 고객을 잃었다. 1980년대 후반까지 포드(Ford), GM(General Motors), 그리고 크라이슬러(Chrysler)의 품질이 높아지자 이제는 시장에서 검증된 기업이 되었다. 소비자들은 지속적으로 품질과

신뢰성을 주목하고 있으며 그에 따라 누가 가장 높은 성과를 내는 기업인지 재검증하게 되었다. 오늘날 자동차업계의 주문획득요건은 모델에 따라 매우 다르다. 고객들은 자신이 원하는 특성 집합, 예를 들면 신뢰성, 디자인 특성, 그리고 연비 등을 알게 되었고, 그래서 저가격에 특정한 조합을 갖춘 자동차를 구매하여 가치를 극대화하려 한다.

3-3 기업전략 설계 프로세스

생산운영전략을 기업전략의 틀 속에서 어떻게 파악할 것인가에 대한 물음에 답하기 위해 기업전략의 수립 방법에 대한 기본을 먼저 살펴보도록 하자. 기업의 전체적인 방향을 설정하는 전략 수립 방법에는 기본적으로 포터(Michael Porter)의 외부환경 분석법과 프라하라드(Prahalad)의 내부핵심경쟁력 분석법의 두 가지 접근법이 일반적으로 많이 알려져 있으며, 또한 기업의 종합적인 성과를 반영하여 지속적으로 성장가능한 전략을 수립하기 위해 균형성과표(balance score card)를 이용하는 전략 수립 방법도 살펴볼 필요가 있다.

1. 외부환경 분석법

포터는 기업이 선택할 수 있는 일반적인 전략에는 전체 시장을 대상으로 한 비용우위전략(cost leadership)과 차별화전략(differentiation)의 두 가지와 틈새시장을 겨냥한 초점전략(focused strategy)이 있다고 하였다. 비용우위전략은 경쟁자보다 저렴한 가격으로 비슷한 품질의 제품과 서비스를 제공하여 고객을 확보하려는 것이며, 차별화전략은 품질, 서비스, 납기, 디자인 등 고객의 요구조건에서 경쟁자보다 우월한 수준의 제품과 서비스를 제공하여 차별적인 경쟁력을 확보하려는 것이다. 초점전략이란 시장전체를 대상으로 하기보다는 특정한 고객 집단의 요구조건을 충족시키는 전략을 사용하여 경쟁하는 것을 말한다.

포터는 이러한 전략의 적절한 선택과 수립을 위해서 기업은 그가 속한 산업의 환경과 경쟁자를 분석해야 한다고 하면서, 분석틀로서 5개 경쟁요인 분석법(five forces model)을 제안하였다. 〈그림 3-6〉의 분석틀에서는 분석대상으로 5개 경쟁요인을 지적하였는데, 동일업종 경쟁자들(competitors), 공급자(suppliers), 구매자(customers), 대체재(substitutes), 잠재적 참여자(new entrant)가 그것이다. 즉 어떤 산업에서 기업이 대면할 수 있는 경쟁의 근원은 다섯 가지가 있는데, 같은 업종의 기존 기업들이 경쟁자가 되는 것은 물론이고, 공급자가 자신들이 공급하는 부품과 자재의 가격을 올리고자 하는 압박, 구매자가 가격을 낮추고 품질을 높여주기를 원하는 요구, 고객이 우리의 제품에 불만을 가질 때 언제든지 대체재가 될 수 있는 제품과 서비스의 존재, 그리고 시장에 진입하고자 하는 잠재적 참여자들이 모두 경쟁요인이 된다는 것이다. 이처럼 기업은 외부환경을 파악함으로써 자기가 속한 산업의 경쟁상황 속에서 방향을 설정하고 그에 맞는 전략을 수립할 수 있는 것이다.

〈그림 3-6〉 마이클 포터의 산업 내 5개 경쟁요인 분석틀

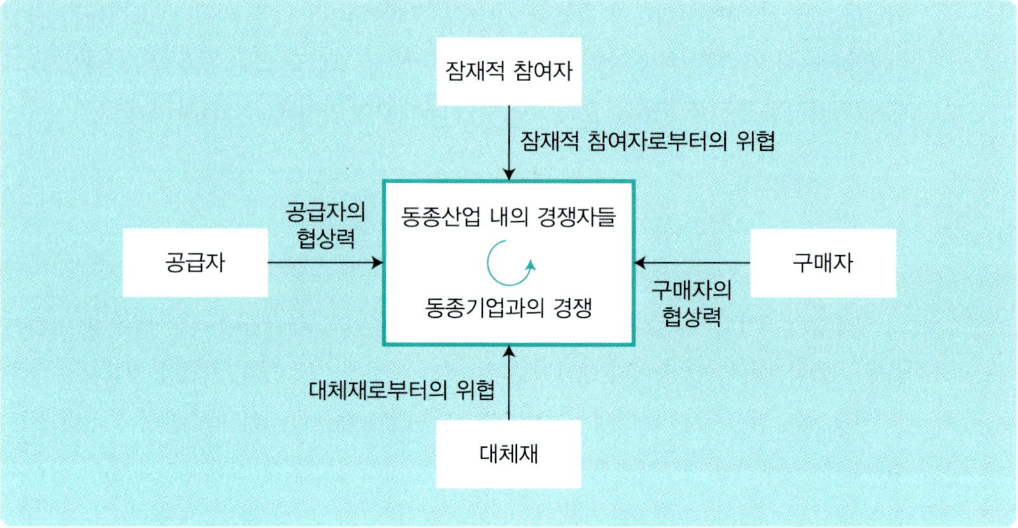

외부환경 분석법은 시장의 요구와 기회를 파악하여 기업의 성장에 도움이 될 사업기회를 포착할 수 있도록 도와주는 장점이 있으나, 기업의 내부적 자원과 능력을 고려하지 않고 기회만을 보고 사업기회를 선정한다면 실행에서 어려움을 겪을 수 있다는 단점이 있다. 경쟁이 심한 항공업계에서 단순히 가격의 장점만을 내세운 저가항공사가 운영능력의 미숙으로 인해 출범 이후에 경영상의 어려움을 겪고 있는 경우 등에서 예를 찾아볼 수 있다.

2. 내부핵심경쟁력 분석법

프라하라드(Prahalad)와 하멜(Hamel)은 포터와 달리 기업의 전략을 수립하기 위해서 기업이 보유한 내부의 자원과 능력을 파악해서 자체적인 경쟁력을 파악한 후 외부의 상황을 살펴서 적절한 방향을 선택하고 그에 맞는 제품과 서비스를 개발해야 한다는 전략 수립 방식을 제안하였다. 기업이 소유한 내부의 자원과 경쟁요소가 대외적인 면에서 핵심경쟁력으로 작용할 수 있는지 파악하기 위해서 다음과 같은 세 가지 기준을 적용한다.

1. 고객이 원하는 제품과 서비스의 편익에 기여할 것
2. 경쟁자가 모방하기 어려울 것
3. 여러 제품과 서비스의 잠재적 시장에 폭넓게 접근성을 제공할 것

내부핵심경쟁력 분석법은 기업의 내부 자원과 능력을 충분히 고려하여 사업방향을 선택하기 때문에 일단 채택된 기회는 비교적 성공 가능성이 높다는 장점이 있다. 그러나

기업이 현재 보유한 자원과 능력에 너무 제한되어 미래 가능성을 도외시할 수 있다는 단점이 있다. 그 예로 한국의 1960년대 경제개발 프로젝트는 그 당시 한국의 자원과 기술능력 등을 고려했다면 시작조차 하기 힘들었을 것이라는 후대의 평가가 많이 나오는 것을 생각해 볼 수 있다. 또한 현재는 세계시장에서 상위권을 다투고 있는 한국의 조선산업이 초기에는 울산 바닷가의 허허벌판에 조선소를 짓겠다는 계획서 하나만으로 외국의 자본을 끌어오고 선박 건조를 수주하면서 시작했다는 일화를 생각해 볼 필요가 있다.

3. 균형성과표 적용

재무관리, 마케팅, 그리고 운영관리를 통합하는 기업의 종합적인 전략을 개발하는 일은 상당히 복잡하다. 균형성과표(balanced scorecard: BSC)는 하버드 경영대학원의 교수인 로버트 캐플란(Robert Kaplan)과 컨설턴트인 데이비드 노턴(David Norton)에 의해서 1992년 「Harvard Business Review」에 처음 게재됨으로써 소개된 개념이다. BSC는 "기업의 지속적인 성장을 위해서 대부분의 기업이 일반적으로 행하고 있는 것과 같이 단순 재무지표만이 아니라, 재무, 고객, 내부 비즈니스 프로세스, 학습과 성장의 네 가지 관점의 지표로 기업 성과를 종합적·균형적으로 관리해야 한다"라는 개념이다.

캐플란과 노턴은 「The Strategy Focused Organization」이라는 책에서 자신들이 컨설팅에 사용하였던 본원적 전략지도 모형(generic strategy map template)을 개발하였다. 이 모형은 전략 설계 프로세스의 출발점이며, 특정 기업을 위한 맞춤모형으로 개발될 수도 있다.

캐플란과 노턴은 이 모형이 경영진이 자사의 전략을 설명하는 데 도움이 될 것이며, 통찰력을 높이는 데 상당한 기여를 할 것이라고 주장하였다. 이 모형의 목적은 전략 실행을 위한 보다 혁신적인 접근 방법을 제공하여 인과관계를 보다 잘 규명하자는 것이다.

BSC는 조직의 전략으로부터 도출되어 신중하게 선택된 지표들의 합이라고 묘사할 수 있으며, 이렇게 BSC로 선택된 지표들은 경영진이 조직의 미션(mission)과 전략적 목표를 달성하기 위한 성과동인들과 그 결과를 직원과 외부 이해관계자들에게 전달하는 도구로 사용된다. BSC에 대한 많은 연구 결과가 제시하는 바는 BSC가 전략경영시스템을 실현하기 위한 유용한 툴을 제공하고 있다. 〈그림 3-7〉은 캐플란과 노턴이 제시한 모형이다.

캐플란과 노턴이 제시한 이 모형은 성과측정 도구로부터 전략설계 프로세스로 진화해 왔다. BSC의 처음 의도는 과거의 재무지표와 미래가치의 성과동인 간에 균형을 이루는 것이었으나, 많은 조직들이 그 개념을 도입하면서 BSC를 단기적 관점의 활동과 전략을 연계시키는 중요한 도구로 인식하기에 이르렀고, 이러한 방법으로 BSC는 효과적인 전략 실행과 관련한 여러 가지 이슈를 해결하게 되었다.

〈표 3-2〉는 BSC의 관점별 정의를 제시하고 있다.

〈그림 3-7〉 캐플란과 노턴의 BSC 모형

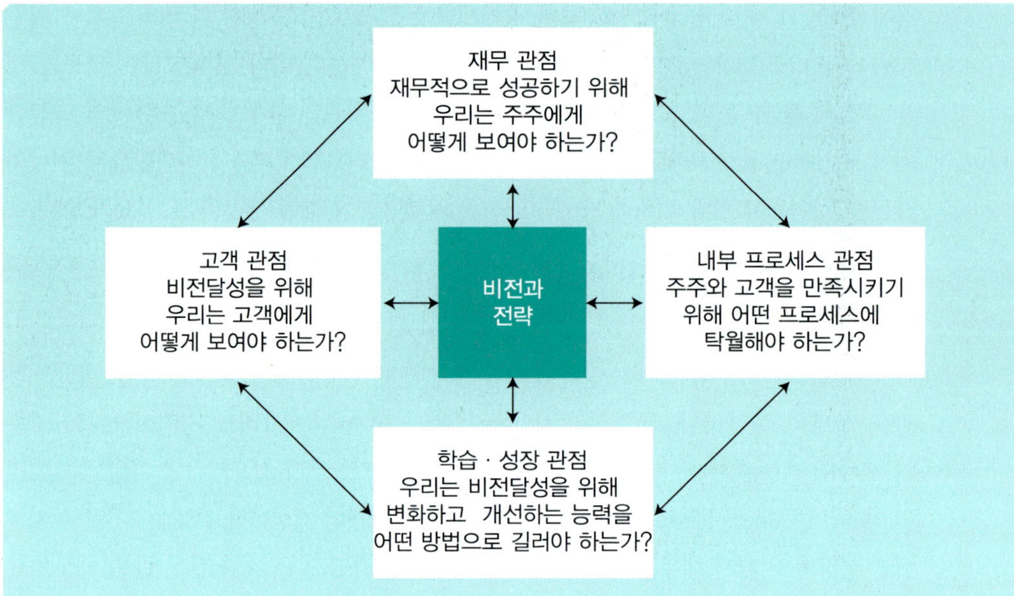

〈표 3-2〉 BSC 관점별 정의

관점	정의
재무 관점	회사의 모든 경영활동의 최종 결과로서 경영손익의 결과를 집계, 관리하는 재무제표상의 계정항목으로 귀결되는 관점 • 자산, 부채, 자본을 구성하고 있는 대차대조표상의 지표 • 성장성/활동성/안정성/생산성/유동성 등의 경영분석 지표 • 수입, 비용, 이익지표 • 기타 재무비율 상으로 귀결되는 개념으로 추가된 지표
고객 관점	고객의 가치(품질, 원가, 시간, 만족도 등)에 직접적으로 기여하거나 가치 창출을 위하여 관리, 통제하는 행위의 관점(외부고객에 한함)
내부 프로세스 관점	고객 만족 및 기업성과(손익, 매출액, M/S 등) 극대화를 위하여 내부적으로 수행하는 업무활동을 평가하기 위한 관점
학습 및 성장 관점	미래의 지속적인 성장을 위한 끊임없는 변화 창출을 주도할 수 있는 활동 및 인프라(시스템)를 평가할 수 있는 관점

1) 재무 관점

기업이 투자수익률(return on investment: ROI), 가용자본수익률(return on capital employed: ROCE), 경제적 부가가치(economic value added: EVA), 또는 높은 수준의 재무목표와 같은 기타 몇 가지 가치에 기반을 둔 척도를 사용하더라도, 재무성과를 높이기 위한 두 가지 기본 전략은 성장과 생산성이다.

수입성장전략은 수입과 수익성의 새로운 원천을 개발해내는 데 초점을 둔다. 이는 보통 다음과 같은 두 가지 요소로 구성된다.

- 프랜차이즈 구축: 이는 새로운 시장, 새로운 제품 또는 새로운 고객으로부터 수익의 새로운 원천을 개발하는 것이다. 다만, 이 전략의 차원을 수행하는 데에는 엄청난 변화가 필요하며 이를 실행하는 데에는 긴 기간이 필요함에 주목해야 한다.
- 고객가치 증대: 이는 기존 고객과 기업의 관계를 확대하기 위해 기존 고객과 함께 일하는 것을 의미한다. 이 요소는 프로세스를 보다 효율적으로 만들기 위해 고객 시스템과 기업 시스템을 통합하는 프로세스에 집중해야 하며, 실행 기간은 대부분 중기이다.

생산성전략은 기존 고객을 지원하는 데 운영 활동을 효율적으로 수행하는 것을 말한다. 생산성전략은 원가 절감과 효율성에 초점을 둔다. 수입성장전략과 마찬가지로 생산성전략도 대략 다음과 같은 두 가지 요소를 가진다.

- 비용구조 개선: 제품이나 서비스의 직접 원가를 줄이고, 간접비를 절감하며, 타 비즈니스 부서와 일반적인 자원은 공유한다.
- 자산활용도 개선: 자산 활용의 극대화, 보다 주의 깊은 자산흡수 또는 유동자산 및 고정자산의 일부 폐기 등을 통해서, 현재 주어진 수준으로 비즈니스를 지원하는 데 들어가는 운전자본과 고정자본을 줄인다.

생산성전략은 일반적으로 성장전략보다 결론이 빠르게 도출된다. 캐플란과 노턴은 원가와 자산 감축이 기업의 성장기회를 손상시키지 않음을 보여주기 위해서 균형 잡힌 접근법의 사용을 강조했다.

그들은 초기 발전단계에 있는 기업이 빠른 성장 기회를 잡을 수 있으며, 수입 성장에서 강조하는 목적을 달성할 수 있을 것이라고 주장하였다. 이러한 조직이 신시장을 개척하고 새로운 용도를 확장하기 위해서 신제품이나 서비스를 도입하여 개발하는 데 많은 비용을 지출하였다면, 원가와 생산성은 덜 강조될 것이다. 기업 발전 사이클의 마지막인 성숙 단계의 기업은, 새로운 고객을 발견하거나 새로운 시장을 확장하기 위한 기회가 제한되어 있기 때문에, 원가 절감과 자산 활용 요소를 강조하게 된다. 대부분의 기업은 이 사이클의 중간에 위치해 있으며, 수입 성장과 원가 절감 및 생산성이 가져다주는 혜택의 균형을 잡아주는 '수익성 있는 성장전략'을 채택하고 있다.

2) 고객 관점

고객 관점은 전략의 중심이며, 성장을 달성하는 방법에 대해 정의하는 것이다. 이 가치전제는 신규 고객 확보 또는 기존 고객에 대한 비즈니스 점유율을 높이는 경쟁을 하기 위한 구체적인 전략에 대해 규정한다. 이러한 가치 전제의 명확한 정의는 전략지도 개발 과정 중 가장 중요한 단계이다. 이는 기업이 경쟁시장에서 다른 기업과 차별화하는 방법에 관한 것이다. 차별화의 방법은 다음과 같은 세 가지가 있다.

- 제품 리더십: 제품 리더십이 있는 기업은 미지의 영역, 최초 도전의 영역 또는 매우 바람직한 곳으로 자기 회사 제품을 밀어 넣는다. 애플(Apple)과 인텔(Intel)은 이러한 전략을 가장 잘 사용하는 회사이다.
- 고객 친밀도: 고객에 친밀한 기업은 고객과의 결속을 구축한다. 이런 회사는 누구에게 제품을 팔아야 할지 또 그들이 원하는 제품이나 서비스가 무엇인지 잘 안다. 홈데포(Home Depot Inc.)는 이런 전략을 성공적으로 수행하였다.
- 운영 탁월성: 운영상의 탁월함이 있는 기업들은 누구에게도 뒤지지 않는 품질과 가격을 잘 조합하여 제공한다. 가장 좋은 예는 맥도날드(McDonald's Corporation), 사우스웨스트 항공(Southwest Airlines), 그리고 인앤아웃버거(In-N-Out) 등이다.

성공적인 기업들은 세 가지 차원의 차별화 방안 중에서 적어도 하나에서는 탁월하며 나머지 두 가지에서도 기준점은 넘어서는 수준을 유지한다. 이것은 힐 교수가 제안한 최소요건과 주문획득요건이란 개념과 유사한 것이다. 예를 들면, 홈데포는 세일즈 담당자는 지식과 쇼핑편리성 제공을 통해 타사와 차별화를 이루고 있다. 제품 리더십을 보유한 기업의 가격은 대개 높으며 서비스는 적절하지만 그렇다고 꼭 탁월하지는 않다. 운영 탁월성을 강조하는 맥도날드와 같은 회사들은 가격, 고객인지 품질, 그리고 리드타임(lead time) 대응 등의 경쟁에서 앞서 나간다.

3) 내부 프로세스 관점

내부 프로세스 관점은 조직이 고객의 가치 전체를 지원하기 위해서 반드시 잘 수행해야 할 비즈니스 프로세스와 특별한 활동을 정의하는 것이다. 전략은 바람직한 산출물이 무엇인지 명확히 하는 것뿐만 아니라 이러한 산출물이 이루어지는 방식에 대해서도 설명한다는 점이 중요하다. 마이클 포터(Michael Porter)는 이에 대해 "전략의 본질은 활동에 내재되어 있는데, 그 활동을 경쟁자와는 다르게 하거나 경쟁자와는 다른 활동을 하는 것을 선택하는 것이 바로 전략의 본질이다"라고 설명하였다.

조직의 활동은 조직의 가치사슬을 구성하는 전 과정의 비즈니스 프로세스에 포함되어 있다. 이 전 과정의 비즈니스 프로세스를 보면 〈그림 3-8〉과 같다.

이 과정은 고객욕구의 파악, 제품·서비스의 개발, 생산/배달, 대고객 서비스를 통해

〈그림 3-8〉 전 과정 비즈니스 프로세스

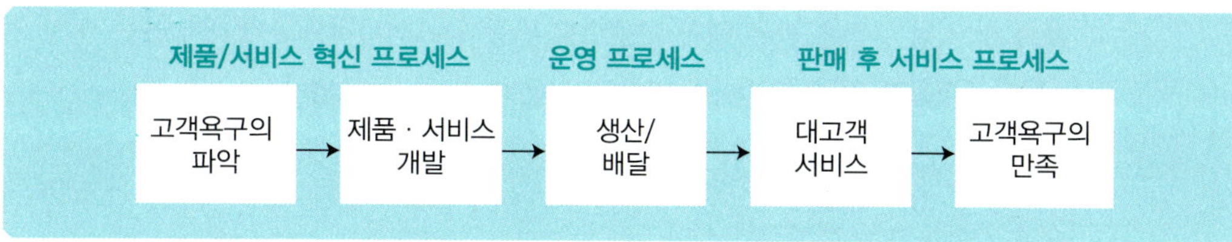

고객 요구를 만족시키게 된다. 이러한 과정은 제품/서비스 혁신 프로세스, 운영 프로세스, 판매 후 서비스 프로세스로 구분할 수 있다. 마지막으로 전 과정과 관련된 규정 준수 및 환경 준수가 추가된다.

생산운영관리는 효과적인 비즈니스 프로세스 설계에 관한 모든 것이기 때문에 제품·서비스 개발과 관련된 제품 리더십, 생산/배달과 관련된 운영 탁월성, 대고객 서비스 만족을 위한 고객 친밀도가 필요하며 전 과정에 걸쳐서 규정 준수와 환경경영 탁월성이 필요하게 된다.

- 제품 리더십(product leadership) 전략은 최고의 기능을 가진 신제품이나 신 서비스 상품을 창출하여 신속히 시장에 출시할 수 있는 새로운 기술 혁신 프로세스를 요구한다. 즉 고객 관점에서 제품 리더십은 내부 프로세스 관점에서 제품/서비스 혁신 프로세스와 연관된다.
- 운영 탁월성(operational excellence) 전략은 원가, 품질 그리고 운영 프로세스의 신속함, 탁월한 공급자 관계, 그리고 공급과 배분 프로세스의 속도와 효율성 등을 강조한다. 고객 관점에서 운영 탁월성은 내부 프로세스 관점에서 운영 프로세스와 연관된다.
- 고객 친밀도(customer intimacy) 전략은 고객관계관리(CRM)와 고객관계 솔루션 개발과 같은 탁월한 고객관리 프로세스를 필요로 한다. 고객관계관리는 마케팅, 영업, 서비스를 통한 고객 만족을 최적화하기 위한 고객중심의 비즈니스 전략이다. 고객 관점에서 고객 친밀도는 내부 프로세스 관점에서 판매 후 서비스 프로세스와 연관된다.
- 규정준수 및 환경경영 탁월(regulatory and environmental excellence) 전략은 환경, 건강 그리고 안전(environment, health, safety: EHS) 위험에 관련된 사업을 하는 기업들은 그 기업이 사업을 하는 지역사회 내에서 규정을 잘 준수할 필요가 있다. 즉 기업들은 종업원을 채용하고 유지하기 위하여 그리고 그 지역사회에서 계속 비즈니스를 하기 위해서도 리더로서의 명성을 얻기 위해 노력해야 한다. 이러한 규정과 EHS에 대한 고려가 기업의 성공 전략에 매우 중요하다.

4) 학습 및 성장 관점

학습 및 성장 관점은 높은 성과 수준으로 활동과 고객관계를 수행하게 하는 데 필요한 무형자산이라고 정의된다. 이는 다음과 같은 세 가지 주요 범주로 구분된다.

- 전략적 역량(strategic competencies)은 전략을 지원하는 직원들에게 요구되는 전략적 기술과 지식에 대한 이해 정도이다.
- 전략적 기술(strategic technologies)은 전략을 수행하는 데 필요한 자재와 프로세스 기술, 정보 시스템, 데이터베이스, 도구와 네트워크 등이다.
- 활동의 분위기(climate of action)는 전략을 지원하는 직원들을 자극하고, 힘을 주며, 조정하는 데 필요한 문화적 변화와 관련된다.

학습 및 성장전략은 기업의 장기적인 발전에 중요하다. 이것은 기업의 인적자원, 정보기술, 기업분위기, 연구 활동과 전략적 비즈니스 프로세스와 고객차별화 전략의 요구사항을 실현시키는 데 매우 중요하다.

캐플란과 노턴은 '균형성과표' 개념을 개발하여 통합 전략이 잘 수행되게 하는 방법에 대해 설명하였다. 재무적 관점, 고객 관점, 내부 프로세스 관점, 그리고 학습 및 성장 관점으로부터 성과를 추적하기 위해 일단의 척도들을 개발하는 것이 그들의 목적이었다. 전략지도 상의 인과관계에서 무형 자산의 역량 개선이 유형의 고객 및 재무적 산출물로 전환되는 방식으로 이해할 수 있다.

지표 간의 인과관계를 파악하여 이를 통해 구성원들과 의사소통하기 위해서는 전략맵 및 전략맵 스토리(story)를 작성하는 것이 효율적이다.

전략 맵(strategy map)이란 기업의 전략목표 달성을 위해 중점적으로 추진해야 하는 이니셔티브(initiative)와 이의 성과 정도를 측정할 수 있는 지표를 재무, 고객, 내부 프로세스, 학습 및 성장의 관점으로 설정하고 지표 간의 인과관계를 나타낸 지도이다. 전략 맵을 작성하기 위해서는 우선 기업의 전략 실행과 관련된 성과 지표를 추출해야 한다. 이러한 지표들은 결과로 나타나는 후행지표(lagging Indicator)와 후행지표에 영향을 미치는 선행지표(leading Indicator)로 구분할 수 있다. 예를 들어 고객 만족도의 선행지표는 적시 배송률, 고객 서비스 수준 등이 될 수 있으며, 고객 만족도 수준은 다시 매출 향상의 선행지표로서 작용하게 된다.

전략 맵을 작성할 때에는 재무적 관점으로부터 고객, 내부 프로세스, 학습 및 성장의 탑-다운(top-down) 방식으로 작성하는 것이 효과적이다. 우선 네 가지 관점에서의 후행지표를 결정하고 각각의 후행지표에 영향을 미치는 선행지표를 결정해야 한다. 그리고 이러한 모든 지표가 회사의 총체적 전략과 연계되도록 작성해야 한다.

화학 회사인 케미코(Chemico)는 회사의 전략적 목표를 '주주가치 증대'로 정립하였다. 이러한 전략 목표를 달성하기 위한 케미코의 전략 맵 작성 과정을 살펴보면 아래의 〈그

〈그림 3-9〉 케미코의 전략 맵 작성

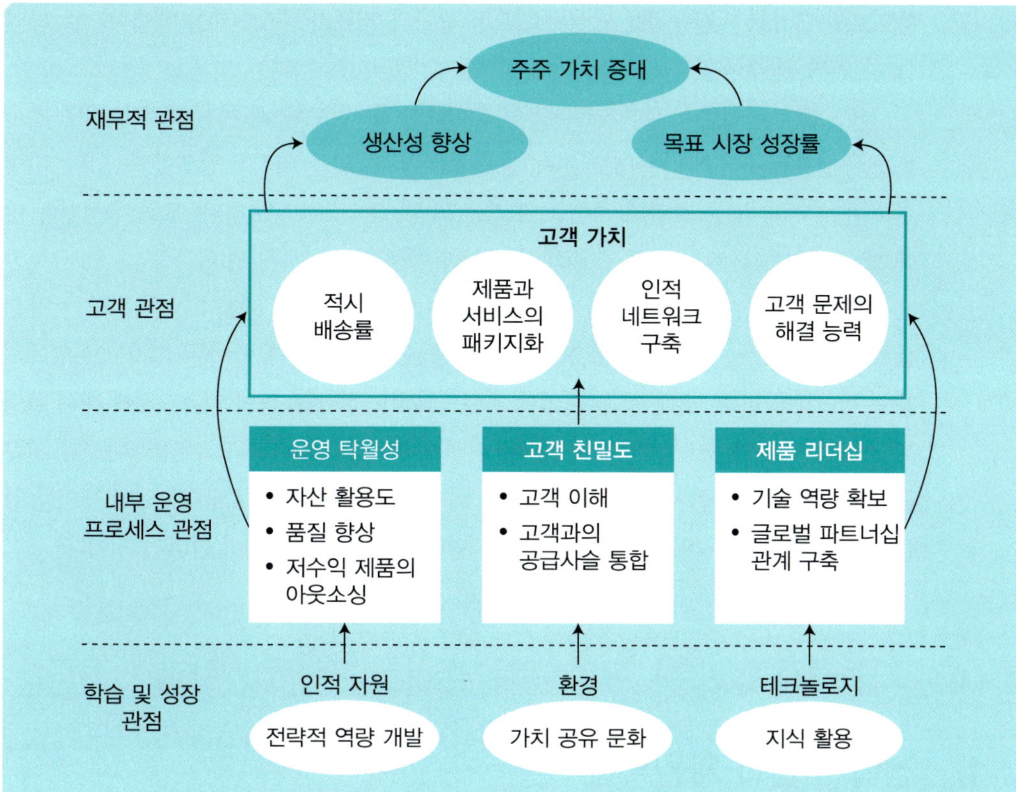

자료: Balanced Scorecard Report, 3-4, 2001.

림 3-9〉와 같다. 케미코는 '주주 가치 증대'를 위한 주요 이니셔티브로서 생산성 향상과 목표시장에서의 성장률 달성을 설정하였다. 그리고 '주주가치 증대' 측정을 위한 재무지표로는 EVA와 주식의 시장 가치를 선정하였고, 생산성 향상과 관련해서는 생산 단위당 이익, 그리고 목표시장 성장률 달성을 위해서는 신제품 매출 비중을 선정하였다. 이러한 재무 관점의 목표를 달성하기 위해서 고객 관점에서는 고객에 대한 가치제공 증대를 목표로 삼았다. 그리고 이를 위한 주요 이니셔티브로 적시 배송률, 제품과 서비스 패키지화, 인적 네트워크 구축 정도, 고객 문제의 해결 능력을 설정하였다.

또한 고객 가치 제고를 위한 내부 운영 프로세스 측면에서는 운영 탁월성, 고객 친밀도, 그리고 제품 리더십의 세 가지 이니셔티브를 설정하였다. 운영 탁월성과 관련해서는 자산 활용도 증대, 품질 향상, 저수익 제품의 아웃소싱이라는 지표를 선정하였다. 그리고 고객 친밀도와 관련해서는 고객 이해와 고객과의 완벽한 공급사슬(supply chain) 통합을, 제품 리더십과 관련해서는 새로운 기술역량 확보와 글로벌 파트너십 관계 구축을 관리지표로 선정하였다. 그리고 학습 및 성장의 측면에서는 구성원들의 전략적 역량 개발, 가치공유 문화, 그리고 지식 활용을 주요 이니셔티브로 선정하였다. 이렇게 전략 맵을 작성함으로써 케미코는 전략목표 달성에 필요한 활동과 지표가 무엇인지를 체계적으로 확인할 수 있게 된 것이다.

전략 맵은 구성원이 보다 전략을 쉽게 이해할 수 있도록 해준다. 그런데 전략 맵을 보는 구성원들이 자기 나름대로 전략 맵을 해석할 수 있는 위험이 발생할 수 있다. 그렇기 때문에 전략 맵을 보완해 주는 스토리를 작성하는 것이 필요하다. 모든 구성원은 전략 맵 스토리를 통해서 전략 맵에 대해 동일한 이해가 가능하게 된다.

전략 맵은 일반적으로 네 가지 조건을 가져야 한다. 첫째, 현재의 상황 정의, 시장분석, 변화가 필요한 이유 등을 기술해야 한다. 둘째, BSC의 개념, 방법론, 그리고 도입목적 등을 설명해야 한다. 셋째, 향후 관리할 지표들과 이러한 지표들의 인과관계에 대해 설명해야 한다. 마지막으로 이러한 지표들이 어떻게 전략을 실행시키고 기업의 미션과 전략 달성에 공헌할 수 있는지를 기술해야 한다. 이러한 스토리를 작성하는 데 있어 유의할 점은 간결하면서도 구성원에게 명확하고도 분명한 메시지를 전달해야 한다는 것이다.

3-4 자원투입 효과를 고려한 전략 수립 - 전방위전략과 초점전략

1. 전략 수립과 자원투입

전략에는 수립과 실행이라는 두 가지 측면이 있으며, 전략의 실행은 자원의 투입을 통해서 이루어지게 된다. 따라서 전략을 수립할 때 자원의 투입 가능성을 고려해야 할 것이다. 자원투입을 반영한 전략 수립 방법으로 두 가지를 생각해 볼 수 있다.

첫째, 전방위전략은 경쟁자보다 모든 면에서 우위를 점하기 위해 우리의 목표수준을 설정하고 그에 맞추어 자원을 투입하는 것이다. 전방위전략이 성공하기 위해서는 경쟁자보다 압도적으로 많은 자원이 있어야 할 것이다. 그래야만 모든 경쟁요소에서 경쟁자를 누르고 차별성 있는 경쟁력을 확보할 수 있기 때문이다. 그러나 자원의 총량에서 경쟁자를 압도할 수 있을 정도로 충분한 경우는 그리 많지 못하다. 항상 경쟁은 심하고 자원은 부족한 것이 일반적인 상황이다. 따라서 전방위전략은 제한적인 경우에만 적용이 가능하다는 약점이 있다.

둘째, 초점전략은 경쟁요소 중에서 대부분은 경쟁자와 비슷한 수준을 유지하면서 적어도 어느 한 경쟁요소는 확실한 우위를 점할 수 있도록 목표수준을 설정하고 그에 따라 자원투입을 하는 것이다. 초점전략을 실행하기 위해서는 자원의 총량이 비슷한 경쟁자를 모든 면에서 다 압도하려고 하는 대신에 여러 경쟁요소에서 약간씩 자원을 절감하여 모은 것을 어느 한 경쟁요소에 집중하여 투입하는 것이 필요한다. 초점전략은 '선택과 집중'의 원칙을 적용한 것이며 이때 선정되는 경쟁요소는 힐(Hill)의 주문획득요건에

〈그림 3-10〉 전방위전략과 초점전략의 목표수준 설정

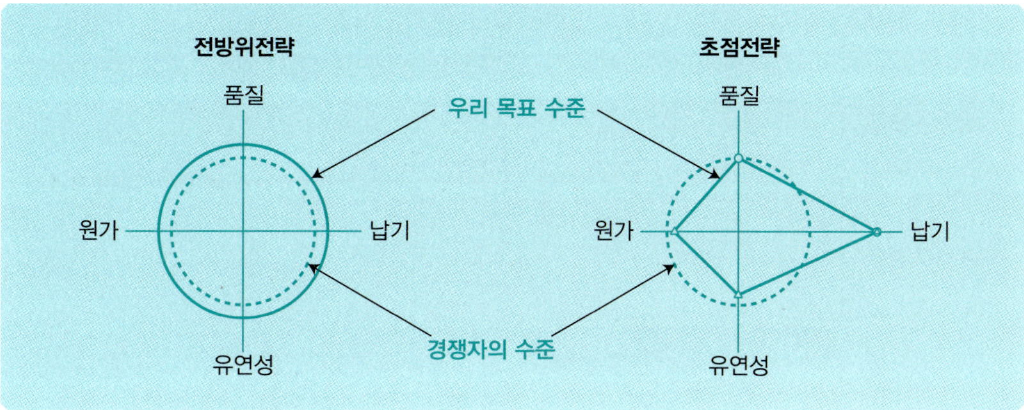

해당되는 경쟁요소가 적당할 것이다. 〈그림 3-10〉은 전방위전략과 초점전략의 개념과 차이를 보여주고 있다.

2. 초점전략을 적용한 전략수립 지침

경쟁자와 경쟁요소에서 자원투입의 차이가 생기면 그에 따라 경쟁력에 영향을 미치게 된다. 자원을 사용하는 효율성 면에서 차이가 없다고 가정할 때 경쟁자 수준보다 우리가 어떤 경쟁요소에 더 많은 자원을 투입한다면 긍정적인 차이를 만들게 되고 이것은 다시 경쟁력에 긍정적인 영향을 미치게 될 것이다. 마찬가지로 경쟁자보다 자원투입이 적다면 부정적인 차이가 발생하고 이것은 경쟁력에 부정적인 영향을 끼치게 될 것이다. 그러나 경쟁요소에 투입되는 자원 양의 차이가 곧장 비례적으로 경쟁력의 차별성으로 이어지지는 않는다. 즉 경쟁력의 차별성이 발생하기 위해서는 경쟁요소 수준에서 어느 정도 이상의 차이가 있어야 비로소 고객에게 두 기업의 경쟁력이 확실히 다르다는 인식을 주게 된다.

일반적으로 자원투입을 줄이는 중요한 이유는 원가 절감을 위해서 하는 경우가 많다. 그러나 자원투입을 줄이면서 얻는 원가 절감의 크기가 생각보다 크지 못한 경우가 많다. 그 이유는 원가 중에 상당부분이 고정비용이라 줄이지 못하는 것도 있고 변동비용을 줄인다고 해도 그 비율이 상대적으로 크지 못할 수 있기 때문이다. 따라서 경쟁력을 희생하면서 얻는 원가 절감의 효과는 기대한 만큼 크지 못하게 되는 것이다.

그러나 반대로 경쟁력을 높이기 위해서 자원투입을 증가시킬 때는 기대만큼 효과를 보기 위해서 어느 정도 이상의 투자가 필요한 경우가 많기 때문에 원가상승이 예상보다 빨리 그리고 많이 발생하게 된다. 예를 들어 광고효과는 투입된 광고비용에 비례하기 보다는 어느 정도 수준까지 광고를 계속하기 전에는 효과가 나타나지 않기 때문에 경쟁자

〈그림 3-11〉 경쟁요소의 수준 차이가 경쟁력에 미치는 영향 분석

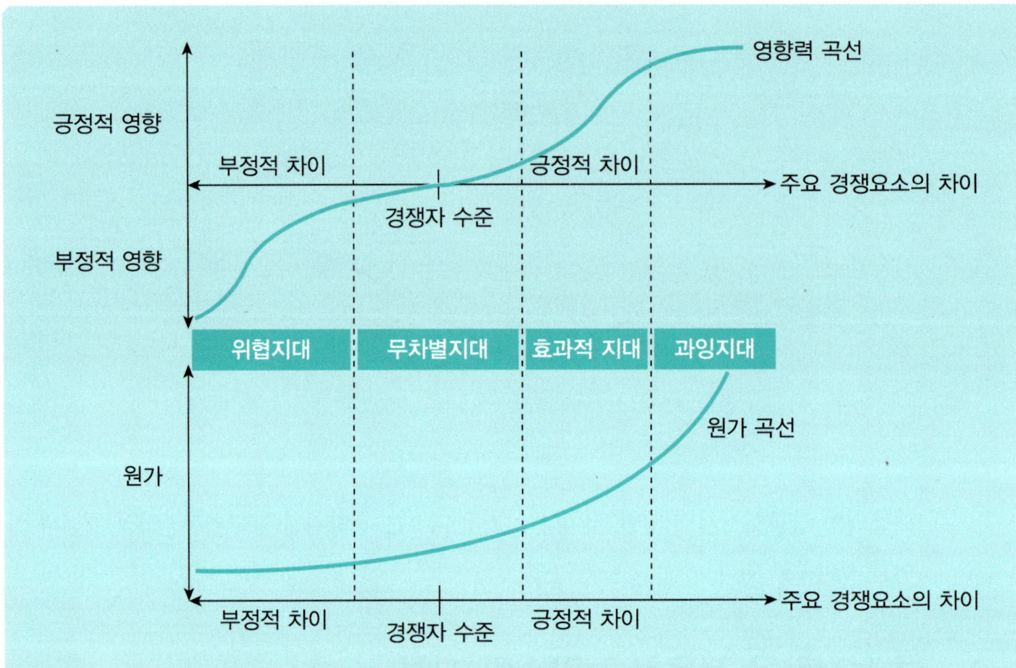

보다 상당한 양의 광고비용을 투입하게 되는 것이다. 따라서 경쟁요소에 대한 자원투입의 차이가 경쟁력의 차이로 나타나기 위해서는 어느 한계점을 넘어야 비로소 효과를 보게 되며, 이런 것을 감안하여 전략을 수립하여야 할 것이다. 〈그림 3-11〉은 이와 같이 경쟁요소의 수준 차이가 경쟁력에 미치는 영향력을 그래프로 보여주고 있다.

자원투입의 효과성을 고려하여 초점전략을 효과적으로 수립하기 위한 적절한 방안을 정리해 보면 다음과 같다.

- 위험지대(hazardous zone)를 피하라. 의미 있는 규모의 비용 절감을 달성하지 못하면서 어느 경쟁요소에 대한 자원 투입을 과도하게 줄여서 경쟁자에게 결정적인 우위를 내주는 무모한 짓을 피해야 한다.
- 무차별지대(indifference zone) 안에 머물러라. 몇 개 경쟁요소에서 경쟁자에게 다소 떨어지더라도 확실한 차이가 나지 않는 한 경쟁력에 큰 영향을 미치지 않으니 걱정하지 않아도 된다.
- 적어도 한 경쟁요소는 효과적 지대(effective zone)에 올려 놓아라. 적어도 한 개 이상의 경쟁요소를 경쟁자보다 확실하게 낫도록 우위에 올려 놓아야 차별성을 보일 수 있다.
- 과잉지대(excessive zone)를 피하라. 어느 경쟁요소에서든지 불필요한 정도의 우위를 점유하기 위해 과도한 자원 투입을 피해야 한다. 즉 오버슈팅(over-shooting)을 피하라.

3-5 전략 적합성 — 생산운영 활동의 전략 적합

기업의 운영을 구성하는 모든 활동은 서로 서로 연관되어 있다. 이 모든 활동을 효율적으로 한다는 것은 총비용을 최소화한다는 것을 의미한다. 그와 반대로, 효과적으로 한다는 것은 이 모든 활동이 기업의 전략을 지원하도록 한다는 것을 의미한다. 사우스웨스트항공(Southwest Airline)의 전략이 일련의 활동에 의해 수행된 방법에 대해 설명해 보면, 신속한 출발과 높은 항공기 이용률을 가능하게 하는 사우스웨스트의 신속한 탑승 준비는 높은 편의성과 낮은 비용 포지셔닝에 절대적인 요소이다. 그러나 사우스웨스트가 어떻게 이렇게 할 수 있었을까? 그 답의 일부는 이 회사에서 좋은 대우를 받는 탑승구 주변 직원에서 찾을 수 있다. 이들의 준비 시간에 관한 생산성은 유연한 노조 규칙에 의해 가능하게 되었다.

그러나 그 답의 많은 부분은 사우스웨스트가 수행하는 다른 활동의 방식에 있다고 하겠다. 기내식도 없고, 좌석 배정도 없으며, 수화물 연계 처리도 해주지 않으며, 사우스웨스트는 항공사의 운행을 느리게 하는 활동을 없애버렸다. 지연과 혼잡을 피할 수 있는 항로와 공항을 선택한다. 사우스웨스트는 항로의 길이와 유형에 대한 엄격한 제한으로 사용할 항공기를 표준화할 수 있었다. 사우스웨스트에서는 보잉(Boeing) 737만 사용한다.

명확한 전략을 가진 기업에서는 수많은 높은 수준의 전략적 주제들이 엄밀하게 연결된 활동들을 통해서 규정되며 실행된다. 이러한 유형의 지도는 활동 시스템과 기업의 전략 사이에 정렬이 잘 되어 있는지를 파악하는 데 유용하다. 경쟁 우위는 기업의 활동이 전략적으로 정렬되고 재강화되는 방식에서 유래한다고 할 수 있다.

1. 제조업의 운영전략 프레임워크

운영전략은 고객과 수직적으로 연결되어야 하며 회사의 다른 부서와 수평적으로 연결되어야만 한다. 〈그림 3-12〉는 이러한 연계에 대해 설명한 그림이다. 이는 고객의 욕구, 기업의 성과 우선순위와 이러한 욕구를 충족시키기 위한 생산과 생산 관련 기업 자원 역량 그리고 제조 운영의 요구사항을 연계하여 그린 것이다. 고위 경영진의 전략적 비전이 이러한 프레임워크의 위에 위치한다. 비전은 목표시장, 기업의 생산라인, 기업의 핵심사업과 생산 역량 등을 일반적인 용어로 규정한다.

목표시장의 선택은 어렵더라도 꼭 해야 한다. 실제로, 이것이 사업을 잘 되게 만들기도 한다. 목표시장을 무시하면 수익성이 없어지거나 기업의 역량을 제대로 발휘하지 못하게 된다. 예를 들면, 미국의 자동차업체들은 일본이나 영국의 시장에 맞는 운전석이 오른쪽에 있는 자동차를 생산하지 않는다. 핵심역량(core capabilities, competencies)은 어떤 기

〈그림 3-12〉 제조업의 운영전략 프레임워크

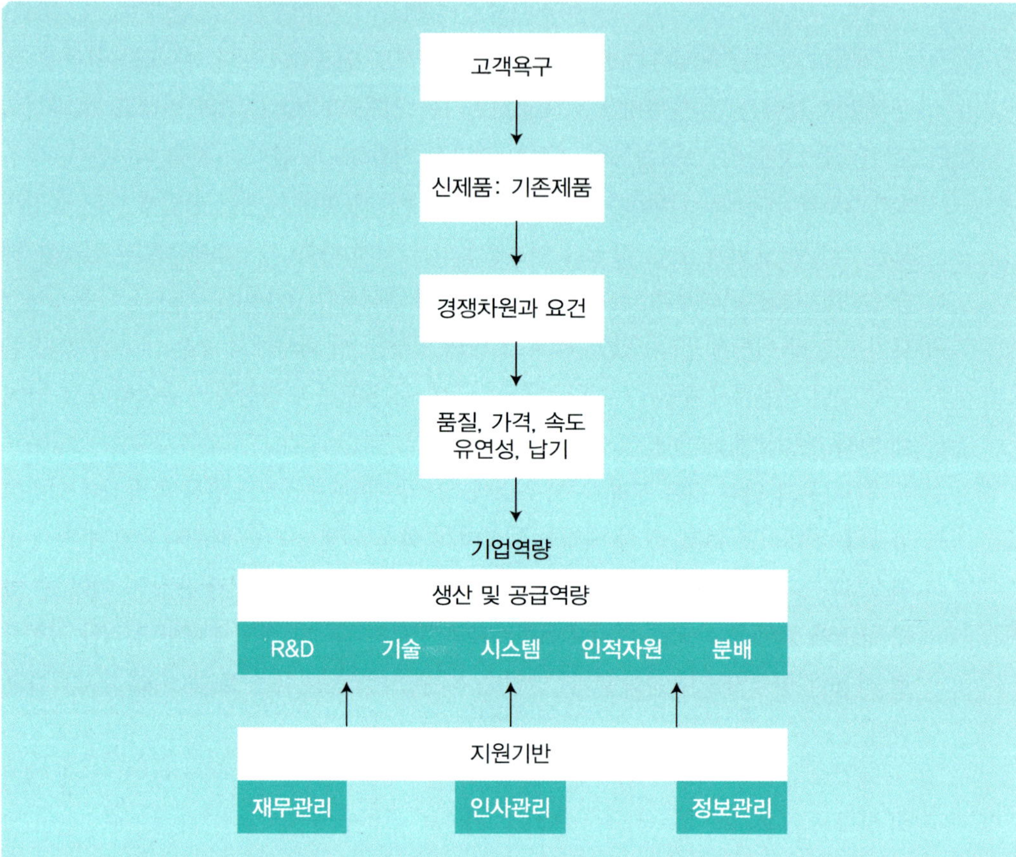

업(제조업이든 서비스업이든)을 경쟁자와 다르게 하는 기술이다.

기업이 해야 할 일 중에 아마 가장 어려운 일은 과거와 단절하는 것이다. 위컴 스키너(Wickham Skinner)는 관리자는 대개 현재의 시스템에 안주한다고 주장했다. 모든 새로 도입된 기술은 빠르게 정착하는 것같이 보인다. 큰 기대를 갖고 이러한 신기술을 기존의 시스템에 접목시키는 것은 매우 쉬운 일이다. 이렇게 하는 것이 기업을 위해서 좋을 것 같다고 관리자와 엔지니어가 생각하는 동안에는 미래의 고객을 사로잡을 경쟁력이라 할 만한 탁월한 핵심역량을 만들어 내지 못한다. 그래서 스키너는 글로벌 경쟁이 심화되고 있는 이 세상에서 기업에 필요한 것은 기술이 아니라, 신제품 실현 시스템을 어떠한 경쟁자보다도 훌륭하게 또 상이하게 구축할 수 있는 방법이라고 강조하였다.

2. 운영전략의 개발

운영전략 개발의 주요 목적은 두 가지이다.

- 대개 마케팅에서 유래한 필요한 경쟁 차원을 생산운영의 특정한 성과 요구사항으로 전환하는 것
- 생산역량 또는 기업역량이 이를 수행하기에 충분하다는 것을 보여주기 위한 계획을 수립하는 것

이러한 차원의 우선순위를 정하는 절차는 다음과 같다.

1. 제품 그룹별로 시장을 세분화한다.
2. 제품 요구사항, 수요 패턴, 그리고 각 제품 그룹별 수익성을 파악한다.
3. 각 그룹의 최소요건과 주문획득요건을 결정한다.
4. 주문획득요건을 특정한 성과 요구사항으로 변환한다.

초점을 유지하면서 만족할 만한 운영 세분화를 만들어가는 프로세스는 종종 어떤 제품이나 제품 그룹이 잘 어울리는가를 결정하는 문제이기도 하다. 이 때 제품이나 제품 그룹이 제조 시스템에 적합한 유사한 시장성과 특성이나 유사한 수요를 가지고 있는지 살펴보아야 한다. 예를 들어 〈표 3-3〉은 병원에서 사용하는 의료장비를 생산하는 두 제품 그룹 간에 제조 요구사항이 어떻게 다른지 보여준다.

첫 번째 제품 그룹은 병원이나 의원으로 '기성제품으로' 직접 판매되는 표준 전자 의

〈표 3-3〉 상이한 제품 그룹 간 제조 요구사항 비교

제조요구사항 차이		제품 그룹 1	제품 그룹 2
내부 성과 차원	제품	표준 의료 장비, 범용	전문화된 검사 기계
	고객	병원/의원	의료 및 기타 OEMs
	제품 규격	첨단기술은 아니지만, 정기적인 갱신 필요	다양함:몇몇은 첨단이며 나머지는 그렇지 않음.
	제품 범위	좁음 — 네 가지 정도	넓음 — 다수 유형, 고객화 가능
	설계 변경	비정기적	지속적인 프로세스
	배달	주문 후 납기 중요 — 재고에서 배달	정시배달 중요
	품질	적합성 / 신뢰성	성과 / 적합성
	수요변동	연간 — 예측 가능	불규칙적이며 예측 불가능
	제품 종류별 수량	높음	중간 또는 낮음
	마진	낮음	낮은 것에서부터 높은 것까지
외부 성과 차원	우위 요건	가격, 제품 신뢰성	제품 규격, 제품 범위
	최소요건	배달시간, 제품구색, 품질 적합성	배달 신뢰성, 배달시간, 가격
	주요 운영성과 차원	원가, 품질	신제품 유연성, 범위 유연성, 의존성

자료: N. Slack, The Manufacturing Advantage(London: management Books LTD., 2000) pp. 14-15.

료 장비들이다. 두 번째 제품 그룹은 개인 고객 요구사항에 맞추어 전문화된 장비로 판매되는 다양한 장비들이다. 두 제품 그룹을 비교·분석한 내용에서 보듯이 시장에서 경쟁하는 특성이 서로 매우 다르다. 그래서 제조에서도 서로 다른 외부 성과 목표를 가지고 있다. 각 제품 그룹은 내부 성과 목표 또한 다르다. 제품 그룹 1은 원가와 품질 성과에 집중할 필요가 있다. 여러 가지 내부 성과 목표는 이것을 달성하기 위한 것이다. 제품 그룹 2는 넓은 제품 사양과 빈번한 설계 변경에 대응하기 위한 유연성을 필요로 한다.

이런 경우 서로 다른 경쟁 요구사항에 따라 제조 공장을 두 그룹으로 확연히 나누어, 각각 추구하는 세분시장에 중요한 특성을 제공할 수 있도록 하는 것이 바람직하다.

3-6 생산운영 부문의 주요 의사결정 요소

제조기업이 시장에서 경쟁우위를 확보하기 위해서는 생산운영 부문의 주요 의사결정 요소인 구조와 하부구조가 떠받쳐 주어야 한다.

〈표 3-4〉에서 보는 바와 같이 운영전략의 주요 의사결정 요소는 학자들에 따라 조금씩 다르지만 보통 구조(structure)는 생산능력 계획, 설비, 공정기술, 공급사슬 통합 등을 의미하고 하부구조(infrastructure)는 조직, 품질, 인력과 생산계획 및 재고를 의미하는 것으로서 전자에 비해 계획이 단기적이고 장기적 자본투자가 덜 수반된다. 그리고 전자는 전략적 차원을 의미하고, 후자는 전술적 차원을 의미한다는 점에서 차이가 있다. 이렇게 하여 최근 몇 년 동안 기업이 경쟁 우선순위(competitive priority)를 결정하여 꾸준하게 추진한 결과 시장에서 타 기업에 비해 강점으로 실현된 것이 경쟁능력(competitive capability)으로 나타나게 된다.

핵심역량(core competence)이란 '한 기업의 사업을 기본적으로 받쳐주고 있는 사업능력을 찾아내 그것을 육성시키고, 이러한 사업능력들을 새로운 고성장 분야에 응용하는 것'을 말한다. 다시 말해서 제품 및 서비스를 고객에게 필요한 가치를 독특하게 공급하는데 더 경쟁력이 있고 다른 기업과 구별되는 강점을 의미한다. 핵심역량을 이용한 예들로 소니사는 자신이 작은 제품을 만드는 데 강점이 있다는 것을 인지하고 워크맨과 같은 히트 상품을 만들 수 있었으며, 3M사는 접착테이프 생산에서 얻은 노하우를 바탕으로 마그네틱 테이프 분야에서 독보적인 위치를 점할 수 있었으며, 혼다사는 오토바이 엔진 생산기술에 대한 기술적인 경쟁력을 최대한 활용, 자동차업계에서 두각을 나타낼 수 있었다.

핵심역량이 기업의 경쟁력을 향상시킬 수 있는 세 가지의 방법을 고려해 보면 다음과 같다.

첫째, 핵심역량은 시장을 넓혀 줄 수 있다. 도요타(Toyota) 자동차가 적시생산시스템(just in time: JIT)을 개발해 자동차 생산에 활용하여 높은 품질의 자동차를 생산하게 되자

〈표 3-4〉 생산운영 부문 주요 의사결정 요소

<table>
<tr><th colspan="2">결정 분야</th><th>결정</th><th>대안</th></tr>
<tr><td rowspan="11">구조</td><td rowspan="2">제품</td><td>제품계열의 수</td><td>표준품 또는 다수고객 전문품</td></tr>
<tr><td>제품 특성</td><td>원가 또는 품질</td></tr>
<tr><td rowspan="2">생산능력</td><td>확장시기</td><td>수요에 앞서서 또는 수요를 따라</td></tr>
<tr><td>확장규모</td><td>규모의 경제 또는 규모의 비경제</td></tr>
<tr><td rowspan="3">시설·설비</td><td>입지</td><td>시장에 가까이 또는 원자재에 가까이</td></tr>
<tr><td>규모</td><td>한 개의 대규모 공장 또는 여러 개의 소규모 공장</td></tr>
<tr><td>전문화</td><td>전용공장 또는 범용공장</td></tr>
<tr><td rowspan="2">생산/공정 기술</td><td>공정 형태</td><td>개별 생산 공정 또는 연속생산 공정</td></tr>
<tr><td>기술 수준</td><td>전통기술 또는 첨단기술</td></tr>
<tr><td rowspan="2">공급사슬 통합</td><td>정도</td><td>긴밀한 통합 또는 느슨한 통합</td></tr>
<tr><td>방향</td><td>전방통합 또는 후방통합</td></tr>
<tr><td rowspan="8">하부
구조</td><td rowspan="2">인적자원</td><td>전문화</td><td>고숙련 전문직 또는 일반직</td></tr>
<tr><td>관리</td><td>팀 또는 개인</td></tr>
<tr><td rowspan="2">품질관리</td><td>수준</td><td>고품질 또는 저품질</td></tr>
<tr><td>검사</td><td>검사체제는 어떤 것을 사용하는가</td></tr>
<tr><td rowspan="2">생산계획/
재고관리</td><td>절차</td><td>집권적 또는 분권적</td></tr>
<tr><td>횟수</td><td>분기별 또는 월별</td></tr>
<tr><td rowspan="2">조직구조</td><td>형태</td><td>제품별 또는 공정별</td></tr>
<tr><td>계층</td><td>많은 계층 또는 적은 계층</td></tr>
</table>

단지 자동차 생산에만 활용하지 않고 도요타의 모든 부문에 활용하여 시장을 넓힐 수 있게 된 것이 이의 좋은 예이다.

둘째, 핵심역량은 고객이 제품 및 서비스로부터 얻을 수 있는 잠재적인 이점을 더 확대할 수 있다. 도요타의 세분화된 자동차 시장(경제성—Toyoda Corolla, 가족지향—Camry, 화려함—Lexus)은 고객으로 하여금 모든 도요타 자동차는 높은 품질과 신뢰가 들도록 느끼게 된다.

셋째, 기업의 핵심역량은 시장에서 성공하였다면 모방이 힘들 수도 있다. GM, 포드나 혼다사의 자동차는 도요타에서 사용하는 모든 관리시스템을 들여와 적용하였으나 똑같이 만들지는 못했다.

요약

이 장에서는 생산운영관리와 기업전략을 연계시키고 일관성을 수립하는 데 대해서 살펴보았다. 생산운영관리는 기업의 생존과 성장이라는 큰 목적에 부합하고 기여하는 데 그 가치가 있다. 생산운영 기능을 기업 전략과 연계시키기 위해서는 여러 가지 방안이 있는데 여기서는 생산운영전략의 경쟁 차원을 구성하는 원가, 품질, 납기, 유연성을 중심으로 경쟁전략의 내용을 살펴보았다. 또한 상쇄이론, 누적 이론, 모래성이론 등을 통해 경쟁 차원의 우선순위를 다르게 설정하는 방안을 비교하였다.

기업전략의 기본적인 개념과 함께 전략 수립의 방법으로 포터의 외부환경 분석법과 프라하라드의 내부핵심경쟁력 분석법을 살펴보았다. 기업의 전략과 생산운영전략을 연계시키기 위해서는 기업의 한정된 자원을 적절히 배분하여 최대한의 가치를 창출할 수 있도록 하는 것이 필요하다. 이를 위해서 기업의 전략 실행으로서 자원 투입의 효과를 살펴보았다. 캐플란과 노턴이 제안한 균형성과표(BSC) 모형은 전략 실행을 위한 보다 혁신적인 접근 방법을 제공하며 전략 실행과 성과의 인과관계를 보다 잘 규명해 준다. 마지막으로 생산운영전략의 수립 프로세스를 살펴보고 생산운영 부문에서 주로 이루어지는 의사결정 요소들은 어떤 것이 있는지 파악하여 기업의 경쟁력 향상에 기여하는 방법을 논의하였다.

복습문제

1. 운영전략이란 무엇이며, 전략 수립 절차에 대해 설명하라.
2. 운영전략의 4대 목표는 무엇이 있으며, 경쟁 차원이 무엇인지 설명하라.
3. BSC의 개념과 이 모형을 통한 전략설계 절차에 대해서 설명하라.
4. 운영전략의 수립과 그 적합성에 대해 설명하라.
5. 생산 부문의 주요 의사결정 요소에는 무엇이 있는지 설명하라.

마무리사례: 생산성 향상 성공 사례

산업용 볼트를 생산하는 썬업주식회사는 지난 해 초만 해도 기업 초유의 위기상황에 몰려있었다. 2007년에 발생한 미국발 금융위기로 매출이 급감하였고 결국 적자가 발생하였다. 조만간 금융 부도 상태가 발생하는 것은 뻔하였다. 그러나 이러한 위기를 극복하고 오히려 이를 성장의 기회로 탈바꿈시킨 건 기업 경영진의 뼈를 깎는 생산성 혁신을 단행하면서부터 그 출발점을 찾을 수 있었다.

관리 중심의 생산성 관리에서 문제 발생 즉시 해결책을 제시하는 현장중심으로 그 중심을 바꾸고 성과 및 보상제도에서도 혁신적인 변화를 도입하였다. 그리고 그 결과는 매우 효과적이었고 큰 폭의 개선이 나타났다. 린(lean) 시스템 도입 4개월만인 흑자를 기록하기 시작하였다. 매출액은 32%, 노동 생산성은 18% 개선되었다. 특히 완제품 재고의 불량률이 50% 이상 획기적으로 감소하면서 이 기어브이 제품에 대한 국내외 러브콜이 쇄도하였다.

한국생산성본부가 제시한 현장 생산성 향상 성공 스토리는 실효적인 가치를 제공하는 참고서가 될 것이다. 끊임없는 노력으로 생산성 향상과 글로벌 최고수준로 기술력을 인정받고 있는 48개 제조업체들의 집요한 현장 관리를 통한 생산성 향상 노력에서 그 공통분모를 찾을 수 있다.

산업용 테이프를 제작하는 지티케미컬은 루틴한 현장 업무개선활동인 원모어운동(One-More movement)이 대박을 터뜨렸다. 제품의 생산프로세스 개선에 대한 체크리스트를 정기적으로 보고하고 이를 구성원들에게 공유함으로써 생산성 향상 및 경영성과 개선을 달성하면 이를 토대로 포상하는 제도이다. 이 시스템을 도입한 지 12개월만에 5% 재료비 절감, 5% 생산성 향상 결과가 나타났다.

자료: 국민일보 뉴스 재구성.

프로젝트 관리

4

학습목표

1. 프로젝트의 정의와 특징 등의 기본개념을 이해한다.
2. 프로젝트 관리의 정의와 관련된 지식분야를 파악한다.
3. 프로젝트 관리 프로세스와 수명주기를 이해한다.
4. WBS를 이용하여 프로젝트 범위를 설정하고 관리하는 방법을 배운다.
5. 네트워크와 간트차트를 이용하여 일정계획을 수립하고 관리하는 방법을 배운다.

도입사례

우주개발 프로젝트

2013년 1월30일. 우리나라 우주 개척의 첫 신호탄이 될 나로호((KSLV-I)가 3차 시도만에 발사에 성공했다. 나로호 우주선 발사 성공으로 우리나라는 자력으로 인공위성을 지구궤도에 올려놓는 데 성공했으며, 세계에서 열한 번째로 스페이스 클럽에 입성하게 됐다. 나로호 우주선 발사 프로젝트는 2002년 개발사업에 착수해 2009년과 2010년에 각각 1차와 2차의 발사 시도가 있었으나 실패한 후에 다시 준비를 하여 만 10년 만에 일궈낸 결실이다.

우주선 발사 프로젝트를 추진하기 위해 항공우주연구원은 2009년 전남 고흥에 나로우주센터를 설립하고 한국 최초의 우주발사체인 나로호를 러시아와 공동 개발하기 시작하였으며, 2009년 1차 발사를 시도했다. 1차 발사에서는 정상적으로 1단 로켓이 점화되어 지상 발사는 성공했지만 후속 단계에서 페어링(위성 보호 덮개)이 비정상적으로 분리되면서 실패했다. 2010년 2차 시도에서는 발사 후 곧 이어 로켓이 공중 폭발하여 실패하고 2013년 마지막 3차 시도에서 성공한 것이다.

우주개발 선진국들도 초기 로켓 개발 과정에서 수많은 실패를 거듭했다. 미국과 러시아도 로켓 발사에 처음 나선 1950년대에는 발사 실패율이 각각 66.1%, 39.1%에 달했다. 미국 최초의 위성발사체였던 뱅가드는 1955년부터 1959년 마지막 발사까지 12번 시험에서 8번이나 실패했다. 유럽 역시 1960년대에는 10번에 4번꼴로 실패했다. 영국·프랑스·독일이 합작한 유로파도 1961년부터

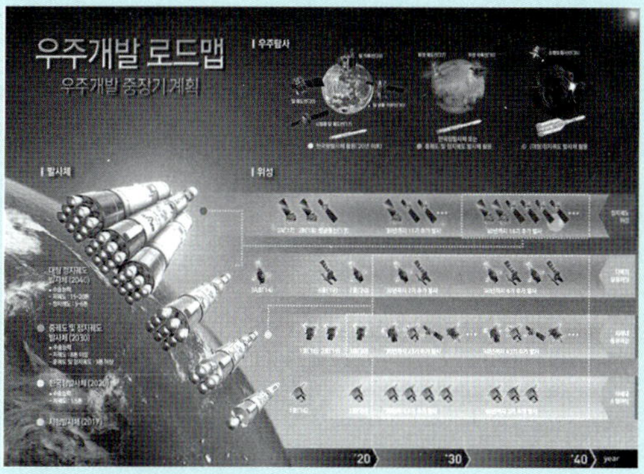

1971년까지 11차례 시도해 7차례나 실패했다. 일본의 첫 우주발사체인 람다4의 경우 1966~1974년 9번의 도전에서 4번 좌절했다. 이처럼 우주선 발사는 많은 실패 위험이 따르며 성공을 보장하기 어려운 것이 일반적이다.

현재 항우연은 미래의 우주개발 프로젝트에 대한 새로운 중장기계획을 세우고 한국형 발사체를 개발하고 있으며 75t급 액체로켓엔진 연소시험에서 목표 시간인 145초를 달성했다. 한국형 발사체 사업은 1.5t급 실용 위성을 지구 저궤도(600~800km)에 투입할 수 있는 독자 우주발사체 개발이 목표다.

프로젝트를 성공적으로 치르기 위해 중요한 것은 여러 가지가 있지만 그중에서도 시간 계획을 짜고 실행하는 일정관리는 가장 기본적인 것이다. 특히 우주개발 프로젝트와 같이 첨단 과학기술이 적용되는 프로젝트는 불확실성이 매우 높기 때문에 일정을 정확히 예측해서 계획을 수립하기가 매우 어렵다.

체계적인 프로젝트 관리의 중요성은 아무리 강조해도 지나치지 않다. 프로젝트는 우주개발, 건축, 공학, 신제품개발, 국제회의 개최, 스포츠 행사부터 재난구호 활동까지 모든 영역에서 이루어지고 있으며 체계적이고 효율적인 프로젝트 관리방법론을 적용하면 일정의 단축, 자원의 절약, 프로젝트 성과 품질의 향상 등 많은 혜택을 얻을 수 있다.

4-1 프로젝트 관리의 정의와 중요성

1. 프로젝트 관리의 중요성

프로젝트는 다양성과 유연성을 요구하는 오늘날의 기업 환경에서 매우 중요한 역할을 하는 생산관리 방식이다. 18세기 산업혁명 이후로 산업현장에서는 분업화에 기반을 둔 조립생산방식과 자동화를 이용한 대량생산방식이 주된 역할을 해왔다. 대량생산과 조립생산 방식은 같은 사양의 물건을 다량으로 반복 생산하는 데는 효율적이지만 특별한 요구를 맞추기 위한 고객화된 생산에는 적합하지 못하다. 이에 비해 프로젝트는 유일하고 독특한 결과물을 만들어 내는 것을 기본 목적으로 하므로 고객의 특별한 요구사항을 만족시키기에 가장 적합한 생산방식으로 알려져 있다.

오늘날 국가, 지방자치단체, 기업 등이 수행하는 많은 사업이 프로젝트의 형태로 진행된다. 그 예로 정부에서 국책사업으로 추진했던 경부고속철사업, 새만금 간척사업, 청계천 복원사업, 인천 신공항건설 등이 있으며 스포츠 행사로는 월드컵 축구경기, 아시안게임 등이 있고, 수많은 국제회의나 전시회 등이 모두 프로젝트의 예가 된다. 기업들이 추진하는 사업 중에는 차세대 휴대폰 개발 프로젝트, 신차 개발사업 등을 생각해 볼 수 있다.

현대적인 경영 환경에서 프로젝트는 우주개발, 건축, 공학, 신제품개발, 국제회의 개최, 스포츠 행사부터 재난구호 활동까지 모든 영역에서 이루어지고 있으며, 그에 따라 프로젝트를 체계적으로 관리하는 것이 기업의 경쟁력 향상과 성과에 큰 영향을 미치게 된다. 프로젝트 관리 프로세스가 체계적이고 효율적이지 못할 때 그 결과는 기업이 큰 손해를 입게 되거나 또는 재난관리의 경우에서는 자그마한 사고가 엄청난 재앙으로 확대되는 경우도 볼 수 있다. 이처럼 체계적인 프로젝트 관리의 중요성은 아무리 강조해도 지나치지 않다.

프로젝트 관리는 다양한 지식을 필요로 한다. 이 장에서는 프로젝트 관리의 기본적인 개념을 소개한 후 가장 중요한 영역인 일정관리와 범위관리를 중심으로 프로젝트 관리를 살펴보기로 한다.

2. 프로젝트의 정의와 특징

미국 프로젝트관리협회(Project Management Institute: PMI)에서는 프로젝트를 '유일한 제품 또는 서비스를 창출하기 위하여 수행하는 일시적인 활동'이라고 정의하고 있다. 또한 다른 학자는 '프로젝트는 독특하고 서로 연관된 과업과 자원을 효율적으로 사용하여 특정한 목적을 달성하기 위하여 수행하는 활동'이라고 하였다. 이를 종합하여 보면 프로젝트는 독특하고 특정한 목적을 달성하기 위하여 제한된 자원과 시간 내에 여러 사람이 협력하여 상호연관을 가지고 수행하는 임시적인 일련의 활동들이라고 정의할 수 있다. 〈표 4-1〉은 다양한 산업에서 수행되는 프로젝트의 예를 보여주고 있으며 프로젝트는 다음과 같은 특징을 가진다.

- 독특성: 일상적으로 반복되는 것이 아니다
- 한시성: 정해진 기간에 한시적으로 수행된다
- 팀으로 수행: 여러 사람이 협력하여 수행한다
- 불확실성: 일상 업무에 비해 불확실성이 높다
- 점진적 구체화: 시간이 가면서 내용이 구체화된다

4-2 프로젝트 관리의 지식분야와 목적

1. 프로젝트 관리의 지식분야

프로젝트 관리란 프로젝트를 성공적으로 수행하기 위해 관련된 지식, 기법, 도구 및 역량을 프로젝트 활동에 적용시켜 프로젝트를 체계적으로 관리하는 방법을 말하며 〈표 4-2〉와 같은 지식분야를 이해하는 것이 필요하다.

〈표 4-1〉 프로젝트의 예

산업	프로젝트 예
국가 인프라개발 사업	창조경제혁신센터 구축, 국가정보화사업, 전자정부시스템 구축사업, 한국형 원자로 개발사업, 세종시 건설
건설/플랜트산업	발전소 건설, 교량 건설, 아파트 건설, 공항 건설, 항만 건설
제조산업	자동차 신모델 개발, 휴대폰 신모델 개발, 곡면형 TV 개발
IT산업	Big Data 분석시스템 구축, ERP시스템 구축, 소프트웨어 개발
국방산업	한국형 항공기 개발, 소형전술차량 개발, 한국형 헬리콥터 개발,
연구개발(R&D)	신약개발, 신제품개발, 휴대폰 신모델 개발, 자동차 신모델 개발
재난관리	국가재난구호체계 구축, 메르스 대책본부 구축 및 운영,
서비스산업	국제회의 개최, G20 정상회담, 지방 축제
스포츠산업	올림픽 준비 및 개최, 아시안게임, 월드컵 개최
컨설팅산업	창업컨설팅, 프로세스 혁신 컨설팅, ISO 인증 컨설팅

〈표 4-2〉 프로젝트 관리에 필요한 지식분야

지식분야	내용
통합관리	여러 사람에 의해 만들어지는 중간산출물들을 통합하여 최종적인 프로젝트 결과물로 만들어 낼 수 있도록 조정하는 것
범위관리	프로젝트에서 수행해야 할 작업과 만들어야 하는 산출물을 정확히 파악하고 계획으로 수립하는 것
시간관리	프로젝트가 목표한 일정 내에 끝마칠 수 있도록 계획을 수립하고 관리하는 것
원가관리	프로젝트가 배정된 예산 내에서 수행될 수 있도록 계획을 수립하고 작업의 진행에 따라 비용 지출을 관리하는 것
품질관리	프로젝트가 고객이 원하는 결과물을 창출할 수 있도록 계획을 수립하고, 작업의 진행에서 나오는 중간산출물의 품질을 관리하는 것
인적자원관리	프로젝트를 효과적으로 수행하기 위한 조직을 구성하고 참여자들의 역할과 책임을 할당하여 실행과정의 효율성을 높이는 것
의사소통관리	프로젝트 참여자들이 필요로 하는 정보를 파악하고 그에 맞추어 적절한 정보를 제공하여 프로젝트가 원활히 수행될 수 있도록 하는 것
리스크관리	프로젝트에서 잠재적으로 발생할 수 있는 위험이나 기회를 파악하고 그에 맞는 대응책을 수립하고 실행함으로써 프로젝트 성공을 돕는 것
조달관리	프로젝트에서 필요로 하는 물자와 기자재 등을 원활히 제공하기 위한 방안을 파악하고 실행하는 것
이해관계자관리	프로젝트에 관련된 사람들의 이해관계를 파악하여 프로젝트 수행과정에 효과적으로 반영할 수 있도록 하는 것

〈그림 4-1〉 프로젝트 관리의 3차원

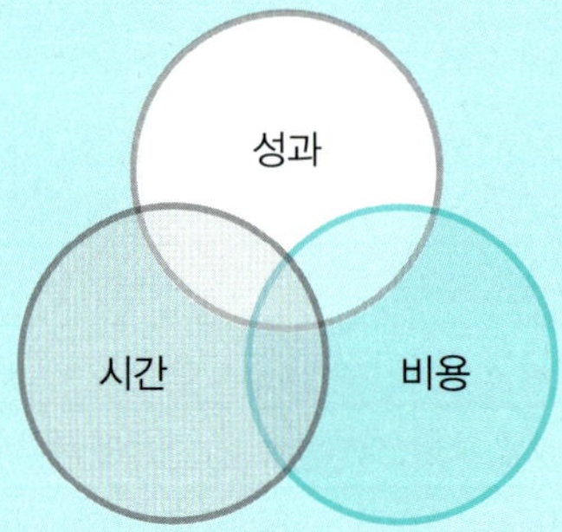

2. 프로젝트 관리의 목적

프로젝트 관리는 다음과 같은 세 가지 목적을 가지고 수행되는 것이 일반적이며 이를 프로젝트 관리의 3차원 또는 프로젝트 관리의 3중 제약조건이라고 부르기도 한다. 〈그림 4-1〉은 프로젝트 관리의 3차원을 보여주고 있다.

- 성과(performance): 결과물의 완성. 고객이 원하는 결과물을 완성시켜 전달한다. 이것은 범위(scope)와 품질(quality) 성과를 모두 포함하는 개념이다.
- 시간(time): 목표 일정의 달성. 주어진 시간 안에 프로젝트를 완료한다.
- 비용(cost): 비용의 통제. 정해진 예산 내에서 프로젝트를 수행한다.

정해진 시간과 예산 내에서 프로젝트를 수행하여 고객이 원하는 품질의 결과물을 완성시켜 전달하는 것이 프로젝트 관리의 세 가지 중요한 목적이다. 성공적인 프로젝트를 정의하는 성과, 시간, 비용의 세 가지는 프로젝트 관리의 중점 대상이 되고 또한 동시에 프로젝트의 제약조건이 되기도 한다. 즉 프로젝트는 요구되는 성과(범위와 품질) 기준이 있고 일정과 예산의 제약을 받으며 수행되는 것이다.

4-3 프로젝트 수명주기

수명주기 또는 생애주기란 한 생명체가 탄생해서 사망할 때까지의 전체 단계를 일컫는 말인데, 프로젝트는 하나의 생명체처럼 탄생 후 몇 단계를 거쳐서 진행되고 완료와 함께 그 수명주기를 마감하며, 시간의 진행에 따른 각 단계의 작업과 자원소요량은 〈그림 4-2〉에서 보는 것과 같이 변화한다. 프로젝트의 종류에 따라 그 명칭이 다르기는 하지만 대부분 3~4단계 정도로 이루어지며 구상, 계획, 실행, 종료로 구분하는 것이 일반적

〈그림 4-2〉 프로젝트 수명주기

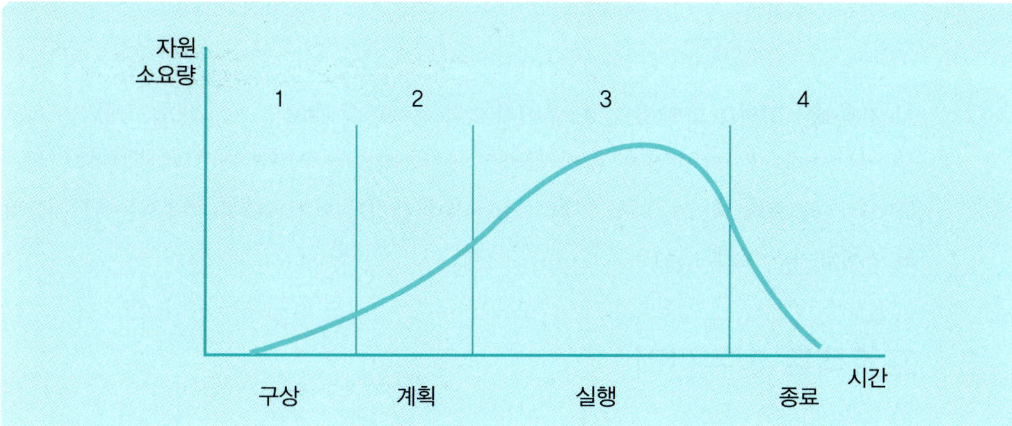

이다. 프로젝트의 초기 단계에서 곡선의 기울기가 완만한 것은 일이 서서히 진행되고 자원의 소요량도 작은 것을 보여주는데 그 이유는 프로젝트의 특징에서 언급된 바와 같이 프로젝트의 범위와 내용이 점진적으로 구체화되기 때문에 계획이 확정될 때까지는 작업을 실제적으로 실행한다든가 인적 물적 자원을 대규모로 투입할 수 없기 때문이다. 두 번째 단계에서 계획이 수립된 후에는 많은 작업들이 동시에 수행되면서 자원의 소요량이 급격히 늘어나고 일의 진행속도도 빨라지게 된다. 실행단계에서 자원의 소요량은 정점을 지나고 프로젝트는 종료단계로 접어들면서 마무리를 하게 되는데 초기단계와 달리 종료단계는 시간적으로 짧고 자원의 소요량도 작업이 마무리되면서 급격히 줄어드는 현상을 보인다.

프로젝트의 수명주기(project life cycle)를 이해하고 현재 어느 단계에 와있는지 파악하는 것은 프로젝트의 진행 중에 나타날 수 있는 여러 가지 문제를 이해하고 해결하기 위한 의사결정을 효율적으로 하는 데 도움을 준다. 그 이유는 프로젝트의 각 시기마다 발생할 수 있는 문제점이 다르며 관리의 주된 관심과 접근법이 다르기 때문이다. 〈표 4-3〉은 4단계 수명주기의 각 단계에서 진행되는 내용들을 예로 보여주고 있다.

〈표 4-3〉 프로젝트 4단계 수명주기와 단계별 작업 예시

단계	단계의 명칭	내용
1	구상	필요성의 인식, 제안요청서 작성
2	계획	제안서 및 사업계획서 제출, 계약협상과 체결, 프로젝트 착수
3	실행	각종 활동의 진행, 통제와 보고 (PERT, CPM, Gantt chart, C/SCSC)
4	종료	결과물의 전달, 완료보고서의 작성

4-4 프로젝트 관리 기법

프로젝트를 성공적으로 실행하기 위해서 기본적으로 필요한 것은 무엇을 해야 하는지 프로젝트 범위를 파악하고, 언제 어떤 일을 수행할지 순서를 정하여 일정계획을 세우고, 각 작업에 예산과 인적 및 물적 자원을 배정하여 일을 실행하는 것이 필요하다. 여기에서는 프로젝트 관리의 가장 기본이 되는 범위관리와 일정관리를 수행하는 방법에 대해 알아보기로 한다.

1. 프로젝트 범위관리

프로젝트에서 범위란 프로젝트가 완료됐을 때 최종결과물로서 고객에게 무엇을 전달할 것인지, 최종결과물을 만들어 내기 위해 무엇을 할 것인가에 대한 자세한 규정이다. 범위관리는 프로젝트를 성공적으로 수행하는 데 요구되는 모든 작업 중에서 꼭 필요한 작업만이 포함되도록 관리하는 것을 말하며 프로젝트 계획을 수립할 때 중요한 역할을 한다. 프로젝트 범위에는 모든 필요한 작업이 빠짐없이 포함되어야 하며 또한 불필요한 작업이 포함되지 않도록 관리하며 기본적으로 무엇이 프로젝트에 포함되고 빠져야 하는지 규정하고 통제하는 프로세스가 범위관리이다. 프로젝트는 대개 하나의 독특하고 유일한 결과물을 만들어 내며 이것은 다시 작은 구성단위로 세분화되고 작업명세서 등을 통해 구체화된다. 프로젝트 범위관리를 위해 가장 흔히 사용되는 기법은 작업분류체계(Work Breakdown Structure: WBS)를 작성하는 것이다.

작업분류체계는 프로젝트의 최종결과물과 그것을 성취하기 위한 하부단위의 모든 작업을 빠짐없이 또 중복되는 것 없이 파악하고 식별하기 위해 위에서부터 아래로 체계적으로 분류한 것으로 프로젝트의 전체 범위를 정의한다. WBS는 프로젝트 계획의 시발점이며 이후에 작성되는 모든 상세계획과 계획조정의 기본이 된다. 또한 전체 프로젝트 범위의 이해와 확인을 위해 자주 사용되며, WBS에 포함되지 않은 작업은 프로젝트의 범위에 해당되지 않는 것이다.

WBS는 보통 계층적인 구조로 표시되며 각각의 항목에는 식별코드가 부여되는데, 이것들은 비용과 자원에 대한 계층적 구조를 만드는 데 사용된다. WBS의 최하위에 있는 항목을 작업패키지(work packages)라고 한다. WBS는 표 형태나 구조도 형태의 그림으로 표시할 수 있다. 작업분류체계를 작성하기 위해서 프로젝트의 최종결과물로부터 시작하여 구성 요소로 분해하는 하향식 방법을 취하는데, 분해란 주요 프로젝트 인도물이 프로젝트 활동인 기획, 실행, 통제, 종료 활동들을 지원할 수 있는 상세한 정의가 가능하도록, 더 작고 관리 가능한 구성 요소로 나누는 것이다. WBS를 작성하는 법은 다음과 같다.

1. 프로젝트의 최종결과물을 정한다.
2. 최종결과물을 구성하는 중간결과물을 결정한다.
3. 중간결과물을 분할하여 더욱 구체적이고 상세한 필요 작업을 적절한 수준까지 정한다. 상황에 따라 다르지만 일반적으로 1~2주간 작업단위까지 내려간다.

WBS를 작성할 때 유의할 점이 여러 가지가 있다. 우선 계층적으로 분류되어야 하며 측정과 확인이 가능한 인도물 위주로 분류되어야 한다. 또한 WBS는 관리가 가능한 수준까지 분류하는데 일반적으로 작업패키지는 유일하게 식별될 수 있어야 하며 1~2주간의 업무량을 포함하는 정도이다. 이렇게 분류된 작업패키지는 정보 교환 및 공유가 가능하게 분류되어야 하며 나중에 조직분류체계와 연계되어 책임 할당을 할 수 있도록 한다.

WBS를 이용하여 범위관리를 하면 어떠한 이점이 있을까? 가장 중요한 것은 프로젝트에 필요한 모든 작업을 구체적으로 파악하고 식별하게 도와준다는 것이다. 또한 프로젝트 계획의 조정과 계층별 전개를 가능하게 하고 비용, 일정, 품질 등의 관리를 위한 공통기반을 제공하고 자료의 일원화를 가능하게 한다. 즉 WBS는 프로젝트 범위를 분할하여 명백하게 정의하고 책임 한계를 정할 수 있게 하며 업무단위별로 보고 기준을 제공해 준다. 아울러 이해관계자들 간에 프로젝트 진도 및 성과에 관련된 정보를 교환할 때 의사소통을 원활하게 촉진시켜 주는 효과가 있다. 〈그림 4-3〉는 WBS의 예를 보여주고 있다.

2. 프로젝트 일정관리

일정관리란 프로젝트의 작업과 활동들을 논리적으로 연결하고 시간적으로 계획하여 각각의 활동들을 언제 시작하고 끝내야 하는지 결정하는 것이다. 일정관리는 시간관리(time management)라고도 하며 프로젝트가 계획된 일정에 따라 적절하게 진행될 수 있도록 관리하는 것을 뜻하고 프로젝트 관리의 세 가지 목적 중에 하나인 목표시간 내에 프로젝트를 완성하기 위해 필요한 분야이다. 일정관리를 위해 여러 가지 도구와 기법이 사용될 수 있으나 여기에서는 일반적으로 일정계획 수립에 가장 많이 사용되는 네트워크와 간트차트를 이용하는 방법을 알아보기로 한다.

일정관리 계획을 수립하기 위해서 다음과 같은 몇 가지 단계가 필요하다.

- 1단계: 활동 정의 – 활동 정의란 프로젝트를 세분화하여 작성한 작업분류체계(WBS)에 적시된 결과물을 만들어 내기 위한 작업과 활동을 식별하고 문서화하는 것이다.
- 2단계: 활동 순서 배열 – 활동 순서화는 활동 간의 논리적 상호 관계를 식별하는 것이다. 현실적이고 완수 가능한 일정 개발을 지원하기 위해 활동들은 정확하게 순서화되어야 한다.
- 3단계: 활동 자원 산정 – 프로젝트 범위와 자원에 대한 정보를 파악하고 작업이나

〈그림 4-3〉 작업분류체계(WBS)의 예 — 신공항건설프로젝트 WBS

1. 신공항 건설 프로그램
    - 1.1 공항건설 프로젝트
        - 1.1.1 공항 기본 설계
        - 1.1.2 공항 부지 정리
        - 1.1.3 터미널과 활주로 공사
            - 1.1.3.1 승객 터미널 건축
                - 1.1.3.1.1 공항 호텔과 주차장 건물
                - 1.1.3.1.2 상가 건물
                - 1.1.3.1.3 출입국 관리소 자동화 시스템
                - 1.1.3.1.4 제반 공공시설
            - 1.1.3.2 활주로 공사
    - 1.2 공항 전철 프로젝트
        - 1.2.1 전철 기본 설계
        - 1.2.2 노선 기본골격 건설공사
            - 1.2.2.1 연륙교 건립공사
            - 1.2.2.2 해저 터널 공사
            - 1.2.2.3 해안 부지 매립공사
            - 1.2.2.4 산 통과터널 굴착공사
        - 1.2.3 전철역 건축공사

활동을 수행하는 데 필요한 자재, 인원, 장비, 기타 자원의 종류와 수량을 산정하는 것이다.

- 4단계: 활동 기간 산정 — 활동기간 산정은 앞의 프로세스에서 산정된 자원으로 개별 작업과 활동을 완료하는 데 필요한 총 작업시간을 산정한다.
- 5단계: 일정 수립 — 일정 수립은 각각의 프로젝트 작업과 활동에 대한 시작일과 종료일을 결정하는 것이다.

1) 네트워크를 이용한 일정계획 수립

네트워크란 프로젝트의 전체를 구성하는 작업이나 활동을 화살표와 마디(node)로 표시하여 일정계획을 수립하는 기법으로서 화살표형 표기법과 마디형 표기법의 두 가지 구성 방법이 있으나 여기서는 마디형 표기법을 이용하여 네트워크를 작성하도록 한다.

마디형 네트워크(activity on node)는 프로젝트의 작업이나 활동을 원 또는 사각형으로 된 마디node로 표시하며 마디와 마디를 잇는 화살표는 단지 작업간의 논리적인 연관관계만을 나타낸다. 작업이 하나의 마디로 표시되기 때문에 작업의 시작, 완료, 진행시간이 하나의 마디 안에 다 포함되어 시각적으로 분별하기가 어렵다는 단점이 있다. 〈그림 4-4〉는 마디형 네트워크의 예를 보여주고 있다. 이 방법은 PDM 방식(precedence diagramming

〈그림 4-4〉 마디형 네트워크 구성 요소와 예

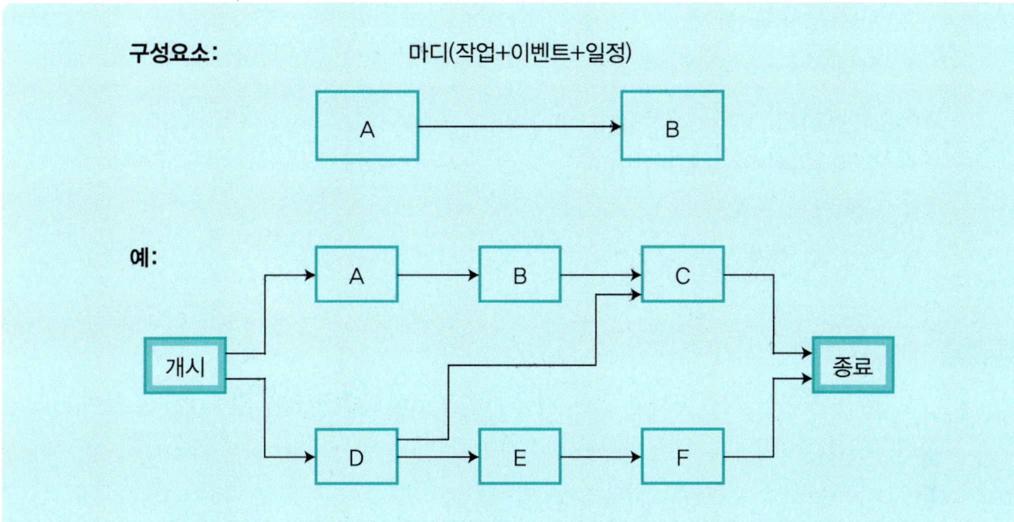

method)이라고 불리기도 한다.

네트워크는 다음과 같은 특징을 가지고 있다.

- 프로젝트 작업들 간의 순서와 연관관계(선후관계, 병렬관계)를 보여준다.
- 주요경로(critical path), 주요작업, 중요한 이정표 등을 파악할 수 있다.
- 각 작업에 대해 빠른 시간(ES/EF)과 늦은 시간(LS/LF) 및 여유시간 산정이 용이하다.
- 일정의 지연과 시간 단축의 영향을 파악할 수 있다.
- 프로젝트 일정관리에 리스크관리를 접목시킬 수 있다.
- 기획입안자의 시나리오 분석에 도움을 준다.
- 계획에는 유리하나 변경이 번거로워 통제 도구로서는 유용성이 떨어진다.
- 상황변경에 따른 수정과 갱신이 번거롭다.
- 일정의 변경과 진행을 표시하기 어렵다.

네트워크 작성방법 – 기본원칙

- 프로젝트의 시작과 종료는 하나의 마디로 표시된다.
- 두 개의 마디(node)는 하나의 화살표에 의해서만 연결된다.
- 하나의 마디에서 여러 개의 화살표가 나가거나 들어올 수 있다.
- 한 마디에서 나온 화살표는 다시 같은 마디로 들어갈 수 없다.
- 순서를 뒤바꾸지 않는다. 즉 마디에 번호를 부여할 때 선후관계를 나타내기 위해 선행 마디의 숫자나 기호가 후행 마디보다 작아야 한다.

네트워크 작성순서

1. 자료 조사 및 분석.
2. 작업분해구조도 (WBS) 작성.
3. 상세작업의 규정과 분류.
4. 상세작업의 작업시간 산정.
5. 네트워크 구성.
6. 검토 및 수정.

예제 4-1. 네트워크 작성, 시간 계산, Gantt Chart 그리기

다음 표는 신제품출시를 위한 연구개발 프로젝트에 필요한 업무내용을 보여주고 있다. 이 표를 바탕으로 네트워크를 작성하고, 시간을 계산하여 Gantt chart를 그려보라.

활동(작업)	활동(작업)내용	선행 활동(작업)	예상기간
A	개발계획	–	3일
B	부품조달	A	3일
C	설계	A	2일
D	프로토 제작	C	4일
E	조립 및 검사	B, D	5일

풀이

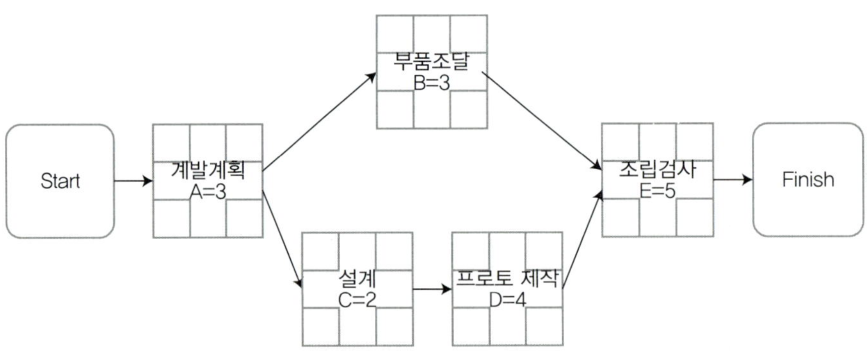

2) 시간 계산하기

네트워크를 이용한 프로젝트 일정계획의 첫 번째 과정은 작업기간 또는 활동기간(activity duration)을 산정하고 이를 기초로 하여 전체 프로젝트의 일정을 수립하는 것이다. 작업기간은 각 작업을 시작하여 완료할 때까지의 시간으로 실제 작업 수행에 필요한 시간과 준비, 지연시간 등이 포함된 총경과시간(total elapsed time)이다.

작업기간을 산정한 후 네트워크에서 각 작업의 시작과 완료시간을 계산하기 위하여

전체 프로젝트에서 요구되는 개시와 종료시간이 필요하며, 이것을 바탕으로 각 작업에 대해 빠른 시간(earliest times)과 늦은 시간(latest times)의 두 종류의 시간을 계산할 수 있다.

빠른 시간 계산. 산정된 작업기간과 프로젝트 개시시점을 기준으로 각 작업에 대해 다음과 같은 두 가지의 빠른 시간을 계산할 수 있으며, 전진계산법이 사용된다. 전진계산법이란 프로젝트의 개시점에서 시작하여 네트워크를 따라 프로젝트의 종료점을 향해 시간을 계산해나가는 것이다.

- 가장 빠른 시작시간(earliest start time: ES): 프로젝트의 개시 시간을 기준점으로 하여 어느 작업을 시작할 수 있는 가장 빠른 시점을 뜻한다. 선행작업의 완료시간을 기준으로 이벤트에서의 경과시간을 더하여 후속작업의 빠른 시작시간을 계산한다. 경과시간이 0이면 선행작업의 완료와 동시에 후속작업을 시작할 수 있으므로 선행작업의 완료시간이 후속작업의 시작시간이 된다. 여기서는 계산의 편의를 위해 이벤트에서의 경과시간을 0으로 가정하기로 한다.
- 가장 빠른 완료시간(earliest finish time: EF): 어느 작업을 끝낼 수 있는 가장 빠른 시점으로서 그 작업의 가장 빠른 시작시간에 작업기간을 더하여 계산한다.

EF = ES + 작업기간

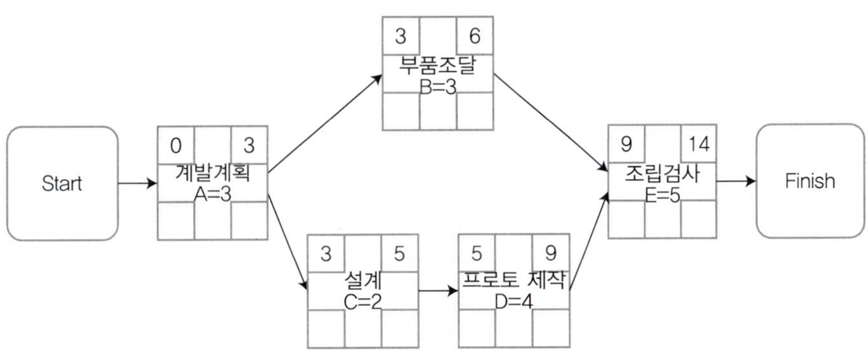

늦은 시간 계산. 산정된 활동기간과 프로젝트 종료시점을 기준으로 하여 각 작업에 대해 다음과 같은 두 가지의 늦은 시간을 계산할 수 있으며, 후진계산법이 사용된다. 후진계산법이란 프로젝트의 종료시점에서 시작하여 네트워크를 따라 프로젝트의 시작점을 향해 역으로 시간을 계산해나가는 것이다.

- 가장 늦은 완료시간(latest finish time: LF): 전체 프로젝트를 지연시키지 않으면서 어느 작업을 완료해야 하는 가장 늦은 시간이다. 즉 프로젝트를 요구된 종료시점까지 완료하기 위해서 어느 작업을 완료해야 하는 가장 늦은 시점을 뜻한다. 후속작업의 시작시간에서 경과시간을 뺀 시간이 선행작업의 가장 늦은 완료시간이 된다. 경과시간이 0이면 후속작업의 시작시간이 곧 선행작업의 완료시간이 된다.

- 가장 늦은 시작시간(latest start time: LS): 전체 프로젝트를 지연시키지 않으면서, 즉 프로젝트를 요구된 종료시점까지 완료하기 위해서, 어느 작업을 시작해야 하는 가장 늦은 시간을 뜻하며, 그 작업의 가장 늦은 완료시간에서 작업기간을 빼서 계산한다.

LS = LF − 작업기간

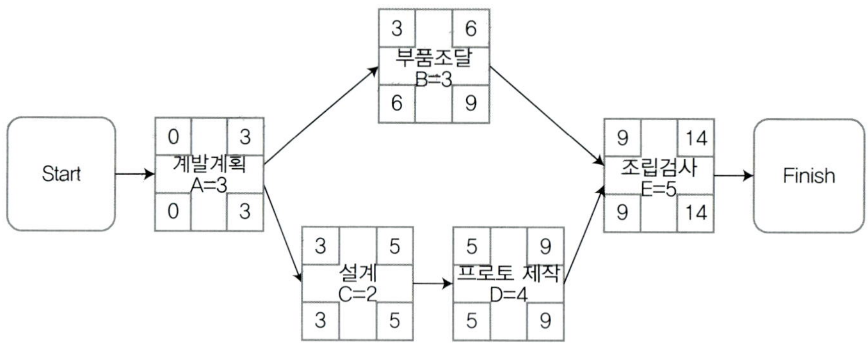

주요경로 분석. 네트워크를 작성하고 시간계산을 하고 나면 프로젝트의 시작점에서 종료점에 이르기까지 여러 개의 경로가 형성되며, 각 경로에 대하여 시간 분석을 해서 주요경로(또는 한계경로)를 파악하고 여유시간을 계산하여야 한다. 주요경로(critical path)란 네트워크상에서 경로상의 작업시간의 합이 가장 큰 경로, 즉 최장경로로서 전체 프로젝트의 총경과시간을 결정한다. 또한 주요경로는 다음과 같은 특징을 가진다.

- 주요경로상의 작업들은 여유시간(slack time)을 갖지 않는다.
- 주요경로상의 작업들은 주요작업(critical activity)이라고 한다.

여유시간. 여유시간(slack, float)이란 전체 프로젝트의 정시 완료에 영향을 미치지 않으면서, 즉 프로젝트를 지연시키지 않으면서 어느 작업의 빠른 시작시간이 늦추어질 수 있는 시간의 양을 말하며 가장 빠른 시간과 가장 늦은 시간의 차이로써 계산된다.

여유시간 = LS − ES = LF − EF

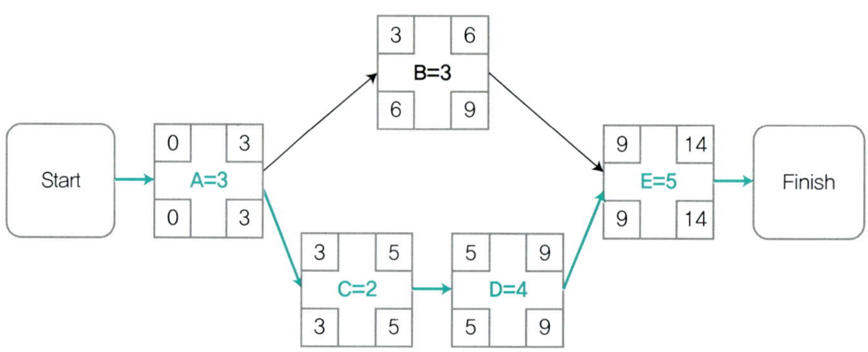

활동	기간	빠른 시간		늦은 시간		여유시간
		시작	종료	시작	종료	
A: 개발계획	3	0	3	0	3	0
B: 부품조달	3	3	6	6	9	3
C: 설계	2	3	5	3	5	0
D: 프로토제작	4	5	9	5	9	0
E: 조립검사	5	9	14	9	14	0

3) 간트차트 작성

간트차트(Gantt chart)란 막대차트의 변형으로 프로젝트의 작업들을 시간상에 막대로 표시하여 시작시점과 완료시점을 알 수 있게 만든 일정계획의 도구로서, 1900년대 초에 계획 수립의 도구로 처음 사용한 헨리 간트(Henry Gantt)의 이름을 따서 붙인 것이다. 각 작업은 X(시간)와 Y(작업목록)축으로 이루어진 2차원 평면에서 수평의 막대로 표시되며 각 막대의 시작과 끝 부분은 작업의 시작과 종료를 나타내는 이벤트를 표시한다. 하나의 막대가 계획을 나타내고 막대의 안쪽에 또는 아래쪽에 별도로 현재 시점까지의 진행 상황을 표시할 수 있다.

간트차트는 다음과 같은 특징을 가지고 있다.

- 시간은 가로축에 작업은 세로축에 표시한다.
- 일정상의 진행과 지연 상황들을 파악할 수 있다.
- 작성이 쉽고 사용에 편리하며 관리와 통제에 효과적이다.
- 프로젝트의 계획과 실제 진행 상황을 한 차트 내에 동시에 시각적으로 비교할 수 있다.
- 작업들의 연관관계와 순서를 파악할 수 없는 게 단점이다.

간트차트는 간단하면서도 효과적인 일정계획 수립과 통제의 도구로서 오랜 동안 사용되어 왔으며, 현재도 매우 유용한 도구로서 흔히 사용되고 있다. 관리도구로 사용될 때 한 가지 단점으로 지적되는 것은 각 작업의 연관관계가 표시되어 있지 않고 독립적으로 표시되어 있기 때문에, 어떤 작업에 일정상의 지체나 변경이 일어났을 때 이에 따르는 후속작업들의 일정의 변화를 파악하기 어렵다는 것이다. 그러나 요즘은 컴퓨터 소프트웨어에서 간트차트의 작업들을 네트워크처럼 연결시켜 사용하면서 이런 약점이 보완되고 있다.

간트차트를 작성하기 위해서는 작업목록, 작업기간, 일정, 진행 상황 등의 정보가 필요하며 〈그림 4-5〉는 간트차트의 예를 보여주고 있다.

〈그림 4-5〉 간트차트

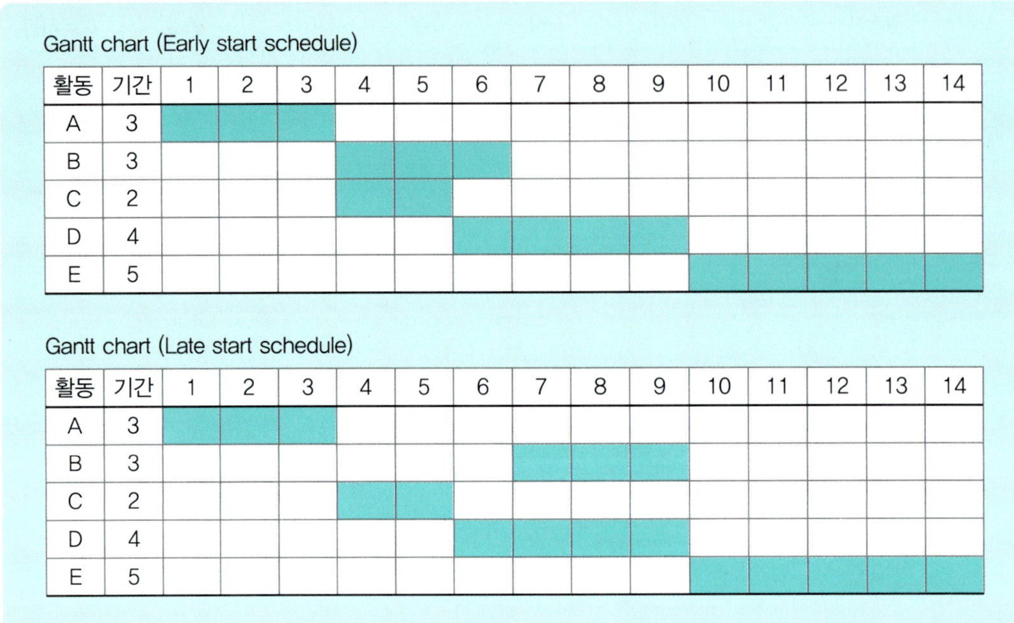

4) PERT를 이용한 일정관리

지금까지 네트워크의 기본적인 내용에 대하여 설명하였으며 지금부터는 네트워크를 이용하여 프로젝트의 계획을 세우고 진행 과정에 대한 관리와 통제를 하는 방법에 대하여 설명하기로 한다. 네트워크 이론을 사용한 프로젝트 관리 기법으로는 PERT와 CPM이 1950년대에 개발되어 오늘날까지 사용되고 있다.

PERT(program evaluation and review technique)는 1958년경 미국 해군에서 잠수함 발사용 폴라리스 미사일 개발 프로젝트의 관리를 위하여 사용하기 시작했으며 민간 컨설팅 회사인 부즈알렌(Booz, Allen, and Hamilton)의 도움을 얻어 개발하였다. 당시 소련은 인공위성 스푸트니크의 발사 성공과 함께 인류 최초의 우주비행사 유리 가가린(Yuri Gagarin)이 우주선 보스토크호를 타고 우주탐사에 성공함으로써 미국을 앞서가고 있었다. 미국은 소련의 미사일 기술을 따라잡기 위해 노력 중이었으나 미사일 개발 프로젝트는 기술의 불완전으로 인해 많은 실패를 겪으며 난항 중이었다. 이런 상황에서 프로젝트의 일정관리를 위해 사용된 PERT는 작업시간의 추정에 세 가지 시간 예측을 사용하여 계획을 수립할 때에 환경의 불확실성을 고려하도록 만들어져 있다. 즉 PERT는 프로젝트 일정관리에서 리스크를 계획에 포함시켜 목표완료일 달성 가능성의 계산에 반영함으로써 프로젝트 일정관리와 통제 기법에서 발전을 이룩한 것이다.

PERT의 작업시간 계산. PERT를 적용하여 개별 작업시간을 산정하기 위해서 낙관적시

〈그림 4-6〉 3개 시간추정치와 기대소요시간

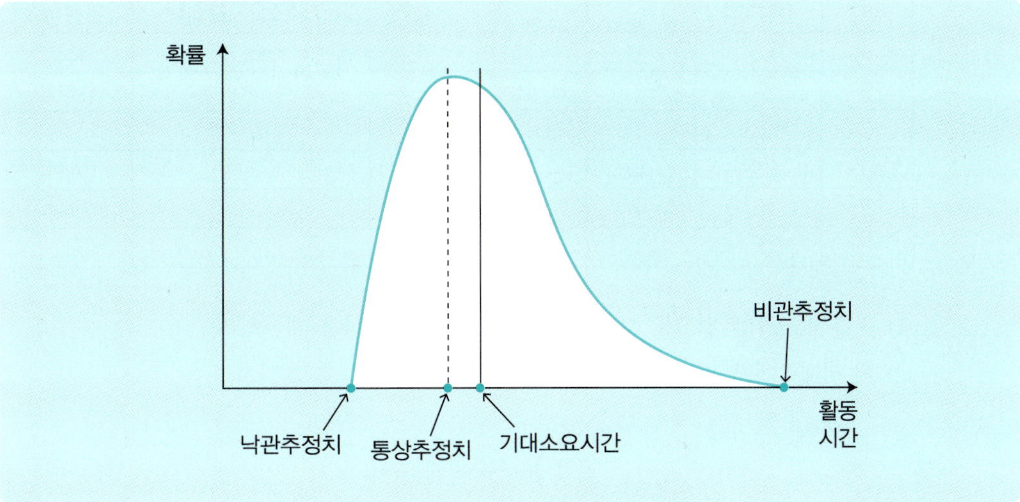

간, 통상적시간, 비관적시간으로 구성된 3개의 시간추정치를 사용하며 이들 개별 단위 시간은 베타 확률분포beta distribution를 가진다. 〈그림 4-6〉는 3개 시간추정치와 이들의 평균인 기대소요시간의 분포 모양을 보여주고 있다. 각 작업에 대해 기대소요시간(t_e)과 분산(σ^2)을 계산하고 이를 전체 프로젝트의 일정 관리에 사용하게 된다. PERT는 연구/개발 분야의 프로젝트와 같이 각 단위 활동들의 소요시간이 불확실하거나 확률적으로 주어지는 경우에 목표완료일의 달성 가능성을 확률적으로 계산하는 데 많은 도움이 된다.

- t_o는 낙관적 시간(optimistic time): 모든 상황이 순조롭게 진행될 때 작업 수행에 소요되는 시간
- t_m은 통상적 시간(most likely time): 상황이 보통일 때 작업 수행에 소요되는 시간
- t_p는 비관적 시간(pessimistic time): 상황이 안 좋을 때 작업 수행에 소요되는 시간

$$\text{기대소요시간 } t_e = \frac{t_o + 4t_m + t_p}{6}$$

예제 4-2. ABC사는 내년 전시회에 출품하는 것을 목표로 신제품을 개발하고자 한다. 남은 기간은 12개월이며 이 시간 안에 신제품개발이 완료되는 것이 앞으로의 시장점유율과 매출에 중대한 영향을 미치기 때문에 시간을 맞출 수 있는지가 매우 중요한 사항이다. 신제품개발에는 막대한 재원과 노력이 투입되기 때문에 회사의 경영진은 제시간에 완료할 수 있을지 걱정하고 있으며 시간을 맞출 가능성이 별로 없으면 개발계획 자체를 재고하려고 한다. 개발계획의 내용은 다음과 같으며, 각 작업별로 3개의 예상되는 시간을 추정하였다.

작업	선행작업	시간추정치 (일)			기대소요시간 (t_e)	분산 (σ_t^2)
		t_o	t_m	t_p		
A	없음	1	3	4	2.83	0.25
B	A	2	4	6	4	0.444
C	B	2	3	5	3.17	0.25
D	없음	2	3	6	3.33	0.444
E	D	4	6	8	6	0.444
F	E	3	4	6	4.17	0.25

(1) 표를 보고 네트워크를 그리고 기대소요시간과 분산을 계산하라.

(2) 이 신제품개발 프로젝트를 12개월 내에 완료할 확률을 계산하라.

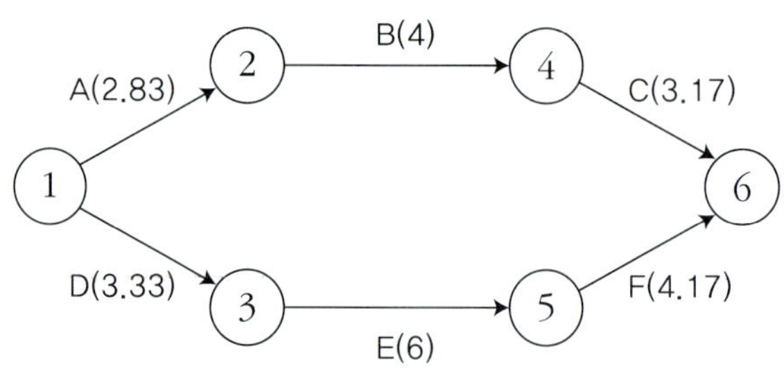

풀이

PERT를 이용한 완료일정 확률분석. PERT의 장점 중의 하나는 작업시간의 추정에서 3개의 추정치를 사용하여 가중평균치인 기대소요시간을 계산함으로써 프로젝트를 수행하는 도중에 발생할 수 있는 일정의 지연과 같은 시간적 리스크를 계획에 반영한다는 것이다. 네트워크를 완성하고 각 작업에 대한 시간 계산을 마친 후에는 기대시간과 분산을 사용하여 특정한 목표완료일에 대한 달성 가능성을 확률로 계산할 수 있으며 또한 역으로 일정한 달성 가능성을 가진 목표완료일을 설정할 수 있다.

여기서 작업들의 기대소요시간은 정규분포를 따르는 것으로 가정한다. 이는 기대소요시간이 3개의 시간추정치를 가중평균한 것이기 때문에 원래의 베타분포가 아니고 통계학의 중심극한정리에 따라 정규분포를 이루는 것으로 가정하는 것이다. 〈표 4-4〉는 앞에서 제시된 예제에 대해 각 경로별로 목표완료일에 대한 확률을 계산한 것이다.

$$Z = \frac{X - \mu}{\sigma}$$

ABC 경로: $Z = \dfrac{X - \mu}{\sigma} = \dfrac{12 - 10}{\sqrt{0.944}} = 2.06$

DEF 경로: $Z = \dfrac{X - \mu}{\sigma} = \dfrac{12 - 13.5}{\sqrt{1.138}} = -1.41$

〈표 4-4〉 경로별 목표완료일 달성 확률 계산

경로	기대소요시간 (t_e)	분산 (σ^2)	z값	확률
A-B-C	10	0.944	2.06	0.9803
D-E-F	13.5	1.138	−1.41	0.0793

$$P(ABC \leq 12) = P\left(\frac{ABC - \mu}{\sigma} \leq \frac{12 - 10}{\sqrt{0.944}}\right) = P(Z \leq 2.06) = 0.9803$$

$$P(DEF \leq 12) = P\left(\frac{DEF - \mu}{\sigma} \leq \frac{12 - 13.5}{\sqrt{1.138}}\right) = P(Z \leq -1.41) = 0.0793$$

또한 두 개의 경로를 12개월 내에 완료하는 확률을 정규분포를 이용한 그림으로 표시해 보면 〈그림 4-7〉과 같다.

〈그림 4-7〉 정규분포를 이용한 확률분석

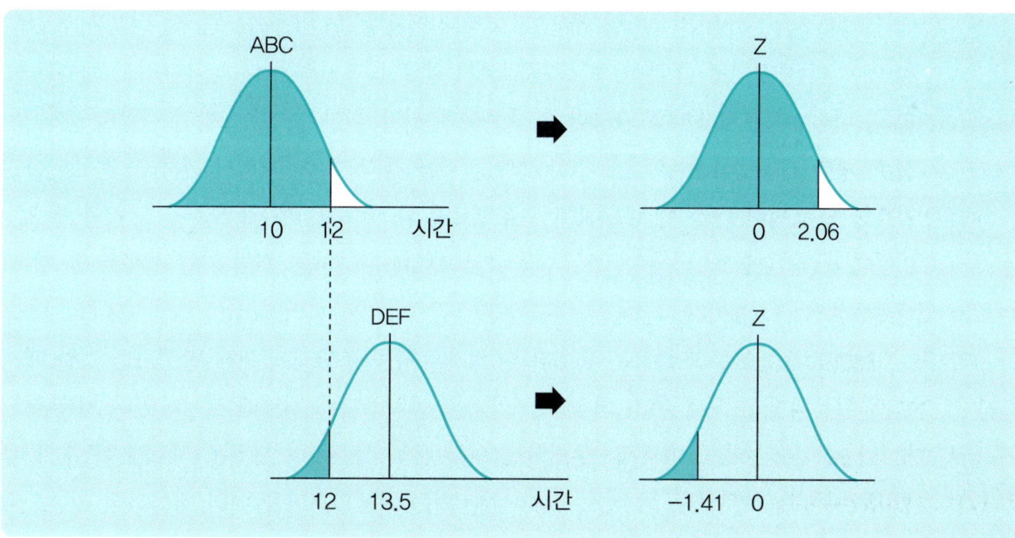

지금까지 PERT를 이용하여 목표완료일의 달성가능성을 확률로 계산하는 절차를 정리해 보면 다음과 같다.

1. 각 경로에 대해 기대소요시간과 분산을 계산한다.
2. 각 경로 별로 목표완료일, 기대소요시간, 분산을 이용하여 z값을 계산한다.
3. 표준정규분포표에서 z값에 해당하는 확률을 계산한다.

4. 각 경로별 확률을 곱하여 프로젝트를 목표완료일까지 끝내는 공통확률을 구한다.

프로젝트를 완료한다는 것은 모든 작업을 끝마치는 것이므로 프로젝트를 완료하는 시간을 T라고 하면 두 개의 경로에 속한 작업들을 모두 마치는 공통확률을 계산하여야 한다. 따라서 프로젝트를 12개월 내에 마치는 확률은 약 7.8%로 나온다.

$$P(T \leq 12) = P(ABC \leq 12) \times P(DEF \leq 12) = 0.9803 \times 0.0793 = 0.0777$$

이와 같이 목표완료일을 달성할 가능성은 이론적으로 모든 경로의 확률을 곱하여 공통확률을 계산해야 하지만 현실에서는 프로젝트의 규모가 웬만큼만 커져도 네트워크가 복잡하고 수없이 많은 경로가 생기기 때문에 모든 경로를 다 계산한다는 것은 현실성이 떨어진다. 따라서 실제적인 상황에서의 응용방법으로 가장 시간이 많이 걸리는 주요경로 DEF 하나만 가지고 계산을 하여도 전체적인 상황을 파악하고 의사결정을 하는 데 크게 무리가 없다. 그 이유는 주요경로는 시간적으로 가장 긴 최장경로일 뿐만 아니라 일반적으로 작업수도 많고 어려움이 발생할 가능성이 가장 높은, 즉 리스크가 가장 큰 경로이기 때문에 이를 관리와 통제의 주요 대상으로 삼으면 다른 경로들은 비교적 수월할 것이기 때문이다.

그렇다면 이 확률은 무엇을 뜻하며 어떻게 이용할 수 있을까? 목표일 달성확률 7.8%란 매우 낮은 수치로 '프로젝트를 목표일까지 완료할 가능성은 매우 낮다'라고 해석할 수 있다. 이럴 때 프로젝트를 담당한 입장에서 우리가 취할 수 있는 방안은 무엇일까? 우선 첫째로 가능성이 너무 낮으니 포기하는 것을 생각해 볼 수 있다. 원하는 목표일까지 완료할 가능성이 낮을 때 무리하게 프로젝트를 시작하여 자원과 노력을 낭비할 필요는 없을 것이다. 오히려 더 가능성이 높은 프로젝트에 투자하는 것이 기업 전체로 볼 때 더 나은 선택이 될 것이다.

둘째로 목표일을 조정하는 것이다. 프로젝트가 외부고객에 의해 발주되는 것일 때는 고객과의 협상을 통해 좀더 현실적인 일정을 설정하도록 시도해 볼 수 있다. 내부적으로 필요한 프로젝트라면 관련 부서와 협의를 통해 목표일의 조정을 시도해 볼 수 있을 것이다. 이때에 달성확률이 어느 정도 이상 되는 목표완료일을 미리 계산하여 대안으로 제시하는 것이 좋을 것이다. 특정 확률을 가진 목표완료일을 설정하는 방법은 다음 섹션에서 논의할 예정이다.

셋째로 일정 단축의 가능성을 모색해 보는 방법이 있다. 일반적으로 프로젝트의 일정은 투입자원의 양과 밀접한 관련이 있다. 작업에 따라 다르기는 하지만 인원이나 장비 등의 투입자원을 늘리면 작업기간은 상대적으로 줄어들게 마련이다. 따라서 원래의 목표완료일이 반드시 달성해야 할 필요가 있는 중요한 경우라면 투입자원을 늘리고 프로젝트 비용을 더 쓰더라도 일정을 단축하는 것이 바람직할 때가 있을 것이다.

특정 확률을 가진 목표완료일 설정. 주어진 목표완료일을 달성할 확률을 파악하는 것이 계획 수립에 많은 도움이 되지만 때로는 가능성이 높은 목표완료일을 설정하는 것도 중요하다. 그러면 이번에는 90%의 달성 가능성을 가진 목표완료일을 찾는 방법을 알아보도록 하자. 여기서는 위에서 언급한 대로 주요경로 DEF 하나만을 대상으로 분석을 하기로 한다.

우선 90%에 해당하는 z값을 표준정규분포표를 이용하여 찾는다. 아래 그림에서와 같이 왼쪽 반은 0.5이므로 오른쪽에서 0.4000에 해당하는 z값을 찾아야 한다. z=1.28에 해당하는 0.3997이 가장 근사치이므로 z=1.28을 사용하도록 하자.

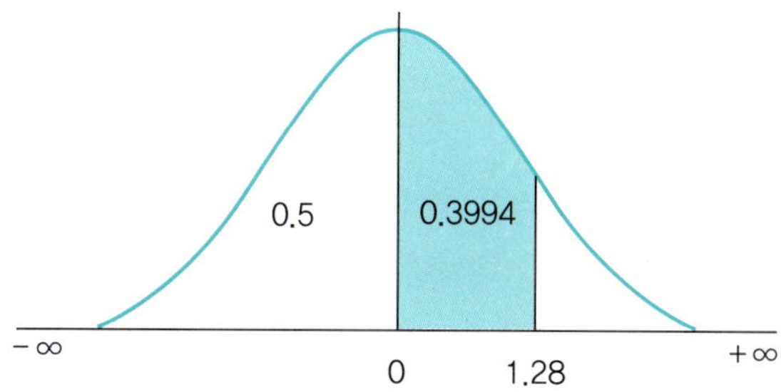

$$Z = \frac{X - \mu}{\sigma} = 1.28$$

$$X = \mu + z\sigma = 13.5 + 1.28 \times \sqrt{1.138} = 13.5 + 1.28 \times 1.067 = 14.87\text{개월}$$

z=1.28과 표준화공식을 사용하여 목표완료일을 계산한다.

여기서 주요경로인 DEF의 기대소요시간(t_e)은 13.5개월이고 분산(σ^2)은 1.138이므로 목표완료일 X는 14개월 26일 또는 약 15개월 정도가 나오게 된다.

이와 같이 계산된 목표완료일은 여러 가지 목적으로 사용될 수 있는데, 첫째 프로젝트 발주고객이 요구하는 목표완료일이 달성하기 어려운 목표일 때 고객과의 추가적인 협상을 통해 좀더 현실성 있는 대안으로 제시될 수 있다. 둘째로 고객이 요구하는 목표완료일이 꼭 필요한 상황이라서 밤샘작업이나 추가적인 인원과 장비 등의 자원 투입을 통해서라도 일정을 단축해야 할 때 기준점으로 사용될 수 있다. 즉 정상적인 상황에서 15개월이 걸리는 프로젝트를 12개월로 단축하고자 할 때 얼마의 추가비용이 발생할 것이냐를 계산하는 데 유용하게 쓰일 수 있다.

4-5 체계적인 프로젝트 관리의 효과

프로젝트를 체계적으로 계획하고 관리하고 수행하여 고객이 만족하는 결과물을 전달하고 시간과 예산 면에서 효율적인 프로젝트를 완료했다면 그에서 얻을 수 있는 이점은 반복적인 일상 업무의 성공과 비교할 수 없을 정도로 크다. 체계적인 프로젝트 관리 시스템을 이용했을 때 얻을 수 있는 혜택을 정리해 보면 다음과 같다.

첫째, 자원을 효율적으로 사용하여 낭비를 줄일 수 있다. 프로젝트는 시간과 예산이 극히 제한되어 있으므로 시간과 예산을 효율적이고 체계적으로 집행하여 불필요한 낭비를 줄이는 것은 프로젝트의 성공적인 수행을 위해 매우 중요한 일이다. 또한 반복적인 일상 업무와 달리 프로젝트의 활동들은 한번 지나가고 나면 다시 돌이키기 어려운 경우가 대부분이기 때문에 자원의 효율적 배치와 사용의 중요성은 아무리 강조해도 지나침이 없을 것이다 .

둘째, 마지막 순간에 허겁지겁 급하게 처리하는 위기상황의 발생이 줄어든다. 프로젝트는 유일하고 독특하고 새로운 결과물을 창출하기 위한 활동이기 때문에 환경의 불확실성이 높고 예상하지 못한 상황이 발생하여 프로젝트의 성패를 좌우하는 위기로 이어지는 경우가 많다. 프로젝트 관리 이론은 리스크관리와 같은 분야를 두어 위기의 발생과 처리에 대한 체계적인 대처방안을 수립하도록 요구하고 있으며 이와 같은 시스템적인 접근을 통해 보다 효과적으로 위기 상황의 발생을 미리 차단하고 그 영향을 최소화하도록 도와준다.

셋째, 보다 많은 프로젝트가 제시간에 예산 초과 없이 완료될 수 있다. 프로젝트는 일상 업무와 비교하여 특히 일정 지연과 예산 초과가 자주 발생한다는 문제점을 지니고 있다. 반복적인 일상 업무와 달리 프로젝트에서는 활동의 복잡성과 다양성, 그리고 독특성 때문에 업무의 진전과 성과를 측정하기 위한 지표의 설정과 적용이 매우 어렵다. 프로젝트 이론에서는 획득가치분석(Earned Value Management)과 같은 방법론을 개발하여 계획과 실제의 진행 상황을 비교하여 프로젝트의 일정과 예산을 보다 효과적으로 관리할 수 있도록 도와준다.

넷째, 여러 부문의 협동을 조화롭게 이끌어 낼 수 있으며 다양한 이해관계자의 의견을 체계적으로 반영하여 프로젝트의 진행을 순조롭게 하며 결과물의 가치와 효용을 높인다. 프로젝트에는 다양한 배경을 가진 많은 사람이 참여하고 또한 그 결과물은 여러 이해관계자 집단의 의견과 요구사항을 반영할 필요 가 있다. 이러한 경우에 다양한 집단의 의견을 체계적으로 수렴하고 많은 참여자의 활동을 전체적으로 조화롭게 통합하는 것은 프로젝트의 성공을 위해 절대적으로 필요한 사항이다. 프로젝트 관리 이론은 통합관리와 범위관리라는 분야를 통해 이 부분의 문제점을 체계적으로 해결할 수 있도록 이끌어준다.

다섯째, 성과와 시간과 비용의 기준을 충족시키는 결과물을 전달하여 고객의 만족을 높일 수 있다. 체계적인 프로젝트 관리 방식을 사용하여 얻을 수 있는 최대의 효과는 고객이 만족하는 품질의 결과물을 적절한 시간과 예산 내에서 완료하여 전달한다는 것이다. 이를 위하여 프로젝트 관리 이론은 여러 분야에서 방법론을 도입하고 또한 자체적으로 개발하여 사용자들이 활용할 수 있도록 제공하고 있다.

여섯째, 프로젝트를 효율적으로 수행한 스태프들은 능력을 인정받아 더 많은 기회를 찾을 수 있고 프로젝트 팀은 새로운 사업을 수주할 수 있는 가능성이 높아진다. 체계적인 프로젝트 관리 방식과 시스템을 갖추어 프로젝트를 성공적으로 수행하고 고객이 만족하는 결과물을 전달해 주는 프로젝트 팀은 그 능력과 명성이 알려져서 또 다른 프로젝트를 맡기고자 하는 고객이 늘어나고 새로운 프로젝트를 수주하여 사업이 더욱 번성할 수 있을 것이다. 요즘 건설업계에서는 아파트 리모델링을 잘하여 새로 짓는 것보다 비용이 저렴하면서 주민들이 만족하고 아파트의 가치도 많이 올라가는 경우를 보게 된다. 이미 여러 건설회사 중에서 어느 회사가 리모델링을 잘하더라는 소문이 퍼져서 리모델링을 계획하는 여러 아파트 단지의 주민들이 선호하는 회사가 생기는 경우를 보게 된다. 이처럼 하나의 성공적인 프로젝트가 수행팀의 능력을 업계에 알리는 계기가 되어 또 다른 프로젝트를 수주할 수 있도록 하는 선순환이 반복되는 것이다.

요약

이 장에서는 프로젝트 관리의 기본 개념을 학습하고 이를 바탕으로 기본적인 프로젝트 관리 기법의 적용 방법으로써 범위관리와 일정관리를 수행하는 방법에 대해서 살펴보았다. 프로젝트 관리의 지식은 지난 50여 년에 걸쳐 여러 선구자의 노력에 의해 발전되고 정리되었다. 프로젝트 분야 자체에서 개발된 것도 있고 다른 학문의 영역에서 차용되어 온 것도 있지만, 분명한 것은 프로젝트 관리가 독립적인 분야로 성장하고 있으며 프로젝트 관리에 관한 지식은 체계화되고 표준화되는 과정을 거치면서 끊임없이 개선되고 있고, 많은 기업과 조직들이 이러한 관리 기법과 도구를 사용함으로써 프로젝트 관리의 효율성을 높이고 있다는 점이다. 지금까지의 프로젝트 관리는 지극히 개인적인 능력과 경험에만 의존한 감이 크다. 그러나 체계적인 교육의 필요성에 대한 인식이 커져가고 있는 점을 감안할 때 프로젝트 관리의 중요성은 더욱 커지고 관련된 지식과 기법은 더욱 발전할 것으로 예상된다. 이에 따라 기업과 조직에서 프로젝트 관리 지식의 적용은 선택이 아닌 필수가 될 것으로 보인다.

복습문제

1. 프로젝트를 정의하고 각종 산업에서 예를 찾아보라.
2. 프로젝트의 특징을 파악하고 이로 인해 발생하는 프로젝트 관리의 어려움을 설명해 보라.

3. 프로젝트 관리를 정의하고 필요한 지식분야 10개를 설명해 보라.
4. 프로젝트 관리의 3차원을 설명하라.
5. 프로젝트 수명주기를 4단계로 정의하고, 각 단계에서 수행되는 업무의 예를 들어보라.
6. WBS를 설명하고 예를 들어 작성해 보라.
7. WBS가 프로젝트 범위관리에 어떻게 사용되는지 설명하라.
8. 네트워크를 그려보고 프로젝트 일정관리에 어떻게 사용되는지 설명하라.
9. PERT의 개념을 설명하고 3개 추정치에 대한 계산법을 예제를 만들어 적용해 보라.
10. 체계적인 프로젝트 관리를 통해 얻을 수 있는 효과에 대해 정리해 보라.

마무리사례: 프로젝트 관리 능력과 한국 방산기업의 글로벌 경쟁력 확보

요즘 들어 한국 방산 제품의 해외수출이 늘어나고 있다. 최근에 체결된 해외수출 계약을 살펴보면 한화 테크윈에서 생산하는 K9 자주포가 2017년 4월에 인도에 대한 100문 수출 계약이 체결된 것을 들 수 있다. 이번 수출계약은 총 금액 6억 4천600만달러에 달하며 K9 자주포 수출 실적으로 네 번째에 해당하는 것이다. 이 전에는 2017년 3월 2일에 방위사업청과 코트라(KOTRA)가 핀란드 국방장관과 K-9 자주포의 정부 간 수출 계약을 체결했으며 수출 규모는 총 48문 1915억원 규모였다. 이번에 인도와 체결한 K-9 자주포 수출은 2001년 터키, 2014년 폴란드, 2017년 3월 핀란드에 이어 네 번째로 이룬 해외수출이다. 이 외에도 핀란드 인접국인 에스토니아도 K-9 자주포 12문을 도입하기로 결정했고, 노르웨이도 24문의 K-9 자주포 도입을 적극 검토 중이라고 한다. 이 외에도 한국 방산기업들이 해외에 수출이 성사됐거나 수출을 추진하는 제품을 살펴보면 KAI의 T-50 훈련기, 한화 천무 다연장 로켓 등을 들 수 있다.

한국 방산 제조기업들의 해외 수출이 늘어나는 것은 글로벌 경쟁력이 점차 높아지고 있다는 것으로 해석될 수 있으며, 전문가들에 의하면 한국 방산기업들의 해외수출 경쟁력을 높이기 위해서 "정부는 간섭을 최소화하고 수출 지원 기능에 충실하며 업체는 기술 개발, 원가 절감, 품질 관리 등 경쟁력의 핵심 기능 확보에 전력투구해 정부 통제형 패러다임을 기업 자율형 패러다임으로 파괴적 혁신을 해야 한다"고 방향을 제시하고 있다.

방위산업은 전통적으로 프로젝트 관리와 연관성이 깊다. 현대적인 프로젝트 관리의 개념이 태동되기 시작한 것이 2차 세계대전 중에 미국이 "맨하

해외 수출 유망품목으로 떠오르는 한국 방위산업 제품.
(자료: 조선닷컴 2017. 3. 24)

탄 프로젝트"라는 이름으로 원자탄을 개발한 때부터였으며, 그 이후에도 프로젝트 관리의 중요한 이론이나 개념들이 주로 방위산업의 연구개발 과정에서 만들어지고 발전되어 왔다. 예를 들면 1950년대 미국 해군의 폴라리스 미사일 개발과정에서 PERT 기법이 개발되어 사용되었으며, 1960년대 미국 국방성에서 프로젝트 성과와 진도관리 기법으로 개발한 것이 획득가치기법(Earned Value Method)으로 오늘날 프로젝트 관리의 중요한 이론으로 사용되고 있다.

방산 제조기업의 경쟁력은 양산단계의 원가 경쟁력이나 생산 효율성도 중요하겠지만 신무기 개발을 위한 연구개발 능력이 무엇보다 중요한 비중을 차지한다. 또한 신무기의 연구개발 과정은 프로젝트 방식으로 진행되기 때문에, 결과적으로 방산 제조기업의 국제경쟁력은 프로젝트 관리능력에 달려있다고 할 수 있다. 따라서 한국의 방산 제조기업은 국제적인 수준의 혁신적인 프로젝트 관리 능력을 갖추어야 할 것이다. 실제로 유명한 글로벌 방산기업들은 저마다 독특하고 효율적인 프로젝트 관리 방식을 갖추기 위해 많은 노력을 하고 있는데, 예를 들어보면 BAE Systems, General Dynamics, Raytheon, Thales, Lockheed Martin 등의 회사들이 체계적으로 잘 개발되고 정리된 프로젝트 관리 방법을 적극적으로 도입해서 사용하고 있다는 것이 보고되어 있다.

〈토의 문제〉

1. 프로젝트 관리를 정의해 보라.
2. 프로젝트 관리를 많이 사용하는 산업은 어떤 것들이 있는가 얘기해 보라.

품질경영

5

학습목표

1. 품질의 개념을 이해한다.
2. 품질은 기업 경쟁력에 어떤 영향을 끼치는지 이해하고 종합적 품질경영을 알아본다.
3. 품질비용을 분류하고 이해한다.
4. 식스 시그마를 알아본다.
5. 싱고 시스템이란 무엇인지를 이해한다.
6. ISO 9000:2008 인증 및 국가품질상을 알아본다.
7. 통계적 품질관리를 알아본다.

도입사례

국가품질상

일본의 도요타자동차는 1980년대 후반부터 20여 년 동안 세계 자동차 업계에서 품질의 대명사로 꼽혔다. 고장이 나질 않아 소비자들의 자동차 교체주기가 너무 길어진다는 우려가 나올 정도였다. 하지만 도요타는 2010년 중대 위기를 맞았다. 가속 페달에 문제가 생겨 대규모 리콜로 이어지고, 고객의 품질에 대한 믿음에 금이 가기 시작한 것이다. 더구나 서비스 품질에서도 문제가 있었다. 잘못을 시인하기는커녕 남에게 떠넘기기에 급급했다. 그 결과 도요타는 판매 급감이라는 역풍을 맞았다. 2010년 미국 승용차 시장은 전년보다 5% 성장했지만, 도요타는 판매가 9% 감소하는 최악의 해를 보냈고 이를 회복하는 데 큰 비용을 들여야 했다.

글로벌 기업들의 성공 요인에서 품질이 차지하는 비중이 날로 높아지고 있다. 광고나 마케팅보다 높은 품질과 합리적인 가격을 선택의 기준으로 삼는 똑똑한 소비자가 늘어났기 때문이다. 글로벌 기업이 된 국내 기업들의 사례만 봐도 품질의 중요성을 알 수 있다. 이건희 삼성전자 회장이 1995년 불량이 발견된 제품을 전량 소각한 '불량제품 화형식'을 통해 제품 품질을 세계 최고 수준으로 높인 것은 유명한 일화다. 삼성전자는 현재 세계에서 스마트폰을 가장 많이 파는 회사로 성장했다. 정몽구 현대자동차그룹 회장은 아예 경영 모토가 '품질경영'이다. 정 회장 역시 1999년 '그레이스 슬라이딩 도어 사건'으로 유명하다. 정 회장은 울산 공장에서 승합차 그레이스의 슬라이딩 도어를 20여 차례 힘껏 여닫고, 결국 문이 슬라

▼ 2016년 국가품질 경영대회 단체부문 수상 내역

훈격	구분		단체명
대통령표창	국가품질대상	공공	한국전력기술(주)
	국가품질경영상	제조(중견)	(주)한샘
		제조(중소)	(주)라이온켐텍
		제조(공공)	한국수력원자력(주)
		서비스	한화손해보험(주)
	국가품질혁신상	생산혁신	아시아시멘트(주)
		제품품질혁신	코오롱인더스트리(주)
		고객만족	크레텍책임(주)
		인재개발	(재)연구개발특구진흥재단
		지속가능경영	SK(주)
		명품창출	(주)인산가
		품질경쟁력혁신	(주)서연전자
		서비스혁신	엘지전자(주)
국무총리표창	서비스품질우수상		(주)에몬스가구
장관표창	서비스품질우수상		에이제이렌터카(주) (주)아스타아이비에스 전주시시설관리공단 제주국제자유도시개발센터 청주시시설관리공단 (주)더존비즈온 (주)트리엠 (주)포스메이트

이딩 레일에서 이탈하자 "처음부터 다시 만들라"고 지시했다. 현대차그룹은 현재 세계 5위로 성장했다.

제2, 제3의 삼성전자, 현대차가 되기 위한 국내 기업들의 노력도 잇따르고 있다. 지식경제부 기술표준원이 주최하고 한국표준협회가 주관하는 '국가품질 경영대회'는 기업과 자치단체, 공공기관 등의 제품과 서비스 품질 혁신 사례를 발굴해 전파하고 이를 통해 산업 경쟁력을 강화하기 위해 마련됐다.

산업통상자원부 국가기술표준원이 개최한 2016년 '제42회 국가품질경영대회'에서는 품질혁신 및 품질문화 확산에 이바지한 관련분야 종사자들의 공로를 치하하고 표창하였다. 올해 행사에서는 훈·포장 7점, 대통령표창 24점, 국무총리표창 15점 등 품질경영 활동을 통해 산업경쟁력 향상에 기여한 유공자 및 단체에 총 437점의 포상을 수여하였다.

올해 개인 유공자 표창 중에 43%(51점 중 22점)를 중소·중견기업 소속 임직원이 수상하며 전년(36%)에 비해 대폭 증가하였고, 이는 중소·중견기업의 품질혁신 활동이 점차 활성화되고 있다는 점에서 의미가 있는 것이다.

단체 부문에서는 한국전력기술㈜ 등 총 13개 단체가 대통령표창을 수상하였다. 단체 부문 최고의 영예인 국가품질대상을 수상한 한국전력기술㈜는 국내 최초 원자력 품질보증시스템 도입 등 품질경쟁력 우위 확보를 위한 노력과 발전소 설계기술 고도화로 국내 최초로 원전 4기를 수출하는 등 매출액이 연평균 약 15%씩 성장하며 국가 에너지산업 발전에 기여한 공로를 인정받았다.

이외에도 다양한 현장개선 활동을 통해 경제성장의 견인차 역할을 해 온 품질분임조, 품질명장 등에 대한 포상도 이루어졌다. 산업 현장에서 품질혁신을 주도하고 있는 품질분임조는 전국의 651개 분임조가 지역별 예선 및 본선대회를 거쳤고, 이 날 행사에서 총 297개 분임조가 금·은·동상을 수상하였다. 아울러 산업현장에서 분임조 및 제안 활동 등 품질혁신을 위해 헌신하여 현장 근로자들의 귀감이 되어 온 모범 근로자 19명을 국가품질명장으로 선정하였다.

자료: 대한뉴스, 2016년 11월 23일.

5-1 품질의 개념과 정의

품질은 기업의 경쟁력을 강화하는 중요한 요소 중 하나이다. 20세기에는 제품의 비용을 감소하는 것이 기업들의 핵심 사항이었다. 그래서 능률과 생산성을 중시하였고, 이를 향상시키기 위한 기법들이 많이 개발되었다. 그러나 기업을 둘러 싼 환경이 변하였고, 고객의 힘이 점차로 강화되었으며, 생활 수준이 향상됨에 따라 큰 변화가 발생하였다.

또 1970년대 세계 시장에서 일본 제품의 약진이 두드러지게 나타남에 따라 일본 기업의 강점에 대한 연구가 활발히 진행되었다. 일본 기업의 강점 중 하나는 바로 품질이었다. 이제 품질이 좋지 않으면 고객이 그 제품을 외면하게 된다. 또 품질경쟁력이 없으면 세계시장에서 설 땅이 없어지게 된다. 그래서 1980년대에 들어서 품질에 대한 관심이 급증하기 시작하였다. 품질경쟁력은 이제 곧 기업의 경쟁력을 의미하게 되었다.

1. 품질관리의 의의

1) 전략적 차원의 품질관리

전체 기업조직의 종합적 관리 측면에서, 기업의 전략적 차원에서 품질을 조성하는 과정으로서 조직을 전체적으로 관리한다. 이것은 과거의 전통적 품질관리(total quality control: TQC)에서 대내외 환경의 변화 즉, 생산 방식의 변화, 품질관리 체제의 보급 및 확산, 소비자 욕구에 부응하는 고객 만족 개념의 중시로 현재는 종합적 품질경영(total quality management: TQM)으로 개념이 확대되고 있다.

2) 기술적 차원의 품질관리

매일매일 반복적 통제 절차로 주어진 규격의 품질을 제조 공정에서 생성시키기 위한 '공정의 관리'로서 일련의 검사 및 통제활동을 통계적 품질관리(statistical quality control: SQC)라고 한다.

2. 품질의 개념

품질의 정의와 관련하여 크로스비(Crosby)는 '규격 적합성'이라고 하면서 생산자 지향적인 정의를 내리고 있다. 파이겐바움(Feigenbaum)은 '수용 가능한 가격이나 비용 범위 내에서 제품 성능이나 규격 적합성을 제공할 수 있는 능력'이라고 하면서 가치 지향적인 정의를 내리고 있으며, 주란(Juran)과 그리나(Gryna)는 '고객 만족과 사용 적합성'이라고 하면서 소비자 지향적인 정의를 내리고 있다.

운영전략연구회(MFP)가 정의한 품질은 네 차원으로 구성되는데 이는 적합품질(설계에 따른 균일한 제품생산), 신뢰품질(성능이 좋고 내구성 있는 제품생산), 성능품질(다양하고 우월한 성능의 제품생산)과 감성품질(감각적으로 우월하고 고객화된 제품생산)이라고 하면서 품질개선과정이 이 순서대로 진행된다고 하였다.

〈표 5-1〉은 여러 학자의 품질철학을 비교하고 있다.

〈표 5-1〉 품질철학의 비교

구분	크로스비	데밍	주란
품질의 정의	요구에 대한 일치도	일관성과 신뢰성의 정도. 적은 비용으로 시장에 적합한 품질 수준	사용상의 적합성(소비자의 필요에 만족하는 정도)
경영자 책임	품질에 대해 전적인 책임을 짐	94%의 책임을 짐	80% 이상 책임
품질 기준	무결점	통계적 품질관리에 기반	작업의 완벽성 추구
일반적인 접근 방법	점검이 아닌 예방	지속적인 개선(산포를 줄이는 것)	특히 인간적인 요소를 강조
구조	품질 개선에는 4단계가 있음	관리에 관한 14포인트	품질 개선에는 3분법이 있음
개선점	과정이지 프로그램이 아님	지속적으로 산포를 줄이는 것	다양한 개선팀의 활용, 목표관리
구성원 참여	품질 개선팀(품질분임조)	의사결정에 종업원 참여 유도-각 부서 간 벽의 제거	팀과 품질분임조 접근
품질 비용	무료	최적 조건은 없다. 끊임없이 개선해야 함	무료가 아니다. 최적 조건이 있는 것도 아님
구매	공급자는 우리의 일부. 대부분의 결함은 우리에게 그 원인이 있음	통계자료와 차트가 필요함	문제가 복잡, 공식적 서베이 필요
벤더 평가 (공급자품질)	필요하나 품질검사 무의미	필요 없음	필요하다. 그러나 공급자가 개선을 할 수 있도록 도움을 줌

자료: Chase 등, Operations Management, 2006, 321쪽.

3. 품질명세

제품이나 서비스에 대한 품질사양은 품질설계와 생산 시 설계에 대한 적합성과 관련된 결정과 행동으로 구성된다고 볼 수 있다.

1) 설계품질

설계품질(design quality)은 시장에서 상품의 가치를 결정하게 되므로 기업으로서는 매우 중요한 전략적 결정이 된다. 〈표 5-2〉는 설계품질의 차원과 그 내용을 예시하고 있다.

〈표 5-2〉 설계품질의 차원

차원	의미
성능	제품이나 서비스의 근본적인 특성
특성	기본성능 이외에 추가되는 2차적인 특성
신뢰성/내구성/적합성	성능의 지속적인 일관성, 실패의 확률, 사용 가능한 수명
서비스 제공 가능성(제품)	수리, 수선의 용이함, 보전성
심미성	감각적인 특성(소리, 느낌, 외관 등)
인지된 품질	과거의 사용 성능 및 명성

2) 적합품질

적합품질(conformance quality)은 생산하는 제품이나 서비스의 품질이 설계사양에 어느 정도로 부합하는지의 정도를 나타낸다. 적합성을 획득하기 위한 노력은 일일 일정과 같은 매우 전술적인 부분이라 할 수 있다. 왜냐하면 높은 설계품질을 갖고 있으나 생산 과정에서 매우 낮은 적합성을 보이는 예가 현실에서는 많이 발생하기 때문이다.

3) 원천에서의 품질

원천에서의 품질 관리(quality at a source)는 적합품질과 연관이 매우 깊은데 이유는 원천에서의 품질관리란 작업자가 만드는 물건 및 서비스에 관한 품질에 전적인 책임이 있으며 그들이 생산하는 산출물은 반드시 설계사양(specification)을 충족시켜야 하기 때문인 것으로 해석할 수 있다.

설계품질과 적합품질 둘 다 소비자의 필요에 부합하는 제품 및 서비스를 공급하여 고객의 요구 조건을 충족시켜야 하며 대개 '사용의 적합성'으로 칭하기도 한다. 이를 위해서는 우선 고객의 요구사항에 관한 차원을 충분히 파악해야 하며 고객 요구사항 차원이 충분히 충족되고 있는지를 통제하기 위한 품질관리 시스템의 구축이 필수적이다.

5-2 종합적 품질경영의 정의

종합적 품질경영(TQM)은 '모든 구성원의 지속적 개선활동을 통하여 가장 저렴한 비용으로 고객의 요구와 기대를 충족시키기 위한 지속적 노력과 기업 전체의 경쟁력을 향상시키는 하나의 철학'이라고 정의할 수 있다. 종합적 품질경영에는 다음의 내용이 포함된다. 첫째, 품질은 고객에 의하여 정의되어야 한다는 것이고, 둘째, 고객 만족을 창출하는 재화와 서비스를 생산하는데 과정을 중시하여 인간 위주의 경영시스템을 지향하는 것이다.

1. 종합적 품질경영의 특성

전략적 관점에서 품질을 고려하며 고객 우선주의, 종업원의 참여, 최고경영자의 적극적인 지원 등을 통해 종합적 품질경영의 특성을 잘 활용할 수 있다. 〈그림 5-1〉은 종합적 품질경영의 특성을 보여주고 있다. 종합적 품질경영은 지속적인 개선을 달성하기 위해 PDCA 사이클(그림 5-2)을 적용한다. PDCA 사이클이란 현상을 검토하고, 자료를 수집 분석, 시정조치를 취하고 새로운 표준을 창출하는 일련의 과정이다.

〈그림 5-1〉 종합적 품질경영의 특성

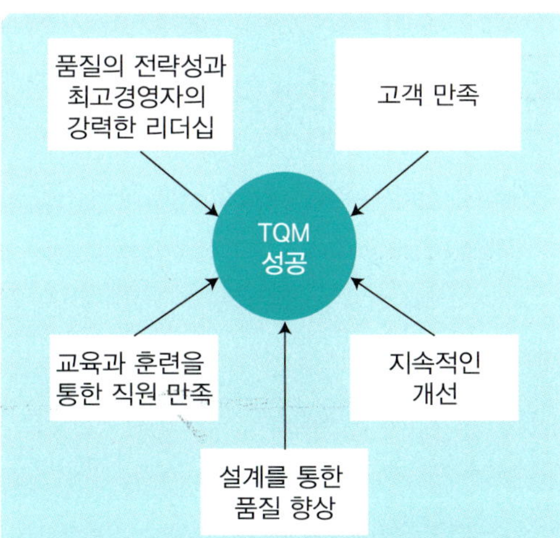

〈그림 5-2〉 데밍의 PDCA 사이클

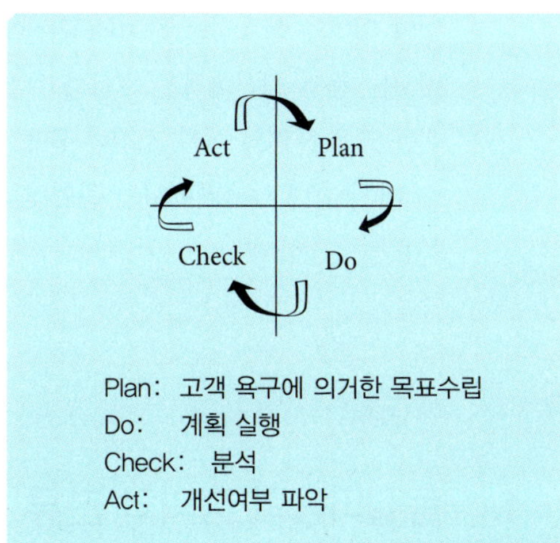

2. 종합적 품질경영의 적용 절차

〈그림 5-3〉은 종합적 품질경영의 적용절차를 보여주고 있다. 우선 1단계는 종합적 품질경영(TQM)을 도입하기 위한 준비를 해야 하는데 정보를 수집하고, 품질 비용을 측정하

〈그림 5-3〉 종합적 품질경영의 적용 절차

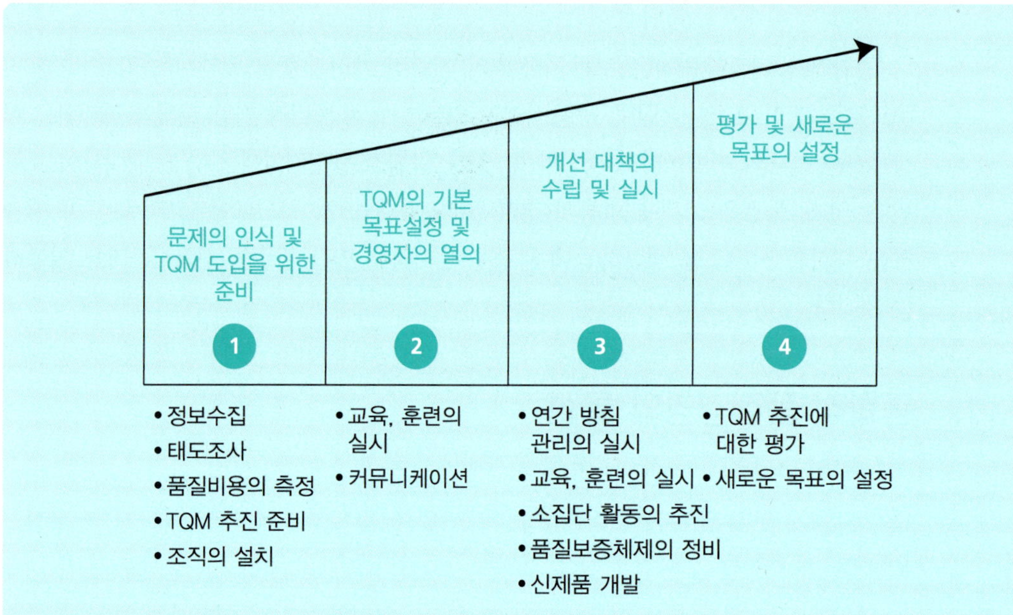

며 추진조직을 설치할 필요가 있다. 2단계에서는 종합적 품질경영이 달성하고자 하는 목표를 설정해야 하며 이를 구성원들에게 커뮤니케이션을 통해 알려야 한다. 이때 경영진의 열의와 적극적인 참여와 후원이 성공적인 실행에 매우 중요한 역할을 한다. 3단계에서는 품질 개선대책을 수립하고 실시해야 하는데 품질관리시스템의 정비나 구성원에 대한 교육 훈련의 실시, 소집단 활동 등을 통해 수행할 수 있다.

마지막으로 4단계에서는 종합적 품질경영을 추진하여 얻은 성과를 평가하며 새로운 목표를 설정한다.

5-3 품질비용

1. 품질비용의 정의와 분류

품질비용(Q Cost, quality cost, cost of quality)은 제품이나 서비스의 품질과 관련해서 발생되는 비용으로서, 이미 산출되었거나 산출될 급부에 대한 개념이다. 다시 말하면 품질 좋은 제품과 서비스를 만드는 데 사용된 모든 비용이다. 쥬란은 품질비용이란 제품과 공정이 완전하다면 발생하지 않았을 비용, 즉 비적합성 비용으로 보았다. 즉 처음부터 고객의 요구에 적합한 제품과 서비스를 생산하지 않음으로써 발생하는 비용이라고 보았다. 쥬란은 이렇게 품질비용을 제품이 설계표준에 적합하지 않았기 때문에 발생하는 비용으로 보았다. 미국품질협회(ASQ)도 '품질이 좋았더라면 발생하지 않았을 모든 비용'을 품질비용이라고 정의하고 있다. 이 두 가지 정의는 사실 품질이 완전하지 않았기 때문에 발생하는 비용과 또 완전하기 위하여 노력하는 비용까지 포함하고 있다. 왜냐하면 품질비용에는 품질을 보다 완벽하게 하기 위해서 투자한 비용도 포함되기 때문이다.

파이겐바움(1956)은 품질비용을 기업에서 발생되는 관리비용과 관리 실패비용을 모두 포함하는 것이라고 정의하였다. 기업이 설정한 제품이나 서비스의 모든 요구사항과 고객과 사회에 한 계약 조건을 포함한 제품이나 서비스의 질을 달성하였는가, 못했는가를 수반하는 비용 측정치라고 했다.

1) 품질비용의 분류

품질비용은 일반적으로 적합 품질비용과 부적합 품질비용의 두 그룹으로 나눌 수 있으며 각 그룹은 다음과 같이 두 가지 세부비용으로 구성되어 있다

- 적합 품질비용 ─┬ 예방비용
  └ 평가비용
- 부적합 품질비용 ─┬ 내부 실패비용
  └ 외부 실패비용

적합 품질비용. 제품이 적합한 품질을 달성할 수 있도록 조치를 취하느라 지출되는 비용이며, 예방비용과 평가비용으로 이루어져 있다.

- 평가비용(A-cost): 설계시방과 일치되지 못하는 불합격품이 고객에게 제공되지 않도록 하기 위한 제품이나 서비스의 측정, 평가, 검사 등과 관련된 비용을 지칭한다.

〈그림 5-4〉 품질비용의 분류와 총비용의 관계

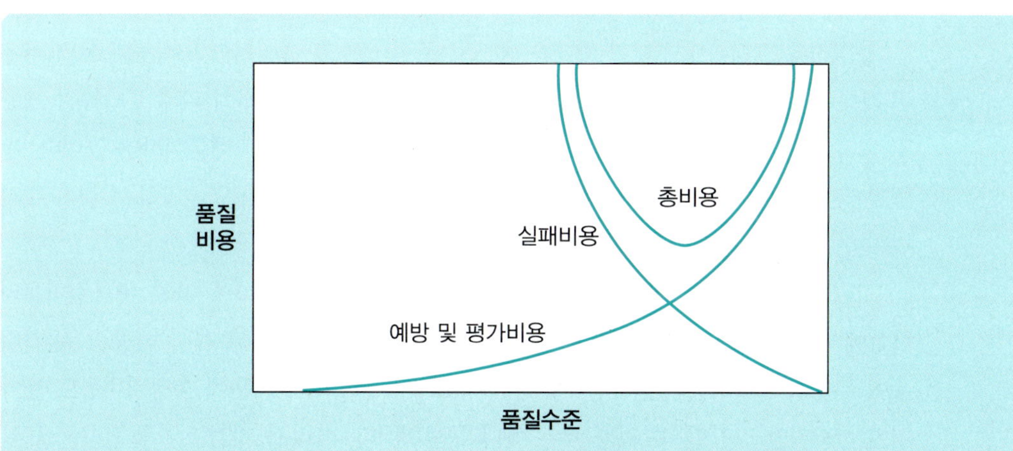

- 예방비용(P-cost): 결점을 예방하기 위한 모든 비용의 요약이다. 예를 들면, 결함의 원인을 밝히는 것에 드는 비용, 원인을 제거하기 위해 취하는 조치에 드는 비용, 사원들을 훈련시키는 데 드는 비용, 제품이나 시스템을 다시 디자인하는 데 드는 비용, 새로운 장비를 사는 데에 드는 비용 등이 포함된다.

부적합 품질비용. 품질규격에 벗어난 불량품, 원재료나 제품의 불량에 의해 발생되는 손실비용을 뜻하며, 내부 실패비용과 외부 실패비용으로 이루어져 있다.

- 내부 실패 비용(IF-cost): 소비자 요구와 불일치된 재화나 용역이 공급됨으로써 발생하는 것으로 소비자에게 인도되는 시점 이전에 발생하는, 즉 시스템의 결함으로 인한 비용(스크랩, 재작업, 수리)이다.
- 외부 실패 비용(EF-cost): 소비자 요구와 불일치된 재화나 용역이 공급됨으로써 발생하는 것으로 소비자에게 인도되는 시점 이후에 발생되는, 즉 시스템 밖에서의 결함으로 인한 비용(고객 보증 대치, 고객들의 손실, 접수된 불편 사항들, 그리고 제품수리)이다.

2. 품질비용에 관한 전통적 관점과 현대적 관점

총품질비용은 적합품질비용과 부적합품질비용의 두 그룹으로 구성되어 있으며, 이들은 품질수준의 변화에 따라 서로 다른 방향으로 움직인다. 즉 예방 및 평가비용으로 구성된 적합품질비용은 품질수준이 높아질수록 증가하며, 반대로 내부실패비용과 외부실패비용으로 구성된 부적합품질비용은 품질수준이 높아질수록 감소하는 경향이 있다. 따라서 2개 그룹의 품질비용을 합친 총품질비용을 그래프로 그려보면 서로 다른 방향으로 움직이는 모습을 보이게 된다. 품질관리의 궁극적 목적은 총품질비용의 최소화에 있으므로 각 기업은 총비용을 최소화시키는 적정품질수준(Acceptable quality level)을 유지해야 한다는 것이 품질비용에 대한 전통적 견해다.

품질비용 그래프에서 보면 품질을 어느 수준 이상으로 올리려고 노력하다 보면 비용이 과다하게 증가하는 것을 볼 수 있다. 그 이유는 품질을 개선하기 위해 투입하는 예방 및 평가노력이 어느 수준을 넘어가면 과다한 비용을 발생시키기 때문이라는 것이다. 즉 품질에는 각 기업이 달성할 수 있는 적절한 수준이 존재하며 이를 초과하는 것이 수익성 측면에서 바람직하지 않다는 것이 전통적 품질비용 관점이다.

그러나 품질비용에 대한 현대적 관점에서는 품질수준의 변화에 따른 총품질비용의 변화에 대해 다른 견해를 표출하고 있다. 품질수준이 높아진다고 해서 예방 및 평가비용이 무한히 증가하는 것은 아니며 어느 정도에서 안정되기 때문에 총품질비용도 높아지기는 하지만 감당할 수 없는 것은 아니라는 것이다. 따라서 기업들은 품질수준을 완벽하게 만들기 위해 계속 노력해야 한다는 것이 현대적 품질비용 관점이다. 이러한 현대적 품질비용 관점이 도입된 기업의 품질개선 노력의 예로써 일본의 적시생산/적시공급(just in time) 방식을 들 수 있다. JIT 생산방식에서는 무결점주의(zero defect)를 기본으로 하고 있는데 그 이유는 필요한 때 필요한 양 만큼만 생산하고 공급하는 것을 목표로 하기 때문에 조금이라도 불량이 발생하면 안 되는 것이다.

〈그림 5-5〉는 전통적 관점의 품질비용 모형과 현대적 관점의 품질비용 모형을 보여주고 있다.

〈그림 5-5〉 전통적 품질비용 모형과 현대적 품질비용 모형의 비교

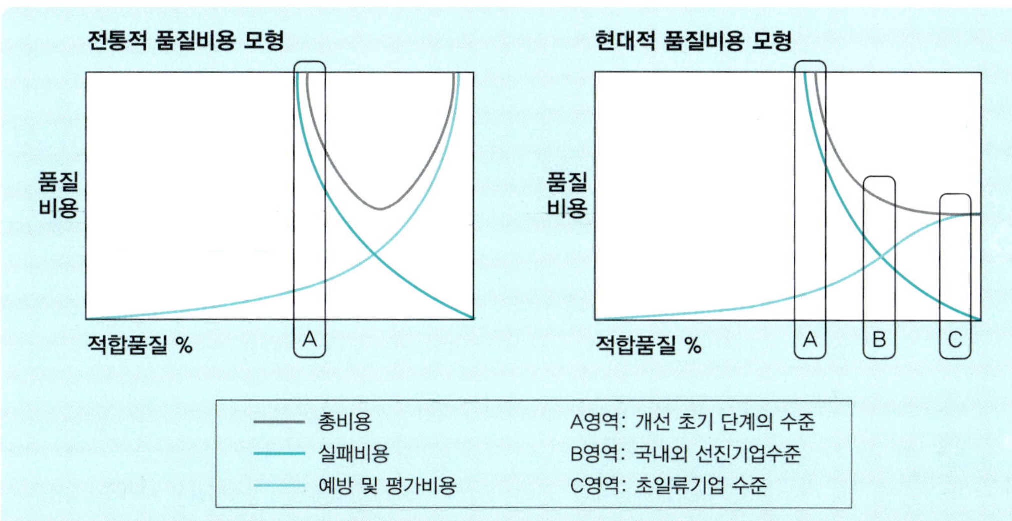

3. 잠재된 품질비용

현재 품질 문제로 인한 비용이 얼마인지 측정하는 것이며 잠재된 품질비용은 종업원의 이직 및 사기저하, 생산성의 저하 및 생산능력 감소, 취소된 주문 및 증가된 재고, 낭비되는 엔지니어와 경영자의 시간, 품질 문제 때문에 발생하는 재설계비용 등 이런 여러 가지 문제로 인해 잠재된 품질비용이 발생한다. 〈그림 5-6〉은 잠재된 품질비용을 표현하였다.

〈그림 5-6〉 잠재된 품질비용

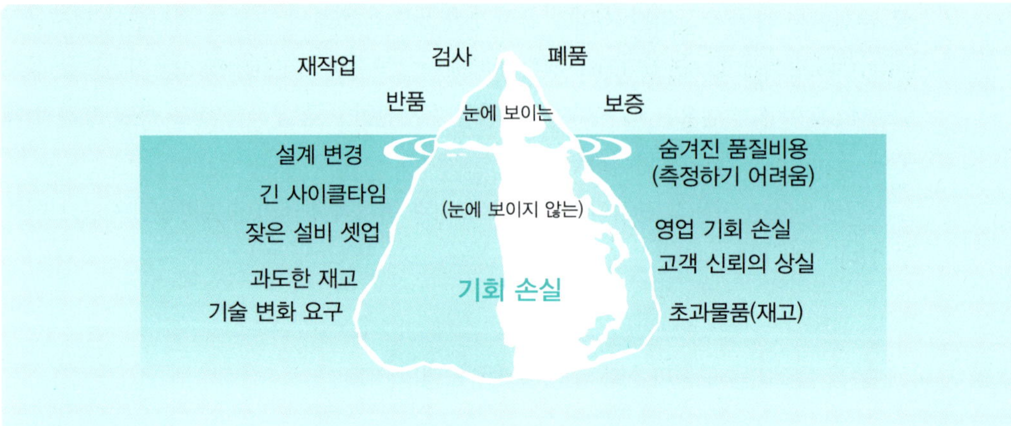

5-4 식스 시그마 방식

1. 식스 시그마 정의

식스 시그마(six sigma)는 '경영에서 발생하는 결함을 통계적으로 측정·분석하고 그 원인을 제거함으로써 식스 시그마 수준의 품질을 확보하려는 전사차원의 경영 혁신 활동으로 프로세스에서 고객의 만족도를 해치는 변동, 결함(불량품), 낭비를 객관적인 데이터와 분석을 활용하여 제거하고 예방함으로써 기업의 경영 성과를 향상시킨다. 1980년대 중반 미국 모토롤라(Motorola)에서 개발되었고, 1990년대에 제너럴일렉트릭(GE)을 비롯한 여러 기업에 전파되어 발전하였으며 특히 1990년대부터 2000년대에 걸쳐 기업 내부의 혁신활동을 실천하기 위한 방법론으로 많이 사용되었다. 특히 식스 시그마 방식은 기업 전체를 대상으로 품질개선을 통한 혁신을 추구하는데 통계기법을 적용하여 품질지표를 계량적이고 구체적으로 측정하고 개선방안을 찾아내어 실천함으로써 성과를 실질적으로 올리는 데 도움을 주는 것으로 알려지고 있다.

기업이 제품 및 서비스를 창출하는 과정이나 활동에는 결함이 발생하기 마련인데, 식스 시그마 프로그램은 이런 결함들로 이어지는 진행 과정의 산포를 줄이기 위한 것이다. 식스 시그마는 산포를 품질의 적으로 간주하고 이 이론의 대부분이 이러한 문제를 해결하는 것에 초점이 맞추어져 있다. 참고로 식스 시그마의 수준은 100만 개 중에 불량이 4개 이하로 발생되는 확률을 의미한다.

식스 시그마적 사고의 이점들 중 하나는 경영자들이 프로세스의 성능을 산포개념을 활용해 측정할 수 있게 해준다는 것이며 또한 동일한 기준을 사용하여 다른 프로세스들과의 비교도 용이하게 해준다는 점일 것이다. 여기에서 사용되는 측정 기준은 DPMO(Defects per million opportunities)로 100만 기회를 기준으로 했을 경우에 발생 가능한 결함의 수를 나타낸다. 이 공식의 계산을 위하여서는 다음과 같은 세 가지의 데이터가 필요하다.

- 단위(unit): 생산되거나 서비스 되는 제품 및 서비스의 측정 단위
- 결함 수(defects): 소비자의 요구에 부합되지 않는 결함의 수를 단위 기준으로 표현한 것
- 기회(opportunity): 결함이 생길 수 있는 기회

다음과 같은 공식에 의한 간단한 계산 결과의 도출이 가능하다.

$$\text{DPMO} = \frac{\text{결함 수}}{\text{각 단위마다 일어날 수 있는 오류의 기회 수} \times \text{단위의 수}} \times 1{,}000{,}000$$

예제 5-1. 우리가 관찰한 결과 하루 200,000통 중 200통이 잘못 배달된다. 이러한 상황에서 DPMO는 얼마인가?

풀이

백만 기회당 결함:

$$\text{DPMO} = \frac{200}{1 \times 200{,}000} \times 1{,}000{,}000 = 1{,}000$$

식스 시그마 측정표	
시그마	% 양품률
2	69.1%
3	93.32%
4	99.379%
5	99.9767%
6	99.99966%

다른 각도로 보면	
시그마	PPM
2	308,537
3	66,807
4	6,210
5	233
6	3.4
프로세스 능력	백만 단위당 결함의 수(DPMO)

이와 같은 식스 시그마 프로그램은 두 가지 중요한 요소를 포함하고 있는데 그중 하나는 방법론적인 것이며 다른 하나는 인적자원과 관련된 조직문화에 관한 것이라고 볼 수 있다.

2. 식스 시그마 방법론(로드맵)

식스 시그마 방법론은 여러 가지의 통계적 도구들을 포함하지만 식스 시그마의 특성은 정의, 측정, 분석, 개선, 그리고 관리의 5단계로 이루어진 DMAIC의 사이클을 활용한다는 점이다. DMAIC 사이클은 지속적인 개선을 위한 PDCA(네 가지 단계로 구성)보다 더 세부적으로 구성된 사이클이다.

식스 시그마와 같이 DMAIC는 과학적인 방법, 특히 가설을 통하여 투입과 산출 사이에서의 관계를 실험 하는 것을 강조한다. 데이터를 분석하고 나열하는 일을 대신 하는 현대의 통계 소프트웨어는 이제 식스 시그마의 일부가 되어버렸다. 무엇보다도 이 방법론의 초점은 고객들이 무엇을 원하는지에 대해 이해하고 고객의 요구를 프로세스를 통하여 개선하는 것이다. 이 중요성을 제대로 인식하기 위해서 어떤 이들은 DMAIC를 "Dumb Managers Always Ignore Customers(멍청한 경영자들은 언제나 고객들은 무시해 버린다)"로 그 약자를 이용하기도 한다. DMAIC의 각 단계는 다음과 같은 내용으로 이어진다.

Define – 정의. 고객과 품질에 중요한 요소(CTQ), 핵심 비즈니스 프로세스를 정의한다.

- 누가 고객이며, 제품과 서비스에 대한 고객의 요구사항은 무엇인지, 그들의 제품 및 서비스에 거는 기대는 어떠한지 정의한다.
- 프로젝트의 범위(프로세스의 처음과 끝)를 정의한다.
- 프로세스 흐름을 파악하여 개선되어야 할 프로세스를 정의한다.

Measure – 측정. 프로세스의 측정지표를 정의하고 잠재 원인을 도출한다.

- 프로세스의 출력변수 Y에 대한 데이터 수집계획을 수립하고 데이터를 수집한다.
- Y에 영향을 미치는 잠재적인 X인자들을 도출한다.
- 도출된 X인자를 우선순위화하고 분석할 X인자를 선정한다.

Analyze – 분석. 결함의 근본원인과 개선기회를 파악하기 위한 핵심적인 X인자를 분석하고 도출한다.

- 잠재인자 X에 대한 데이터를 수집한다.
- X가 Y에 미치는 영향을 정량적, 정성적 분석 기법을 활용하여 분석한다.
- 핵심인자 X를 선정한다.

Improve – 개선. 문제를 고치고 미리 예방하기 위해 해결책을 설계하여 목표 프로세스를 개선시킨다.

- 프로세스의 개선안을 도출한다.
- 수행(implementation) 계획을 수립하고 실행한다.

Control – 관리. 개선 프로세스의 성과를 지속적으로 관리한다.

- 다시 예전의 방식으로 돌아가지 않도록 관리한다.
- 지속적인 관리계획을 수립하고 문서화하여 실행한다.
- 시스템과 구조를 조정함으로써 개선활동을 제도적으로 뒷받침한다.

3. 식스 시그마 활동을 위한 품질관리 기본도구 7개 기법

식스 시그마 활동에 적용되는 품질관리 분석 도구는 오랜 기간 동안 품질 개선 프로그램에 사용되어 왔다. 품질관리의 실행에는 다양한 품질통제 도구와 기법이 사용되는데 많이 사용되는 대표적인 것으로 다음과 같은 품질기본도구 일곱 가지가 있다.

런차트. 런차트(run chart)는 생산 프로세스가 작동되는 과정에서 품질 수준의 변화가 시간의 진행에 따라 어떻게 되는지 보여주는 그래프다. 지속되는 데이터의 변화를 그래프에 나타냄으로 정의 단계에서 문제의 중요성을 이해하는 데 도움을 준다. 그래프를 그릴 때 일반적으로 평균보다는 중위수 값을 사용하는 것이 특징이다.

〈그림 5-7〉 런차트의 예

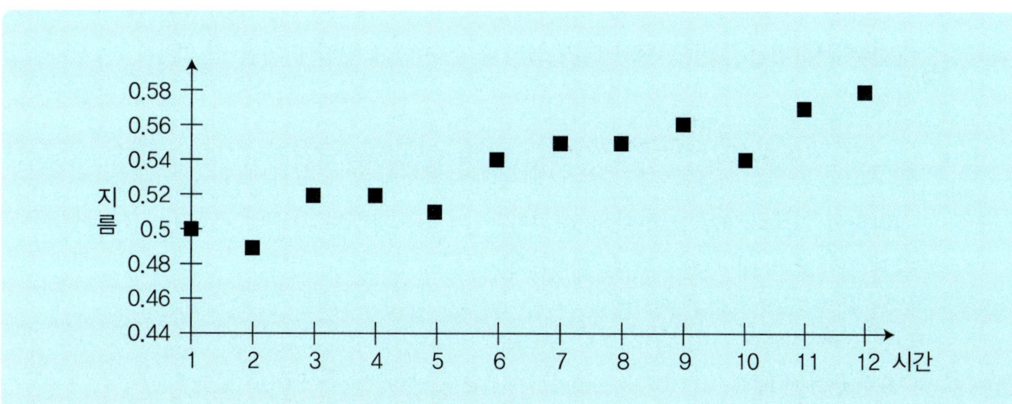

파레토도. 파레토 분석이란 19세기 경제학자 파레토(Vilfredo Pareto)의 이름을 따서 만들어진 도표를 이용한 분석으로서, 어떤 현상에 대한 원인을 조사할 때 자료를 수집하여 그룹별로 분류한 다음에 막대그래프로 나타낸 것이다. 이 분석의 목적은 원인의 발생사례를 빈도수가 많은 것부터 나열하여 소수의 중요한 원인을 다수의 사소한 원인으로부터 분리해서 파악하는 데 그 목적이 있다. 분석의 결과를 보면 요인별로 빈도수가 나타나기 때문에 중요도를 파악할 수 있고 가장 중요한 요인의 해결에 우선순위를 둠으로써 문제의 주된 원인을 정확히 해결할 수 있다는 장점이 있다. 파레토 분석에서 소수의 중

〈그림 5-8〉 파레토도의 예

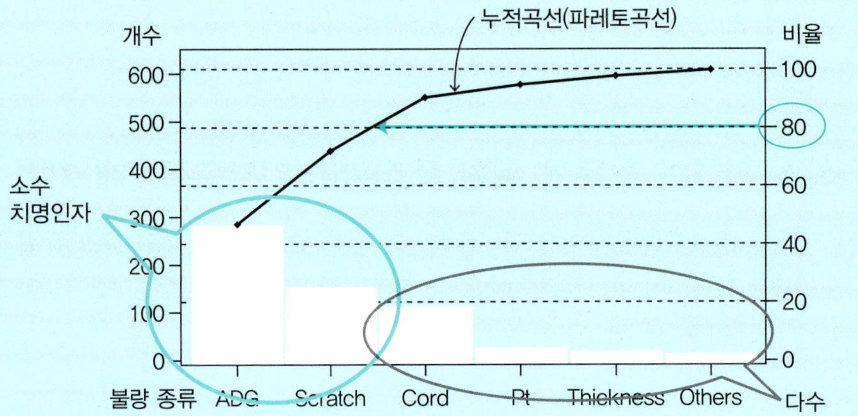

불량 종류	ADG	Scratch	Cord	Pt	Thickness	Others
개수	284	154	112	26	18	16
비율	46.6	25.2	18.4	4.3	3.0	2.6
누적비율	46.6	71.8	90.2	94.4	97.4	100

요 원인을 파악하기 위해 파레토 법칙을 적용하는데, 이는 문제의 80%를 발생시키는 중요 원인은 20%의 소수의 항목에 몰려있다는 것이다. 파레토 법칙을 80-20 법칙이라고도 하며 우선순위를 통한 문제의 원인 선정과 소수 중요 원인에 대한 집중적인 관리를 강조하고 있다.

체크시트. 체크시트는 생산 프로세스에서 발생하는 품질과 관련된 정보를 수집하고 정리하여 기록하기 위한 하나의 양식이다. 이것은 파레토 차트의 근간이 되는 히스토그램을 작성하는 데 기초 자료로 활용된다.

〈그림 5-9〉 체크시트의 예

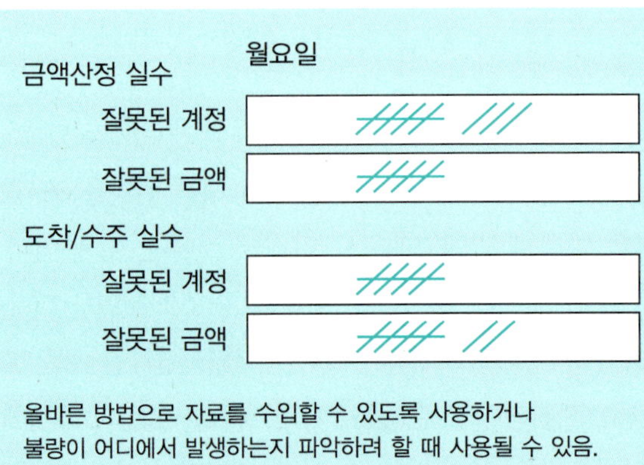

원인결과도. 원인결과도(cause and effect diagram)는 일본의 이시카와(Ishikawa Kaoru) 교수가 만들어 사용하기 시작한 것으로 그 모양이 생선뼈를 닮았다고 해서 Fishbone diagram 이라고도 하며 인과관계도, 이시카와 다이어그램(Ishikawa Diagram) 등으로 불린다. 특정한 문제나 결과를 일으키는 원인들을 그룹별로 분류하여 인과관계를 일목요연하게 보여줌으로써 문제의 근본원인을 파악하고 해결책을 개발하는 데 도움을 준다. 〈그림 5-10〉에서 오른쪽의 생선 머리 부분에 해당하는 것이 분석의 대상이 되는 문제상황이나 결과이며 왼쪽 부분의 등뼈와 가시들이 큰 줄기의 원인과 하부 원인들을 나타내고 있다. 이 기법은 잠재적 원인을 순서대로 범주화하고 그 범주에 속하는 하부 원인들을 모두 기술한 뒤에 그중에서 근본적 주요 원인을 찾아나가는 방식으로 진행된다.

〈그림 5-10〉 원인결과도의 예

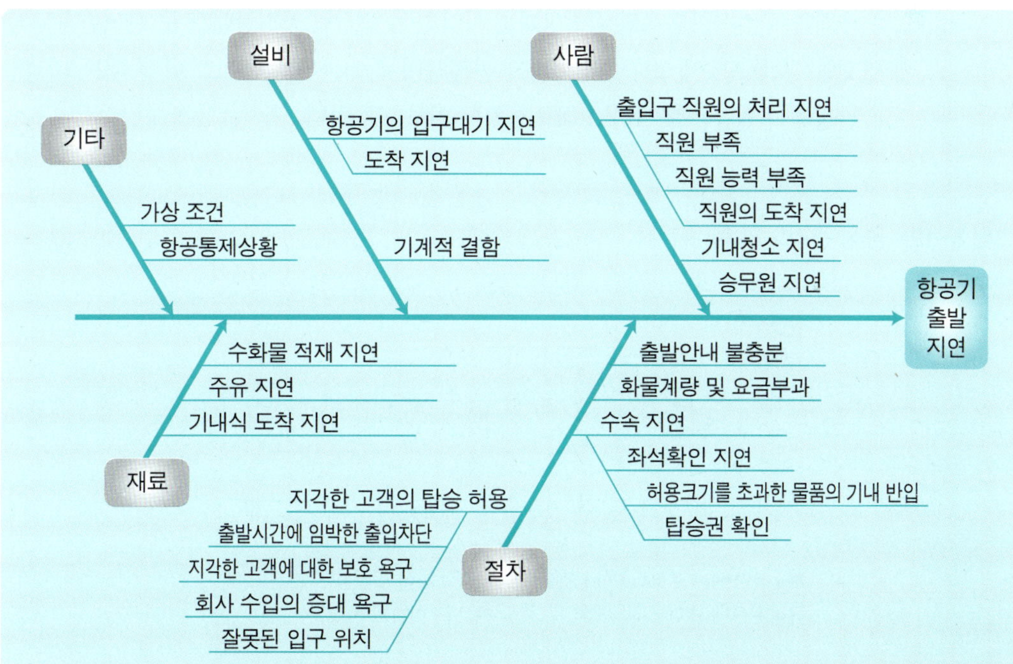

흐름도. 흐름도는 시각적인 상징을 사용하여 생산 프로세스의 업무 흐름 및 절차와 내용을 보여주는 도표다. 프로세스 상에서 품질 문제가 발생할 가능성이 있는 부분을 파악할 수 있으며, 또한 프로세스 개선이나 가치부가 창출활동과 그렇지 못한 활동을 구분하는 데 활용될 수도 있다.

〈그림 5-11〉 흐름도의 예

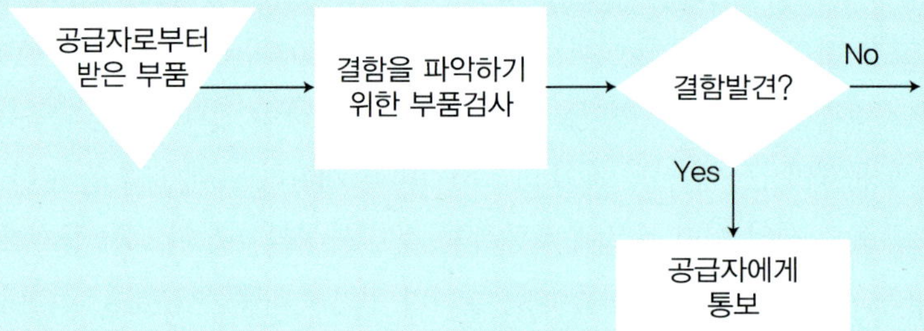

공정관리도. 공정관리도는 공정상태를 시간의 진행에 따라 그래프로 나타낸 것으로 중앙선과 관리상한선 및 관리하한선의 두 관리한계로 구분된다. 품질 데이터를 주기적으로 수집하여 검사함으로써 공정상태를 파악하며 측정된 공정상태가 두 관리한계선 내에 있으면 생산 프로세스가 정상이라고 판정하며 관리한계선 밖으로 나갈 때는 비정상으로 판정하여 원인을 조사하고 대응조치를 취하도록 한다.

〈그림 5-12〉 공정 관리도의 예

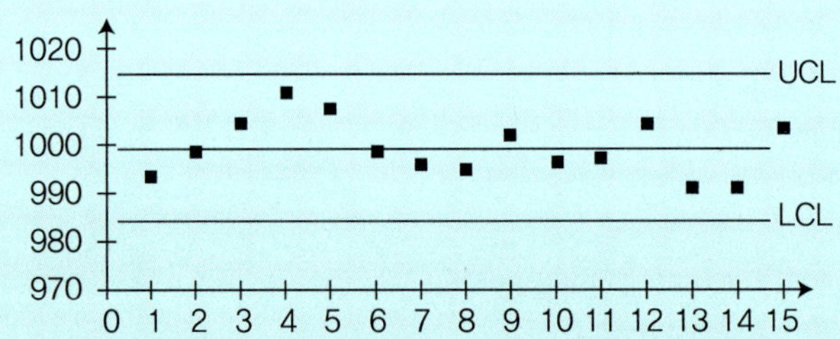

지속적인 생산 프로세스의 품질을 모니터링하고 미리 설정된 품질 표준에 대한 적합여부를 모니터링하는 데 사용될 수 있음.

히스토그램. 품질 데이터의 분포를 보여주는 수직형 막대그래프로서 중심이 되는 평균값 주위로 수평축에 계급값을 표시하고 수직축에 도수를 계산하여 어떻게 자료가 분포되어 있는지 보여주는 도구다.

〈그림 5-13〉 히스토그램의 예

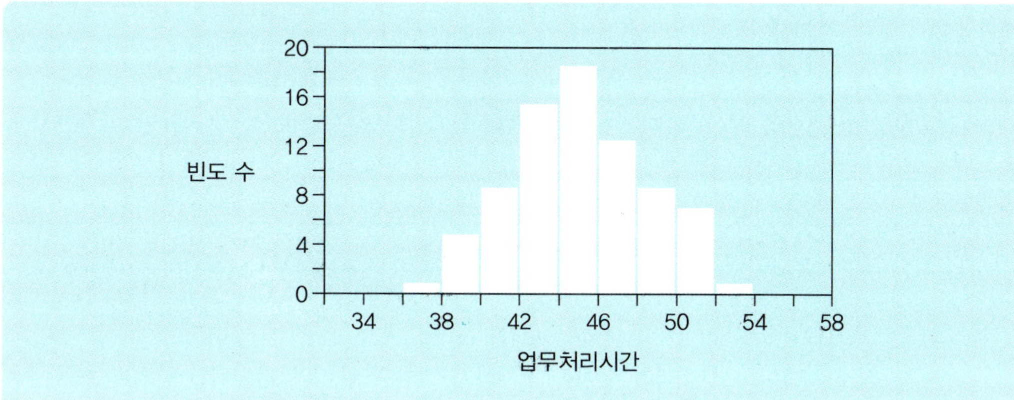

식스 시그마 프로젝트에 활용되는 도구들은 이외에도 많으나 가장 대표적인 도구는 FMEA를 들 수 있다.

실패모드영향분석. 실패모드영향분석(failure mode and effect analysis: FMEA)은 프로세스의 각 단계에서 일어날 만한 실패들을 발견하고, 평가하며, 이들의 우선순위를 정하는 데 활용되는 기법이다. 이는 프로세스의 세부 과정들을 정의하고 각 세부 과정에서 발생할 수 있는 잠재적인 실패의 유형과 각 실패 유형의 원인에 대한 목록을 작성하는 것으로 시작된다. 그러고 난 후, 각 실패 유형에 대한 위험우선순위수치(risk priority number: RPN)가 계산된다.

RPN은 FMEA 차트에 있는 항목들의 중요도를 평가하는 데 쓰이는 색인과도 같다. 이 조건들은 실패가 생기는 경우(occurrence), 실패로 인한 손실(severity), 그리고 조직 내에서 실패가 발견될 확률(detection)을 포함한다. 높은 수치의 RPN을 가지고 있는 항목들은 먼저 개선할 대상이 되어야 한다. FMEA는 실패의 원인을 제거하기 위해 책임자를 별도로 선정하여 시스템을 운영할 것을 강력히 추천하고 있는데, 책임자의 역할은 시스템, 디자인 혹은 프로세스를 다시 설계하고 RPN을 재계산하는 반복 과정을 통해 실패를 해결하는 것이다.

4. 식스 시그마에서 인적자원관리 — 역할과 책임

식스 시그마 방식의 성공에는 독특한 실행 조직의 구성이 있는데 몇 개의 역할이 정해져 있어서 교육과 훈련을 통해 전문성을 갖추고 품질개선 프로젝트를 진행하도록 되어 있다. 〈표 5-3〉은 식스 시그마 실행조직의 역할명칭과 담당업무의 내용을 보여주고 있다.

〈표 5-3〉 식스 시그마 실행조직

역할 명칭	내용
챔피언	기업 전체에서 식스 시그마 실행의 전반적인 책임을 지며 블랙벨트들의 멘토 역할을 한다.
마스터 블랙벨트	기업 내부에서 챔피언을 도와 블랙벨트와 그린벨트를 지도하며 식스 시그마 방식에 대한 코치 역할을 수행한다.
블랙벨트	마스터 블랙벨트의 지도하에 식스 시그마 기법을 특정 개선 프로젝트에 적용한다.
그린벨트	블랙벨트의 지도하에 본인의 원래 업무와 함께 식스 시그마를 실행하는 책임을 맡는다.

식스 시그마의 성공적인 수행은 철저한 인적자원 관리와 기술적인 방법론들을 사용하는 것이 중요하다. 다음은 식스 시그마 수행과 관련된 인적자원 관리에 관한 것이다.

- 식스 시그마를 조직 전체에 파급시키는 역할을 담당하는 경영층과 개선될 과제에 대한 권한과 책임을 가진 챔피언들이 존재한다. 챔피언들은 간부의 계급에서 차출되며 챔피언의 역할은 프로젝트 초기에 적절한 측정 기준을 확인하고 개선노력이 사업목표와 일치하도록 지휘 감독하는 기능을 수행한다.
- 각 등급별로 식스 시그마의 개념과 도구에 관한 전사적 훈련을 실시한다. 그린벨트(Green Belt: GB)는 식스 시그마에 관한 충분한 훈련을 받은 조직원들로 팀에 참여하거나 자신들과 관련된 작은 규모의 프로젝트를 수행할 수 있는 사람들이다. 블랙벨트(Black Belt: BB)는 GB 인증자로서 식스 시그마 프로젝트 리더(project leader)로 1건 이상 완료자 중 선발하며 개선팀의 감독과 조정을 해 가는 사람이다. 마스터블랙벨트(Master Black Belt: MBB)는 BB 취득자로서 통계적인 도구와 프로세스 개선에서 심도 있는 훈련을 받은 사람들이다. 블랙벨트보다 좀 더 많은 수의 인원을 관리한다. 챔피언(Champion)은 각 공장장, 연구소장, 부문장 들로 식스 시그마를 조직 전체에 파급시키는 역할을 수행하는 경영층과 개선할 과제에 대해 권한과 책임을 가진 사람 등을 말한다.
- 개선을 위해 향상된 목적들을 정한다.
- 지속적인 개선과 보상을 사용한다. GE에서는 어떤 프로젝트의 결과가 발표되기 전에 책임을 맡고 있는 블랙벨트들이 문제점들을 영구적으로 해결했다는 것을 증명해야 한다.

5-5 싱고 시스템

통계적 품질관리 기법과 함께 발전되어온 싱고 시스템은 품질개선이라는 같은 목적을 추구하지만 사고에 있어서는 통계학적인 접근법과는 매우 다르다. 이 시스템은 린 생산(just in time: JIT)의 시스템의 부개발자인 시게오 싱고(Shigeo Shingo)의 이름을 딴 것이다. 싱고 시스템은 두 가지 관점이 매우 큰 관심을 불러일으켰는데, 하나는 SMED(Single-minute exchange of die) 절차에 따른 공정 변환시간의 단축이며 다른 하나는 무결점을 목표로 한 포카요케(poka-yokes)이다.

싱고는 통계적 품질관리의 방법으로는 결함을 예방하지 못한다고 주장하였다. 비록 통계적 품질관리는 품질 문제 예상시점에 대한 확률적인 정보를 주긴 하지만, 항상 불량이 생기고 난 후에 수집된 정보에 의한 것이다. 어떠한 문제가 한 작업장의 작업이 완성된 후에 발견되지 않기 위해서는 품질 관리를 그 과정 안에서 진행해야 하는 것이다.

싱고 철학의 기본적인 특징은 오류와 결함 간의 차이이다. 결함(defect)은 사람들이 오류를 범하기 때문에 생겨나는 것이다. 아무리 오류(error)를 범하는 것이 피할 수 없는 것이라 해도 오류를 범한 후에 피드백을 통해 올바른 조치를 취한다면 결함을 막을 수 있다. 이런 피드백과 조치는 검사를 요구하는데, 이 검사는 생산되는 품목들 전부에 행해져야 한다. 이 검사는 후공정 작업자에 의한 통제(successuve check), 자기통제(self-check) 그리고 불량원인 통제(source inspection) 중 하나가 될 수 있다.

후공정 작업자에 의한 통제는 후공정 작업 진행과정에 작업자나 그룹 책임자와 같이 객관적인 평가자에게서 이루어진다. 결함에 대한 정보는 제품을 생산한 사람에게 즉각적으로 통보되고 그 사람은 수리를 하게 된다.

자기통제는 개별적인 근로자에 의해 검사가 행하여지는데 페인팅이나 스크래치의 판별 등 감각적 시각을 요하는 제품의 경우에 매우 적합하다고 할 수 있다.

불량원인 통제 또한 마찬가지로 개별적인 근로자에 의해 검사가 행해지는데 여기서 이들은 결함을 찾는 대신에 결함을 일으킬만한 오류의 유무 여부를 검사한다. 이것은 결함이 발생하는 것을 방지하고 따라서 재작업하는 것을 막을 수 있다.

이 세 종류의 검사 방법은 실패-안전 절차 또는 포카요케라 불리는 방법에 전적으로 의존하고 있다. 포카요케는 다음과 같은 목적이 수행될 수 있도록 체크리스트 또는 검사 기구들을 포함한다. 포카요케의 목적은 다음과 같다.

- 작업자가 일을 시작하기 전에 결함으로 이어지는 오류를 범하지 않게 방지하는 것(체크리스트)이다.
- 잘못된 것들에 대한 피드백을 빠른 시간 안에 주어 정해진 시간내에 작업자가 시정할 수 있도록 하는 것이다.

5-6 ISO 9001: 2008 인증 및 국가품질상

국제표준화기구인 ISO(International Organization for Standardization)가 설정한 ISO 9000 시리즈는 글로벌시장에서 국제표준의 대명사가 되었다. ISO 9000 시리즈는 1987년에 채택이 되었고 유럽에서 설정한 표준이고, 유럽에 수출하기 위해 필요한 인증이었지만, 이제는 세계 100 개국 이상의 국가에서 제품을 수출하기 위한 계약을 하기 위해서는 ISO 9000 시리즈 인증이 필요하게 되었다.

1. ISO 9001: 2008 주요 항목

ISO 9000 시리즈는 1987년 스위스 제네바에 본부를 둔 국제표준화 기구인 ISO (www.iso.ch)에 의해 제정되었다. ISO 9000 시리즈는 규격에 적합한 제품의 생산을 보증하기 위하여 구매업자와 협력업체들로 하여금 품질시스템의 문서화를 요구하기 위해 제정되었다. ISO 9001: 2008은 제품의 품질을 보증하는 제도가 아니고, 생산 과정에 역점을 두는 제도이다. 〈그림 5-14〉는 ISO 9000에 기반을 둔 품질개선 프로세스 모형을 보여주고 있다.

품질경영시스템. 조직은 조직의 프로세스가 무엇인지, 그 프로세스들이 어떻게 상호 연계되어 있는지, 제품을 제공하기 위해 어떤 자원이 필요한지, 그리고 프로세스를 측정하고 개선하는 방법이 수립되었음을 보증할 필요가 있다. 품질경영시스템이 구축된 이후, 품질매뉴얼(Quality Manual)과 더불어 문서관리 시스템(Document Management System) 및 기록관리 시스템(Record Management System)이 구축되어야 한다.

경영책임. 조직의 최상위층의 경영자는 조직의 방침, 목표를 설정하고 시스템을 검토하며 또한 시스템의 효과성을 조직 내에서 의사소통할 책임이 있다.

자원관리. 조직은 인적자원뿐만 아니라 장비, 지원 서비스 등의 물적 자원을 포함한 모든 자원에 대하여 '고객은 합의된 것을 받는다'는 것을 보증할 수 있도록, 필요 자원에 더욱 중점을 두어야 한다.

제품실현. 제품/서비스를 제공하는 데 필요한 모든 프로세스를 포함하여 고객 요구사항 접수, 제품의 설계 및 개발, 구매, 제품 및 서비스의 인도의 모든 활동에 대하여 규정한다.

측정, 분석 및 개선. 제품, 고객 만족, 경영시스템을 측정하는 것, 그리고 시스템의 지속적 개선을 보증하는 것은 시스템 운영에 있어 필수적이다.

〈그림 5-14〉 품질개선 프로세스 모형

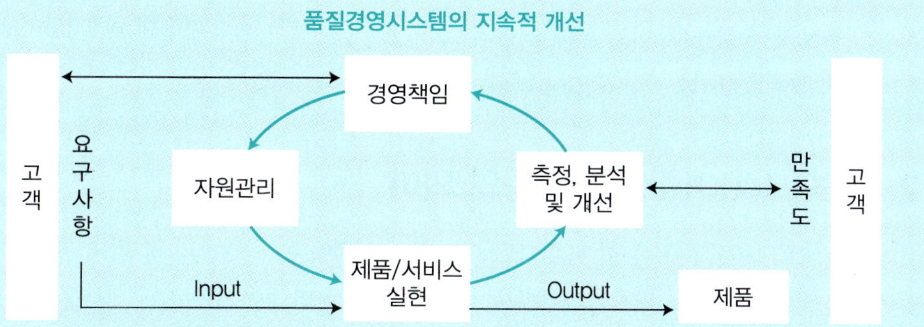

ISO 9001: 2008 조항	ISO 9001: 2008 요구사항
4. 품질경영시스템	4.1 일반요구사항 4.2 문서화 요구사항
5. 경영책임	5.1 경영의지 5.2 고객중심 5.3 품질방침 5.4 기획 5.5 책임과 권한 및 의사소통 5.6 경영검토
6. 자원관리	6.1 자원의 확보 6.2 인적자원 6.3 기반구조 6.4 업무환경

ISO 9001: 2008 조항	ISO 9001: 2008 요구사항
7. 제품실현	7.1 제품실현의 기획 7.2 고객 관련 프로세스 7.3 설계 및 개발 7.4 구매 7.5 생산 및 서비스제공 7.6 모니터링 및 측정 장치의 관리
8. 측정, 분석 및 개선	8.1 일반사항 8.2 모니터링 및 측정 8.3 부적합 제품의 관리 8.4 데이터의 분석 8.5 개선

ISO 9000 시리즈 2008년 개정판의 특징을 살펴보면, 첫째, 점차 서비스산업의 중요성이 강조되며, 정보화 및 세계화 추세에 맞추어 제조업에서 서비스, 건설, 인터넷, 공공기관으로 활용 범위를 확대하여 모든 제품 카테고리, 산업 분야 및 조직에 적용 가능하다. 둘째, 기존의 ISO 9002 및 9003을 제거하면서 요건 서류를 단일화하여 문서화 요구사항을 완화하였다. 셋째, ISO 9000 시리즈 간의 일관된 사용을 돕는 데 초점이 맞춰졌을 뿐 아니라, 고객이 구매하는 제품과 서비스를 생산하는 프로세스로써 조직을 보는 확대된 개념에 바탕을 두고 상호 연관된 일련의 프로세스를 정의하여 경영시스템을 조직 프로세스에 연계하였다. 넷째, 조직이 PDCA(Plan—Do—Check—Act) 원리 및 프로세스 경영을 적용하는 데 융통성을 허용하여, 성과(performance) 중심의 지속적 개선(continuous improvement)을 도모한다. 다섯째, 사용자의 다양한 의견을 반영하여 작성되었으며 고객 만족(customer satisfaction) 실현을 강조하며 최고 경영층의 역할을 강조한다. 여섯째, 품질시스템을 운영하는 데 있어 '절차에 초점을 둔 접근 방식'(업무활동을 어떻게 하는가를 기술한)으로부

터 '프로세스 접근 방법'(무엇을 하는가에 더욱 초점)으로 전환되었다. 이러한 프로세스 접근 방법은 조직으로 하여금 사업 효과성과 사업목표를 직접적으로 연계하여 관리할 수 있도록 하는데, 이를 통해 기존의 20개 조항을 5개의 프로세스를 재조정하였다. 일곱째, ISO 14001 등 기타 경영시스템과의 호환성이 증대되었다.

2. ISO 14001:2004 인증의 의미

ISO 14001:2004은 각 나라마다 다르게 운영되어 온 환경관리 방법 및 체계를 통일하고 조직체 스스로 환경관리를 위한 체계적 절차를 만들어 지속적인 개선을 해 나가도록 하기 위한 환경경영시스템(Environmental Management System: EMS)에 관한 국제표준이다. 이는 범지구적으로 환경 문제가 심화되면서 국내외 환경규제가 강화되고, 환경단체의 압력이 거세지면서 소비자들의 환경에 대한 인식이 변화되어 점차 환경 이미지의 중요성이 증대되는 가운데 1996년 도입되었다.

환경경영이란 기업 활동의 전 과정에 걸쳐 환경성과를 개선함으로써 경제적 수익성과 환경지속 가능성을 동시에 추구하는 일련의 경영활동을 말한다. 조직이 환경에 미치는 영향을 최소화하면서 환경적으로 지속적인 발전을 도모하는 것이라 할 수 있는데, 이는 사후관리기술(end of pipe technology) 중점으로 운영되어 오던 기존의 환경관리 방식에서 탈피하여 요람에서 무덤까지(cradle to grave)와 같이 원료의 조달에서부터 생산, 판매, 사용, 폐기에 이르는 제품의 전 과정을 대상으로 전 직원의 참여를 통하여 전사적으로 환경 문제를 해결할 수 있는 체계적인 방안을 모색 할 것을 추구하고 있다. 이를 위하여 청정생산 공정기술(cleaner process technology)의 도입을 촉진한다. 즉 ISO 14001:2004 시리즈의 도입은 표준화의 개념이 과거 제품 규격이라고 하는 공급자의 관점에서 소비자의 이익을 보호한다는 수요자의 관점으로 전환해 가고 있다는 것을 시사하고 있다.

3. 품질경영상

제조기업뿐만 아니라 서비스업체는 이제 서비스 품질을 측정해야 한다. 이것은 품질을 측정하지 않으면 관리를 제대로 할 수 없기 때문이다. 이것은 각국의 주요 국가품질상을 보면 알 수 있다. 미국의 말콤 발드리지 국가품질상, 한국의 국가품질상, 일본의 데밍상은 제조업체에게만 상을 수여하지 않고, 서비스업체에게도 수여하고 있다. 그리고 말콤 발드리지 국가품질상은 종합적 품질경영의 확산을 목적으로 미국 연방정부에 의해 제정되었고 데밍상은 일본 산업계에 통계적 품질관리 기법을 전파시킨 공적을 기념하기 위해 1951년부터 시행하였다.

1996년에는 미국의 말콤 발드리지상을 벤치마킹하여 일본 경영품질상(JQA)을 시행하였다. 말콤 발드리지 국가품질상의 목적은 경쟁력의 공유와 이들의 범국가적인 확대를 꾀하고 고객 만족, 품질 문제의 예방에 초점을 두고 있으며, 일본 경영품질상도 고객 만족경영에 초점을 두고 경영의 질을 향상시키는 데에 주안점을 두고 있다. 우리나라의 경우도 국가품질상을 제정하여 시행하고 있다.

말콤 발드리지 국가품질상의 2010년 평가 기준을 보면 〈표 5-4〉와 같다.

〈표 5-4〉 말콤 발드리지 국가품질상 평가모형의 범주와 항목

범주	항목	세부 평가영역
1. 리더십(120점)	1.1 경영진의 리더십 (70점) 1.2 지배구조와 사회적 책임 (50점)	a. 비전과 가치 b. 커뮤니케이션, 조직성과의 검토 a. 지배구조 시스템 b. 사회적 책임과 윤리적 행동 c. 사회 공헌
2. 전략기획(85점)	2.1 전략의 개발 (40점) 2.2 전략의 전개 (45점)	a. 전략기획 수립 프로세스 b. 전략목표와 성과 목표 a. 실행계획의 개발과 전개 b. 성과예측
3. 고객과 시장 중시 (85점)	3.1 고객과 시장의 지식 (40점) 3.2 고객관계와 고객 만족 (45점)	a. 고객과 시장 지식 a. 고객관계 형성 b. 고객 만족 결정
4. 측정, 분석 및 지식경영 (90점)	4.1 측정, 분석 및 조직성과의 개선 (45점) 4.2 정보, 정보기술 및 지식의 관리 (45점)	a. 수행능력 측정 b. 수행능력 분석, 검토, 향상 a. 정보원천의 관리 b. 데이터, 정보 및 지식경영
5. 인적자원 중시(85점)	5.1 인적자원 관리 체계 (45점) 5.2 인적자원 복지와 근무환경 (40점)	a. 인적자원의 충실화 b. 인적자원 및 리더 개발 c. 인적자원 헌신 평가 a. 인적자원 잠재력과 수용능력 b. 근무환경
6. 프로세스 관리(85점)	6.1 업무시스템 설계 (35점) 6.2 업무 프로세스 관리와 개선(50점)	a. 핵심역량 b. 업무시스템 설계 c. 위기관리 a. 업무 프로세스 관리 b. 업무 프로세스 개선
7. 경영성과(450점)	7.1 제품과 서비스 성과 (100점) 7.2 고객중시 성과 (70점) 7.3 재무와 마케팅 성과 (70점) 7.4 인적자원 중시 성과 (70점) 7.5 프로세스 성과 (70점) 7.6 리더십 성과 (70점)	a. 제품과 서비스 성과 a. 고객중시 성과 a. 재무와 마케팅 성과 a. 인적자원 중시 성과 a. 프로세스 성과 a. 리더십 성과
7개 범주	18개 항목	32개 세부 평가영역

5-7 통계적 품질관리

통계적 품질관리는 품질을 측정하고 평가하는 기본적인 도구로서, 처음에는 대량생산되는 제품의 품질을 향상시키기 위해 나왔지만, 지금은 지속적으로 프로세스를 개선하는 아주 중요한 기법으로 알려져 있다. 그래서 지금도 많은 기업들이 품질을 관리하기 위해서 통계적 품질관리를 이용하고 있다.

통계적 품질관리는 고객이 요구하는 제품과 서비스를 가장 경제적으로 생산하기 위해 생산운영 시스템의 모든 과정에 추론 통계학과 확률 이론을 이용하는 품질관리 기법이다. 통계적 품질관리는 모집단 전체를 전부 검사하지 않고, 샘플만을 추출해 검사한다. 샘플만을 검사하는 것은 검사하는 비용과 시간을 상당히 단축해 주기 때문이다.

그리고 모집단을 대신하는 샘플은 반드시 모집단을 정확하게 대표할 수 있어야 한다. 그렇지 않으면 샘플검사의 의미가 상실된다. 일반적으로 샘플의 대표성은 샘플의 크기가 증가함에 비례하여 증가한다. 그래서 샘플의 크기가 증가하면 샘플의 대표성은 자동적으로 증가하고, 샘플의 크기가 감소하면 샘플의 대표성도 자동적으로 감소한다.

1. 품질의 측정

1) 품질변동의 원인

동일한 공정에서 생산된 제품이라 할지라도 생산 공정에 원천적으로 변동이 있을 수 있기 때문에, 똑같은 2개의 제품 및 서비스는 존재하지 않는다. 품질의 차이는 작을 수는 있지만, 품질의 변동은 반드시 있게 된다. 크랭크축의 직경은 기계의 마모, 공구의 마모, 자재의 경직, 온도 등에서 생길 수 있는 품질의 변동으로 인해 차이가 날 수 있으며, 신용조사부의 책임 작업량, 지원자의 재정적인 배경이나 종업원의 기술 혹은 태도 때문에 신용카드 신청에 소요되는 시간이 다양해질 수 있다.

보통 품질 변동의 원인은 두 가지가 있다.

1. 우연원인: 순수하게 우연히 발생하는 것으로 공정내에 변동의 원인이 있다. 불규칙적으로 작용하여 그 영향이 상쇄되는 경우가 많음으로 소폭의 변동으로 끝나고, 일일이 식별하고 제거할 수 없음으로 통제의 대상이 되지 않는다.
2. 이상원인: 우연한 원인이라고 할 수 없는 변동을 일으키는 것으로 간주되는 원인으로서, 예를 들면, 종업원의 훈련, 기계수선 등의 원인으로 품질 변동이 발생되기도 한다.

이 원인들은 구별되어야 하며, 그렇지 않을 경우 산출된 제품 및 서비스에 영향을 미치게 된다.

2) 품질의 측정

산출된 제품 및 서비스의 비정상적 변동을 추적하기 위해서, 검사자는 품질을 측정해야 한다.

계량적 품질측정. 중량, 길이, 부피, 시간 같은 연속적인 척도로서 측정하는 제품 및 서비스의 변동을 측정하는 것이다. 예를 들면, 품질 검사자가 피스톤의 직경을 측정하고, 그 제품이 설계명세서에 표시된 허용오차 내에서 제작되었는지를 검사한다.

이 측정 방법의 장점은 제품 및 서비스가 품질 명세서에 부적합할 때 어느 정도로 부적합한지를 알 수 있다. 단점은 특정장비, 검사자의 특별한 기술, 특수한 절차, 시간과 노력이 필요하다는 점이다.

계수적 품질측정. 명세서에 적합한지 또는 부적합한지 등과 같이 속성을 측정한다. 품질명세서가 복잡하고 계량적 품질측정이 어려울 때, 비용이 많이 들 때 이 방법을 이용한다. 예를 들면, 과대 혹은 과소 지급된 보험건수, 최종 검사에서 작동이 되지 않는 라디오의 비율, 예정대로 15분 이내에 도착하는 항공기 숫자의 비율 등이 있다.

이 측정 방법의 장점은 측정하는 데 노력이 비교적 적게 들고, 자원이 덜 필요하고, 간단하게 계산할 수 있다는 점이다. 반면에 단점은 품질변동이 있다는 것은 알아도 어느 정도인지 알 수 없다.

3) 통계적 품질관리의 방법

통계적 공정관리(statistical process control: SPC). 공정관리에 적용하는 통계적 기법으로 결함제품생산의 예방이나 추적에 사용되는 관리도(control chart) 기법을 사용한다.

표본추출검사(acceptance sampling). 샘플검사나 테스트를 근거로 해서 불량을 받아들일지 거절할지를 결정하는 데 적용하는 통계적 기법이다.

전통적 통계 기법(traditional statistical techniques). 공급빈도, 중앙 집중과 분산, 회귀, 상호관련성, 중요도 테스트 같은 전통적 기법으로서 제품 및 서비스의 품질을 판단하는 데 쓰이는 기법이다.

2. 통계적 공정관리와 관리도

표본검사가 공정과는 무관하게 검사시점에서 그 제품이 좋은가 나쁜가를 결정하는 것이라면, 공정관리는 공정에 어떤 문제가 있는지를 보고 공정을 향상시키는 것이다. 생산 공정이든지 서비스 공정(예: 은행에서 수표를 발행하는 것 등)이든지 간에 변화가 있게 마련이다. 즉 어떤 공정에서든 제품을 만드는 과정에서 항상 똑같은 제품이 나올 수 없다는 것이다.

통계적 공정관리는 생산 공정 중의 품질 특성을 관리하는 데 쓰인다. 제품 및 서비스의 현재 품질을 측정하고 공정자체가 품질에 영향을 주는 방향으로 변화했는지를 추적하는 데 유용하게 쓰인다. 제품이나 서비스에 무작위로 표본을 추출해서 품질 특성이 측정되었다고 할 때, 관리상한(UCL)이나 관리하한(LCL)에서 벗어나 있을 때는 변동의 이상 원인을 찾도록 점검해야 한다.

관리도를 이용하는 주된 목적은 공정상의 이상 유무를 신속히 찾아내어 이상원인으로 인한 불량품이 대량생산되기 전에 필요한 조차를 미리 취하여 관리된 상태를 유지하도록 함으로써 최상의 제조품질(적합품질)을 달성하는 데 있다.

관리한계는 품질 특성치가 관리한계를 벗어나면 공정에 이상원인이 존재한다는 것, 즉 규격한계는 이미 만들어진 제품의 양·불량을 판정하는 기준인데 반하여 관리한계는 공정상의 이상원인을 제거하기 위해 공정에 대한 개선조처를 지시하는 관리수단으로 사용된다.

〈그림 5-15〉와 〈그림 5-16〉은 관리도의 원리와 관리한계선을 보여주고 있다.

1) 관리도의 종류

계량치 관리도는 평균치 관리도(x chart)와 범위 관리도(R chart)가 있다. 보통 정규분포를 가정한다.

〈그림 5-15〉 관리도의 원리

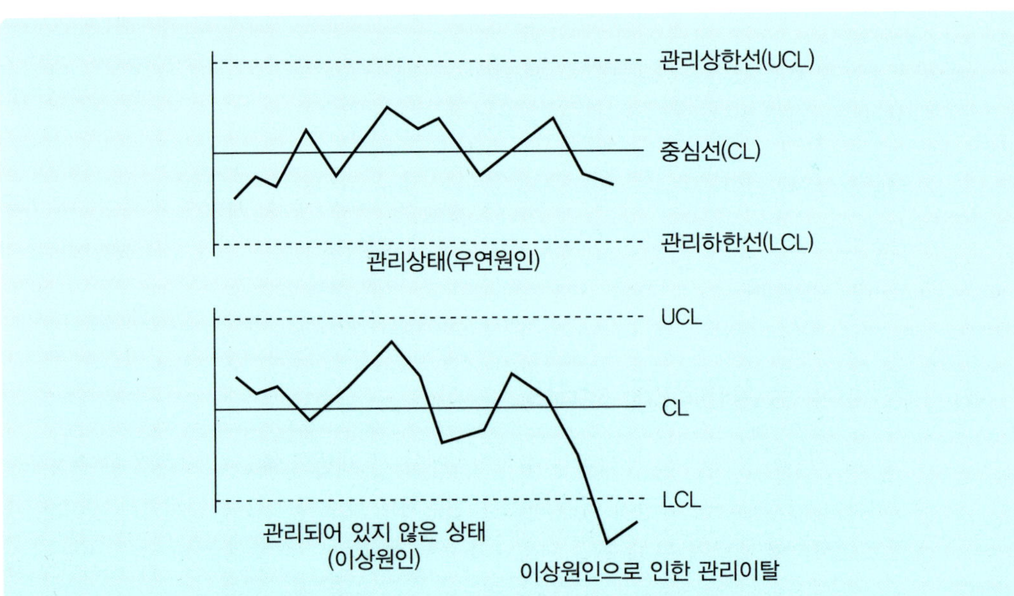

〈그림 5-16〉 관리한계선

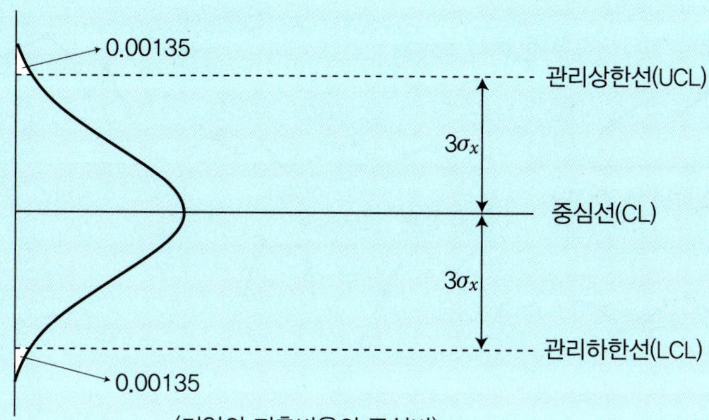

계수치 관리도는 불량률 관리도(P chart: 제품의 불량률), 불량개수 관리도(p_n chart: 불량개수), 결점수 관리도(c chart: 결점수, 표존의 크기일정), 단위당 결점수 관리도(u chart: 단위당 결점수, 표본이 변동) 등이 있다. 이항분포 또는 포아송분포를 가정한다.

2) 관리도 판단의 원칙

- 점이 관리한계선을 벗어났을 때에는 공정에 이상원인이 있음을 나타내므로 그 원인을 찾아서 조처해야 한다.
- 점이 관리한계 내에 있으면 원칙적으로 공정은 관리상태에 있다고 본다.
- 그러나 점이 중심선에 대하여 한쪽에만 연속해서 나타날 경우(run), 특히 점이 7개 이상 연속 한쪽에 몰리는 경우 이상원인이 있다고 판단한다.

〈표 5-5〉 관리도의 종류

구분	데이터의 종류	관리도	적용이론
계량치 관리도	길이, 무게, 강도, 화학성분, 압력, 무게, 비율, 원단위, 생산량	$\bar{x}$-R 관리도 (평균치와 범위의 관리도) $\bar{x}$-σ 관리도 (평균치와 표준편차의 관리도) $\tilde{x}$-R 관리도 (중앙치와 범위의 관리도) x 관리도 (개별 데이터의 관리도)	정규분포
계수치 관리도	제품의 불량률	p 관리도	이항분포
	불량개수	p_n 관리도	
	결점수(샘플크기가 같을 때)	c 관리도	포아송분포
	단위당 결점수(단위가 다를 때)	u 관리도	

〈그림 5-17〉 이상을 나타내는 관리도

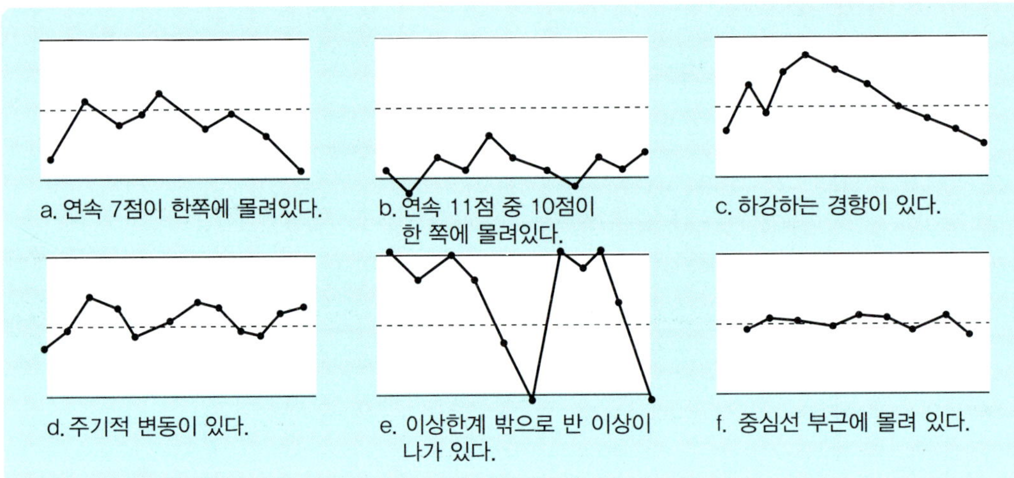

- 점이 상승 혹은 하강하는 경향이나 주기적인 변동을 나타낼 때는 무엇인가 이상이 있다.
- 점이 이상한계 밖으로 반 이상이 나가 있거나 대부분 중심선 부근에 몰려 있는 경우에는 공정에 이상이 있다기보다는 관리도의 작성 방법, 가령 군별(群別) 내지 층별(層別) 방법에 이상이 있는 경우이다.

3) 계량치 관리도

표본을 추출해서 품질의 표본평균과 범위 2개의 값을 계산한다. 범위는 각 표본에서 얻은 최대 측정치에서 최소 측정치를 뺀 것이다. 이 값은 공정변동의 범위 관리도와 공정평균의 평균치 관리도를 만드는 데 쓰인다. 공정변동과 공정평균은 양자가 다 관리되어야 비로소 공정이 통제되고 있다고 할 수 있다.

범위 관리도(R chart). 공정변동은 공정평균을 내기 위한 관리도를 그리기 전에 통제되어야 한다. 그 이유는 평균치 관리도의 관리한계를 결정하기 위해서는 공정변동을 측정해야 하기 때문이다. 만일 공정변동이 통제를 벗어나 있으면, 평균치 관리도의 관리한계는 부정확하다. 그래서 범위 관리도를 먼저 작성하는 것이 순서이다.

범위 관리도는 R의 평균과 표준편차를 알아야 하는데, 실제 문제에서는 이것을 알 수 없기 때문에, 다음과 같이 개략적으로 UCL과 LCL을 구한다.

$$UCL = D_4 \cdot \bar{R}$$
$$CL = \bar{R}$$
$$LCL = D_3 \cdot \bar{R}$$

〈그림 5-18〉 $\bar{X}$-R 관리도

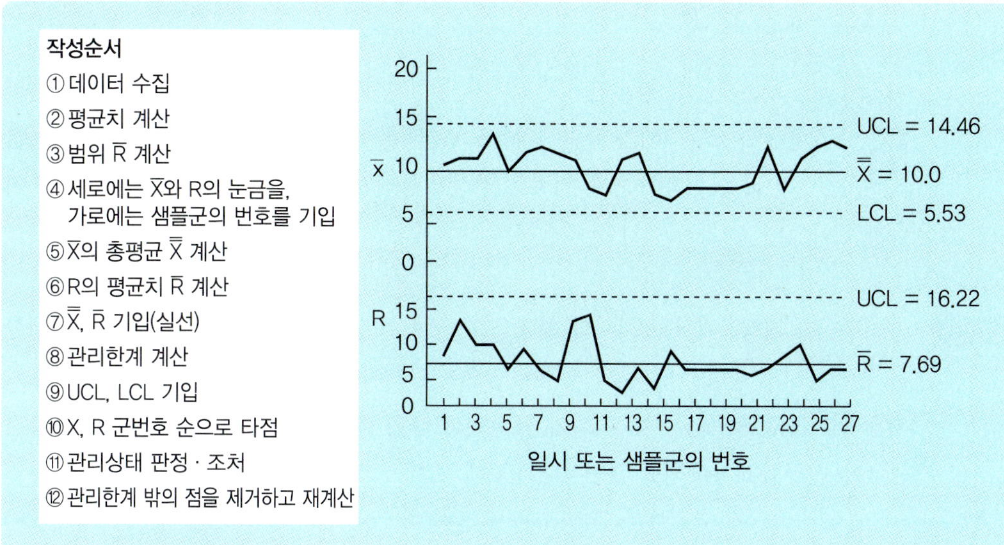

여기서 D_3, D_4는 표본의 크기(n)에 따라 주어지는 3배의 표준편차($\pm 3\sigma$) 한계를 나타내 주는 상수이다.

평균치 관리도($\bar{x}$ chart). 공정이 통제되고 있을 때 품질 관리자는 공정을 통제하기 위하여 평균치 관리도를 만들 수 있다. 평균치 관리도의 관리한계는 다음과 같다.

$$UCL = \bar{x} + A_2 \cdot \bar{R}$$

〈표 5-6〉 평균치 관리도와 범위 관리도를 위한 3배의 표준편차($\pm 3\sigma$) 관리한계

표본의 크기	평균치 관리도의 UCL과 LCL을 위한 요소(A_2)	범위 관리도의 LCL을 위한 요소(D_3)	범위 관리도의 UCL을 위한 요소(D_4)
2	1.880	1	3.267
3	1.023	0	2.575
4	0.729	0	2.282
5	0.577	0	2.115
6	0.483	0	2.004
7	0.419	0.076	1.924
8	0.373	0.136	1.864
9	0.337	0.184	1.816
10	0.308	0.223	1.777

$$CL = \bar{x}$$
$$LCL = \bar{x} - A_2 \cdot \bar{R}$$

여기서 x는 표본평균의 평균인데 관리자가 공정에서 정해 놓은 목표값이다. 상수 A_2의 값은 공정평균에 쓰일 3배의 표준편차($\pm 3\sigma$) 한계를 나타내고, 역시 표에 나와 있다. 관리한계는 R의 값을 이용하는데, 이것은 공정이 통제된 후에 평균치 관리도를 그리는 이유가 된다.

예제 5-2. 승리정밀의 경영진에서는 회사의 최대 고객들이 사용하는 특수한 금속 나사못의 생산을 관리하려고 한다. 나사못의 직경이 중요한 관리이다. 그동안 공정평균 는 0.500이고, 평균 범위는 0.18이었다. 마지막 5개 표본에서 나온 데이터는 〈표 5-7〉과 같다. 표본크기는 4이다. 공정이 통제되고 있는지를 검토해 보자.

풀이

표본 크기가 4이고, 〈표 5-6〉을 보면 범위 관리도에 쓰일 관리한계의 계산에 쓰이는 관리한계 요인은 다음과 같다.

$$UCL_R = D_4R = 2.282(0.18) = 0.411\text{인치이고,}$$
$$LCL_R = D_3R = 0(0.18) = 0\text{인치이다.}$$

〈표 5-7〉 범위 관리도와 평균치 관리도를 위한 자료

	표본에서 관찰한 나사못의 직경				표본평균	표본범위
표본번호	1	2	3	4	x^*	R^{**}
1	0.51	0.63	0.39	0.35	0.47	0.28
2	0.50	0.56	042	0.64	0.53	0.22
3	0.68	0.49	0.53	0.62	0.58	0.19
4	0.45	0.33	0.47	0.55	0.45	0.22
5	0.70	0.58	0.64	0.68	0.65	0.12

4) 계수치 관리도

p 관리도. p 관리도는 불량 비율을 통제하기 위한 관리도이다. 방법은 무작위로 표본을 추출해서 그 속의 각 항목을 검사한다. 표본불량 비율은 표본의 크기로 나뉘어진 불량 단위수 와 같아야 한다. 도표상의 표본의 불량 비율을 그래프에 그려서 UCL과 LCL을 비교하고 그 공정이 한계를 벗어나 있는지를 결정한다.

제품을 양 혹은 불량으로 결정짓는 수치의 표본이기 때문에, 잠재적인 통계적 분포는 이항분포를 형성한다. 그러나 표본크기를 표본마다 불량이 포함될 수 있도록 크게 정해야 한다.

$$\sigma = \sqrt{\frac{p(1-p)}{n}}$$

여기서 n: 표본의 크기

p: 평균불량 비율

관리상한과 관리하한은 다음과 같다.

$$UCL = p + z\sqrt{\frac{p(1-p)}{n}}$$

$$LCL = p - z\sqrt{\frac{p(1-p)}{n}}$$

여기서 p: 평균불량 비율

z: 평균 표준편차

z는 관리상한과 관리하한을 3배의 표준편차($\pm 3\sigma$)라고 할 때 99.74%의 변동이 관리한계가 된다. 표본불량 비율이 이 한계를 벗어나서 p와 동일한 불량 비율이 되는 가능성은 대단히 적다. 표본불량 비율이 관리한계를 벗어날 때 품질관리자는 공정에 변화가 있었고, 이상원인이 조정되어야 한다는 결론을 내린다. 이때 관리도의 p를 산출하기 위해 사용했던 표본자료는 폐기하고 새로이 관리한계를 계산한다.

〈그림 5-19〉 P 관리도

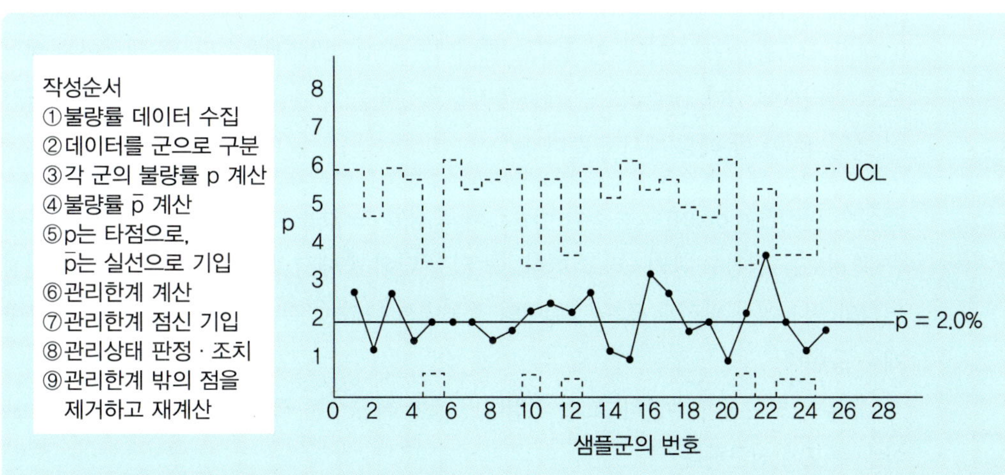

예제 5-3. 부민은행에서 고객 통장의 잘못된 부분을 찾는데, 매주 2500구좌 중에서 무작위로 샘플을 선정하여 잘못된 계정의 구좌를 입력했다. 그 결과 12주가 지나자 다음과 같은 결과가 나왔다. 공정은 통제를 벗어나 있는가? 3배의 표준편차($\pm 3\sigma$)통제한계를 사용하라.

표본번호	잘못된 계정숫자	표본비율	표본번호	잘못된 계정숫자	표본비율
1	15	0.0060	7	24	0.0096
2	12	0.0048	8	7	0.0028
3	19	0.0076	9	10	0.0040
4	2	0.0008	10	17	0.0068
5	19	0.0076	11	15	0.0060
6	4	0.0016	12	3	0.0012
			총계	147	

풀이

$$p = \sqrt{\frac{147}{12(500)}} = 0.0049$$

$$UCL = 0.0049 + 3\sqrt{\frac{0.0048(0.9951)}{2500}} = 0.00909$$

$$\Lambda X \Lambda = 0.0049 - 3\sqrt{\frac{0.0048(0.9951)}{2500}} = 0.00071$$

표본번호 7이 관리상한을 벗어나 있음을 알 수 있다. 즉 공정이 한계를 벗어나 있으므로 불량의 원인이 발견되어야 한다. 수습사원에 의하여 계좌의 숫자가 잘못 컴퓨터에 입력되었거나, 기계의 불량이 원인이 될 수도 있을 것이다. 문제점을 발견하고 해결한 후에, 표본 7개를 폐기하고 관리한계를 다시 계산하여 새로 나온 p는 0.00447이고 UCL은 0.00847, LCL은 0,00047이다. 이제 모든 데이터는 통제 범위 내에 있다. 즉 공정이 통계적으로 관리하에 있다. p-관리도는 제품품질을 특정하는 수단을 제공할 뿐만 아니라, 공정이 조정되어야 할 때를 제시해 준다. ■

결점수 관리도(c chart). 품질이 비율로서 측정될 수 없을 때, 단위당 결점수를 나타내는 관리도를 결점수 관리도라고 한다. 즉 일정 단위 중에서 발생한 결점수, 예컨대 일정 면적의 철판에서 발견된 흠, 일정길이의 직물에서 나타난 결점수, TV세트 중 납땜 불량 개수 등이다.

표본의 크기 n이 무한히 크고, 결점이 발생할 확률 p는 극히 작을 때 이항분포는 포아송 분포에 접근한다.

평균추정치는 c, 표준편차는 $\sqrt{c}$ 라고 할 때 한 단위 중의 결점수는 포아송 분포를 이룬다고 할 수 있으며, 다음과 같이 관리한계를 나타낸다.

$$UCL = c + z\sqrt{c}$$
$$LCL = c - z\sqrt{c}$$

c-관리도는 서비스업뿐만 아니라 제조업에서도 유용하다.

예제 5-4. 승리제지는 신문제작용 제지를 생산하는 회사이다. 최종 단계로써 신문용지는 다양한 품질 특성을 측정하는 기계를 통과한다. 공정이 관리 중일 때의 평균불량은 두루마리당 20이다.

(1) 두루마리당 불량수를 관리할 관리도를 2시그마 관리한계를 이용하여 그려라.

(2) 마지막 표본 두루마리에 불량이 27개가 있다면, 공정은 통제되고 있는가?

(3) 마지막 두루마리가 불량이 5개 밖에 없다면, 공정은 통제되고 있는가?

풀이

(1) 두루마리당 평균 결점수는 20개이다. 그러므로,

$$UCL = 20 + 2\sqrt{20} = 28.94$$
$$LCL = 20 - 2\sqrt{20} = 11.05$$

(2) 마지막 두루마리의 결점수가 27개라면, 관리상한의 내에 있다. 따라서 공정은 통제되고 있다.

(3) 5개의 결점수는 관리하한보다 적기 때문에 기술적으로는 통제를 벗어났다고 할 수가 있다. 관리자는 이상변동의 원인을 찾아서 평균 결점수가 감소되도록 해야 할 것이다. ■

3. 공정능력

앞에서 설명한 통계적 공정관리 기법은 평균과 표준편차 그리고 변하지 않는 공정분포를 유지한다고 할 때 관리자에게 도움이 된다. 그러나 이들이 변화될 때 관리도의 사용은 제한이 있다. 통계적 관리하에 있는 공정이 설계명세에 따라 제품 및 서비스를 생산하지 못할 수도 있는데 그 이유는 관리한계가 설계명세에 기초를 두고 있는 것이 아니라, 표본분포의 평균과 분산에 기초를 두고 있기 때문이다.

공정능력(process capacity)은 제품 및 서비스의 설계명세에 공정이 일치 되는 능력을 나타낸다. 설계명세는 보통 명목치 혹은 목표치 그리고 공차 혹은 명목치의 상한과 하한의 범위로 표현되는 경우가 많다. 예컨대 전구의 사용시간에 관해 설계명세에서는 100시간과 ±20시간의 공차와 같이 명목치로서 나타난다. 이 공차가 의미하는 것은 최대 120시

〈그림 5-20〉 공정능력

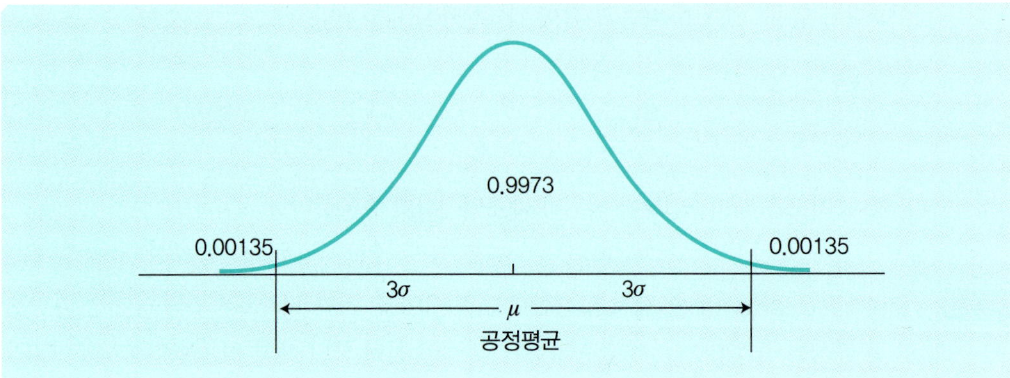

간에서 최소 80시간 사용 가능하다는 것이다. 전구를 생산하는 공정은 이 설계명세 내에서 생산되어야지 그렇지 않다면 어느 정도 비율의 불량을 생산하게 된다.

1) 공정능력의 정의

공정능력은 생산 공정이 얼마나 균일한 품질의 제품을 생산할 수 있는지를 반영하는 공정의 고유능력이다(식스 시그마를 척도로 사용).

공정분포 평균의 변동폭은 정규분포로 나타나는데 2배의 표준편차라 함은 공차한계가 공정분포의 평균 ±2배의 표준편차 범위 내에 있다는 의미이다. 이러한 공정능력을 측정하는 두 가지 방법이 있다. 첫째는 공정능력률(C_p)과 공정능력지수(C_{pk})이다.

2) 공정능력률

공정능력률(process capability ratio) C_p는 다음 식에 의해 정의된다.

$$C_p = \frac{\text{최대범위} - \text{최소범위}}{6\sigma}$$

여기서 σ는 공정분포의 표준편차이다.

만일 C_p가 1보다 크다면, 공차범위는 실제 공정산출물 범위보다 크다. 만일 C_p가 1보다 작다면 허용된 공차범위를 벗어난 제품 및 서비스를 생산한다는 것이다. 보통 기업에서는 C_p를 자의적으로 목표를 정하고 공정변동을 줄이기 위한 노력을 전개하고 있다.

3) 공정능력지수

공정능력지수(process capability index)는 공정능력과 규격범위의 비율로서 공정이 규격에 맞는 제품을 생산할 능력을 가지고 있는지를 나타내는 지수이다.

공정능력의 평가. 공정능력지수(C_p, C_{pk})는 공정능력(6σ)과 규격범위(규격상한 − 규격하한)의 비율로서 공정이 규격에 맞는 제품을 생산할 능력을 가지고 있는지를 나타내는 지수이다.

$$C_p = (USL - LSL)/6\sigma$$

$$C_{pk} = (1 - k)(USL - LSL)/6\sigma = (1 - k)C_p$$

(공정평균이 규격의 중심으로부터 어느 한쪽으로 치우쳐져 있는 경우)

여기서 USL은 규격상한(Upper Specification Limit), LSL은 규격하한(Lower Specification Limit)이다.

공정지수(C_p)	불량 수 per million
0.05	133,600
0.75	24,400
1.00	2,700
1.2	318
1.4	26
1.6	1.6
1.8	0.06
2.0	0.0018

공정능력의 범위	공정능력
$1.33 \le Cp$	공정능력이 충분함
$1 \le Cp < 1.33$	공정능력이 있음
$0.67 \le Cp < 1$	공정능력이 부족함
$Cp < 0.67$	공정능력이 없음

〈그림 5-21〉 규격범위와 공정능력의 관계

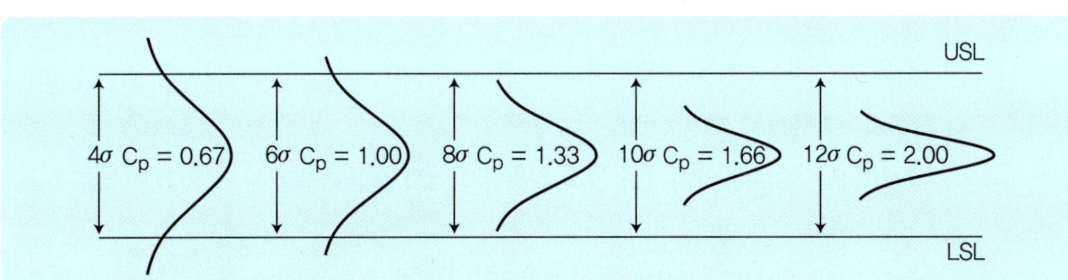

4. 샘플링 검사

제품품질, 실패비용과 관련하여 샘플링 검사는 한 로트의 품목 중에서 일정수량의 표본을 추출하여 검사하고 그 결과에 의해서 구입 부품이나 완성품의 로트의 합격, 불합격을 판정하는 검사 방법이다. 위에서 SPC는 제품 및 서비스를 생산하는 공정을 관리하고 통제하기 위해 쓰인다는 것을 알았다. 그러나 표본발취검사 기술은 특정 양의 자재를 수용할 것인가 거절할 것인가를 결정할 때 사용된다.

제조 및 서비스 기업에서는 자신의 제품이 고객에게 인도되기 전에 최종 점검을 하는 데 사용하고 있다. 기본 과정은 무작위로 표본을 추출해서 품질성과와 관련된 검사 측정을 하는 것이다.

표본이 검사를 통화하면 전량이 수용된다. 표본이 검사를 통과하지 못할 경우에는 전체검사를 해서 불량품이 수리, 교체되든지 아니면 전량이 반품된다.

1) 관리상의 모수

표본검사에는 두 사람의 이해당사자가 존재한다. 검사될 로트를 공급하는 생산자와 검사결과에 따라 그 로트를 받아들이거나, 거부하게 될 소비자이다.

- 합격품질 수준(AQL): 생산자의 목표에 맞고 소비자와의 계약이나 구매의 요구 수준에 도달하는 품질 수준이다. 예를 들면, 계약상 10,000단위당 1의 불량률이라면, AQL(acceptable quality level)은 0.0001이다.
- 생산자 위험(α): AQL의 품질 수준을 가진 로트가 거부될 확률이다. 일반적으로 α = 0.05, 즉 5%가 되도록 샘플링 방식을 정한다.
- 로트허용 불량률(lot tollerance proportion detective: LTPD): 소비자가 수용할 수 있는 최저의 품질 수준이다.
- 소비자 위험(β): LTPD의 품질 수준을 가진 로트가 합격될 확률을 말한다. 일반적으로 0.1 즉 10% 수준이 되도록 설계한다.

2) 표본추출검사의 종류

첫째, 계수치검사로 AQL(생산자중심 검사), AOQL(평균출검품질한계), LTPD (소비자 위주 검사) 및 계량치검사가 있다.

둘째, 검사 횟수에 따라 1회 표본추출검사, 2회 표본추출검사, 축차표본추출검사와 연속표본추출검사가 있다.

셋째, 검사 실시 방식(목적)별로 계수표본추출검사(불량개수, 결점수등)에 규형표본추출검사, 조정형 표본추출검사, 선별형 표본추출검사, 연속생산형 표본추출검사가 있고, 계량표본추출검사(계량치로 판정)가 있다.

3) 계수표본추출검사

1회 표본추출검사. 한 번에 같이 생산된 제품을 로트라고 하는데, 로트에서 무작위로 선택한 표본으로 그 로트를 수용할 것인가 거부할 것인가를 결정한다.

n: 표본크기(로트에서 무작위로 선택한 표본으로 판단)

c: 표본중의 수용 가능한 불량갯수

d: 실제표본에서 발견된 불량품의 개수라고 할 때,

d ≤ c 이면 수용가능(합격)이고, d > c이면 거절하게 된다.

검사특성곡선. 실제 모든 가능한 불량률에 대하여 로트가 합격할 확률을 구할 수 있다. 이를 그래프로 나타낸 것을 〈그림 5-22〉의 검사특성곡선(operation characteristic curve: OC)이라 한다. 검사특성곡선은 양호한 로트와 불량로트를 샘플계획이 얼마나 잘 구분하는가를 나타낸다.

〈그림 5-22〉 검사특성곡선

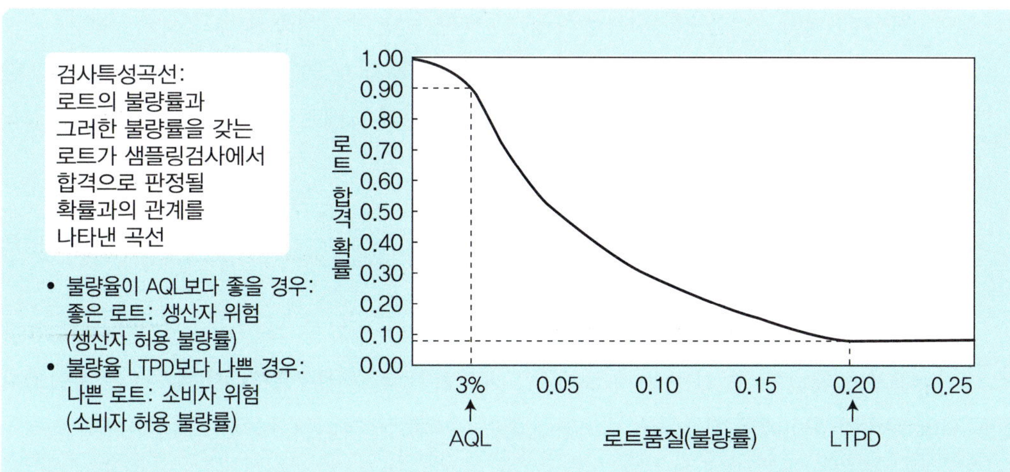

5. 다구찌의 품질공학

다구찌(Taguchi) 기법이란 1950년대 일본의 공학자 다구찌 겐이치(Taguchi Genichi)가 고안한 품질공학의 개념이다. 다구찌는 "품질이란 제품이 출하된 뒤에 사회에 끼치는 손실"이라고 품질 개념을 정의하였으며, 품질을 디자인 단계에서부터 만들어 넣어야 한다고 제품의 설계와 생산 프로세스 디자인의 중요성을 강조하였다. 또한 제품이 품질규격에서 벗어날 때 발생하는 손실비용을 측정하는 품질손실함수를 만들어 품질관리에서 품질목표의 달성이 얼마나 중요한지 계량적으로 보여주는 모형을 만들었다. 다구찌에 따르면 좋은 품질이란 품질목표에 최대한 접근하는 것이며 품질목표에서 조금이라도 벗어나기 시작하면 이미 손실비용이 발생하고 있다는 것이다.

1) 손실함수

손실함수는 품질손실을 '제품이 다음 공정이나 소비자에게 출하된 뒤에 성능 특성치의 산포로 인하여 사회에 미치는 재정적인 손실'로 정의할 때 이러한 손실이 화폐 단위로 측정되고 수량화할 수 있는 제품 특성이나 관리 방법을 평가할 수 있는 함수이다. 〈그림 5-23〉는 손실함수 전통적인 시각과 다구찌의 시각에서 바라본 차이이다.

다구찌 방식에서는 제품이 품질 규격한계 내에 들어오더라도 품질목표치에서 벗어나면 품질비용이 발생하는 것으로 계산된다. 그러나 다구찌 품질 개념과 대조적으로 서구의 전통적인 품질 개념은 골포스트(Goal post) 방식이라고 불리는데 품질규격한계 내에서는 합격품이고 규격한계를 벗어나면 불합격품의 판정을 받는다. 즉 규격상한과 하한 사이에 생산품의 품질 측정치가 들어오게 되면 합격품으로 판정받기 때문에 품질비용이 발생하지 않게 되며 규격한계를 벗어날 때에는 동일한 비용이 발생하는 것으로 간주된다.

다구찌 품질손실함수는 상황에 따라 여러 가지가 있으며 여기서는 품질목표치를 중심으로 좌우에 오차가 발생하는 상황을 손실함수와 그래프로 작성해 보면 아래와 같다.

$$L = k(y - \tau)^2$$

여기서, L은 총손실비용, k는 품질손실계수, y는 품질지표 측정치, τ는 품질지표 목표치이다.

즉, 총손실비용은 품질지표가 목표치를 벗어난 정도를 제곱하여 품질손실계수 k를 곱하면 계산할 수 있는데, 손실비용을 계산하기 위해서는 품질손실계수 k를 파악해야 하며 각 기업에는 제품의 원가구조에 따라 고유한 품질손실계수 k가 존재한다.

예제 5-5. 다구찌 품질손실함수의 적용

예를 들어 A 공장에서 10cm짜리 금속막대를 생산하는데 규격오차가 2cm라고 하자.

〈그림 5-23〉 다구찌 품질손실함수

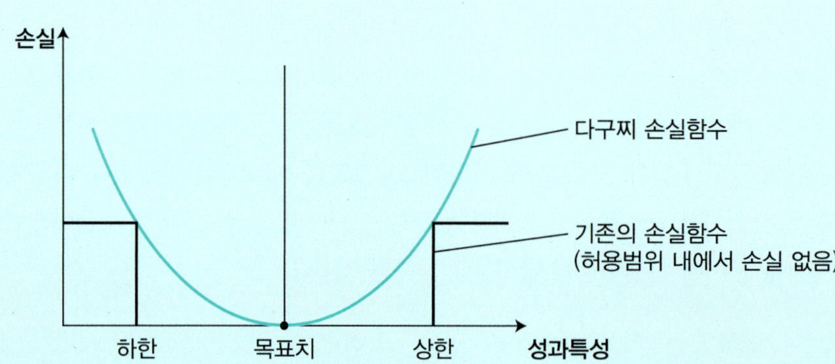

즉 규격하한선은 8cm이고 규격상한선은 12cm로서 규격한계를 벗어나면 폐기처분하는데 그 손실비용이 5000원이라고 가정하면 품질손실계수 k는 다음과 같이 찾을 수 있다.

풀이

만약에 12cm짜리 금속막대가 생산되었다면 그 손실비용은 5000원이 되며 다음과 같은 식이 성립하여 손실계수 k를 계산할 수 있게된다.

$$5000 = k(12 - 10)^2$$
$$2^2 k = 5000$$
$$k = 5000/4 = 1250$$

그러면 A공장에서 생산되는 금속막대의 품질손실함수는 아래와 같이 확정되며, 이 손실함수를 이용하면 매 번 목표치 10cm에서 벗어나는 제품이 발생할 때마다 손실비용을 계산할 수 있다.

$$L = 1250(y - 10)^2$$ ■

2) 로버스트 설계

로버스트 설계는 노이즈를 발견하게 되었을 때 노이즈를 제거하거나 차단하는 것이 아니라 노이즈에 의한 영향을 없애거나 줄일 방법을 찾는다. 노이즈(noise)란 제품을 생산할 때 제품에 변동을 일으키는 원인, 즉 변동원인을 말한다. 〈그림 5-24〉는 로버스트 설계의 적용 모습을 보여준다.

〈그림 5-24〉 로버스트 설계

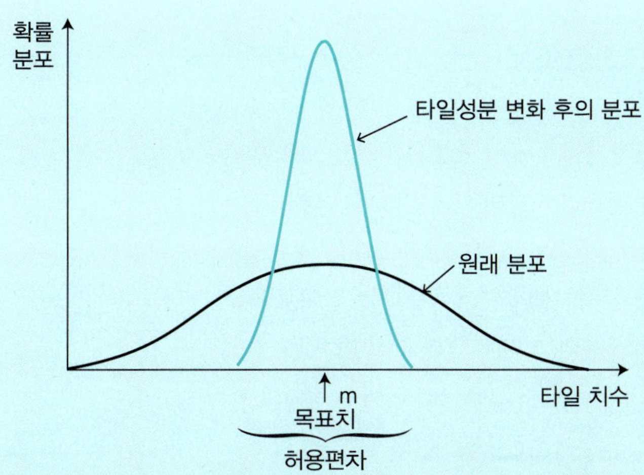

타일치수의 분포(개선 전 · 후의 타일의 치수 비교)

요약

이 장에서는 생산운영관리에서 중요한 비중을 차지하고 있는 품질경영에 대하여 품질의 기본 개념과 기업 경쟁력에 미치는 영향을 살펴보고, 품질경영을 실행하기 위해 필요한 기법들을 학습하는 내용을 다루고 있다. 품질의 개념과 정의는 학자에 따라 다양하게 정의되고 있다. 품질관리가 기업경쟁력이 미치는 영향을 파악하기 위해 품질비용의 구성 요소를 분류하고 내용을 파악하였다. 품질경영 기법으로서 식스 시그마 방법, 7가지 통계적 기법, 싱고 시스템, ISO 9000, 관리도, 표본검사, 다구찌 방법 등을 설명하고 있다.

품질은 기업의 경쟁력에 큰 영향을 미치는 중요한 요소이며, 품질의 개선과 품질 비용의 절감은 기업들이 전략적으로 추구하는 핵심 사항이다. 품질의 정의와 관련하여 크로스비, 파이겐바움, 주란과 같은 학자들이 다양한 정의를 내리고 있다. 품질 경영이 기업 전체에 확산되기 위해 종합적 품질경영(TQM)을 실행할 필요가 있으며, 품질비용의 정확한 측정은 기업 성과에 미치는 영향을 파악하기 위해 필요하다. 품질비용을 바라보는 관점도 시대에 따라 변해왔으며 전통적 관점과 현대적 관점이 존재한다. 식스 시그마는 5단계 프로세스를 사용하며 7가지 품질도구와 같은 통계적 기법을 이용한다. 싱고시스템이나 ISO9000, 말콤 발드리지 품질경영상 등은 국제적으로 알려진 품질경영 방법으로서 세계적인 품질경영의 추세를 알려준다. 품질경영에는 통계적인 기법이 많이 사용되고 있는데 관리도와 샘플링 검사 등이 대표적이다. 이외에도 다구찌 기법이나 로버스트 설계에 대한 설명이 제시되어 있다. 이와 같은 다양한 방법론에 대한 학습을 통해 품질경영에 대한 이해도를 높이고 기업 경영에 미치는 의미를 파악할 수 있다.

복습문제

1. 품질관리는 두 가지 측면에서 어떻게 볼 수 있는가?
2. 종합적 품질경영의 구성 요소와 특징은 무엇인가?
3. 통계적 품질관리의 방법을 구별하여 설명하라.
4. 샘플링 검사의 의의와 관리상의 모수는 무엇인가?
5. 검사특성곡선의 정의와 의미에 대해 알아보라.
6. ISO 9000 종류와 의의에 대해서 설명하라.
7. 식스 시그마 방법론의 DAMIC 단계를 정의해 보라.
8. 싱고 시스템의 특성은 무엇인가?

9. 가구제조의 공정을 통제하기 위하여 n=4인 표본군을 5개 추출하였다.

표본번호	x1	x2	x3	x4	합계
1	10.2	9.8	9.8	10.1	40.0
2	10.3	9.9	9.9	10.4	40.4
3	9.8	9.9	9.9	10.1	39.8
4	9.9	10.2	10.2	10.5	40.8
5	9.8	10.3	10.3	9.7	40.0

(1) 범위와 평균치의 관리한계를 결정하라.

(2) 공정은 통제되고 있는가?

10. 어떤 공정에서 발견된 불량개수의 통계이다. n=100일 때, p-관리도를 활용하여 관리하한과 관리상한을 정하라.

표본번호	불량개수	표본번호	불량개수	표본번호	불량개수
1	5	11	2	21	2
2	2	12	2	22	1
3	4	13	0	23	1
4	6	14	6	24	2
5	3	15	3	25	1
6	2	16	4	26	0
7	0	17	2	27	1
8	9	18	0	28	2
9	15	19	5	29	2
10	3	20	4	30	1

11. 특정 20시간 중 도착하는 차량이 다음과 같다. c-관리도를 이용하여 관리상한과 관리하한을 구하라. 3배의 표준편차($\pm 3\sigma$) 관리한계를 이용하라.

시간	도착 수	시간	도착 수	시간	도착 수	시간	도착 수
1	6	6	6	11	6	16	8
2	4	7	5	12	4	17	2
3	3	8	4	13	2	18	3
4	5	9	2	14	2	19	5
5	4	10	5	15	4	20	4

마무리사례: 삼성 갤럭시 노트 7 리콜 사태 – 부품의 품질이 최종 제품의 품질을 결정한다

삼성 갤럭시 노트 7 리콜 사태는 2016년 8월에 출시한 삼성전자의 프리미엄 스마트폰 갤럭시 노트 7이 배터리 결함에 의한 발화 사건으로 인해 전량 리콜되고 이 제품이 최종적으로 단종처리 된 일련의 사태를 말한다. 삼성 갤럭시 노트 7이 출시되고 얼마 후부터 인터넷 온라인 커뮤니티에 고객에 의해 훼손된 노트 7 사진이 올라오면서 충전 중 폭발했다는 주장이 제기되기 시작하였다. 그 이후에 연이어서 유튜브에 발화로 인해 훼손된 노트 7의 영상이 게시되었고, 8월 말경에는 한국뿐만 아니라 외국에서도 발화 사례가 발생하였다. 일련의 발화 사례들에서 모두 왼쪽이 심하게 훼손된 상태로 발견되어 배터리의 결함 가능성이 제기되었고, 이후에도 몇 건의 사례가 동시다발적으로 더 발생하였다.

삼성전자는 8월 31일 출하를 전면 중단하고 원인 규명에 착수했다. 9월 1일에는 한국에서 산업통상자원부 국가기술표준원이 삼성전자에 대해 노트 7의 사고에 대한 조사보고를 요청하였고, 삼성전자는 발화원인이 배터리 결함이라는 중간 결론을 내림과 함께 리콜 가능성을 시사 하였다. 9월 10일에는 국가기술표준원이 삼성전자로부터 자발적 리콜 계획서를 제출받았다고 밝혔고, 9월 12일에는 해외에서 캐나다 정부가 처음으로 공식적인 리콜을 발령하였다. 9월 15일에는 미국의 소비자제품 안전위원회에서 공식 리콜을 발령하면서 발표문에서 '심각한 화재와 화상 위험(serious fire and burn hazards)'이라는 경고 문구를 사용했다. 발표문에 따르면 9월 15일 전까지 미국에서 판매된 노트 7에 대해 92건의 신고가 접수되었고, 이 가운데 화상 사례는 26건, 재산 피해 사례는 55건이었다고 설명했다.

삼성전자는 노트 7의 발화원인을 공식 발표하면서 배터리 자체 결함으로 결론 내렸다. 2016년 9월 2일 기자회견을 열고 배터리 결함의 원인은 배터리 제조사의 제조공정 문제이며, 노트 7의 배터리 제조사는 대한민국의 삼성SDI와 일본 TDK그룹 계열사인 중국의 ATL이며, 이중 초기 생산량의 70% 정도에 사용된 삼성SDI의 배터리를 문제의 원인으로 지목하였다. 또한 삼성SDI와 ATL 배터리에서 서로 다른 발화 원인이 존재하며 일부 배터리는 노트 7 본체와 조립하기 전 입고 당시부터 불량 상태였다고 밝혔다.

배터리 문제에 대한 해외의 반응을 살펴보면, 미국의 포브스(Forbes) 잡지는 발화 원인을 "제품 설계의 근본적인 문제"라고 지적하면서 설계가 위험하다는 것을 삼성전자도 인지하고 있었지만 혁신을 통한 경쟁력에 집중한 나머지 출시를 서둘렀다고 보도했다. 또한 엔지니어링 관련 전문 블로그 인스트루멘탈(Instrumental)에 의하면 노트 7의 내부 부품이 과도하게 밀집되어 있어 배터리에 지속적인 압력이 가해졌고, 이로 인해 분리막이 손상되면서 열이 발생해 발화로 이어졌다고 분석했다. 또한 발화 문제가 발생하지 않았더라도 설계 결함 탓에 배터리가 부풀어 오르는 스웰링 현상이 생겼을 거라고 진단하였다.

리콜 사태의 영향과 결과는 그 규모도 크고 삼성전자에 미치는 부정적인 면이 매우 심각하였다.

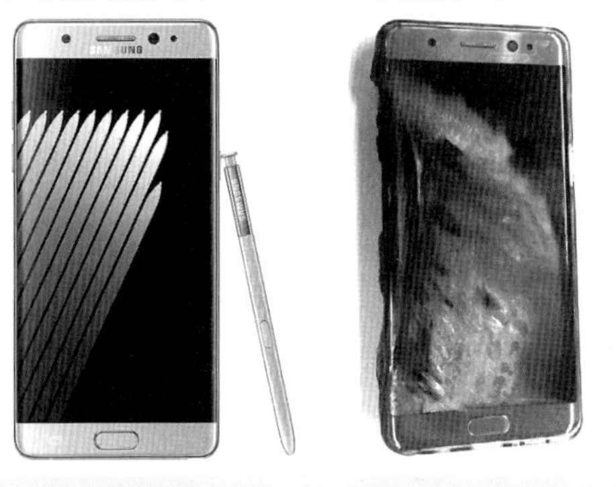

삼성 갤럭시 노트7과 배터리 발화로 손상된 모습.

미국에서의 1차 리콜은 갤럭시노트 7,100만 대에 해당하는 분량인데 전문가들에 의하면 삼성전자가 미국 리콜 조치를 시행하는 비용이 10억 달러(1조 1,200억 원)에 달할 것으로 추산했다. 리콜 비용에 추가해서 미국 월스트리트저널(WSJ)은 "그동안 수억 달러를 들여 미국 시장에서 브랜드 이미지를 구축해 온 삼성전자가 이번 사태로 당분간 신뢰성 문제를 안고 가게 될 것"이라고 보도했다. 삼성전자는 2016년 10월 7일과 12일 발표한 3분기 잠정실적 공시에서 1차 글로벌 리콜 비용은 약 1조 5천억 원이며 2차 리콜 비용은 약 2조 6천억 원으로 추산하였다. 이 외에도 이번 리콜사태로 인한 제품의 단종 때문에 사라진 기회손실이 3조원 중반대로 전망된다고 밝히면서 손실 규모는 모두 7조원 이상이 될 것으로 추산하였다.

오늘날의 제조업은 조립생산이 주된 방식을 이루고 있으며, 최종 제품의 핵심부품은 자체생산을 하지만 나머지 부품들은 대부분 여러 공급업체에서 납품된 부품을 이용하여 조립을 하는 식으로 생산을 하는게 일반적이다. 즉 공급사슬상에서 여러 기업이 연결관계를 갖고 생산과 판매가 이루어지고 있다. 이런 상황하에서는 최종생산품의 품질은 공급업체가 납품하는 부품의 품질에 의해 결정되는 경우가 많다. 삼성 갤럭시 노트 7의 리콜 사태를 보면 최종 제품의 품질은 공급업체가 납품하는 부품의 품질이 중요한 역할을 한다는 것을 알 수 있으며, 그 만큼 품질경영에서 공급업체 관리가 가지는 중요성에 관심을 둬야 할 필요성을 시사해 주고 있다.

〈토의 문제〉

1. 품질경영에서 부품 공급업체가 가지는 중요성에 대해 얘기해 보라.
2. ISO 인증이 부품 공급업체에 대한 품질관리에서 갖는 의미는 무엇인지 얘기해 보라.

기술경영

6

학습목표

1. 기술경영을 이해하고 설명한다.
2. 기술획득 방법 및 기술혁신에 대해 이해하고 설명한다.
3. 유연생산시스템에 대해 알아본다.
4. 컴퓨터통합시스템을 이해한다.
5. 서비스기술에 대해 이해한다.

도입사례

삼성, 미래車 기술·표준 행보 '가속도'

삼성전자와 LG전자가 미래 성장 동력으로 꼽은 자동차 분야 경쟁력 제고에 속도를 낸다. 삼성전자는 2025년까지 미래 자동차 분야 최고 기술 기업으로 도약한다는 비전을 내놓았다. LG전자는 자동차 관련 국제 표준단체 부회장사를 맡았다.

삼성전자는 '삼성전자 2017 인베스터스 포럼'을 열고 커넥티드카 시장 전략을 소개했다. 이날 포럼은 모바일 서비스 전략, 커넥티드카, 플렉시블 유기발광다이오드(OLED)의 3개 세션으로 구성됐다. 단연 주목받은 것은 커넥티드카 전략이다.

발표는 지난해 인수한 글로벌 전장부품 기업 하만이 맡았다. 당초 필 아일러 하만 커넥티드카 부문 사장이 발표할 예정이었지만 항공편 문제로 홍콩에 오지 못하면서 다린 슈첵 홍보 이사가 대신 발표했다.

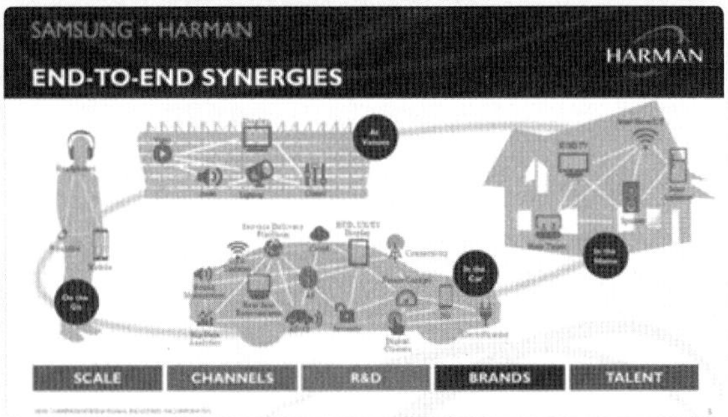

슈첵 이사는 "삼성전자와 하만의 결합은 이상 결합 전략이며, 모든 부문에서 시너지가 발생할 것"이라면서 "자동

차는 특히 잠재력이 큰 분야"라고 강조했다. 슈첵 이사는 "삼성전자와 하만은 2025년 커넥티드카와 자율주행차에서 글로벌 리더가 되겠다"고 비전을 밝혔다.

스마트폰, TV, 스마트홈, 부품 등 다양한 분야에서 삼성전자와 하만 기술 및 기기를 결합해 가치를 높이겠다는 전략이다. 첨단 기술이 집약되는 미래 자동차 분야에서는 양사 결합 효과가 특히 클 것으로 예상했다. 앞으로 주력할 분야로는 디지털 운전석, 텔레매틱스/사이버보안, 엔드투엔드 컴퓨팅 플랫폼, 사용자환경(UI)/사용자경험(UX), 자율주행/첨단운전자보조시스템(ADAS) 등을 꼽았다.

슈첵 이사는 "UX 측면에서 현재는 스마트폰을 중심으로 한 UX와 자동차 UX가 따로 존재한다"면서 "그러나 미래 커넥티드카 시대가 되면 스마트폰 경험 안으로 자동차 경험이 들어오게 될 것"이라고 역설했다.

현재 스마트폰 UX에서 세계 최고인 삼성전자와 자동차 UX에서 최고인 하만이 합치면 미래 커넥티드카에서 세계 최고가 될 수 있다는 설명이다.

자료: IPNOMICS ON, 2017년 5월 22일자.

6-1 기술 및 기술경영의 정의

1. 기술경영의 정의

기술(technology)이 무엇인가에 관해 아직까지 통일된 정의가 존재하지 않으나 어원은 'techno(기법)'와 'logy(과학)'의 합성어이다. 옥스포드 사전에서는 기술을 '산업 기법(industrial arts)에 관한 체계적 지식'이라고 정의하며, 기법은 '모든 활동이 수행되는 과정, 즉 특정과업을 수행하는 방법으로서 인간과 도구 혹은 기계와 객체 사이의 상호 작용'으로 볼 수 있다. 기술을 광의로 해석하면 간단히 '제품이나 서비스를 생산하는 데 활용되는 축적된 지식'으로 정의할 수 있다.

기술은 "인간의 노력을 지원키 위해 인간이 창출한 일련의 수단, 즉 창조된 능력(Created capability)"이라는 윅(Rias van Wyk)의 정의가 가장 근접한다고 할 수 있다.

그리고 기술이라는 용어는 다양한 의미로 쓰이며 이에 대한 근본적인 이해를 하지 못하는 경우가 많다. 오늘날 기술은 실제적인 문제의 해결, 즉 제품 및 공정의 개발에 활용되는 자연과학적, 기술적, 관계에 관한 지식으로 이해되고 있다. 여기서 기술은 자연과학적 순수설명지식, 즉 인지지식(Kennenwissen) 및 구체적인 활용지식인 능력지식(Konnenwissen)으로 파악한다. 그러나 잔(Zahn)(1995)은 기술이라는 개념을 이 같은 두 형태의 지식에 경영자의 기술전략 혹은 기술전략 혹은 기술 집약적인 의지지식(Wollenwissen)이 포함되어야 한다고 주장하고, 기술관리(기술경영)는 '지식을 경영하는 것'으로 이해해야 한다고 주장한다. 〈그림 6-1〉은 새로운 지식의 창조에서부터 신지식과 기존 지식의 응용 및 통합에 이르는 영역을 포함하는 것으로 볼 수 있다.

기술을 인지지식, 능력지식, 의지지식의 총합으로 파악하게 되면 기술경영에 있어서

〈그림 6-1〉 창조·응용적 차원의 기술분류

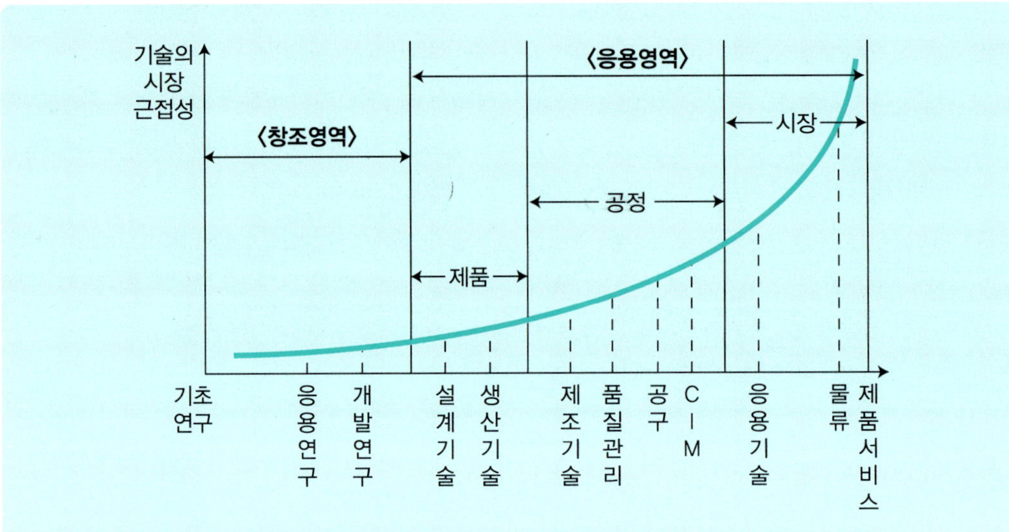

자료: 신용하(2003).

세 가지 형태의 학문 분야가 중요함을 알 수 있다.

1. 기술을 순수설명지식, 즉 인지지식으로 이해하면 기술의 창출에서 자연과학(natural science)이 중요하다.
2. 기술을 응용지식, 즉 능력지식으로 파악하면 기술의 응용에서 공학(engineering)이 중요하게 대두된다.
3. 기술은 의지지식의 성격을 많이 가지고 있기 때문에 기술의 창출 및 활용에는 사회과학(social science)의 중요성을 간과할 수 없다. 기술이 근본적으로 응용되어 새로운 제품, 공정, 서비스의 형태로 변환되어 기업의 부가가치의 창출에 공헌하기 위해서는 사회과학의 도움을 받아야 한다. 이 점에서 일부 학자들은 기술을 심지어 사회기술(social technology)의 개념으로 파악하기도 한다.

제품기술. 제품기술(products technology)은 기술을 제품과 관련하여 보는 관점으로 이를 조직의 직제로 보면 최고기술경영자와 기술자의 업무, 즉 사업 단위(business unit)에서의 제품의 생산과 관련된 제반 기술업무를 의미한다. 제품기술은 〈그림 6-2〉와 같이 제품계획, 제품 설계, 응용기술, 실용 및 서비스기술 등 네 가지 요소로 구성되어 있다.

프로세스기술. 프로세스기술(process technology)은 제품 및 서비스 개발에 필요한 재료, 전용장치와 공구, 재료의 취급, 제조 시스템, 품질관리 그리고 장치 및 공고의 보수·정비 등에 관한 프로세스에 관한 기술로 각 요소가 별도로 분리·독립되어 있는 것이 아니라

〈그림 6-2〉 제품기술의 구성 요소

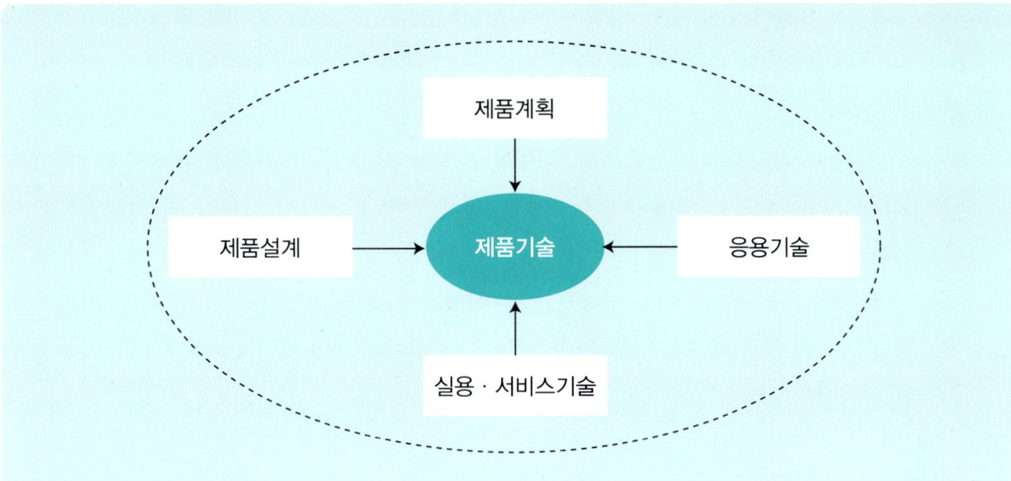

자료: 신용하(2003).

하나의 집단적 프로세스로서 기능적으로 상호 작용하는 모든 프로세스를 말한다.

정보기술. 기업에서 정보 시스템은 중요한 기술영역의 하나로 자리 잡고 있으며 기술의 창조, 응용에 있어 기반이 된다. 현대 기술경영 업무의 대부분이 필요한 정보를 입수하고 입수된 정보를 조직의 목적에 따라 가공하여 필요한 부문에 전달하는 것이라 할 수 있기 때문에 정보기술(information technology)은 기술경영에 필수적 요소라 할 수 있다.

기술경영(Management of technology: MOT)은 조직의 경쟁우위 및 부의 창출의 핵심 요소로서 기술의 창출·획득·활용에 관한 시스템의 경영을 의미한다. 기술경영의 의미를 어원적으로 보면 '조직의 전체적인 활동에 관계없이 연구, 개발, 제조 그리고 기술과 과학자들의 기능적인 활동을 통합한 일반적인 경영활동을 기술전략적 차원에서 운영하는 것'을 나타낸다.

기술경영은 기술을 바탕으로 조직의 목적을 달성하기 위한 전략적 경영을 다루는 것이다. 부의창출은 근본적으로 조직의 경쟁력 혹은 경쟁우위에서 비롯된다는 점에서 기술경영은 조직의 기술 경쟁력 확보를 통한 부의 창출을 목표로 하고 있다. 기술경영은 "조직이 보유하고 있는 기술 및 경영 노하우 등 제반 지식을 기업의 특정제품, 용역(서비스) 생산에 적용하는 과정을 효율적으로 관리하기 위한 체계적 기법의 총합체로서 조직의 기술경쟁력 확보를 위한 경영활동"이라고 정의한다.

기업차원에서 기술경영의 개념을 살펴보면 기술이 기업의 경쟁우위에 중요한 영향을 미치고 기술경영이 기업의 부의 창출·획득·관리를 다루는 분야이라면 기술경영은 다음 세 가지의 구성 요소를 가져야 할 것이다.

첫째, 기술경영은 주체로서 "누가 기술경영을 담당할 것인가?"의 문제가 대두된다. 기술경영은 일반적으로 모든 경영자가 담당한다고 할 수 있을 것이다. 최고경영자의 전략적 기술경영이 전제되어야 중간경영자와 하위경영자가 역할에 맞는 기술경영을 할 수 있을 것이다.

둘째, 기술경영의 대상으로서 "무엇을 경영할 것인가?"의 문제가 대두된다. 기술경영의 대상은 기술로서, 기술경영은 기술을 통해 기업의 전략적 목표를 어떻게 달성할 수 있을 것인가를 다루는 것이다.

마지막으로, 기술경영의 방법으로서 "어떻게 기술을 경영할 것인가?"의 문제이다. 기술경영은 기술의 개념에 경영학적인 개념을 도입하여 기술을 통하여 조직의 전략적 목표를 달성하려는 실무적, 학문적 분야이다.

2. 기술경영의 영역

기술경영은 과학기술과 경영의 이론과 실무를 통합하는 학제적 영역이다. 그 주안점은 기업, 지역, 산업, 국가의 부를 창출하는 핵심 요소로서 기술의 효율적인 경영방안에 두고 있다. 여기에서 부의 창출은 단순히 돈을 번다는 것을 뛰어넘으며, 자원의 효율적 활용, 자연 자원의 보전 등의 요소를 포괄하고, 지적 자본의 축적, 지식의 증대, 생활수준 및 삶의 질을 제고시키는 데 공헌하는 제반 요소를 포함한다. 즉 기술경영은 기업, 지역, 산업, 국가의 부를 창출하는 데 핵심 요소로서 기술의 창출·획득·활용을 가능하게 하는 시스템의 경영을 의미한다. 이에 따라, 넓은 의미에서의 기술경영은 이들 여러 차원에서의 기술의 창출·획득·활용을 관리하는 것으로 파악해야 한다.

기술경영의 영역을 〈그림 6-3〉와 같이 포괄적으로 파악하여 기술경영은 연구개발경영, 혁신경영을 모두 포괄하는 개념으로 이해할 수 있다. 여기서 기술경영을 포괄적으로 해석하는 이유는 이상의 세 가지 개념들 중에서 기술경영이 가장 일반적으로 사용되는 개념이기 때문이다. 기술경영은 기술의 획득의 측면에서 기술의 자체개발에서 상업화로 이르는 과정을 모두 포괄하는 것으로 파악해야 할 것이다.

기업이 기술을 창출하고 활용하는 데 있어서 연구개발(R&D)은 매우 중요한 요소이다. 따라서 연구개발경영(R&D management)은 기술경영의 핵심적인 구성 요소이다. 그러나 부의 창출에서 더욱 중요한 것은 기술의 활용 혹은 상업화이다. 기술의 효용이 실현되는 것은 기술이 고객과 연결이 되고 난 뒤이다. 이와 같은 관점은 기술경영의 한 분야로서 협의의 혁신경영(innovation management)을 도출한다. 경우에 따라서는 혁신경영을 확대 해석하여 연구개발경영과 협의의 혁신경영을 포함하는 것으로 파악하기도 한다. 그 결과 광의의 개념으로 파악한다. 그 결과 광의의 혁신경영은 연구-개발-상업화에 이르는 기술혁신의 전 과정을 경영하는 개념으로 파악한다. 그러나 기술경영(MOT)은 가장 포괄적인

〈그림 6-3〉 기술경영의 틀

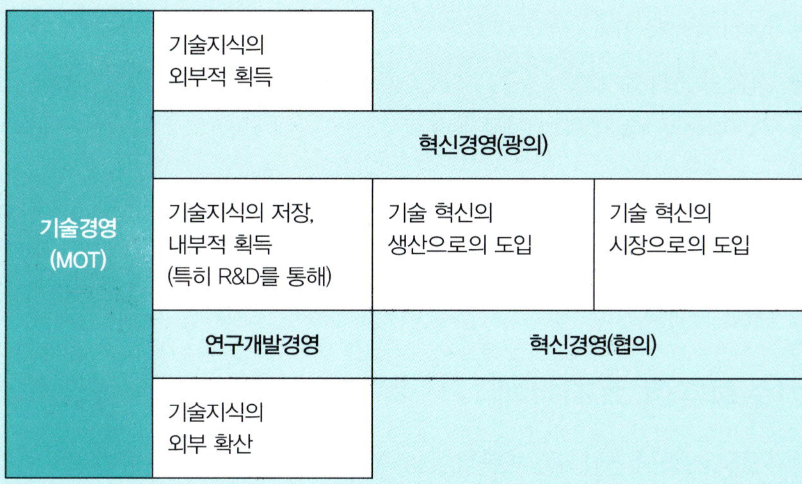

개념으로서 연구개발경영과 혁신경영을 모두 포괄할 뿐만 아니라 외부로부터의 기술 도입 및 외부로의 기술확산 문제까지 포함하게 된다.

3. 기술경영의 목적

기업이 전략적 경영계획을 입안할 때의 핵심은 경영목표를 명확하게 하고 그것을 달성하기 위해 조직 내 제반자원을 적절히 배분하는 것이다. 경영전략은 대부분 기업의 미래상을 실현하기 위해 수립하며 경영전략의 수립에 있어서는 실현할 수 있는 구체적 수단까지를 명확하게 확정한다. 장기적인 관점에서는 기업의 진로를 결정하는 작업이 전략계획의 대부분을 차지하고 있는 것이 현실이다. 경영전략 수립은 재무, 판매, 기술 관련 영역에 대한 미래의 방침을 결정하는 것이며 이러한 미래방침을 기술적 관점에서 어떻게 추진할 것인가에 대한 구체적인 계획을 기술전략이라 하며 혁신적으로 관리하는 것이 기술경영이다.

최근에는 각 기업이 기술과 경영이 맥을 같이 해야 할 필요성을 인식하고 기술경영전략을 수립하고 있다. 궁극적인 기술경영의 목적은 조직 전체적인 관점에서 각 부문이 가지고 있는 기술, 지식 그리고 경험 및 노하우를 총체적·기능적으로 통합하고 조직의 자원, 하부구조 그리고 조직 활동의 유기적 상호 작용을 지원함으로써 조직의 발전과 경영성과 극대화를 도모하는 데 있다.

기술경영의 궁극적인 목적을 가지고 최대의 경영 효과를 거두기 위해서는 다음 여섯 가지가 선행되어야 한다.

- 경영자원의 내실화
- 인재 개발의 적극화
- R&D 관리의 철저
- 기술 부문의 조직화
- 경영전략과 기술전략의 연계강화
- 기술정책의 수립

6-2 기술획득 단계

1. 기술획득의 추진단계

기술획득의 추진단계는 일반적으로 다섯 단계로 구분해 볼 수 있다.

- 제1단계: 필요기술의 파악이다. 유망한 신제품을 파악하여 이에 따른 필요기술을 찾아 낸다든지 기존제품이나 공정기술에 관련된 기술발전 및 진보 현황을 토대로 이러한 새로운 기술이 어떻게 시장수요나 공정기술에 연결될 수 있는가를 체계적이고 조직적인 방법으로 정리하도록 한다.
- 제2단계: 필요기술의 범위와 특성을 파악한다. 즉 기술의 권리별 형태와 그 내용(실시권 허용 형태 및 부수 조건, 기본설계 자료가 포함해야 할 정보의 범위, 도입기술에 의하여 제조될 수 있는 제품의 종류와 규격 등)을 충분히 검토 평가 하여 정해야 하며 동시에 그 필요 기술을 자체적으로 연구개발(또는 국내 위탁개발)할 것이냐 또는 선진국으로부터 도입할 것이냐를 결정해야 한다.
- 제3단계: 그 기술의 소재원, 즉 기술 제공자를 물색한다.
- 제4단계: 기술의 적정성(appropriateness)을 평가한다. 이를 위해 제품 특성, 시장 특성, 기술 특성, 정부의 정책적 장려사항 등 여러 가지 관점에서 본 기준이 있을 수 있다. 우리나라와 같이 노동 집약적이면서 기술 집약적인 공업기술정책을 동시에 추구하고 있는 산업정책하에서는 특히 적정기술의 선택적 획득이 중요한 의미를 갖는다.
- 제5단계: 기술 도입의 추진 및 시행 과정이다. 기술을 유리하게 획득하기 위한 협상, 획득기술의 수정 보완, 추가적 엔지니어링 작업 등을 사전에 검토하여 착오없이 추진되도록 한다. 또한 아무리 일괄적인 기술획득을 실시하는 경우라도 기업의 특수성 및 현지 사정에 맞는 수정 보완 작업이 반드시 필요하므로 획득 기업은 최소한도의 소화 개량 및 응용능력을 갖추고 있어야 할 것이다.

2. 기업의 기술획득 방법

기술 도입의 방법으로 라이선싱 계약, 해외직접투자, 합작투자, 기업인수 및 합병, 벤처캐피탈, 공동 연구개발 및 연구소의 해외 진출 등이 있다.

1) 라이선싱 계약

라이선싱(licensing)은 기술 제공자(licensor)가 소유하고 있는 특허, 제조 과정, 상표, 노하우 등과 같은 산업재산권에 대한 사용권을 사용료(royalty)를 받고 기술 도입자(licensee)에게 제공하는 기술이전 계약을 말한다.

라이선싱의 주요 대상으로는 특허권, 실용신안권, 의장권, 상표권, 기술지원(technical assistance), 경영관리 계약(management contract), 산업임차 협약(industrial lease agreement), 엔지니어링 서비스(engineering service), 기타 공장이나 설비의 운용에 관한 기술 등을 들 수 있다. 이러한 라이선싱의 대상들은 하나씩 계약되어 이전될 수도 있고, 2개 이상 여러 개씩 포괄적으로 계약되어 이전될 수도 있다.

2) 해외직접투자

다국적 기업 등 선진기술을 소유하고 있는 기업들이 자회사 설립 등 해외에 직접투자를 할 경우 일반적으로 기술이 도입되게 된다. 해외직접투자(foreign direct investment: FDI)에 의해 기술이 도입되는 과정은 다음과 같다.

1. 자회사를 설립한 국가의 인력을 고용하여 교육·훈련시킴에 따라 기술이 도입된다.
2. 현지에서 연구개발 기관을 설립하거나 다른 연구기관과의 유대를 통해서 기술이 도입된다.
3. 자회사가 현지 공급업자에게 하청을 주면서 기술적, 재무적 지원을 하는 과정에서 기술이 도입된다.
4. 현지 시장에서 판매되는 신제품에 체화되어 기술이 도입된다.
5. 자회사와의 경쟁관계에 있는 기업에서 기술 수준을 높이도록 자극함으로써 기술 도입과 비슷한 효과를 야기한다.

해외 직접투자에 의한 기술 도입의 동기를 양 당사자 측면에서 보면 다음과 같다. 기술 제공자 측면인 다국적 기업들의 주요 동기는 첫째, 기술 수준이 높아 기술 도입자가 소화·흡수할 수 있는 능력이 적거나 둘째, 기술의 수명이 길어서 장기간 수익이 보장되거나 셋째, 직접투자 이외의 방법 등에 의해 경쟁 기업에 이전될 우려가 있거나 기타 경영자원 우위의 유지, 무역 장벽의 극복, 환율 변동의 영향 등을 피하기 위한 경우이다.

라이선싱보다 직접투자를 선호하는 이유는 기술 제공자가 경영에 직접 관여할 수 있기 때문에 기술이나 생산 측면에서 높은 수익을 얻을 수 있고, 기술이전에 따른 미래의 경쟁자 발생 가능성을 줄일 수 있기 때문이다. 기술 도입자의 측면에서 보면, 해외직접투자는 기술 공급자가 현지국의 자회사에 대하여 직접적인 통제와 감독을 하게 됨으로써 다른 기술 도입 방법보다 기술 도입의 효과가 감소되고 지연될 수도 있다.

3) 합작투자

합작투자(joint venture: JV)에 의한 기술 도입의 특징을 보면 다음과 같다.

첫째, 합작투자에서 외국 기업은 기술이나 조직을 제공하고 현지 기업은 현지 인력과 자금 조달, 정부와의 관계 등을 제공하는 과정에서 기술 도입이 이루어진다. 따라서 기술 도입 정도는 라이선싱보다는 높고 직접 투자의 경우보다는 낮을 가능성이 크다.

둘째, 합작투자는 공동 참여이기 때문에 기술 도입이 다른 경우에 비해서 포괄적으로 이루어진다. 일반적으로는 합작투자를 하는 외국 기업은 투자국으로부터 회수하는 배당금, 특허권 사용료, 이자, 경영자 수익 등 총수익을 극대화시키는 데 주로 관심을 기울이고 있기 때문에 기술 도입은 부수적으로 취급되는 경향이 있어서 기술 도입이 원활하게 이루어지는 것만은 아니다.

4) 기업인수 및 합병

기업인수 및 합병을 통한 기술 도입 형태는 외국의 기술보유 기업을 인수하거나 합병함으로써 기술을 받는 방법이다. 이 형태의 장점으로는 자체의 연구개발 능력의 부족을 보충하고 기술 확보에 따른 시간과 비용을 절약할 수 있다. 그러나 기존의 기업을 인수함에 따라 그 기업의 장점뿐만 아니라 약점도 인수를 하게 되므로 주의를 요하는 방법이다.

5) 벤처 캐피탈

벤처 캐피탈(venture capital)의 해외 진출을 통한 기술 도입 형태는 주로 사업화 이전 단계의 기술을 구입하는 방법이다. 이미 사업화에 성공한 기술보다 비용이 적게 들며 또한 기술 제공자의 결부 조항, 수출제한 조항 등 각종 제한 조항 등의 측면에서는 사업화에 성공한 기술보다 비용이 적기 때문에 기술이전이 상대적으로 유리하다. 그러나 사업화의 실패가능성이 상대적으로 사업화 성공보다 높으므로 시장성 분석, 수익성 분석 등 사업 타당성을 철저히 검토하여 기술 도입의 여부를 면밀히 검토해야 한다.

6) 공동 연구개발

공동 연구개발을 통한 기술 도입은 막대한 투자자금과 고급 연구인력이 요구되고 위험성이 큰 첨단기술의 도입수단이다. 반도체, 신소재, 정밀화학, 항공기 등의 첨단기술이 요구되는 분야에서는 여러 국가의 기업들이 참여함으로써 시너지 효과를 얻을 수 있기 때문에 공동 연구개발을 많이 하고 있는데 상호 공동 연구에 따른 지식과 기술이 교류를 통해 기술이 도입되는 효과를 나타낸다.

7) 연구소의 해외 진출

연구인력이나 연구기관의 해외 진출을 통한 기술 도입 형태는 해외에 연구소를 진출시킴으로써 현지에서의 기술정보 수집, 기술자의 확보 육성, 신기술 개발 등을 통하여 본국에 기술을 도입하는 효과를 발생 시킨다. 이 형태의 방법으로는 연구원 파견, 공동연구, 합작연구소 설립, 독립연구소 설립 등 여러 형태가 있을 수 있는데, 투자위험을 줄이고 기술 도입의 효과를 높이기 위해서는 단계적으로 경험을 축적해 가면서 진출하는 것이 유리하다.

3. 기술 혁신 주기

시간의 흐름(유동기, 과도기, 경화기)과 기술 혁신율의 관계는 제품기술과 공정기술의 발전단계로 설명할 수 있다. 선진국과 달리 우리나라의 기술 혁신은 국내 자동차 산업을 대상으로 한 연구에서 찾아 볼 수 있다. 즉 유동기, 과도기 및 경화기로 나누는 것이 아니라 조립 단계, 내재화 전기 및 후기로 나누어 공정 혁신율과 제품 혁신율이 계속적으로 증가하게 된다. 우리나라의 경우 신제품 개발 등 제품기술과 관련된 혁신이 적으므로 공정 혁신율이 제품 혁신율보다 높다. 〈그림 6-4〉 제품기술 및 공정기술의 발전단계를 나타내고 있으며 〈표 6-1〉은 기술혁신 주기와 특성을 보여주고 있다.

〈그림 6-4〉 제품기술 및 공정기술의 발전단계

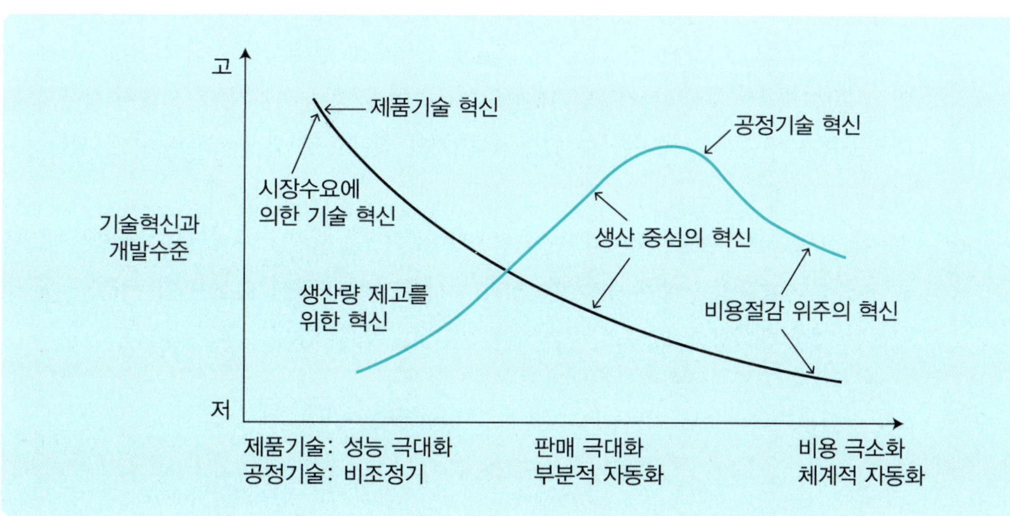

〈표 6-1〉 기술혁신 주기와 특성

구분	유동기	과도기	경화기
단계별 특징/주요요소	성능 극대화/비조정 단계	판매 극대화/단편적 자동화 단계	비용 극소화/체계적 자동화 단계
경쟁상 주안점 기술 혁신촉진제	제품 성능 고객의 필요 파악	제품 다양화 내부기술능력 향상	원가 절감 원가 절감 및 품질 개선
주혁신 형태	제품의 큰 변화, 창의적, 급진적	주요 공정 변화	제품 및 공정의 점진적 변화
제품라인	다양, 빈번한 설계 변동	대량생산 제품 보유	표준화된 제품
생산 공정	융통성, 비능률적	차츰 고정화	능률적, 자본 집약적
장비	범용, 숙련공 필요	일부 자동화	자동화, 전문화
원료	일반적으로 가용	일부 특별주문	특별주문 또는 수직적 통합
공장	소규모	범용	대규모, 제품 전문화
조직통제	비공식적	프로젝트 그룹별	조직, 목표, 내규강조

6-3 유연생산시스템

1. 유연생산시스템의 개념

공정기술이 효과적으로 발현된 것이 유연생산시스템이다. 유연생산시스템(flexible manufacturing system: FMS)은 다양한 제품을 높은 생산성으로 유연하게 제조하는 것을 목적으로 생산을 자동화한 시스템을 말하며, 키어니앤트랙커(Kearney & Tracker)사는 다음과 같이 정의하고 있다. "다품종 소량생산 분야에 적용되며, 공작기계 그룹을 형성하여 여러 가지 부품을 여러 단계의 가공 작업장과 부품 반송용 물류 취급 시스템을 이용 가공하며 특유의 논리를 사용한 컴퓨터로 제어되는 시스템이다"라고 한다.

클라호스트(H. T. Klahorst)는 "자원의 효율을 동적으로 균형시키기 위해서 자동화된 작업물 운송 시스템과 중앙 컴퓨터 제어를 이용하여 공정 순서와 공정 시간이 각각 다른 작업물들을 무순서로 처리할 수 있는 NC기계의 집단으로 생산품의 변화 및 생산량의 변화에도 자동적으로 대처할 수 있는 생산시스템이다"라고 정의한다.

이 두 정의에서 보는 바와 같이 약간의 차이는 있을 수 있으나 결국 기존 생산시스템의 생산성과 효율성을 충족시켜주는 것과 동시에 전략의 핵심 요소가 되는 유연성을 추구하는 것이 유연생산시스템의 근본적인 목표라고 할 수 있다.

2. 유연생산시스템의 구성

유연생산시스템은 다음과 같이 구성된다.

1) NC 공작기계

NC 공작기계란 일반적으로 밀링(milling), 드릴링(drilling), 보링(boring) 등의 여러 가지 절삭 작업을 수행할 수 있는 머시닝 센터(machining center)를 말하는 것으로 FMS의 주축을 이룬다. 이러한 NC기계는 가공물의 형상, 가공 조건 등 가공하는 데 필요한 정보를 수치화하여 제어하는 수치제어 장치가 부착되어 있다.

2) 자동반송 시스템

자동반송 시스템은 작업물이나 부품을 완전자동으로 NC기계 또는 창고까지 운반하는 장치로서 여기에는 컨베이어(conveyor), RGV(rail-guided vehecles) 및 AGV(automatic-guided vehecles) 등이 있으며, 이러한 시스템의 목적은 소재와 부품의 이동, 반제품의 공정 간 운반, 그리고 완성품의 출하 등을 하는 것이다.

3) 중앙통제 컴퓨터

중앙통제 컴퓨터는 NC기계 및 자동반송 시스템을 통제하고 시스템 내에서의 작업물 이동과 성능에 관한 정보를 처리하는 기능을 갖고 있다. 이러한 통제 시스템은 세 가지 단계로 구분될 수 있다.

첫째, NC기계의 통제, 둘째, 부품의 흐름과 전체 생산 공정의 통제, 마지막으로 경영 정보, 의사결정 및 인력관리의 통제이다.

4) 자동창고 시스템(AS/RS)

자동창고 시스템은 컴퓨터의 지시에 의해 완전자동으로 창고로부터 일정량의 부품을 꺼내서 지시된 장소로 운반하고 그 장소를 기록하며, 주어진 부품을 창고 내의 지정된 장소에 저장하기도 한다. 이 시스템을 통하여 재고관리의 효율뿐 아니라 인력감축의 효과를 얻을 수 있다.

5) 산업용 로봇

산업용 로봇(industrial robot)은 3차원 공간에 있어 자유도가 높은 다양한 동작 기능 또는 감각, 이식 기능을 갖춘 기계로서 이들은 프로그램으로 입력된 작업을 수동적으로 수행하기 때문에 오직 한 점에서만 작업이 가능한 NC기계에 비해 일정한 공간 내에서 자유도가 높은 작업을 수행할 수 있는 장점을 가진다.

3. 유연생산시스템의 전략적 의미

유연생산시스템을 기업에서 채택하려면 단순히 공장자동화를 추진하는 추세에 있기 때문에 다른 기업들이 채택한다고 하여 무조건 추종하는 것이 아니라 기업이 추구하고자 하는 전략과 일치될 때에만 유연생산시스템을 기업에서 채택해야 한다. 왜냐하면 유연생산시스템을 채택할 경우 많은 자본투자가 소요되는데 이러한 자본을 소요하여 설치하여 놓은 경우라 할지라도 기업이 추구하는 바와 맞지 않을 경우 비싼 생산 설비가 사장될 수도 있기 때문이다.

그러면 이러한 관점에서 유연생산시스템이 전략적으로 추구하는 바는 무엇인지 세 가지 관점에서 설명하고자 한다.

첫째, 제품-공정 행렬을 이용하여 살펴보면 유연생산시스템은 대각선의 아래쪽에 위치하게 되므로 공정 중심의 생산시스템을 강조한다는 것을 알 수 있다. 즉 다품종 소량의 특성을 가진 제품을 조립생산 방식으로 생산하고자 하는 것이다. 유연생산시스템의 개념에서도 살펴보았듯이 기존 생산시스템의 생산성과 효율성을 충족시키는 동시에 다양한 제품을 유연하게 제조하고자 하는 것이 바로 유연성생산시스템이 추구하고자 하는 것이라고 말할 수 있다.

둘째, 제조 시스템이 가공량(volume)에 초점을 두느냐 가공품종(variety)에 초점을 두느냐 하는 문제이다. 만일 가공량에 초점을 두게 된다면 대량생산 방식을 추구해야 하며 이는 곧 기계화(mechanization)를 추구하여 설비에서도 트랜스퍼 머신을 설치해야 한다. 반면에 가공품종에 초점을 두게 된다면 다품종생산 방식을 추구해야 하며 이는 곧 자동화(automation)를 추구하여 설비에서도 NC기계를 설치해야 하는데 유연생산시스템은 이 두 극단적인 형태를 조화시켜 중간정도의 가공량과 중간 정도의 가공품종을 가지는 생산 방식에 적합하다는 것이다.

셋째, 제조 시스템과 관련하여 기업의 추구하는 목표가 생산성(productivity)에 초점을 두느냐 유연성(flexibility)에 초점을 두느냐 하는 문제이다. 생산성은 효율(efficiency)의 개념이고 유연성은 효과(effectiveness)의 개념이므로 이 두 개념은 엄격히 구별되어야 한다. 보통 〈그림 6-5〉에서 왼쪽 위로 갈수록 생산성이 중요한 개념으로 부각되고 오른쪽 아래로 갈수록 유연성이 중요한 관리 문제로 부각된다. 유연생산시스템은 보통 서로 상충적인 관계에 있는 이 두 관리개념을 적절히 조화시켜 동시에 추구하고자 하는 시스템이라고 말할 수 있다.

이상과 같이 기업이 추구하고자 하는 바와 유연생산시스템의 개념이 일치되어야만 비로소 이 시스템을 도입할 근거가 생기게 되는 것이다.

〈그림 6-5〉 기술에 따른 가공량과 가공품종의 생산성과 유연성

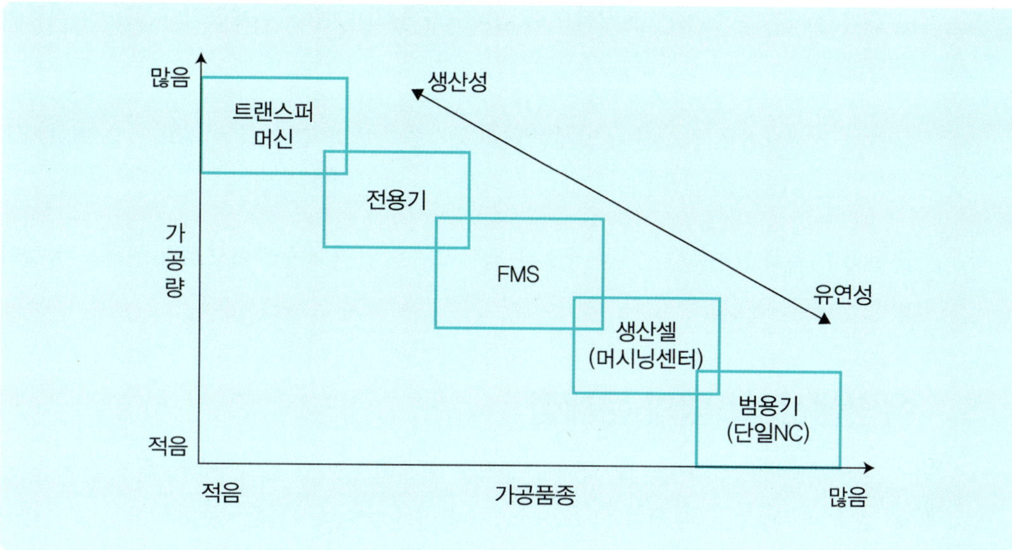

4. 유연생산시스템의 성과

유연생산시스템의 성과를 들면 다음과 같다.

재공품 재고의 감소. 머시닝 센터를 여러 대 연결함으로써 생산라인의 전체공정을 체계화할 수 있고 또한 하나의 머시닝 센터가 고장이 나면 다른 유휴기계로 자동대체 되기 때문에 재공품이 감소한다.

제조소요기간의 단축. 종래의 범용 기계들로 구성된 생산라인을 FMS로 바꿈으로서 제조 과정이 압축되고 시스템적 관리로 인하여 모든 면에서 제조소요기간이 단축된다.

직접노동의 감소. 컴퓨터의 통제로 모든 운영관리를 하기 때문에 종래의 생산시스템에 비해 작업자의 작업량이 감소함으로 직접노무비가 감소된다.

공구비의 절약. 공장 내에 분산되어 있던 공구들이 시스템 내에 집약되어 최소의 공구로 최대의 효과가 달성되고 또한 설계 시에 공구를 고려함으로써 공구의 합리화를 도모할 수 있다.

간접노동의 최소화. 기계 간의 작업물 운반, 기계 내에서의 공구 및 작업물의 장착 등이 자동으로 행하여지고 자동검사 기능도 가능하기 때문에 운반, 검사 등의 간접노동을 최소화할 수 있다.

설비 이용의 최대화. 주간에 작업준비를 해놓으면 야간 무인작업이 가능하다. 또한 한

품종의 수량이 적을 때 최소의 설비 변경으로 다른 품종의 생산이 가능하므로 설비 이용률이 높아진다. FMS는 조직적으로 집약도가 높기 때문에 설비면적의 효율적 이용이 가능하다.

유연성. 시장변동, 공장변동, 설계변동, 노동기술의 변화 및 기타 이외의 기술 변화에도 신축적으로 대응하여 최소의 공간으로 확대축소 생산이 가능하다.

균등한 제품품질 수준. 가공 공정과 검사작업을 완전 자동화함으로써 원하는 품질의 일정 수준을 유지할 수 있다.

5. 유연생산시스템의 문제점

유연생산시스템(FMS)은 몇 가지 문제점을 여전히 남기고 있다. 첫째, 제조 활동 전반에 고르게 적용되지 못하고 가공작업에 치중되어 있으며, 둘째, 하드웨어와 소프트웨어가 미흡하여 예컨대 설비보전, 수리에 관한 판단 기능이 미약하고 로봇의 지능화 정도가 낮으며, 셋째, 유연생산시스템은 궁극적으로 한 개의 생산, 한 개의 운반을 지향하지만 현재의 여건에서는 로트(lot) 단위로 생산을 하지 않을 수 없다는 것이다. 기술적으로는 FMS의 지향하는 바가 가능하지만 경제성이 떨어진다. 따라서 이러한 경우에는 집단관리 기법(group technology)을 이용하여 작업 내용이 유사한 제품들을 같은 집단으로 분류하여 생산함으로써 문제를 해결할 수 있다. 마지막으로 FMS가 기존의 생산시스템에 비해 상당히 비싸다는 점이다. 따라서 FMS의 전략적 의미에서 설명했듯이 기업이 추구하고자 하는 목표와 일치되지 않으면 FMS의 도입은 실패할 가능성이 크다는 것이다.

6-4 컴퓨터통합시스템

1. 컴퓨터통합시스템의 정의

미래의 공장으로 간주되는 제조기술의 가장 완성된 형태가 컴퓨터통합시스템이다. CIMS(Computer Integrated Manufacturing System)는 '소비자의 니즈(needs)를 입력으로 하고 완성품을 출력으로 하는 일련의 처리, 즉 제품의 설계, 생산 설계, 생산제어, 생산관리, 생산 프로세스를 통합적으로 처리하는 것을 지향하는 시스템'이다. 그러나 관심을 가지는 기업과 인구가 증가함에 따라 기초개념은 다양하고 애매하기까지 되었다. 설계의 자동화는 CAD(Computer Aided Design)라고 하는 명칭으로 1960년대의 초에, 또 생산의 자동화는 수치제어 공작기계와 자동 프로그래밍으로 1950년대에 탄생하였다. 그 내용은 CAM과 거의 같았으나 용어로서 CAM(Computer Aided Manufacturing)은 CAD에 대비되어 1960년대 후반에 탄생하였다. CAD와 CAM은 당초 상이한 분야의 전문가들에 의하여 개발되었으나 실용화가 진전되면서 양 기술은 본질적으로 일괄처리가 가능하다는 결론을 내리게 되었다. CAD와 CAM을 통합하기 위해서는 양자의 중간적인 위치에 있는 CAPP(Computer Aided Process Planning)가 불가결한 기술이 됨에 따라 이 기술 개발을 중심으로 CAD/CAM 시스템 개발이 진전되었다.

한편 생산관리를 중심으로 하는 관리 부문의 자동화는 CAD/CAM 부문과는 완전히 독립된 부문으로 1950년대 초부터 개발되었으며 이것을 CAPC(Computer Aided Prodution Control)이라고 부르는 경우가 많았다. 그러나 생산 현장으로부터 보면 CAPC는 당연히 CAD/CAM과 통합하여 처리해야 하므로 양자의 통합시스템이 개발의 대상이 되었다. 이것을 제1레벨이라고 부르기로 하며, CIM I이라고도 한다.

CAD/CAM과 CAPC의 통합은 생산정보처리를 주 대상으로 하고 있다. 그런데 실제로 제품을 생산하기 위해서는 생산 설비나 물(物)의 흐름을 취급하는 하드웨어를 포함하여 생각할 필요가 있다.

이러한 생각에 따라 생산의 정보처리와 하드웨어를 통합하고 또한 자동화하는 움직임이 대두되었다. 일반적으로 이것을 생산 공정의 자동화(factory automation: FA)라 부르며, CIM의 제2레벨, CIM II에 해당된다고 할 수 있다. 제조된 제품은 판매되는 것에 의해 처음으로 기업활동으로서 가치가 부여됨을 생각하면 CIM II에 판매나 마케팅의 통합이 요구된다. 이 제3레벨을 CIM III라 칭한다. 현 단계의 기업에서 CIMS이라고 부르면 CIM III를 대상으로 하는 경우가 많다. 기업 전체의 활동을 자동화하기 위하여 연구/개발 및 경영/재무를 추가로 통합할 필요가 있으며, 이때의 CIMS은 각각 CIMS IV와 CIMS V에 도달하면 기업 전체의 통합화가 이룩되며 이를 EA(Enterprise Automation)라고 부르기도 한다.

2. CIMS의 발전 연혁

다품종 소량생산의 생산성을 대량생산시스템의 목표로 1970년대 중반부터 미국 및 일본에 출현하기 시작한 유연생산시스템인 FMS를 근간으로 하여 고도로 발달된 컴퓨터, 정보기술로 치열한 생존 경쟁에서 살아남기 위해 제조업체에서 앞다투어 도입, 발전시키고자 하는 컴퓨터통합생산인 CIMS가 세계적으로 활발하게 개발, 보급되었다.

1980년대까지는 기업 내의 각 부문의 자동화를 중심으로 발전되어 왔으나 1990년대 들어서서는 자동화된 각 부문의 상호 결합을 지향하고 있으며 핵심용어로는 '통합/융합', '지식', '맨 머신(Man Machine)' 등이 오르내리고 있다. 향후 21세기는 '분열/자유', '지혜', '인간의 고도화' 등이 관심 용어가 되리라 생각된다. 제조 분야에 있어서 현 단계에서의 큰 특징은 정보와 물류의 전략적인 통합화(integration)라고 할 수 있다. 이러한 배경을 바탕으로 생겨난 것이 CIMS이다.

3. CIMS의 구조

공장의 자동화는 자동화기기의 도입 규모와 기술의 수준에 따라 NC공작기계, 산업용 로봇 등 단위기계에 의해 자동화되는 간이 자동화 단계(점의 자동화)로 부터 각종 자동화기기가 유기적으로 상호 연결되는 생산라인 자동화 단계(선의 자동화), 생산시스템 전체의 자동화(입체의 자동화), 공장전체의 자동화 등을 거쳐 생산, 판매, 기술, 개발 등의 부문들을 통합하는 CIMS로 나가게 된다.

CIMS은 다섯 가지의 단계로 이루어져 있다.

- 1단계: 라인 컨트롤 시스템(line control system)—반송기기, 자동창고, 컨베이어, 공작기계, 로봇 등의 컨트롤러(controller), 컴퓨터(computer) 등을 LAN을 통하여 Level 2의 컨트롤시스템과 유기적으로 결합하고 있다.
- 2단계: 플로어 컨트롤 시스템—생산라인의 공정 간의 진척 문제, 품질 문제, 공정에 배치한 기기의 문제를 즉시 파악하여 개선을 촉구하기 위한 관리 시스템이다.
- 3단계: 생산관리/기술관리 시스템—생산관리 시스템은 MRP를 중심으로 하는 자재소요량계획 시스템과 자재의 납입, 재고, 출고관리 시스템으로 구성되며 기술관리 시스템은 제품, 부품, 공구의 설계 및 공정의 설계, 해석을 위한 각종 TOOL을 기술자에게 제공한다.
- 4단계: 공장관리 시스템—해외와의 정보교환을 지원하는 기업 인터페이스 시스템(corporate interface system)과 공장 간접 사무 부문의 업무를 지원해 주는 공장사무관리 시스템으로 구성된다. 기업 인터페이스 시스템에는 국내외의 영업수주 정보를 관리하는 수주정보 시스템, 본사와 생산계획을 주고 받는 생산계획정보 시스템 등이 있다. 공장사무관리 시스템에는 구매정보 시스템, 회계정보 시스템, 인사정보 시스템, 품질정보 시스템이 포함된다.
- 5단계: 공장경영 시스템—공장경영의 의사결정을 지원하는 최상위 정보 시스템으로 4단계의 공장관리 시스템에서 파악된 실적정보를 경영 데이터베이스로 정리하여 계획치와 실적치를 대비하여 차이, 분석을 가능하게 한다.

4. CIMS 실행의 전제 조건

CIMs의 구축을 위해서는 다음과 같은 전제 조건이 필요하다.

- 현재 시스템의 장·단점에 대한 파악 및 이해가 선행되어야 한다. CIMS의 구축은 결코 무에서 유를 창조하는 것이 아니므로 현재 구축되어 있는 시스템의 현황을 파악하여 그 바탕 위에서 추진되어야 한다.
- 효율적인 CIMS는 정형화된 경영계획 및 전략계획의 바탕 위에 구축되어야 한다.

CIMS의 구축은 결코 CIM의 컴포넌트의 무분별한 조합에 의해서 이루어지는 것이 아니며 기업의 장기 제조전략에 입각하여 단계적으로 추진되어야 한다.

- 전략적인 문제에 대한 해결 방안으로서 CIMS 해결 방안에만 의존하지 않아야 한다. 자동화 또는 CIMS에 의한 해결책이 항상 문제를 풀어 주는 것은 아니다. 미국의 가와사키 공장의 사례는 이미 설치된 컨베이어 벨트라인을 폐지하고 JIT 개념에 입각하여 표준운반설비에 의한 수동공급 방식을 택함으로써 재공·재고 절감 및 원가 절감을 가져온 교훈적인 사례이다.
- 기업의 제조목표 달성을 위하여 필요한 수준 이상의 기술의 도입을 삼가해야 한다. 지금 당장 필요한 수준 이상의 장비를 도입할 경우 구입비용 증가·보수비용 증가 및 장비 교육비용의 증가로 인한 부담을 안게 된다. 단, 첨단 시스템의 운용으로 인한 바이어의 신뢰증진 등 기업 이미지 및 판매증진 효과 등이 기대될 경우는 이에 대한 검토가 충분히 이루어져야 한다.
- 자동화를 병목 현상 타개 수단으로 활용해야 한다. 여기서 병목 현상이란 생산능력을 제한하거나 리드타임·원가 또는 품질 측면에 있어서 경쟁력을 약화시키는 것을 말한다. 이러한 병목 현상은 제조 현장에서 발생할 수도 있고 또한 수주시스템 또는 생산재고관리 시스템에서 발생할 수도 있다.
- 전사적 차원에서 가장 문제가 심각한 병목 현상부터 먼저 공략해야 한다. 예를 들면 설계 리드타임의 단축이 기업의 가장 중요한 전략목표인 경우는 우선적으로 CAD/CAM의 도입이 고려되어야 하며 과잉재고의 압박 및 생산 시스템의 불안정의 해결이 가장 중요한 전략목표일 경우에는 MRP의 도입이 우선 고려되어야 한다.
- 사람을 대체하는 대신에 사람의 능력을 증진시키기 위하여 전산화를 추진해야 한다. CIMS의 추진에서 사람은 가장 중요한 구성 요소이다. 따라서 사람을 대체한다는 측면보다는 사람이 CIMS 추진전략 수립 및 시스템 구축에 있어서 중추적인 역할을 한다는 사실을 염두에 두어야 한다.
- 비능률적이거나 비효율적 또는 통합되어 있지 않은 시스템은 자동화하지 말아야 한다. 결코 CIM이 현재 비효율적인 시스템을 자동으로 효율적인 시스템으로 만들어 주기를 기대해서는 안 된다. CIMS 통합 시스템 구축 이전에 각 기업은 현재 구축되어 있는 CIMS의 구성 요소들을 효율적인 시스템으로 향상시키려는 노력을 먼저 해야 할 것이다. 현재 'B'등급의 MRP 사용자가 'Shop Floor Automation'을 통한 CIMS 시스템 확장을 꾀한다고 해서 저절로 'A'등급 MRP 사용자가 될 수는 결코 없기 때문이다.
- 자동화 이전에 현재 시스템을 단순화해야 한다. 단순화는 숨겨져 있던 문제점들을 노출시켜 주고 시스템화를 보다 용이하게 만들어 준다.
- 성공적인 CIMS 시스템은 통합된 전사 데이터 베이스를 기초로 구축되어야 한다. CIMS 시스템에 있어서 정보는 매우 중요한 요소이므로 반드시 정확하고, 표준화되어

있으며, 완전한 통합 데이타 베이스 구축은 CIMS의 성공에 필수적이다.

- 표준 하드웨어·소프트웨어 및 기술을 선정해야 한다. CIMS 구축이 어려운 이유 중 하나는 각 서브시스템 간의 연결을 고려치 않고, 산업표준을 따르지 않는 장비들을 비계획적으로 구매하는 데 있다. 어떠한 CIMS 장비라도 향후 통합화를 고려하여 산업표준을 준수하는 업체로부터 구매하는 것이 바람직하다.
- CIMS은 'top-down'으로 계획하고, 'bottom-up'으로 실시되어야 한다. CIMS 계획은 경영차원에서 시작되어야만 기업의 장기 전략 요소들이 CIMS 계획 단계에서 반영될 수 있다. 그러나 실제 시스템 구축은 사용자 레벨에서 시작되어야 하며, 반드시 기업의 제조전략과 일치되는 방향으로 추진되어야 한다.

6-5 서비스 기술

서비스 분야의 신기술은 운영 시스템, 계획시스템 그리고 통신시스템으로 구분하여 설명할 수 있다.

1. 운영 시스템

기업의 운영 시스템은 물류를 지원하기 위한 특정한 기능성을 필요로 하는 기업의 자원관리 프로그램과 관련이 된다. 따라서 정의된 계획과 정책을 실행하는 것을 목적으로 한다. 운영 시스템은 업무를 기록하고 실행하는 데 초점을 두고 있어 매우 정보 집약적이다. 운영 시스템으로는 과거에 많이 사용되었던 레거시 시스템(legacy system)과 현재 많은 기업에서 사용하고 있는 ERP(enterprise resource planning) 시스템이 있다.

1) 레거시 시스템 — 과거

레거시 시스템은 운영적인 단계 또는 공급사슬의 단계에서 하나의 기능으로 작동하는 메인 프레임 기술에 기초한 오래된 정보기술시스템이다. 레거시 시스템은 생산 스케줄에 대한 주문 입력에서 배송에 이르는 넓은 범위의 다양한 시스템에 적용이 가능하다. 이러한 시스템들은 매우 다르지만 모두 레거시 시스템으로 불린다. 많은 레거시 시스템은 최초의 의도보다 오래 지속되었고 요구가 변함에 따라 계속적으로 수정되었다.

레거시 시스템의 두 가지 중요한 특징은 다음과 같다.

첫째, 레거시 시스템은 단독으로 특정 기능에 초점을 맞추는 시스템이다. 따라서 다른 시스템에 대한 고려를 하지 않은 독립적인 존재로 만들어졌다. 이러한 점 때문에 시스템들 사이의 의사소통이 약하고 가능들을 통한 가시성과 공급사슬 단계는 매우 제한되어 있다. 예를 들면 레거시 시스템은 배송자의 네트워크에서 특정 창고에 대한 재고 수준만을 다룬다. 이 시스템은 그 창고의 재고 수준을 모니터 하지만 그 배송자의 수송을 다루는 레거시 시스템과 의사소통에 어려움을 겪는다.

둘째, 레거시 시스템은 의사결정을 위한 정보를 분석하기보다 정보를 수집하는 데 더욱 중점을 두기 때문에, 매우 제한적인 분석 능력을 가지고 있다. 대부분의 시스템은 어떠한 업무가 발생되어야 하는지를 결정하는 것보다 업무를 추적하기 위해 만들어졌다. 예를 들면 앞에서 논의했듯이, 레거시 시스템은 특정 창고의 재고 수준만을 모니터 할 수 있다. 이 시스템은 사용자에게 창고에 얼마나 많은 특정 종류의 부품이 있는지, 몇 개를 주문중인지, 부품비용이 얼마인지 그리고 품절되면 추가적인 부품을 주문하는데 리드타임이 어느 정도인지를 말해 주는 기능을 가지고 있다. 계획 단계에서는 레거시 시스템이 거의 사용되지 않는다. 대부분의 레거시 시스템은 어떤 서비스 수준을 만족시키기 위해 보유해야 하는 안전재고의 적정 수준을 결정하기 위한 과거 수요를 분석하는 능력이 없다. 이러한 종류의 정보는 대부분의 경우 경험에 기초하여 재고 수준을 찾아내는 사람에 의해 수동으로 입력할 필요가 있다.

2) ERP시스템 — 현재

전사적 자원관리(ERP) 시스템은 회사의 모든 기능으로부터 정보를 수집하고, 전체 기업이 더 넓은 범위를 가지게 하는 운영적인 정보기술시스템이다. ERP시스템은 자재, 주문, 스케줄, 완제품 재고 그리고 전체 조직으로부터의 다른 정보를 모니터한다. 레거시 시스템과 비교하여 ERP시스템의 중요한 장점은 공급사슬에서 더 넓은 범위의 의사결정 지원에 있다. ERP시스템은 한 회사 내의 기능들 간의 그리고 회사들 간의 정보를 통합을 제공하기 위해서 개발되었다. ERP시스템은 전형적으로 각각 회사내의 다른 기능을 다루는 많은 모듈을 가지고 있다. 이러한 모듈들은 서로 연결되어 있 어 각각 기능의 사용자가 회사의 다른 영역에서 무엇이 일어나는지 볼 수 있다.

ERP시스템의 모듈들은 다음과 같다.

- 재무: 회사 내의 여러 영역으로부터 매출과 비용 자료와 같은 재무적인 정보를 추적한다.
- 물류: 수송, 재고관리, 창고관리와 같은 다른 물류 기능을 다루기 위해 몇 개의 하위 모듈로 종종 분리된다.
- 생산: 생산 과정을 통해 제품의 흐름을 추적하고, 어떠한 시점에 어떠한 부품으로 완료되어야 하는가를 조정한다.
- 주문충족: 전체적인 주문 충족주기를 모니터하고, 수요를 만족시키기 위한 회사의 진행 상태를 추적한다.
- 인사: 근로자의 스케줄과 같은 모든 종류의 인사 작업을 다룬다.

- 공급자 관리: 공급자 성과를 모니터하고 공급자의 제품 배송을 추적한다.

이러한 모듈과 여기서 언급하지 않은 다른 모듈들은 ERP시스템이 주문, 제품, 공급, 사람 그리고 자본을 추적하도록 통합적으로 운영되고 있다. 회사 내부에서 ERP시스템은 들어오는 공급과 주문의 가시성을 제공하고, 그래서 생산 경영자는 수요를 만족시킬 수 있는 생산을 스케줄할 시점을 확실히 할 수 있고, 적정 자재가 제때 도착할 수 있다. 판매원은 고객에게 제품이 인도될 때를 결정하기 위하여 생산 일정과 창고 재고 수준을 볼 수 있다. ERP시스템은 회사 전체의 데이터를 공유하기 위한 기회를 만들 수 있어서, 비록 소수의 회사만이 이러한 구현의 단계에 이르렀지만, 경영자는 전체적인 공급사슬을 통한 가시성을 가진다. 그럼에도 불구하고 회사와 공급사슬 경영자가 더 좋은 결정을 내리도록 하기 때문에 확장된 가시성의 범위는 ERP시스템이 제공하는 최대의 이익이다.

2. 계획시스템

계획시스템은 운영 단계가 아니라 계획적이고 전략적인 의사결정 단계에 초점을 두고 있다. 이러한 시스템은 공급사슬 경영자가 좋은 의사결정을 하는 데 도움을 주기 위하여 레거시 또는 ERP시스템에 의해 공급된 정보를 분석한다.

예를 들어 ERP시스템이 과거의 수요나 재고 수준에 대한 정보를 제공하면 계획시스템은 이 정보를 분석하여 계획과 전력을 수립하는 데 도움을 준다. 분석적 응용시스템은 고급 일정계획 및 스케줄링(advanced planning and scheduling: APS), 고객관계관리(customer relationship management: CRM), 공급사슬관리(supply chain management: SCM), 제조실행시스템(manufacturing execution srstem: MES) 등이 있다.

1) 고급일정계획 및 스케줄링

고급일정계획 및 스케줄링(APS) 시스템은 분석적인 응용 분야에서 가장 빠르게 성장하고 있는 분야 중 하나이다. APS 시스템은 무엇을 생산하고, 어디서 언제 그것을 만드는지 그리고 그것을 만들기 위해 어떻게 자재가용성, 공장능력과 다른 사업목표를 고려할 것 인지에 대한 스케줄을 생성한다.

APS는 또한 전략적 공급사슬 계획, 재고계획, 납기회신 기능을 포함한다. 이러한 시스템은 고도로 분석적이고, 선형계획법과 유전자 알고리즘과 같은 정교한 알고리즘을 사용한다. APS 시스템은 공장에서 상세한 생산 일정을 세우고 생산계획을 수행하고, 수요를 만족시키기 위해 생산과 배송, 수송 자원의 사용을 최적화하는 공급사슬 계획을 수행한다.

2) 고객관계관리

고객의 정보를 분석하는 기법이다. 최근 많은 기업들이 고객에게 보다 나은 서비스를 제공하기 위하여 고객관계관리(CRM)를 도입하고 있다. CRM은 기업으로 하여금 보다 상세한 고객과 제품정보를 가용하게 하여 기업이 고객의 요구에 좀 더 가까운 의사결정을 내릴 수 있도록 한다. 이는 운영적 CRM(전방 비즈니스 프로세스를 지원하는 것으로 마케팅-사전 세일즈, 영업, 서비스-사후 세일즈로 구성), 분석적 CRM(고객 정보를 활용하기 위해 고객의 데이터를 추출, 분석하고 고객의 행동을 예측하기 위한 시스템) 그리고 협업적 CRM(e-비즈니스 환경에서 각 고객별로 차별화된 서비스를 제공하는 시스템)으로 구성된다.

3) 공급사슬관리

공급사슬관리(SCM) 시스템은 다양한 응용시스템들의 조합으로 공급사슬에서 단계를 조망하는 데 사용된다. 이 시스템은 견고하게 통합된 다른 공급사슬 응용시스템들의 세트로 이루어진다. SCM 시스템은 여러 다른 모듈로 많은 공급사슬 단계를 조망 할 수 있기 때문에 더욱 포괄적인 범위를 가능하게 한다. 예를 들어 SCM 시스템에는 APS, 수요예측, 수송계획, 재고계획이 수반된다. SCM 시스템은 계획 해법과 전략적인 단계의 의사결정을 산출하는 분석적인 능력을 보유하고 있다.

4) 제조실행시스템

제조실행시스템(MES) 시스템은 APS 시스템보다 덜 분석적이다. 이 시스템은 제조 설비에서 생산을 수행하는 데에만 집중한다는 점은 제외하고 운영적으로 초점을 맞추는 ERP시스템과 유사하다. MES는 일반적으로 단기간의 스케줄을 산출하고 그 분석적 능력으로 자원을 할당한다.

3. 통신시스템

통신시스템은 기업 내의 기능적 분야와 공급사슬인 파트너 간의 정보 흐름을 유연하게 한다. 예를 들어 물류정보는 제조 흐름, 제조 상태, 고객 선적, 들어오는 주문 등과 같은 회사 운영에 대한 실시각 자료를 제공한다. 외부적으로 볼 때 기업은 주문, 선적, 금융기관, 이송업체 그리고 고객에 대한 자료를 필요로 한다. 전형적인 통신시스템에는 전자자료교환, 바코딩 및 스캐닝, RFID, QR 코드, 인터넷 등이 있다.

1) 전자자료교환

전자자료교환(EDI)는 회사 내부에서 표준양식의 문서를 컴퓨터에서 컴퓨터로 교환하는 것을 말한다. EDI는 전통적인 형식의 우편, 퀵서비스, 또한 팩스 대신 전자적으로 두 조직 간의 정보를 교환하는 능력 및 관행 두 가지 모두를 포함한다. 능력은 효과적인 통신을 위한 컴퓨터 시스템의 능력을 말하고 관행은 교환된 정보를 효과적으로 사용하는 두 조직의 능력을 말한다.

EDI의 이점은 내부 생산성 향상, 유통경로에서 관계개선, 외부 생산성 향상, 국제 경쟁력 향상 그리고 운영경비의 축소이다. EDI는 불필요한 정보입력을 줄일 뿐만 아니라 더욱 빠른 정보전송을 통하여 생산성을 향상시킨다. 그리고 데이터 입력 작업의 횟수 및 담당인력의 수를 줄임으로써 정확도를 향상시킨다. 또한 EDI는 인쇄, 우편발송 그리고 종이를 사용하는 여러 가지 거래와 관련된 노무비 및 재료비를 절감하고 전화, 팩스 및 텔렉스 통신을 줄여주며 사무비를 줄여줌으로써 공급사슬 운영경비를 절감시킨다.

2) 바코딩 및 스캐닝

바코딩과 스캐닝의 전형적인 적용으로는 창고에서 수령과 판매점에서의 매상을 추적하는 것이다. 과거에는 수집과 교환에 있어 착오가 발생하기 쉽고 시간이 많이 소요되는 서류에 기초한 과정을 통해 수동으로 처리되었다.

바코드와 전자스캐닝은 인식기술로서 공급사슬 내의 정보수집과 교환을 용이하게 한다. 이러한 자동인식(ID) 시스템은 사용자들에게 많은 자본 투자를 요구하지만, 증가하는 국내의 경쟁이 하주, 운송업자, 창고 도매업자 그리고 소매업자들로 하여금 ID 능력을 개발 및 활용하여 오늘날의 시장에서 경쟁하게 한다. 자동인식기술은 유통경로 구성원들로 하여금 낮은 실수의 가능성으로 신속하게 상품이동에 관한 정보를 추적할 수 있도록 하고 있다.

바코딩이란 컴퓨터 해독가능 코드를 상품 포장상자, 용기 그리고 심지어 철도운송 차량에 부착하는 것을 말한다. 1972년에 처음 사용된 바코드는 제조업자와 제품에 내해 각각 다섯 자리의 숫자를 할당하여, 표준화된 바코드는 제품의 수령, 취급 혹은 운송 시 착오를 줄여 준다. 자동 ID 기술의 또 한 가지 핵심부분은 스캐닝이다. 스캐너는 바코드 자료를 광학적으로 모아서 활용가능한 정보로 전환시켜 준다.

스캐너 기술은 공급사슬에서 두 가지 주요 응용 형태를 보이고 있다. 첫번 째는 판매시점관리(point-of sale: POS)이다. 소비자를 위해 영수증을 뽑아주는 것 외에도 소매점 판매시점관리 응용기기는 그 상점의 정확한 재고 수준을 알려준다. 판매시점관리는 실제의 판매 단위가 신속하게 공급자에게 통보될 수 있기 때문에 판매된 각 재고량에 대한 정확한 파악을 가능하게 하고 재보충을 촉진한다. 실제 판매 추적은 불확실성을 줄여주고 안전재고를 없앨 수 있게 해준다.

정확한 재보급 및 마케팅 연구 자료를 제공하는 것 이외에 판매시점관리는 모든 채널 구성원에게 적시에 전략적 이점을 제공해 준다. 또한 물자 취급과 추적이 용이하다.

스캐너의 상용을 통해 물자취급자는 제품이동, 저장소 출입 그리고 영수증을 추적할 수 있다. 이러한 정보는 수동으로 처리할 수도 있지만 단점은 시간이 소요되고 착오도 일어나기 쉽다. 공급사슬 응용에서의 광범위한 스캐너 사용은 생산성을 제고하고 착오를 줄이게 될 것이다.

3) 무선주파수인식기술

무선주파수인식기술(radio frequency ID technology: RFID)은 전자 꼬리표를 붙이고 무선 전파를 사용하여 물체의 식별을 가능하게 하는 기술이다. 바코드 기술의 진화의 다음 단계로 종종 고려되는 것으로 RFID는 자동화 데이터 포착과 시장식별에서 가장 빠르게 신장하고 있는 부분이다. 마라톤 레이스와 비행기 수화물 추적관리에서부터 위험한 물질 관리, 전자 보안키 그리고 공급사슬관리에 걸쳐 다양하게 응용되고 있다.

가장 기본적인 형태의 RFID 시스템은 리더기와 정보를 저장하고 전달하는 능력을 가진 태그로 구성되어 있다. 쌀의 낱알만큼 작거나, 벽돌만큼 큰 RFID 태그, 즉 자동무선리더는 안테나가 붙여져 있고, 물건에 깊숙이 박혀 있거나 라벨에 붙여져 있는 마이크로칩으로 구성되어 있다. 태그가 가까운 근접성을 가지고 리더 쪽으로 가면 데이터가 읽히고 주로 네트워크로 연결된 컴퓨터로 방향을 이동한다.

바코드와 RFID의 차이점은 다음과 같다. 바코드는 광학식으로 오로지 읽는 기능만을 가지지만 RFID는 무선으로 정보를 읽는 것과 쓰는 것이 동시에 가능하다. 정보량의 측면에서도 바코드는 수십 단어 정도이지만 RFID는 수백 단어의 정보를 처리할 수 있다. 인식 거리의 면에서도 바코드는 최대 수십 센티미터인데 반해 RFID는 최대 100미터까지 인식한다. 또한 바코드는 개별인식을 해야 하는 반면 RFID는 동시에 수백 개의 인식을 할 수 있다는 장점을 가진다. 다만 가격면에서 RFID가 바코드에 비해 높다는 단점이 있다.

RFID를 사용함으로써 공급사슬에서 얻을 수 있는 이점으로는 제품의 공급사슬의 어느 위치에 있는지 전반적인 가시성을 제공한다는 점과 공급사슬 내의 정보의 정확성, 신뢰성 그리고 적시성을 높여 공급사슬 참가자들의 통합을 더욱 촉진시킨다는 점이다. 또한 자동화된 정보의 공유로 인해 생산 흐름 속도를 증가시키고 오류를 자동적으로 수정하도록 도와준다. 그리고 절도를 방지하게 하고 재고 통제를 더욱 용이하게 한다. 현재 월마트(Wal-Mart), 프록터앤겜블(P&G) 등과 같은 소비재 산업에 있는 주요 회사들이 다양한 방면에서 개발하고 테스트하는 과정에 있다.

4) QR 코드

QR 코드는 사각형의 가로세로 격자무늬에 다양한 정보를 담고 있는 2차원(매트릭스) 형식의 코드로, 'QR'이란 'quick response'의 머리 글자이다. 1994년 일본 덴소웨이브사(社)가 개발하였으며, 덴소웨이브사가 특허권을 행사하지 않겠다고 선언하여 다양한 분야에서 널리 활용되고 있다. 기존의 1차원 바코드가 20자 내외의 숫자 정보만 저장할 수 있는 반면 QR 코드는 숫자 최대 7,089자, 문자(ASCII) 최대 4,296자, 이진(8비트) 최대 2,953바이트, 한자 최대 1,817자를 저장할 수 있으며, 일반 바코드보다 인식 속도와 인식률, 복원력이 뛰어나다. 바코드가 주로 계산이나 재고관리, 상품 확인 등을 위해 사용된다면 QR 코드는 마케팅이나 홍보, PR 수단으로 많이 사용된다.

5) 인터넷

인터넷은 정보를 전달하는 데 있어서 웹서버에 있는 중앙자료를 어느 누구나 사용할 수 있도록 하여 정보에 대한 접근성을 최대한으로 만든 채널이다. 카탈로그를 사용하는 회사는 오로지 카탈로그를 받아보는 고객에게만 정보를 제공할 수 있고 EDI와 같은 전자적인 수단을 사용하는 회사는 공급자의 EDI에 링크되어 있는 고객만이 이용할 수 있도록 되어 있다. 그러나 인터넷은 연결만 되어 있으면 어느 누구와도 접근이 가능하다는 점에서 차이가 있다.

오늘날 인터넷은 공급사슬의 많은 부분에서 중요한 역할을 하고 있다. 기업들은 공급사슬 업무의 광범위한 수행을 인터넷을 통해 하고 있다. 예를 들어 델(Dell)사는 인터넷을 통해 자사의 모든 상품에 대한 정보를 전시한다. 고객들은 PC에 대한 모든 옵션을 정할 수 있으며 그들이 선택한 구성의 가격에 따라 상품을 구매하기를 원한다. 델사는 또한 그들의 공급업자와 온라인에서 수요와 재고에 대한 정보를 공유한다. 이러한 인터넷의 성장은 e-비즈니스의 성장을 가능하게 하였다 .

e-비즈니스는 인터넷에서 비즈니스 업무를 수행하는 것으로 기업의 공급사슬 업무는 정보의 흐름, 상품, 자금을 포함한 e-비즈니스와 연관되어 있다. B2C(budiness-to-customer)는 기업과 고객 사이에 발생하는 e-비즈니스이며 아마존(Amazon), 델, 월마트 같이 인터넷에서 고객에게 제품을 판매하는 기업이 여기에 포함된다. B2B(business-to-business)는 기업과 기업 사이에 발생하는 e-비즈니스이다. B2B 공급사슬은 성과를 올리기 위해서 다각도로 인터넷을 활용한다.

시스코(Cisco), 인텔(Intel) 같은 경우는 많은 공급사슬 프로세스를 온라인으로 옮겼다. 인텔에서는 온라인 자동주문 처리시스템이 수백 건의 접수 주문 방식을 대체하였다. 시스코는 자사의 판매 75% 이상을 온라인에서 처리하고 있다. 현재 많은 기업에서 공급사슬 내의 효과적인 정보 전달을 통한 통합과 성과의 극대화를 위해서 인터넷을 이용하고 있다.

요약

이 장에서는 기술경영에 대한 기초 개념 및 이를 기업조직에서 어떻게 적용할 것인가에 대하여 학습하였다. 이 장의 핵심 내용은 기술경영을 이해하고 설명하였으며 기술획득 방법 및 기술혁신에 대해 이해하고 설명하였다. 유연생산시스템에 대해 알아본다. 이를 바탕으로 컴퓨터통합시스템을 이해하였다. 미래의 공장은 CAD/CAM에서 CIM으로 발전하게 되는데, CIM은 여러 종류의 컴퓨터시스템을 결합하여 통합된 시스템으로 연결하기 위한 컴퓨터 응용시스템을 말한다. 제조기술뿐만 아니라 서비스기술에 대한 적절한 설명이 추가되었다. 서비스기술은 특히 초기에 인간의 노동을 기계로 대체하는 것을 의미하였으나 컴퓨터 기술의 발전과 더불어 자동화기술의 광범위한 활용으로 전략적인 목적을 달성하기 위하여 공학적 지식을 광범위하게 통합하는 것을 의미하고 있다.

복습문제

1. 기술의 정의와 다양한 기술의 분류를 설명하라.
2. 기술경영의 개념을 설명하라.
3. 유연생산시스템 FMS에 대해 설명하라.
4. 컴퓨터통합생산시스템을 설명하라.
5. 유연생산시스템과 컴퓨터통합생산시스템의 운영을 설명하라.
6. 서비스 분야의 신기술을 예로 들고 설명하라.

마무리사례: 헬스고릴라

애플이 아이폰을 통해 사용자의 개인 건강정보를 관리할 수 있는 플랫폼을 구축하고 있다고 CNBC는 보도하였다. 애플은 실리콘밸리 소재 헬스케어 스타트업 헬스고릴라(Health Gorilla)와 제휴를 통해 헬스케어 서비스를 아이폰에 접목하려고 시도하고 있다. 헬스고릴라는 미국 내 주요 병원과 미국 진단시장의 40% 이상을 차지하고 있는 Quest나 Labcorp 과 같은 기관의 개인 의료정보기록을 통합하여 개인 의료진단 정보를 애플 아이폰에 저장할 수 있도록 진행 중이다.

헬스고릴라는 환자에게 개인 의료기록을 통합하여 한 눈에 파악할 수 있도록 전문화된 기업으로 성장하기를 원한다고 언급하였다. 그는 환자들의 개인 진단 테스트 결과를 기관 간 전달하는 과정에서 발생하는 여러 가지 오류에서 이와 같은 새로운 틈새시장이 있음을 착안한 것으로 알려져 있다.

미국 의료기관들은 환자들을 치료해야 하는 시점에서 기존 개인 정보들이 3자 기관이나 아웃소싱 업체에 분산되어 있어 많은 어려움을 겪어왔던 것이 사실이다. 개인 의료정보의 부재로 이중의 의료비용 부담과 불필요한 시간 소모 등의 불편을 생산했던 것이 사실이다. 개인 의료정보분야에 뛰어든 IT 회사는 비단 애플뿐만이 아니다. 마이크로소프트는 Health Vault라는 포털을 구축해왔으며, 구글은 Google Health 프로젝트를 시행했던 바 있다. 지속적으로 발전하고 있는 헬스케어 분야와 아이폰의 접목으로 애플이 새로운 기회를 포착할 수 있을지 지켜볼 시점이다.

자료: CNBC.

3부
생산운영 계획

7장 제품 설계와 프로세스 선택

8장 서비스 설계와 프로세스 선택

9장 시설의 입지와 능력계획

7 제품 설계와 프로세스 선택

학습목표

1. 제품 설계란 무엇인지 설계의 중요성은 무엇인지 이해한다.
2. 신제품 개발의 의의와 신제품 개발 과정은 어떻게 진행되는지 파악한다.
3. 제품 다양성을 달성하고 개발의 생산성을 높일 수 있는 모듈러 설계를 이해한다.
4. 설계능력을 향상시킬 수 있는 품질 기능의 전개, 제조가능성을 위한 설계, 동시공학설계와 환경친화설계 등을 이해한다.
5. 글로벌 관점에서 제품 설계 및 생산을 이해한다.
6. 제품 개발 성과의 측정을 이해한다.
7. 공정 선정에 영향을 주는 요소와 제품공정 매트릭스를 이해한다.

도입사례

디자인 경영

디자인 경영이란 오늘날과 같은 글로벌 경쟁 환경에서 기업들이 경쟁우위를 차지하거나 유지하기 위한 핵심 전략 도구로서 디자인을 고려하는 경영이라고 정의할 수 있다. 즉 디자인은 더 이상 공학적인 기술로서의 디자인만이 아닌 소비자의 감성을 움직일 수 있는 요소가 가미된 디자인을 의미한다. 이처럼 디자인 경영이 기업경영의 중요한 수단이 된 것은 많은 기업에서의 성공사례에 기반한 영향이 크게 작용하였다. 지금은 세계 스마트폰 시장을 리드하고 있는 애플의 성공신화는 디자인 혁신에서 비롯되었다고 해도 과언이 아니다. 글로벌 경쟁 속에서 경쟁 기반을 잃어가던 애플을 다시 경쟁의 반열에 올린 것은 아이팟 제품이며 이러한 성공을 이끌 수 있었던 것은 소비자의 마음을 사로잡는 간결한 디자인과 편리성을 디자인에 담을 수 있었기 때문이다. 애플은 단순한 디지털 제품을 파는 회사가 아니라 소비자들을 열광시키는 문화를 창조하는 디자인 혁신의 아이콘을 지닌 기업 중의 하나로 자리매김 하고 있다.

애플과 함께 스마트폰 시장의 또 하나의 축을 구성하고 있는 삼성전자는 과거에는 단지 우수한 기술을 지닌 하드웨어 기업의 이미지만을 가지고 있었다. 효율과 정밀성을 강조하던 회사에서 감성과 시각화를 강조하는 디자인 중심으로의 전환은 애플과의 디자인 특허 분쟁에서 비롯된 이건희 회장의 2005년 밀라노선언에서 시작됐다. 이러한 노력의 첫 번째 결실은 기존 TV와 크게 차별화를 이룬 대담한 디자인의 TV제품인 보르도 등에서 잘 나타나고 있으며 디자인 경영의 정신은 최근의 커브드 TV로 이어지고 있다. 삼성은 스마트폰에서도 갤럭시 시리즈를 통해 대화면 스마트폰이라는 새로운 기준을 소개했으며 메탈과 유리가 완벽한 조화를 이루는 갤럭시 엣지 등을 통해 디자인 혁신 기업으로서의 면모를 다지고 있다.

LG전자도 2006년 디자인 경영을 선포한 이후 디지털제품에 예술을 접목한 아트플라워 냉장고 및 생활의 가치와 감성을 함께한 휘센 등을 선보였으며, 세계 최고의 디자인 기업에게 수여하는 레드닷상을 수상하였다. 휴대폰에서는 초콜릿폰과 프라다폰을 통해 실적 개선을 이뤘으며, 2014년에는 IDEA에서 최다 수상기업으로 선정되기도 하였다. 이러한 성과는 디자인에 힘쓰는 LG전자의 노력을 세계적으로 인정받고 있다는 것을 의미한다.

자동차 산업에서 디자인 혁신을 이끌고 있는 대표적인 브랜드가 아우디이다. 아우디의 생산량은 2010년 폭스바겐 전체 생산량의 15%도 안 되지만 폭스바겐은 전체 순이익의 약 40%를 아우디에서 얻고 있다. 이러한 성과의 기반에는 아우디의 전문기술과 결합된 세련된 감성미의 디자인에 있다. 아우디는 다른 경쟁업체와는 달리 디자인을 차별화 핵심 능력으로 보았다. 즉 벤츠는 안락함을 BMW는 운전의 즐거움을 만끽할 수 있는 성능향상을 그리고 아우디는 기술과 디자인의 상호작용을 통한 균형과 아름다움을 회사운영의 핵심으로 보았다.

국내의 경우 기아자동차는 2006년 디자인 경영을 선포하고 아우디와 폭스바겐의 디자인 총괄책임자를 영입하여 기아만의 독특한 디자인을 개발하기 시작하였다. 선행 디자인 연구기관을 강화하고 유럽, 미주, 일본 등의 해외거점 센터와의 신기술 및 시장 동향에 대한 협업이 가능한 글로벌 디자인네트워크를 구축하였다. 그 성과로 K7, K5, 소울의 활약으로 2007년 당기 순이익 140억원에서 2009년 1조 4,500억으로 괄목할 만한 증가를 이루었으며, 레드닷과 IF 디자인 상을 수상하였다.

자료: 김경묵·유영진 (2015), 삼성은 어떻게 디자인 강자가 됐을까? HBR Korea, 9월호.; 최우석 (2011), 글로벌 기업의 디자인 경영 핵심성공요인 분석, 한국디자인포럼, 33, pp.365-374. 저자 편집.

7-1 제품 설계의 의의

이 장에서는 제품 설계 과정 및 제조 공정의 선택에 관한 이해를 하게 될 것이다. 제품 설계 및 제조 공정의 선택을 위하여 거치게 되는 중요한 활동은 크게 세 가지라고 할 수 있는데 〈그림 7-1〉에 정리되어 있다. 주요 핵심 활동은 마케팅, 제품 설계, 및 제조 과정 등 세 가지라고 할 수 있다.

마케팅 활동은 기존 제품을 개량할 수 있는 고객 측면에서의 새로운 아이디어를 구

〈그림 7-1〉 제품 설계 과정에 포함되는 중요 기능

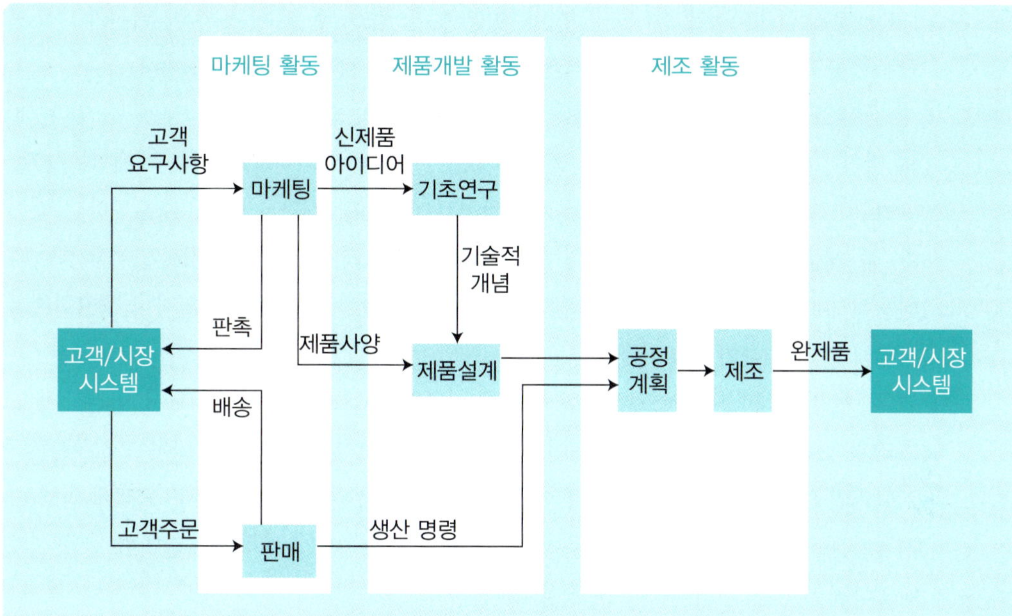

하고 정리하여 회사 내부에 전달하는 것이며, 제품 설계 활동을 통하여 이와 같은 아이디어를 기술적으로 구현할 수 있는 최종 제품의 설계를 도출하게 된다. 한편, 제조 과정은 설계된 제품이 효율적으로 생산될 수 있도록 제조 공정을 설계 및 배치하는 일이다. 이와 같이 마케팅, 제품 설계, 및 제조 과정이 삼위일체가 되어야만 고객의 요구를 제대로 충족시켜 주며, 이로 인한 경쟁력을 확보할 수 있게 된다.

1. 제품 설계의 의의

제품 설계(product design)란 신제품에 대해 가장 적절한 설계 과정을 통하여 제품을 개발하는 것이다. 신제품의 성공은 단지 제품을 개발할 수 있는 기술적인 능력에 의해서만 결정되는 것이 아니다. 오히려 기술적인 능력보다도 이 제품이 시장에 출시됐을 때 고객이 선호할 수 있는 제품의 속성을 가지고 있어야 하며 또한 이것을 합리적인 가격으로 제공할 수 있어야 가능하다. 이러한 성공요소들이 제품개발 과정에서 고려되기 위해서는 적절한 설계 과정이 필요하며 제품개발의 성공 및 제품개발 기간의 단축에 중요한 영향을 미치게 된다. 제품 설계는 일반적으로 예비설계, 최종 설계, 프로세스설계 등을 포함한 제반 단계로 이루어져있다. 경쟁우위의 확보 및 생산성의 향상은 제조 과정보다는 선행 프로세스인 신제품 개발 과정에서 이미 결정된다는 것이다. 즉 부가가치사슬(value-added chain)에서의 전반부인 신제품 개발 과정의 합리화가 더욱 중요한 것으로 인정되고 있다. 이는 비용, 품질, 유연성, 시간 등의 경쟁 요소가 개발 단계에서 제품 속에 반영되도록(built in) 설계되어야 한다는 것이다. 이는 옷을 입을 때 첫 단추를 잘 끼워야 나머지 단추들을 바로 끼우고 옷맵시를 정확히 할 수 있다는 것과 동일한 이치이다.

품질 또한 설계 시에 반영되어야 한다. 이것은 '10의 법칙'에 의해 설명 될 수 있다. '10의 법칙' 이란 설계 단계에서 결점을 시정하면 1원이 소요되지만, 생산 단계에서는 10원, 그리고 고객에게 판매한 다음에 결점이 발견되어 시정할 때는 100원이 소요된다는 것이다. 즉 제품의 결점이 설계 단계에서 생산 단계로, 그리고 소비자에게로 넘어갈 때마다 비용이 10배씩 증가한다는 것이다. 이것은 품질에 있어서도 설계가 얼마나 중요한지를 설명해 주는 하나의 법칙이다.

애플 컴퓨터(Apple Computer)의 한 중역에 의하면 작업자가 불량 칩(chip)을 발견하여 그 자리에서 고칠 때는 3센트의 비용이 들고, 최종 단계의 검사에서 발견되어 고칠 때는 약 20달러가 소요된다고 한다. 그러나 이러한 결함이 컴퓨터 사용자인 외부 고객에 의해 발견될 경우 약 150달러 이상의 비용이 소요된다고 한다. 만약 설계자가 완벽한 칩을 설계하였다면 비용은 거의 발생하지 않을 것이다.

2. 설계의 중요성

설계가 중요한 이유는 설계 단계에서 제품생산비용의 60~80%가 이미 결정되기 때문이다. 자동차의 경우 2만 가지 이상의 부품이 결합되어 완성품을 이룬다. 미국의 한 자동차 설계 전문가에 의하면 설계가 잘 되어 있으면 단순화 및 표준화에 의해 부품의 수가 줄어들 뿐 아니라, 설계 후의 프로세스인 생산 프로세스에서 작업하는 작업자(내부 고객)의 작업이 쉬워지므로, 생산비용의 80%가 설계에 의해 결정된다고 한다.

신제품을 신속하게 출시하는 기업은 그렇지 못한 기업에 비해서 경쟁우위를 갖는다. 이러한 개념이 시간경쟁(time-based competition)이다. 전통적으로 미국의 자동차 회사는 신제품 개발에 약 5년의 시간이 소요되는 데 비해서 일본의 자동차 회사는 약 3년 반 정도가 소요되었으며 이것이 일본 자동차 회사의 강점으로 인식되었다. 1990년대 중반 이후 세계의 거의 모든 자동차 회사는 개발에 소요되는 시간을 단축하여 시장에 좀 더 빨리 신제품을 출시하여 시간경쟁에 우위를 점하고자 노력하고 있다. 특히, 컴퓨터, 이동통신 단말기 등 첨단 전자 통신 산업에서는 신제품의 시장 진입 지체에 따른 수익의 감소가 막대하여 시간경쟁은 매우 치열하다. 이들 첨단제품의 생산 방식은 일반적으로 표준화 및 자동화되어 있기 때문에 제품 개발 단계에서 시간을 단축하는 것이 경쟁력 확보의 최대 관심사항이다.

생산비용은 생산이 실제로 이루어지기 이전에 결정되므로 생산 단계에서 설계를 변경하는 것은 상당히 비경제적이다. 그러므로 설계 변경 주문인 ECO(Engineering Change Orders)

는 설계 단계에서 이루어져야 하며 생산 단계에서 이루어져서는 안 된다. 또한, 설계 단계에서는 차별화 전략을 고려한 제품을 위해 모듈라 디자인 등 설계 기법을 사용하여 최소의 비용으로 차별화된 제품군을 시장에 제공할 수 있는 유연성이 확보되어야 한다.

7-2 신제품 개발 과정

새로운 제품의 개발 과정을 살펴보면 다음과 같다(그림 7-2 참조).

1. 고객욕구 파악. 신제품의 성공은 고객의 선호에 달려 있다. 따라서 제품의 구상단계에서 고객의 욕구에 대한 파악은 매우 중요한 활동이다. 고객의 욕구를 알기 위해서는 고객의 구매 관습, 자사 제품과 경쟁 제품에 대한 고객의 차별의식, 고객에게 중요한 제품의 특성들이 무엇인지를 파악하도록 해야 한다. 고객의 소리(voice of customers)를 제품 개발 단계부터 고려함으로써 기업은 다양한 혜택을 얻을 수 있다. 먼저 고객이 원하는 제품을 분명하게 인지할 수 있다. 또한 기업의 제품 개발팀이 고객의 욕구를 사전에 분명하게 파악함으로써, 서로 의견을 사전에 조정할 수 있고, 제품 개발에 소요되는 시간과 비용을 절감할 수가 있다. 고객의 욕구를 파악한 후 기업은 정부의 규제와 새로운 테크

〈그림 7-2〉 신제품 개발 과정

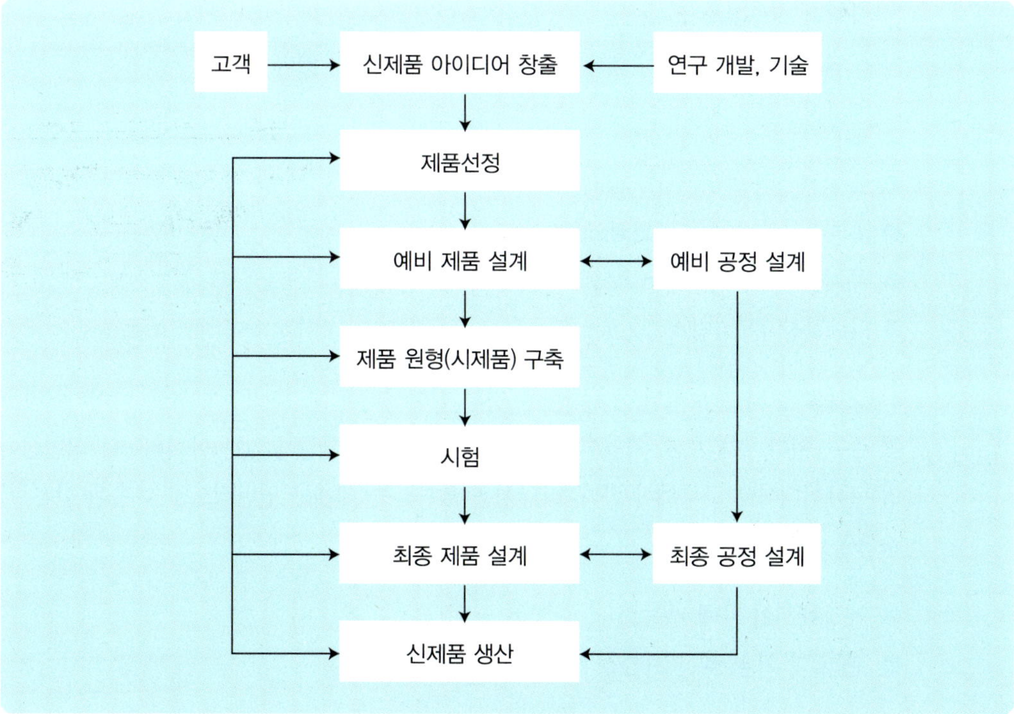

놀로지 및 경쟁자들을 고려하여 어떤 제품을 생산할 것인가를 결정해야 한다. 소비자 욕구 파악에 주로 사용되는 방법은 다음과 같은 것이 있다.

- 서베이 조사
- 포커스 그룹
- 전문가 패널

2. 신제품 아이디어 창출. 제품아이디어의 탐색 방법에는 다음과 같은 것이 있다.

- 의견 조사: 기존 제품의 특성에 대한 개조, 개선 의견
- 연관 기법(예: 시간을 재는 시계에서 자명종시계나 스톱워치 등으로 개발)
- 문제분석 기법: 고객의 불평, 문제의 개선
- 브레인스토밍 기법: 많은 사람의 아이디어를 종합하여 하나의 의견을 제시

3. 제품 선정. 제품의 사업성을 분석한 후에 장차 개발할 가치가 있는지 여부를 판단하여 가장 타당성이 있는 아이디어를 선정(시장 잠재력, 수익성, 생산가능성의 기준에서)한다.

$$\text{프로젝트 가치지수(PVI)} = \frac{TS \times CS \times AV \times P \times \sqrt{L}}{TPC}$$

여기서 *TPC*는 프로젝트 총비용(총투자액), *TS*는 기술적 성공률(0~10점으로 측정), *CS*는 상업적 성공률(0~10점으로 측정), *AV*는 연간 판매량, *P*는 개당 이익 그리고 *L*은 판매가능 연수를 나타낸다. 이 이외에도 다음과 같은 기법이 있다.

- 점수모델(scoring model: SM)
- 순현재가치법(net present value: NPV)
- 내부수익률법(internal rate return: IRR)
- 투자회수기간법(payback analysis: PA)
- 의사결정나무기법(decision tree: DT)

4. 타당성 조사. 수집된 아이디어가 전부 실현성이 있고, 수익성이 높은 아이디어라고 할 수는 없다. 그러므로 기업은 수집한 아이디어를 실현성이 있는 아이디어와 실현성이 없는 아이디어로 구분해야 한다. 타당성을 조사하는 데에는 일반적으로 다음과 같은 기준들을 이용한다.

- 시장에서의 판매 가능성
- 관리 및 기술, 생산 가능성

- 기업의 재정적 능력
- 기업 목적에의 적합성
- 정부의 규제

5. 예비 제품 설계. 신제품 아이디어에 대한 가장 좋은 설계를 개발하는 것이 목적이다. 설계 부서와 제조 부서 사이에 설계 대안을 놓고 토론을 한다.

6. 제품 원형(시제품) 구축. 연구개발부나 기술부에 의해 수행되는 원형(시제품) 개발(prototype development)의 세 가지 요건은 다음과 같다.

- 핵심적 제품 특성이 제품에 잘 구현되어 있는가?
- 유지가능성(maintainability)과 신뢰성(reliability)이 있는가?
- 생산비의 사전 범위 내에서 생산될 수 있는지 등을 검토한다.

7. 시험. 시장 성과와 기술적 성과를 검증하는 것이 목적이다. 시장 성과는 시험시장(test market)에 공급하기에 충분한 시제품을 제조하게 된다.

8. 최종 제품 설계. 최종 제품 설계(final design)는 제품 설계의 가장 마지막 단계로서 제품에 대한 구체적인 특성을 최종적으로 결정하는 단계이다. 최종 설계는 다음과 같은 세 단계로 구성되어 있다.

- 기능 설계(functional design): 제품 기능에 대한 설계이며, 최종 설계에서 가장 중요한 설계이다. 특히 기능 설계에서는 고객의 욕구를 충족시키는 제품을 설계해야 한다. 그러므로 고객이 요구하는 기능 및 성능을 제품에 반영하는 단계가 바로 기능 설계이다. 그리고 기능 설계에서는 제품의 품질 수준을 결정한다. 특히 신뢰성과 보전성은 기능 설계에서 결정하는 중요한 두 가지 요소이다.
- 형태 설계(form design): 모양, 포장, 색상, 크기와 같은 제품의 외형과 이미지나 독창성과 같은 미관을 결정한다. 대부분 기능 설계는 형태 설계에 의해 보완된다. 특히 외적인 형태가 중요한 제품에서는 형태 설계가 기능 설계 못지않게 중요하다. 예를 들면, 유행에 민감한 의류는 형태 설계가 상당히 중요하다. 또 기능이 유사한 제품들에서 그리고 산업재보다는 소비재에서 형태 설계가 중요하다.
- 생산 설계(production design): 제품을 만드는 가장 경제적인 생산 방법을 결정한다. 그래서 어떤 자재를 사용하고, 어떻게 부품들을 결합해야 가장 비용이 감소하는지를 연구한다.

7-3 고객지향적 제품 설계 기법

1. 동시공학

제품 개발의 제반 단계를 동시적으로 수행하는 관행은 일본 기업 등에서 많이 활용되어 왔으며 일반적으로 종합적 품질경영이나, 초일류 제조의 일부분으로 받아들여졌다. 이러한 개발 방법을 나타냄에 있어서 가장 대표적이며 포괄적인 용어로 받아들여지고 있는 것이 동시공학(concurrent engineering: CE)이다. 이 제품 개발 기법에서는 제품 개발 단계 전체 혹은 다수의 단계가 동시적으로 수행된다. 제품 개발과 관련된 대부분 조직이 제품 개발 초기에 참여한다.

동시공학적 제품 개발 과정은 통합 장치를 제공하게 되는데 기능별 통합 목적을 위하여 기본적으로 프로그램 관리팀, 기술지원팀, 그리고 수많은 설계팀 등 세 가지 팀의 운영을 통하여 가능해진다고 할 수 있다. 그러나 프로젝트의 복잡성 여부에 따라서, 다양한 설계팀을 결속시킬수 있는 통합팀을 운영하기도 한다.

CE 접근 방식의 가장 큰 장점은 기술 개발 기간의 단축이라고 할 수 있다. 동시적이란 의미는 여러 단계의 개발 단계를 병렬로 처리함을 의미한다. 예를 들어, 시장에 대한 조사, 제품 설계, 제조 공정, 제품지원구조 등은 동시 다발적으로 진행될 수 있는 것이다. 빈번한 전자우편 및 관계자간의 직접 회의, 그리고 설계 데이터베이스의 공유 등은 CE의 성공여부에 지대한 영향을 준다고 볼 수 있다.

동시공학적인 접근으로부터 얻어지는 절약은 매우 큰데, 순차적인 처리 대신 동시다발적인 처리 방식은 시간절약뿐만 아니라, 특정 단계에서 오류가 발생하고 발생된 오류는 다음 단계에 이동되기 전까지는 발견되지 못하는 순차적 처리 방식보다 오류의 발견 및 처리가 신속하게 이루어지는 장점 또한 존재한다.

2. 제조를 위한 설계

기업은 기업이 소유하고 있는 설비와 인력자원을 가지고 만들 수 있는 제품을 설계해야 한다. 그러한 요소들을 고려하지 않고 설계된 제품은 제조가능성뿐 아니라 수익성에 문제가 되기 쉽다. 그래서 제품은 기업의 생산 설비능력을 가지고 최저의 비용으로 쉽게 생산될 수 있도록 설계되어야 한다.

제조를 위한 설계(design for fanufacturability: DFM)는 제품을 보다 경제적이고 용이하게 생산할 수 있도록 제품을 설계하는 방법이다. 이를 실현하기 위해서는 첫째, 표준화 둘째, 설계의 단순화 그리고 마지막으로, 모듈화 설계를 통해 가능하다. 그리고 제품 설계 단계에서부터 제품에 들어가는 부품과 구성품의 특성을 파악하여 최적의 부품과 구성품을 설계하고, 조립과 가공 방법도 파악하여 가장 경제적인 조립과 가공 방법을 설계하도록 해야 한다는 것이다. 제조를 위한 설계가 효과적으로 수행되면 제품 설계의 품질을 향상시키고, 제품 설계에 수반되는 비용과 시간을 감소시킨다.

3. 가치분석과 가치공학

제품 설계에서 고객을 고려할 수 있는 또 다른 방법은 완제품에 대한 '가치'를 분석하는 것이다. 가치분석 및 가치공학의 기본 목적은 제품과 제품 제조 과정을 단순화하는 것이라 할 수 있고, 목표는 고객에 의하여 정의된 모든 기능적 요구사항을 충족시키는 동시에 원가 절감과 보다 나은 제품의 성능을 이끌어 내는 것이다.

가치공학(value engineering)은 제품을 선정하고 설계할 때 사용하는 기법이다. 제품을 설계할 때 엔지니어는 반드시 사용한 부품과 원자재가 비용에 어떤 영향을 미치는지를 고려해야 한다.

가치분석(value analysis)은 가치공학과는 달리 신제품이 시장에서 성공하고 있다고 전제한 다음에 생산 과정에서 발생하는 비용을 줄이기 위해 사용하는 기법이다. 가치분석은 모든 부품과 반조립품, 그리고 기기의 비용을 객관적으로 연구하는 것이다. 그래서 비용을 감소시키기 위하여 새로운 자재와 생산 방법을 끊임없이 설계하고 연구한다.

이렇게 가치분석은 각 품목의 기능과 각 품목이 최종 제품에 끼치는 영향을 비교한다. 그래서 각 품목이 가장 저렴한 비용으로 최종 제품에 공헌하도록 한다. 가치분석은 끊임없이 새로운 방법을 강구하기 위하여 계속적으로 기존의 품목에 대해 의문점을 가지고 연구해야 한다.

1) 가치분석의 단계

정보단계: 제품 자체와 그 제품의 기능을 이해하기 위한 정보획득 단계로 'What is it?', 'What does it do?', 'What does it cost?' 등과 같은 질문에 대한 정보를 수집한다.

분석단계: 해결해야 할 문제의 성격을 파악하고 목표, 가정, 추가적 정보들을 고려한다.

창의적 단계: 새로운 대안을 찾기 위해 의견을 모으는 단계이다.

판단단계: 제안된 아이디어를 평가하는 단계이다.

시행단계: 경영층에 의해 승인된 제안은 설계 변경 지시로 바꾸어 실시한다.

2) 가치공학의 단계

정보단계: 해결해야 할 문제를 정의하고, 문제에 대한 가치공학 연구실행의 타당성을 평

가하며, 문제에 대한 정보를 수집하고, 연구를 수행하기 위한 필요한 자원과 팀을 할당하는 것과 관련되어 있다.

탐색단계: 좀 더 낮은 비용으로 필요한 기능을 제공하는 대안의 접근 방법을 개발하는 것을 목표로 하고 있다. 기능분석 시스템 기법(function analysis systems technique: FAST)으로 기능적 분석을 수행한다. FAST는 시스템 또는 구성 요소를 구축하는 기능 사이의 논리적 관계를 보여주는 도표화된 절차이다. FAST는 기능 간의 논리적 구조 및 관계의 도표화를 통해서로 다른 기술적 배경과 지식을 지닌 팀원 간의 토론을 증가시킴으로써 가치개선 문제의 해결책을 최적화하는 데 도움을 준다.

분석단계: 이 단계의 목적은 비용비교를 통해 이전 단계에서 창출된 아이디어들 중에서 최적의 대안을 정의하는 것이다. 수명주기비용(life cycle costing: LCC)은 최종적으로 선택된 대안의 최소비용을 연구하는 데 적용된다.

제안단계: 가치공학 연구의 결과를 이해관계자들에게 제시해 주고, 고객으로부터 승인을 획득하고, 설계자, 프로젝트 후원자 및 다른 경영진의 동의와 책임을 정의하고, 추천한 것을 실행해 나가는 것을 목적으로 한다.

4. 품질 기능 전개

고객의 요구사항을 수렴하여 제품 설계 단계에서부터 포함시키기 위하여 활용되는 방법 중 하나가 품질 기능 전개(quality function deployment: QFD)일 것이다. 품질 기능 전개는 기능(function)과 전개(deployment)를 합성한 단어이다. 품질 기능 전개는 원가 절감을 목적으로 미쯔비시 조선의 고베조선소에 의하여 처음으로 소개되었는데 도요타 자동차는 마케팅, 설계 및 생산 등 범 기능적인 인력으로 구성된 팀의 활용을 통하여 설계 시간을 60% 이상 단축함으로 하여 원가 절감을 이룩한 사례가 있다.

QFD 과정은 제품의 특성을 결정하기 위한 고객 요구사항의 수렴 및 분석으로부터 시작된다고 할 수 있는데, 시장조사를 통하여 제품에 대한 고객의 요구사항 및 선호도를 도출하고 이는 다시 '고객 요구 충족사항(customer requirements)'이라고 불리는 세부적인 설계 요구사항으로 정리되게 된다. 자동차 제조업체가 QFD를 활용한 사례 중의 하나를 예를 들어보았다.

고객이 자동차를 구매할 때 '쉽게 닫을 수 있는 자동차 문'이라는 특성을 요구한다면 이를 제조에 반영하기 위한 공학적 특성은 닫는 힘에 따라 달라진다는 점이다. 이를 제조에 반영하기 위해, 첫째, 닫는 힘에 대한 목표치를 수립한다. 목표 그 자체는 쉽게 닫을 수 있는 문을 제공하지 않는다. 둘째, 쉽게 닫을 수 있는 문을 가진 자동차를 만들기 위해 적합한 부품(예: 틀, 강판, 연결쇄 등)이 필요한데 이들의 관계를 규명한다. 셋째, 필

〈그림 7-3〉 각 단계의 연결

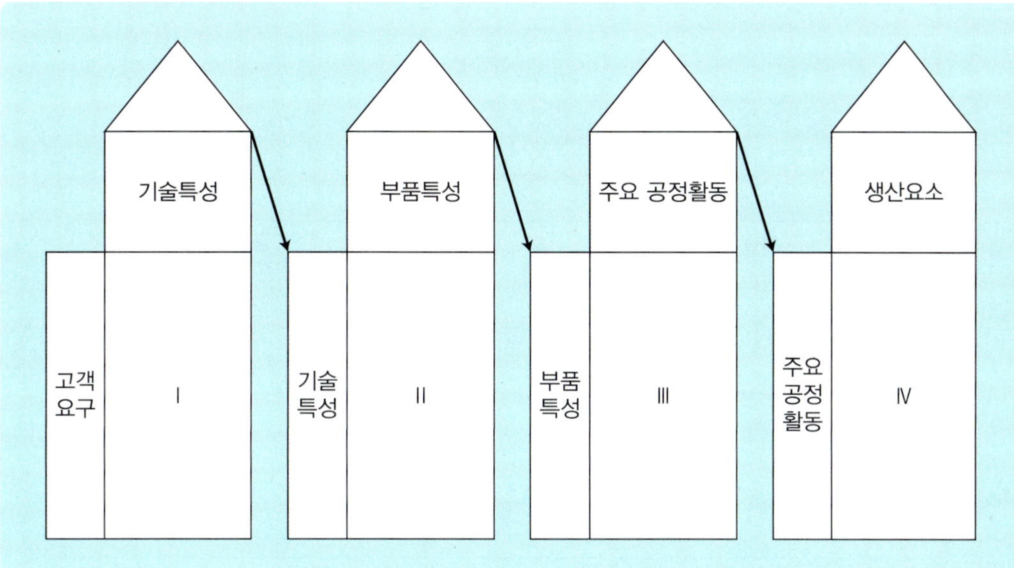

요한 부품을 제조하고, 쉽게 닫을 수 있는 문을 가진 자동차를 조립하기 위한 적합한 공정이 무엇인지, 적합한 생산계획은 어떻게 수립되어야 하는지 등이 규명되어야 한다. 마지막으로 이들의 단계를 〈그림 7-3〉에서 보는 바와 같이 서로 연결시켜야 한다.

이 단계들의 연결체제는 전 단계의 '어떻게(How)'가 다음 단계의 '무엇(What)'이 되는 방식으로 이루어진다. 예를 들면 품질 특성에서 설정된 기술 특성들의 목표치들은 다음 단계의 부품전개에서 '무엇'이 되어 이들 기술적 특성의 목표치를 달성하기 위한 부품 특성의 목표치들을 설정하게 된다. 이러한 과정은 계속되어 마지막 단계인 생산계획에서 주요 생산 요소의 목표치를 결정하는 데까지 이르게 된다.

고객 요구사항에 관한 정보는 〈그림 7-4〉와 같이 품질의 집(HOQ)이라고 불리는 매트릭스 형태로 정리되는데, 이 매트릭스는 고객의 요구사항을 생산 및 설계의 기본 목표로 전환하는 작업을 도와주게 된다. 이와 같은 과정은 제품 설계 및 생산과 관련이 되어 있는 모든 부서 간의 긴밀한 협조를 유도할 수 있으며, 다른 부서의 목표들에 대한 이해를 촉진하여 고객 만족을 위한 보다 나은 결과를 도출할 수 있게 하여 주는 것이다.

품질의 집 전개 과정의 첫 번째 단계는 고객 요구사항에 대한 명세표를 개발하는 것이다. 명세표에 명시된 고객 요구사항들은 다시 상대적 중요도에 따라 정리되게 되며 이 과정에서 고객은 다시 한 번 경쟁 기업과 자사의 제품에 대한 비교를 요구받게 된다. 다음 단계는 제품의 기술적 특성을 개발하는 단계인데 본 단계에서는 고객 요구사항을 충족할 수 있는 기술적 특성이 개발되게 된다.

〈그림 7-4〉 품질의 집

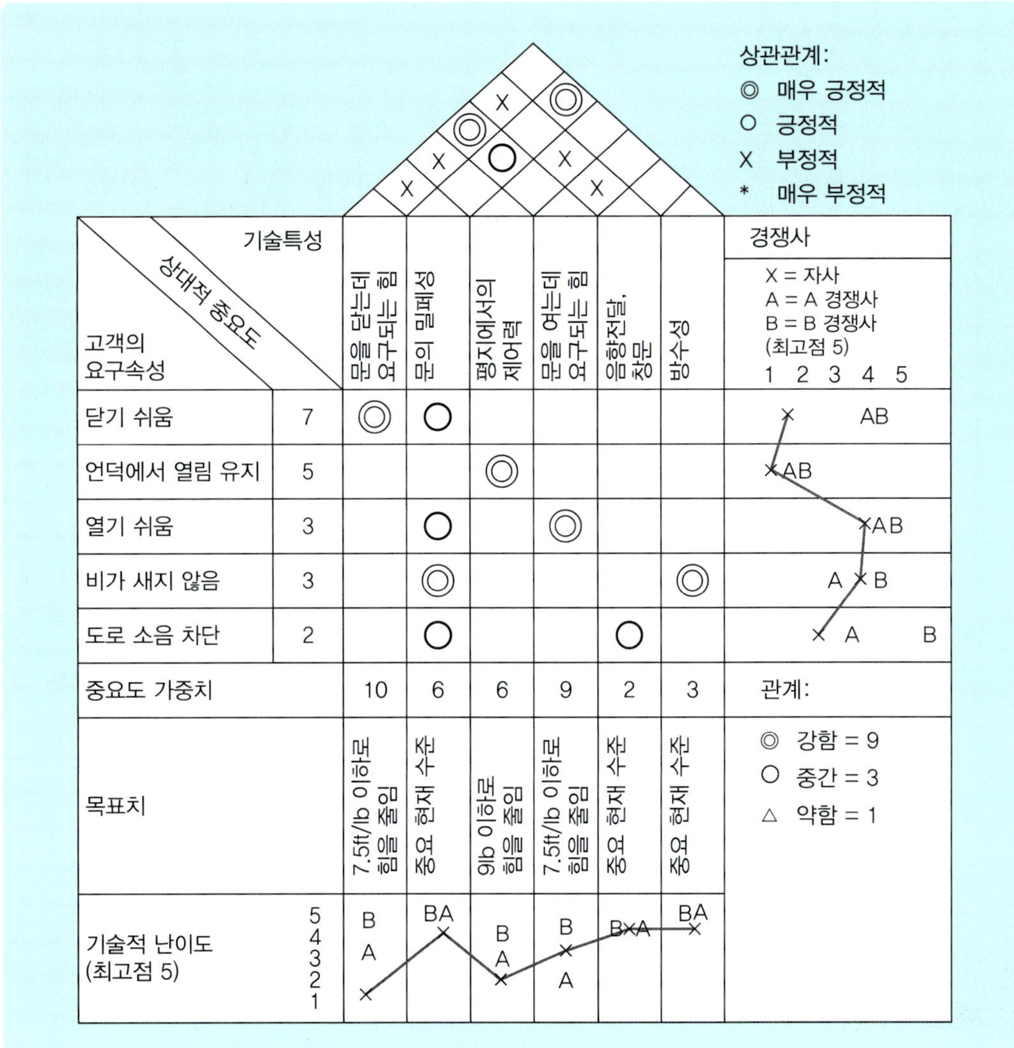

1) 설계의 난점

제품 설계의 단계부터 품질에 대한 고려가 필요하다. 다음 〈그림 7-5〉는 설계에서 제조에 이르기까지 일본 기업과 미국 기업의 설계 변경 특성을 보여주고 있다. 일본 자동차 회사는 설계 변경의 90%가 신제품 양산 시작 전에 끝나는 데 반해 미국의 자동차 회사에서는 신제품 양산 시작 후 제조 과정에서도 끊임없이 설계가 변경되고 있음을 보여주고 있다.

〈그림 7-5〉 자동차업체의 신제품 설계 후 제조에 이를 때까지 설계 변경 횟수

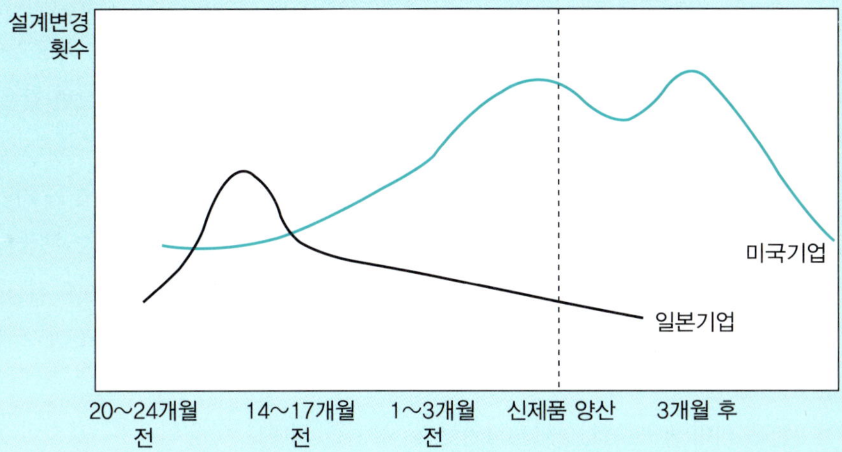

2) 품질 기능 전개의 설계 과정

품질 기능 전개는 다음과 같은 절차를 거쳐 설계된다.

- 고객이 요구하는 것은 무엇인지 나열한다.
- 고객이 요구하는 기준에 대해 가중치를 부여한다.
- 고객이 요구하는 기준을 설계에 반영하면 경쟁우위에 기여할 것인지를 검토한다.
- 제품을 어떻게 만들 것인지 검토한다.
- 기술자들이 고객이 감지하는 품질에 어떻게 반영해 줄 것인지를 논의한다.
- 하나의 기술이 변화하면 다른 특성에 어떻게 영향을 미칠 것인지 상호 관련성 등을 고려한다.

3) 품질 기능 전개의 사용 방법

품질 기능 전개는 다음과 같은 절차로 실시된다.

- 기술적 특성을 나열한다.
- 기술적 결정이 고객 특성에 어떻게 영향을 미치는지 관계 매트릭스를 작성한다.
- 타 경쟁사와 비교하는 벤치마킹을 통해 제품의 경쟁력을 평가하는 객관적 측정치를 매긴다.
- 기술적 창조력을 유발하는 매트릭스를 작성한다.

5. 설계 표준화

제품과 서비스를 설계할 때 또 하나 고려해야 할 중요한 점은 표준화이다. 표준화(standardization)란 제품과 서비스 또는 프로세스에서 다양성을 감소하는 정도를 말한다. 다시 말하면, 표준화는 제품 다양화를 줄이거나, 여러 제품에 될 수 있으면 같은 부품을 사용하거나, 또는 프로세스를 단순화시키는 것이다.

표준화는 다시 좁은 의미와 넓은 의미로 분류하여 설명할 수 있다. 좁은 의미의 표준화란 '구체적인 표준 규격이나 측정치'를 말한다. 그래서 협의의 표준화는 부품의 표준화를 통해 부품의 대량생산을 가능하게 하는 것이다. 그리고 대량생산은 다시 규모의 경제를 통해 비용을 절감시킨다. 또 협의의 표준화는 재고량을 감소시키고, 보전과 수리를 용이하게 한다.

넓은 의미의 표준화는 단순화와 서로 동일한 의미로 사용된다. 즉 광의의 표준화는 제품과 서비스의 종류를 단순화하는 것이다. 제품의 종류를 단순화시킴으로써, 고객에게 제공되는 제품과 서비스의 종류는 제한되지만 비용을 감소시킬 수 있다. 일본의 자동차 회사들은 다른 국가들에 비해 자동차의 선택사양을 대폭적으로 감소시켜 자동차를 판매하고 있다. 그러나 일본 자동차 회사들은 선택사양을 감소시키는 대신에 저가격에 고품질 제품을 만든다. 제품의 단순화를 통해 비용의 감소를 실현시켰기 때문에 저원가 구조가 가능하다.

서비스도 표준화를 시켜 모든 고객에게 동일한 서비스를 제공할 수도 있다. 식당에서 단 한 가지의 전문화된 음식만 파는 것도 일종의 서비스의 표준화이다. 이렇게 하여 표준화는 고객에게 서비스를 제공하는 시간과 가격을 감소시킬 수 있다. 특히 어떤 제품에 있어서 표준화는 한 국가에서뿐만 아니라 전 세계적으로 통용되고 있다. 전구와 소켓(socket), 그리고 영문 키보드는 이미 전 세계적으로 표준화되어 있다. 또 건전지, 필름, TV, 카메라, 자동차 타이어, 라디오도 전부 표준화되어 있다.

6. 모듈러 설계

모듈(module)이라 함은 다수의 부품(parts)으로 구성되어 있는 표준화된 중간 조립품(subassembly)을 말하는데 서로 다른 모듈들이 결합되어 하나의 제품을 구성하므로 제품의 기본적인 구성 단위가 된다.

모듈러 설계(moduar design)는 호환성이 있는 표준 모듈을 여러 가지로 다르게 결합하여 제품의 다양성과 생산원가의 절감이라는 이중의 목적을 달성하려는 제품 설계의 한 기법을 말한다. 이러한 예는 자동차, 컴퓨터, 통신기구, 전자제품, 조립식 주택, 가구 등 시스템 산업에서 활용하고 있다. 모듈러 설계는 이러한 장점 이외에 재고관리, 구매관리, 생산계획 등 전반적인 경영활동의 복잡성을 줄이는 긍정적인 역할을 한다. 그러나 모듈을 구성한 하나의 부품이 고장 날 경우 부품 수준이 아니라 모듈 단위로 관리되기 때문에 모듈 전체를 교체해야 하는 단점이 있다.

대량고객화(mass customization)를 위한 모듈화 방법에는 여섯 가지를 들 수 있다. 이는 제조기업의 제품뿐만 아니라 서비스기업의 상품개발을 위해 활용할 수 있다.

구성 요소 공유형 모듈화. 범위의 경제를 달성하기 위해 구성 요소 공유형은 동일한 구성 요소를 여러 제품 및 서비스에 사용한다. 비용이 제품의 수에 비례해 빠르게 증가하는 제품 라인에서 대량생산의 이점을 얻고자 할 때 매우 유리하다. 이 방법은 다양성을 늘리고 원가를 절감시키며 신제품 개발 속도를 높여준다. 서비스 상품의 예를 들면 보험상품은 보험금 지급이라는 구성 요소는 동일하지만 보험의 목적에 따라 상품의 형태가 달라진다. 또한 경호나 경비 서비스에서 경호원, 경호 장비라는 구성 요소는 동일하나 경호, 경비의 대상 또는 목적에 따라 그 형태(style)가 달라지는 것을 들 수 있다.

구성 요소 교환형 모듈화. 공유형 모듈화를 보완한 교환형 모듈화에서는 여러 요소가 동일 제품군의 제품에 조립되기 때문에 교환되는 구성 요소의 수만큼 상품이 생기게 된다. 따라서 공유형과 교환형은 사실상 정도의 문제이다. 서비스의 경우 사무실의 각종 서식이 교환형 모듈화의 좋은 예이다. 예식장에서 예식의 형태나 절차는 동일하지만 예식에 있어 중요한 신랑, 신부가 계속해서 변하는 상품이 된다. 사진관도 사진이란 동일한 형태(인화지, 인화 과정)에 사진의 모델이 바뀌므로 교환 형태가 된다. 최근 개인의 노래를 CD 음반에 제작해 주는 서비스는 매우 저렴한 가격으로 일일이 노래를 지도한 후 음반을 제작해 영원한 추억으로 만들어준다.

맞춤형 모듈화. 앞의 두 가지 유형과 비슷하나 맞춤형 모듈화에서는 하나 또는 그 이상의 구성 요소의 형태가 미리 계획된 범위 안에서 또는 실현 가능한 범위 안에서 끊임없이 변화한다는 점이 다르다. 제조기업에서는 의류 산업이 대표적이다. 서비스기업의 경우 셀프 서비스 샐러드 바에서 고객이 원하는 것을 먹고 싶은 만큼 선택할 수 있다. 맞춤형 모듈화는 개인적 요구에 맞도록 지속적으로 형태를 바꿀 수 있는 구성 요소에 고객이 가치를 두고 있는 상품에서 가장 유용하다. 현재의 상품 라인에 기성복이나 표준화된 자전거처럼 치수별로만 고를 수 있는 구성 요소가 있다면 그런 구성 요소를 개인에 맞추어 상품을 대량고객화 함으로써 경쟁우위를 점할 수 있을 것이다.

혼합형 모듈화. 이 유형은 위에서 열거한 유형 가운데 어느 것이나 활용할 수 있는 형태를 가진다. 단 구성 요소가 함께 혼합되면 전혀 새로운 것으로 변화된다는 점이 중요하다. 예컨대 어떤 특정한 페인트 색상을 혼합하면 처음 색상은 섞인 뒤의 최종 상품에서 볼 수 없게 된다. 사실 이 방법은 이미 많은 분야에서 이용되고 있다. 예를 들면 오케스트라처럼 각종 악기, 연주자, 지휘자 등이 혼합되어 그 자체의 음률보다 악기들의 조화된 새로운 음률이 만들어진다. 또 미술 작품 구성 요소인 물감, 금속체, 종이, 돌, 고령토 등이 미술가 재능에 의해 새로운 작품으로 완성된다.

버스형 모듈화. 버스형 모듈화는 여러 가지 다른 종류의 구성 요소를 결합할 수 있는 표준구조(혹은 기본제품)를 사용한다. 제조기업에서는 컴퓨터 제조업체를 대표적으로 들 수 있으며 서비스산업에서는 ATM과 미니텔, 그리고 CNN 등과 같은 기업들이 이런 모듈화 유형을 사용하고 있다. 각 제품 및 서비스의 하부구조가 버스인데 이것이 어떤 서비스를 투입할 수 있는지 여부를 결정하며 개별적으로 고객화된 무수한 거래를 제공할 수 있다. 버스형 모듈화의 가장 커다란 특징은 표준화된 구조를 통해 모듈의 유형이나 수를 다양하게 변화시킬 수 있다는 것이다.

조립형 모듈화. 마지막 유형은 모든 모듈화 유형 가운데 가장 높은 수준의 다양성과 고객화를 제공한다. 조립형 모듈화는 여러 가지 구성 요소의 표준적인 접촉면을 통해 서로 연결될 수만 있다면 그 수가 몇이든 형태가 어떻든 구성 요소를 임의의 방식으로 배열할 수 있다. 전형적인 예가 서로 연결시키기 위한 원통형의 접촉면을 가지고 있는 레고 블록이다. 레고로 짜맞출 수 있는 물건의 수는 상상력에 따라 늘어난다. 조립형 모듈화로 상품의 구조 자체가 바뀔 수 있고 다양성과 고객화를 위한 무한한 가능성이 열린다. 신문·잡지 또한 각종 기사, 사진, 광고, 주식정보, 문화정보를 소개 그리고 그 외의 정보를 적절하게 배합하여 고객에게 다양한 정보를 제공한다. 조립형 모듈화는 여섯 가지 유형 가운데 가장 강력하다. 그러나 그 반면 실행하기도 가장 힘들다.

이상에서 설명한 것을 그림으로 나타내면 다음 〈그림 7-6〉과 같다.

〈그림 7-6〉 대량고객화를 위한 모듈화

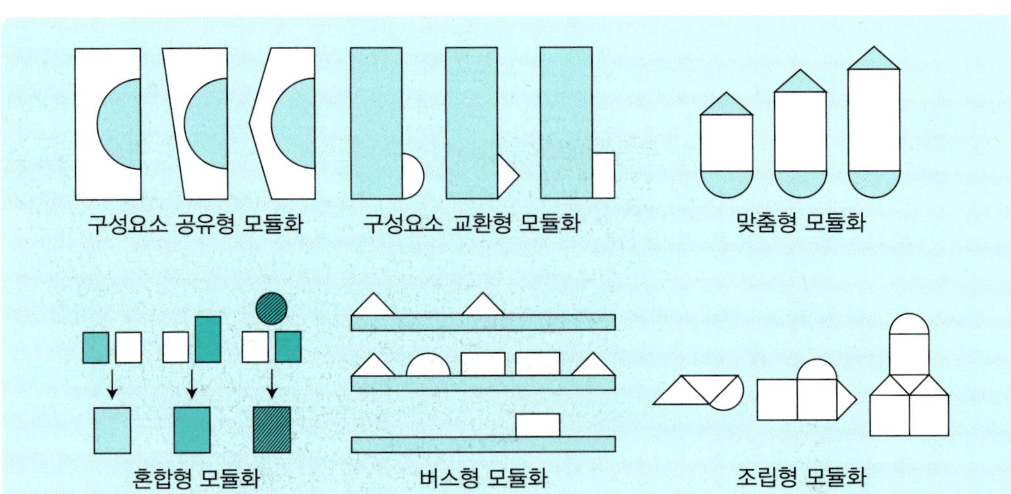

7. 환경친화설계

환경친화설계(design for environment: DFE)란 재생된 자재를 이용할 수 있도록 제품을 설계하는 것으로 재생될 수 있는 자재나 구성품 등을 이용하고, 폐기보다는 수리가 용이한 제품을 설계하고, 불필요한 포장은 최소화하는 설계 그리고 제조, 소비 및 폐기가 이루어지는 동안 자재와 에너지 소비를 최소화하는 것 등을 포함한다.

8. 품질 로버스트 설계

설계를 잘 해야만 제품을 경제적으로 생산할 수 있고, 품질 문제를 사전에 방지할 수 있다. 설계가 끝난 제품은 생산에 들어가는데, 여기에서 중요한 것은 설계도에 명시된 대로 생산을 잘 해야만 한다는 것이다. 설계도에는 제품이 어떤 조건에서 제 기능을 완전하게 발휘한다는 것을 명시하고 있다. 하지만 중요한 것은 조건이다. 조건의 범위가 상당히 좁다면, 이 조건을 충족시키는 제품을 생산하기도 어렵지만, 생산한다 하더라도 실제 상황에서 사용하기도 상당히 어려울 것이다.

하나의 예를 들어 어떤 제품을 생산하는데 이 제품이 습도에 매우 민감하다고 하자. 그래서 습도가 40~50%인 경우에만 기능을 100% 발휘하고, 이 습도 범위의 밖에서는 기능이 현저하게 감소한다고 할 경우 이런 제품은 생산하기도 어렵고, 또 사용하기도 어렵다. 이 제품을 생산할 때나 사용할 때 습도를 항상 40~50%로 유지해야 하기 때문이다. 이것은 습도 유지를 위한 새로운 시설을 필요로 하기 때문에 비용이 더 소요될 뿐만 아니라 필요 이상의 시간과 공간을 요한다.

이런 문제를 해결하는 기법이 바로 품질 로버스트 설계(quality robust design)이다. 품질 로버스트 설계는 제품이 보다 혹독한 조건에서도 제 기능을 충분히 수행할 수 있도록 제품을 설계하는 것이다. 다시 말하면, 품질 로버스트 설계란 불리한 작업 조건과 환경 조건에서도 성능 특성이 지속적으로 균일한 제품이 생산되도록 설계하는 것을 말한다.

7-4 글로벌 관점에 의한 제품 설계 및 생산

제품시장의 글로벌화는 기업에게 새로운 도전의 기회를 제공하고 있다. 글로벌화의 추세는 기업에게 그들의 국가가 속하여 있는 지역에서의 요구사항과는 다른 제품의 설계 및 생산에 대한 능력을 요구하고 있다. 글로벌화한다는 것은 새로운 시장에서의 판매를 위한 추가적인 생산을 의미하며 기업은 이와 같은 추가적인 환경변화와 기업의 크기 및 지식 등을 효율적으로 결합해야만 하는 것이다. 종종 장거리 물류비용 때문에 기업들은 현지에서 생산시설을 갖추고 생산하는 것을 선호하는 경우도 발생한다. 다음은 기업이 글로벌화 전략을 추진하는 경우 참고가 될 만한 전략을 소개하기로 한다.

1. 글로벌 제품 설계 전략

글로벌화를 시도하는 기업에서 제품 설계 전략은 차별화되어야 하는데 일반적으로 선택하게 되는 전략은 그들의 제품을 여러 개의 모듈로 나누어 제품을 설계하는 것이다. 이와 같이 세분화된 모듈의 경우는 전 세계적으로 통용될 수 있는 표준화된 모듈도 존재할 수가 있으며 경우에 따라서는 판매하게 되는 지역의 특성에 따라서 차별화되어야 하는 모듈도 존재할 것이다.

글로벌 제품 설계 전략의 핵심은 바로 모듈 중에서 표준화될 수 있는 모듈과 차별화되어야 하는 모듈을 구분하고 표준화될 수 있는 모듈의 경우는 대량생산을 통하여 원가 절감을 최대화를 이룩하며 차별화를 통해서는 각 지역 및 국가에서의 매출을 극대화할 수 있는 지혜로운 전략적 조합을 찾아내는 것이라고 할 수 있다. 예를 들어, 월풀사의 냉장고와 같은 경우 태국과 같은 지역 마켓에서는 소비자들이 냉장고를 부엌에 비치하여 두는 것이 아니라 거실에 비치하여 놓는다는 생활관습의 차이를 간파하고 태국시장으로 출하한 냉장고의 경우는 거실 환경에 보다 잘 어울리는 밝은 색상을 활용하여 성공한 경우를 눈여겨 볼 필요가 있다.

7-5 제품 개발 성과의 측정

제품의 꾸준한 개발과 시장 진입이 기업의 경쟁력과 매우 밀접한 관계에 있다는 것은 이미 앞서 설명된바 있다. 시장에서 성공하기 위하여 기업은 항상 고객 요구 변화에 민감하게 대처해야 하며 경쟁자의 움직임을 면밀히 관찰 분석할 필요가 있겠다. 그렇기 때문에 새로운 제품 및 공정에 대한 기회를 포착하고, 개발노력을 경주하며 시장 진입의 꾸준한 시도는 매우 중요한 문제이다. 한편, 기업은 새로운 제품을 가장 효율적인 방법을 통하여 시장에 진입시켜야만 한다.

최근 들어 신제품 및 신기술의 숫자는 급격히 늘고 있는 반면에 제품수명주기는 상대적으로 짧아지고 있는 현실을 감안할 때, 과거 보다는 상대적으로 제품 개발 당 예산이 줄어들 수밖에 없는 실정이며 그렇기 때문에 효과적인 제품 개발 과정의 관리가 더욱 중요시 된다고 하겠다.

제품 개발 과정의 성과에 대한 측정은 신제품 개발 속도 및 신제품 개발 건수, 개발 과정의 생산성, 개발 완료된 제품의 질 등으로 분류될 수 있다. 〈표 7-1〉에서 보는 바와 같이 시간, 품질, 생산성은 개발 과정의 성과를 측정하는 데 활용될 수 있을 뿐 아니라

〈표 7-1〉 제품 개발 성과의 측정

성과 차원	측정 척도	
개발 기간 (time-to-market)	• 시장에 출하된 신제품 건수 • 프로젝트 시도 건수 및 성공 건수 • 신제품으로 발생된 매출의 비율	• 개발시기부터 시장 출하까지 경과시간 • 계획 대비 실적
생산성 (productivity)	• 프로젝트당 투입 노동시간 • 계획 대비 실적	• 프로젝트당 재료 및 기자재 비용
품질 (quality)	• 적합성: 사용상의 신뢰성 • 수율: 공장과 시장	• 설계: 성능과 고객 만족

생산, 광고, 고객 서비스 등 다른 기능과의 연계하여 개발 활동에 대한 시장 효과 등을 측정할 수 있는 도구로 활용될 수도 있다.

7-6 생산을 위한 프로세스 선택

공정(process)이라 함은 어떤 특정제품을 생산하기 위해 필요한 원자재의 투입에서 제품의 산출에 이르는 모든 작업의 유기적 집합체(a set of works)를 말한다. 공정공학(process engineering)이 제조 과정에서 일어나는 기본적 활동들을 기술적으로 설계하는 것이라고 한다면 공정선택은 공장 안의 공정 종류를 정하는 전략적 의사결정이라고 볼 수 있다. 제품의 최종 설계는 생산 공정을 어떻게 구성할 것인가와 불가분의 관계에 있다. 공정을 선정할 때는 생산 공정의 기술적 측면과 생산 설비 선정 기준을 고려해야 한다.

1. 프로세스 선택을 위한 공정의 종류

프로세스 선택을 위한 공정의 종류는 다음과 같은 것들이 있다.

- 변환 공정: 변환 공정이란 광석을 사용하여 강철을 만든다든가 또는 여러 가지의 화학물질을 혼합하여 치약을 제조하는 등의 공정을 의미한다.
- 제조 공정: 제조 공정은 강철판을 갖고 자동차 문짝 형태를 찍어 내고 금을 이용하여 금목걸이를 세공하는 등 원자재의 물리적인 변환을 담당하는 공정을 의미한다.
- 조립 공정: 조립 공정은 여러 가지 부품을 물리적인 변형 없이 말 그대로 조립하여 완제품을 만드는 공정을 의미한다.
- 검사 공정: 검사 공정은 조립 공정에서의 완제품을 검사를 하기 위한 공정을 의미한다.

2. 생산 프로세스의 기술적 측면

특정 제품을 생산할 수 있는 기술적 가능성이 기업 내에 존재하는지, 있다면 어떤 생산 공정을 선택해야 하는지 등이 기술적 측면을 고려할 때 검토해야 할 요소이다.

이러한 요소에는 가공(fabrication)과 조립(assembly)이 있다. 가공은 다음과 같은 요소 중에서 검토해야 한다. 첫째, 형태를 만드는 형상(forming)이 있다(예: casting, forging, benging, rolling). 둘째, 일정부분을 제거(예: boring, drilling, milling, turing)하는 머시닝(machining)이 있다. 셋째 물체의 속성을 바꾸는 열처리(heat-treating)와 넷째, 녹의 방지 및 미적 요소를 높이는 표면처리(surface-treating)가 있다(예: painting, sandbilasing, plating, waxing). 마지막으로 서로 다른 부품을 연결하는 연결(joining)이 있다(예: 볼트, 리베트 등을 사용한 기계적 연결, solding, welding).

3. 생산 설비(기계)의 선택

생산 설비를 범용 기계로 하는가 또는 전용 기계로 하는가는 여러 결정 요소에 따라 달라진다. 〈표 7-2〉는 생산 설비를 선택할 때 결정해야 할 요소이다.

〈표 7-2〉 생산 설비의 선택

결정 요소	범용 기계	전용 기계
투자비용	공급이 많고 중고품도 많아 가격이 쌈	비싸다
생산량	낮다	높다
직접노동력	많다	적다
신축성	높다	낮다
준비 시간	적다	많다
진부화	영향이 적다	영향이 크다
재공품재고	많다	적다

4. 제품-공정 매트릭스

기업이 생산하는 제품과 그 제품을 생산하는 프로세스는 적합해야 한다. 신제품 개발 단계가 완성되었으면 이를 생산해야 한다.

1) 제품-공정 전략

생산해야 할 제품과 어떤 공정에서 생산할지를 연결하는 데 도움을 주는 것이 〈그림

〈그림 7-7〉 제품-공정 매트릭스

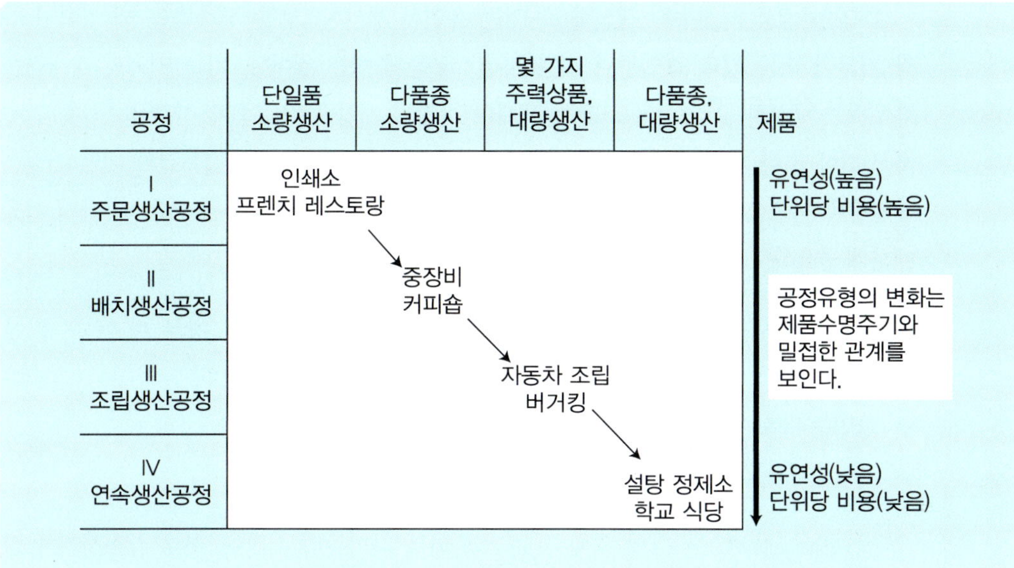

7-7〉 제품-공정 매트릭스이다. 이러한 제품-공정 매트릭스(product-process matrix)는 생산량, 제품 설계, 프로세스 사이의 관계를 보여준다. 이 매트릭스의 수직적인 구분에서는 프로세스의 특성을 나타내는 것으로서 프로세스의 복잡성(complexity), 프로세스의 분기(process divergence), 프로세스 흐름(process flow) 등으로 설명된다.

프로세스의 복잡성이란 프로세스를 수행하는 데 필요한 단계가 얼마나 많고, 복잡한지를 의미한다. 프로세스 분기란 프로세스가 수행되는 방법에 있어서 재량권으로 고객화될 수 있는 정도를 나타낸다. 프로세스 흐름이란 작업이 프로세스의 일련의 단계를 거쳐 진행될 때 순차적인 진행의 정도와 다양한 진행의 정도를 의미한다. 수평적인 구분은 제품종류 및 생산량을 나타낸다.

이러한 제품-공정 매트릭스는 제품과 프로세스를 연결하는 개념적 틀을 제공하며 어떠한 프로세스를 선택할지에 관한 의사결정에 도움을 준다. 일반적으로 가장 적합한 제품-공정 유형은 제품공정 매트릭스의 대각선상에 위치하는 것이다. 만약 특정 기업이 이러한 대각선상에 위치한 매트릭스로부터 크게 벗어난 프로세스를 선택하고 있다면, 이는 그 기업이 현재 제공하는 제품과 프로세스가 적합하지 않다는 것을 의미할 수 있다. 전통적으로 이러한 위치는 매우 고정적인 것으로 이해되었으며 대각선상에 한번 위치하면 좀처럼 다른 곳으로 이동하기는 어려운 것으로 여겨졌다. 그러나 경영환경의 변화와 더불어 현대 경영에서는 아주 유연한 생산 공정을 가질 수 있는 것을 경쟁력으로 강조하고 있다. 제품의 수명이 짧아지고, 고객의 수요가 다양해지는 환경변화에서는 이를 지원할 수 있는 유연한 프로세스를 갖출 수 있는 것이 초일류 기업의 조건으로 받아

들여진다.

다양한 제품을 신속히 생산할 수 있는 유연한 생산시스템을 구축하는 데 있어서 가장 기본이 되는 것은 작업준비 시간(set-up time)을 줄이는 것이다. 이는 기업의 경쟁력을 좌우하는 중요한 요소이다. 그래서 세계의 수많은 기업은 작업준비 시간을 두 자리 숫자 시간에서 한 자리 숫자 시간으로 줄이려고 많은 노력을 하였다. 그 결과 어떤 기업은 작업준비 시간을 수분으로까지 단축시켰다. 작업준비 시간은 다음과 같은 세 가지 이유 때문에 중요하다.

- 작업준비 시간이 길어지면 1회 생산량(로트)이 커진다. 따라서 평균 재고량도 많아진다.
- 작업준비 시간이 짧아지면, 불량품이 감소되고 검사가 감소된다.
- 작업준비 시간이 짧아지면, 기계의 생산능력이 증가된다.

싱고(Shingo)(1986)는 그의 책에서 내부와 외부 작업준비 시간을 전부 감소시켜야 한다고 하였다. 외부 작업준비 시간이란 기계의 작동을 중단시키지 않고 행할 수 있는 작업을 말한다. 반대로 내부 작업준비 시간은 기계의 작동이 반드시 정지되어야만 행할 수 있는 작업을 말한다. 다음 프로세스에 필요한 원자재나 부품을 기계 앞으로 미리 갖다 놓는 작업은 외부 작업준비 시간의 예이다.

2) 제품-공정 매트릭스의 전략적 의미

첫째, 우수한 경쟁능력 파악. 제품과 공정의 두 차원을 동시에 고려하게 되면 이 부문에서 자신이 가지는 우수한 경쟁능력(distinctive competence)을 정확히 파악할 수 있으므로 조직의 성과를 증가시킬 수 있다. 따라서 기업들은 무엇보다도 먼저 제품-공정 매트릭스 상에서 자신의 위치를 파악함으로써 제품과 마케팅 측면에서 기업이 가지는 생산능력과 생산 측면에서의 생산능력을 연결하여 기업의 전략 수립에 이용할 수 있다.

둘째, 운영의 초점. 제품-공정 행렬상의 위치 선택은 기업의 지배적 방향을 반영하게 된다. 마케팅(제품) 중심의 기업은 여러 가지 제품의 특징으로 시장변화에 신속하게 대응하게 되어 행렬의 대각선의 위쪽에 위치하게 되고, 제조(공정) 중심의 기업은 원가 또는 제품신뢰도를 강조하게 되어 행렬 대각선의 아래쪽에 위치하게 된다. 이렇게 기업이 제품 중심을 추구하느냐 혹은 공정 중심을 추구하느냐는 기업의 목표와 방침에 달려있다.

셋째, 위치의 이동. 기업전략에 의해 위치를 이동시킬 수 있는데 만일 대각선 아래쪽으로 이동하였다면 다품종 소량생산을 고정흐름으로 생산하게 되는 것으로 상대적으로 자본 집약도가 높다. 이러한 생산 체제는 장기간에 걸친 투자로서의 비용이 아닌 지금 당장 소모성으로 지출되는 경비와 같은 비용(out-of-pocket cost)의 특성을 가지고 있다. 즉 제품 다양성을 유지하기 위해서 공정이 끊임없이 중단되고 자주 공구를 바꾸는 준비

작업을 해야 하는데 공정흐름을 위한 투자는 적절하지 못하게 지급된 비용이다. 이와 같은 공정 특성을 유지하기 위해서는 막대한 투자의 금융비용을 회수하기 위해 마케팅 부서에 판매에 대한 압력이 가해진다. 결국 이 경우 제품표준화를 통한 판매량 확대를 위해 대각선상으로 올라가는 노력이 행해지게 된다.

반면에 대각선 위쪽으로 이동하였다면 표준화된 제품의 대량생산을 주문생산, 한정량 생산 공정으로 생산하는 것으로 범용 기계를 사용함으로 노무비가 많이 든다. 이러한 생산 체제는 기회비용(opportunity cost)의 특성을 가지고 있다. 즉 공정에 대한 투자를 하여 전용 기계를 설치하고 사용함으로써 원가를 낮추고 더 많은 이익을 올릴 수 있는 기회를 상실하였기 때문이다. 표준화된 제품을 생산함으로 생산 부서에 원가를 낮추도록 하는 압력이 존재하므로 기계화를 통해서 대각선상으로 내려가는 노력이 행해지게 된다.

3) 제품-공정 매트릭스의 한계

제품-공정 매트릭스 분석의 한계를 살펴보면 다음과 같다.

첫째, 공정수명주기에서 공정기술의 진화 단계는 일련의 순서적인 단계를 거치는 것으로 가정하고 있다. 즉 주문생산 공정에서 배치생산 공정으로, 조립생산 공정에서 연속생산 공정으로 진화한다는 것이다. 이러한 순서들은 자본 집약도의 증가, 공정 유연성의 감소, 전문화의 증가 등을 수반하게 된다. 그러나 공정기술의 진화가 항상 동일한 순서를 따라서 진화하는 것은 아니다. 최근에 개발된 유연생산시스템(FMS)은 원가를 낮추면서 유연성을 높일 수도 있고, 일본에서 시행하고 있는 적시생산시스템(JIT)은 높은 설비투자를 요구하지만 생산에서 유연성을 상당히 높여 주고 있다.

둘째, 매트릭스 분석은 제품수명주기와 시장수명주기(market life cycle)가 동일하다는 가정을 하고 있지만 실제로 그렇지 않은 경우도 있다. 예를 들어 TV 산업은 현재 성격상 성숙기에 접어들어 있으나 같은 기술을 공유하고 있는 TV 본체와 동일한 퍼스널 컴퓨터에 사용되는 모니터는 현재 성장기의 제품이 된다. 따라서 같은 제품이라도 산업에 따라 그 성격을 달리한다.

요약

제품 설계가 중요한 것은 경쟁우위의 확보 및 생산성의 향상이 제조 과정보다는 선행 프로세스인 신제품 개발 과정에서 이미 결정된다는 것 때문이다. 또한 신제품의 성공은 단지 제품을 개발할 수 있는 기술적인 능력에 의해서만 결정되는 것이 아니다. 오히려 기술적인 능력보다도 이 제품이 시장에 출시됐을 때 고객이 선호할 수 있는 제품의 속성을 가지고 있어야 하며 또한 이것을 합리적인 가격으로 제공할 수 있어야 가능하다. 이러한 성공요소들이 제품개발 과정에서 고려되기 위해서는 적절한 설계 과정이 필요하며 제품개발의 성공 및 제품개발 기간의 단축에 중요한 영향을 미치게 된다.

제품 설계는 일반적으로 예비설계, 최종 설계, 프로세스설계 등을 포함한 제반 단계로 이루어져있다. 설계능력의 향상을 위해 사용되는 대표적인 기법은 품질기능전개와 동시공학 설계 등이 있다. 기업이 생산하는 제품과 그 제품을 생산하는 프로세스는 적합해야 한다. 제품-공정 매트릭스는 제품과 프로세스를 연결하는 개념적 틀을 제공하며 어떠한 프로세스를 선택할지에 관한 의사결정에 도움을 준다. 일반적으로 가장 적합한 제품-공정 유형은 제품공정 매트릭스의 대각선상에 위치한다.

복습문제

1. 신제품 개발에 QFD가 어떻게 활용되는지 설명하고 QFD 기법의 한계에 대하여 토의하라.
2. 제품 다양성은 어떻게 설명할 수 있으며 이를 반영하기 위한 설계 기법은 어떤 것이 있는가?
3. 대량고객화를 위한 모듈화 방법을 설명하라.
4. 동시공학 기법에 대하여 토의하고, 생산시스템에 미치는 영향이 무엇인지 알아보라.
5. 가치공학과 가치분석의 차이점은 무엇인가?
6. 글로벌 관점에서 제품 설계를 설명하라.
7. 제품 개발 성과측정 지표들을 설명하라.
8. 제품-공정 행렬의 시사점은 무엇인지 논의하라.
9. 제품 설계가 끝나고 이를 생산하려고 할 때 고려해야 할 요소는 무엇인가?

마무리사례: 미쯔비시사의 친환경제품 설계

일본의 미쯔비시(MITSUBISHI)사는 1921년 설립됐으며, 세탁기, 냉장고, 청소기, 공기청정기 등 가전제품과 자동차 제품 그리고 태양광발전시스템 및 엘리베이터 등 산업용 전자제품과 영상정보기기 등 전기·전자 제품을 총망라하여 생산하는 글로벌 기업이다. 2010년 기준으로 매출액 약3700억 엔, 종업원 114,443명이 근무하고 있다. 이 회사는 저탄소배출 사회와 순환형 사회 형성이라는 거시적인 목표 아래 환경 관련 장기 비전인 『환경비전 2021』을 수립하였다. 이러한 장기비전을 바탕으로 기업의 에너지 사용 감소 및 온실가스 감축에 앞장서고자 노력하고 있다. 『환경비전 2021』의 상세내용을 살펴보면, 제품 사용 및 생산 시 CO_2 배출량을 기준년 대비 30% 저감, 제품 3R 촉진을 위한 자원사용량 저감, 생산공정의 폐기물 배출량 제로화 등 세 가지 목표를 설정하고 이의 달성에 관심과 노력을 경주하고 있다. 미쯔비시사의 생산제품 중 친환경 디자인을 적용한 대표적인 사례는 제품생산의 전 과정에서 나타나는데, 제품 포장재의 간소화, 냉장고 및 TV 등 가전제품의 설계 및 사용시 에너지효율 향상에 대한 고려, ECO 모니터 도입을 통한 에너지 절약 의식 고취, 제품 설계 시 가능한 한 부품 수를 적게 하며, 재생수지 사용, 플라스틱 부품의 재질표시 및 난연제 종류 표시 등 효율적인 자원 사용 등을 예로 들 수 있다. 미쯔비시사는 이러한 환경방침을 수립하고 시행함으로써 지구환경에 끼치는 온실가스 및 에너지 부하를 최대한 줄이기 위해 노력하고 있다. 즉 각 제품을 지속적으로 개선하기 위해 소형/경량화, 고성능, 자원절약, 에너지절약에 주력하고 있다.

자료: KONETIC, 2011)

서비스 설계와 프로세스 선택

8

학습목표

1. 서비스의 정의에 대해 알아본다.
2. 경제 활동에서의 서비스 역할과 서비스 비즈니스에 대해 알아본다.
3. 서비스의 운영상 분류 및 특징을 알아본다.
4. 서비스 접점에서 행동과학의 적용을 알아본다.
5. 서비스 접점의 구성을 알아본다.
6. 서비스 상품의 설계, 서비스 시스템 설계 매트릭스를 이해한다.
7. 서비스 청사진과 안전장치를 알아본다.
8. 서비스 전달시스템 설계의 세 가지의 특징을 이해한다.

도입사례

사우스웨스트 항공사

사우스웨스트 항공사는 1971년에 텍사스를 기점으로 출발한 저가 항공사이며, 저가 항공사에 대한 모델을 제시한 창시자격인 회사로, 최근의 많은 저가 항공사의 모델이 되고 있다. 이 회사는 저가 전략에 맞춰 저가를 달성할 수 있는 서비스 프로세스를 갖추도록 설계되고 그것에 적합한 운영을 실행할 수 있기 때문에 지속적인 성장과 성공을 이룰 수 있었다.

저가 모델의 핵심은 고가 항공사들의 허브-앤-스포크가 아닌 포인트-투-포인트 모델을 선택한 점이다. 항공사는 고가의 항공기라는 자산을 활용하는 산업이므로 이에 대한 효율을 높이는 것이 비용 절감의 핵심이다. 포인트-투-포인트 시스템을 통해 저가의 기반을 마련하고 모든 운영을 이 시스템이 잘 작동할 수 있는 체제로 갖출 수 있었던 것이 지속적인 수익을 유지할 수 있었던 배경이라고 할 수 있다. 이러한 이해를 바탕으로 아래와 같은 모든 운영 부문의 의사결정이 저가를 달성할 수 있도록 선택되었다.

- 직항 노선 운항: 다른 항공기 운항 스케줄과 연결되지 않는 독립적인 운항으로 정시 운항의 가능성을 향상시킴
- 덜 붐비는 도심 공항 이용: 고객의 접근성 향상, 공항 이용 비용의 절감, 정시 운항의 가능성 향상
- 수화물 개수의 제한: 정시 출발의 가능성 향상

- 한 종류의 기종을 이용: 낮은 부품 구매 비용, 품질 및 유지 비용
- 기내 식사의 생략: 낮은 가격의 항공권, 식사 재료의 준비 및 제공에 발생할 수 있는 시간 소요 및 인건비 감소
- 팀으로 운영: 정시 출발의 가능성 향상

사우스웨스트 항공사는 이러한 운영상의 장점들뿐만 아니라 최고경영자의 사람 중심의 경영철학을 바탕으로 한 독특한 기업문화를 형성하였다. 그 예로 직원을 채용하는 면접에서도 주요 고객들을 면접관으로 초대하여 고객과 함께하는 문화를 형성하였으며, 직원들이 주인의식을 가지고 일을 할 수 있도록 가족 같은 분위기 및 복지혜택을 제공하였다. 또한 펀(fun) 경영을 중요시하여 기내에 탑승한 승객과 승무원이 목적지까지 가는 동안의 시간이 즐거움이 될 수 있도록 서로의 관계를 증진시키는 익살스러운 경험을 제공하고 있다. 이러한 철저한 분석에 의한 서비스 프로세스 선택 및 서비스 설계는 다른 기업이 모방하기 힘든 사우스웨스트만의 독창적인 자산이 되었다.

자료: 한경사, 2014.

8-1 서비스의 정의 및 본질

1. 서비스의 정의

서비스는 고객을 대상으로 하거나 그들에게 속한 물건을 대상으로 하는 활동(프로세스 또는 여러 단계로 구성된 집합)이라고 정의하지만, 이에 대한 정의는 다양하다. 이처럼 서비스는 다양하지만 모두 공통적으로 무형성과 생산과 동시에 소비된다는 특성이 있다. 서비스는 행위, 프로세스 그리고 결과로 이루어져 있다. 즉 고객과 서비스 제공자의 인적자원(종업원)과 물적 자원(설비, 시설), 서비스 제공시스템 사이(전달 시스템)의 상호 작용이 일어난다.

서비스는 무형적이면서 일정 시간이 지나면 쓸모없어지는 특성이 있다. 서비스는 거의 동시에 창출되고 사용되는 프로세스나 형태를 의미한다. 서비스는 시간 소멸적이고 무형적인 경험을 말한다. 〈표 8-1〉에는 서비스에 대한 다양한 정의가 나타나 있다.

2. 서비스 품질의 차원

서비스 품질의 차원은 다음과 같이 열 가지를 제시할 수 있다.

- 유형성: 물리적 시설, 장비, 직원, 자료(정보)의 외양
- 신뢰성: 약속한 서비스를 믿을 수 있고 정확하게 수행하는 능력
- 대응성: 고객을 기꺼이 돕고 신속한 서비스를 제공하려 하는 것
- 능력: 필요한 기술 소요 여부와 서비스를 수행할 지식의 소유 여부

〈표 8-1〉 서비스 정의의 비교

분류	학자	정의
서비스 속성을 중심으로 한 정의	J. M. Rathmell(1966)	• 시장에서 판매되는 무형의 제품 • 유형과 무형의 구분은 손으로 만질 수 있는가의 여부임
	W. J. Regan(1963)	• 재화는 먼저 생산되고 후에 소비되는 반면, 서비스는 먼저 판매되고 후에 생산과 동시에 소비됨
서비스의 활동성, 실용성을 중심으로 한 정의	K. J. Blois(1974)	• 현재의 형태에 물리적 변화를 가하지 않으면서 편익과 만족을 산출하는 판매를 제공하는 행위
	AMA(1966)	• 판매를 위하여 제공되거나 혹은 판매에 수반되는 제 활동
	L. L. Berry(1980)	• 활동, 퍼포먼스 또는 노력
유형재와의 복합적인 효용과 편익을 중심으로 한 정의	P. Kotler(1984)	• 한쪽이 상대편에게 제공하는 효용이나 그에 따른 행위 • 유형 제품에 연결될 수도 있고, 그렇지 않을 수도 있음
기타의 정의	T. Levitt(1972)	• 인간이 인간에 대한 봉사

- 친절성: 일선 근무자의 정중함, 존경, 배려, 친근함
- 진실성 서비스 제공자의 신뢰성, 정직성
- 안전성: 위험, 의심의 가능성이 없는 것 (식품 안전성)
- 접근성: 접촉 가능성과 접촉의 용이성
- 의사소통: 고객들이 이해하기 쉬운 고객 언어로 이야기하고, 고객의 이야기에 귀를 기울이는 것
- 고객 이해: 고객의 욕구를 알기 위해 노력하는 것

3. 경제활동에서의 서비스의 역할

제조와 서비스는 매우 밀접한 관련을 가지고 있다. 따라서 제조업과 서비스업의 통합적 능력을 위해서라도 서비스가 경제활동에서 차지하는 역할은 매우 중요하다고 볼 수 있다. 즉 제조업과 부가가치 서비스 그리고 비즈니스 서비스를 통해 제조업의 경쟁력 향상에 기여하게 된다. 이를 지원하는 서비스로 사회기반 서비스, 분배/유통 서비스 그리고 공공/정부 서비스가 있다.

이들의 관계를 그림으로 나타내면 다음 〈그림 8-1〉과 같다.

4. 서비스의 본질

서비스의 본질은 다음에 서술된 일곱 가지를 일반적인 원칙으로 포함한다.

- 모든 사람은 서비스의 전문가라고 할 수 있다. 우리는 다양한 삶을 통해 서비스기업

〈그림 8-1〉 경제활동에서의 서비스 역할

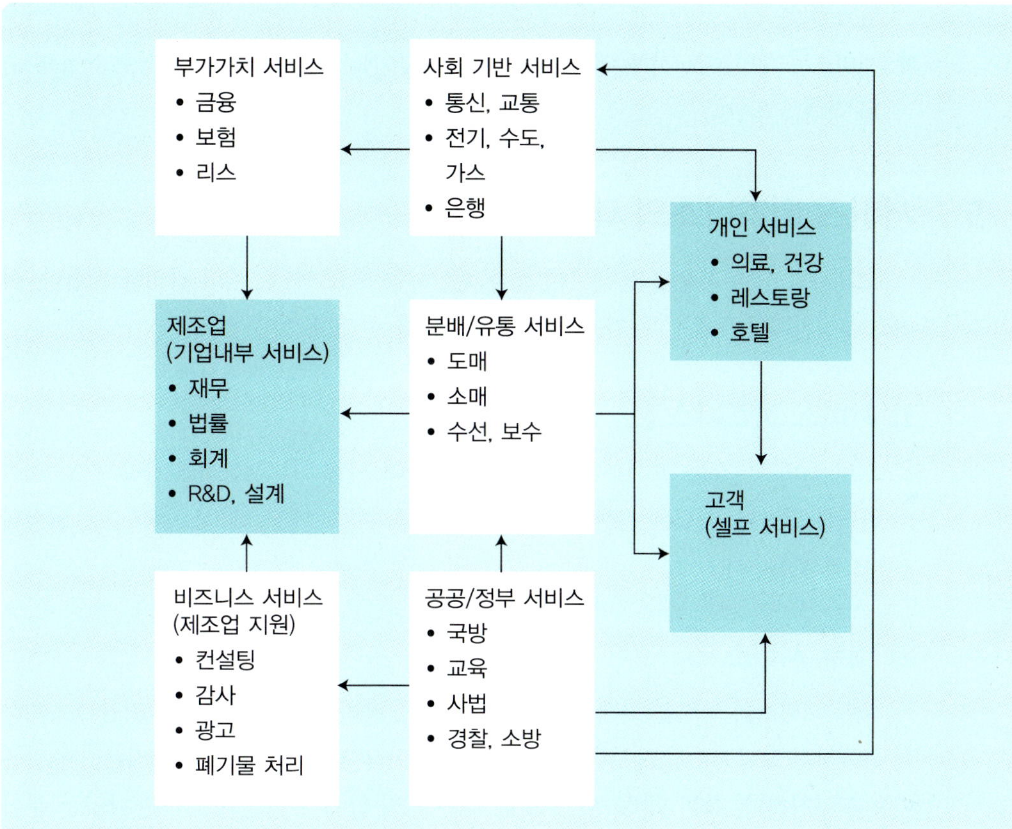

으로부터 우리가 무엇을 원하는지에 대해 알고 있고, 서비스 전달 과정에 대한 풍부한 경험을 가지고 있다.

- 서비스는 특이하다. 특정 서비스를 제공하는 데 우수한 면이 다른 서비스에서는 아무런 의미도 없을 수 있다. 예를 들어, 식당에서 39분도 채 안 되어 식사를 할 수 있다는 것은 패스트푸드점에서는 유리하나, 값비싼 프랑스 레스토랑에서는 상상도 할 수 없는 일이 될 것이다.
- 작업 품질이 곧 서비스 품질은 아니다. 차를 구매할 때 자동차 판매 대리점은 자동차 구매를 처리하는 데 있어서 매우 높은 수준의 작업품질을 보일 수 있으나, 이 과정 자체가 1주일 이상 걸린다면 아무리 좋은 작업품질을 보유하고 있다 하더라도 의미가 퇴색될 것이다.
- 대부분의 서비스는 서비스 패키지를 구성하는 유·무형의 속성들의 혼합을 포함한다. 이 패키지는 설계와 관리 면에서 재화의 생산과는 다른 접근을 요구한다.
- 제품은 소비되지만, 서비스는 경험되는 것이다.

- 서비스의 효과적인 관리는 운영뿐 아니라 직원과 마케팅에 대한 포괄적인 이해를 필요로 한다.
- 서비스는 대면접촉, 전화, 전기 기계 그리고 메일을 포함하는 접점 간 상호 작용의 순환 형태를 취한다.

5. 서비스 비즈니스와 내부 서비스

고객과의 상호 작용을 통해 서비스를 생산하는 주요 사업조직의 관리를 말한다. 서비스 운영관리의 주제는 두 가지 내용으로 분류될 수 있다.

1) 서비스 비즈니스

서비스 비즈니스는 고객과의 상호 작용을 통해 서비스를 생산하는 주요 사업 조직의 관리를 말한다. 이것은 은행, 항공사, 병원, 법률회사, 소매점, 레스토랑과 같은 일상의 서비스를 포함한다.

2) 내부 서비스

내부 서비스의 목적은 고객 접점에서 일어나는 제반의 서비스 활동을 지원하기 위하여 존재한다(그림 8-2 참조). 이러한 서비스는 데이터 처리, 회계, 공학, 유지관리와 같은 기능을 포함한다. 그런 서비스를 필요로 하는 조직 안에서 이들의 고객은 다양한 분야에 존재한다. 다시 말하면, 내부 서비스는 개별적으로 독립하여 아웃소싱 개념으로 조직의 기본 기능들을 처리하는 서비스 개념으로 변화하고 있다.

〈그림 8-2〉 내부 서비스의 정의

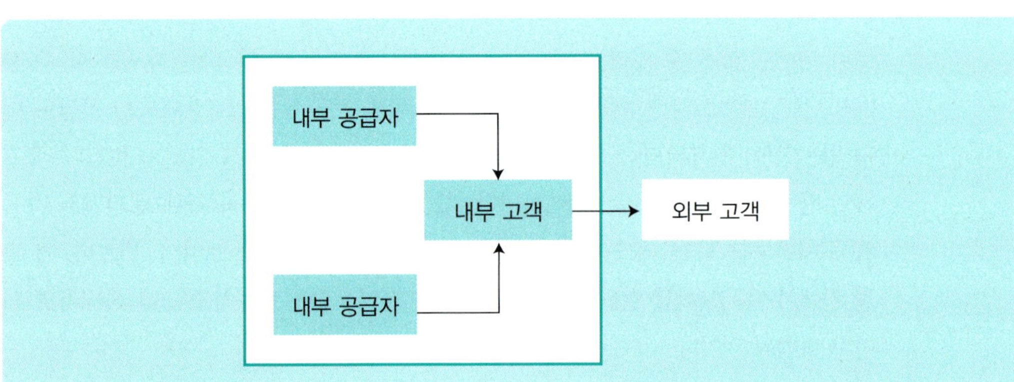

6. 서비스 접점 — 서비스 삼각형

진실의 순간(moments of truth) 혹은 중요한 순간(critical incidents)라고 불리는 서비스 접점(service encounter)은 스칸디나비아 항공의 얀 칼슨 사장에 의하여 보편화되었다. 서비스 접점이란 서비스 제공자와 고객간의 직접적인 상호 작용(조직, 종업원, 고객)이 발생하는 시점을 말한다. 서비스 접점에서 종업원이 서비스 공동생산자 역할을 수행하고 있는 고객을 향하여 어떻게 대하고 있는지 여부에 따라 고객의 참여행위 정도는 많이 달라질 수 있을 것이다. 즉 종업원의 고객에 대한 응대행위나 서비스 행위에서 고객이 서비스품질의 수월성을 인지하게 되면 이는 그들로 하여금 서비스 생산 과정에 보다 깊이 몰입하게 하여 다양하고 적극적으로 투입하게 할 것이다.

양질의 종업원 서비스 행위가 고객에게 넘쳐 흘러가게 되고 이를 고객이 지각하게 되면 고객은 생산 과정에 보다 많은 기여를 하게 된다. 파킹톤(Parkington)과 슈나이더(Schneider)(1979), 슈나이더(Schneider)와 보웬(Bowen)(1985)을 포함한 여러 선행연구에서 '서비스 종업원(직무) 만족 → 고객 만족'과 같은 감정적 이전(emotional transfer)을 발견할 수 있듯이 이들 사이에는 행위적 이전(behavioral transfer) 또한 발생할 수 있다.

피츠몬스(Fitzimmons)는 부분적으로 종업원의 역할을 수행하면서 서비스 전달 과정에 참여하는 고객은 사회적 통념에 의해 정의된 혹은 서비스 설계에 의해 규정된 규칙을 따라야 한다고 하였으며, 만일 고객이 적절한 규칙을 따른다면, 고객과 서비스 제공자 모두가 서비스 접점에서 상대방을 존중하는 역할을 수행할 수 있기 때문에 서비스 접점에서 각자의 행동을 예측할 수 있다고 했다. 또한 고객은 다양한 서비스 제공자와 더불어 많은 접점을 경험하게 되고 각각의 '진실의 순간'은 곧 서비스 품질에 대한 고객의 인식에 영향을 줄 수 있는 기회가 된다고 하였다.

여기서 성공적인 서비스가 제공되기 위해서는 서비스 운영전략은 고객 지향적이어야 하며, 종업원은 교육훈련을 시키고, 동기부여되어야 한다. 지원시스템은 서비스 프로세스, 장비, 설비, 서비스 기술과 서비스 시설과 관련된 것으로 서비스 품질을 결정하는 중요 요소들이다. 이들을 서비스 삼각형(service triangle)이라 부른다(그림 8-3 참조).

종업원을 선발하기 위해서 추상적 질문, 상황스케치, 역할 연기 등이 활용된다. 개인에 대한 서비스 성향 및 자질을 측정하는 신뢰할 만한 방법이 존재하지는 않지만, 다양한 면담 기법이 유용하다. 이는 최전방 종업원의 잠재력을 평가하는 데 사용할 수 있다. 종업원은 지속적으로 훈련되어야 한다. 훈련 교재, 고객 현장 종업원을 위한 지침서는 업무를 수행하는 데 필요한 기술적 능력을 설명해야 한다. 예컨대 교재나 지침서에는 고객 보고서 작성법, 금전 출납기 사용법, 적합한 옷차림, 안전수칙 시행법 등에 대해 상세하게 기술해야 한다. 고객과의 상호 작용 기법에 대해서는 단순히 유쾌한 표정으로 항상 웃음을 보이라는 간단한 설명 외에 특별한 언급이 없다. 따라서 고객과의 상호 작용

〈그림 8-3〉 서비스 접점의 삼각형

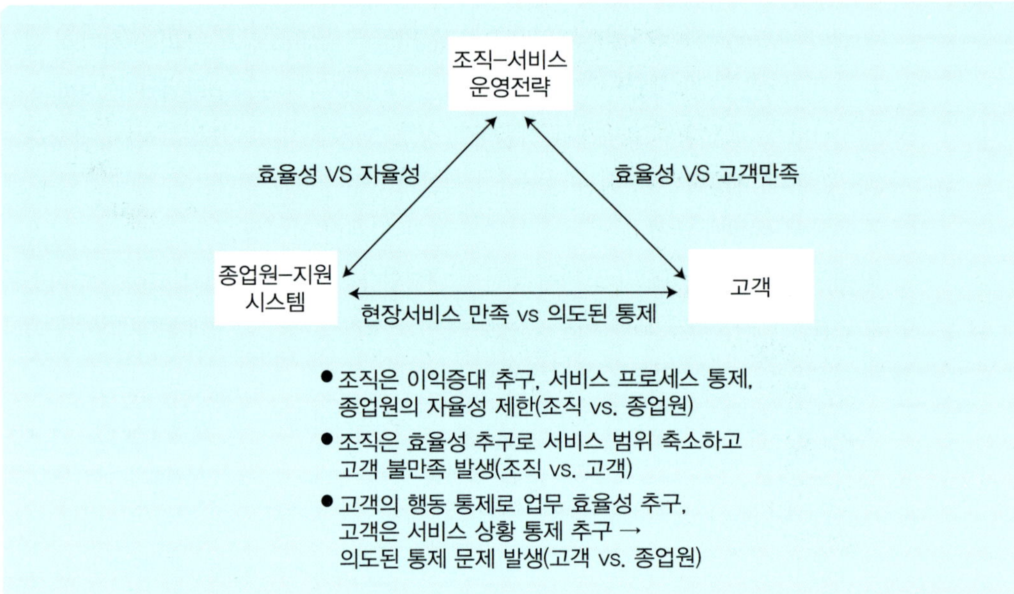

에 어려움이 따른다.

예기치 못한 서비스 실패에 대비해야 한다. 고객과 종업원(직원) 간의 충돌에 대한 결과는 서비스 집단에게 있어 파급 효과가 높은 부정적이거나 긍정적인 효과가 가능하다. 다음은 고객과 접촉 직원의 상호 작용에서 발생하는 상황을 문제 고객과 서비스 제공이 불가능한 경우를 중심으로 구분한 것이다.

불합리한 고객 기대—문제 고객

- 합리적이지 못한 요구—기업이 제공할 수 없는 서비스 혹은 부적절한 시간 혹은 상황에서 요구하는 고객기대
- 정책에 반하는 요구—안전 규정이나, 법률, 회사규정 때문에 고객을 만족시킬 수 없는 요구
- 현장 종업원이 받아들일 수 없는 대우—언어나 행동으로 접촉직원을 부적절하게 대우하는 것
- 고객취기—특별한 친절을 요구하는 술에 취한 고객
- 상식을 초월한 행위—일반적인 사회적 규범을 어기는 고객
- 특별취급이 필요한 고객—심리적, 의학적, 언어불편 등으로 인하여 특별한 취급이 필요한 고객

천재지변 등 서비스 제공이 불가능한 경우

- 서비스 제공 불능—정상적으로는 가능하며 고객이 기대할 수 있는 서비스가 제공되지 못하는 상황
- 지체된 서비스 성과—서비스가 예기치 못하게 느려서 많은 고객들이 기다려야 하는 상황
- 마음에 들지 않는 서비스—고객이 만족할 수 있는 표준에 적합하지 못한 서비스

8-2 서비스의 운영상 분류 및 특징

1. 서비스 운영상 분류

일반적으로 서비스기업은 그들이 제공하는 서비스(투자 정보, 의료, 수송 서비스, 그 외)에 의해 분류된다. 이러한 집합은 경제적 데이터를 모으기에는 유용하지만, 서비스 과정에 대해 별 다르게 말해 주는 것이 없기 때문에 운영관리의 목적에는 맞지 않는다. 비록 제조업에서와 같은 구조를 활용하여 서비스업을 설명할 수도 있겠으나 이 점에서 간과해서는 안 될 부분이 바로 생산 시스템에서 고객이 관여한다는 사실이다.

생산 기능 면에서 서비스 시스템을 분류할 때 활용 가능한 기준 중의 하나가 서비스 전달 과정에서의 고객과의 접촉 정도(customer contact)라고 할 수 있다. 고객 접촉은 시스템에 고객의 존재가 포함됨을 나타내고, 서비스의 전달 과정은 서비스제공 자체에 고객이 관여되는 작업 과정을 나타낸다. 여기서 접촉의 정도는 대략 고객에게 서비스가 수행되는 총시간에서 고객이 시스템에 관여되는 시간의 비율로 정의될 수 있다. 일반적으로 말하면, 서비스 시스템과 고객 간의 접촉시간의 비율은 생산 과정에서 둘 사이의 상호 작용의 정도를 나타내는 것이다.

이 개념에 따르면, 고객 접촉의 정도가 높은 서비스 시스템은 고객과의 접촉이 낮은 시스템보다 제어하기가 어렵고, 합리적으로 업무를 처리하기가 어렵게 된다. 고접촉 시스템에서의 고객은 요구시간, 서비스의 품질 또는 지각된 품질에 영향을 미칠 수 있다. 〈표 8-2〉에 고객 접촉 정도에 따른 서비스 운영의 주요 차이점이 설명되어 있다.

〈표 8-2〉를 통해 고객과의 접촉 정도에 의한 서비스 운영 시스템의 특징이 운영 분야의 의사결정에 어떤 영향을 주는지 이해할 수 있다. 은행의 경우처럼 대부분의 일이 고객과의 접점이 아닌 후방에서 이루어질 때에는 고객이 제시하는 소정의 양식(청구서 등)에 따라 이루어짐을 알 수 있다. 그러므로 이러한 서비스 시스템을 설계할 경우에는 효율의 최대화를 목표로 설계가 이루어지는 공장과 동일한 원리를 활용해야 한다.

고객의 영향은 매우 다양하다. 예를 들어 은행은 1~2분 정도 소요되는 현금 회수와 같은 단순한 서비스부터 1시간 이상 소요되는 대출 준비와 같은 복잡한 서비스를 제공한다.

〈표 8-2〉 고객 고접촉 및 저접촉 정도에 따른 운영의 주요 차이점

설계 의사결정	고접촉 시스템(지점 등 전방 서비스)	저접촉 시스템(수표 처리센터 등 후방 서비스)
위치	고객과의 근접	전문인력, 원자재 구입 등의 용이함
배치	고객의 물적, 심리적 욕구를 충족시킬 수 있게 배치	생산 효율성 극대화 측면에서 배치
제품 설계	제품 자체뿐만 아니라 주변 환경까지 고려	제품 설계가 중요
전달 과정 설계	생산 과정은 고객에게 직접 영향을 끼침	고객은 대부분의 전달 과정에 참여 안함
스케줄	고객은 생산 스케줄에 반드시 포함되어야 한다.	고객은 생산 스케줄상 완료 단계에서 고려
생산 계획	주문은 재고 유지가 불가능	미납주문 및 안정적 생산 가능
작업자 기술 정도	작업집단이 고객과의 직접 접촉이 필요하므로 대고객 관리 기술이 중요	작업집단은 업무의 기능적 처리 기술만 중요
품질관리	품질 기준도 고객의 견해에 따라 다양함	품질 수준은 측정 가능함
표준시간	서비스 시간은 고객에 따라 다르며 표준이 정해지지 않음	표준시간 일정함
보수	다양한 고객 작업은 시간 기준 급여제도 선호	산출 기준 급여제도 선호
능력 계획	피크타임 수요에 생산능력 계획 적용함	재고가 가능하기 때문에 평균수요 수준의 생산능력 계획 적용함

더욱이, 은행의 서비스 제공 범위는 ATM을 통한 셀프 서비스로부터 자산 관리 서비스와 같이 직원과 고객이 함께 팀이 되어 해결해야 하는 경우까지 매우 다양하면서도 넓다.

8-3 서비스 접점의 관리

서비스 접점의 효과적인 관리는 관리자가 서비스 프로세스의 기술적인 특징뿐만 아니라 고객의 지각에 대해 이해하는 것이 필요하다. 체이스(Chase)와 다수(Dasu)는 접점의 세 가지 관점에서 고객 지각을 향상시키기 위한 행동 개념을 적용할 것을 제안한다. 서비스 경험의 흐름(일어나고 있는 것), 시간의 흐름(얼마나 오래 걸리는가)과 접점에서의 실행 판단(나중에 어떻게 평가할 것인가)이 그것이다. 이 관점에서 서비스 접점을 살펴보면 서비스 접점에 대한 설계와 관리에서 행동에 관한 여섯 가지 원칙을 얻을 수 있다.

1. 접점에서 서비스의 시작과 끝은 같게 만들지 않는다. 서비스의 시작(front-end)과 끝(back-end)이 고객의 눈에는 동일하게 여겨진다는 것이 폭넓게 믿어져 왔다. 그러나 많은 연구에서 이것이 사실이 아님이 밝혀졌다. 고객은 일반적으로 서비스의 초기에는 지각이 둔하며 서비스가 막바지에 다가갈수록 지각의 정도가 강해진다는 것이다. 이

와 같은 행동과학적 연구는 '마지막에서 승부하라'라는 강한 시사점을 주고 있는 것이다.

2. 기쁨은 나누고, 고통은 합쳐라. 나누는 것이 어려울지도 모르지만, 접점의 형태에 따라, 그것이 최선일 수도 있다. 하나의 이벤트를 나눠서 실행하면 시간적으로 길어질 것이다. 이것은 우리가 좋은 경험은 여러 단계로 나누어 경험하게 될 때 기쁨을 느끼는 시간을 오래 지속할 수 있으며, 안 좋은 경험을 한 단계로 모을 때 시간적으로 나쁜 경험의 순간을 짧게 할 수 있음을 의미한다. 병원에서 한 곳에서 머무는 시간은 늘어나더라도 단계를 줄이려는 것과 디즈니랜드에서 3분짜리 놀이시설을 2개의 1분 30초짜리 놀이시설로 쪼개어 운영하려는 것도 같은 맥락에서 이해할 수 있다.
3. 고객이 과정을 통제하게 한다. 과정이 이루어지는 것에 대한 통제권은 만족감을 증가시킨다. 의료 분야에서는, 채혈하는 팔의 선택권을 줌으로서 과정의 고통을 줄일 수 있다고 본다. 수리의 경우에도 날짜선택권을 주는 게 더 좋을 수 있다.
4. 규범들과 의식에 대해 주의를 기울여라. 규범으로부터 벗어난다는 것은 곧 실패로 비난받을 수 있다는 것을 의미한다. 이와 같은 경우는 특히 과정과 결과가 고객에 의해 명확하게 확인되지 않는 전문 서비스의 경우 더욱 그러하다. 규범에 충실한 것은 평가의 기본이다. 컨설팅 기업은 사장이 문제를 해결할 수 있든지 없든지 간에 사장에게 프리젠테이션을 해야 할 의무가 있다.
5. 시스템보다는 사람들을 비난하는 것이 용이하다. 일이 잘 안 될 때, 사람들의 직관적 행동은 시스템보다는 근무자를 비난한다. 우리들은 야기된 문제의 책임을 사람들에게로 돌리려는 경향이 있다. 이와 같은 경우는 후방(back-end)이나 시스템에서 지원하는 일들이 고객으로부터 야기되는 문제들을 제대로 해결하지 못하는 복잡한 서비스에서 특히 잘 나타난다. 출발 15분 전부터는 탑승을 금지한다는 항공사의 규정 때문에 출입문 담당자는 지각한 탑승객에 탑승을 허락하지 않음으로 비난 받는 일이 자주 일어난다.
6. 서비스 회복 과정에서는 실패에 합당한 벌을 내려라. 접점에서의 실패에 대해 어떻게 대처하는지에 대한 연구에서 보면, 가장 적절한 행동은 실패가 작업실패(작업결과)인지 대응실패(개인 간의 문제)인지에 따라 달리 대처하는 것이다. 올바로 대응하지 못한 회복 행동은 효과적이지 못하다. 예를 들어, 복사가게에서 일을 잘못하면 빠른 사과를 하는 것이 필요하지만, 보다 중요한 것은 빨리 복사를 다시 해주는 것과 고객의 불편함에 대해 해결해 주는 것이다. 반면, 만일 점원이 복사 일은 제대로 했는데 예의가 없었다면, 매니저와 직원으로부터의 진심 어린 사과가 훨씬 더 바람직할 것이다.

8-4 서비스 접점의 구성: 서비스 시스템 설계 매트릭스

서비스 접점은 다양한 방법으로 형성될 수 있다. 〈그림 8-4〉의 서비스 시스템 설계 매트릭스는 여섯 가지의 일반적인 대안을 보여준다. 매트릭스의 상단은 고객과 근무자의 접촉 정도를 나타낸다. 고객으로부터 물리적으로 분리된 완충핵심(buffered core), 전화 또는 대면 접촉(face-to-face)을 통해 고객에 의해 침투될 수 있는 침투시스템(penetration system), 고객의 요구에 민감하고 침투될 수 있으며 침투될 경우 바로 반응이 필요한 반응시스템(response system)이다. 매트릭스의 좌측은 고객과의 접촉이 많을수록 매출의 기회가 증가한다는 마케팅의 명제를 보여준다. 매트릭스의 우측은 고객이 운영에 미치는 영향에 따른 생산 효율을 보여준다.

매트릭스 내의 여섯 가지 항목은 서비스가 전달될 수 있는 방법을 보여준다. 왼쪽 끝은 우편에 의한 고객 접촉(고객은 시스템과 거의 상호 작용을 가지지 않는다)이고 또 다른 끝은 대면 접촉을 통한 '완전 고객화 서비스'가 된다. 나머지 4개 항목은 상호 작용의 정도에 따라 구분할 수 있다.

일반적으로 고객이 시스템에 많이 접촉할수록 더 많은 영향을 미치므로 생산효율은 감소한다. 한편, 대면접촉의 기회가 증가할수록 상품 매출 기회를 더 얻는다. 반대로, 우편과 같이 낮은 접촉은 고객이 시스템에 영향을 미치는 것이 불가능하기 때문에 시스템이 보다 효율적으로 운영되게 된다. 그러나 상품의 판매기회는 거의 없다.

첫 번째 예로, 매트릭스의 '인터넷을 통한 접촉' 항목을 보자. 인터넷은 고객으로부터

〈그림 8-4〉 서비스 시스템 설계 매트릭스

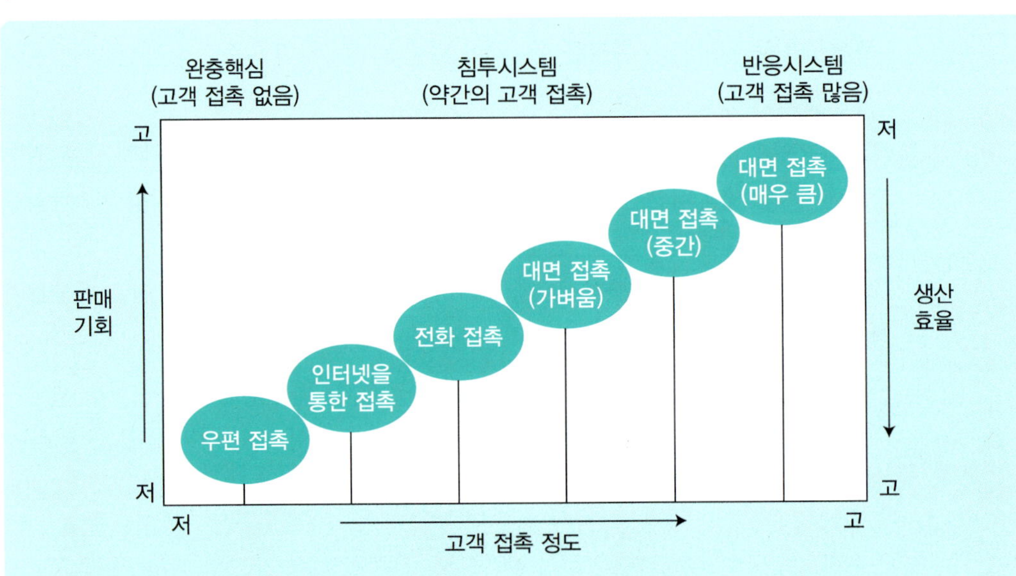

기업에 확실한 완충역할을 하지만, 고객에게 관련된 정보나 서비스를 제공하는 것이 가능하다. 웹사이트는 고객이 입력한 내용에 따라 대응할 수 있도록 프로그램 할 수 있기 때문에, 새로운 매출에 대한 기회가 제공될 수 있다. 게다가, 시스템은 고객이 웹사이트 프로그램 수준을 넘는 도움을 필요로 할 때, 실제 종업원이 관여하도록 만들 수 있다. 이러한 관점에서 인터넷은 확실히 혁신적인 기술이다.

다른 예로 '대면 접촉(가벼움)'을 들 수 있다. 이 경우는 서비스 과정에 거의 다양성이 존재하지 않는 상황에 적용될 수 있다. 고객도 근무자도 서비스 과정에서 별다른 영향력이 없다. 패스트푸드점과 디즈니랜드를 예로 들 수 있다. '대면 접촉(중간)'은 서비스 과정이 일반적으로 이해된 상황에 적용하지만 물리적 상품이나 실행되는 방법에서 약간의 융통성이 주어진다. 풀 서비스 레스토랑과 자동차 판매 대리점이 그 예이다. '대면 접촉(매우 큼)'는 서비스 접점에서의 서비스가 고객과 직원 사이의 상호 작용을 통해 이루어져야만 한다는 점이 특징이다. 법이나 의료 서비스가 이 경우에 속한다. 자원집중의 정도는 고객과의 접촉 정도에 따라 다르게 전개된다. 예를 들어 광고 회사가 VIP 고객의 방문에 대비하기 위해 전담 직원을 배치하거나, 외과에서 응급상황에 대비하기 위해 전담 팀을 동원하는 것을 들 수 있다.

〈표 8-3〉는 설계 매트릭스를 보완한 것이다. 고객과 서비스 시스템의 접촉 변화의 정도에 따라 기술 혁신의 유형과 종업원, 운영 등에서의 변화를 보여준다. 직원의 필요조건으로, 메일 접촉과 비서와 관련된 기술, 인터넷 기술과 도움을 줄 수 있는 능력, 전화접촉과 언어능력 간의 관계 등은 작업자의 필요기술을 의미한다. 표준화된 대량생산 프로세스에서는 일반적으로 정례화된 절차를 따라야만 하기 때문에, '대면 접촉(가벼움)'의 경우는 많은 절차적 기술을 요구한다. '대면 접촉(중간)'의 경우는 서비스 설계를 완성하기 위해 제화업자, 치위생사와 같이 관련자의 거래기술을 요구한다. '대면 접촉(매우 큼)'의 경우는 고객의 니즈와 욕구를 확인하기 위해 전문적인 진단 기술을 요구하게 된다.

〈표 8-3〉 고객/서버 접촉 정도에 따른 운영 및 개선에서의 특징

낮음 ←→ 높음

종업원의 필요기술	사무직원 기술	도움 기술	언어 기술	절차적 기술	거래 기술	진단 기술
운영의 초점	서류 처리	수요관리	미리 짜인 통화	흐름 관리	능력관리	고객 믹스
서비스 기술 혁신	사무자동화	절차 결정	컴퓨터 데이터베이스	전자 기술의 지원	셀프 서비스	고객/작업자 팀

8-5 서비스의 설계

1. 서비스 설계의 고려사항

서비스를 설계할 때 관심을 기울여야 되는 중요한 특징 하나를 기억할 필요가 있다. 즉 서비스는 재고로 축적될 수 없다는 사실이다. 비교적 여유 있는 기간에 재고를 만들어 놓고 고용과 생산을 안정적으로 유지할 수 있는 제조업과는 달리 서비스는 약간의 예외를 빼고는 수요가 있을 때 제공되어야 한다.

따라서 서비스 능력 계획은 중요한 문제가 된다. 흔히 경험할 수 있는 많은 서비스 상황을 생각해 보라. 만일 레스토랑 또는 극장이 만원일 때, 어디로 가야 할지를 결정해야 할 것이다. 그래서 서비스의 중요한 설계 변수는 "우리들의 서비스 제공 능력이 얼마나 되는가?"이다. 너무 많은 제공 능력은 과도한 비용을 만들어 낸다. 부족한 제공 능력은 고객을 잃어버린다. 이런 상황에서 마케팅의 도움이 필요하게 된다.

대기행렬모델은 보통의 서비스 상황을 분석하는 데 강력한 기능을 가진다. 은행에 얼마나 많은 금전출납 직원이 있어야 하고 인터넷 서비스에 얼마나 많은 전화선이 필요한지와 같은 물음이 이 모델에 의해 분석될 수 있다. 이 모델들은 스프레드시트를 사용하여 쉽게 분석이 가능하다.

서비스를 설계하는 것은 다음 네 가지 사항들에 대해서 고려하는 것이다.

첫 번째 요소는 표적 시장의 확인이다(우리 고객은 누구인가?). 두 번째 요소는 서비스 개념이다(시장에서 우리의 서비스를 어떻게 차별화할 것인가?). 세 번째는 서비스 운영전략이다(우리의 서비스 패키지와 운영의 초점은 무엇인가?). 그리고 네 번째는 서비스 전달 시스템이다(서비스가 만들어지는 것에 대한 실제 과정과 단계, 설비는 무엇인가?).

표적시장을 선택하고, 서비스 패키지를 개발하는 것은 서비스 전략과 전달 시스템 설계의 직접적인 결정에 영향을 미치게 된다.

2. 제품 개발과 서비스 상품 개발의 차이

전형적인 제조기업에서 제품의 개발과 서비스 상품의 개발의 차이점은 다음과 같다.

- 서비스 프로세스와 서비스 상품은 동시에 개발되어야 한다. 서비스에서 프로세스는 서비스 상품의 개발과 구별되지 않고 함께 설계 및 개발되어야 한다.
- 비록 서비스를 지원하는 설비와 소프트웨어는 특허와 저작권에 의해 보호될 수 있지만, 그 서비스 운영자체는 일반적으로 법적인 보호가 부족하다.
- 서비스 패키지는 개발 과정에서 최종적으로 반영되어야 한다.
- 서비스 패키지의 많은 부분이 그들이 서비스기업의 일원이 되기 전에 받은 훈련이

필요 조건이다. 특히, 법률 회사와 병원 같은 전문서비스기업은 직원을 고용하는 데 자격증이 필요하다.

- 많은 서비스기업들은 짧은 시간 안에 그들이 제공하는 서비스 상품들을 변경할 수 있다. 이발소와 소매점, 레스토랑과 같은 일상적인 서비스기업은 이러한 유연성을 가진다.

3. 서비스 운영전략: 집중과 우위

서비스 운영전략은 경쟁자와 구분되는 운영의 초점을 선택하는 것으로 시작된다. 운영의 초점 선택은 다음과 같은 사항을 포함한다.

- 친숙함과 유용성 측면에서 고객에 대응(response)
- 서비스 전달의 속도와 편의(speed)
- 서비스의 가격(price)
- 서비스의 다양성(본질적으로 원스톱의 쇼핑 철학)(variety)
- 상품의 중심이 되거나 또는 서비스에 동반되는 유형 상품의 품질(quality)
- 헤어 스타일링, 뇌 전문 외과, 피아노 레슨과 같은 서비스 제공을 구성하는 특별한 기술이나 기법(techniques)

4. 경쟁우위 획득을 위한 마케팅과 운영의 통합

서비스에서 경쟁우위의 확보는 고객 기대를 충족시키거나 능가하는 서비스 전달과 서비스 마케팅의 통합을 요구하며 이와 같은 통합은 어떠한 경쟁 차원이 강조됨과 관계없이 중요하다. 일반적으로 마케팅은 서비스 약속을 고객에게 알리고, 그로 인해 서비스 결과들에 대한 고객 기대를 만드는 책임이 있다. 운영은 약속을 실행하고, 고객 경험을 관리하는 행동에 대해 책임이 있다. 피드백 고리는, 만일 결과가 만족스럽지 않거나, 서비스 우위를 만들지 못하면, 관리를 통해 서비스 마케팅 전략 또는 전달 시스템을 바꿀 수도 있음을 나타낸다.

또한 고객이 시스템을 떠나기 전에 만족하지 못한 행동을 해결하기 위해 모니터하고, 통제하고, 회복계획을 세울 필요가 있음을 나타낸다. 모니터하고, 통제하는 것은 일시적인 요구 변화에 대처하기 위해 종업원을 재배치하는 일련의 관리 행동을 포함한다. 회복계획은 초과 예약과 화물 분실 또는 나쁜 식사 등의 상황에 대응하기 위해 일선 근무자를 훈련하는 것을 포함한다.

고객 만족의 경제적 가치를 측정하는 하나의 방법은 고객을 통한 설문 조사일 것이다. 그들에게 중요도(importance)와 만족도(performance)라는 두 가지 기준에서 서비스 품질

항목들을 평가하도록 한다. 중요한 점은 고객들에게 중요한 요인들에 관심을 집중하는 것이다. 특히, 고객들이 중요도보다 만족도를 낮게 평가한 요소들에 대해서 서비스업체는 주의를 기울여야 한다.

8-6 서비스 청사진과 안전장치

1. 서비스 청사진

제조 과정 설계의 경우와 마찬가지로, 서비스 프로세스 설계의 표준 도구는 순서도를 그리는 것이다. 최근, 서비스 전문가들은 프로세스 설계의 중요성을 강조하기 위해 순서도를 서비스 청사진(service blueprint)이라 부른다. 서비스 청사진의 특징은 서비스의 고객 접촉 부분과 고객이 보지 못하는 활동 사이를 구별하는 것이다. 이 구별은 순서도 위에 가시선으로 그려진다.

〈그림 8-5〉는 고급호텔의 서비스 청사진이다. 전형적인 서비스 접점을 만드는 각 활동은 순서도 위에 그려진다.

〈그림 8-5〉 고급호텔의 서비스 청사진

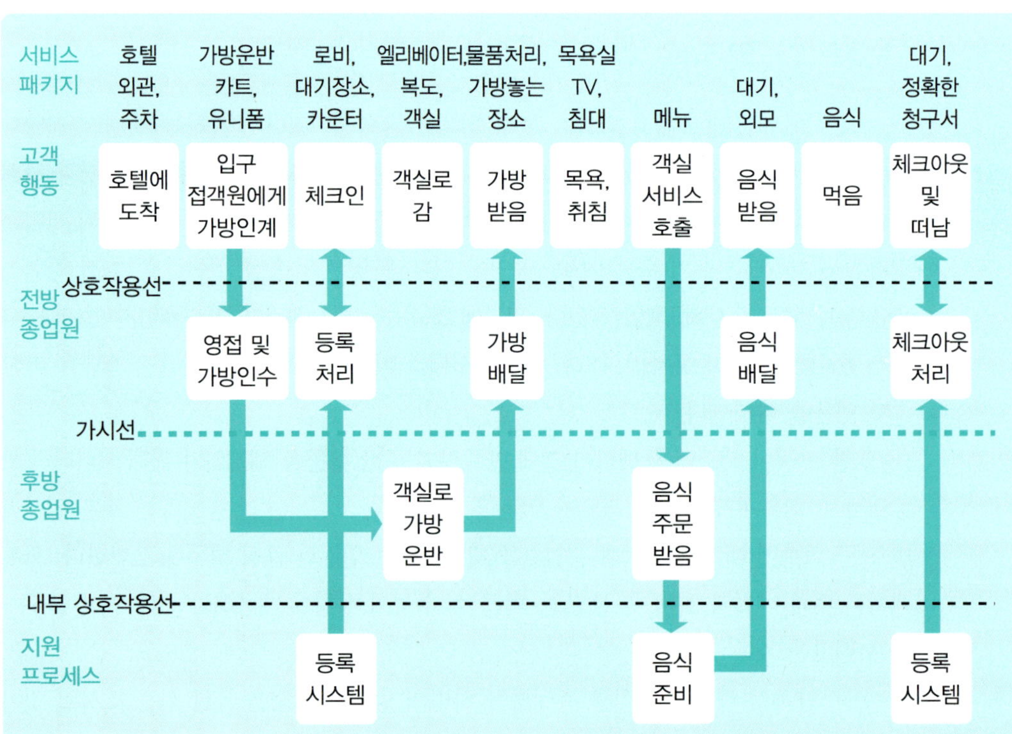

2. 안전장치

기본적인 청사진은 서비스 설계의 특징을 기술하지만, 서비스 과정이 설계대로 실행될 수 있도록 도와주는 그 어떤 직접적인 지침도 제공하지 못한다. 이 문제를 해결하기 위해서는 포카요케(poka-yokes)(서비스 결함이 되는 필연적인 실수를 막는 장치)를 적용하는 것이다. 포카요케('실수를 피하는'이라는 의미의 일본어)는 보통 공장에서 볼 수 있는데, 부품이 올바르게 조립되도록 보증하는 설비와 실수가 발생하면 자동으로 전원이 차단되는 전기 스위치, 조립품목의 수를 제어하는 부품, 그리고 각 단계를 통제하는 체크리스트와 같은 것들로 구성되어 있다.

서비스에도 포카요케의 적용 사례가 많은데 일반적으로 경고 방법, 물리적으로 또는 시각적 접촉 방법 등으로 분류가 가능하며, 한편 포카요케의 분류는 3T's에 의해서도 분류가 가능하다.

- Task — 해야 하는 직무(차는 수리되었는가?)
- Treatment — 고객에 맞는 대응(서비스 매니저는 예의 바른가?)
- Tangible — 서비스 설비의 형태나 환경의 특징(기다리고 있는 곳이 깨끗하고 편안한가?)

제조업과는 달리 서비스 포카요케는 서비스 제공자뿐만 아니라 고객의 행동에 안전장치를 제공하기 위해 적용되어야만 한다.

포카요케의 예를 들면 놀이공원에서 안전을 위해 키를 재는 기구, 대기 행렬을 만드는 가이드라인, 번호 발급 시스템, 회전식 개찰구, 기계에서 카드를 꺼내도록 사람들에게 경고해 주는 ATMs의 호출기 등이 있다.

8-7 서비스 전달시스템 설계의 세 가지 접근

현장 서비스 전달시스템의 설계를 위한 세 가지 접근은 맥도날드에 의해 유명해진 생산라인 접근과 ATM이나 주유소 등에 의해 알려진 셀프 서비스 접근, 그리고 노드스트롬(Nordstrom) 백화점과 리츠칼튼(Ritz-Carlton)에서 실시하고 있는 개인적 배려 접근이 있다.

1. 생산라인 접근

맥도날드에 의해 개발된 생산라인 접근법은 빅맥을 조립하는 과정 그 자체보다 우리에게 많은 시사점을 제공한다. 테오도르 레빗(Theodore Levitt)에 따르면, 맥도날드의 햄버거 제공 과정은 서비스 과정이라기보다는 오히려 제품을 생산하는 제조 과정에서 흔히 볼 수 있는 방식으로 서비스를 전달한다. 이러한 생산라인 접근 방식의 서비스 개념이 지향하는 가치는 일반적인 서비스가 추구하는 고객중심의 관점과 차이가 있다. 일반적인 서비스 개념에서는 서비스 제공자가 고객에게 제공하는 제품 자체의 효율적인 생산보다는 고객의 감정 또는 만족에 우선적으로 집중한다. 반대로 제조업은 사람보다는 물건에 집중한다.

이와 같이 제조업과 맥도날드에서는 "지향해야 할 목표는 사람에 대한 서비스보다는 산출물의 효과적인 생산을 지향한다." 맥도날드는 마케팅과 재정적인 기술 외에도, 각 매장의 중심 기능(동일한 품질을 빨리 전달하는 것과 깨끗한 환경에서 준비된 음식을 높은 품질로 혼합하고, 명랑하고 친절한)의 실행을 주의 깊게 관리한다고 레빗은 언급한다. 사람들을 위한 설비의 규칙에 입각한 대응(주의 깊게 계획된 사용과 적절한 기술 배치의 결합)은 맥도날드가 다른 경쟁자로부터 경쟁력을 유지하는 가운데 단골 고객을 유인하고 균형 있게 유지할 수 있도록 하였다.

레빗은 개념들을 설명하기 위해 맥도날드 운영의 몇 가지 모습을 인용하였으며, 궁극적으로는 우리가 이해하고 있는 포카요케의 확장된 개념으로 이해할 수 있다.

- 맥도날드의 프렌치프라이 조리기는 한 번에 감자튀김의 최적의 양을 요리한다.
- 입이 넓은 국자는 각 주문 사이즈에 맞게 프렌치프라이의 정확한 양을 집는 데 사용한다(종업원은 음식에 결코 손대지 않는다).
- 저장 공간은 미리 정하여진 상품 간의 저장 비율 및 상품사이즈를 감안하여 특별히 설계되었다.
- 각 설비의 안과 밖에 있는 충분한 크기의 쓰레기통을 통해 청결함을 유지한다(보다 큰 매장은 주차 지역을 위해 모터형 청소기를 가지고 있다).
- 햄버거는 종류별로 각각 다른 색의 종이로 포장한다.
- 모든 설계와 설비 계획을 사전에 철저히 분석함으로써, 모든 기계 설비가 하나의 시스템안에 통합되도록 하였다. 그러므로 종업원은 기획자의 의도대로 그것을 정확하게 수행하기만 하면 된다. 서비스시스템 설계 매트릭스에 의하면, 우리들은 이것을 '대면 접촉(가벼움)' 서비스로 분류할 수 있을 것이다.

2. 셀프 서비스 접근

생산라인 접근과는 대조적으로, 러브락(C. H. Lovelock)과 영(R. F. Young)은 서비스 과정이 서비스 생산 과정에서 고객의 역할을 증가시킴으로 개선될 수 있다고 제안한다. 회사의 웹사이트와 자동응답전화, 셀프 서비스 주유소, 샐러드 바, 모텔의 방안에 있는 커피머신 등은 서비스의 부담을 고객에게로 전가시킨 방법들이다. 서비스-시스템 설계 매트릭스에 근거하면, 이것들은 '인터넷 기술'의 매우 유용한 시행 사례라 할 수 있다.

많은 고객이 셀프 서비스로 인해 통제권을 갖기 때문에 이를 좋아한다. 이 때문에, 러브락과 영은 고객의 신뢰를 발전시키기 위한 몇 가지 단계를 제안하였다. 비용, 속도, 편의의 이익들을 선전할 것, 이어서 프로세스가 효과적으로 진행되고 있음을 확실히 해야 한다. 본질적으로, 이것은 실패에 대한 안전장치가 되게끔 고객에게 무엇을 해야 할지를 가르치고, 고객이 '부분적인 종업원'이 되도록 하는 것이다.

같은 시설 내에서 풀 서비스와 셀프 서비스 모두가 제공된다면 매우 유익할 것이다. 글로버슨(Globerson)과 맥가드(Maggard) 보고서에 따르면, 1981년 미국 가솔린 시장의 규제해제 이후 가솔린 매출 분석은 풀 서비스를 위한 가격 상승이 매출부진으로 이어지는 동안 셀프 서비스 가솔린을 위한 가격인하는 셀프 서비스의 매출을 1978년 22%에서 1984년 41%까지 증가시켰다는 사실을 보여준다. 이것은 확실히 오늘날 반즈앤노블(Barnes and Noble)이나 서킷시티(Circuit City)처럼 인터넷과 지역시장 모두를 통해 기업이 성공을 이룰 수 있음을 보여준다.

3. 개인적 배려 접근

노드스트롬의 경우, 보다 느슨하고 구조화되지 않은 서비스 전달 과정은 개별의 판매원과 고객 간의 관계에 의지한다. 리츠칼튼에서는 서비스 전달 과정이 사실상 짜여 있고, 고객의 개인적 선호에 대해 종업보다는 정보 시스템에 의지한다. 톰 피터스는 노드스트롬의 접근을 이렇게 기술한다.

남성의류점에서 수차례 수선 후에도 옷이 맞지 않았을 때, 고객은 사장에게 편지를 썼으며 사장은 재단사를 고객에게 보내어 새 옷을 재단하도록 배려하였다. 맞춤이 끝난 옷이 무료로 고객에게 배달됐다.

이 서비스를 위하여 일선 근무자들은 매우 높은 급여를 지불한다. 노드스트롬의 판매원들은 6.75%의 수수료를 더하여 경쟁자들보다 시간당 2달러를 더 번다. 최고의 판매원은 연간 100만 달러 이상의 상품을 판다. 노드스트롬은 그 고객들과 판매원을 위해 존재한다고 하여도 과언이 아니다. 공식적인 조직도는 고객을 최우선으로 둔 후에, 판매와 이를 지원하는 사람들을 그 밑에 둔다. 그 다음에 부서장과 점장이 있고, 이사회는 가장 아래에 위치하고 있다.

판매원들은 그들의 고객 각각에 대해 방대한 정보를 기록하는 개인 수첩을 가지고 다닌다. 남부 캘리포니아 시장에 어렵지만 성공적으로 진출한 벳시 샌더스(Betsy Sanders)에 따르면, "성공한 판매원들은 보통 3~4권의 두툼한 수첩을 매일 가지고 다닌다"고 하였으며 최우수 판매원의 말을 인용하면, 그의 목표는 매일 1명의 새로운 고객을 확보하는 것이라고 한다. 시스템은 판매원들이 하는 것을 돕기 위하여 존재한다는 확고한 믿음을 그들은 갖고 있다. 그들은 고객에게 카드와 꽃과 감사장을 보내는데 사실상 무제한의 예산을 가지고 있다.

리츠칼튼 방법은 회사의 Baldrige Award Application Summary의 발췌록과 캘리포니아 패서디나(Pasadena)에 있는 리츠칼튼 헌팅턴 호텔(Ritz-Carlton's Huntinton Hotel)의 스캇 롱(Scott Long)과의 논의를 통한 다음과 같은 원칙에 의하여 요약될 수 있다.

- 온라인 고객의 선호도 정보
- 전혀 과실이 없는 상품과 서비스의 양
- 품질 개선을 위한 기회

세 단계의 서비스는 고객 기록 정보 시스템 안에 적절하게 통합되어 있는 점에 주목할 필요가 있고 고객의 반응과 정보의 수집 및 이용을 위한 시스템은 조직을 통해서 폭넓게 배치돼 있고, 널리 사용된다.

이 접근법은 모든 종업원이 당일에 기초해 관련된 데이터를 모으고, 이용 가능한 시스템을 만드는 것이다. 이 시스템은 중요하고 즉각 활용될 수 있는 데이터(다음을 포함하는)를 제공한다.

자동화된 관리 시스템의 특성은 개별의 고객 수준에서 손님의 선호도 정보에 대한 온라인 접근과 활용을 가능하게 한다. 모든 종업원이 정보를 모으고, 이 자료들을 입력하고, 개별의 손님에게 그들의 서비스를 전달하는 과정에서 그 데이터를 사용한다.

품질보고 시스템은 24개의 정보원천으로부터 요약 형식으로 호텔 수준의 정보를 수집하는 방법이다. 그것은 조기 경보시스템의 역할을 하고, 분석을 용이하게 한다. 종업원들이 개선을 위해 품질기회를 확인하는 데 사용되는 과정은 교본으로 표준화되어 있고, 전 조직에서 활용 가능하다.

비록 어떤 방법으로 서비스를 설계 하든 간에, 서비스의 성공적인 설계를 위하여서는 일곱 가지 조건을 충족시켜야 하는데 이 조건은 다음과 같다.

- 서비스 시스템의 모든 요소는 조직의 운영초점과 맥을 같이 해야 한다(operating focus).
- 항상 고객 중심이어야 한다(user friendly).
- 서비스 품질에 영향을 덜 받는 특성을 겸비해야 한다(robust).
- 종업원과 시스템의 성과는 항상 일정하게 유지될 수 있어야 한다(consistant performance).
- 항상 전방 부서와 후방 부서 간의 긴밀한 협조가 이뤄지도록 설계되어야 한다(effective links).
- 서비스 품질은 고객들의 관점에서 정의되고 관리되어야 한다(evidence of service quality).
- 항상 비용 효율적이어야 한다(cost-efficient).

요약

서비스는 고객을 대상으로 하거나 그들에게 속한 물건을 대상으로 하는 하나의 활동이라고 할 수 있다. 그러나 서비스는 다양하므로 하나의 정의로 설명할 수 없는 경우가 많다.

이처럼 다양한 서비스는, 서비스가 공통적으로 지니는 특성에 따라 분류할 수 있는데 그중 하나가 서비스를 고객 접촉의 정도에 따라 분류한 것을 예로 들 수 있다. 이러한 분류를 통해 각 영역에서의 운영 상의 주안점을 파악할 수 있다. 서비스 접점의 삼각형 모델은 고객과의 접촉이 발생되는 진실의 순간을 중점으로 조직, 종업원 그리고 고객 관점에서의 서비스 설계에 도움을 준다. 또한 서비스 설계에서의 고려사항 및 전략을 통해 성공적인 서비스를 달성하기 위한 운영과의 연계에 대한 폭넓은 견해를 살펴볼 수 있다.

복습문제

1. 서비스의 정의에 대해 설명하라.
2. 경제 활동에서의 서비스 역할에 대해 설명하라.
3. 서비스의 운영상 분류 및 특징을 설명하라.
4. 서비스 접점의 관리 방법을 설명하라.
5. 서비스 접점의 구성을 설명하라.
6. 서비스 상품의 설계, 서비스 시스템 설계 매트릭스를 설명하라.
7. 서비스 청사진과 안전장치를 설명하라.
8. 서비스 전달시스템 설계의 세 가지 접근을 설명하라.

마무리사례: 싱가포르 종합병원

싱가포르 종합병원(Singapore General Hospital: SGH)는 싱가포르에서 가장 크고 전문적인 병원이며 성형수술 및 핵의학 등으로 유명하다. 임상과 연구관련 인력을 비롯하여 30여 개의 전문병동을 관리하는 약 7,000여 명의 직원이 있으며, 연간 약 백만 명의 환자를 치료한다. 복합의료 치료를 제공하며 좋은 시설을 지니고 있는 SGH는 팀으로 구성된 의료진이 환자에게 수준 높은 치료를 제공하는 것으로 세계적으로 유명한 병원이다. SGH는 운영의 융통성을 위해서 사설기관처럼 조직을 구성하고 있지만, 싱가포르의 정부가 소유하고 있는 비영리 조직이다.

이 병원의 미션은 포괄적이고 종합적인 임상치료와 의료혁신 그리고 일생에 걸친 학습을 통해서 모든 환자에게 높은 품질의 치료를 전달하는 것이다. 이 병원은 미션을 지지하는 세 가지 축을 가지고 있다. 첫 번째 축은 그들의 첫 번째 우선순위인 환자에 대한 서비스라고 할 수 있다. 두 번째 축은 다음 세대를 책임질 의료진, 의사, 간호사, 병리학자 등에 대한 교육과 훈련에 있다. 세 번째 축은 의학에 있어서의 지식과 스킬을 확장할 수 있는 임상연구를 수행하는 것이다.

이 병원은 환자를 위해서 '최상의 성과, 최고의 경험'을 제공하는 데 공헌하고자 한다. 최고의 경험은 환자와 그 가족에게 열정, 공경심 그리고 성실성을 가지고 높은 의료서비스를 제공하는 데 필요한 방식에 관한 것이다. 최상의 성과는 환자가 의료상의 최고의 혜택을 얻을 수 있도록 하는 것뿐만 아니라 환자의 질병 상태를 다루는 것에 관한 것이다. 이 병원의 경영자인 로렌스 림(Lawrence Lim)은 이러한 미션을 도입한 사람으로, 이것을 다음과 같이 설명하였다.

"우리는 최고의 의료치료를 제공함으로써 최고의 성과를 제공하길 원한다. 우리는 사람들이 병원에 오는 것을 싫어한다는 것을 알고 있다. 그러나 그들이 병원에 올 수밖에 없게 됐을 때 우리는 그들에게 가능한 최고의 경험을 제공하길 원한다. 이러한 생각은 의사와 행정 담당자 등이 함께 이끌어 낸 것이며, 공동의 목표와 의식 체계 그리고 같은 용어를 사용하도록 전체 병원에 스며들게 한다. 여기에는 다음과 같은 세 가지 주요 근본 원리가 있다.

- 환자를 위한 최고의 성과와 혜택을 확고히 한다(의료 품질).
- 간단 없는 서비스를 만든다(운영 품질).
- 개인화된 서비스로 기쁨을 준다(서비스 품질).

우리는 병원의 품질을 위한 전략과 프로그램을 함께 기획하기 위하여 이에 절대적으로 필요한 의사와 행정가 등으로 구성된 품질위원회를 만들었다. 그들은 환자에게 최고의 성과와 건강 상의 혜택을 만들어 주기 위해 의사, 간호사, 병리학자 등에 의해 결정되는 의료 품질에 대해 논의한다.

우리는 또한 운영 품질에 대해 얘기했다. 그것은 환자의 동선을 어떻게 설계할 것인지, 그리고 환자를 위한 서비스를 어떻게 구성할 것인지에 관한 것이다. 이런 활동들은 주로 운영 프로세스와 관계가 있으며 환자에게 간단 없는 서비스를 제공하기 위해 프로세스를 설계한다.

우리는 또한 서비스 품질을 다루는데, 이것은 환자들과의 교분을 쌓고 우리가 그들에게 관심을 갖고 있음을 나타내 주는, 환자가 경험하는 것에 관한 것이다. 환자의 관점에서 보면 의료, 운영, 서비스 품질, 이 세 가지의 품질이 모두 중요하며, 마찬가지로 우리의 직원들이 이 세 가지 모두에 집중할 수 있도록 하게 하는 것이 필요하다.

우리는 직원 모두가 어떻게 서비스를 향상시킬 수 있는지를 생각하도록 하기 위하여 병원 내 서로 다른 사람들과 함께 노력하도록 한다. 그들이 소통을 위한 스킬과 의상, 심지어 몸짓을 이용한 의사소통에 대해서도 생각하도록 한다. 우리 병원은 국영병원이며 사람들은 우리와 같은 국영병원이 관료적이고, 사무적이며, 느리다고 생각한다. 그래서 나는 직원들에게 이러한 고정관념을 지닌 환자들을 놀라게 해주자고 말한다.

자료: 한경사, 2014.

9 시설의 입지와 능력계획

학습목표

1. 시설의 입지에 대하여 이해한다.
2. 입지 결정 요소들에 대하여 알아본다.
3. 능력계획의 개념에 대하여 알아본다.
4. 규모의 경제와 비경제에 대하여 이해한다.
5. 경험곡선, 능력집중, 능력 유연성에 대하여 알아본다.
6. 장기적 능력계획전략, 단기적 능력계획전략에 대하여 이해한다.
7. 서비스 능력계획에 대하여 알아본다.

도입사례

에스오일 생산능력계획

에스오일은 수출 확대 전략을 통해 위기를 넘고 있다. 세계에 불어 닥친 경제 위기 속에서도 올 상반기 매출의 64%인 11조 4,900억 원을 수출에서 벌어들였다. 3분기에도 생산량의 62%를 수출했다. 에스오일의 경쟁력은 한발 앞선 설비 투자에 있다. 대표적인 사례가 1조 3,000억 원을 투자해 지난해 완공한 온산공장 확장 프로젝트다.

에스오일은 2008년 금융 위기의 어려움 속에도 합성섬유의 원료인 파라자일렌 생산능력을 기존 70만 톤에서 180만 톤으로 증설하는 결정을 내렸다. 단일공장으로는 세계 최대 규모의 생산시설이다. 치밀한 수요예측과 경기 분석이 뒷받침된 이 프로젝트는 파라자일렌 수요가 급팽창하던 지난해 4월 본격적인 가동을 시작해 큰 성과를 얻었다.

온산공장 확장 프로젝트를 성공적으로 마무리하며, 지난해 석유화학 부문의 수출 증가율은 전년 대비 200%에 달했다. 매출은 한 해 전보다 127% 향상된 3조 4,911억 원을 나타냈다. 또 국내 최대, 세계 2위의 생산시설을 갖춘 윤활기유 부문은 올해 상반기 생산량의 74.8%, 금액으로는 9,260억 원을 수출했다. 해외시장의 판로 확대를 위해 싱가포르에 이어 중국 상하이와 네덜란드 암스테르담에 지사도 신설했다.

올해 에스오일은 '정유 사업의 확장' '석유화학 사업

과의 통합' '신재생에너지 사업 모색'이라는 3대 전략 방향을 지속적으로 추진하며 경제 위기 국면을 돌파하고 있다. 지속적인 시설투자를 통해 정유 부문에서의 경쟁력과 수익성을 강화하고 있으며, 석유화학 부문에서는 원재료에 이어 제품 분야 진출을 지속적으로 시도할 예정이다.

체계적인 시설 관리, 노후 설비 개선 및 에너지 절감 시설 투자 등 생산 환경과 공정 개선 활동을 활발하게 추진, 비용 절감을 통한 경쟁력 강화도 꾀하고 있다. 비용 절감 사업의 하나로 폐열 회수를 위한 MVR(Mechanical Vapor Recompressor) 시스템 설치를 시작, 2013년까지 완료할 계획이다.

MVR 시스템은 생산 공정에서 기계적 압축방식을 통해 폐열을 유용한 에너지원으로 회수하는 기술이다. 향후 다양한 공정에서 폐열을 활용해 시간당 87톤의 스팀을 생산, 연간 400억 원의 비용 절감 효과를 거둘 것으로 기대된다. 에스오일 관계자는 "향후 5년간 연료·전기·수증기·물 등의 에너지 비용 1000억 원 절감을 목표로 전략을 수립하고 있다"고 말했다.

▲ 에스오일 직원들이 울산 울주군 온산공장에서 공장 폐열을 측정 / 에스오일 제공

자료: 조선비즈, 2012년 11월 20일.

9-1 시설의 입지

1. 입지의 정의와 중요성

기업에서 공장을 세울 때는 제품의 최종 소비지에 대한 수송과 저장시설, 중간 저장 창고의 입지 등과 연결하여 시설의 위치, 개수, 규모 등을 유기적으로 관련시켜 결정해야 하며, 일단 결정되면 막대한 설비 투자가 소요되기 때문에 시설의 입지 문제는 생산자원을 장기적으로 한정하는 전략적인 의사결정이다.

입지(location)란 재화를 생산하여 공급하는 시설이 위치하는 장소이며, 입지의 결정은 생산능력계획, 설비배치, 직무설계 등의 제 결정과 함께 생산운영 시스템의 조직 또는 설계의 영역에 속하는 중요한 의사결정이라고 볼 수 있다.

시설의 입지 문제는 제조-수송-배달의 총괄적 시스템의 관점에서 결정해야 하는데 입지 결정의 궁극적인 문제는 시설을 어디에(location) 몇 개(number)를 얼마의 규모(size)로 할 것인가를 결정하는 데 있으며, 목적은 이 총괄적 시스템이 고객에 대한 서비스를 최소의 총비용으로 제공하는 데 두고 있다.

기업의 입장에서 입지선정은 매우 중요하며, 전략적인 의사결정이기에 기업에 많은 영향을 미친다.

첫째, 입지 결정은 기업의 수익과 비용에 막대한 영향을 미친다. 그러므로 입지 결정은 기업의 공급시스템과 생산시스템, 그리고 유통시스템을 종합적으로 고려하여 결정해야 한다.

둘째, 설비입지는 기업 성공의 중요한 요소이다. 서비스시설의 입지에서 레스토랑의 입지와 관련하여 '목이 반이다'라는 말이 있는데, 이는 입지가 매우 중요하며 기업의 전략적인 의사결정임을 의미한다.

셋째, 한번 결정된 설비입지는 수정하기가 상당히 어렵다. 이미 막대한 투자가 행해진 뒤이기 때문에 결정을 번복하는 것은 상당한 비용과 시간을 낭비하게 한다.

넷째, 제조업체뿐만 아니라 서비스업체에서도 설비입지는 상당히 중요하다. 또 설비입지는 영리를 추구하는 서비스업체에게만 중요한 것이 아니라, 학교나 교회, 그리고 정부나 군대와 같은 다른 비영리 서비스기업에게도 상당히 중요한 결정이다.

기업은 장기 수요예측에 의거해 설비입지를 결정해야 한다. 장기 수요예측은 기업이 생산할 품목의 종류와 생산량, 필요로 하는 원자재의 종류와 구매량을 예측한다. 기업은 이러한 정보와 설비입지에 영향을 끼치는 다른 요소들을 감안하여 입지를 결정해야 한다.

1) 시장과의 거리

고객과 근접한 입지는 수송비를 절약할 뿐만 아니라 고객 서비스도 향상시킨다. 그래서 지역을 선정할 때에는 가급적 고객과 가까운 지역을 선정해야 한다.

2) 원자재 공급업자와의 거리

어떤 산업은 원자재 공급업자와 가까운 곳에 있어야 한다. 즉 가공 과정을 거치면서 무게가 감소하는 산업, 예를 들면 임업이나 광산업 같은 산업에서는 원자재가 있는 장소에 가까이 있어야 한다.

3) 인적자원

지역을 선정할 때에는 그 지역에 있는 인적자원의 공급 능력과 기술 수준을 고려해야 한다. 요구하는 기술 수준이 낮을 때에는 노동력의 공급 능력이 중요하지만, 높은 기술 수준을 필요로 할 때에는 인적자원의 질이 중요하다. 인적자원에 의해 지역을 선정할 때 단순히 인건비만을 가지고 지역을 선정해서는 안 된다. 임금 수준, 노동력의 안전성, 작업에 대한 태도, 노동조합의 강도도 역시 고려해야 한다.

4) 전기, 에너지, 용수, 교통수단

대개 제조업체는 막대한 양의 전기와 에너지 그리고 용수를 필요로 한다. 그러므로 이런 시설이 잘 되어 있고, 항상 필요할 때 전기, 에너지 용수를 풍족하게 사용할 수 있는 지역을 선정해야 한다. 또 육로, 수로, 철로, 항로와 같은 교통수단을 고려해야 한다. 그래서 각 기업에 필요한 교통수단이 잘 공급되어 있는지를 고려해야 한다.

5) 기타 환경 조건

지역을 둘러싼 여러 가지 환경은 기업의 영업에 상당한 영향을 끼친다. 특히 해외지역을 선정할 때에는 환경 조건이 중요하다. 그래서 기후, 세금, 환율, 공해규제, 관세, 정치적 안정, 경제 시스템, 운송 시스템, 국민성, 과학기술 수준, 국가정책, 외국인에 대한 태도, 관습, 문화시설, 종교 등의 여러 요소를 고려해야 한다.

2. 설비입지 결정 모형

설비입지의 목적은 기업이 제조업체인가 또는 서비스업체인가에 따라 달라진다. 제조업체에서는 제품을 경제적으로 만들고, 소비자들에게 유통시킬 수 있는 위치를 선정해야 한다. 이러한 위치는 일반적으로 지역비와 수송비 그리고 원자재비용의 합을 최소화하는 위치이다.

지역비(regional costs)는 어떤 지역에 공장을 설립함으로써 발생하는 상대적인 비용이다. 예를 들면, 땅값이라든지 또는 공장 건설비 그리고 지방세 등이다. 수송비(distribution costs)는 완제품을 고객에게 전달하기 위하여 소요되는 운반비를 일컫는다. 원재료비(raw material and supply costs)는 완제품을 생산하기 위한 원재료비와 에너지비용 그리고 전기비용 등을 일컫는다. 그러므로 공장을 처음으로 세울 때에는 이러한 비용의 합을 최소화하는 지역을 선택해야 한다.

입지 문제는 관련 시설의 수를 기준으로 단일 시설과 다수 시설의 입지 문제로 구별할 수 있다. 단일 시설의 입지 결정이란 다른 시설과의 관계를 전혀 고려할 필요가 없는 독립된 시설의 입지를 결정하는 것이며, 다수 시설의 입지 결정은 기존 공장이 있는데 제2의 공장을 건설하려는 경우 기존 공장과의 관계를 고려해야 하므로 이때는 다수 시설의 입지 문제가 된다.

1) 단일 시설의 입지 결정 모형

총비용 비교법(total cost comparison). 각 후보지에 입지하는 경우 총비용을 추정하여 가장 적은 곳을 선택한다. 여기서 총비용은 일정한 생산 규모를 가정하고 연액, 월별 또는 단위생산원가로 산출하여 비교한다. 총비용에 포함될 수 있는 것으로 수송비(원료, 제품), 노무비, 원료, 보조원료, 유틸리티, 변동 경비 및 고정 경비를 들 수 있다.

입지손익분기분석(locational breakeven analysis). 총비용 비교법에서는 공장의 생산 규모를

〈그림 9-1〉 특정입지에서 총비용의 구성과 A, B, C, D의 네 입지의 총비용 비교

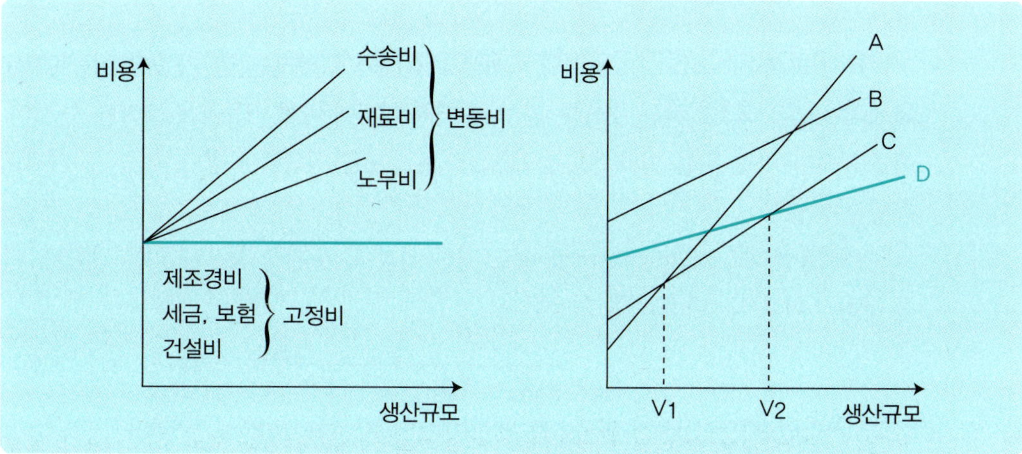

고려하지 않았는데, 생산 규모여하에 따라 각 후보지의 우열에 변동이 생길 가능성이 있기 때문이다. 〈그림 9-1〉과 같은 예를 들어 설명해 보자.

〈그림 9-1〉에서 보는 바와 같이 각각의 입지에 따른 고정비와 변동비에는 차이가 발생하며, 고정비와 변동비를 감안한 총비용선을 A, B, C, D와 같이 도출할 수 있으며, 생산 규모의 크기에 따라 가장 적절한 입지를 결정할 수 있다.

요인평가법(factor rating system). 입지 선정 시 노동의 질, 지역사회의 태도와 같은 질적(주관적) 요인을 중시해야 하는 경우에 사용한다. 하나의 예를 들어 적용해 보자.

- 고려해야 할 입지 요인을 선정한다.
  (예: 단위당 생산원가, 생활환경, 노동력, 지역사회태도, 수송 용이성 등)
- 선정된 입지 요인 j의 중요도(가중치) W_j를 결정한다.

$$\sum_{j=1}^{n} W_j = 1$$

- 각 입지의 요인평점 F_{ij}를 매긴다.
  F_{ij}: 입지 i가 입지 요인 j를 어느 정도 구비하고 있는가를 나타내는 점수
- 입지 i의 총점 S_i를 산출한다.

$$S_i = \sum_{j=1}^{n} Wij$$

j = 1, 2, 3, ⋯, n 입지 요인 수

i = 1, 2, 3, ⋯, m 후보지 수

- 총점 $S_i = \sum_{j=1}^{n} W_{ij}$가 가장 높은 점수를 가진 후보지를 입지로 선정한다.

이동량-거리분석(load-distance method). 시설로 들어가고 나가는 총 가중된 이동량(total weighted loads)을 최소화하는 것이다. 앞의 세 가지 기법에 비해 이동량을 고려할 수 있다. 이를 구하기 위해 우선 거리측정 방법(distance measure)을 이해해야 한다. 이는 두 가지로 측정할 수 있다.

첫째, 유클리드 거리(Euclidian distance)로 직선 거리 혹은 가장 짧은 거리를 말한다. 이를 구하기 위해서는 다음 식을 활용한다.

$$d_{ab} = \sqrt{(X_a - X_b)^2 + (Y_a - Y_b)^2}$$

X_a = A의 x좌표, Y_a = A의 y좌표
X_b = B의 x좌표, Y_b = B의 y좌표

둘째, 삼각 거리(rectilinear distance)로 90도 각도로 표시된 점선 거리를 말한다. 이를 구하기 위해서는 다음 식을 활용한다.

$$d_{ab} = |X_a - X_b| + |Y_a - Y_b|$$

예제 9-1. 다음과 같이 두 지점이 있을 때 유클리드 거리와 삼각 거리에 의해 두 지점의 거리를 계산하라.

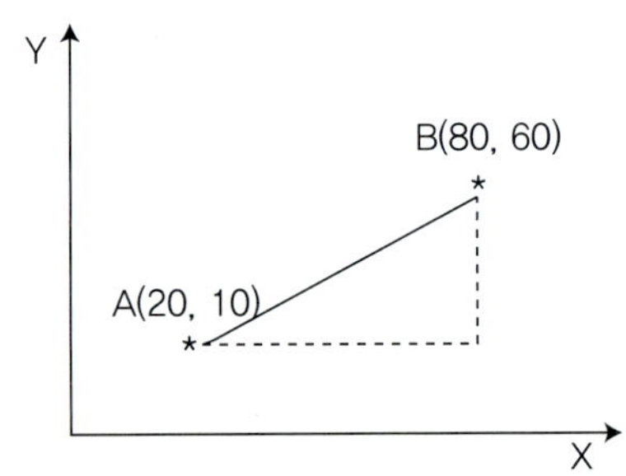

풀이

유클리드 거리는

$d_{ab} = \sqrt{(20 - 80)^2 + (10 - 60)^2} = 78.1$

삼각 거리는

$d_{ab} = |20 - 80| + |10 - 60| = 110$

다음으로 이동량-거리 점수의 계산은 다음과 같이 한다.

$$l_{ab} = \sum l_i di$$

l_i: 공장에서 i번째 기존 시설까지 이동량
d_i: 공장에서 i번째 기존 시설까지 운반 거리 ■

2) 다수 시설의 입지 결정을 위한 모형

선형계획법과 수송모형 등의 최적화 기법으로 최선의 해를 결정해 주지만 문제를 단순화시키고 비현실적으로 만들며 질적인 요소들이 무시된다.

휴리스틱 기법. 전반적인 문제해결 능력과 효율성을 가지고 있다. 입지 문제에 대해 컴퓨터를 이용하여 다양한 상황을 분석할 수 있는 많은 모델이 있다.

시뮬레이션. 특정한 변수를 조작할 수 있으며, 관심을 가진 특성에 대한 효과를 분석할 수 있다. 입지 문제를 위한 시뮬레이션 모델은 시행착오 방법으로 여러 입지대안을 평가하며, 현실적인 관점에서 문제를 해결하는 과정에 분석자도 직접 참여한다.

설비입지를 결정할 때 기업에서 취할 수 있는 대안으로는 네 가지가 있는데 경영자들은 이 대안들을 전부 고려하고, 각 기업의 실정에 맞는 최선의 대안을 선택해야 한다.

첫째 대안은 기존 설비를 기존부지에 확장하는 것이다. 학교에서 교실이 부족할 때, 새로운 교실을 기존의 부지 내에 건축하는 것은 첫 번째 대안에 속하는 하나의 예이다. 그러나 이 대안은 새로운 시설을 확장할 수 있는 공간이 기존 시설에 있어야 한다. 기존 설비를 확장하는 것은 다른 지역으로 이전하는 대안에 비해 일반적으로 비용이 적게 든다. 새로운 시설의 위치를 다시 홍보할 필요도 없고, 또 기존 시설에 새로운 시설을 추가하는 것이기 때문에 비용이 비교적 적게 소요된다.

둘째 대안은 기존 설비를 그냥 유지하면서 다른 지역에 새로운 설비를 설립하는 것이다. 이 대안을 택할 때에는 반드시 이 대안이 전체시스템에 미치는 영향을 고려해야 한다.

셋째 대안은 기존 설비를 완전히 폐쇄하고 다른 지역에 새로운 설비를 설립하는 것이다. 이 대안을 택할 때에는 이전하는 데 소요되는 모든 비용과 이전함으로써 얻을 수 있는 수익을 비교해야 한다.

넷째 대안은 처음부터 새로운 설비를 세우는 것이다. 이것은 기업을 새로 시작할 때 사용하는 방법이다. 새로 설비를 세우는 것은 기존의 설비를 유지할 때와는 다른 많은 장점을 제공한다.

3. 설비입지 결정 단계

기업은 설비입지를 결정할 때 지역과 지방, 그리고 부지의 순서로 적합한 입지를 선정해야 한다. 지역(region)은 기업이 입지를 선정할 때 가장 먼저 고려하는 요소이다. 지역은 일반적으로 넓은 영역을 나타낸다. 예를 들면, 공장을 수도권에 설립할 것인가? 중부지역에 설립할 것인가? 아니면 호남지역에 설립할 것인가? 여기에서 만약 기업이 다국적 기업이라면, 지역의 범위는 보다 더 확대된다. 즉 미국으로 할 것인가? 유럽지역으로 할 것인가? 아시아로 할 것인가? 이렇게 지역의 선정은 기업의 영업규모에 의해 많은 영향을 받는다. 기업은 기업의 욕구에 맞게 세계 또는 국내 지역을 몇 개의 지역으로 분류한 다음에 그중에서 가장 적합한 하나의 지역을 선정해야 한다.

그러나 어떤 기업이나 산업은 어떤 특정 요소에 의해서 절대적으로 영향을 받기 때문에 지역의 선정이 상당히 간단명료하다. 어업, 임업, 광산은 관련된 자원을 획득하기 쉬운 위치에 설립해야 한다. 조선소는 해안에 위치해야 한다. 그리고 서비스업체는 고객과 가까이 있어야 한다.

일반적으로 서비스업체의 입지 결정에서는 제조업체와 달리 비용을 극소화하지 않고, 수익을 극대화한다. 그러므로 서비스업체의 입지를 결정하는 중요한 요소는 비용보다는 수익 창출이다. 그런데 수익을 많이 창출하려면 소비자들과 접촉을 많이 해야 한다. 그래서 일반적으로 서비스업체는 서비스를 신속하게 공급하기 위해 소비자들과 가까운 위치에 서비스업체를 설립해야 한다. 백화점, 교회, 은행, 이발소 등은 모두 서비스업체로서 일반 주택가나 번잡한 지역 등에 위치해 있다.

4. 설비입지 결정의 종속성

설비입지 결정은 여러 가지 요소에 의해서 결정된다. 그러나 이렇게 여러 요소를 고려하지 않고, 단 하나의 결정적인 요소에 의해서 입지가 결정되는 경우가 많다. 이것을 설비입지 결정의 종속성이라고 한다. 종속성은 다음처럼 투입물, 프로세스, 시장, 경영자 기호, 비용, 그리고 프로젝트의 여섯 가지 요소에 의해서 결정된다.

1) 투입물 종속성

투입물에 의한 종속성은 설비입지가 시스템의 투입물에 의해서 전적으로 결정되는 것을 말한다. 투입물에 의한 종속성은 주로 필요성과 부패성, 그리고 수송비의 세 가지에 의해 결정된다. 필요성은 다른 대안이 없기 때문에 무조건 설비입지를 원자재 공급지역에 두는 것이다. 어업을 하는 사람은 바닷가에, 목재업을 하는 사람은 산에, 연탄을 생산하는 사람은 광산에 가야 한다. 부패성은 제품이 쉽게 부패하는 특성 때문에 투입물이 생산되는 장소에 설비입지를 결정하는 것이다. 우유를 생산하는 사람들은 젖소가 있는 농장에 근접한 곳에 설비를 설립해야 한다. 또한 투입물의 수송비가 클 경우 설비입지가 특히 중요하다.

2) 프로세스 종속성

프로세스가 어떤 자원을 특별히 필요로 하는 경우에는 프로세스에 의해 입지가 결정된다. 알루미늄 산업은 막대한 양의 에너지를 필요로 하기 때문에 적합한 입지가 비교적 제한된다. 또 공해 산업은 당연히 주민이 밀접한 장소와 떨어져 있어야 한다.

3) 시장 종속성

시장 종속성은 설비입지를 고객과 가까이 위치해야 하는 것이다. 시장 종속성의 가장 대표적인 예로는 서비스산업을 들 수 있다. 은행은 밀집된 거리와 주택가에, 백화점은 사람이 많이 모이는 곳에 세워야 한다. 또 조립공장도 시장과 가까이 위치해야 한다.

4) 경영자 기호 종속성

이것은 설비입지가 경영자나 소유주의 독단적인 기호에 의해서 결정되는 것이다. 이것은 의사결정이 신속하게 결정되는 장점이 있지만, 위험성이 큰 단점도 있다.

5) 비용 종속성

이것은 비용이 입지를 결정하는 것이다. 그래서 입지에 따른 계량적인 그리고 비계량적인 비용을 서로 비교하는 것이다. 일반적으로 계량화가 가능한 비용은 지대, 임대료, 건축비, 수송비, 임금, 전기료, 용수료, 세금 등을 들 수 있다. 그러나 계량화하기 어렵지만 중요한 비계량적인 요소도 반드시 고려해야 한다.

6) 프로젝트 종속성

이미 앞에서 설명하였듯이, 프로젝트는 대단위 규모의 일회성 제품이다. 그리고 프로젝트는 다른 장소로 움직이지 못하고 반드시 프로젝트를 수행하는 그 장소에서 수행되어야 한다. 다리, 건물, 댐, 도로는 전부 프로젝트의 예이다. 이러한 프로젝트는 비용에 관계없이 계획된 장소에 설비를 세워야 한다.

5. 서비스기업에서의 입지 결정

서비스기업의 입지는 너무나 많은 대안이 존재하기 때문에 최적의 답을 구하기가 어렵다. 그러나 가장 중요한 요소는 고객과의 근접성이다. 이 요소 이외에 서비스기업의 입지를 결정할 때 〈표 9-1〉과 같은 요소들을 고려해야 한다.

물론 이런 요소들이 모든 서비스기업에 전부 중요한 것은 아니다. 서비스기업에 따라 어떤 경우에는 이 중에서 단지 몇 가지 요소만 고려하여 입지를 결정할 수도 있다. 노동 집약적인 서비스업체와 자본 집약적인 서비스업체가 고려하는 요소가 동일할 수는 없다.

〈표 9-1〉 서비스기업에서의 입지 결정 요소

• 인건비 • 큰 거리에서 보았을 때의 인지도 • 고속도로에의 진입 용이성 • 교통 편리성 • 보험료	• 지방세 • 주위의 상권 형성과 경쟁도 • 공해방지법 • 전기료, 수도료, 상하수도료 • 공항과의 거리	• 교통체증 • 에너지비용 • 건축비와 시설비 또는 임대료 • 주차능력 • 커뮤니케이션

1) 유통센터 입지선정

다양한 종류의 제품을 생산하여 전 세계적으로 판매를 하는 기업의 경우 유통센터는 몇 개가 필요한지, 기존 유통센터는 어떻게 배치해야 하며, 각각의 유통센터가 서비스할 고객구역(customer zone)을 결정하는 문제 등에 직면한다. 이러한 경우에 고객구역의 수요와 입지를 결정하는 모델을 구축하여 수송계획법 혹은 선형계획법을 이용하여 최적해를 구할 수 있다. 만일 수요가 불확실하거나 비용구조가 비선형이거나 혹은 재고방침에 복잡한 요인이 포함되어 있거나 할 경우에는 수송계획법 대신에 시뮬레이션을 이용하여 문제를 해결할 수도 있다.

2) 소매점의 입지선정

소매점의 입지선정에서 일차적으로 고려해야 할 것은 고객과 경쟁자이다. 즉 고객이 많은 곳에 입지해야 하며 또한 경쟁자의 입지가 적당한 곳에 있어야 한다. 소매점의 입지선정 문제는 대부분 수익최대화 문제로 단순화하여 모델을 설정한다. 경쟁적 소매점 입지모형은 소매점의 수익은 점포의 크기에 비례하고 고객이 그 점포로 이동하는 데 소요되는 시간에 반비례한다는 가정에 근거한다.

3) 긴급 서비스 시설의 입지선정

경찰, 소방서, 구급차 등 긴급 서비스시설의 입지선정 문제에서 가장 중요한 것은 반응시간(response time)의 최소화이다. 반응시간이란 서비스의 요구 또는 사고가 발생한 시점에서 해당 서비스의 제공이 이루어지기까지의 소요시간이다. 반응시간 문제의 분석을 위해서는 긴급 서비스 요청의 위치 및 빈도, 서비스팀의 이동 속도, 이용 가능한 차량대수 등, 고려할 관련 변수의 수가 많고 복잡하다. 일반적으로 간단한 문제는 선형계획법으로도 긴급 서비스 시설의 입지선정 문제를 해결할 수 있으나, 불확실한 상황들이 복잡하게 얽히게 되면 시뮬레이션을 이용하여 문제를 해결할 수 있다.

서비스업체의 부지를 최종적으로 결정할 때에는 계량적인 요소와 비계량적인 요소들을 함께 고려해야 한다. 비계량적인 요소로는 교육 수준, 주민들의 태도, 지역 행정기관의 협조도, 전반적인 기업 분위기 등을 들 수 있다. 그래서 서비스업체는 이런 모든 요소를 신중하게 고려한 다음에 부지를 결정해야 한다.

서비스기업들의 입지를 계량적인 방법을 사용하여 결정하는 것은 상당히 어렵다. 그래서 서비스업체의 입지를 결정할 때에는 일반적으로 휴리스틱(heuristic) 방법을 사용한다.

9-2 능력계획의 의미와 측정

기업은 고객이 원하는 품질의 제품을 적량으로 시장에 공급해야 한다. 이 중에서 수량을 결정하는 요소가 기업의 생산능력이다. 생산능력은 공급량이라는 양적인 측면에서 시장에 그 기업이 지닌 경쟁력의 최대한도를 의미한다. 왜냐하면 생산능력 규모에 의해서만 기업은 시장의 수요 변화에 대응할 수 있기 때문이다.

생산능력 규모는 제품에 대한 비용구조, 기술 수준, 인력구조를 결정한다. 그러므로 기업은 적정 수준의 생산 규모를 구비해야 한다. 만약 기업이 수요에 비해 상대적으로 낮은 생산 규모를 갖고 있다면, 수요를 전부 충족시키지 못해 새로운 경쟁자가 진입하여 고객을 상실하게 된다. 반대로 수요에 비해 생산 규모가 너무 크면, 설비시설과 인력자원의 낭비를 초래하게 된다. 즉 능력계획은 기업의 미래 산출량을 결정하고, 기업의 비용구조를 결정하며, 장기적이며, 전략적인 계획으로 일단 결정한 다음 설치된 생산능력을 변경하는 것은 비용이 많이 들고, 또 변경하기도 쉽지 않다. 이렇게 볼 때, 기업은 적정 규모의 생산 설비를 효과적으로 이용해야 한다. 그러므로 경영자는 생산능력 규모를 결정할 때 이 점을 신중히 고려해야 한다.

또한 능력계획은 운영전략의 중요한 의사결정 요소이므로 기업전략, 사업전략을 고려하여 결정해야 하며 타 기능전략과 다른 운영전략의 의사결정 요소들과도 공동보조를 취해야 한다.

1. 생산능력의 개념

생산능력의 사전적 의미는 "유지, 접수, 저장 혹은 수용할 수 있는 능력"이며, 생산능력은 기계, 설비, 제품, 공정기술, 인적 요인 및 관리 방식 등에 따라서 영향을 받게 된다. 생산능력은 관리의 관점에서 두 가지로 정의될 수 있는데, 첫째로 우리가 일반적으로 "어떤 생산운영 시스템이 특정 기간에 특정 제품이나 서비스를 생산 또는 처리할 수 있는 최대 산출량"으로 규정하는 소위 규모의 개념이다.

둘째로는 실제 생산운영 시스템을 운용하는 관점에서 "특정기간 중 생산 활동에 쓸 수 있는 가용 자원의 양 또는 특정기간에 생산할 수 있는 가능량"으로 정의할 수 있다. 즉 생산능력은 어떤 특정한 기간 내에 달성할 수 있는 설비의 최대 산출률이며, 여기에서 설비란 작업장, 기계, 작업자, 상점, 영업소, 또는 공장 등을 의미한다. 최대 산출률이란 정상적인 여건에서의 산출률을 의미한다. 그러므로 최대산출률은 일반적으로 잔업 또는 하청 등은 포함하지 않는다. 이렇게 볼 때, 생산능력이란 어떤 생산 설비가 취급할 수 있는 최대의 생산한계를 말한다. 예를 들어 서비스에서는 시간당 처리하는 고객의 수이고, 제조업에서는 일 교대당 생산할 수 있는 자동차의 수이다.

생산능력을 관찰할 때, 운영관리자는 투입되는 자원과 산출되는 제품을 함께 볼 필요가 있다. 그 이유는 실제 유효용량은 생산되는 것에 달려있기 때문이다. 예를 들어, 여러 제품을 만드는 기업은 주어진 투입자원의 수준에서 한 종류의 제품을 다른 종류의 경우보다 더 많이 생산할 수 있다. 따라서 자동차 공장 관리자는 연간 10,000 노동시간을 가지고 있다고 하면서, 이런 노동시간으로 50,000 투도어 모델이나 40,000 포도어 모델을 만들 수 있다고 생각한다. 이것은 현재기술과 노동인력의 투입으로 만들 수 있는 것과 제품믹스를 반영하는 것이다.

운영관리자의 관점은 생산용량의 시간차원을 강조한다. 즉 능력은 특정시간에 상대적으로 언급되어야 하며, 이것은 단기, 중기, 장기적 능력계획이 구별되어야 하는 이유이다.

결국, 능력계획 자체는 운영관리 계층상 각각의 수준에서 서로 다른 의미를 지닌다. 제조 부사장은 모든 공장의 총체적 능력에 대해 관심을 가진다. 부사장의 관심은 이들 공장을 지원하는 데 필요한 재무적 자원에 주로 관련된다.

공장관리자는 개별 공장의 능력에 대해 관심을 가진다. 공장관리자는 제품의 예측된 수요를 만족시키기 위해서 공장의 생산능력을 어떻게 활용할 것인지를 결정해야 한다. 수요가 절정에 도달하는 시기에 단기적 수요는 단기적 능력을 훨씬 초과하기 때문에, 공장관리자는 이런 절정에 대비하여 재고를 언제 얼마나 만들어야 하는 지를 결정해야 한다. 최하위 계층 관리자는 해당 부서의 설비용량과 인적구성에 관심을 가진다. 이 관리자는 매일의 업무흐름에 대한 세부적인 스케줄을 연구한다.

따라서 능력이란 상대적인 용어이며, 운영관리적 맥락에서는, 특정시간 동안 산출요구에 대한 가용투입자원의 총량으로 정의된다.

능력(capacity)이란 용어는 자동차 하루 300대 생산과 같이 획득 가능한 산출률을 의미하지만, 그 비율이 얼마나 오래 유지되어야 하는지는 말하지 않는다. 따라서 하루에 300대 생산이 하루 동안의 최대 생산량인지 6개월 평균량인지는 알 수가 없다. 이런 문제를 피하기 위해, 최적 운영 수준(best operating level)이라는 개념이 사용된다. 이것은 프로세스가 설계된 능력 수준이며, 단위당 평균원가가 최소화되는 산출량을 나타낸다. 고정간접비의 할당과 초과시간 비용, 장비마모, 결함비율, 기타 비용 간에 복잡한 상충관계(trade-off)가 관련되어 이런 최소점을 결정하기 어렵다.

중요한 척도는 능력 이용률(capacity utilization rate)인데 이것은 기업이 최적 운영점(best operating point)에 얼마나 접근했는지를 밝혀준다.

$$\text{능력 이용률} = \frac{\text{사용능력}}{\text{최적 운영 수준}}$$

능력 이용률은 백분율로 표현되며, 동일 단위와 시간으로 분자와 분모 측정이 요구된다(즉, 일일 기계작업 시간, 일일 오일배럴 수, 화폐 단위 일일 산출량 등).

2. 생산능력의 종류

1) 설계 생산능력

설계 생산능력(design capacity)은 이상적인 여건에서 기업이 이론적으로 산출할 수 있는 최대 생산능력이다. 예를 들어, 어떤 공장을 1년에 40만 대의 자동차를 생산하도록 설계하였다면, 40만 대가 이 회사의 설계 생산능력이다. 이 공장이 실제로 40만 대의 자동차를 생산하는지는 모른다. 이렇게 설계 생산능력은 모든 실제상황이 최적으로 운영될 때 달성할 수 있는 생산능력이다. 생산능력의 정의에서 말한 생산능력은 바로 설계 생산능력을 뜻한다.

2) 기대 생산능력

보통 기업의 생산능력은 제품믹스, 스케줄링, 품질, 식사시간, 그리고 설비수리나 보전과 같은 여러 가지 이유 때문에 설계 생산능력에 미치지 못한다. 그래서 기업은 설계 생산능력을 가급적 최대한도로 달성하기를 희망한다. 기대 생산능력은 다음과 같은 요소들에 의하여 영향을 받는다.

- 인적자원에 의하여 영향을 받는다. 과업의 범위, 종업원의 기술 수준, 직무설계, 그리고 동기부여는 기대 생산능력에 많은 영향을 끼친다.
- 프로세스에 의해서 영향을 받는다. 프로세스는 생산량을 결정하는 가장 중요한 요소이다. 또 프로세스의 품질도 생산능력에 영향을 끼친다. 품질이 낮으면 생산능력을 감소시킨다.
- 제품과 서비스 설계에 의해 영향을 받는다. 일반적으로 표준화를 높이면 생산능력이 향상되지만 제품 다양화를 추구하는 설계는 생산능력을 감소시킨다.
- 생산운영관리 능력에 의해 영향을 받는다. 스케줄링, 재고관리, 일정관리, 구매관리와 같은 것들은 모두 기대 생산능력에 많은 영향을 끼친다.
- 설비보전에 의해 영향을 받는다. 그래서 장비의 고장은 생산능력을 크게 감소시킨다.

3) 실제 생산량

기업이 실제로 달성하는 생산율은 기대 생산능력에도 못 미친다. 왜냐하면 기계고장, 결근처럼 현실적으로 예기하지 못한 여러 가지 이유가 발생하기 때문이다. 그래서 기업이 실제로 달성하는 생산량을 실제 생산량(actual output)이라 한다. 그리고 실제 생산량과 설계생산능력의 비율을 생산능력 이용률(capacity utilization), 실제 생산량과 기대 생산능력의 비율을 생산능력의 효율성(capacity efficiency)이라 한다. 또 실제로 사용한 생산능력과 설계 생산능력은 반드시 동일한 단위로 측정되어야 한다. 시간이면 시간, 인원이면 인원, 톤이면 톤으로 똑같이 측정되어야 한다.

4) 최대 생산능력

최대 생산능력(maximum capacity)은 설비를 최대로 이용할 때, 산출할 수 있는 생산능력이다. 물론 최대 생산능력은 정기적으로 설비를 유지하고 수리하는 시간은 제외시킨다. 최대 생산능력은 주로 엔지니어의 관점에서 보는 생산능력이다. 그러나 최대 생산능력에서의 생산이 가장 능률적인 생산이라고는 할 수 없다.

5) 피크 생산능력

피크 생산능력(peak capacity)은 단기적으로 가능한 설비의 산출률로서, 잔업이나 임시직 등을 포함한 생산능력이다. 그러나 피크 생산능력은 장기적으로 유지할 수 없는 생산능력이다. 예로, 잔업을 계속 시행하는 것은 현실적으로 불가능하다.

6) 안정 생산능력

안정 생산능력(sustained capacity)은 장기적으로 안정된 산출률이다. 그러므로 설비계획을 수립할 때에는 반드시 피크 생산능력과 안정 생산능력을 모두 고려해야 한다. 특히, 서비스업체에서는 안정 생산능력보다 피크 생산능력이 더 중요하다. 왜냐하면 서비스업체에서는 재고를 갖고 피크수요에 대응할 수 없기 때문이다. 그러므로 서비스업체에서는 최대수요를 충족시키기 위해 예약제도라든지, 수요가 적은 시간대에 할인제도를 시행하여 제조업체와는 다른 여러 가지 방법을 사용한다.

3. 생산능력의 측정

생산능력을 표시할 때에는 다음과 같은 사항들을 유념해야 한다.

- 생산능력을 표시할 때에는 반드시 시간 단위를 표기해야 한다. 즉 산출률은 반드시 어떤 단위시간당 생산량으로 측정되어야 한다. 예를 들면, 철강은 연간 톤량, 상점은 일당 고객수, 그리고 학교는 연간 졸업생수로 측정한다.
- 생산능력과 생산량(volume)을 구별해야 한다. 생산량은 어떤 특정기간 동안의 실제 생산률이지만, 생산능력은 최대산출률이다.

- 생산능력이란 제품의 평균단가가 가장 낮은 수준에서의 생산 규모를 말한다.
- 1개의 제품이 아닌 여러 제품을 생산할 때에는 생산능력의 측정에 유의해야 한다.
- 프로세스 지향적인 기업에서는 투입물을 가지고 생산능력을 측정해야 한다. 왜냐하면 프로세스 지향적인 기업에서는 제품의 종류가 너무 다양하기 때문이다. 이런 모든 것을 적용하기가 어려우며, 생산능력을 판매액이나 원단위 등으로 표시한다. 그러나 화폐가치로 생산능력을 측정할 때에는 화폐가치가 시간에 따라 변동하기 때문에 조심하여 사용해야 한다.
- 이론과는 달리 생산능력은 실제로 많은 요소들에 의해서 제약을 받는다. 예를 들어 식당을 살펴보자. 식당의 생산능력은 식탁 수이다. 그러나 사실 식당의 생산능력은 요리사의 수, 식기의 수, 주차장 크기, 식자재에 의해서 영향을 받는다. 그러므로 생산능력을 결정할 때에는 생산능력에 영향을 끼치는 모든 요소를 전부 고려하여 결정해야 한다. 따라서 위의 사항에 유의하면서 생산능력을 측정한다는 것이 간단한 문제는 아니다.

여기서 생산능력을 측정하는 두 가지 방법을 생각할 수 있는데, 하나는 산출량(output)을 기준으로 측정하는 방법이고, 다른 하나는 가용자원, 즉 투입량(input)을 기준으로 측정하는 방법이다(표 9-2 참조).

〈표 9-2〉 생산능력의 측정 기준과 측정치

구분	조직	측정치
산출량 기준	정유공장	일일 생산량(barrel)
	엔진공장	월간 기계시간
	전력회사	일일 전력생산량(megawatts/시간)
	제지회사	주당 종이생산량(주당 톤수)
투입량 기준	항공사	비행당 자리 수
	호텔	객실 수
	슈퍼마켓	계산대의 수
	창고	공간의 크기
	백화점	매장의 크기
	테니스장	코트의 수
	대학교	학생 수, 교수 수

9-3 생산능력의 규모의 결정

생산목표를 달성하기 위하여 생산능력을 얼마나 늘려야 하는가 하는 문제는, 여러 시점에서 추가되는 생산능력의 규모(size)와 밀접하게 연결되어 있다. 생산시설을 설치하고 운영하는 비용이 보통 그 규모에 의해 영향을 받기 때문이다.

따라서 생산원가의 측면에서 최적의 생산능력의 규모를 결정하기 위해 생산능력의 규모의 경제를 동시에 고려하여 생산능력의 최적의 경제 규모(optimal economic size)를 결정해야 한다.

1. 규모의 경제

'규모의 경제(economies of scale)'란 생산 규모가 증가함에 따라 제품의 단위당 평균생산비용이 점점 감소한다는 원리이다. 이렇게 단위당 평균 생산비용이 감소하는 것은 점점 증가하는 생산량이 땅값과 관리비 또는 설비비 같은 고정비용을 상쇄하기 때문이다. 즉 '규모의 경제'개념은 소량생산 보다는 대량생산이 비용을 감소시킨다는 개념이다. 그래서 비용을 감소시키기 위해서는 생산량을 증가해야 한다는 개념이다.

〈그림 9-2〉는 '규모의 경제'개념을 보여준다. 그림에서 생산량이 증가함에 따라 단위당 평균생산비용이 점차로 감소하는 것을 볼 수 있다. 그래서 생산량 A보다는 생산량 B에서 단위당 평균생산비용이 적은 것을 알 수 있다. 그러므로 제품의 생산비용을 감소시키기 위해서는 생산량을 증가해야 한다.

그러나 생산비용을 감소하기 위하여 생산량을 무한정 증가할 수는 없다. 왜냐하면 생산량은 절대적으로 생산 규모에 의해 결정되기 때문이다. 어떤 주어진 생산 규모에는 한계가 있다. 그러므로 이 한계를 초과하는 생산량을 달성하기 위해서는 생산 규모 자체

〈그림 9-2〉 규모의 경제

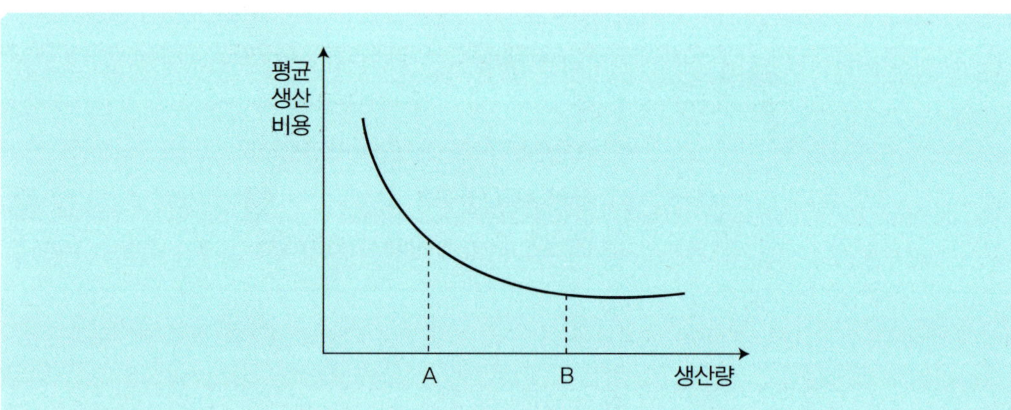

를 증가해야 한다.

제조기업에서 규모의 경제 개념은 "생산량의 증가율에 비해 생산시설의 총 생산원가의 증가율이 느리다는 데 기초"하고 있다. 따라서 이 개념은 기업이 기존 생산공장에 제품을 추가하거나 필요 이상의 새로운 공장을 건설하려는 행위를 설명할 수 있는 근거로 종종 이용된다.

규모의 경제는 총원가를 구성하는 다양한 구성 요소에 의해 설명될 수 있기 때문에 기존의 상황에서 관찰된 규모의 경제와 이것을 야기한 원인과의 논리적 관계를 파악함으로써 미래원가에 대한 예측이 가능하다. 규모의 경제를 유발하는 원인을 분리하기 위해 시간을 기준으로 단기, 중기, 장기규모의 경제로 나누어 설명할 수 있다.

1) 단기 규모의 경제

단기의 관점에서 볼 때 생산공장에서 발생하는 비용은 생산량(volume)에 크게 영향받지 않는다. 다시 말해서 이때 발생하는 비용은 대체로 변동비(variable cost)라기보다 고정비(fixed cost)의 성격을 띤다. 따라서 단위당 총원가는 단기적으로 볼 때 생산 규모가 적기 때문에 생산초기에는 단위당 고정비의 비중이 엄청나나 생산 규모가 증가함에 따라 고정비의 급속한 감소가 일어난다. 따라서 단기의 규모의 경제는 변동비의 문제라기보다는 고정비에 의해 설명된다.

$$\text{단위당 총원가} = \frac{\text{고정비 + 변동비}}{\text{생산 규모}} = \frac{\text{고정비}}{\text{생산 규모}} + \text{변동비/단위}$$

2) 중기 규모의 경제

중기 규모의 경제는 단순히 생산 규모를 늘리는 것이 아니라 생산 규모의 증가에 따른 공정관리의 변화로 나타나는 규모의 경제를 말한다.

- 생산기간의 연장: 생산기간을 늘려서 작업준비의 횟수를 감소시키고도 일정량의 판매를 충족시킬 수 있을 때 나타난다.
- 과업의 전문화: 생산 규모가 커진 제품생산과 관련된 과업에 설비 및 인력 등의 자원을 고정배치 할 때 일어난다.
- 시설의 전문화: 제품의 생산 규모가 일정 수준에 이르렀기 때문에 이제까지 사용하던 범용 설비보다 전용 설비를 사용함으로써 생산 단위당 생산시간의 감소 등을 통해 총원가를 감소시킬 수 있다.

3) 장기 규모의 경제

일반적으로 경제학자들이 말하는 규모의 경제는 장기적 관점에서 생산시스템이 얻는 규모의 경제를 말한다.

- 정태적 규모의 경제: 한 제품을 생산하기 위하여 소규모의 기계 여러 대를 사용하는 것보다도 한 대의 대형기계를 사용함으로써 얻게 되는 원가 절감 효과를 말한다.
- 동태적 규모의 경제: 조직이 장비를 사용해 오면서 축적한 기술이나 경험으로부터 발생하는 특정 규모에서의 단위당 한계비용의 감소를 말한다. 경험곡선이론과 같은 개념이다.

2. 규모의 비경제

생산 규모가 어느 한계를 초과하면, 오히려 '규모의 비경제'가 발생한다. 규모의 비경제란 생산량이 어떤 한계를 초과하면 단위당 평균생산비용이 오히려 증가하는 현상을 말한다. 이것은 지나치게 확장한 생산 규모가 오히려 제조 활동을 복잡하게 하고, 의사소통을 어렵게 하고, 조직이 필요 이상으로 비대화되어, 궁극적으로 능률의 저하를 초래하게 하는 것이다. <그림 9-3>는 '규모의 비경제'를 보여주고 있다.

<그림 9-3>에는 '가', '나', '다' 3개의 생산 규모가 있다. 이 그림에 의하면, 생산 규모가 증가할수록 단위당 평균생산비용이 감소하는 것을 볼 수가 있다. 물론 생산 규모의 증가가 생산비용을 감소하는 것이 아니라, 생산량의 증가가 생산비용을 감소시킨다. 그러므로 '가'보다는 '나', 또 '나'보다는 '다'의 생산 규모가 생산량이 증가함에 따라 생산비용을 감소시킨다.

또 하나 <그림 9-3>에서 볼 수 있는 현상은 규모의 비경제이다. 생산량이 증가한다고 무조건 생산비용이 감소하지 않는다. 어느 한계를 초과하면 생산량이 증가함에 따라 생산비용이 오히려 증가한다. '가'는 생산량 A, '나'는 생산량 B, 그리고 '다'에서는 생산량 C

<그림 9-3> 규모의 비경제

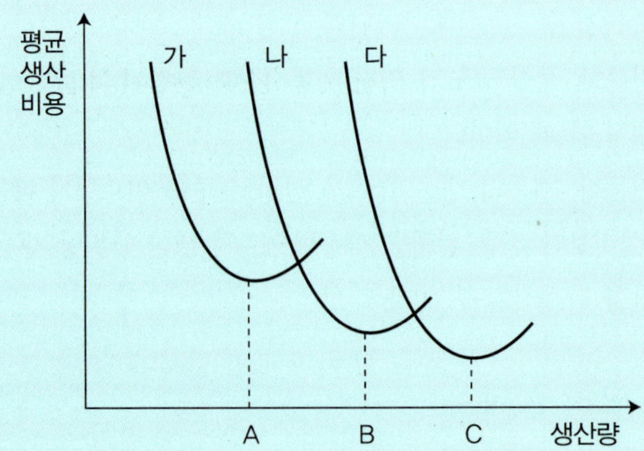

를 초과하면 오히려 생산비용이 증가하기 시작한다. 그러므로 각각의 생산 규모에는 생산비용을 최소화시키는 생산량이 존재한다. 즉 생산 규모를 늘일 때 어떤 비용은 감소하지만 다른 비용을 오히려 증가시킬 가능성이 있다. 이렇게 규모가 커질 때 비용이 증가하는 것을 규모의 비경제라고 한다. 다음과 같은 문제가 발생할 수 있다.

1) 유통의 비경제

제조공장이 확대됨에 따라 제품을 넓은 지역에 운반해야 하는 것이 보통이다. 더구나 공장에서 멀리 떨어진 지역일수록 고객의 밀집도가 급격히 떨어진다면 확장된 지역에 공급하는 데 요구되는 유통비용이 판매량보다 훨씬 빠른 속도로 증대될 것이다. 이러한 결과로 총비용이 어느 수준까지는 규모의 경제에 의해 감소되지만 그 수준에 넘어서면 유통의 비경제에 의해 증가하게 될 것이다.

2) 관료화의 비경제

생산 규모가 증가하게 되면 작업자가 증가하게 되고 작업자가 증가하면 이들을 감독하고 조정할 더 많은 감독자, 경영자들이 필요하게 된다.

3) 혼돈의 비경제

공장의 규모가 증대할수록 제품, 공정 및 전문가의 수가 점차 증가하게 된다. 상이한 활동을 결합시키면 더욱 복잡해질 가능성이 있다. 이러한 복잡성이 주의 깊게 관리되지 않으면 조직은 여러 상충하는 목표를 갖게 되고 혼돈상태로 빠져들게 된다.

4) 재해위험부담의 비경제

기업의 생산능력이 증대될수록 공장내 더 많은 설비 및 재고 등을 보유하게 된다. 따라서 만약에 그 공장이 홍수, 화재, 태풍, 지진 등의 자연적 재해나 파업, 사고, 경영오류 등의 인적 재해를 당할 경우 기업의 성과에 치명적 손상을 입힐 수 있다.

3. 범위의 경제

범위의 경제는 '규모의 경제'와는 전혀 다른 새로운 개념으로, 범위의 경제는 한 장소에서 2개 이상의 제품을 함께 생산함으로써 비용을 감소하고자 하는 개념이다. 즉 범위의 경제(economies of scope)는 어떤 제품을 생산하는데 그 제품 하나하나를 독립적인 별개의 라인에서 따로 생산하는 것보다는, 같은 설비와 기계를 공동으로 사용하여 그 모든 제품을 한 라인에서 함께 생산함으로써 비용을 감소시킬 수 있다는 것이다. 이것은 공동으로 사용하는 기계와 설비의 비용을 감소시킬 수 있을 뿐만 아니라, 정보, 저장, 반출,

보전 등에 따르는 비용들도 감소시킬 수 있어 그 효과는 훨씬 크다고 할 수 있다.

'범위의 경제'는 컴퓨터통합생산(CIM) 시스템에 적합한 개념이라고 할 수 있는데, 왜냐하면 CIM 시스템은 생산량에 의해서 능률을 추구하지 않고 제품의 다양성에 의해서 능률을 추구하는 시스템이기 때문이다. 그래서 범위의 경제 개념은 동일한 설비와 기계를 사용하여 다양한 품목의 제품을 소량 또는 중량으로 보다 경제적으로 생산하게 된다. 이렇게 볼 때 범위의 경제는 자본의 집중적인 투자를 통해 생산의 능률성과 자원의 탄력성을 동시에 추구한다고 볼 수 있다. 그래서 전형적으로 자본의 집중도가 높은 프로세스에서 볼 수 있는 낮은 유연성의 단점을 극복하게 한다.

이때 높은 수준의 고객화와 낮은 가격이라는 일반적으로 2개의 상충적인 운영목표가 동시에 달성될 수 있다. 이는 제조업뿐 아니라 서비스업에서도 적용 가능하다. 인터넷에서 금융, 부동산, 건강, 자동차, 교육 등 다양한 서비스를 제공하는 기업은 이를 각각의 사이트로 운영하는 것보다는 거점과 지점(hub-and-spoke) 모델을 이용하여 고객이 한 번 로그인하여 모든 서비스를 이용할 수 있도록 한다. 이는 고객의 입장에서는 한 번 로그인하여 다양한 서비스를 받을 수 있음으로 편리하며, 기업의 입장에서는 고객관리나 시스템 운영에서 금융, 부동산, 건강, 자동차, 교육 등 서비스를 각각 독립적으로 운영하는 것보다 낮은 비용으로 운영할 수 있다.

〈표 9-3〉은 규모의 경제와 범위의 경제를 비교한 표이다. 규모의 경제는 표준화된 제품을 대량생산하는 시스템에 그리고 범위의 경제는 다품종을 소량 또는 중량으로 생산하는 시스템에 적합하다. 범위의 경제는 고객의 기호변화에 빠르게 대응할 수 있는 반면에, 규모의 경제는 그렇지 못하다. 그리고 규모의 경제는 하드웨어가 전문화되어 있지만, 범위의 경제는 소프트웨어가 전문화되어 있다.

〈표 9-3〉 규모의 경제와 범위의 경제의 비교

구분	규모의 경제	범위의 경제
생산 형태	표준품 생산	다품종 생산
생산량	대량	중량
제품의 다양화	고정	다양
고객 수요 변화 대응	거의 없음	빠름
전문화	하드웨어	소프트웨어
유연성	낮음	높음
재고량	많음	적음
기계	특수기계	일반기계

4. 경험곡선

경험곡선은 잘 알려진 개념이다. 공장에서 생산을 많이 할수록 생산 방법에서 경험을 얻게 되며, 이것으로 생산비용을 줄일 수 있다. 공장의 누적생산이 2배가 될 때마다 생산비용은 사업의 특성에 따라 일정 비율로 감소한다는 개념으로 규모의 경제와 관련하여 생각해 볼 수 있다.

즉, 대규모 공장은 경쟁자에 비해 두 가지 측면에서 원가우위를 가질 수 있다. 대규모 공장은 규모의 경제에 따른 이점을 누릴 뿐만 아니라 경험곡선의 이점을 누린다. 기업들은 규모의 경제를 누릴 수 있는 큰 공장을 먼저 짓고 달성된 낮은 원가를 공격적인 가격과 판매물량의 증가에 활용함으로써 이런 두 가지 이점을 경쟁전략으로 활용한다. 증가된 물량은 경쟁자들보다 더 빨리 경험곡선을 아래로 이동시키고, 가격을 더 낮추며, 더 많은 물량을 획득하게 된다.

그러나 이런 전략을 성공시키기 위해 두 가지 기준은 반드시 만족해야 한다. 즉 (1) 제품은 고객의 니즈를 만족시켜야 한다. (2) 수요는 생산 규모를 유지할만큼 충분히 커야 한다.

5. 능력 집중

스키너(Skinner)가 제시한 집중화 공장(focused factory)의 개념은 생산시설이 매우 제한된 생산목적에 초점을 맞출 때 가장 효과적으로 가동된다는 것을 제시한다. 예를 들어 기업은 원가, 품질, 유연성, 신제품 도입, 신뢰성, 짧은 납기, 저투자 등 제조성과의 모든 측면에서 앞서려고 해서는 안 된다는 것을 의미한다. 오히려 이것은 기업목적에 가장 공헌하는 제한된 임무를 선택해야 한다는 것을 의미한다. 그렇지만, 제조기술의 획기적 발전으로 공장운영 목적에서 모든 부문에서 앞서려고 하는 것으로 변화하고 있다.

이런 모순을 어떻게 처리할 것인가? 한 가지 방법은 만약 기업이 다중 목적을 달성할 수 있는 기술을 가지고 있지 않다면, 집중화하는 것이 합리적 선택이다. 다른 방법은 모든 기업이 경쟁해야 하는 전 역량을 사용해야 하는 것은 아니라는 현실을 인정하는 것이다. 능력 집중(capacity focus)의 개념은 스키너가 사용한 용어인 공장 내 공장(plant within plant: PWP)의 메커니즘을 통해 운영될 수 있다. 집중화 공장은 각각이 분리된 하부조직, 장비와 프로세스 정책, 인력관리 정책, 인적자원관리 정책, 제품통제 방법 등을 갖는 몇 개의 PWP를 가질 수 있으며 하나의 공장내부에서 존재 가능한 것이다. 사실상 이것은 조직의 각 부문을 위한 최선의 운영 수준을 탐색할 수 있게 하여 집중 개념(focus concept)을 운영 수준까지 적용시킬 수 있는 것이다.

6. 능력 유연성

능력 유연성(capacity flexibility)은 제품 수준을 신속히 증가시키거나 감소시키거나 혹은 제품 능력(capacity)을 신속히 한 제품이나 서비스로부터 다른 것으로 전환시키는 능력(ability)을 갖는 것을 의미한다. 이런 유연성은 다른 조직의 능력을 사용하는 전략뿐만 아니라, 유연한 공장, 프로세스, 종업원을 통해 달성된다.

- 유연 공장: 궁극적인 공장의 유연성은 작업준비 시간이 '0'에 가까운 공장이다. 이동 가능한 장비, 조립식 벽, 쉽게 접근할 수 있는 설비 등을 사용함으로써 그런 공장은 쉽게 변화에 대응할 수 있다.
- 유연 프로세스: 유연 프로세스는 유연 제조 시스템(FMS)으로, 다른 한편으로는 간단하고 쉽게 설치되는 장비로 요약된다. 이런 두 가지 기술적 접근은 한 제품 라인에서 다른 제품라인으로 저비용으로 신속히 전환이 가능하게 함으로써 범위의 경제가 가능하게 된다.
- 유연 종업원: 유연 종업원은 한 업무에서 다른 업무로 신속히 전환할 수 있는 여러 가지 기술과 능력을 가진다. 그들은 특정직 종업원보다 광범위한 훈련이 요구되고 작업 할당에 있어서 변화를 신속하게 하기 위해서 관리자와 스태프의 지원을 필요로 한다.

7. 최적 경제 규모

생산 규모가 증대될수록 규모의 경제 효과를 얻을 수 있지만, 점차 규모의 비경제에 직면하므로 최적 경제 규모(optimal economic size)가 존재한다 (그림 9-4 참조). 따라서 경영층의 역할은 총원가를 낮게 하거나 총이익을 높게 하는 규모, 그리고 기업의 경쟁 우선

〈그림 9-4〉 최적 경제 규모

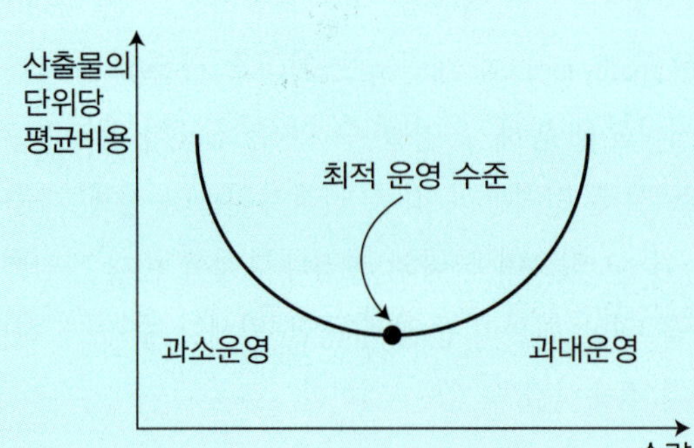

순위, 바람직한 직무환경, 여러 형태의 위험부담에 대한 가치와 태도에 맞는 규모를 선택하게 된다.

9-4 생산능력의 확장과 전략

앞에서 말한 생산능력이 제품을 적량으로 시장에 공급하기 위한 규모, 즉 수량에 관한 언급이었다면, 규모의 확장을 위해서는 어떤 시기(when)에 진행하는 것이 효과적인 것인가에 대한 전략적인 기술이 필요하다.

생산운영에서의 능력관리는 이렇게 고객의 수요에 대응하기 위한 규모의 결정, 규모 확장을 위한 시기의 결정이 전략적으로 아주 중요한 이슈라고 볼 수 있다.

1. 생산능력의 확장

기업에서 생산능력을 확장할 경우 상당한 자본이 소요될 뿐 아니라 이의 결정이 잘못되는 경우 기업이 치명적인 손상을 입게 되므로 생산능력의 결정은 장기적인 전략적 관점에서 다루어져야 한다. 따라서 능력전략은 장기적인 관점에서 시장, 기술, 경쟁자의 행동 등과 관련하여 다음과 같이 일련의 가정 및 예측을 전제로 하고 있다.

- 제품 수요의 성장 및 변화가능성 예측
- 각기 다른 규모의 공장을 신축하거나 운영하는 데 소요되는 비용
- 기술변화의 정도와 방향
- 가상되는 경쟁자들의 행동예측
- 국제적인 경쟁자, 국제시장, 원료공급자 등에 미칠 영향 정도

기업이 미래의 수요 변화에 대응하여 생산능력의 확장시점(time)과 관련하여 의사결정을 하게 되는데, 능력계획을 세우는 방법은 장기적인 수요예측에 바탕을 둔 장기적인 생산능력 확장 방법과 단기적인 방법으로 나누어 살펴볼 수 있다.

장기적인 생산능력 확장 방법은 적어도 3년 이상의 미래 수요를 예측해야 하고 막대한 자본의 투자를 요하므로 다음 사항들에 특히 유의해야 한다.

1) 생산능력의 확장 시 유의사항

첫째, 생산 제품의 수명주기를 시장의 장기 수요예측과 관련하여 고려함으로써 계획기간중 이 제품이 어느 단계에 있게 될 것인가를 파악해야 한다. 둘째, 제품기술과 공정기술의 혁신 주기의 단계를 파악하여 공정이 진부화되어 가는 추세를 분석해야 한다. 셋째, 시스템 균형 유지 및 시스템 능력에 관한 것으로 과거와 현재의 공정부하(負荷)를 파

악하여 어느 부문의 능력이 얼마나 부족하고 남는가를 파악해야 한다. 특히, 병목(bottle-neck) 공정에 대한 능력 판단이 필요하다. 넷째, 기업의 투자전략과 관련된 자본계획을 능력계획과 관련시켜 분석해야 한다. 다섯째, 능력 확장의 빈도를 고려해야 한다. 능력을 확장할 때 고려해야 하는 두 가지 비용은 너무 자주 업그레이드하는 비용과 너무 늦게 업그레이드하는 비용이다. 너무 자주 업그레이드하는 것은 비용이 많이 든다. 직접비에는 기존 설비를 제거하고 교체하는 비용과 새 설비에 대한 종업원의 훈련비용이 포함된다. 추가적으로, 새로운 설비가 구매되어야 하고, 이것은 통상 기존 장비의 처분판매가격보다 상당히 높다. 결국, 변경기간 동안에 공장과 서비스 설비를 놀리는 기회비용이 존재한다. 반대로, 너무 늦게 업그레이드를 하는 것도 역시 비용이 많이 든다. 늦은 확장은 대량으로 능력을 구매하는 것을 의미한다. 구매된 초과능력은 사용될 때까지는 간접비가 된다. 여섯째, 어떤 경우에는 외부 능력을 사용하는 것보다 능력을 전혀 확장하지 않는 것이 더 쌀 수 있다. 두 가지 일반적인 전략은 아웃소싱과 능력 공유(sharing capacity)다. 아웃소싱의 예는 회계전표 확인(check-clearing) 작업을 다른 기업에 하도급한 캘리포니아의 일본은행이다. 능력 공유의 예로 계절적 수요가 다르고 또한 한 개 항로는 너무 많이 사용되고 다른 항로는 그렇지 않을 때 서로 항로를 바꾸는 2개의 국내 항공사를 들 수 있다. 항공사가 항로를 바꾸더라도 같은 비행편 번호를 사용하여 항공사는 항로를 공유하게 된다.

2) 능력 소요의 결정

능력 소요량(capacity requirements)을 결정할 때, 개별 제품라인의 요구, 개별 공장 능력, 공장 네트워크를 통한 제품의 할당 등을 다루어야 한다. 이것은 전형적으로 다음의 단계에 따라 행해진다.

1. 각 제품라인 내에서 개별 제품의 판매량을 예측하는 예측 방법을 사용
2. 제품라인 전체에 대한 예측을 만족시키는 장비와 노동 소요를 계산
3. 계획기간 동안의 노동과 장비 가용성 파악

이후에 기업은 기대 수요와 설계 능력 차이로 결정되는 능력쿠션(capacity cushion)을 계산한다. 능력쿠션이란 기대 수요를 초과하는 능력의 총량을 말한다. 예를 들면, 한 설비의 연간 기대 수요는 매년 1,000만 달러이고 설계 능력이 1,200만 달러라면, 20%의 능력쿠션을 갖는 것이다. 20%의 능력쿠션은 83%의 이용률과 같다(100%/120%).

기업의 설계 능력이 수요충족을 위해 요구되는 능력보다 적을 때는, 마이너스 능력쿠션을 가지고 있다고 말한다. 예를 들어, 한 기업이 매년 1,200만 달러의 수요를 가지고 있는데 단지 매년 1,000만 달러만 생산할 수 있다면, 16.7%의 마이너스 능력쿠션을 가지게 된다.

3) 능력대안의 평가를 위한 의사결정나무의 사용

능력단계의 문제를 해결하는 가장 간편한 방법은 의사결정나무(decision tree)를 사용하는 것이다. 나무 형식은 문제를 이해하는 것뿐만 아니라 해결책을 찾는 데도 도움을 준다. 의사결정나무는 문제의 연속된 단계이며 각 단계의 조건과 결과에 대한 도식화 모델이다. 최근에 의사결정나무를 구축하고 분석하는 것을 지원하기 위해 많은 상업적 소프트웨어 패키지들이 개발되었다. 이런 패키지들은 프로세스를 신속하고 쉽게 만든다.

의사결정나무는 의사결정 마디(node)와 이로부터 나가고 들어오는 가지들로 구성된다. 사각형은 의사결정지점을 나타내고, 원은 기회사건을 나타낸다. 의사결정지점에서 나온 가지는 의사결정자에게 가용한 기회를 나타내며, 기회사건에서 나온 가지는 발생확률을 나타낸다.

의사결정나무 문제에서는 나무의 끝에서부터 시작점으로 역으로 작업한다. 역으로 작업함으로써 각 단계의 기대가치를 계산할 수 있다. 기대가치를 계산하는 데 있어서 기획기간이 길다면 돈의 시간적 가치가 중요하다.

일단 계산이 완료되면, 가장 기대치가 높은 가지를 제외한 모든 의사결정가지를 제거함으로써 나무를 전진한다. 이 과정은 첫 번째 의사결정지점까지 계속되고 따라서 의사결정 문제는 해결된다.

4) 손익분기점 분석을 이용한 생산능력의 균형

일반적으로 자체 생산할 때와 외부 구매할 때의 조건은 다음과 같다.

자체생산의 조건	외부구매의 조건
• 외부에서 원하는 제품을 생산하는 기업이 없다. • 생산기술을 스스로 보유하고 있다. • 여유 생산능력 시설이 있다. • 외부에서 구입하는 것보다 비용이 싸다. • 생산상의 기밀이라 외부에 알릴 수 없다	• 자체적인 생산능력이 없다. • 생산기술이 없다. • 외부에서 구매하는 것이 비용이 저렴하다.

손익분기점 분석을 이용하여 자체 생산할지 혹은 외부 구매할지 결정하는 과정을 살펴보자.

손익분기점에서의 총비용은

$$TC = F + cQ$$

TC = 총비용

F = 고정비

c = 단위당 변동비

Q = 생산량

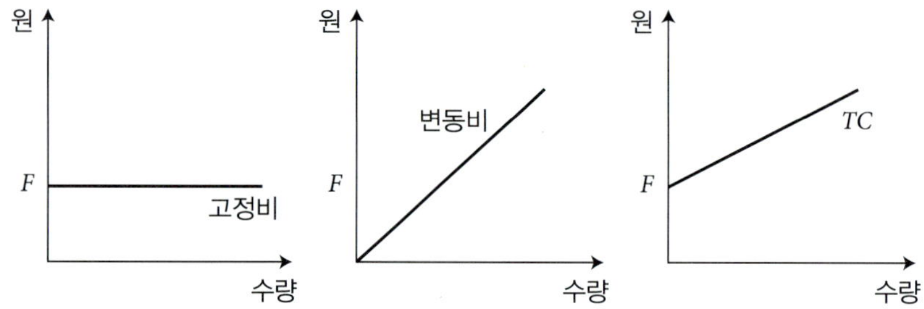

$$TR = rQ$$

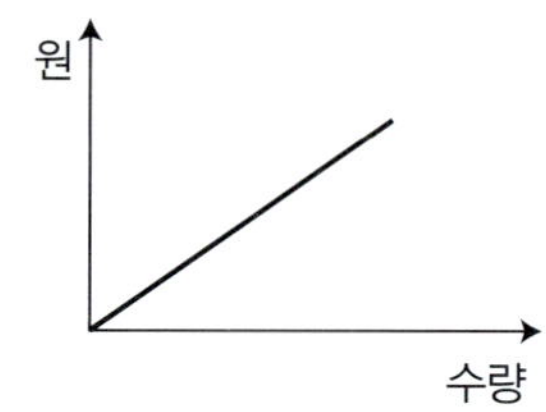

TR = 총수익

r = 단위당 수익

Q = 생산량

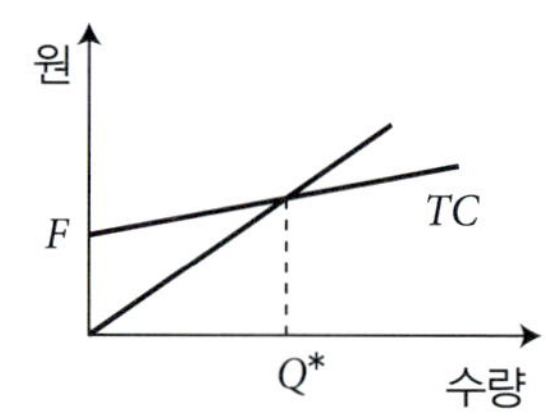

Q^* = 총비용과 총수익이 같을 때의 생산량

$TC = TR$이면, $F + cQ = rQ$, $F = Q(r - c)$,

고정비 = 생산량(단위당 수익 − 단위당 변동비)

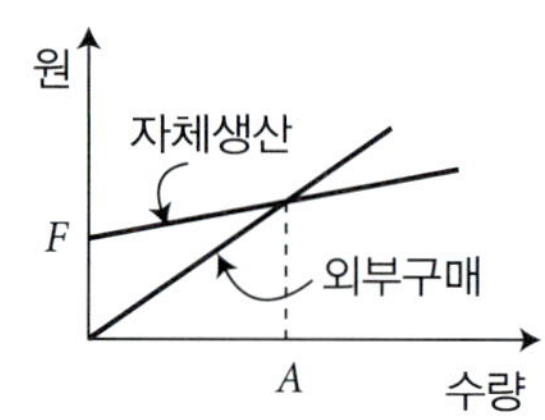

TC (자체생산) = $F + C_2Q$

TC (외부구매) = C_1Q

외부에서 단위당 C_1에 구매, 한 단위의 생산비 C_2

2. 능력계획의 확장 시점

1) 장기적 능력계획

장기적 관점에서 수요예측을 기반으로 능력계획을 세울 때에 생산능력을 확대시키거나 수요 감소가 예측되어 축소시키는 경우가 있다.

생산능력을 확장할 경우 기업이 취할 수 있는 정책은 수요 변화에 대한 생산능력 확장의 시점에 따라 다음의 세 가지로 분류할 수 있다.

생산능력 > 수요. 이 정책은 기대되는 수요량보다 많은 여분의 생산능력을 보유함으로써 생산능력의 부족상태를 사전에 방지하는 정책을 말한다.

기업은 기대 이상의 수요에 대응하는 방안을 마련해야 한다. 이러한 방법 중 하나가 여유 생산능력을 가지는 것이다. 여유 생산능력(surplus capacity)이란 기대 이상의 수요에 대응하기 위해 기업이 보유하는 초과 생산능력이다. 그래서 갑자기 높은 수요에 대비하여 시장점유율을 다른 기업에게 상실하지 않기 위해 기업이 보유하는 생산능력이다.

높은 여유 생산능력은 갑작스러운 높은 수요에 신속하게 대응할 수 있는 장점이 있지만, 비싼 설비를 유지해야 하는 문제점을 가지고 있다.

- 여유 생산능력을 가짐으로써 기존 구매자에 의한 갑작스러운 대규모주문과 새로운 구매자에 의한 주문 등 예기치 못한 수요에 대응할 수 있다.
- 구매자들의 수요에 대해 납기를 이용함으로써 납기지연으로 인한 비용을 절감할 수 있을 뿐 아니라 신뢰성을 가지게 되므로 구매자를 안정적으로 확보할 수 있다.
- 경쟁사의 생산능력이 제한되어 있으므로 시장수요가 증가할 경우 새로운 고객을 확보할 수 있다.
- 이 정책은 장기적인 시장 확보에 관심을 가지므로 단기적인 수익성이나 투자수익률(ROI)에 치중하는 경쟁사에 비하여 시장점유율확보가 가능하다.

여유 생산능력 확보를 위한 생산능력의 확장전략에는 일시적 확장전략과 점진적 확장전략이 있다.

일시적 확장전략(expansion strategy)은 일시에 생산능력을 대규모로 확장시키는 전략이다. 확장은 자주 하지는 않고, 상당히 오랜 기간 동안에 한 번 정도 발생한다. 〈그림 9-5〉에서 볼 수 있듯이 일시적 확장전략은 항상 수요를 앞서 가기 때문에 높은 여유 생산능력을 지니고 있다. 이러한 이유로 일시적 확장전략은 생산능력 부족으로 인한 고객의 수요를 충족시키지 못하는 경우가 거의 없다. 가격경쟁이 주요 전략일 때에는 일시적 확장전략이 상당히 효과적이다.

점진적 확장전략(wait-and-see strategy)은 한 번에 생산 규모를 대규모로 확장시키지 않고, 조금씩 확장시키는 전략이다. 〈그림 9-6〉에서 볼 수 있듯이, 점진적 확장전략은 확장규모가 일시적 확장전략에 비해 대부분 소규모이며, 보다 자주 이루어진다. 점진적 확장

〈그림 9-5〉 일시적 확장전략

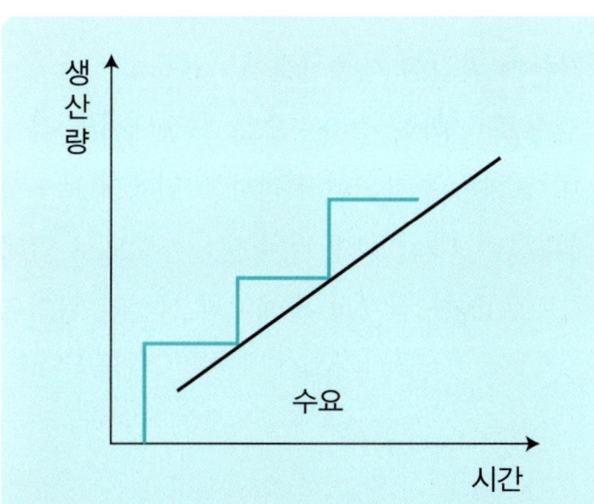

〈그림 9-6〉 점진적 확장전략

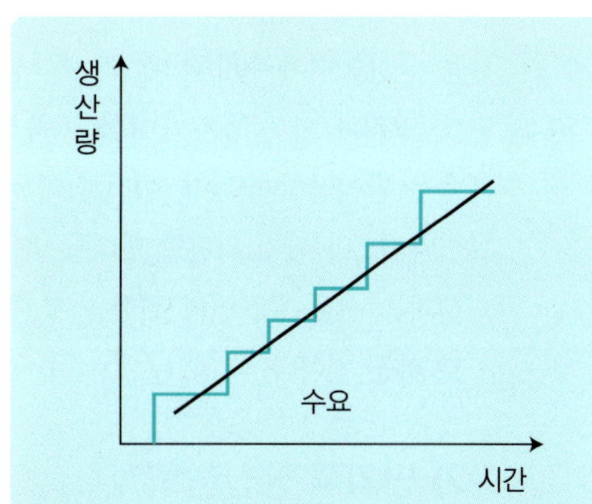

전략의 주요 목적은 기존의 시장수요를 전부 충족시키기보다는, 기존의 생산능력을 최대한으로 활용하는 데 있다.

그래서 점진적 확장전략은 수요보다 앞서는 경우가 드물다. 실제수요가 기대수요보다 높은 경우에는 수요를 충족시키지 못하는 위험성을 지니고 있다. 그래서 점진적 확장전략을 사용하는 기업에서의 여유 생산능력은 상당히 낮다. 이러한 위험성을 경감하기 위하여 가끔 재고를 사용한다. 그러나 재고는 수요가 예상했던 대로 발생하면 별 문제가 없지만, 그러지 않는 경우에는 높은 재고비용이 발생한다.

생산능력 ≅ 수요. 이 정책은 기업이 시간적 관점에서 예측수요와 생산능력을 가능한 일치시켜 나가는 정책을 말한다. 예를 들면, 만약 기업의 기존 생산능력이 3년 후의 수요와 일치할 경우에 새로운 공장을 짓는 데 2년이 소요된다면 기업은 새로운 공장신축을 1년 늦출 것이다.

그러나 만약에 수요가 예측한 것보다 빨리 증가하거나 공장건축기간이 기대했던 것보다 오래 걸린다면 기업은 수요가 생산능력을 능가할 것이라는 것을 알게 되므로 잔업, 교대조 등의 단기 조정 방법을 이용하여 기존 생산능력을 확대시키거나 초과수요에 대한 부분을 외부에 하청을 줌으로써 수요에 대응하게 된다. 그러나 이러한 방법을 통하여 수요에 대응하지 못하게 되면 잠재적인 판매기회를 상실하게 된다.

반면에, 수요가 기대 수준에 미달할 경우에는 잉여 생산능력을 최소화하기 위하여 공장건축기간을 연장하게 될 것이다.

일반적으로 수요와 생산능력을 정확히 일치시키기 어렵기 때문에 약간의 초과능력과 약간의 수요부족을 허용하는 생산능력계획이 바람직하다.

생산능력 < 수요. 이 정책은 능력계획에서 수요예측량에 대하여 부족 생산능력(slack capacity)을 유지하는 정책이다. 따라서 이 정책은 초과 생산능력을 보유하는 정책에 비해 투자의 규모가 작으므로 보수적인(conservative) 접근 방법이다. 이 방법은 생산능력의 효율(가동률)을 높임으로써 생산투자에 대한 수익률을 향상시킬 수 있을 뿐만 아니라, 새로운 생산능력이 추가될 때 그 생산능력도 단기간에 완전히 가동시킬 수 있다.

그러나 이 정책은 수요를 충족시키지 못함으로 인하여 점차적으로 시장에서의 점유율을 잠식당하게 된다. 이러한 이유 때문에 이 정책은 투자위험이 적다는 면에서 보수적이라기보다 단지 위험의 형태를 바꾼 것에 불과하다. 다시 말해 잉여 생산능력으로 인해 생기는 시설 효율면의 위험을 부족 생산능력으로 인한 잠재적 판매기회 상실의 위험으로 바꾼 것이다.

2) 단기적 생산능력계획

단기적 생산능력의 조정이란 현재 주어진 조건에서 생산에 필요한 소요능력(capacity

requirements)을 판단하고 이에 대하여 가용능력(available capacity)을 조정하는 것으로 항상 특정지점 내지는 기간에서 효과적 능력(effective capacity)이 얼마나 되는가를 고려해야 한다.

단기능력의 조정 방법에는 다음과 같은 것이 있다.

- 고용 수준(work force)의 변동: 현재의 고용 수준을 신규사원을 채용하거나 기존의 종업원을 해고시킴으로서 조정한다.
- 고용 수준의 가동율 변동: 현재의 고용 수준을 변동시키지 않고 조정하는 방법으로 잔업(overtime), 유휴 또는 조업단축(idle time), 그리고 작업교대조(work shift)의 증감이 있다.
- 종업원 훈련: 종업원의 기술능력을 향상시키기 위한 방법이다.
- 하청 계약(subcontracting): 구매 혹은 자체생산의 의사결정에서 외부로부터 만들어 오는 것이다.
- 재고 수준의 변화: 재고의 완충 기능을 활용하는 것이다.
- 미납품주문(backlog)이나 납기의 연기: 주문을 받고 납품을 지연함으로써 능력을 조정할 수 있다. 고객이 거래선을 바꾸지 않아야 이 방법을 활용할 수 있다.
- 공정연구 등 기타 생산성 향상 방안.
- 정비계획의 조정: 바쁠 때 정비계획을 뒤로 미루거나 한가할 때 설비의 예방보전을 실시한다.
- 가격 조정: 주문이 밀릴 때 가격을 올리고 수요가 없을 때 덤핑판매를 한다.

3. 능력전략

지금까지 능력계획과 관련된 확장시점과 확장규모의 의사결정을 살펴보았다. 생산능력의 확장시점과 확장규모를 기업이 목표에 따라 적절히 조화시킴으로써 능력전략을 수립할 수 있다. 능력전략은 기업이 취하는 방향에 따라 공격적 혹은 능동적 전략이 될 수도 있고 방어적 혹은 수동적 전략이 될 수도 있다.

1) 공격적(능동적) 능력전략

공격적(능동적) 능력전략은 경쟁사에 비해 먼저 생산능력을 확장함으로써 미래 시장점유율을 증가시키고 또한 새로운 기업이 기존 산업에 진입하는 것을 사전에 방지하기 위해 취해진다.

공시. 공시(announcements)는 기업이 여러 종류의 뉴스매체 등을 통하여 자신의 생산능력계획을 발표하는 것이다. 즉 어디에 얼마만한 규모의 어떤 공장을 신축하겠다고 발표하고 그와 더불어 그 계획에 대한 자신들의 강력한 의지와 성공을 위한 유리한 여건 등을 강조하는 것이다.

선점전략. 선점전략(preemptive strategies)의 목적은 경쟁사의 진입을 막는 것이다. 시장이 급속히 팽창하는 가운데 다른 기업에 상대적 우위를 점하고 있는 경우에 타 기업의 진입을 방해하기 위해 전 산업 수요에 해당하는 능력을 갖추는 것이다. 이렇게 함으로써 최대한의 규모의 경제와 경험곡선 효과로 잠재적 경쟁사들의 진입을 방해하게 된다.

선점전략이 성공하기 위해서는 첫째, 기대시장규모를 초과하는 대규모 생산능력 확장, 둘째, 총시장 수요에 비하여 큰 규모의 경제 혹은 경험곡선 효과, 셋째, 선점 기업의 신뢰성, 넷째, 경쟁 기업들이 행동하기 전에 선점 동기를 전달할 수 있는 능력, 다섯째, 경쟁 기업들의 후퇴 용의 등을 들 수 있다.

2) 방어적(수동적) 능력전략

방어적 능력전략은 타 기업의 능력계획과 동일한 시점에 또는 이들의 전략을 따르는 형태의 생산능력 확장 형태를 말하며 이는 경쟁사보다 먼저 시장수요에 대처하려는 적극적인 공격적 자세와는 달리 기존 시장점유율의 유지를 위한 수동적 측면을 가진다. 이 유형의 생산능력전략은 첫째, 추가적 생산능력이 요구되는 시점에서 생산능력을 늘리는 방법, 둘째, 산업 내 선도 기업(industry leader)들의 행동에 따라 이들을 따르는 전략이 있다.

9-5 서비스 능력계획

1. 제조업 대비 서비스의 능력계획

서비스의 능력계획은 제조업 능력계획과 많은 이슈들이 비슷하고 시설 크기도 비슷한 방식으로 잴 수 있지만, 몇 가지 중요한 차이가 있다. 서비스 능력은 더욱 시간과 위치 의존적이고, 수요의 변동폭이 더 크며, 서비스의 이용률이 직접적으로 서비스 품질에 영향을 미친다.

1) 시간

제품과는 달리 서비스는 차후 사용을 위해서 저장할 수 없다. 능력은 서비스가 필요할 때 생산할 수 있어야 한다. 예를 들어, 현재 항공기의 좌석이 매진되었다고 해서, 이미 출발한 항공기의 빈 좌석을 고객에게 제공할 수는 없다. 또한 고객은 특정 날짜의 좌석을 구입하여 나중에 사용하기 위해 좌석을 집으로 가져올 수도 없다.

2) 위치

서비스 능력은 고객 근처에 위치해 있어야 한다. 제조업에서는, 생산을 한 후 제품이

고객에게 전달된다. 그러나 서비스에서는 그 반대다. 서비스를 전달할 능력이 먼저 고객에게 전달된 후(물리적으로든 전화와 같은 커뮤니케이션 수단을 통해서든) 서비스가 생산될 수 있다. 다른 도시에 있는 호텔 룸이나 렌트카는 고객에게는 별 소용이 없다. 고객이 필요로 하는 시간과 장소에 있어야 하는 것이다.

3) 수요의 변동성

서비스 전달 시스템에 대한 수요의 변동성은 세 가지 이유 때문에 제조업 생산시스템보다 더 높다.

첫째, 이미 언급한 것처럼, 서비스는 저장될 수가 없다. 이것은 제조업에서처럼 재고가 수요의 변동을 흡수할 수 없다는 것을 의미한다.

둘째, 고객들이 생산시스템과 직접적으로 상호 작용하지만, 이런 고객들은 다른 욕구를 가지며, 프로세스에서 경험 수준이 다르며, 거래의 횟수를 다르게 요구한다. 이것은 고객 당 요구되는 프로세스 시간의 진폭을 더 크게 하여 필요한 최소 능력의 변동성을 확대시킨다.

셋째 서비스의 수요가 고객행동에 의해 직접적으로 영향을 받는다는 것이다. 기후로부터 주요 사건에 이르는 고객행동에 대한 영향 요소는 서비스 수요에 직접적으로 영향을 미친다. 방학 동안에 대학 근처에 있는 레스토랑에 가보면 아마도 텅텅 비었을 것이다. 또는 홈커밍(home-comming) 주간에 해당지역 호텔을 예약해 보라. 이런 행동적 효과는 은행이 드라이브쓰루(drive-through) 창구에서의 점심시간 몰림이나 슈퍼볼 선데이(Superbowl Sunday)의 하프타임에 피자 주문의 갑작스런 폭주와 같은 짧은 시간에서도 관찰될 수 있다. 이런 변동성 때문에 제조업에서는 일반적으로 일주일이 기본 단위 계획기간인데 비해 서비스 능력은 10분에서 30분 단위로 계획된다.

2. 능력 이용과 서비스 품질

서비스 능력계획은 서비스 이용률과 서비스 품질 간의 관계를 고려해야 한다. 〈그림 9-7〉은 대기행렬 관점(도착율과 서비스율)에서 서비스 상황예측을 보여준다.

헤이우드-파머(Haywood-Farmer)와 놀레(Nollet)가 언급했듯이 최상의 운영점(operating point)은 최대 능력의 70% 부근이다. 이것은 '서비스 제공자가 충분히 바쁘지만 고객에게 개별적으로 서비스할 수 있는 충분한 시간을 부여하고 너무 관리적인 문제를 야기하지 않도록 충분한 예약능력을 유지하는 것'이다. 한계 영역(critical zone)에서는 고객이 시스템을 통해 처리는 되지만, 서비스 질은 저하된다. 한계 영역 위에서는 줄서는 라인이 길게 늘어서게 되고 많은 고객은 짜증을 낼 것이다.

헤이우드-파머와 놀레는 최적 이용률은 상황의존적이라고 주장했다. 불확실성의 정

〈그림 9-7〉 서비스 도착율과 서비스율 간의 관계

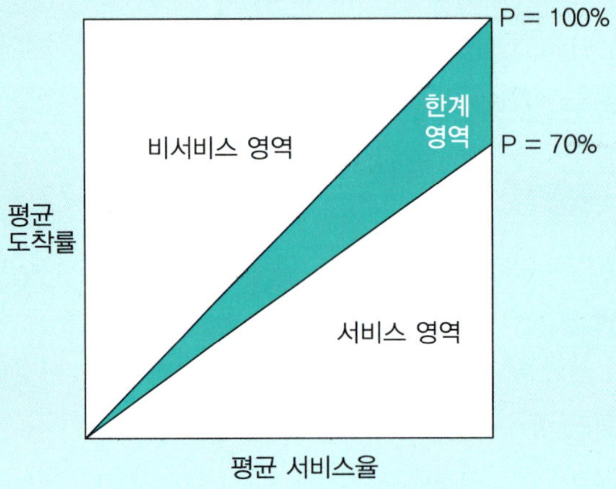

도와 위험이 높을 때는 낮은 이용률이 적절하다. 예를 들어, 병원 응급실과 소방서는 높은 불확실성 수준과 행동에 따른 죽느냐 사느냐의 특성을 지니기 때문에 낮은 이용률이 목표가 되어야 한다. 통근 기차나 고객과 접촉이 없는 서비스 시설, 우편 분류 작업과 같은 상대적으로 예측 가능한 서비스는 100% 가까이 이용할 수 있도록 계획할 수 있다. 흥미롭게도, 높은 이용률이 요구되는 세 번째 그룹이 있다. 각 고객의 실질적으로 100%의 공헌 마진뿐만 아니라 경기장 만원 고객을 즐겁게 홈팀이 더욱 잘하도록 동기부여하면 다음 경기 티켓판매를 촉진하기 때문에 모든 스포츠 팀은 매진을 좋아한다. 무대 연극과 술집도 이런 현상과 비슷하다. 반대로, 많은 항공기 승객들은 자기 옆자리가 채워지면 너무 붐빈다고 생각한다. 항공사는 이런 경우에 비즈니스 클래스 좌석을 더 많이 판매하는 기회로 이용한다.

요약

이 장에서는 시설의 입지와 능력계획에 대하여 살펴보았다. 시설의 입지는 재화를 생산하여 공급하는 시설이 위치하는 장소이며, 입지선정은 기업의 수익과 비용에 막대한 영향을 미치는 전략적인 의사결정 사항이다. 따라서 시장과의 거리, 원자재 공급업자와의 거리 및 원자재 확보 용이성, 인적자원, 전기 및 에너지 그리고 기타 여러 환경요인을 총괄적으로 고려하여야 한다.

시설의 입지 선정을 위한 총비용 비교법 등 다양한 입지결정 모형을 살펴보았다. 시설은 입지뿐만 아니라 규모 또한 중요한 의사결정 사항이다. 생산능력에 대한 기본적인 의미와 개념 그리고 생산능력의 측정에 관하여 살펴보았다. 이를 바탕으로 생산능력의 최적의 규모를 결정할 수 있다. 끝으로 생산 능력의 확장에 관한 유의사항 및 시점 그리고 다양한 확장전략에 대한 이해를 통해서 효과적인 생산능력의 확장을 달성할 수 있다.

복습문제

1. 생산능력의 측정 기준은 무엇이 있으며, 이 기준에 따른 측정치의 예를 들어보라.
2. 생산능력을 언제 확장해야 할지를 결정할 때 선택할 수 있는 대안과 그 대안에 따른 장·단점을 비교하여 보라.
3. 단기간에 생산능력을 조정할 수 있는 방법에 대해 생각해 보라.
4. 생산능력을 얼마나 늘려야 하는 문제를 결정할 때 관련되는 규모의 경제와 규모의 비경제의 내용은 무엇인가?
5. 생산능력을 확장할 때 기업이 선택할 수 있는 전략대안은 어떤 것이 있으며 이러한 대안을 선택할 때 어떤 요건이 충족되어 있어야 하는가?
6. 수송비를 고려하지 않고 인력중심점(그리드모형)에 의해 최적입지를 결정하라.

점포	X축	Y축	양(1,000kg)
1	4	1	30
2	3	18	40
3	9	9	70
4	10	22	30
5	17	8	20

7. 공장입지를 결정할 때 손익분기분석을 이용하고자 한다. 관련된 정보가 다음과 같이 주어져 있다. 생산 규모에 따라 후보지를 선택해야 하는지 밝혀라.

(단위: 천원)

후보지	고정비용	단위당 변동비용
A	150	62
B	300	38
C	500	24
5	17	8

8. 기존 시설에서 중위량모형에 의해 새 공장을 설립하려고 한다. 기존 시설의 위치와 연간 운반소요량이 다음과 같다. 운반 거리는 삼각 거리를 기준으로 하여 새 공장의 위치와 총운반량을 구하라.

기존 시설	연간 운반 소요량	기존 시설	
		X	Y
1	400t	2	8
2	300t	6	6
3	900t	1	1

9. 새 공장의 입지로 A와 B가 고려되고 있으며 공장에 설치될 공정으로 C 공정과 D 공정이 고려되는데 연간 생산비용은 다음과 같다. 특정 입지와 공정의 조합이 선정될 연간 생산수량의 범위를 구하라.

입지	C 공정		D 공정	
	고정비(만 원)	단위 변동비(원)	고정비(만 원)	단위 변동비(원)
A	150	5.9	340	3.8
B	125	6.4	300	4.1

10. 입지 후보인 A, B, C지역과 입지 요인 및 가중치가 다음과 같이 주어졌을 때, 요인평가법에 최적입지를 선정하라.

입지 요인	가중치	요인평가(100점 만점)		
		A	B	C
단위생산원가	0.6	100	94	91
생활환경	0.05	60	65	50
노동력	0.2	65	60	95
지역사회태도	0.1	70	70	65
수도·전기시설	0.03	60	65	85
수송 용이성	0.02	60	70	70
	1.00			

11. 입지 A, B, C가 있고 비용구조가 다음과 같을 때 각 입지가 바람직하게 되는 수요량의 범위를 결정하라.

입지	연 고정비	단위당 변동비
A	100	6
B	200	5
C	400	4

마무리사례: 스톡홀름의 캐롤린스카 병원

캐롤린스카 병원은 수술 비용에 대한 압력이 높아짐에 따라 위기에 직면하였다. 이는 비싼 자원이 어떻게 활용되고 있는가에 대한 조사를 유도하였다. 곧 수술실이 효과적으로 사용되고 있지 않다는 점이 밝혀졌다. 사실, 외과의사, 수술실 스태프와 수술실 자체는 50% 이상 유휴 상태였다. 수술실을 거치는 환자들의 스케줄이 좀 더 자세하게 관리되어야 할 필요가 있다는 점이 명백해졌다.

별개의 환자 준비 영역을 만드는 중대한 조치가 이루어져서 수술 순서로보다는 평행적으로 준비 활동이 수행되었다. 더 조사가 진행됨에 따라 마취의사가 병원의 다른 부서로 불려가기 때문에 지체된다는 점이 밝혀졌다. 마취의를 공식적으로 수술실 스태프에 추가하고 사전 수술 환자를 평가하기 위해 마취 클리닉을 신설함으로써 시스템의 효율성이 개선되었다.

일단 병목 현상을 통과하는 쓰루풋이 증가하였고 같은 시간에 더 많은 수술이 수행될 수 있었으며 대기시간은 극적으로 감소하였다. 눈에 안 보이는 이점은 진단과 수술 사이의 리드타임이 극적으로 감소하였기 때문에 좀 더 신뢰할만한 스케줄을 수립할 수 있다는 점이다. 환자는 더 빠르게 치료받을 수 있어 더 만족하게 되고 그 결과 리드타임이 길 때보다 '노쇼우'가 적어졌다.

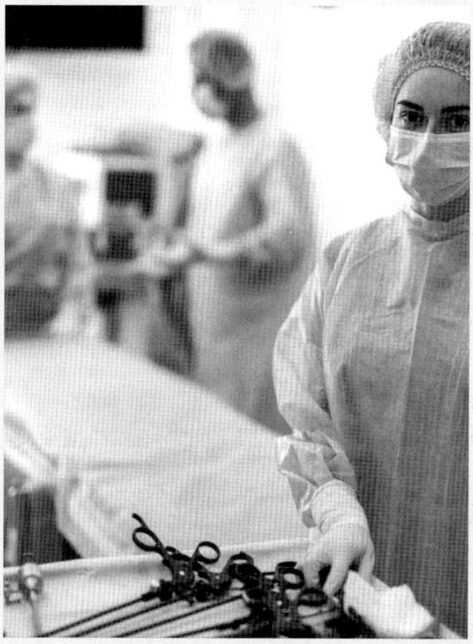

Olena Yakobchuk/shutterstock

일관된 수술실 스케줄은 수술 전에 필요한 검사가 좀 더 확실하게 처리될 수 있다는 것을 의미한다. 전에는 수술이 지연됨에 따라 이러한 검사들이 자주 반복되었다. 캐롤린스카 병원의 이러한 스케줄링 방법은 여러 가지 점에서 이득이 되었다. 수술실은 매일 더 많은 수술을 하고 비용은 감소하였으며 환자는 더 빠르게 치료받을 수 있게 되었다. 수술실은 15개에서 13개로 줄었지만 매일의 수술 횟수는 30% 증가하였다.

자료: 한경사, 2014.

4부
생산운영 실행

10장 공급사슬관리

11장 수요예측

12장 생산계획시스템

13장 재고관리

10 공급사슬관리

도입사례

청년 물류인력 세계로 파견, 시장 넓히자

우리의 현실에서 성장과 일자리 창출을 위한 경기회복 모멘텀은 여전히 우리 기업의 글로벌 진출을 확대하는 데 달려 있다. 한국의 GDP 대비 수출 의존도가 2015년 기준으로 85%로, 중국과 일본의 2배가 넘기 때문이다.

글로벌 시대 시장에서의 가치 창조는 제품의 생산으로 이루어지는 것이 아니라, 시장의 요구에 치밀하게 대응하는 해운 등 물류 산업에 의한 공급사슬(supply chain)로 가능해지고 있다. 화주들은 원자재 및 부품을 조달하고, 세계적으로 분업화된 생산 활동을 원활하게 연결하고, 전 세계 판매 시장에서의 경쟁력을 높여 나가기 위해 고도의 공급사슬 형성을 요구하고 있다.

결국 수출을 한 단계 더 도약시키기 위해서는 글로벌 물류 인프라에 투자해, 해외 거점을 기반으로 전 세계 화주가 원하는 물류 서비스 경쟁력을 갖춰 나가야 한다.

중국은 '일대일로(一帶一路)' 정책을 세계 경영의 핵심 전략으로 추진하고 있다. 중국의 국영 포워더와 선사, 항만 운영사를 통해 해외 거점 항만에 투자해 자국 제조기업의 해외 진출 물류 교두보를 확대해 나가고 있다.

우리는 그동안 해외 물류 거점 확보를 국적 선사에 맡겨 놓았지만, 앞으로는 국제 경쟁력 확보를 위해 한국 무역의 물적 인프라 투자인 해외 항만 터미널 등 해외물류거점 투자에 정부가 나서야 한다.

보다 중요한 것은 인적 인프라 구축이다. 해외 진출 중소·중견업체가 해운·하역·수송·보관 등 현지 물류 역

학습목표

1. 공급사슬관리의 개념 및 정의에 대해 이해한다.
2. 공급사슬관리의 효율적 설계를 알아본다.
3. 공급사슬관리 모형의 유형을 이해한다.
4. 공급사슬관리 설계 전략을 알아본다.
5. 공급사슬관리 설계를 위한 프로세스를 이해한다.
6. 공급사슬관리 통합을 위해 필요한 사항을 알아본다.
7. 공급사슬관리 성과측정을 이해한다.

량을 확보하면, 대외 물류 경쟁력 확보 및 신규 시장 확대가 가능하게 된다. 세계 각지 시장에 밝은 한국인 현지 화물 주선인, 포워더 등의 네트워크를 구축해야 한다. 청년 인력에 대해 현지 언어 및 화물 주선업 및 하역, 공급 사슬에 대한 교육을 시킨 후, 현지 업체에 취업을 알선하는 정책을 도입할 만하다. 이들이 현지 화물주선업 및 물류회사에 취업하면 일정기간 주거비를 지원해 상주토록 하는 프로그램이 유효한 정책이 될 수 있다.

세계 200~300여 곳의 무역 허브에 30~50명씩 총 1만여 명의 공급사슬 청년인력을 현지에서 상주하도록 지원한다면, 우리 기업의 해외 시장 확대 및 우리 상품의 물류경쟁력 향상에 큰 기여를 하게 될 것이다.

특히 최근 시장 예측, 정보기술(IT) 기반 창고관리시스템(WMS), 운송관리시스템(TMS) 등 물류 컨설팅이 가능한 고급 SCM(공급사슬관리) 전문가에 대한 수요가 크게 늘고 있다. 현지 시장 상황을 예측하고, IT 기반의 최적화 능력이 있는 우리의 해운서비스, 항만서비스, 공급사슬관리서비스 인력이 현지에서 활동하고 있다면 해외에 진출하는 국내 화주들은 천군만마를 얻게 되는 것이다.

해외 현지 물류거점에 대한 투자를 늘리고, 현지 한국인 공급사슬 인력 네트워크를 구축해 제2의 글로벌 진출 도약을 꾀해야 할 것이며, 이를 통해 우리 경제의 신성장동력을 만들어 나가야 할 것이다.

자료: 중앙일보 2017년 5월 18일자.

10-1 공급사슬관리의 개념 및 정의

1. 공급사슬관리의 개념

공급사슬은 이론적인 개념으로, 서로 영향을 주고받는 다양한 조직 간의 상호 작용의 결과이다. 공급사슬의 개념이 탄생하기 전에는 기업의 경영자들은 개별 기업의 관점에서 자신들의 수익성을 극대화하기 위해 세부적인 시장 전략을 개발하고, 기업내부의 엔지니어링, 설계, 제조 등의 기능 부분을 강화하는 등 개별 기업의 경쟁력을 개선하기 위해 노력 하였다. 또한 공급사슬에서 지배적인 영향을 갖는 기업들의 경우에는 수직적 통합(vertical integration)에 의한 거대 기업의 구성을 통하여 조정의 용이성과 규모의 경제를 활용하여 시장을 지배하고자 하였다.

이후 다양한 생산관리 기법들이 도입되고 제조 분야의 개선이 포화 상태에 이르게 되었으며, 1990년대에 들어 경영자들은 공급업체로부터의 부품 및 서비스 투입이 고객의 욕구를 충족시키는 기업의 역량에 중요한 영향을 미친다는 것을 깨닫게 되었다. 이에 따라 공급업체 관리와 아웃소싱 전략이 초점으로 부각되었다. 다른 한편으로는 양질의 제품을 생산하는 것만으로는 불충분하다는 사실이 널리 인식되기 시작했으며, 고객이 원하는 시간과 장소에 고객이 원하는 방식으로 고객이 원하는 양의 제품을 낮은 비용으로 전달해야 한다는 지금까지와는 차원이 다른 새로운 과제가 등장한 것이다. 이러한 변화가 주는 가장 큰 시사점은 자기 조직만을 관리해서는 더 이상 경쟁력을 확보하지 못 한다는 것이다.

곧 자신의 개별 기업 이외에도, 투입 요소를 직·간접적으로 제공하는 모든 상류(upper stream) 조직의 네트워크와 제품을 최종 소비자에게 전달하고 사후 서비스를 제공하는 모든 하류(down stream) 조직의 네트워크까지 효율적으로 관리해야만 기업의 경쟁력이 확보되는 것이다. 즉 현대의 기업 간 경쟁은 '기업대 기업의 경쟁'보다는 '서로 연관된 기업군 간의 경쟁'으로 특징지을 수 있다. 바로 이러한 인식으로부터 공급사슬관리라고 하는 개념이 탄생되었다.

2. 공급사슬관리의 정의

자신의 조직 내에서 발생하는 비용만을 계산하던 것에서 벗어나 기업이 하나의 연결고리로 참여하는 전체 공급사슬과정의 비용을 계산하는 데 관심을 갖게 되었다.

공급사슬관리(supply chain management: SCM)와 관련하여 공급사슬협의회(Supply Chain Conuncil)는 "고객의 수주부터 지불에 이르기까지 설비, 부품(A/S 포함), 완제품에 걸쳐 물류를 취급하는 전 프로세스에 걸쳐 공급업체, 제조, 판매, 분배 기능과 고객과의 관련 있는 활동 모두"라고 정의하고 있다. 그러나 판매관리와 기술, 공정, 제품의 개발 그리고 제품 인도 후 기술지원 프로세스는 포함되지 않는다고 보는 견해도 있다.

공급사슬(supply chain)은 "가치사슬의 개념을 따르면서 제품 개발, 공급자로부터 원자재 구매, 설비사이의 자재의 이동, 제품생산, 고객에게 완제품의 인도, 애프터 서비스 등 일체의 설비와 활동의 네트워크"라고 정의되고, 공급사슬관리는 '공급사슬내의 관계를 개선함으로써 이들 활동을 통합하여 지속적인 경쟁우위를 달성하는 것이다.

공급사슬관리는 기존의 자재관리나 생산통제와는 달리 다음과 같은 특성을 가진다.

첫째, 공급사슬관리는 공급사슬을 단일 실체로 보아야 한다. 과거의 구매 관리개념에서 전제로 하였던 것처럼 그 책임을 구매, 제조, 유통 등의 직능 영역에 각각 위임하였던 것과는 다르다.

둘째, 공급사슬은 전략적 의사결정으로 관리되어야 한다. 고객에 대한 가치 창조에 목표를 두고 공급사슬 상에 있는 각 기업은 고객 만족이라는 통합된 전략목표를 갖고 전반적 물류비용의 절감과 고객 만족에 초점을 두어야 한다.

공급사슬과 간접적으로 연관되어 있는 회사가 많이 있는데, 그들은 완제품을 소비자에게 배송하는 과정에서 대단히 중요한 역할을 한다. 이들은 트럭 수송업자, 항공 운송업자 및 선박 회사, 정보시스템 공급자, 창고 회사와 컨설턴트 등 다수의 서비스 공급업체 들이다. 왜냐하면, 이들 서비스업체들의 제품을 필요한 시기에 필요한 곳으로 전달하고, 구매자와 판매자를 효과적으로 연결해 주며, 저렴한 가격으로 제품을 고객에게 제공해 줄 수 있도록 해주기 때문이다.

지금까지 공급사슬에 대한 설명을 하였는데, 그러면 과연 공급사슬관리란 무엇일까? 공급사슬관리에 관한 정의를 여러 문헌에서 찾을 수 있으며, 다음과 같다.

- 공급관리협회(Institute for Supply Management): 최종 소비자의 니즈를 충족시키기 위하여 조직의 경계를 초월하여 지속적으로 유지할 수 있는 부가가치 프로세스를 설계하고 관리하는 것이다. 공급사슬을 성공적으로 통합하려면 인적·기술적 자원의 개발과 통합이 필요하며, 지속적인 관계 설정을 해주어야 한다.
- 공급사슬협의회(Supply-Chain Council): 수요와 공급의 관리, 원자재와 부품의 조달, 제조 및 수급, 제품보관과 재고추적, 수주 및 주문관리, 공급사슬 경로 간의 배송, 그리고 고객에게의 배달 등을 말한다.
- 공급사슬관리전문가협의회(Council of Supply Chain Management Professionals): 발주, 조달, 생산에 관련된 모든 활동의 계획과 관리 및 모든 물류관리 활동, 공급업체, 유통업체, 제3자 물류업체, 그리고 고객 등 모든 유통 통로에 관계되는 모든 파트너와의 조정과 협력도 포함한다.

공급사슬 내의 모든 조직이 지속적으로 경쟁력 우위를 확보하기 위해서 운영효율, 품질, 고객 서비스를 향상시키도록 공급사슬 관련 기업 간의 제품 관련 활동을 통합하거나 조정하는 것은 공급사슬관리에 관한 어느 정의에서나 동일하다. 따라서 공급사슬관리가 성공적이려면 공급사슬 내의 기업들은 수요예측, 생산계획, 생산능력 변경, 새로운 마케팅 전략, 신제품과 서비스 개발, 신기술 개발, 구매계획, 납기일자, 그리고 구매, 생산 및 배송 계획에 영향을 미치는 사항 등에 관한 정보를 공유하며 협력해야 한다.

첫째, 공급사슬 내의 모든 기업은 단일 경쟁 단위로 활동한다. 공급사슬 내에 있는 기업들은 자유롭게 공급사슬의 관계를 맺었다가도 이 관계가 더 이상 유익하지 않다고 생각되면 그 관계에서 벗어난다. 수직적 통합 기업집단보다 공급사슬이 더 효과적으로 운영되도록 도와주는 것이 자유시장 조직이다. 예를 들어, 공급 부족으로 특정의 자재나 제품의 가격이 상승하게 되면 기업은 이러한 부족 자재나 제품을 안정적으로 확보하기 위하여 이들의 공급업체와 제휴관계를 맺는 것이 유리하다고 생각한다.

둘째, 이러한 제휴관계는 공급자에게 새롭고 미래지향적인 제품의 판매기회인 신시장을 제공하고, 구매자에겐 장기적인 공급원 확보와 안정적인 가격을 제공하는 등 구매자, 공급자 모두에게 유리할 수 있다. 나중에 새로운 공급경쟁자가 제품생산에 참여하거나 수요가 감소하게 되면 구매자는 더 이상 기존의 공급자를 소중하게 여기지 않을 수도 있다. 그 대신 기업은 구매요구를 충족시키기 위하여 다른 공급자와 협상하여 원래의 공급자와 구매·공급 계약을 해지할 수도 있다. 이 예에서 설명한 바와 같이 공급사슬은 대단히 역동적이고 유동적이어서 공급사슬을 효과적으로 관리하는 데 문제가 생길 수도 있다.

셋째, 공급사슬관리는 공급사슬 내의 조직에 대하여 수직적 통합의 이점을 제공하지만 성공적인 공급사슬관리를 위해서는 특정한 조건이 갖추어져야 한다. 아마도 가장 중요한 점은 공급사슬 내의 모든 기업의 조직문화 변화이다. 자기 회사의 단기성과를 강조하는 전통적인 조직문화는 여러 가지 측면에서 공급사슬관리의 목표와 상충하게 된다. 공급사슬관리는 공급사슬 내의 모든 기업에게 이익이 되도록 초점이 맞추어져 있다. 그래서 공급사슬관리의 성공여부는 공급사슬 내 기업 간의 높은 신뢰도, 협력과 협동, 그리고 정직하고 정확한 의사소통 등에 달려 있다.

3. 공급사슬관리의 중요성

개별 기업 간의 경쟁과 공급사슬 간의 경쟁으로 인하여 공급사슬 활용은 기업체마다 다르지만, 이러한 기업들은 경쟁우위에 영향을 주고 있다. 많은 회사가 공급사슬관리 노력으로 가치증진과 장기적인 이익이 창출 된다는 것을 알게 되었다. 재고를 보유하고 있거나, 공급자가 많거나, 제품조립이 까다롭고 복잡하거나, 구매금액이 많은 고객을 보유하고 있는 기업이 공급사슬관리의 도입으로 이익을 가장 많이 얻을 수 있다. 이들 기업에 대해서는 공급사슬관리가 어느 정도만 이루어져도 구매 및 재고비용의 절감, 양질의 제품, 높은 수준의 고객 서비스와 매출 증대를 가져 올 수 있다. 따라서 공급사슬관리를 활용하면 구매, 재고비용 및 운송비용을 상당히 절감할 수 있다.

델(Dell) 컴퓨터사의 성공의 핵심을 살펴보자. 공장에서 재고를 보유하는데 타 기업들이 20일에서 30일 분량의 부품들을 보관하고 있는 반면에 델 컴퓨터사는 단 5일치의 재고만을 보유함으로써 재고 유지 비용을 획기적으로 줄이고 있다. 이러한 최소 재고 보유로 인하여 초래될 수 있는 재고부족 문제는 주문 간격을 줄임으로써 극복하고 있으며, 재고를 정보로서 대체하고 있다. 또한 경쟁사가 연간 필요한 부품의 양을 월별, 분기별로 주문하는 데 반해서 델 컴퓨터사는 시장의 급변하는 수요에 대응하여 2~3일, 최고 5일마다 주문을 함으로써 재고 관리에 효율성을 유지하고 있다.

고객의 주문이 완료되면 주문정보는 DB시스템을 통해 즉시 공장으로 전송되고 동시에 생산이 시작된다. 생산이 완료된 제품은 바로 포장에 들어가고, 이후 공장의 출하에서부터는 공급업체가 전담하게 되며 정보시스템을 이용하여 적시공급(on time delivery) 등 제품 통제에 들어간다.

4. 공급사슬관리의 발전단계

기업이 생산 활동에 필요로 하는 원료와 자재 및 부품 등을 획득하는 활동은 세 가지 단계로 발전하였다. 첫 번째 단계는 매입 활동의 초기 단계로서 구매관리(buying management)의 개념이다. 이 개념에 의하면 어떤 원자재를, 언제, 얼마만큼 구매할 것인가에 대한 결정은 이미 이를 필요로 하는 생산부서나 기술 부서에서 결정한 것이나 마찬가지이기 때문에 구매부서의 역할은 단지 누구한테서 구매할 것인가를 결정하는 것이다.

두 번째 단계는 조달관리(procurement management)의 개념이다. 이 개념은 원자재의 필요 부서에서 구매 청구가 있기 전에 미리 공급자를 선정하여 우호적인 관계를 유지하고, 가격 조건을 조정하며, 수송과 재고관리를 준비하는 것이다.

세 번째 단계는 공급관리(supply management)이다. 이 개념과 조달개념과의 근본적인 차이점은 제품의 계획이나 설계이전부터 원자재 등의 조달에 관한 준비가 이루어져 공급기업을 참여시키고 기업의 가치 창조를 극대화하는 활동이다.

공급사슬관리는 문제를 분석하는 데 있어 구매관리, 조달관리와 차이가 있는데 현대의 기업활동이 다수의 기업이 참여한 복잡한 네트워크에 의해 수행되기 때문에 공급사슬이라는 개념으로 분석하고자 하는 것이다. 즉 기업 내부 및 외부 활동의 연결 상황, 가치가 창출되는 사슬부분, 비용이 발생하는 사슬부분을 분석하여 문제를 해결하는 프로세스 중심의 개념이라고 말할 수 있다.

5. 공급사슬관리의 중요 기능

공급사슬관리를 구성하는 주요 기능은 다음의 다섯 가지이다.

첫째, 소싱(sourcing) 단계는 공급자 네트워크를 통해 기업에 원재료나 부품을 제공하는 것뿐만 아니라 제품 개발에서 프로세스 변환을 위한 하부 조립 디자인(sub-assembly design)이나 생산도구(tooling production)들을 지원한다. 둘째, 입고물류(inbound logistic) 단계로 생산 스케줄을 맞추기 위해 효과적이면서 효율적인 이동, 필요한 자재의 저장 등에 초점을 맞추는 것이다. 셋째, 준비된 투입 요소를 이용하여 제조하는(manufacturing) 단계로 적시에, 높은 품질과 낮은 가격의 경쟁력 있는 제품을 생산하는 것이다. 넷째, 출고물류(outbound logistics) 단계로 고객이 사용하기 위해 범세계 시장에 물류 네트워크를 통해 완제품을 제공하는 것이다. 다섯째, 애프터 서비스(after-market service) 단계로 부품교체나 수선서비스 또는 제품사용에 관한 질문에 대한 대응 서비스와 같은 제품지원 필요성을 인식하는 활동이다.

이러한 공급사슬관리를 설계하기 위해 기업의 시설. 유통센터 위치, 수송경로, 제품디자인, 공급자 지원에 대해 면밀한 조사를 통해 전체 체인을 2년에서 5년 정도 사이의 장기간을 두고 설립계획을 수립하는 것이 바람직하다. 그리고 기업의 환경의 변화에 따라 사업상 필요한 요구에 맞추어 매년 재평가와 개선이 필요하다.

6. 공급사슬관리에서 채찍 효과 및 동태성

1) 채찍 효과

공급사슬에서 고객으로부터 생산자로 갈수록 변동성이 확대되는 현상을 채찍 효과(bullwhip effect)라고 부른다. 이러한 현상은 공급사슬 구성원 간에 조정이 미흡하다는 것을 나타내준다. 하류(최종 사용자에 가까운 조직)에서 발생한 일시적인 수요의 증가로(선수구매, 사재기)가 상류에서는 심각한 수요량 변동을 야기할 수 있는 요인 때문에 하류로부터 요구 물량의 증가가 일시적이 아니고 지속될 것이라고 잘못 판단해서 협력업체에 대량의 자재주문을 발주한 결과 과잉 재고로 인하여 다음의 주문량이 급격히 감소하여 상류 기업에 커다란 생산계획에 차질이 발생하게 된다.

발생원인(수요예측상의 문제점들이 큰 원인). 채찍 효과가 발생하는 이유는 첫째, 수요가 왜곡되기 때문이다. 즉 수요 증가 기대 심리 때문에 기존 주문량보다 더 많이 주문한다. 둘째, 최종 소비자로부터 멀어질수록 대량으로 주문하기 때문이며, 셋째, 주문 발주에서 도착까지 시간의 차이가 존재하기 때문이다.

기업은 제품 수요예측, 생산 규모 계획, 재고조정 등 다양한 경영기획 활동에 고객들의 제품 주문량은 중요한 입력정보로 활용한다. 그러나 이러한 제품 주문량은 현재의 실제수요를 정확하게 반영한다고 말하기 어렵다. 즉 주문은 미래의 예측 수요와 안전재고의 합이기 때문이다.

수요와 공급의 불확실성은 공급사슬 전략을 이해하는 좋은 개념들(framework)이다. 예측 불가능한 수요와 진화적 공급 프로세스를 가진 혁신성 제품은 커다란 문제에 직면해 있다. 계속 짧아지는 수명주기 때문에 회사의 공급사슬 전략을 조정해야 하는 압력은 매우 커진다.

관리 방식. 공급사슬관리의 관리 방식은 다음과 같다.

- 공급체인에서의 목표와 인센티브 조정
- 정보의 정확성 향상
- 운영 효율성의 증대
- 가격전략 수립
- 리드타임 단축

고객과 공급업체들이 수요와 공급패턴 들을 어떻게 도출하는지 그리고 나서 전체 프로세스를 통하여 정보의 질을 향상시키고 사이클 타임을 줄이기 위하여 협력적으로 업무를 수행하는 것이다.

〈그림 10-1〉 공급사슬의 동태성

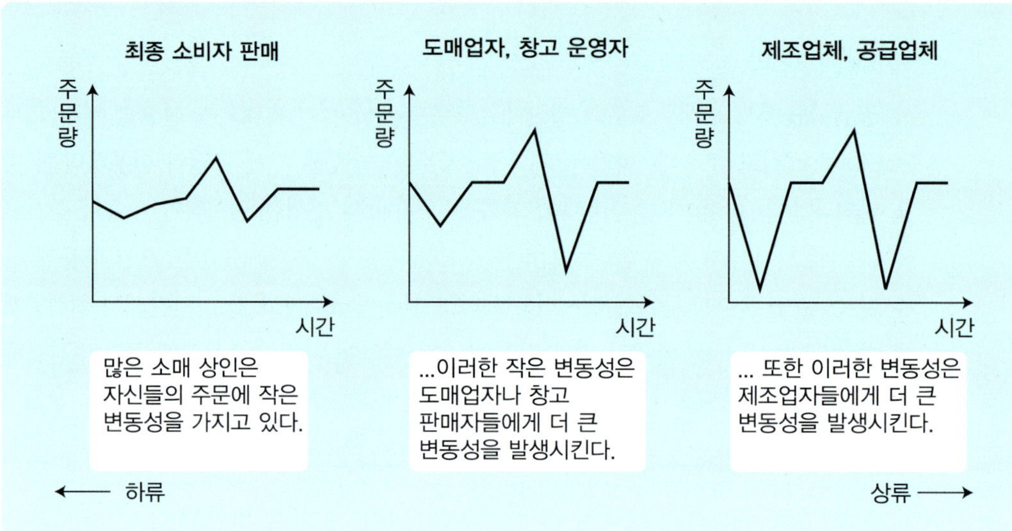

2) 공급사슬의 동태성

공급사슬관리의 특성들은 공급사슬관리에 관심을 갖고 이를 수행하고자 하는 기업들이 공통적으로 겪는 어려움이라고 할 수 있다. 하지만 더욱 중요한 공급사슬관리의 특성은 각 기업이 속해 있는 공급사슬의 특성에 차이가 있으며, 따라서 "어떠한 공급사슬의 설계 및 운영이 최선이냐?"라는 질문에 대한 유일한 답이 존재하지 않는다는 것이다.

각 기업에 맞는 공급사슬을 설계하기 위해서는 우선 그 기업의 수익과 비용 구조를 분석해야 한다. 수익과 비용 분석을 통해 기업의 경쟁력에 가장 큰 영향을 미치는 요소를 찾아내고 이를 개선하여 경쟁력을 높이기 위한 방법이 무엇인가를 생각해야 하며, 공급사슬은 어떻게 설계해야 효율적인지를 결정해야 하는 것이다.

10-2 효과적 공급사슬관리 설계 및 모델 유형

1. 효과적 공급사슬관리 설계

공급사슬관리의 도입으로 기업내·외 협업체계의 강화를 통하여 획기적인 공급·수급기간 및 계획기간 단축을 통한 시장선점, 신속하고 유동성 있는 영업·생산·구매 전략 수립을 통한 시장변화에 대한 대응력 강화, 공급사슬에서의 자원의 효율적 활용과 불필요한 자원의 낭비요소 및 재고감소 등 많은 효과를 가져 올수 있다.

공급사슬의 효율적 설계와 운영을 위해서는, 첫째, 시스템의 목표를 명확히 정의하여 각 단계가 시스템의 목표를 달성하는 방향으로 의사결정을 내리게 유도한다. 채찍 효과가 생기는 근본적 원인은 시스템 안의 각 구성원들이 자신의 이익을 극대화하는 방향으로 미시적 의사결정을 하기 때문이다. 따라서 통합적 의사결정을 통해 발생한 추가적 이익을 공평하게 분배함으로써 시스템의 이익을 최대화하도록 구성원들에게 동기부여를 하는 것이 무엇보다 중요하다.

둘째, 소비자의 서비스 수준 향상에 기여하는 성과측정치를 개발한다. 특히 적시관리(just in time: JIT), 신속응대(quick response: QR), 효율적소비자응대(efficient consumer response: ECR) 등을 활용하여 세분화된 소비자 그룹의 요구를 잘 만족시킬 수 있는지를 측정해야 한다. 배달주기나 수송량의 불확실성을 줄여야 공급업자, 생산자, 소비자 모두의 비용을 절감할 수 있다.

셋째, '위험 풀링(risk-pooling)'을 통해 시스템과 관련된 불확실성을 최소화한다. 위험 풀링은 시스템 내에 분포되어 있는 불확실성을 하나의 그릇에 모음으로써 시스템 전체의 불확실성을 줄이자는 것이 그 목적이다. 예를 들면 배달트럭이 각 소매상에 도달하여 그 소매상과 앞으로 방문할 소매상들의 재고 수준을 고려하여 할당량을 정하는 동적 재고할당 정책이나, 배달트럭이 중앙창고나 소매상을 떠나면서 앞으로 방문할 소매상들의 재고 수준을 고려하여 방문 순서를 정하는 동적 배달경로 정책을 활용하면 시스템의 불확실성을 감소시킬 수 있다.

넷째, 정보를 공유하고 공유된 정보를 의사결정에 적극적으로 활용한다. 즉 물적 흐름과 정보의 흐름을 효과적으로 통합하는 것이 필요하다. 월마트(Wal-Mart)나 토이저러스(ToysRus)는 재고를 정보로 대체한다는 개념을 도입하여, 인공위성을 통해 하위 단계의 수요 및 재고 정보를 모든 단계가 공유하여 의사결정에 반영함으로써 수요에 대한 반응시간을 최소화하였다.

다섯째, 정보의 공유와 통합적 의사결정이 이루어지는 것을 가능하게 하기 위해서는 부서 간 협동을 유도하는 것이 매우 중요하다. 새로운 시스템의 도입에 있어 부서 간 형평성을 유지하는 것이 가장 큰 어려움 중의 하나이다.

여섯째, 하부구조에 대한 과감한 투자를 수행하며 미래 확장 가능성에 대비할 수 있어야 한다. 월마트의 경우 장기적 관점에서 지역물류센터를 먼저 건설하고 그 주위에 소매점포를 위치시키는 방법을 사용하여, 초기 투자는 다른 경쟁 기업에 비해 많이 들었으나 가장 효율적인 분배시스템을 소유한 기업이 될 수 있었으며, 이것이 미래 기업 경쟁력의 원천이 되었다.

일곱째, 아웃소싱을 적극적으로 활용하여 비용과 시간을 절감하는 것은 물론 기업의 경쟁력을 최대화하는 방향으로 자신의 자원과 외부 기업의 자원을 결합해야 한다. 새턴(Saturn)의 경우 라이더트럭(Ryder Trucks)에게, 내셔널 세미컨덕터(National Semiconductor)와 로라 애슐리(Laura Ashely)의 경우는 페덱스(Federal Express)에게 수송부분을 아웃소싱하고 있다. 아웃소싱의 대상이 되는 기능을 선택할 때 기업의 핵심역량과 관련하여 중요하지 않다거나, 추가적 자본투자의 규모가 큰 것과 같은 기준을 사용하기보다는, 그 기능을 외부의 기업이 자신보다 더 잘할 수 있는가의 기준을 사용하여 결정되어야 할 것이다.

2. 공급사슬관리 모델의 유형

1) 공급자관리재고

최근 생산자 중심의 공급자관리재고 방식이 주목받고 있다. 공급자관리재고(vendor managed inventory: VMI)는 전산시스템의 확인 없이 업체 스스로 자재과 창고에 자기들의 제품, 재고를 항시 준비해 두는 방식으로, 제품 저장 면적의 협력업체 협력 방식이라고 할 수 있다. 즉 모기업과 연관된 업체와의 재고, 면적운영, 배송 형태, 싸이클 등을 고려해 상호 협의 후 관련된 업체에서 물류환경 요소를 검토해 생산(출하)된 양만큼 후 보충 입고하는 개념을 말한다.

VMI 방식이 지향하는 목표는 모기업의 재고를 최소화하고 납품업체의 재고를 모기업에 두고 운영하는 판매장 및 재고관리 방법의 일환이다.

2) 공동재고관리

공동재고관리(co-managed inventory: CMI)는 공급자관리재고 방식에서 진보된 개념으로, 소매업체와 제조업체가 공동으로 재고를 함께 관리하는 것이다.

3) 연속보충 프로그램

연속보충 프로그램(continuous replenishment program: CRP)는 재고를 자동으로 보충하는 관리 방식으로 제조업체와 유통업체 간의 각종 제품에 대한 주문 정보를 공유하여 재고를 자동으로 보충, 관리하는 프로그램이다.

4) 협업적 계획, 예측, 보충시스템

협업적 계획, 예측, 보충시스템(collaborative planning, forcasting replenishment: CPFR)은 전체 공급사슬을 구성하고 있는 모든 업체가 정보를 공유하여 수요를 예측하고 생산을 계획하며 재고를 보충해 나가면서 공급사슬 상에 발생할 수 있는 채찍 효과나 예기치 못한 위험을 줄이자는 개념이다.

10-3 공급사슬관리 설계 전략

1. 기능성 및 혁신성 제품의 분류

피셔(Fisher)는 경영자들이 제품 수요의 특성을 이해하고 이런 수요를 가장 잘 만족시킬 수 있는 공급사슬을 고안하는 데 도움이 되는 개념틀을 개발하였다. 제품수명주기, 수요예측 가능성, 제품 다양성, 납기와 서비스에 대한 시장 표준 등과 같은 제품 수요의 여러 특성은 매우 중요하다.

피셔는 제품을 기능성 제품(functional product)과 혁신성 제품(innovative product)으로 분류할 수 있다는 것을 발견했다. 각각의 제품군은 서로 다른 공급사슬이 필요하기 때문에, 공급사슬의 근본적인 문제는 제품의 유형과 공급사슬의 유형 간에 부조화에 의해 발생한다.

기능성 제품은 식료품 가게와 주유소 등과 같은 다양한 상점에서 구입하는 기본식품 같은 것을 포함한다. 이런 제품은 기본적인 욕구를 충족시키고, 시기에 따라 큰 변동이 없기 때문에, 수요가 안정적이고 예측 가능하며 긴 수명주기를 가진다. 그러나 이런 안정성은 경쟁을 유발하여 마진이 낮아진다. 피셔는 기능성 제품을 분류하기 위해서 다음과 같은 것을 제시했다. 2년 이상의 제품수명주기, 5~20%의 공헌 마진, 10~20개의 제품 변형 모델, 제품생산 시 10%의 평균 예측 오차, 주문생산품 경우 6개월에서 1년 정도의 리드타임 등이다.

낮은 마진을 피하기 위해, 많은 회사는 고객에게 추가적인 제품구매를 유인하기 위해 유행이나 기술에 있어서 혁신을 도입한다. 유행을 타는 의류나 퍼스널 컴퓨터가 좋은 예이다. 혁신으로 회사는 높은 마진을 달성할 수 있지만, 계속 새로워져야 하는 혁신성 제품의 수요는 예측이 불가능하게 된다. 이런 혁신성 제품은 단지 몇 달간의 수명주기를 가진다. 모방자들은 혁신성 제품이 누리고 있는 경쟁우위를 매우 빨리 떨어뜨리므로 지속적으로 새로운 혁신을 해야 된다. 짧은 수명주기와 제품 유형의 다양성은 예측이 더욱 어려워진다.

기능성 제품이 더 성숙하고 안정적인 공급 프로세스를 가지는 경향이 있지만 항상 그런 것은 아니다. 예를 들면, 전기와 지역적 공공재의 연간 수요는 안정적이고 예측 가능하지만, 특정 지역의 강우량에 의존하는 수력발전은 매년 발전량이 달라질 수 있다. 어떤 식료품은 수요가 매우 안정적이지만, 공급은 양과 질적인 측면에서 연간 기후 조건에 따라 영향을 받을 수 있다. 이와 마찬가지로, 안정적인 공급 프로세스를 갖는 혁신성 제품도 있다. 패션의류제품은 판매 기간이 짧고 수요도 매우 예측하기 어렵다. 그렇지만, 공급 프로세스는 매우 안정적이며, 믿을 만한 공급원과 성숙한 제조 프로세스 기술을 가지고 있다. 〈그림 10-2〉는 수요와 공급의 불확실성이 다른 제품의 예를 보여주고 있다.

2. 공급사슬전략 네 가지 유형

Lee는 〈그림 10-2〉에서와 같이 공급사슬전략을 네 가지 유형으로 구분했다. 정보기술이 이런 전략을 수립하는 데 주요한 역할을 한다.

- 효율적 공급사슬: 이것은 가장 높은 비용효율성 창출을 목표로 하는 전략을 사용하는 공급사슬이다. 이러 효율성을 달성하기 위해서는, 가치부가를 창출하지 않는 활동을 제거해야 하고, 규모의 경제를 추구해야 하며, 생산과 유통에서 가용한 능력을 최대한 활용할 수 있도록 최적화 기법을 적용해야 하며, 공급사슬에서 효율적이고, 정확하며, 비용 효과적인 정보의 전달을 보장할 수 있도록 정보의 연계가 이루어져야 한다.
- 위험회피 공급사슬: 이것은 공급사슬에서 자원을 모으고 공유하여 공급의 단절로 인한 위험을 공유하는 것을 목표로 하는 전략을 사용하는 공급사슬이다. 공급사슬에서 단일 공급자는 공급단절시 취약할 수 있지만, 공급자가 1개 이상이거나 공급자 대체가 가능하다면, 단절로 인한 위험은 줄어든다. 예를 들면, 어떤 회사는 공급단절의 위험을 회피하기 위해 핵심부품의 안전재고 수준을 증가시키거나, 이런 핵심부품을 필요로 하는 다른 회사와 재고를 공유함으로써 재고를 유지하는 비용을 공유할 수 있다. 이런 유형은 상이한 소매점이나 딜러십과 재고를 공유하는 곳에서 일반적이다. 이 경우 정보기술이 중요한데, 재고와 수요에 대한 실시간 정보가 재고를 공유하는 파트너들 간에 가장 비용 효과적인 제품의 관리와 이전을 가능하게 해 준다.
- 대응적 공급사슬: 이것은 고객의 유동적이고 다양한 욕구에 대해 유연하게 대응하는 것을 목표로 하는 전략을 사용하는 공급사슬이다. 대응적이기 위해서 회사는 고객의 특정 요구사항을 만족시키기 위한 수단으로 주문생산과 대량고객화 프로세스

〈그림 10-2〉 불확실성 프레임워크-필요 공급사슬의 사례와 유형

		수요의 불확실성	
		저(기능성 상품)	고(혁신적 상품)
공급의 불확실성	저 (안정적 프로세스)	효율적 공급사슬 식료품, 기본의류, 가스	대응적 공급사슬 패션의류, 컴퓨터, 팝뮤직
	고 (진화적 프로세스)	위험회피 공급사슬 수력발전, 일부 식품	민첩 공급사슬 텔레콤, 첨단 컴퓨터, 반도체

를 사용한다.

- 민첩 공급사슬: 이것은 고객의 요구에 민첩하게 대응하는 것을 목표로 하는 전략을 사용하지만, 재고와 다른 자원들을 공동 집적(pooling)함으로써 공급 부족이나 단절을 회피하는 공급사슬이다. 이런 공급사슬은 위험 회피 공급사슬과 대응적 공급사슬의 장점을 결합하는 전략을 가지는 것이 필수적이다. 이것은 변덕스럽고 예측이 불가능한 고객의 수요에 대해 대응하면서 공급단절의 위험을 최소화시킨다는 점에서 민첩하다.

수요와 공급의 불확실성은 공급사슬 전략을 이해하는 좋은 개념들(framework)이다. 예측 불가능한 수요와 진화적 공급 프로세스를 가진 혁신성 제품은 커다란 문제에 직면해 있다. 계속 짧아지는 수명주기 때문에 회사의 공급사슬 전략을 수시로 조정해야 한다.

3. 아웃소싱

아웃소싱(outsourcing)은 회사의 내부 활동의 일부와 의사결정책임을 외부에 이전하는 활동이다. 기업이 아웃소싱을 하는 이유는 매우 다양하다. 〈표 10-1〉은 아웃소싱을 하는 이유와 그에 따른 이점을 열거하고 있다.

아웃소싱은 기업에게 핵심역량에 집중할 수 있게 해준다. 그래서 기업은 원가를 줄임으로써 경쟁우위를 창출할 수 있다. 기능 전체를 아웃소싱할 수도 있고, 나머지는 그대로 유지하면서 활동의 일부 요소만 아웃소싱할 수도 있다. 예를 들면, 정보기술의 일부는 전략적이고, 또 일부는 핵심적이며, 일부는 제3자에 의해 더 싸게 수행될 수 있다. 아웃소싱을 할 기능을 확인하여 하위 기능으로 분류함으로써 의사결정자가 어떤 활동은 전략적이고 핵심적이기 때문에 조직 내에 남겨야 하는지 또는 상품처럼 아웃소싱 할 수 있는지를 결정할 수 있게 해준다. 아웃소싱의 단점은 비핵심활동에 종사하는 종업원을 해고하는 것이 쉽지 않다.

4. 물류 고려 설계

제품 개발의 초기단계에서 물류를 고려한 설계(design for logistics: DFL) 개념을 적용함으로써 엔지니어링과 마케팅뿐만 아니라 구매와 제조에 대한 물류의 연계성이 향상될 수 있다.

재고를 최소화하고 효율적인 공급 사슬이 강조되는 측면에서 보면, 제품 설계 방법과 구성품(component) 및 자재의 설계는 제품의 물류비에 중요한 영향을 미칠 수 있다. 특히 제품포장과 수송 요구사항은 설계 과정에서 고려되어야 할 필요가 있다. 예를 들어, 구성부품이 표준물량인 50으로 컨테이너에 포장되는데 단지 제품에 30의 구성부품이 필요하다고 한다면 낭비가 발생한다. 또한, 제품과 구성품 설계시 비용 효율적이고 손상이 없는 물류성과를 달성할 수 있도록 해야 한다.

10-4 공급사슬관리 설계 프로세스

1. 공급사슬관리 설계의 중요성

공급사슬관리는 최종 소비자의 실질적인 니즈를 충족시키기 위해 조직의 유연성과 부서 간 긴밀한 업무 협조 체제를 구축하여 가치를 부가시켜 주는 프로세스의 설계와 관리를 말한다.

만약 어떤 기업이 공급사슬을 적극적으로 설계하지 않고, 일련의 프로세스와 독자적으로 행해지는 결정을 바탕으로 그냥 진화되도록 방치하면 어떻게 될 것인가? 다음과 같은 결과를 예상할 수 있다.

- 조정되지 않은 활동
- 호환성 없는 정보시스템
- 긴 사이클 타임
- 원활치 않은 의사소통으로 정보 공유 누락 문제
- 고객 서비스상의 문제
- 과다한 폐기물과 환경 문제
- 고객 서비스 수준에 비해 지나치게 많은 과잉 재고
- 적정 수준에 미치지 못하는 이익

그렇다면 이런 문제들은 왜 생기는 것일까? 아무도 시스템 전체 목표를 고려하여 SCM 프로세스를 설계하지 않았기 때문이다. 공급사슬의 투명성이 결여되어, 공급사슬의 다른 부분에 미칠 영향을 고려하지 않고 부분적인 최적화만을 추구하며 개별적인 의사결정이 이루어진 것이다. 예를 들어, 저가 포장은 제품을 보호하지 못하고, 운송비용을 상승시키며, 고객이탈을 부를지도 모른다.

그러나 이런 결과를 예상하는 것은 간단한 일이 아니다. 이런 복잡성 때문에 SCM 설계가 아직도 보편화되지 않은 것이다. 설계자는 먼저 공급사슬을 가시화(visibility)해야 한다. 관리자들은 각 과정이 어떻게 수행되고, 어떻게 다른 프로세스에 영향을 미치며, 누가 무엇을 하고, 어디에서 그것이 이뤄지며, 왜 그것이 수행되고 있는지 볼 수 있어야 한다. 가시성은 효과적인 공급사슬 설계와 관리에 필수적이다. 〈표 10-2〉는 프로세스에 대한 전통적인 초점과 공급사슬의 초점 비교하고 있다.

〈표 10-1〉 아웃소싱의 이유와 이점

아웃소싱의 이유와 이점
조직 관련 이유 • 최고로 잘할 수 있는 부문에 노력을 집중함으로써 효과성을 제고함 • 변화하는 비즈니스 환경과 제품과 서비스에 대한 수요, 기술변화에 대응하기 위해서 유연성을 제고함 • 조직의 변화를 유도함 • 제품과 서비스의 가치, 고객 만족 그리고 주주가치를 높임
개선 관련 이유 • 운영성과(품질, 생산성, 사이클 타임 등) 개선 • 전문성, 기술 등 획득 • 관리와 통제의 개선 • 위험 관리 개선 • 혁신적 아이디어의 획득 • 우수한 제공자(아웃소싱)와 연계함으로써 신뢰성과 이미지 제고
재무 관련 이유 • 자산에 대한 투자를 줄이고 다른 목적으로 유동성 있게 사용함 • 자산을 제공자에게 이전함으로써 현금 창출
수익 관련 이유 • 제공자의 네트워크를 통하여 새로운 시장에 접근하거나 비즈니스가 기회를 확보 • 제공자의 생산능력, 프로세스, 시스템에 접근하여 확장을 가속화 함 • 확장에 대한 금융이 어려울 때 판매와 생산능력을 확장함 • 기존 기술을 상업적으로 이용하고자 할 때
원가 관련 이유 • 우수한 제공자의 수행능력과 낮은 원가구조를 통하여 원가 절감을 함 • 고정비용을 변동비용으로 전환
종업원 관련 이유 • 종업원에게 강력한 직업 경로를 제공함 • 비핵심 분야에 대한 책임과 열정을 증가함

2. 공급사슬관리 설계

역사적으로 공급사슬은 기업환경 변화에 반응하며 점진적으로 발전해 왔다. 앞에서 언급했듯이, 공급사슬 설계는 기업의 가치선언과 목표에 맞춰 공급사슬을 기획하고 개발하는 활동을 포함한다. 변화하는 고객 니즈를 추종하는 게 아니라, 주도적으로 고객에게 서비스하려는 접근 방식이다.

설계의 구체적인 사항을 명확히 하기 위해 관리자는 다음의 단계를 따라야만 한다.

- 공급사슬의 최종 고객을 파악하면서 설계를 시작하라.
- 공급사슬의 가치를 정하라.
  - 각 공급사슬 단계의 핵심 주체와 그들이 부가할 가치를 파악하라.
  - 당신 회사가 공급사슬 내에서 어디에 있을 것인지와 당신 회사가 공급사슬에 부

〈표 10-2〉 프로세스에 대한 전통적인 초점과 공급사슬의 초점 비교

프로세스	전통적인 초점	공급사슬의 초점
재고관리의 접근법	자사 소유 재고	전체 공급사슬, 높은 재고회전
원가관리의 접근법	가격 초점	총비용
공급사슬 내 공유와 모니터링의 조율	제한적	장기적
공급사슬 내 단계 간의 조정 노력	제한적	광범위적
공급사슬 내 계획 활동	없음	정보기술을 이용해 통합
공급업체관리	적대적 관계	주요 공급업체와 긴밀한 관계
공급사슬 내 리더십	없음	구성 기업 중 리더 역할 결정
위험과 보상의 공유	없음	주요 기업끼리 결정
운영 활동·정보흐름·재고흐름의 속도	느리고 제한적	빠르고 광범위적
정보 기술	주요 사안이 아님. 공급사슬 내부에 초점	광범위한 개선과 연계
팀프로세스	고객이나 공급업체와의 팀 활동 없음	주요 고객·공급업체와의 공동 팀활동

가할 가치를 정하라.

- 공급사슬에서 제조업체, 유통업체, 소매업체 혹은 다른 업체 중 누가 힘이 있는지 분석하라.
  - 누가 최종 고객과 가장 강하게 연계되어 있는지 파악하라.
  - 공급사슬을 성공으로 이끌 핵심 기술을 확정하라.
  - 공급사슬을 성공으로 이끌 핵심역량을 평가하라.
- 공급사슬의 가치선언을 실현시키는 데 중요한 프로세스를 구별하라.
  - 공급사슬에서 시간이 많이 걸리고 변동이 큰 부분을 파악하라.
- 이상적인 공급사슬의 형태를 결정하라.
  - 다양한 공급사슬 구성 기업들이 책임지고 있는 현재의 부가가치 역할을 규명하라.
  - 공급사슬 활동에 대해 우리가 원하거나 필요로 하는 통제력이 어느 정도인지 분석하라.
  - 다양한 공급사슬 구성 기업들이 이상적으로 책임져야 할 부가가치 역할을 명확히 하라.

이러한 전략적인 질문들은 관리자가 공급사슬의 핵심 프로세스를 규명하는 데 도움을 줄 것이다. 일단 핵심 프로세스가 파악되면, 관리자는 이상적인 프로세스의 정의를 시작할 수 있다.

공급사슬의 설계는 흔히 새로운 제품 혹은 서비스와 함께 시작된다. 이 원점시작 방

식은 이상적인 공급사슬을 설계하는 데 효과적이다. 예를 들어, 휴렛-패커드(HP)사는 SPaM(전략기획 및 모델링 그룹)을 조직했고, 그 그룹은 공급사슬 설계를 위해 휴렛-패커드의 여러 사업부와 협력했다. SPaM의 제일 큰 임무는 기존 공급사슬의 구성과 운영 방식을 개선하는 것이다. 휴렛-패커드의 SPaM 그룹은 다음과 같은 활동을 포함하여 많은 공급사슬 재설계 프로그램에 관여했다.

- 진부화 문제의 해결: 실제 수요를 알 수 있는 시점까지 제품 차별화를 이루기 위해 지연과 표준화 방법을 사용하게 되었다.
- 프린터 생산을 위한 글로벌 공급사슬의 평가: 위탁 제조업체에 더 의존하게 되면서 자사의 기존 공장을 폐쇄하고 입지를 재조정하게 되었다.
- 휴렛-패커드가 부품을 어디서 구매해야 하는지의 결정: 이것은 '저가' 공급업체 우선주의에서 탈피하는 계기가 되었다. 실질적으로 저가 공급업체는 긴 리드타임, 수송비용과 지체, 재고 수준의 상승, 큰 진부화 비용 등으로 총비용을 더 많이 발생시킨다. 휴렛-패커드는 공급업체 구성을 재평가함으로써 비용을 줄였을 뿐 아니라, 변화하는 고객 수요에 반응하는 능력 또한 향상시켰다.

1) 공급사슬관리를 위한 설계

1990년대는 'x'를 위한 설계(design for x: DFX) 방식이 많이 이루어지던 시대다. 이 방식의 등장은 새로운 제품·서비스 및 프로세스를 설계하는 사람들이 제품·서비스의 핵심 요소를 고려하지 못했던 데 기인한 것이다. 일단 제품이나 서비스가 설계되면 이런 핵심 요소를 바꾸는 것은 비용이 매우 많이 들거나 아주 어렵다. DFX의 가장 중요한 원리는 설계자가 기업 내부와 공급사슬상의 핵심 관계자와 협력하는 분위기를 만들어 주요 사안을 설계에 반영하고 통합하자는 것이다. DFX 방식에는 다음과 같은 것들이 있다.

- 제조 용이성을 위한 설계 — 조립성(assemblability)
- 유통, 고객을 위한 설계 — 서비스성(serviceability)
- 공급을 위한 설계 — 분리성(disassemblability)
- 환경을 위한 설계 — 재활용성(recyclability)

이 항목은 그 하나만으로는 고객 니즈가 효율적이고 효과적으로 충족되도록 제품·서비스·프로세스를 설계하는 데 충분하지 않다. 기업은 공급사슬을 위한 설계라는 큰 그림을 보아야 한다.

2) 공급사슬관리의 도표화 방법론

공급사슬 도표화를 하는 데는 여러 가지 이유가 있다. 예를 들면 기업의 기대만큼 공급사슬의 성과가 나타나지 않을 때, 공급사슬 내에 비용이나 시간을 줄여야 할 때, 또는 공급사슬에 대해 더 이해하고 싶을 때 공급사슬을 도표화한다. 도표화의 이유에 따라 공급사슬 도표의 세밀도 수준을 달리 한다. 일반적으로, 처음에는 상위 수준의 공급사슬 도표를 작성하는 것이 좋다.

복잡한 기업이 자사의 공급사슬 전체를 자세하게 도표화하는 것은 불가능에 가깝다. 이 일은 수만까지는 아니더라도 수천의 연결고리를 포함할 수 있다. 기업은 세부 도표화 과정을 시작하기 전에 가장 큰 기회가 있는 곳이 어디인지 판단해야 한다. 만약 아웃소싱이 간단한 부품과 자재에 국한된다면, 공급사슬 도표는 양자 또는 삼자 관계의 사슬로 간단하게 표현될 것이다. 프로세스 도표의 한 가지 목표는 비효율을 초래하는 불필요하게 복잡한 공정을 파악하는 것이다. 이와 마찬가지로 공급사슬 도표는 공급 네트워크에서 불필요하게 복잡한 부분을 파악해서 공급사슬 관리자가 그 부분을 제거할지 여부와 그 방법을 합리적으로 결정하게 해 주는 유용한 도구이다.

예를 들어, 발생하는 실수를 보완하기 위하여 추가된 단계를 복잡한 프로세스로 정의할 수 있다. 시스템에는 엔지니어들이 설계하고 고객이 기꺼이 돈을 지불하는 일련의 단계가 있다. 하지만 뜻밖의 사건이나 실수가 있기 때문에 수정이나 보완을 위해 추가적인 단계가 필요하게 된다. 복잡성(complexity)이란 전체 프로세스나 산출물에 가치를 부가하지 않고 단순히 공급사슬에 비용과 시간을 부가하는 단계를 말한다. 예를 들어, 어떤 공급사슬에서 구매회사가 특수 기술 때문에 특정 공급업체를 선택했는데, 구매회사는 모르지만 이 공급업체는 그 기술이 부족해서 실제 기술이 있는 또 다른 공급업체와 하청 계약을 할 수 있다. 공급사슬 안에 또 다른 공급업체를 추가하면 리드타임이 늘어나고, 이것은 복잡성이 증가한 것이다.

10-5 공급사슬관리 통합

어느 기업이든 글로벌 공급사슬을 통합적으로 관리하기 위해서는 많은 준비가 필요하다. 마이클 맥그래스(Michael McGrath)와 리차드 후울(Richard Hoole)은 국제적인 규모의 공급사슬 통합을 위해 필요한 사항에 대하여 다음과 같이 구분하였다.

제품 개발. 시장의 요구에 따라 제품 수정이 용이하도록 디자인하는 것이 중요하다. 이러한 관점에서 볼 때 생산시설이 여러 곳에 분포하는 것이 그렇지 못한 경우에 비해 유리하다. 제품 개발의 유연성을 확보하는 이러한 시스템은 모든 제품에 적용할 수는 없지만, 적절히 시행될 경우 긍정적인 효과를 기대할 수 있다. 시장에서 요구하는 '평균적인' 제품을 일괄적으로 생산하는 것보다는 다양한 시장에서 요구하는 사항을 모두 충족시킬 수 있는 조건으로 생산시스템을 갖추어야 한다.

구매. 구매를 위해서는 자재조달을 전문적으로 담당하는 관리팀을 따로 운영하는 것이 효과적이다. 이는 여러 공급업체를 비교 평가하여 품질의 안정성과 운송의 신뢰성을 보장받는 데 용이하기 때문이다. 구매품의 가격을 비교하는 업무도 전담 할 수 있기 때문에 효율적인 공급사슬관리에 도움이 된다. 물론 여러 지역의 공급업체를 탐색함으로써 글로벌 공급사슬의 유연성을 확보함으로써 보다 정확하고 빠른 구매업무가 진행될 수 있다.

생산. 여러 지역에 생산시설이 구축되면 기업은 글로벌 공급사슬을 효과적으로 사용할 수 있게 된다. 이 전략을 완벽히 수행하기 위해서는 효율적인 커뮤니케이션 시스템이 구축되어야 하며, 이를 통해 공급사슬을 관리할 수 있어야 한다. 의사소통에서는 집중화된 관리가 필수적이며, 유용한 정보가 집중되어야 효율적으로 업무를 수행할 수 있다.

수요관리. 마케팅 전략 등을 포함한 수요 관리는 개별 지역 단위로 이루어지는 것이 보통이다. 그러나 공급사슬이 통합적으로 관리됨에 따라, 수요관리 역시 일관성을 가지고 진행될 필요가 있다. 반면 개별 지역의 수요 변화에 민감하게 대응이 이루어져야 한다는 특성 때문에 효율적이고 신속한 커뮤니케이션 시스템의 필요성이 강조된다.

주문 충족을 통한 고객 만족. 공급사슬의 유연성을 수익으로 연결시키기 위해서는 공급사슬 전체를 총괄하는 중앙 집중적인 시스템을 구축해야 한다. 이를 통하여 고객에게 제품을 배송할 때 일정한 비용, 신뢰성, 리드타임을 보장할 수 있기 때문이다. 주문 사항을 이행하는 시스템이 제대로 작동하지 않아서 고객의 요구를 충족시키지 못한다면 유연한 공급사슬의 가치는 하락하게 된다.

정보기술의 활용. SCM의 효과적인 추진을 위해서는 기업 간 정보기술 인프라의 표준화가 선행되어야 한다. 이렇게 됨으로써 상품 및 정보의 원활한 흐름이 보장되며, 모든 작업이 시스템에서 자동으로 처리되는 등 업무 효율성을 극대화할 수 있다.

- 표준물류 바코드(EAN/UCC-14)
- POS(Point Of Sale) 시스템: 상품의 판매와 동시에 그 데이터를 바코드 리더 등의 단말기로부터 주컴퓨터에 입력하여 매상이나 재고 관리를 하도록 한 시스템을 말한다. 즉 판매시점에서 자동판독 방식의 금전등록기를 통하여 상세한 정보를 점포 혹은 본부의 중앙 컴퓨터에 신속하게 전달하여 각 부문에 효과적으로 이용할 수 있는 정보로 가동하여 전달하는 시스템이다. 편의점 같은 곳에 가면 스캐너로 바코드를 찍는데, 이를 시스템을 POS라고 한다. 판매시점 정보관리 시스템을 지칭할 때 협의와 광의의 두 가지 개념이 사용되고 있다.

- 협의의 POS 시스템: 판매시점 정보관리 시스템으로 무슨 상품이 언제, 어디에서, 얼마나 팔렸는지를 파악할 수 있도록 상품이 판매되는 시점에서 판매정보를 수집하여 관리하는 시스템이다. 이 경우 매입 시점 정보관리, 발주시점 정보관리, 배송시점 정보관리와 같은 수준으로 판매시점의 정보만을 관리하는 것을 의미한다.
- 광의의 POS 시스템: 점포 자동화를 실현시키는 소매업 경영의 종합정보시스템으로 인식되고 있다. 이 경우 판매 정보만이 아니라, 매입, 발주, 배송, 재고 등 소매업체에서 발생하는 모든 정보를 종합적으로 관리하는 것을 의미한다.

- 표준전자문서교환(EDI) 시스템
- 표준거래처 코드(global location number)
- 전자자금 이체(electronic fund transfer)
- 전자카탈로그(electronic product catalogue)

10-6 공급사슬관리 성과측정

1. 성과측정 지표

성과측정을 하는 기업들은 각 산업에서 지도적인 위치에 이르기 쉬우며, 주된 변화를 성공적으로 관리할 확률이 거의 2배에 가깝다고 한다. 이러한 기업들은 성과측정시스템에 대한 끊임없는 노력과 연구를 통하여 지속적으로 성과 지표 관리를 하고 있다. 기업들은 경쟁력을 유지하기 위해서 의미 있는 성과 지표 시스템을 개발할 필요가 있으며, 이것은 특히 공급사슬을 관리할 때는 절대적으로 필요한 사항이다.

성과측정 시스템은 회사마다 크게 차이가 난다. 예를 들어 많은 기업의 성과 지표는 대부분 회사의 비용과 이익에만 집중한다. 경영자에게 비용이 중요하기는 하지만 비용에만 초점을 맞추어 의사결정을 하면 재무적 성과에 직접적이나 간접적으로 영향을 미치는 활동에 대한 표준을 만들고 성과를 감시하는 것이 의사결정에 더욱 도움이 되는 정보를 제공해 줄 수 있다.

공급사슬의 효율성은 공급사슬 내에 있는 재고에 대한 투자량에 기초하여 측정될 수 있다. 재고투자는 공급사슬을 통해 공급되는 재화의 전체 비용에 상대적으로 측정된다.

공급사슬 효율성을 측정하는 두 가지 일반적인 방법은 재고회전율과 재고공급 주일수(weeks-of-supply)이다. 이 둘의 척도는 원칙적으로 같은 것이며 수학적으로 서로 역수관계이다. 재고회전율은 다음과 같이 측정된다.

$$\text{재고회전율} = \frac{\text{판매물량의 생산원가}}{\text{평균 총 재고가치}}$$

판매물량의 생산원가는 회사가 고객에게 제공된 제품과 서비스를 생산하는 연간 원가이다. 이것은 회사의 판매비와 행정비를 포함하지 않는다. 평균전체 재고가치는 재고로 잡혀있는 모든 품목의 원가 기준 총가치이다. 여기에는 원자재, 반제품, 완제품, 회사 소유의 유통재고가 포함된다.

적절한 재고회전율은 산업에 따라 다르며 취급하는 제품의 유형에 따라 다르다. 극단적으로, 식료품 체인은 연간 100번의 재고회전을 갖는다. 제조기업은 연간 6~7회의 회전율을 가진다.

특히 유통재고가 압도적일 때, 재고공급 주일수가 많이 쓰인다. 이것은 특정시점에 시스템에서 몇 주간을 공급할 수 있는 재고를 보유하고 있는가에 대한 척도이다. 계산식은 다음과 같다.

$$\text{재고공급 주일수} = \frac{\text{평균 총 재고가치}}{\text{판매물량의 생산원가}} \times 52$$

회사의 재무 관련 보고서가 재고회전율과 재고공급 주일수를 인용하고 있다면, 그 척도는 기업 전체 수준에서 계산하고 있다고 가정할 수 있다. 델 컴퓨터 자료를 사용한 예에서 이런 계산 방식을 보여준다. 그렇지만 이런 계산은 조직에서 개별 부문에서도 할 수 있다. 예를 들면, 회사의 창고운영과 관련 있는 원자재 재고 회전율이나 재고공급 주일수에 관심을 가질 것이다. 이런 경우, 원가는 부분적인 재고를 통해 운영되는 전체 재고와 관련 있게 된다. 재고 수준이 매우 낮을 때는 일일 또는 시간 단위로 공급 가능량을 측정하는 것이 적절하다.

기업은 재고를 미래에 사용하겠다는 의도를 가지고 있으므로 재고를 투자라고 생각한다. 재고는 다른 목적으로 사용될 수 있는 자금을 묶어 놓게 되고 기업은 재고투자에 필요한 자금을 빌린다. 목적은 적절한 재고량을 갖는 것과 공급사슬에서 적절한 재고입지를 선정하는 것이다.

2. 성과측정 시스템

공급사슬의 성과측정 시스템은 최종 사용자들이 만족할만한 성과를 달성하기 위해 공급사슬 거래 파트너들을 효과적으로 연결시켜 주어야 한다. 〈표 10-3〉에서 제시된 성과 지표들은 세계적인 수준의 실적을 위한 것이다. 협력적 공급사슬에서는 이러한 지표들이 각 기업들의 공급사슬 전략과 최종 소비자를 만족시키는 데 기여를 하도록 전체 공급사슬을 포괄적으로 고려해야 한다. 성공적인 공급사슬에서는 구성원들이 공동으로 공급사슬 성과측정 시스템을 결정한다. 이러한 시스템은 최종고객을 위한 가치 창출에 초점을 맞추어야 한다.

〈표 10-3〉 공급사슬 성과측정을 위한 성과 지표들

구분			성과 지표
능력 분야	품질		1. 생산 단위 및 구매 단위당 불량 숫자 2. 매출 단위당 반품 숫자 3. 매출 단위당 보증수리 요구 4. 사용된 공급업자의 수 5. 불량의 발견에서 수리까지의 시간 6. 통계적 프로세스 관리를 사용하는 작업센터의 수 7. 품질 인증을 받은 공급업자의 수 8. 품질 관련 심사에 신청한 횟수; 상을 받은 횟수
	비용		1. 작업센터당 폐기물로 인한 손실 2. 평균 재고회전 3. 평균 작업준비 시간 4. 종업원 이직률 5. 평균 재고 수준 6. 납기를 맞추기 위해 요구되는 긴급 주문의 횟수 7. 기계 고장으로 인한 중지 시간
	고객 서비스	유연성	1. 노동 기술의 평균 숫자 2. 평균 생산 로트(lot) 크기 3. 이용 가능한 고객화된 서비스 개수 4. 특별 및 긴급 주문을 처리하는 데 걸리는 시간(일)
		신뢰성	1. 평균 서비스 대응시간 또는 제품 리드타임 2. 약속기일 충족률 3. 출고 단위당 평균 지체 일수 4. 제품당 재고부족 횟수 5. 보증수리 요구를 처리하는 데 걸리는 시간(일) 6. 엔지니어가 고객과 같이 보낸 평균 시간
		혁신	1. 연간 R&D 투자액 2. 자동화된 프로세스의 비율 3. 신제품 및 신서비스 출시 숫자 4. 제품당 프로세스 단계의 숫자

요약

이 장에서는 공급사슬관리에 대하여 학습하였다. 공급사슬관리를 조직의 물류 흐름(flow of materials), 정보 흐름(flow of information), 및 자금 흐름(flow of money)에 관한 공급사슬의 전체적인 역동성(dynamics)를 관리함으로써 경영 성과를 개선한다는 새로운 형태의 경영철학이다. 학습한 핵심내용은 공급사슬관리의 개념 및 정의에 대해 학습하였으며 공급사슬관리의 효율적 설계를 알아보았다. 공급사슬관리 모형의 유형을 학습하였으며 공급사슬관리 설계 전략을 학습하였다. 또한 공급사슬관리 설계를 위한 프로세스를 단계별로 학습하였으며 공급사슬관리 통합을 위해 필요한 사항들을 학습하였다. 공급사슬관리는 최종 소비자의 실질적인 니즈를 충족시키기 위해 조직의 유연성과 부서 간 긴밀한 업무 협조 체제를 구축하여 가치를 부가시켜 주는 프로세스의 설계와 관리를 말한다. 성과측정을 하는 기업들은 각 산업에서 지도적인 위치에 이르기 쉬우며, 주된 변화를 성공적으로 관리할 확률이 거의 2배에 가깝다고 한다. 이러한 기업들은 성과측정시스템에 대한 끊임없는 노력과 연구를 통하여 지속적으로 성과 지표 관리를 하고 있다. 기업들은 경쟁력을 유지하기 위해서 의미 있는 성과 지표 시스템을 개발할 필요가 있으며, 이것은 특히 공급사슬을 관리할 때는 절대적으로 필요한 사항이다. 따라서 보다 효과적인 공급사슬관리를 위하여 성과의 측정이 중요하다.

복습문제

1. 공급사슬을 정의하라. 공급사슬 관리는 왜 중요한가?
2. 채찍 효과, 공급사슬의 동태성을 설명하라.
3. 공급사슬의 효율적 설계를 설명하라.
4. VMI, CPFR은 무엇을 의미하는가?
5. 공급사슬 통합을 위해 필요한 사항을 설명하라.
6. 공급사슬 설계를 위한 도표화는 무엇인가?
7. 공급사슬의 성과를 측정하기 위한 지표를 설명하라.

마무리사례: 월마트의 SCM 도입 및 실행 사례

글로벌업체 월마트(Wal-mart)는 Fortune지 선정 미국 내 기업순위에서 매출액 기준으로 GM을 제치고 1위로 올라설 것이 거의 확실시되고 있다. 1963년 미국 아칸소 주에서 1호점을 개점한 이래로 2017년 현재 글로벌 제일의 소매기업(retailing)이 된 것이다.

월마트의 성공 요인은 저가격 전략이 아니라 철저한 관리를 통하여 최저 공급망 관리 비용을 실현한 덕분이다. 그중 하나가 월마트 특유의 직접 공급망 시스템이다.

월마트는 20년 전에 미국 전역에 월마트 매장 1,904개점, 슈퍼센터(Supercenter) 436개점, 샘스클럽(Sam's club) 444개점을 가지고 있었고, 그 외 국외에도 573여 개의 매장을 가지고 있었다. 2017년 현재 종업원은 230만 명에 달하고 있다. 월마트는 독특한 공급사슬망을 확보하고 있다. 월마트는 고객의 니즈를 만족시키기 위해 혁신적인 공급망관리 시스템을 운영하고 있다. 월마트는 제품을 3단계로 (1) 즉시 공급하는 제품은 fast moving item으로 분류하고, (2) 24시간 이내로 배송해야 하는 제품은 distributed item으로 분류하고, (3) 48시간 이내로 공급해야 할 제품은 staple item으로 구분하여 관리함으로써 획기적인 비용절감 효과를 가져왔다.

즉 월마트의 성공은 최적 가격에 제품을 공급할 수 있는 최적 원가구조에서 찾을 수 있다. 이를 통해 경상 비용을 최소화 할 수 있고 이는 월마트 창업자인 Sam Walton의 경영철학과 탁월한 공급사슬관리로 가능하였다.

수요예측

11

학습목표

1. 수요예측의 의미는 무엇이고 왜 중요한지 알아본다.
2. 예측 방법의 종류와 방법은 어떤 것이 있는지 이해한다.
3. 예측오차를 측정하는 방법에 대해 알아본다.
4. 시계열 예측 방법에서 평활법과 분해법은 어떻게 진행되는지 알아본다.
5. 인과형 예측방법으로 회귀분석의 방법을 이해한다.

도입사례

수요자 맞춤형 해양기상정보 서비스 실시

대전지방기상청(청장 서장원)은 24일부터 충남 해상에서의 안전한 조업 및 해상 활동 지원을 위해 대전지방기상청 누리집(http://daejeon.kma.go.kr)을 통해 매월 초에 제공했던 해양 기상 정보를 개선해 충남 앞바다 해수면 온도 예측 정보, 충남 앞바다 해구별 예측 정보를 추가한 수요자 맞춤형 해양 기상 정보 서비스를 실시한다.

해수면 온도 예측 정보는 2016년 여름 고수온으로 약 50억 원의 어업 피해가 발생했던 천수만 해상 가두리 양식장의 어류 폐사에 대비하고자 해양 순환 수치 모델을 활용하여 충남 해상 주요지점에 대한 해수면 온도를 제공한다.

더불어, 작년의 피해를 거울삼아 해수면 온도 25℃ 이상의 고수온이 예상될 경우 충남도를 비롯한 수산 유관기관에 보다 상세한 맞춤형 해양 기상 정보를 지역어업인과 현장 담당자들이 피해 저감을 위해 대응할 수 있도록 별도로 제공할 계획이다.

이와 함께 충남 앞바다의 해구에 대해 3시간 간격의 상세 해양 기상 정보(바람, 유의파고, 파향, 최대파주기)를 제공하는 해구별 예측 정보와 월별 선박운항에 필요한 기상 정보인 연근해 선박 기상 정보를 제공해 다양한 해양 기상 정보에 대한 수요를 충족시키도록 했다.

대전지방기상청 관계자는 "상세하고 정밀한 기상 정보에 대한 요구가 날로 높아지는 가운데 충남 해상에 대한 다양한 기상 정보를 제공하여 해상을 터전으로 하는 국민의 안전과 생활 편익을 증진시키고, 위험기상으로부터 피해를 최소화하기 위한 노력을 계속해 나아갈 것"이라고 밝혔다.

자료: 일요신문, 2017년 4월 24일자.

11-1 수요예측의 의의와 중요성

수요예측이란 제품이나 서비스에 대한 미래의 수요를 예측하는 것을 말하며, 수요예측은 〈그림 11-1〉에서 보는 바와 같이 생산시스템에서 가장 기본이 되는 것이다. 미래의 수요가 얼마나 되는지 알아야 그에 맞는 생산계획을 세울 수 있고 또한 수요예측을 바탕으로 주생산 일정 및 자재소요계획이 세워질 수 있다.

생산계획은 생산목적을 구체적으로 무엇을(제품 품종), 언제(일정), 얼마나(수량)만들 것인가를 나타내는 것으로 생산계획의 중심은 생산수량과 일정이다. 생산수량계획을 수립하는 데 있어서 불확실한 수요량을 판단하기 위해서는 수요예측을 해야 한다. 수요예측의 중요성은 첫째, 기업운영지침과 함께 제조예산편성을 가능하게 하고 둘째, 재고손실을 줄일 수 있다. 셋째, 현재 생산능력을 기초로 한 공장설비를 효율적으로 이용할 수 있다. 즉 불필요한 설비 투자를 배제할 수 있다. 넷째, 고용안정을 통해 노사관계의 개선이 가능하다.

수요예측이 필요한 이유는 제품과 서비스에 대한 수요는 크게 변화될 수 있기 때문이다. 도시의 우체국에서 우편물에 대한 수요는 연말 바로 직전에 최고를 이룬다. 그러나 동네 이발소에서의 이발에 대한 수요는 매주 안정적이다. 전문적인 통계학자들이나 직관과 수년의 경험을 가진 경영자 등과 같이 수요예측이 필요한 사람들은 주어진 상황에서 수요의 형태를 발견해내기 위해 이용가능한 정보는 무엇이라도 이용하게 된다.

수요관리의 책임·활동은 조직의 여러 부서·기능에 흩어져 있다. 재무·신용관리부서

〈그림 11-1〉 수요예측과 경영 관계

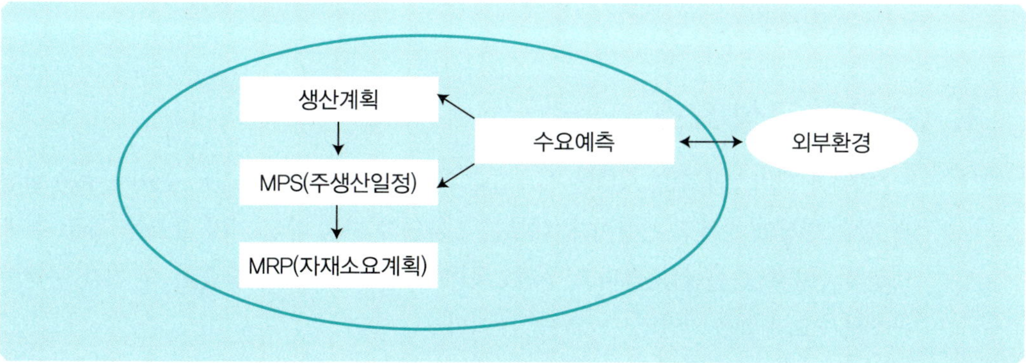

에서는 신용, 거래관계와 주문내역을 체크한다. 판매·고객 서비스 부서가 주문접수와 납품약속을 담당하고 출고는 유통·물류부서에서 총괄한다. 어떤 기업들은 이런 수요관리를 조정·통합하기 위한 자재관리(material management) 부서를 가지기도 한다. 조직내의 한 곳에서 수요관리의 활동들이 이루어지지 못하는 것도 문제가 될 수 있지만, 이보다도 통합된 하나의 데이터베이스를 통해 각종 수요관리 활동을 정의하고 조정하는 것이 매우 중요한 문제로 대두되고 있다.

고객의 수요패턴이나 추세를 잘 이해하고 고객과의 가까운 관계유지를 최우선으로 고려하는 마케팅중심의 기업의 경우 수요관리는 마케팅이나 판매부서가 잘할 수 있을 것이다. 그러나 제품 개발에서 엔지니어와 고객 간의 밀접한 의사소통과 협조관계를 필요로 하는 기업에서는 기술지원부서가 수요관리를 잘할 수 있을 것이다. 원자재의 구매에서 가공, 고객에의 납품까지의 자재 흐름을 관리하는 것이 중요하다고 느끼는 조직에서는 자재관리부서가 성장하고 자리를 잡게 된다. 이 경우 수요관리는 자재관리의 한 부분이 된다.

효과적인 수요관리모듈은 마케팅정보의 수집, 예측정보의 도출, 성과에 관한 정보의 수집과 관측, 생산·재고관리를 위한 상세한 지시사항 등을 제공할 수 있어야 한다. 일단 가동되면 수요관리시스템은 일상적인 업무 수행에도 도움을 준다. 시스템은 제품라인 전체의 수요예측치를 자동적으로 종목별로 나눌 수 있어, 관리층은 제품군(product family) 수준의 예측에 초점을 두면 된다. 쓸데없이 세밀하고 자세한 내용에 에너지를 낭비할 필요가 없다.

무엇보다도 중요한 것은 고객·소비자에게 정직해질 수 있다는 것이다. 납품날짜, 서비스 수준 등에 관한 수요관리시스템이 제대로 구축되어 사용되면 고객과의 솔직한 의사소통이 가능해진다. 고객들에게 언제 납품받을 것이고, 재고는 언제 보충될 것인가에 대한 정확한 정보를 제공해 줄 수 있고, 고객들은 이를 믿고 이것을 토대로 나름대로의 의사결정을 내릴 것이다. 이와 같은 관계가 돈독해지면, 곧 고객의 충성도(customer loyalty) 측면에서 큰 이득을 기대할 수 있다(김태웅, 2007).

여기서 수요의 기본적인 구성 요소와 수요에 영향을 미치는 요소들을 논의해 보자(Krajewski & Ritzman, 2005).

1. 수요의 구성 요소

제품과 서비스의 수요 형태는 시계열로 관찰할 수 있다. 시계열은 수요나 주문 발생과 같은 현상의 반복된 관찰이다. 대부분 시계열의 기본 다섯 가지 요소는 평균, 추세, 계절적 변동과 순환변동, 그리고 우연오차이다. 평균(average)은 단순히 각 기간 동안의 관찰된 수요의 합을 기간의 수로 나눈 것이다.

추세(trend)는 일정 시간에 걸쳐서 시계열 평균에서 체계적으로 일어나는 증가와 감소이다. 계절적 변동(seasonal influence)은 하루나 주, 달, 계절, 연도의 특정 시간에 따라 결정되는 수요에서 예측되는 증가나 감소이다. 순환변동(cyclical movement)은 두 가지 영향으로부터 나타나는데, 첫째는 경기변동으로 수년에 걸쳐서 경제가 후퇴하고 성장하는 많은 경제적 요소의 복잡한 기능이다. 또 하나는 제품이나 서비스의 수명주기이다. 이 수명주기는 개발 단계에서 수요의 성장과 쇠퇴단계에서의 수요의 감소를 반영한다. 순환변동은 예측자들이 주기의 지속기간을 알 수 없기 때문에 예측하기가 어렵다.

수요의 네 가지의 구성 요소-평균, 추세, 계절적 변동과 순환변동은 제품이나 서비스의 수요패턴에 복합적으로 다양하게 결합되어 있다. 다섯 번째의 구성 요소인 우연오차(random error)는 알려진 수요의 구성 요소가 확인된 뒤의 나머지 요소이다. 수요의 구성 요소의 하나인 우연오차는 모든 예측을 부정확하게 만들 수 있다.

2. 수요에 영향을 미치는 요인

특정 제품이나 서비스에 대한 수요 형태를 만드는 원인은 무엇인가? 많은 요인들이 어떤 주어진 시간에 수요에 영향을 미친다. 수요에 영향을 미치는 요인을 내적인 요인과 외적인 요인으로 나누어 설명해 보자.

1) 외적인 요인

경영자들은 특히 경제의 전반적인 외적 요인을 직접적으로 통제 할 수 없다. 경제 활성화가 적극적으로 수요에 영향을 미치더라도 그 효과는 모든 제품과 서비스에 동일하지는 않다. 정부는 조세, 이자율 혹은 환경적인 규제 등에 관한 법률을 통해 수요에 영향을 줄 수 있다. 예를 들면 화력발전소에서 사용하는 석탄의 유황함량의 제한은 고유황석탄에 대한 수요를 감소시킨다. 다른 외적 요인으로 소비자의 기호, 경쟁자의 행동, 제품의 공적인 이미지 등을 들 수 있다.

선행지표(leading indicators)는 전반적인 산업주기의 순환을 대표적으로 앞서가는 외적 요인이다. 예를 들면 주거용 건물의 계약에서 가격의 상승은 합판 등 건자재의 수요증가를 불러일으킬 수 있다. 동시지표(coincident indicator)는 전반적 산업주기의 전환점과 일반적으로 일치하는 시계열지표이다. 후행지표(lagging indicator)는 산업주기의 전환점을 계속 따라간다. 기업지출을 늘이거나 대출을 받기를 원하는 기업은 경기변동이 최저상태에 도달한 뒤 몇 주후에 이자율이 떨어질 것이라는 사실을 알고 있어야 한다.

소비자의 기호도 빠르게 변할 수 있다. 소비자들이 입고 있는 의류의 패션이 변하듯이 소비자들의 제품에 대한 이미지는 다른 큰 영향 요인이 될 수 있다. 가격에 대한 경쟁자의 행동, 판매촉진 광고, 신제품 개발 등도 판매에 영향을 준다.

2) 내적인 요인

기업 내부의 의사결정은 제품과 서비스에 대한 수요에 영향을 줄 수 있다. 제품이나 서비스의 설계, 가격과 광고촉진, 포장 디자인, 목표시장의 확대 및 축소 등과 같은 요인들은 모두 수요량의 변화에 영향을 줄 수 있다. 예를 들면 자동차 제조업자들은 자동차 판매를 증대시키기 위해 가격을 할인해 준다. 그러나 수요관리의 목적은 단순히 고객 수요를 증가시키는 것 이상이다.

자원의 효율적인 이용과 생산능력에서 가장 중요한 요소인 수요의 시간성도 고려해야 한다. 수요량이 많은 시간에 소비하려고 하는 것은 매우 비싸게 될 수 있다. 이와 같은 상황을 피하기 위해서 기업들은 수요가 전통적으로 가장 높은 때를 피해서 소비자가 구입할 것을 장려하기 위해서 가격차별이나 광고촉진 등의 방법을 종종 사용한다. 전화회사들은 저녁과 주말에 더 낮은 가격을 제시함으로써 정상적인 영업시간 이후 장거리 통화를 하도록 고객들을 유도한다.

또 다른 수단은 서로 다른 계절적 수요를 가진 제품을 개발하는 것이다. 예를 들면 잔디 깎는 기계제조업자는 몇 년간에 걸쳐서 자원과 생산요구를 고르게 하기 위해서 눈을 치우는 자동차를 만들 수도 있다. 이와 같은 방식으로 인력 수준과 재고에서의 변화를 최소화할 수 있다.

마지막으로 일부 회사에서는 시간마다 자원의 필요량을 충족시키기 위해서 비축하고 있다가 요청이나 주문을 받았을 때 제조업자는 납품 날짜를 규정한다. 납품 날짜는 현재의 표준노동력과 생산능력에 달려있다.

서비스 운영에서 의사나 치과의사들은 자기들의 서비스를 위해 환자들에게 사전에 약속할 것을 요청한다. 주문하여 만드는 제품의 제조업자들은 수요에 대비해서 미리 제품을 비축한다.

11-2 예측 방법의 종류 및 방법

과거의 판매자료에 의한 통계적 수요예측은 앞으로도 과거와 똑같은 여건이 존재한다는 가정이 전제가 된다.

즉, 예측 방법은 과거의 자료를 이용하여 미래를 예측하고자 하는 데 쓰이는 계량적 기법(quantitative method)과 관련 분야의 전문가나 경험자의 의견을 토대로 하여 예측하고자 하는 정성적 기법(qualitative method)으로 나누어 볼 수 있다. 〈그림 11-2〉에 도시된 바와 같이 계량적 기법은 예측하고자 하는 변수와 이에 영향을 미치는 변수 간의 관계를 기초로 한 인과형 기법과 과거의 패턴 또는 경향이 앞으로도 계속된다는 단순한 가정을 근거로 한 시계열 기법으로 나누어 볼 수 있다. 대표적인 인과형 예측 방법으로는 회

〈그림 11-2〉 수요예측 방법의 종류

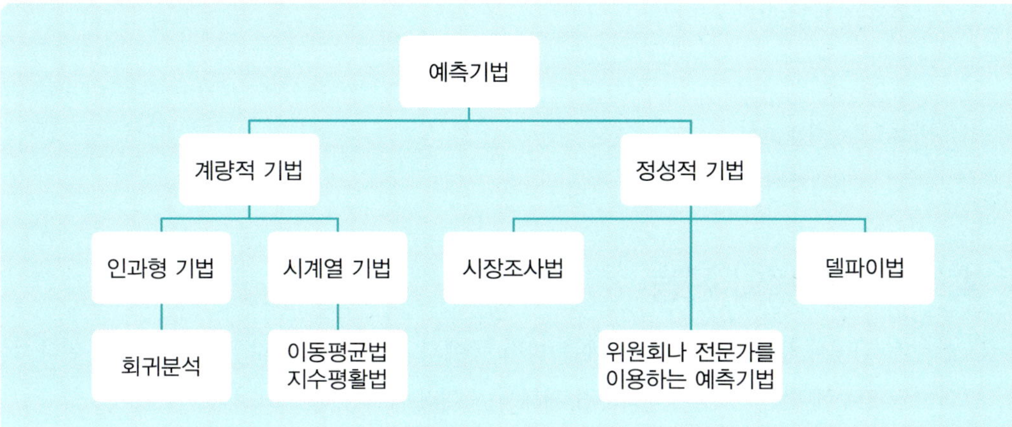

귀분석(regression analysis)을 들 수 있으며, 시계열 기법에는 이동평균법(moving average), 지수평활법(exponential smoothing) 등이 있다. 한편 정성적 예측 방법으로는 시장조사법(market survey), 델파이법, 위원회나 전문가를 이용하는 방법 등을 들 수 있다.

1. 정성적 예측

정성적 예측(qualitative forecasting)은 양적 분석 기법에 대칭되는 질적 분석 기법으로 기술적 예측이나 신제품을 출시할 때와 같이 예측자료가 불충분할 때 사용한다.

질적 기법의 종류로는 소비자조사법, 중역의견법, 판매원의견 합성법, 역사적 유추법, 시장조사법 그리고 델파이법(Delphi Method) 등이 있다.

2. 계량적 예측 방법

1) 시계열 분석

시계열 분석(time series analysis)이란 시계열을 따라 과거의 자료로부터 그 추세나 경향을 분석하여 장래를 예측하는 것이다.

- 단순법
- 평활법: 이동평균법, 지수평활법
- 시계열분해법: 승법모형, 가법모형

2) 인과형 분석

인과형 분석 방법(causal relationship method)은 수요는 환경 요인이나 어떤 다른 요인과 관계가 있다는 가정하에 수학적으로 인과관계를 나타내는 인과모델을 만들어 수요를 예측하는 방법이다.

- 회귀분석
- 경제지표모형
- 계량경제학적 모형

3. 예측 방법의 선정

위에서 설명한 여러 가지 예측 방법 중에서 상황에 따라 다른 기법이 사용된다. 특정 경우에 맞는 기법을 사용하기 위해서는 여러 가지 요인이 고려되어야 한다.

여러 기법은 상당한 양의 역사적 자료를 필요로 한다. 따라서 필요한 역사적 자료가 확보되지 못하든지, 자료를 수집하는 데 많은 시간과 비용이 소요된다면 시계열분석 방법이나 인과형 예측 방법은 사용하기가 힘들다. 이러한 경우 정성적 방법이 사용될 수 있다.

예측기간의 길이에 따라서도 다른 예측 방법을 선택할 수 있다. 정성적 방법의 대부분은 장기예측에 적합한데 이는 역사적 자료의 축적이 필요 없기 때문이다. 새로운 제품의 개발을 위한 예측 방법으로는 역사적 자료를 이용하는 경우 이동평균법이나 지수평활법 등은 단기예측에 알맞고 인과형 예측 방법이나 추세선에 의한 방법 등은 중기예측에 적합하다.

예측의 정확도와 비용도 예측 방법의 선택에 영향을 미친다. 정확도가 증가하면 비용도 증가하기 때문에 예측 방법의 선정시 정확도가 어느 정도 되어야 하는지 사전에 결정되어야 한다. 또한 예측 방법의 선택에 영향을 미치는 요인은 상황에 따라 달라질 수 있으나 기본적으로 예측 방법에 투자할 수 있는 시간과 비용의 정도, 예측을 이용하여 해결하고자 하는 문제의 특성, 과거 실적자료의 형태, 그리고 자료의 획득가능성 등을 대표적인 것으로 들 수 있다.

첫째, 예측 방법의 선택은 자료를 수집하고 모형을 설정하는 데 사용할 수 있는 시간과 비용이 충분한가 여부에 의해 영향을 받지 않을 수 없다. 대부분의 정성적 예측 방법이나 인과형 예측 방법은 자료의 수집과 분석에 상당한 시간과 비용을 요하게 되며, 모형의 구조가 복잡해질수록 이 요소가 미치는 영향은 더욱 증대한다.

둘째, 수요예측을 이용하여 해결하고자 하는 의사결정 문제의 특성은 선택하고자 하는 수요예측 방법이 지니고 있어야 할 특성과 곧바로 연결된다. 〈표 11-1〉에 요약된 바와 같이 재고관리와 생산 일정의 수립과 같은 단기 의사결정 문제에는 시계열 예측 방법과 같이 사용이 용이하며, 여러 품목의 예측도 동시에 할 수 있는 기법을 채택해야 할 것이며, 이에 반해 설비 증설이나 신제품 개발과 같은 전략적 의사결정 문제의 경우에는 예

〈표 11-1〉 예측 방법의 적용 가능 분야

예측 방법	적용 분야	예측대상 기간	소요비용
델파이법	• 시설 및 설비증설 계획을 위한 장기 수요예측 • 기술진보 예측	중/장기	중 이상
시장조사법	• 신제품 개발을 위한 잠재 수요예측 • 기업 전체의 총괄 수요예측	중기	고
회귀분석	• 총괄 수요의 예측 • 설비 투자계획의 수립을 위한 장기 수요예측	중/장기	중
시계열 기법	• 일정계획 및 재고관리를 위한 단기 수요예측	단기	저

측대상기간이 장기화할 것이며, 그 정확도도 단기예측에 비해 상대적으로 떨어져도 무방할 것이다.

셋째, 아무리 우수한 예측 방법을 개발했다 하더라도 사용 가능한 자료를 구할 수 없는 경우에는 이 기법의 사용은 어려워진다. 따라서 인과형 예측 방법과 같이 다양한 자료를 요구하는 예측 방법은 특히 이 점에 의해 그 사용이 제한받기 쉽다.

넷째, 시계열 예측 방법과 같이 자료의 패턴에 의해 그 선택이 좌우되는 경우에는 과거자료의 변동 형태를 제대로 파악해야 할 필요가 있다. 시계열자료가 상당히 안정적인 패턴을 보인다고 생각되면 이동평균법이나 지수평활법을 사용해도 무방할 것이나, 추세와 계절적 변동이 뚜렷이 나타나 있는 경우에는 이들 요소를 직접적으로 고려한 시계열 기법을 사용해야 할 것이다.

11-3 시계열 예측 방법

1. 정성적 방법

조직 내·외의 사람들의 경험이나 견해와 같은 주관적 요소에 의해 이루어지는 주관적 기법으로, 양적 자료를 수집하여 분석하는 데 충분한 시간이 없거나 정치적, 경제적 환경이 크게 변화하거나, 이용할 수 있는 자료가 진부화되어 있거나, 최신의 정보를 아직 이용할 수 없는 경우에 적용된다.

1) 소비자 조사법

소비자의 의견을 기초로 예측하는 방법으로, 일반적으로 표본조사 방법을 이용한다. 이 조사 방법을 정화기 사용하려면 상당한 수준의 통계적 지식과 기술이 필요하며, 타당한 정보를 이끌어 내려면 결과를 정확히 해석할 수 있는 능력도 구비해야 한다. 특히 이 방법은 설문지를 주의 깊게 이용해야 하며, 비용이 상대적으로 많이 들며 예측기간이 길어진다.

2) 중역의견법

상위층 관리자의 소수집단이 함께 모여서 집단적으로 행하는 예측 방법으로 장기계획이나 신제품 개발에 이용되는데, 위험이 따를 수 있다.

3) 판매원 의견합성법

직접 소비자와 접촉하는 판매원들에게 각자 담당하고 있는 지역의 수요에 관하여 예측하도록 하는 방법으로, 고객의 의사와 실제 행동에 대한 구별이 어려우며, 최근의 경험에 의해 크게 영향을 받아 편견을 가질 수 있다.

4) 역사적 유추법

현재 상황에 유사한 과거 상황을 유발시킨 여러 요인에 기초를 둔 예측 방법으로, 과거의 상황이 미래에도 지속된다고 전제되어야 하며 과거 수년간의 자료가 축적되어 있어야 한다.

5) 델파이법

델파이법은 1948년 RAND회사에서 최초로 이용하여 예측을 시작하였다. 이 기법은 원래 미국에서 원자탄공격의 잠재적 영향을 평가하기 위해 사용되었다. 특히 이 기법은 기술의 변화를 평가하는 데 매우 전형적으로 사용되어 왔다. 예측을 설계할 구성원의 집단을 결정하고, 초기 질문서를 설계하여, 응답집단으로부터 합의에 도달하도록 질문서의 응답결과에 의해 질문서의 수정을 반복한다.

2. 계량적 예측 방법

1) 시계열의 구성 요소

어떤 제품의 과거 판매량 자료가 주어질 때, 제품의 판매량을 구성하는 요소들은 몇 가지로 분류할 수 있다. 즉 앞에서 수요의 구성 요소에서 설명한 바와 같이 (1) 추세 변동(T: 장기간에 걸쳐 일정한 방향으로 지속적으로 상승 또는 하강하는 경향), (2) 계절적 변동(S: 1년을 주기로 전년과 같은 시기에 동일 또는 유사한 패턴으로 나타나는 규칙적인 변동), (3) 주기적 변동(C: 일정한 주기를 가지고 장기간에 걸쳐 상하로 변동하는 것)과 (4) 임의변동(R: 불규칙변동)이다. 시계열자료는 대체로 이러한 네 가지 요인에 의해서 설명될 수 있다.

2) 시계열 예측 방법의 가정

시계열 예측 방법은 과거의 수요 패턴이 미래에도 계속된다는 가정하에 과거의 매출액 또는 수요에 관한 자료만을 이용하는 기법으로 인과형 기법과는 달리 수요에 영향을 미치는 요인들을 전혀 고려하지 않는다. 이 예측 방법은 기본적으로 과거 수요의 패턴이 평균 수준(average level), 추세(trend), 계절적 요인(seasonality), 순환변동(cycle), 그리고 불규칙 변동(random fluctuation) 등으로 나누어져 있다고 가정하며 불규칙 변동을 제외한 네 요인을 규명하여 예측하고자 하는 기법이라고 할 수 있다.

시계열 예측 방법은 과거의 수요 또는 매출액 자료만을 가지고 예측하므로 회귀분석에서와 같이 많은 자료를 필요로 하지 않으며 또한 예측과정이 간단하여 개별제품의 단기 수요예측에 많이 쓰인다.

3) 예측오차

예측치가 실제수요에 어느 정도 접근하는가를 측정하기 위해서는 먼저 예측오차를 계산해야 한다. t기의 예측오차는 t기의 실제수요에서 t기의 예측치를 뺀 값으로 e_t로 표시한다.

예측 방법의 신뢰도는 절대평균편차(mean absolute deviation: MAD)나 평균자승오차(mean square error: MSE)를 이용하여 측정한다. 절대평균편차는 예측오차의 절대값을 평균한 값이고 평균자승오차는 예측오차의 제곱의 평균값이다.

$$\text{MAD} = \frac{\sum |e_t|}{n}$$

$$\text{MSE} = \frac{\sum e^2_t}{n}$$

예제 11-1. A, B, C 세 가지 수요예측 방법이 주어져 있다. 이중 가장 좋은 기법을 선택하기 위해 5개월 동안 이 세 기법을 사용하여 본 결과 다음과 같은 자료를 얻었다.

각 예측 방법의 사용에 따른 MAD, MSE를 계산하고 가장 바람직한 예측 방법으로 볼 수 있는 것을 선택하라.

기간	실제 매출액	예측치		
		A	B	C
1월	22	23	18	25
2월	26	24	29	32
3월	30	33	29	29
4월	31	29	37	38
5월	33	34	32	40

풀이

예측 방법 A

- MAD = (1 + 2 + 3 + 2 + 1)/5 = 1.8
- MSE = (1 + 4 + 9 + 4 + 1)/5 = 3.8

예측 방법 B

- MAD = (4 + 3 + 1 + 6 + 1)/5 = 3.0
- MSE = (16 + 9 + 1 + 36 + 1)/5 = 12.6

예측 방법 C

- MAD = (3+6+1+7+7)/5 = 4.8
- MSE = (9+36+1+49+49)/5 = 28.8

예측 방법 A의 MAD, MSE가 가장 적으므로 A방법이 가장 우수하다고 할 수 있다. ■

4) 평활법

시계열자료를 사용하여 미래 예측치를 구하는 가장 간단한 방법은 과거 자료를 평활(smoothing)시켜 이것을 예측치로 간주하는 것이다. 임의변동을 제거함으로써 시계열자료의 체계적인 움직임을 쉽게 파악하고자 하는 것이 평활법이다. 평활법은 평활시키는 방법에 따라 이동평균법과 지수평활법으로 나눈다.

이동평균법. 이동평균법은 과거자료의 평균을 미래의 예측치로 쓰는 방법이다. 그런데 시간이 지남에 따라 평균계산에 포함되는 대상이 바뀌기 때문에 이동평균(moving average)법이라고 한다.

시계열 예측 방법을 설명하기에 앞서 필요한 변수들을 정의하면 다음과 같다.

D_t = t기의 실제수요
A_t = t기까지의 자료를 이용하여 계산한 평균값 또는 예측치

시계열 기법 중 가장 단순한 예측 방법인 이동평균법은 최근의 실제 수요치 몇 개를 단순평균한 값을 다음 기간의 예측치로 삼는 기법이다.

$$A_t = \frac{D_t + D_{t-1} + \cdots + D_{t-n-1}}{n}$$

이동평균법은 예측치를 계산하기 위해 사용한 과거 자료의 수로 그 종류를 구분한다. 〈표 11-2〉의 자료에 3기 이동평균법(n=3)과 5기 이동평균법(n=5)을 적용하여 예측치와 실제값과의 차이를 계산해 보면 〈표 11-3〉과 같다.

〈표 11-2〉 이동평균법을 위한 자료

기간	매출액	기간	매출액
1	120	6	145
2	110	7	160
3	130	8	165
4	135	9	160
5	140	10	170

〈표 11-3〉 3주 이동평균과 5주 이동평균

기간	매출액	3주 이동평균		5주 이동평균	
		예측치	예측오차	예측치	예측오차
1	120				
2	110				
3	130				
4	135	120	15		
5	140	125	15		
6	145	135	10	127	18
7	160	140	20	132	28
8	165	148.3	16.7	142	23
9	160	156.7	3.3	149	11
10	170	161.7	8.3	154	16
		165		160	

〈표 11-3〉에서 넷째 주의 3주 이동평균 예측치는 120은 첫 3주간의 매출액 평균값이고, 예측오차 15는 실제 매출액 135와 이동평균값 120과의 차이이다. 3주 이동평균이 5주 이동평균보다 실제 매출액에 가까운 예측치를 도출해냄을 알 수 있다. 이러한 결과는 MAD, MSE를 계산해 보면 쉽게 알 수 있다.

이동평균법을 이용하고자 할 때 가장 큰 문제는 이동평균을 계산하기 위해 사용하는 과거자료의 적정개수, 즉 n을 결정하는 것이다. 일반적으로 시계열 자료에 뚜렷한 추세가 나타나 있거나 불규칙변동이 심하지 않은 경우에는 작은 n값이 유리하고, 그렇지 않을 경우는 n값을 크게 잡아야 한다고 하지만, n값의 적정 수준은 그 n을 바꾸어 가면서 MAD, MSE를 계산해 본 후 이들 중 오차가 가장 작은 n값으로 결정하는 과정을 거치게 된다.

이동평균법은 계산이 쉽다는 장점이 있지만, 과거의 모든 자료를 이용하지 않는다는 점, 또 이동평균의 계산에 이용되는 실적치들에 동일한 가중치 $1/n$을 적용함으로써 자료의 중요도가 동일하다고 가정한다는 단점이 있다. 이러한 문제점은 실적치에 부과되는 가중치를 중요도에 따라 달리 책정함으로써 어느 정도 해소할 수 있다. 가중이동평균법은 이러한 발상에 근거를 둔 예측 방법으로 그 형태는 다음과 같다.

단순이동평균법에서는 n의 크기만을 결정하면 실제예측에 임할 수 있지만 가중이동평균법은 n뿐만 아니라 각각의 ??도 결정해야 되는 어려움이 따른다. 이러한 어려움은 다음에 설명할 지수평활법을 이용함으로써 어느 정도 해소할 수 있다.

예제 11-2. H백화점의 지난 6개월간의 매출액이 아래와 같다. 다음 각각의 예측 방법을 이용하여 예측치를 계산하라.

기간(월)	1	2	3	4	5	6
매출액(단위: 억)	1.20	1.23	1.27	1.29	1.27	1.29

(1) 3기 이동평균법

(2) 0.1, 0.3, 0.6을 가중치로 한 3기 가중이동평균법 (과거 자료일수록 가중치가 작아짐)

풀이

(1) $A_3 = (1.20 + 1.23 + 1.27)/3 = 1.2333$

$A_4 = (1.23 + 1.27 + 1.29)/3 = 1.2633$

$A_5 = (1.27 + 1.29 + 1.27)/3 = 1.2767$

$A_6 = (1.29 + 1.27 + 1.29)/3 = 1.2833$

(2) $A_3 = (0.1)(1.20) + (0.3)(1.23) + (0.6)(1.27) = 1.2510$

$A_4 = (0.1)(1.23) + (0.3)(1.27) + (0.6)(1.29) = 1.2780$

$A_5 = (0.1)(1.27) + (0.3)(1.29) + (0.6)(1.27) = 1.2760$

$A_6 = (0.1)(1.29) + (0.3)(1.27) + (0.6)(1.29) = 1.2840$ ■

지수평활법. 지수평활법은 이동평균법과는 달리 과거의 모든 자료를 반영하며, 최근의 자료일수록 가중치를 높게 부과하는 특징을 가지고 있다. 그러나 계산 방식은 아주 단순하여 하나의 예측치를 얻기 위해서는 전기에 예측한 이번 예측치와 이번 기의 실제값만 있으면 된다. 즉

$$A_t = \alpha D_t + (1 - \alpha)A_{t-1} \text{ (단 } 0 < \alpha < 1)$$

〈표 11-2〉의 시계열자료에 지수평활법을 적용해 보기로 하자. 지수평활법을 적용하

기 위해서는 α값뿐만 아니라 A_{t-1}값을 필요로 하므로 이 예에서는 편의상 A_t의 초기값인 A_0를 첫 주의 매출액인 120으로 놓고 α는 0.1인 경우를 고려해 보자. $D_1=120$이고 A_0를 120이라 가정하였으므로 A_1은 다음과 같다.

$$A_1 = (0.1)(120) + (0.9)(120) = 120$$

A_2, 즉 둘째 주 말에 계산한 다음 주의 예측치는 D2와 A1의 가중평균으로 아래와 같다.

$$A_2 = (0.1)(110) + (0.9)(120) = 119$$

이와 같은 방식으로 $\alpha=0.1$인 경우와 $\alpha=0.9$인 경우를 계산해 보면 〈표 11-4〉와 같다. 〈표 11-4〉에서는 A_1은 두 번째 줄에 기록되어 있다. 예를 들어 $A_1=120$은 첫째주 말에 계산된 것으로 둘째 주의 수요예측치이고, α가 0.9인 경우가 0.1인 경우보다 실제 매출액에 더 가까운 예측치를 도출해내고 있다. 이는 시계열이 증가하는 추세를 보여주고 있으며 α값이 크면 클수록 가장 최근의 실제값이 예측치에 많이 반영되므로 이러한 결과가 나온다.

지수평활법을 이용하기 위해서는 α값과 A_{t-1}의 초기값을 결정해야 한다. 이동평균법에서 n값을 시행착오에 의해 결정하였듯이, α값의 결정 역시 시행착오적 방법에 의존하는 수밖에 없다. 일반적으로 α값이 클수록 D_t에 보다 큰 가중치를 부여하게 되므로 불

〈표 11-4〉 지수평활법을 활용한 예측 결과

기간	관측치	$\alpha = 0.1$		$\alpha = 0.9$	
		예측치	예측오차	예측치	예측오차
1	120				
2	110	120	−10	120	−10
3	130	119	11	111	19
4	135	120.1	14.9	128.1	6.9
5	140	121.6	18.4	134.3	5.7
6	145	123.4	21.6	139.4	5.6
7	160	125.6	34.4	144.4	15.6
8	165	129	36.0	158.4	6.6
9	160	132.6	27.4	164.3	−4.3
10	170	135.4	34.6	160.4	9.6
		138.8		169.0	

규칙변동이 적거나, 뚜렷한 추세가 보이는 경우 좋은 결과를 나타낼 수 있으며, 이와 반대로 불규칙한 변동이 심한 경우에는 작은 α값을 사용해야 한다. 적정 α값은 여러 개의 α값을 이용하여 예측치와 MAD 또는 MSE를 계산해 본 후 이들 중 오차가 가장 작은 α값을 택한다.

앞에서 예로 든 문제에서는 A_0을 첫째 주의 매출액으로 임의로 결정했지만 자료가 충분히 있는 경우 A_0의 선택은 예측치에 그리 큰 영향을 미치지 못한다. 이는 다음과 같이 지수평활법의 형태를 분석해 보면 쉽게 알 수 있다.

$$A_t = \alpha D_t + (1-\alpha)A_{t-1}$$
$$A_t = \alpha D_t + (1-\alpha)[\alpha D_{t-1} + (1-\alpha)A_{t-2}]$$
$$A_t = \alpha D_t + (1-\alpha)\,\alpha D_{t-1} + (1-\alpha)^2\,[\alpha D_{t-2} + (1-\alpha)A_{t-3}]$$
$$A_t = \alpha D_t + (1-\alpha)\,\alpha D_{t-1} + (1-\alpha)^2\,\alpha D_{t-2} + (1-\alpha)^3\,[\alpha D_{t-3} + (1-\alpha)A_{t-4}]$$

$$\alpha\sum_{k=0}^{t-1}(1-\alpha)^k D_{t-k} + (1-\alpha)^t A_0$$

여기서 두 번째 식은 A_{t-1} 대신에 $\alpha D_{t-1} + (1-\alpha)A_{t-2}$를 치환한 것이고, 세 번째 식에서는 A_{t-2}에 대신 $\alpha D_{t-2} + (1-\alpha)A_{t-3}$을 이용하였다. 따라서 시계열 자료가 충분히 있을 때, 즉 t가 클수록 $(1-\alpha)^t$ 값이 작아져 A_0는 예측치 A_t에 큰 영향을 미치지 못하게 된다. 또한 이 전개 과정에서 A_t는 과거의 모든 자료를 가중평균한 값임을 알 수 있다. 예를 들어 t − 1기의 수요인 D_{t-1}에는 $\alpha(1-\alpha)$의 가중치가 부가되며, D_{t-2}에는 $\alpha(1-\alpha)^2$의 가중치가 부가된다. 다시 말해 지수평활법은 가중치가 현시점에 가까울수록 커지는 일종의 가중이동평균법이라 할 수 있다.

예제 11-3. K백화점의 지난 6개월간의 매출액이 아래와 같다. α = 0.1, A0 = 1.2로 가정하고 지수평활법을 이용하여 예측치를 계산하라.

기간(월)	1	2	3	4	5	6
매출액(단위: 억)	1.20	1.23	1.27	1.29	1.27	1.29

풀이

$$A_1 = (0.1)(1.20) + (0.9)(1.200) = 1.20$$
$$A_2 = (0.1)(1.23) + (0.9)(1.200) = 1.203$$
$$A_3 = (0.1)(1.27) + (0.9)(1.203) = 1.2097$$
$$A_4 = (0.1)(1.29) + (0.9)(1.2097) = 1.2177$$
$$A_5 = (0.1)(1.27) + (0.9)(1.2177) = 1.2230$$
$$A_6 = (0.1)(1.29) + (0.9)(1.2230) = 1.2297$$ ■

5) 추세를 고려한 지수평활법

시계열 자료가 뚜렷한 추세를 보이고 있는 경우에는 이미 설명한 지수평활법보다는 추세를 직접적으로 고려한 방법이 더욱 효과적이다. 추세를 고려하는 지수평활법에서는 다음과 같은 변수를 추가한다.

T_t = t기말에 계산한 추세값의 추정치
$S_{t,i}$ = t기말에 계산된 $t+i$기의 수요예측치

주별 수요예측을 한다고 가정한다면 t는 이번 주가 될 것이며 i가 1이라면 $S_{t,1}$은 이번 주에 계산한 다음 주 수요예측치가 되며, $S_{t,2}$는 이번 주에 계산한 두주 후의 수요예측치가 된다.

$$A_t = \alpha D_t + (1-\alpha)(A_{t-1} + T_{t-1})$$
$$T_t = \beta(A_t - A_{t-1}) + (1-\beta)T_{t-1}$$
$$S_{t,k} = A_t + (k)T_{t,k} \geq 2$$
$$(\text{단}, 0 < \alpha < 1, 0 < \beta < 1)$$

이 모형을 부연 설명하면, 우선 전기의 추세 예측치를 바탕으로 하여 A_t를 계산하고, 추세의 예측치 T_t는 A_t의 변화량과 전기에 계산한 추세 예측치를 이용하여 계산한다. 둘째, t기말에 계산한 $t+1$기의 수요예측치는 A_t에 T_t를 더하여 계산하고 t기말에 계산한 $t+k$기의 수요예측치는 A_t에 $(k)T_t$를 더하여 계산한다. $\alpha=0.2, \beta=0.1$이라 가정하고 이 모형을 〈표 11-5〉의 시계열자료에 적용해 보기로 하자.

지수평활법과 마찬가지로 이 방법을 이용하기 위해서도 A_t와 T_t의 초기값 A_0, T_0를 결정해야 한다. 알기 쉽게 A_0는 120, T_0는 평균매출액 증가분인 5로 놓고 첫째 주부터 셋째 주까지의 A_t와 T_t를 계산해 보면 다음과 같다.

첫째 주말(t=1): $A_1 = (0.2)(D_1) + (0.8)(A_0 + T_0)$
$= (0.2)(120) + (0.8)(120 + 5) = 124$

〈표 11-5〉 추세를 고려한 지수평활법의 적용을 위한 예시자료

기간	매출액	기간	매출액	기간	매출액
1	120	4	135	7	160
2	110	5	140	8	165
3	130	6	145	9	160
				10	170

$$T_1 = (0.1)(A_1 - A_0) + (0.9)(T_0)$$
$$= (0.1)(124 - 120) + (0.9)(5) = 4.9$$
$$S_{1,1} = A_1 + T_1 = 128.9$$

둘째 주말(t=2): $A_2 = (0.2)(D_2) + (0.8)(A_1 + T_1)$
$$= (0.2)(110) + (0.8)(124 + 4.9) = 125$$
$$T_2 = (0.1)(A_2 - A_1) + (0.9)(T_1)$$
$$= (0.1)(125 - 124) + (0.9)(4.9) = 4.5$$
$$S_{2,1} = A_2 + T_2 = 129.5$$

셋째 주말(t=3): $A_3 = (0.2)(130) + (0.8)(125 + 4.5) = 130$
$$T_3 = (0.1)(130 - 125) + (0.9)(4.5) = 4.6$$
$$S_{3,1} = 134.6$$

〈표 11-6〉에서 $t+1$기에 예측치 S_{t+1}은 예측오차를 계산하기 위해 A_t와 T_t값보다는 한 줄 아래에 수록되어 있다. 추세를 고려한 지수평활법의 적용결과는 이동평균법이나 지수평활법에 비해 예측오차가 상당히 적다. 매출액 자체가 상승하는 추세를 보이고 있으므로 추세를 고려한 지수평활법이 보다 좋은 예측치값을 주는 것은 당연한 결과라 할 수 있다.

지수평활법에서와 마찬가지로 추세를 고려한 지수평활법을 이용하기 위해서도 α, β, A_0, T_0 등의 값을 추정해야 한다. α와 β는 시행착오법에 의하여 결정할 수밖에 없으며,

〈표 11-6〉 추세를 고려한 지수평활법의 적용 결과

기간(t)	매출액	A_t	T_t	$S_{t,i}$	e_t
1	120	124	4.9		
2	110	125	4.5	128.9	−18.9
3	130	130	4.6	129.5	0.5
4	135	135	4.6	134.6	0.4
5	140	139.7	4.6	139.6	0.4
6	145	144.4	4.6	144.3	0.7
7	160	152.2	4.9	149.0	11.0
8	165	157.7	5.0	157.1	7.9
9	160	162.2	5.0	162.7	−2.7
10	170	167.8	5.1	167.2	2.8
				162.3	

A_0와 T_0는 기간 t를 독립변수로 하고 매출액을 종속변수로 설정한 뒤 회귀분석을 통해 도출한 a값을 A_0, b값을 T_0로 사용하는 것도 한 방법이다.

예제 11-4. D백화점의 지난 6개월간의 매출액이 다음과 같다.

기간(월)	1	2	3	4	5	6
매출액(단위: 억)	10	12	15	14	16	19

(1) $A_0 = 8.56$, $T_0 = 1.63$, $\alpha = 0.2$, $\beta = 0.3$인 추세를 고려한 지수평활법을 이용하여 예측치를 구하라.

(2) 6월말에 계산한 7월, 12월의 예측치를 구하라.

(3) 7월의 매출액이 18이었다면 12월 예측치는 얼마겠는가?

풀이

(1)

기간(t)	수요	A_t	T_t	A_tT_t	$S_{t,i}$
0		8.56	1.63	10.19	
1	10	10.15	1.62	11.77	10.19
2	12	11.82	1.63	13.45	11.77
3	15	13.76	1.73	15.48	13.45
4	14	15.19	1.64	16.82	15.48
5	16	16.66	1.59	18.25	16.82
6	19	18.40	1.63	20.03	18.25
					20.03

(2) 7월달 예측치: $S_{6,1} = A_6 + T_6 = 18.40 + 1.63 = 20.03$

12월달 예측치: $S_{6,6} = A_6 + (12-6)T_6$

$= 18.40 + (6)(1.63) = 28.18$

(3) 현재가 7월말이라 가정한다면

$A_7 = (0.2)(18) + (0.8)(20.03) = 19.62$

$T_7 = (0.3)(19.62 - 18.40) + (0.7)(1.63) = 1.51$

따라서 12월말 예측치는 $S_{7,5} = 19.62 + (5)(1.51) = 27.17$ 이 된다. ■

6) 계절적 변동을 고려한 지수평활법

계절적 변동까지를 포함하는 지수평활법은 앞에서 설명한 추세를 고려한 지수평활법과 모형 자체는 유사하나 계절적 변동을 고려해야 하기 때문에 변수 하나를 더 필요하다. Ft를 t기의 계절적 변동을 나타내는 변수라 하면 계절변동을 고려한 지수평활법은 다음과 같은 순서로 계산된다.

$$t\text{기의 평균치:} \quad A_t = \alpha \frac{D_t}{F_{t-L}} + (1-\alpha)(A_{t-1} + T_{t-1})$$

$$t\text{기의 추세치:} \quad T_t = \beta(A_t - A_{t-1}) + (1-\beta)T_{t-1}$$

$$t\text{기의 계절변동치:} \quad F_t = \gamma \frac{D_t}{A_t} + (1-\gamma)F_{t-L}$$

$$t\text{기 말에 계산한 } t+k\text{기의 예측치:} \quad S_{t.k} = [A_t + (k)T_t]F_{t-L+k}$$

(단, $0<\alpha<1$, $0<\beta<1$, $0<\gamma<1$)

위 식에서 계절변동치 F_{t-1}의 L은 계절주기기간(seasonal period)으로 매 L기마다 계절적 변동이 반복된다는 것을 의미한다. 추세를 고려한 지수평활법과 마찬가지로 이 모형 역시 A_t, T_t, F_t가 계산되어야 예측치 $S_{t,k}$를 구할 수 있다.

〈표 11-7〉은 K맥주의 지난 3년간의 실제 매출액을 정리한 자료이다. 이 자료에서 2016년과 2017년의 매출액만이 알려져 있다고 가정하고 2018년의 월간 매출액예측치를 구해 보기로 하자. 즉 현 시점이 2017년 말이라고 가정하자. 예측치의 계산에 필요한 상수값은 $\alpha=0.1$, $\beta=0.1$, $\gamma=0.4$라 가정하고, A_0, T_0 그리고 계절변동치 F_{t-L}의 초기값부터 구해 보기로 하자.

초기값의 설정. 우선 A의 초기값인 A_0는 〈표 11-7〉의 첫 번째 자료인 2016년 1월의 실제값인 18.7을 이용하기로 하자. 즉 $A_0 = 18.7$로 가정하자.

추세선의 추정. 〈표 11-7〉의 자료를 바탕으로 그린 그래프를 근거로 하여 대략 추세를 나타내는 선을 그려보고 이 선의 기울기를 T_0로 설정한다. $t=1$(2016년 1월)일 때 추세선의 값이 21, $t=24$(2017년 12월)일 때 추세선의 값이 24이므로 기울기는 $T_0 = \frac{24-21}{24-1} = 0.13$으로 설정한다. 참고로 이 추세선은 $y = 20.87 + 0.13t$임을 알 수 있다.

월별계절변동치의 추정. 다음 식을 이용하여 1월에서 12월까지의 월별계절변동치를

〈표 11-7〉 K맥주의 지난 3년간 매출액

기간	2016	2017	2018	기간	2016	2017	2018
1월	18.7	18.9	19.6	7월	24.5	30.0	28.7
2월	15.6	17.6	18.6	8월	24.5	29.1	33.8
3월	18.3	24.1	23.2	9월	21.9	23.5	25.1
4월	19.6	21.8	24.5	10월	20.1	21.6	22.1
5월	21.4	23.3	27.7	11월	17.9	21.6	21.8
6월	28.9	28.7	30.0	12월	17.9	19.8	20.0

추정한다.

$$i\text{월의 계절변동치의 초기값} = \frac{i\text{월의 실제값}}{i\text{월의 추세치}}$$

여기서 i월의 추세치는 $y = 20.87 + 0.13t$에 값을 대입해서 나오는 수치이다.

$$F(1\text{월}) = \frac{18.7}{20.87 + (0.13)(1)} = 0.89$$

$$F(2\text{월}) = \frac{15.6}{15.6 + (0.13)(2)} = 0.74$$

이와 같은 방법으로 F(12월)까지 계산한다.

시계열 요인의 추정치 계산. 일단 A_0, T_0, $F(1\text{월})$, ⋯ $F(12\text{월})$이 설정되면 각 시계열 요인의 추정치를 구해 볼 수 있다.

우선 $t=1$(2016년 1월말)이라고 가정하고 A_1, T_1, F_1을 계산해 보기로 하자.

$$A_1 = \alpha \frac{D_1}{F(1\text{월})} + (1-\alpha)(A_0 + T_0)$$

$$= \frac{(0.1)(18.7)}{0.89} + (0.9)(18.7 + 0.13) = 19.05$$

$$T_1 = \beta(A_1 - A_0)(1-\beta)T_0$$

$$= (0.1)(19.05 - 18.7) + (0.9)(0.13) = 0.15$$

$$F_1 = \gamma \frac{D_1}{A_1} + (1-\gamma)F_1(1\text{월})$$

$$= \frac{(0.4)(18.7)}{19.05} + (0.6)(0.89) = 0.93$$

이와 같은 방법으로 t = 2에서 t = 24일 때까지

$$A_t = (0.1)\frac{D_t}{F_{t-L}} + (0.9)(A_{t-1} + T_{t-1})$$

$$T_t = (0.1)(A_t - A_{t-1}) + (0.9)T_{t-1}$$

$$F_t = (0.4)\frac{D_t}{A_t} + (0.6)F_{t-L}$$

이 식을 이용하여 계산한다.

〈표 11-8〉 2018년 매출액과 예측치의 비교

기간	실제 매출액	예측치	예측오차	기간	실제 매출액	예측치	예측오차
1월	19.6	22.7	−3.1	7월	28.7	30.9	−2.2
2월	18.6	19.7	−1.1	8월	33.8	30.1	3.7
3월	23.2	24.2	−1.0	9월	25.1	26.2	−1.1
4월	24.5	24.0	0.5	10월	22.1	23.9	−1.8
5월	27.7	26.0	1.7	11월	21.8	22.0	−0.2
6월	30.0	34.2	−4.2	12월	20.9	21.2	−0.3

예측치의 계산. 실제 예측은 2018년 1월초 또는 2017년 12월말에

$$S_{24,1} = [A_{24} + T_{24}]F_{24-12+1}$$

를 계산하여 2018년 1월의 수요예측치로 사용하게 된다. 이와 같은 방법으로 t = 25, 26, …, 36일 때의 예측치와 예측오차를 계산하면 〈표 11-8〉과 같다.

7) 엑셀프로그램을 이용한 분해법의 계산

시계열자료는 크게 장기적 추세(T), 계절변동(S), 주기변동(C), 임의변동(R)으로 구성되고, 만일 과거의 시계열 자료에서 위의 네 가지 요소를 분리할 수 있다면, 이를 이용해서 미래시점의 각각 요소의 예측치를 구할 수 있다. 이러한 요소들의 예측치를 조합하면 미래의 시계열 예측치를 보다 정확히 구할 수 있다.

이와 같이 시계열자료의 각 요소를 분해해서 미래의 예측치를 구하는 방법을 분해법(decomposition method)이라 하며, 분해법은 각 요소를 곱의 형태로 보느냐, 합의 형태로 보느냐에 따라 승법모형(multiplicative model)과 가법모형(additive model)으로 나눈다.

엑셀프로그램에서 승법모형의 계산을 나타내는 실제 계산에 대한 설명은 생략하도록 한다. 이렇게 수요예측의 경우, 엑셀프로그램을 이용하여 보다 쉽게 계산을 할 수 있으며, 정확도 면에서도 그 활용도가 높다고 할 수 있다.

8) 시계열 예측 방법 사용시의 주의점

예측 방법은 실제 수요에 관한 자료를 이용하여 예측치를 계산한다. 그러므로 실제 수요 자료는 정확해야 한다. 수요 자료의 정확성을 확보하는 방법은 수요의 필터링(filtering)을 통해서이다. 즉 적절한 범위의 값을 정해두고 실제 수요치를 대비해 보는 것이다. 일반적인 방법 중 하나는 예측수요의 양방향으로 4MAD의 구간을 설정한다. 이는 정규분포를 가정하는 경우 실제수요가 이 구간을 벗어날 확률이 0.001 이하이다.

만약 실제자료가 이 구간을 벗어나면 수요를 기록할 때 실수를 하였는지 또는 이처럼 큰 변화를 야기할 만한 이유가 있었는지 체크한다. 예를 들어 한 달에 20개씩 팔리던 의자에 대해 갑자기 300개의 수요가 입력되었다고 가정하자. 이는 수요필터링에 의해 발견되었고, 입력시의 실수가 아니고 새 레스토랑이 생기면서 발생한 계약물량인 것으로 판명되었다고 하자. 이러한 변화는 일시적이므로 수요예측에서 배제하는 것이 바람직하다. 그러나 만약 그 변화가 일시적이 아니라면 예측모델을 고치거나 다른 모델을 사용할 필요가 있다.

추적지표. 추적지표(tracking signals)는 예측시스템 또는 채택된 예측 방법에 문제가 있는지를 알려주는 지표이다. 올바른 예측시스템이 사용되었다면 CFE(예측오차의 누적값)은 0이 될 것이다.

$$\text{추적지표의 공식} = \frac{\text{CFE}}{\text{MAD}}$$

예측이 실제치보다 계속 높으면 추적지표는 부의 값을 가지고 반대로 실제치보다 낮게 되면 추적지표는 정의 값을 가지게 된다. 각 기간마다 CFE는 현재의 오차를 반영하기 위해 고쳐진다. 절대평균오차는 두 가지 방법 중 1개로 계산될 수 있다. 모든 절대오차의 단순지수평활법을 사용한 가중평균으로서 계산할 수 있다. 즉

$$MAD_t = \alpha|E_t| + (1 - \alpha)MAD_{t-1}$$

기업이 사전에 추적지표의 한계를 설정하고 그 한계가 넘을 때 자동적으로 검토가 필요하다. 예를 들어 지수평활법을 이용한 경우 평활지수를 변경해야 한다.

예측 방법을 사용하는 과정에서 MAD나 MSE값은 예측치의 신뢰도를 측정할 수 있는 도구이다. 그러나 MAD나 MSE값이 비교적 작아도 예측치가 실제수요보다 항상 크거나 작은 경우도 문제가 될 수 있다. 이럴 때에는 추적지표(tracking signal: TS)와 같은 기법을 사용하여 어느 한쪽으로 치우치는 오류의 발생을 막을 수 있다.

TS는 t기까지 계산된 e_t값의 합을 t기에 계산한 MAD값으로 나눈 값이다. t기까지 계산된 e_t값의 개수를 n이라 하면 TS는 다음과 같이 정의된다.

$$\text{TS} = \frac{\sum e_t}{MAD} = \frac{\sum e_t}{\sum|e_t|/n}$$

예측모델에 오류가 없을 때 TS값은 0에 가깝다. TS의 절대값이 0에 가까우면서 그 값의 부호가 +와 −를 번갈아 기록할 때 예측모형에는 큰 오류가 없는 것으로 간주한다. 일반적으로 일정 수준의 값을 통제범위로 설정하고 TS값이 이 범위를 벗어나는 경우 모델의 오류를 점검하곤 한다.

예제 11-5. 다음 자료를 이용하여 TS값을 구하여라.

실제 수요	150	146	156	152	145	146	150	157
예측치	153	155	147	145	155	154	148	146

풀이

실제 수요	예측치	e_t	Σe_t	$\Sigma\lvert e_t\rvert/n$	TS
150	153	−3	−3	3	−1.00
146	155	−9	−12	6	−2.00
156	147	9	−3	7	−0.43
152	145	7	4	7	0.57
145	155	−10	−6	7.6	−0.79
146	154	−8	−14	7.7	−1.82
153	148	5	−9	7.3	−1.23
157	146	11	2	7.7	0.26

■

11-4 인과형 예측 방법

1. 회귀모형의 구조

인과형 예측 방법은 수요의 변동에 영향을 미친다고 생각되는 요인들을 찾아 이들 요인과 수요와의 관계를 계량화하고자 하는 기법이다. 인과모형 중 가장 많이 사용되는 것이 회귀분석이다. 회귀분석은 회귀식이라 불리는 식을 이용하여 특정변수가 다른 변수에 어떤 영향을 주는지 알게 해 준다.

단순회귀분석은 예측하고자하는 종속변수(y)를 한 개의 독립변수(x)만 이용하여 회귀식으로 분석하는 방법이다.

$$Y = a + bX$$

여기서 Y는 예측하고자 하는 변수로 종속변수라고 하고, X는 예측하고자 하는 변수인 Y에 영향을 준다고 생각되는 변수로 독립변수라 부른다.

회귀계수인 a와 b를 결정해야 하는데 계수추정을 위해 최소자승법을 이용한다. 즉 실제값과 회귀식에서 추정된 값의 차(예측오차)의 자승의 합이 최소가 되도록 계수를 결정하는 방법이 최소자승법이다.

〈그림 11-3〉 회귀분석의 회귀선

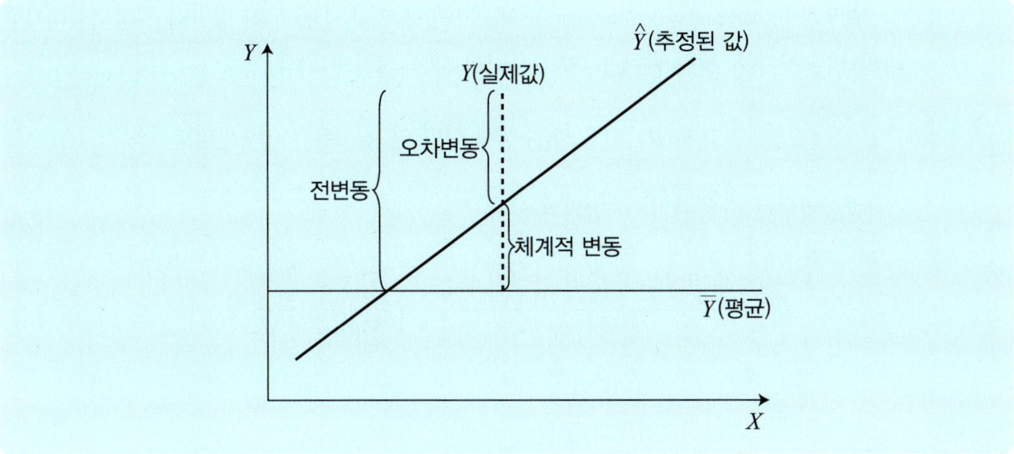

$$\text{전변동(SST) } y - \bar{y} = \text{설명 안 되는 변동} + \text{설명된 변동}$$
$$= (y - \hat{y}) + (\hat{y} - y)$$
$$= \text{SSE} + \text{SSR}$$

여기서 회귀식에 의해 설명 안 되는 변동을 잔차라고 하는데 이를 최소화하는 것이다. 이를 위해 실제값 Y_i와 추정된 값 $\hat{Y}_i(=a+bX_i)$의 차이인 예측오차 $e_i(=Y_i-\hat{Y}_i)$의 자승의 합이 최소가 되도록 a, b를 결정한다.

$\text{Min}\sum e_i^2 = \text{Min}\sum(Y_i - \hat{Y}_i)^2 = \text{Min}\sum(Y_i - a - bX_i)^2$을 a, b에 관해 편미분한 값을 0로 놓고 a, b를 구하면

$$b = \frac{n\sum X_i Y_i - \sum X_i \sum Y_i}{n\sum X_i^2 - (\sum X_i)^2}$$

$$a = \frac{\sum Y_i - b\sum X_i}{n}$$

만일 독립변수가 2개 이상일 때에는 다중회귀모형을 다음과 같이 수립하여 해결할 수 있다.

$$Y = a + b_1X_1 + b_2X_2 + \cdots + b_kX_k$$

2. 회귀모형의 정확도와 유의성

회귀식의 정확도는 결정계수 R^2, 회귀계수 β의 유의성 검증은 t-통계량으로, 회귀식 전체의 유의성 F 통계량으로 검증할 수 있다.

1) 결정계수: R^2

결정계수(coefficient of determination)는 독립변수에 의해서 분산이 얼마나 설명되었는가를 나타내는 것이다. 결정계수는 0과 1 사이의 값을 취하게 된다.

$$0 \le R^2 \le 1 \text{ (0은 전혀 설명 안 됨, 1은 100\% 설명)}$$

결정계수는 다음과 같이 정의되는데,

$$R^2 = \frac{\text{독립변수에 의해 설명된 부분}}{\text{전체의 분산}} = \frac{\sum(\hat{Y} - \overline{Y})^2}{\sum(Y_i - \overline{Y})^2}$$

$$R^2 = 1 - \frac{\text{설명 안 된 분산}}{\text{전체의 분산}}$$

$$R^2 = 1 - \frac{\sum(Y - \hat{Y})^2}{\sum(Y - \overline{Y})^2}$$

$$R^2 = \sqrt{1 - \frac{\sum(Y - \hat{Y})^2}{\sum(Y - \overline{Y})^2}} = \frac{n(\sum XY) - \sum X \sum Y}{\sqrt{n(\sum X^2) - (\sum X)^2} \times \sqrt{n(\sum Y^2) - (\sum Y)^2}}$$

2) t-통계량

회귀계수의 값이 얼마나 의미가 있는지 알아보기 위해 t-통계량을 사용하여 검증할 수 있다.

$$x\text{의 분산} \quad S_x^2 = \frac{nX_i^2 - (\sum X_i)^2}{n^2}$$

$$y\text{의 분산} \quad S_y^2 = \frac{nY_i^2 - (\sum Y_i)^2}{n^2}$$

$$\text{회귀분산} \quad S_{yx}^2 = S_y^2(1 - r^2_{yx})$$

$$t\text{의 분산} \quad t = \frac{bS_x X\sqrt{n-2}}{S_{yx}}$$

위에서 설명한 내용을 예제를 통해서 종합적으로 분석해 보자.

예제 11-6. 어떤 판매회사에서는 영업사원의 대리점에서의 근속년수가 그 회사의 수익성에 영향을 미친다고 생각하고 있다. 그래서 이 둘 사이의 관계를 회귀분석을 통해 분석하기로 하고 자료를 수집한 결과가 〈표 11-9〉의 첫째, 둘째 열과 같다. 표의 15개의 자료를 이용해서 회귀분석을 해보자.

〈표 11-9〉 영업사원의 대리점 근속년수와 수익성에 관한 자료

자료연번	근속년수(년)	수익성(%)	x^2	xy	y^2
1	3.4	26.2	11.56	1,029.7648	686.44
2	1.8	17.8	3.24	32.04	316.84
3	4.6	31.3	21.16	143.98	979.69
4	2.3	23.1	5.29	53.13	533.61
5	3.1	27.5	9.61	85.25	756.25
6	5.5	36.0	30.25	198.00	1,296.00
7	0.7	14.1	0.49	9.87	198.81
8	3.0	22.3	9.00	66.90	497.29
9	2.6	19.6	6.76	50.96	384.16
10	4.3	31.3	18.49	134.59	979.69
11	2.1	24.0	4.41	50.40	576.00
12	1.1	17.3	1.21	19.03	299.29
13	6.1	43.2	37.21	263.52	1,866.24
14	4.8	36.4	23.04	174.72	1,324.96
15	3.8	26.1	14.44	99.18	681.21
합계	49.2	396.2	196.16	1,470.65	11,376.48

풀이

1단계: 자료의 산점도를 보면 수익성과 근속년수 사이에 선형관계가 있음을 알 수 있다. 따라서 수익성 y와 근속년수 x의 관계를 모형화시키기 위해서 다음과 같은 선형모형을 수립한다.

$$y = \beta_0 + \beta_{1x} + \varepsilon$$

2단계: 앞의 자료를 이용해서 위 모형의 모수 β_0, β_1를 추정한다. 이를 위해 다음과 같은 사전 계산과정이 나타나 있다.

$$SS_{xx} = \sum x_i^2 - \frac{(\sum x_i)^2}{15} = 196.16 - \frac{(49.2)^2}{15} = 196.16 - 161.376 = 34.784$$

$$SS_{yy} = \sum y_i^2 - \frac{(\sum y_i)^2}{15} = 11,378.48 - \frac{(396.2)^2}{15} = 11,378.48 - 10,464.963 = 913.517$$

$$SS_{xy} = \sum xy_i - \frac{(\sum x_i \sum y_i)}{15} = 1,470.65 - \frac{(49.2)(396.2)}{15} = 1,470.65 - 1,299.536 = 171.114$$

이제 β_0, β_1에 대한 최소자승 추정치를 구할 차례이다.

$$\hat{\beta}_1 = \frac{SS_{xy}}{SS_{xx}} = \frac{171.114}{34.784} = 4.919$$

$$\hat{\beta}_0 = \bar{y} - \hat{\beta}_1 \bar{x} = \frac{396.2}{15} - 4.919\left[\frac{49.2}{15}\right]$$

$$= 26.413 - (4.919)(3.28) = 26.413 - 16.134 = 10.279$$

그러므로 최소자승선은 다음과 같다.

$$\hat{y} = 10.279 + 4.919x$$

단계 3: 모형의 임의오차 ε의 분산을 추정한다. 임의오차 ε의 분포에 대한 가정은 첫째, ε의 확률분포의 평균은 0이고, 분산은 독립변수에 관계없이 일정하다. 둘째, ε은 정규분포이고, 서로 다른 두 관찰치의 오차는 독립적이라는 것이다. 현실에서 이들 가정을 완전히 충족시키는 경우는 거의 없지만 이 예에서는 충족시킨다고 가정하자.

ε의 분산을 σ^2을 추정하기 위해 SSE를 계산한다.

$$SSE = \sum(y_i - \hat{y}_i)^2 = SS_{yy} - \hat{\beta}_1^2 SS_{xy}$$

$$= 911.517 - (4.919)^2(171.114)$$

$$= 911.517 - 841.709766 = 69.807234$$

σ^2의 추정치 s^2는 SSE를 오차의 자유도(=n−2)로 나누면 된다.

$$s^2 = \frac{SSE}{n-2} = \frac{69.807234}{15-2} = 5.3698$$

$$s = \sqrt{5.3698} = 2.32$$

단계 4: x가 y의 설명에 공헌하는지를 확인한다. 이를 위해 다음과 같은 가설을 검정한다.

$$H_0 : \beta_1 = 0$$

$$H_a : \beta_1 \neq 0$$

$$\text{검정통계량: } t = \frac{\hat{\beta}_1}{s_{\hat{\beta}_1}} = \frac{\hat{\beta}_1}{s/\sqrt{SS_{xx}}}$$

유의 수준 $\alpha = 0.05$로 설정하면 기각영역은 $t > t_{\alpha/2}$ 또는 $t < -t_{\alpha/2}$가 되는데, $n = 15$, $df = n - 2 = 15 - 2 = 13$이고, t분포표에서 $t_{0.025} = 2.16$이 된다. $t(=12.505) > t_{\alpha/2}(=2.16)$이므로 귀무가설은 기각된다.

$$\hat{\beta}_1 \pm t_{\alpha/2} \frac{S}{\sqrt{SS_{xx}}} = 4.919 \pm 2.16 \frac{2.32}{\sqrt{34.784}} = 4.919 \pm 0.849(4.070,\ 5.768)$$

따라서 95%의 신뢰 수준에서 영업사원의 근속년수가 1년 증가할 때 수익성은 4.070~5.768라고 말할 수 있다.

모형의 유용성을 측정할 수 있는 또 하나의 기준으로는 상관계수 r이 있다.

$$r = \frac{SS_{xy}}{\sqrt{SS_{xx} \times SS_{yy}}} = \frac{171.114}{\sqrt{(34.784)(911.517)}} = \frac{171.114}{178.062} = 0.96$$

r이 매우 높으므로 영업사원의 근속년수와 수익성과는 밀접한 관계가 있다고 할 수 있다.

결정계수 r^2은 다음과 같이 구할 수 있다.

$$r^2 = (0.96)2 = 0.92$$

r^2이 0.92라는 것은 y의 변동의 제곱합(총변동) 중에서 92%가 x에 의해 설명된다는 것을 뜻한다. 즉 SSR이 SST의 92%를 점하고 있다.

이상의 결과(t-통계량, r, r^2)을 종합해 볼 때, y와 x는 강한 선형관계가 있다고 할 수 있다. 즉 y는 x의 회귀식으로 잘 설명된다.

단계 5: 회귀식을 예측에 이용한다. 이 회사에서 근속년수가 3.5년인 영업사원의 경우 수익성을 예측하고자 한다. 즉 $x_p = 3.5$라면 y의 예측치는 다음과 같이 계산된다.

$$\begin{aligned} y &= \hat{\beta}_0 + \hat{\beta}_1 x_p = 10.279 + (4.919)(3.5) \\ &= 10.279 + 17.216 = 27.50 \end{aligned}$$

95% 신뢰구간은

$$\begin{aligned} \hat{y} \pm t_{0.025}\, s \sqrt{1 + \frac{1}{n} + \frac{(x_p - x)^2}{SS_{xx}}} &= 27.5 \pm (2.160)(2.32) \sqrt{1 + \frac{1}{n} + \frac{(3.5 - 3.28)^2}{34.784}} \\ &= 27.5 \pm (2.160)(2.32) \sqrt{1.0681} \\ &= 27.5 \pm 5.179 = (22.32,\ 32.68) \end{aligned}$$

다시 말해서 근속년수가 3.5년인 영업사원이 있을 경우 수익성은 22.32%에서 32.68% 사이의 값을 가질 확률이 95%라고 해석한다. ■

요약

이 장에서는 수요예측에 관하여 학습하였다. 예측이란 미래에 발생될 불확실한 사상을 추정하는 것이다. 이것은 즉각적으로 통제할 수 없는 사상의 시기·규모·효과 등과 항상 관련되어 있다. 수요예측은 어떤 특정제품이 언제(시간), 얼마만큼(양)의 수요가 있을 것인가를 미리 추정하는 것이므로 이를 근거로 계획과 실행 과정을 거침으로써 수요예측은 경영의 주요 지표가 된다. 수요예측의 방법에는 예측의 목적과 대상에 따라 구분될 수 있는데 주관적인 판단과 의견을 근거로 한 정성적 접근법(qualitative approach)과 계량적인 데이터를 이용하는 정량적 접근법(quantitative approach)으로 크게 대별된다. 정성적 접근법에는 시장조사법, 경영자 의견법, 델파이법, 전문가 토의법 등이 있으며, 정량적 접근법으로는 시계열기법, 인과모형 및 시뮬레이션 모형 등이 있는데, 시계열기법에는 단순예측법, 이동평균법, 지수평활법 그리고 시계열분해법 등이 있고, 인과형모형에는 회귀상관분석법과 계량경제모형이 있다. 수요예측의 의미는 무엇이고 왜 중요한지 알아보았다. 예측 방법의 종류와 방법은 어떤 것이 있는지 이해하였으며 예측오차를 측정하는 방법에 대해 학습하였다. 시계열 예측 방법에서 평활법과 분해법은 어떻게 진행되는지 학습하였으며 인과형 예측방법으로 회귀분석의 방법을 이해하였다. 예측의 통제방법에는 시계열예측, 지수평활예측, 자동적응모형 및 인과형예측 등에 대한 통제로 구분할 수 있다. 예측통제의 개념은 예측의 관리한계선을 설정하고 예측치와 실제치 사이의 오차를 분석함으로써 조처하게 된다.

복습문제

1. 정성적 예측 방법과 계량적 예측 방법의 근본적인 차이점에 대해 설명하라.
2. 지수평활법이 이동평균법과 가중이동평균법보다 나은 점은 무엇인지 설명하라.
3. 예측오차는 어디에 이용되는가?
4. 예측오차의 측정에서 MAD와 MSE의 차이는 무엇인가?
5. 시계열 예측 방법을 사용하기 위해서는 어떤 가정을 충족시켜야 하는지 설명하라.
6. 서비스업에서도 수요예측이 필요한가? 필요하다면 그 예를 들어서 설명하라.
7. 다음 표는 2012~2018년 사이에 제조업자로부터 나온 전기발전기에 대한 수요에 관한 자료이다.

   (1) 발전기판매량의 2019년도 분을 예측하고자 하는데 5개년 단순이동평균법으로 구하라.

   (2) 평활계수 를 0.6으로 잡았을 때 단순지수평활법에 의해 2007년도 예측분을 구하라.

   (3) 회귀분석에 의해 구할 때 추정회귀식($\hat{y} = a + bX$)에서 a, b를 결정하라.

연도	기간(X)	발전기판매량(Y)
2012	−3	74
2013	−2	79
2014	−1	80
2015	0	90
2016	+1	105
2017	+2	142
2018	+3	122

(4) 회귀분석에 의한 2019년 판매예측량($X = +4$)은 얼마인가?

8. H산업의 6개월간 실제수요가 다음과 같다.

월	1	2	3	4	5	6
실제치	120	135	140	200	165	160

다음의 방법을 사용하여 7월의 수요예측치를 구하라.

(1) 단순법

(2) 3개월 이동평균법

(3) 가중치 0.5, 0.3 및 0.2를 이용하는 가중이동평균법

(4) 1월의 예측치가 100이었다고 가정할 때, α를 이용하는 단순지수평활법

(5) 회귀분석 방법

9. H산업은 10일 동안 평균기온과 판매된 음료수판매에 관한 자료를 가지고 판매예측을 하려고 한다.

일	평균기온	상자 수
1	24	100
2	26	110
3	30	130
4	28	100
5	27	85
6	23	80
7	25	100
8	28	110
9	30	126
10	30	120

(1) 회귀계수의 정확도인 결정계수를 구하라.

(2) 회귀방정식을 구하라.

(3) 만일 예상기온이 29도이면 몇 상자를 팔 수 있을지 추정하라.

(4) 95% 신뢰 수준에서 평균기온이 30도라면 상자를 팔 수 있는 범위는?

10. H자동차(주)는 자동차 스노우타이어의 수요가 특정한 달에 내린 강설량과 연관이 있다고 믿는다. 스노우타이어 대리점은 해당기간의 강설량과 판매량에 관련된 자료를 아래와 같이 수집하였다.

강설량 (단위: 인치)	3.0	4.0	2.7	9.6	8.3	7.2
판매된 스노우타이어	70	90	82	181	152	138

(1) 인과형 예측모형에 대한 회귀식을 구하라.

(2) 10인치의 강설량이 예상될 때, 스노우타이어는 얼마나 팔릴 것이라고 기대할 수 있는가?

11. A전자의 4개월간 판매량이 아래의 표와 같다고 할 때, 5월의 수요량은 얼마로 예측할 수 있겠는가?(단, 4개월간의 가중이동평균법에 의하여 예측을 하되 그 비중은 전월의 실제 매출량의 40%와 2개월 전 실제 매출량의 30%, 3개월 전의 20%, 4개월 전의 10%를 합한 값으로 산출한다.)

(단위: 천 대)

1월	2월	3월	4월
100	90	105	95

마무리사례: 석유회사의 수요예측을 통한 시나리오 플래닝

쉘리석유회사는 유가에 영향을 줄 수 있는 주요한 사건(Events)들을 탐색하고, 그 사건이 미래에 어떻게 변동할지를 예측하였다.

주요 사건을 통해 발견한 사실은 향후 발굴 가능한 유전이 줄어들고 있다는 것이었다. 그 원인으로는 미국의 석유 수요가 계속 늘고 있고, 새롭게 구성된 석유수출국기구(OPEC)가 동맹을 강화하였으며, 이들 OPEC 국가들과 이스라엘의 전쟁의 여파 등이었다.

이런 사실을 중심으로 쉘리석유의 전문가들은 OPEC 국가들의 유가를 크게 올릴 것으로 예상하였다. 담당전문가는 석유 가격의 향후 동향과 관련된 두 가지 시나리오를 제시하였다.

첫째는 쉘리석유기업의 내부담당자들의 의견을 수요예측에 반영하였고 이 의견에는 유가가 안정될 것이라는 예측이었다. 그러나 이를 위해서는 중동지역 이외에 새로운 유전의 발견이 필요하였다. 둘째는 OPEC 국가를 중심으로 중동 국가들에 의해 유가 급등 가능성이었다.

쉘리 경영진들은 수요예측에 대한 시나리오의 의미는 충분히 인지하였지만 그 결과에 대해서는 그 중요성을 미처 파악하지 못했다. 결국 수요예측 시나리오를 다시 수정하여 개선시켜 나갔고 유가가 급상승하는 경우 어떤 상황이 발생할지를 세분화하여 대안을 제시하였다.

중동전쟁 발발 이후 경쟁회사들은 유가 급등에 신속하고 유연하게 대응하지 못하고 있는 동안 쉘리는 수요예측 시나리오에 따라 선제적이고 적극적 대응 전략을 마련하여 실행함으로써 당시 중위권 기업에서 이익률 1위의 기업으로 등극하는 계기를 잡았다.

자료: 인데일리 자료, 저자 편집.

12 생산계획시스템

도입사례

ERP 생산계획 정보시스템

생산 계획 및 관리에 있어서 정보시스템의 활용이 활발하게 된 계기는 1970년대 중반 IBM의 J. Orlicky에 의해 개발된 MRP(material requirements planning) 시스템으로부터 비롯되었다. MRP 시스템에 의해 원자재, 구성품, 중간 조립품 등 완제품의 종속수요 품목에 대한 생산량 및 구매량 그리고 그 시기가 컴퓨터에 의해 자동으로 결정되게 되었다. 이후 생산 계획 및 관리에 있어서의 정보시스템의 역할 및 필요성은 증폭되었으며 점차 고도화되어 가고 있다.

그 결과로 MRPII(manufacturing resource planning) 시스템에 이어서 생산관리 시스템과 영업, 인사, 그리고 재무시스템 등 기업의 모든 관리 영역이 통합되어 운용되는 전사적 자원관리 시스템, 즉 ERP(enterprise resource planning) 시스템으로 발전하여 왔다.

ERP 시스템은 생산계획 기능 면에서만 살펴본다면 이론적으로는 자원에 대한 제약사항을 고려하지 못하는 MRP 시스템의 약점을 보강하고 관리의 영역을 확장하여 수요예측 및 영업시스템과의 연계를 통한 통합관리가 가능하도록 설계되었다. 이러한 특성 때문에 국내에서는 1990년 중반부터 삼성전자 및 LG전자, 포스코 등을 시작으로 대부분의 대기업이 2000년도 초반에 구축을 완료하여 활용하고 있으며 대다수의 중소기업도 그 뒤를 잇고 있다. ERP 시스템이 국내에 빠르게 보급되고 확산된 것은 이 시스템이 지닌 다음의 장점들 때문이다.

학습목표

1. 생산계획의 정의와 주요 변수, 전략과 관련된 비용을 이해한다.
2. 총괄생산계획의 수립 기법에 대해 알아본다.
3. 기준생산계획의 의미, 개발 방법에 대해 논의한다.
4. 개략적 생산능력의 의의와 전체 요인 방법을 이해한다.
5. 자재소요계획에 대해 이해한다.
6. 자재소요계획의 재고기록을 알아본다.
7. 자재소요계획의 계획 요인과 로트량 결정규칙에 대해 이해한다.
8. 정보시스템으로서의 자재소요계획에 대해 공부하고, 성공적인 운영을 위한 전제 조건에 대해 알아본다.
9. 전사적 자원계획에 대해 이해한다.

- 재고관리 능력의 향상을 통한 재고의 감소
- 생산, 영업, 구매, 회계 등의 정보의 통합으로 인한 정보흐름의 일원화 및 정합성 증대
- 업무프로세스의 표준화 및 리드타임 감소
- 관리의 투명성 증대
- 인원 감축
- 타 기업과의 업무 연계가 가능한 정보환경을 통해 공급사슬 확장 용이

자료: LG 정보시스템 팀장, 2007년.

12-1 생산계획시스템의 의의

생산계획시스템은 생산에 필요한 원재료 등 물질의 흐름을 원활하고 효율적으로 관리하고, 인력과 장비 등을 효과적으로 활용하며, 생산관련 내부 활동들을 공급업자들의 활동 등과 조율하고, 고객들과 시장의 요구사항에 대해 소통하는 등의 생산 전반에 걸친 활동들을 관리하고 통제하기 위한 정보를 제공한다. 이러한 생산계획시스템이 효과적으로 수행된다면 재고의 감소, 생산비용 감소, 품질 향상, 생산리드타임 감소, 생산성 향상 등을 기대할 수 있으며 이로 인한 기업의 경쟁력을 높일 수 있다.

생산계획시스템은 〈그림 12-1〉에서 보는 바와 같이 대체로 세 개의 계층으로 구분할

〈그림 12-1〉 생산계획 및 통제 시스템

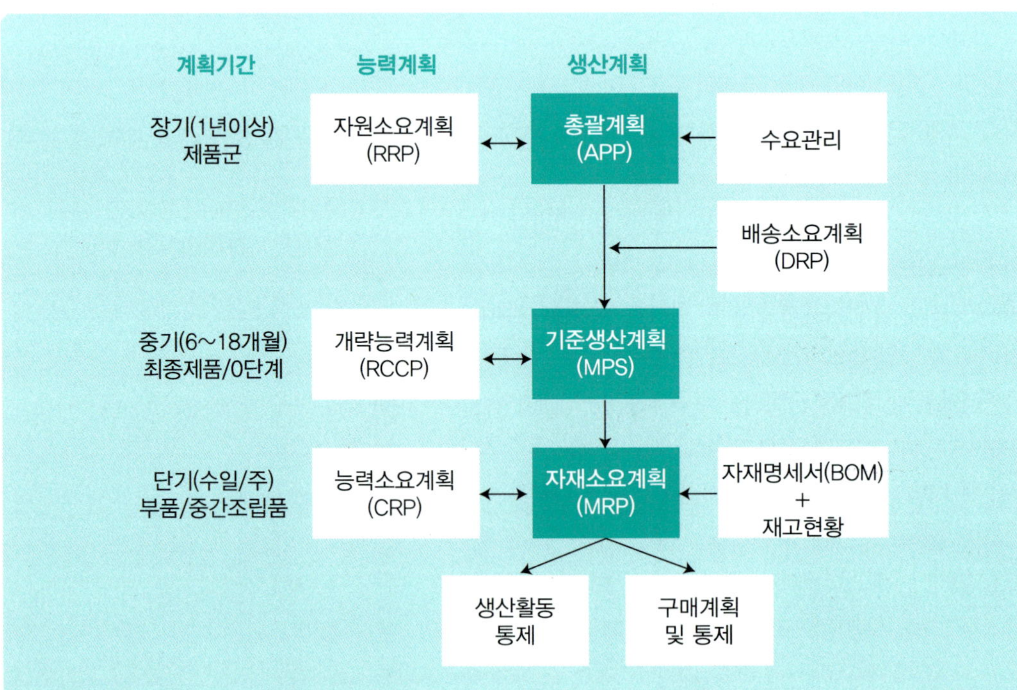

수 있다. 가장 상위 계층에 있는 총괄계획(또는 생산계획)을 포함한 활동들은 생산의 전반적인 방향성을 결정하는 기능을 담당한다. 즉 이 단계에서는 생산계획과 통제에 대한 기업의 목표를 수립한다. 수요관리는 최종 제품에 대한 고객수요예측, 주문관리, 기업내부 또는 기업 간 수요 등을 포함한다. 수요관리는 생산제공능력에 대한 수요요청 관련 활동들을 조직화하고 조율하는 역할을 담당한다. 총괄계획(또는 생산계획)은 기업의 전략계획 수립에 있어서의 생산관련 입력 자료로 활용되며 합의 도출된 전략계획에 있어서의 생산의 역할을 결정한다. 총괄계획은 전략 수립에 있어서의 생산부문의 의견을 마케팅부문을 비롯한 다른 부문들과 함께 논의할 목적으로 수립된 계획이므로, 제품 단위의 세밀한 생산계획보다는 제품군 단위의 총괄적인 생산계획을 수립한다. 따라서 총괄계획(또는 생산계획)은 생산을 지시할 수 있는 실제적인 생산계획이 아니다. 자원소요계획은 요구되는 제품군을 생산하기 위해 필요한 생산인력과 생산 기계 및 설비 등의 생산능력에 대한 계획을 말한다. 따라서 자원소요계획은 생산계획과 생산능력을 조율하는 데 중요한 역할을 담당한다.

두 번째 단계의 기준생산계획은 앞에서 제품군 단위로 수립된 총괄계획(또는 생산계획)을 제품단위로 세분화시킨 생산계획으로서 어떤 제품을 언제 얼마만큼 생산해야하는지를 구체적으로 명시하며, 이를 기준으로 생산을 지시할 수 있는 실제적인 생산계획이다. 영업에서 요구하는 약속가능 물량 등에 대한 정보제공의 목적으로도 사용된다. 개략능력계획은 상위계층의 자원소요계획과 동일한 목적으로 수립되는 계획으로서 기준생산계획에서 요구되는 제품을 생산하는 데 필요한 생산능력에 관한 계획이다.

세 번째 단계의 자재소요계획은 최종 제품 단위의 기준생산계획을 바탕으로 최종 제품을 생산하기 위해 필요한 부품 등의 자재들의 양과 시기를 결정하는 자재소요계획을 말한다. 자재소요계획을 수립한 결과로서 각 부품 및 중간조립품들의 소요 시기 및 양이 결정되는데, 부품에 대한 소요계획은 구매계획의 자료로 활용되며, 중간 조립품에 대한 계획은 생산현장에서의 생산지시로 활용된다. 이 단계의 생산능력계획은 능력소요계획이라고 하며 생산의 각 단계별 생산능력에 대한 상세 계획이다.

한편, 배송소요계획(distribution requirements planning: DRP)은 중앙공급창고나 물류센터로부터의 순배송요구량을 기간별로 할당한 것을 말한다. 이것은 고객의 수요에서 보유재고와 수송재고를 뺀 양과 같다. 배송소요계획은 총괄적인 기간별 순소요 정보를 기준생산계획에 제공하여 생산계획과 배송계획을 연결한다.

12-2 총괄생산계획

1. 정의와 목적

총괄생산계획은 6~18개월 동안의 생산율을 제품군별 혹은 다른 제품구분 기준별로 생산율을 정하는 것이다. 총괄생산계획은 기준생산계획으로 연계되며, 목적은 생산율, 생산인력투입 수준, 재고 보유 수준 등 세 가지 의사결정 사항의 최적조합을 결정하는 것이다.

생산율이란 단위시간당 완성되는 제품수량을 나타내고, 투입인력이란 어떤 생산량을 생산하는 데 소요되는 인력 수를 나타내며, 생산량은 생산율과 인력 수준의 곱으로 나타낼 수 있다. 재고 수준은 차기로 이월되는 재고량을 나타낸다.

총괄생산계획문제를 정형적인 표현으로 기술하면, 주어진 기간별 수요를 충족시키기 위하여 관련 비용을 최소화시킬 수 있도록 시간대별로 생산율, 인력 수준 및 재고 수준을 각각 결정하는 것이다.

2. 주요 변수

수요예측 또는 주문과 요건. 생산시스템의 형태에 따라 다른데 재고생산(make to stock: MTS)은 불특정 다수의 고객이 불특정 시에 구매할 것을 사전에 예측하는 수요예측이고, 주문생산(make to order: MTO)은 특정고객이 요구하는 내용에 따라 생산, 공급하는 것이므로 미납주문에 의한 예측분석이 된다.

생산시스템의 능력. 생산능력은 설비, 기계, 인력, 기술 수준, 공정 방법 등 여러 요인으로 결정되는데 특정기간(예: 1일, 1주, 1월, 1분기, 1년)에 특정상품을 생산할 수 있는 총량을 말한다.

재고 수준의 계획과 통제. 재고는 생산시스템이 제품생산에 필요한 원자재, 재공품 및 완제품을 포괄적으로 지칭한다.

자재요구계획과 공정 절차계획. 제품 설계 시 제품을 구성하는 부품별 자재 또는 원료의 내역을 상세히 소요수량, 형태, 제조원 등을 기록한 자재명세서(bill of material: BOM)를 작성한 후 작업의 선정과 순서를 정하는 계획인 공정 절차계획(routing)에 따르게 된다.

공정계획. 공정계획(scheduling)이란 공정 절차계획 후에 작업 순서 작업장별·기계별 소요작업 시간 등의 자료를 바탕으로 납기일에 늦지 않도록 생산가용능력(시간)을 이들 작업장별·기계별 소요시간에 날짜별로 할당하는 일련의 계획·통제 활동을 말하며, 계획생산인 경우 수요예측을 바탕으로 계획하고 주문생산인 경우 특정고객의 주문에 따라 품종과 수량이 확정된 납기일까지 생산되어야 하는 데 있어서 차이가 있을 뿐이다.

3. 총괄생산계획의 전략

기본적으로 세 가지 전략이 있다. 단독으로 사용하면 순수전략(pure strategies)이라고 하고 두 가지 이상을 혼합하여 사용하면 혼합전략(mixed strategies)이라고 하는데, 실제로는 대부분 혼합전략을 사용하고 있으며, 전략의 본질은 인력 수준, 작업 시간, 재고 수준, 추후 납품량 간의 균형(trade-off)이라고 할 수 있다.

- 수요추종 전략(chase strategy): 주문량의 변화에 따라 충원과 해고 등을 통하여 고용 수준을 변화시켜 주문량 변화에 따라 생산율을 맞추어 가는 전략이다. 이러한 전략의 성공여부는 주문량의 증가에 따라 잘 훈련된 양질의 인력 집단을 쉽게 확보할 수 있는 가에 있다. 그러나 이러한 전략은 작업자 사기에 영향을 줄 수밖에 없다는 문제점이 있다. 작업자로서는 생산해야 할 물량이 감소하기 시작하면 해고에 대한 불안감이 커질 수밖에 없기 때문이다.
- 고용 수준 유지, 작업 시간 조정(stable workforce, variable work hours): 융통성 있는 근무일정과 초과근무 등 작업 시간 조정을 통하여 생산량을 조정하는 방법이다. 이 전략은 고용유지와 앞에서 설명한 수요추종 전략의 고용 수준 변화에 따른 직간접 비용 절감과 부정적인 조직 분위기를 피할 수 있다.
- 생산 수준 평활전략(level strategy): 일정한 생산율에 맞추어 인력 수준을 안정적으로 유지하는 것이다. 생산량이 수요에 부족하거나 남으면 재고 수준, 추후 납품량, 그리고 판매 포기 등의 방법으로 조절해 나가는 것이다. 고용 수준을 안정적 유지하는 이점이 있지만 작업자들이 나태해져 서비스 수준이 낮아질 수 있고 재고비용이 증가하기도 한다. 또 다른 문제는 재고가 진부화될 우려가 있다는 점이다.

이런 세 가지 전략과 함께 수요의 일부분을 하청 계약을 통하여 충당하기도 한다. 하청은 수요추종 전략과 비슷한데, 본질적으로 작업 인력의 충원 및 해고가 하청 계약 및 해지로 바뀐 것으로 볼 수 있다. 어느 정도의 하청은 수요 변동에 대비하여 바람직하지만, 하청업자와의 관계가 돈독하지 못한 경우 납기와 물량 조정에 실패할 우려도 있다. 그러므로 하청에 너무 많이 의존하는 것은 위험이 큰 전략이라고 할 수 있다.

4. 총괄생산계획과 관련된 비용

총괄생산계획과 관련된 비용으로는 다음과 같은 것이 있다.

- 채용 및 해고비용(hiring and layoff cost): 채용비용으로 모집비용, 선발비용, 교육·훈련비용 등이 있고 해고비용으로 퇴직수당이 있다.
- 잔업비용과 유휴시간비용(overtime and undertime cost): 정상작업 시간을 초과하여 작업할

때 정규임금 이상으로 지불되는 비용이다.

- 재고유지 비용(inventory holding or carring cost): 재고에 묶여있는 자본에 대한 기회비용으로 보관비용, 보험료, 진부화 비용 등이다.
- 재고부족비용(inventory shortage cost): 수요를 잃게 되면 품절비용(stockout cost)이, 생산을 기다려 추후에 수요를 충족시키면 추후납품비용(backlogging cost)이 발생한다.
- 하청비용: 생산능력 부족 등의 이유로 제품을 자체 내에서 생산하지 못하고 외부에 하청을 주었을 때 발생하는 비용이다.

전체적으로 총비용을 최소화하는 방법을 찾는데 납기일 최소화, 재고 수준 최소화, 주문처리 기간 단축을 꾀하기도 한다.

12-3 총괄생산계획 수립 기법

생산계획의 수립 기법으로 도식해법, 수리적 모형(mathematical models) 수송 문제, 선형계획법을 이용한 기법 등이 있으며, 이 방법 중 도식해법에 대해서 살펴보자.

도식해법(graphical method)은 생산할 품목의 종류가 그리 많지 않거나 제조 공정이 별로 복잡하지 않은 경우에 사용한다. 도식해법의 장점으로는 이해하기 쉽고 사용 방법이 비교적 간편한데 반하여, 단점은 도표에서 나타내는 모델이 정적이며 여러 가지 계획안들 중에서 최적안을 제시할 수 없다. 사례연구를 통해 도식해법을 살펴보자.

예제 12-1. 부민사무가구의 생산계획

부민사무가구의 생산계획은 6개월이고 월별 수요예측량, 안전재고 수준과 작업일수는 다음 표와 같다.

월	1	2	3	4	5	6
수요	1,000	700	500	900	1,400	1,100
안전재고	200	140	100	180	280	220
작업일수	24	20	24	22	25	24

초기의 작업자 수는 40명이며, 일일 작업 시간은 9시간이고 잔업은 하지 않는다. 작업표준시간은 제품 단위당 10인-시간이다. 1월의 기초재고는 150개이고 하청공급 능력은 제한이 없다고 가정하자.

(1) 매월의 생산 요구량과 누적 월 생산 요구량을 구하라.

(2) 누적 월 생산 요구량 도표와 일 생산 요구량을 누적 작업일수와의 관계로 그래프를

그리고 그래프에 각 대안을 표시하라.

(3) 세 가지 대안을 비교하기 위한 비용자료는 다음과 같다.

시간당 임금 1,000원 | 재고유지비(월, 제품 단위당) 300원
신규채용비용(1인) 10만 원 | 품절비용(월, 제품 단위당) 1,500원
해고비용(1인) 50만 원 | 하청비용(제품 단위) 15,500원

이 자료를 이용하여 대안별 비용을 계산하라.

풀이

(1) 이를 표로 나타내면 다음과 같다.

구분	1월	2월	3월	4월	5월	6월
수요	1,000	700	500	900	1,400	1,100
안전재고	200	140	100	180	280	220
전월 안전재고	150	200	140	100	180	280
월 생산요구량*	1,050	640	460	980	1,500	1,040
작업일수	24	20	24	22	25	24
일일 생산요구량**	43.8	32.0	19.2	44.6	60.0	43.4
누적작업일수	24	44	68	90	115	139
누적 월 생산요구량	1,050	1,690	2,150	3,130	4,630	5,670

주) * 월 생산 요구량 = 수요+안전재고−전월 안전재고
** 일 생산 요구량 = 월 생산 요구량/작업일수
누적 작업일수는 작업일 수의 누적
누적 월 생산 요구량은 월 생산 요구량의 누적임.

부민 사무가구는 세 가지 대안 중에서 하나를 결정하려고 한다. 세 대안은 다음과 같다(그림 12-2 참조).

〈대안 1〉 고용 수준을 월별로 변경시킴으로 매월의 생산 요구량을 정확히 달성한다.

〈대안 2〉 고용 수준을 평균 생산 요구량으로 고정하고 재고로 조절해 나간다.

〈대안 3〉 고용 수준을 최소수요인 3월의 수준으로 고정하고 부족분은 하청으로 보충한다.

(2) 〈대안 1〉의 생산량곡선은 생산 요구량 곡선과 완전히 일치된다(그림 12-3 참조).

〈대안 2〉의 생산량곡선을 그리려면 우선 고용 수준을 구하면(5,670×10)/(139×9) = 45.3명으로 46명이 되고 46명이 139일간 작업할 때 누적생산량은 (46×139일×9시간)/10인-시간 = 5,755개/139일 = 41.4개가 된다.

〈대안 3〉의 경우 최소 수요인 3월의 일일 생산 요구량인 19.2개를 이용한다. 여기서 소요인원수는 (19.2개×10인-시간)/9시간 = 21.3명 즉 22명이 된다. 따라서 22명의 고용

〈그림 12-2〉 누적 생산 요구량 도표와 세 가지 대안

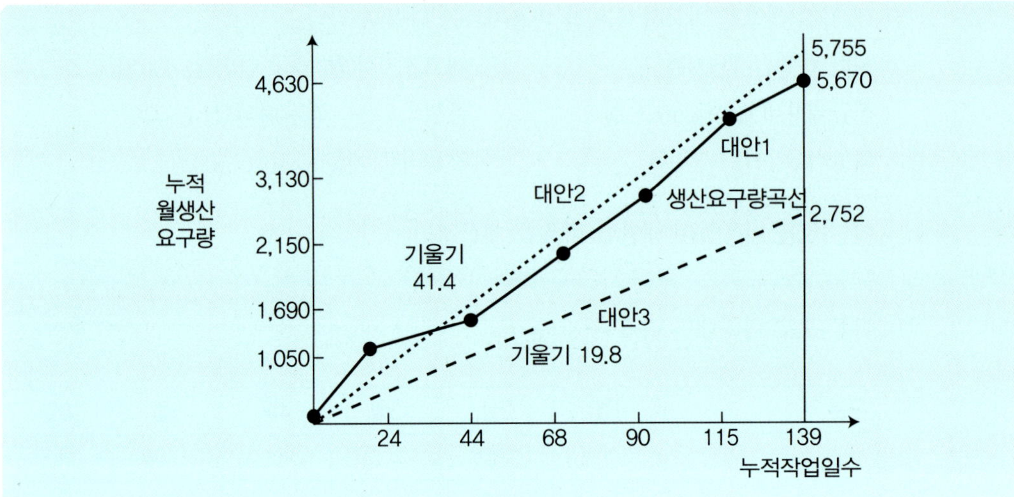

〈그림 12-3〉 일일 생산요구량 도표와 세 가지 대안

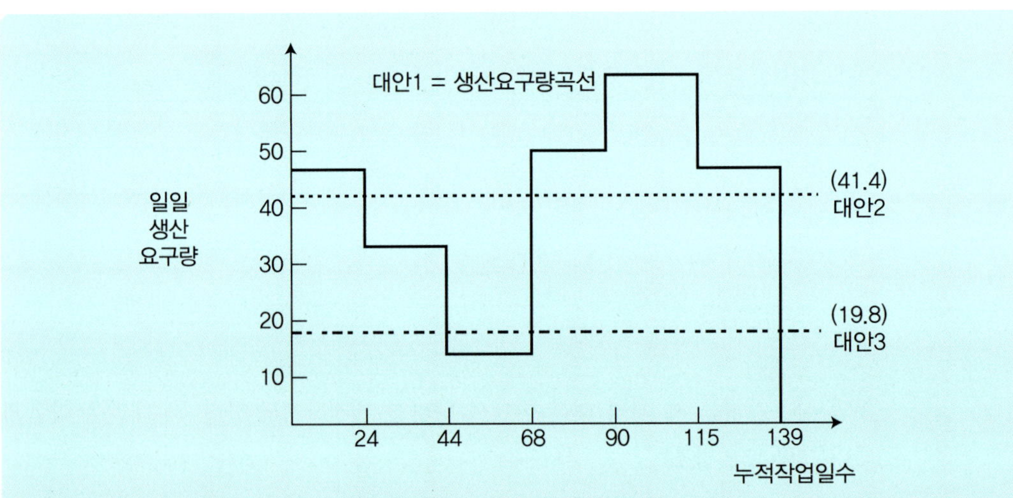

인원을 일정하게 유지하고 이때 일일생산량은 (22명×9시간)/10인-시간 = 19.8개이고 누적생산량은 19.8개×139일 = 2,752개다.

(3) 〈대안 1〉의 비용계산

구분	1월	2월	3월	4월	5월	6월
① 월생산요구량×10	10,500	6,400	4,600	9,800	15,000	10,400
② 작업일수×9	216	180	216	198	225	216
③ 소요인원(①/②)	49	36	22	50	67	49
④ 임금(②×③×1,000)	1058.4	648	475.2	990	1,507.5	1,509.4
⑤ 채용인원수	9			28	17	
⑥ 채용비용(⑤×10만)	90만			280만	170만	
⑦ 해고인원수		13	14			18
⑧ 해고비용(⑦×50만)		650만	700만			900만
⑨ 총비용(④+⑥+⑧)	1,148.4만	1,298만	1,175.2만	1,270만	1,677.5만	1,958.4만
	총비용 합계 8,537.5만 원					

〈대안 2〉의 비용계산: 고용 수준은 46명으로 일정하고 139일의 임금은 46×139×9×1,000=5754.6만 원, 초기인원이 40명이므로 채용비용 6×10만 원=60만 원, 재고비용은 다음 표와 같이 계산한다.

구분	1월	2월	3월	4월	5월	6월
① 누적생산요구량	1,050	1,690	2,150	3,130	4,630	5,670
② 가용작업 시간	9,936	8,280	9,936	9,108	10,350	9,936
③ 생산량(②/10)	994	828	994	911	1,035	994
④ 누적생산량	994	1,822	2,816	3,727	4,762	5,756
⑤ 보유재고량(④−①)		132	666	59	132	86
⑥ 재고유지비(⑤×300)		39,600	99,800	79,100	39,600	25,800
⑦ 품절량(①−④)	56					
⑧ 재고품절비(⑦×1500)	84,000					

가용작업 시간(46×작업일수×9)

총재고비용 ⑥+⑧ = 567,900원

전부 합하면 5,754.6만 원+60만 원+56.79만 원=5,871.39만 원이다.

〈대안 3〉의 비용계산:

고용 수준은 22명이므로 총임금은 22×13×9×1,000 = 2,752.2만 원

총누적생산량 2,752개이므로 하청을 주어야 할 양은 5,670−2,752=2,918개이다. 하

청비용은 2,918×15,500=4,522.9만 원이다. 해고비용도 고려해야 하는데 해고비용은 (40−22)×50만=900만 원이다. 총비용은 8,175.1만 원이다.

결국 〈대안 2〉가 가장 적은 비용이므로 가장 좋은 대안이다. ■

12-4 기준생산계획의 과정

앞에서 확정된 총괄생산계획을 기초로 하여 예상 기준생산계획을 개발하게 된다. 만일 어떤 회사가 10종의 제품을 취급하고 있다면 총괄생산계획은 개별제품이 아닌 제품군 또는 총제품의 합에 대한 것이며, 기준생산계획(MPS)은 총괄생산계획을 기초로 개별제품에 대한 계획을 수립하는 점에서 다르다.

기준생산계획은 일정한 기간 내 생산해야 할 최종 제품의 수를 상세하게 나타내게 되는데, 보통 주(때로는 일 또는 월) 단위로 계획된다. 〈그림 12-4〉는 기준생산계획수립의 일반적인 과정이다.

기준생산계획의 목적. 기준생산계획의 기본적인 목적은 다음과 같다. 첫째, 기준생산계획은 각 제품의 생산 일정을 수립한다(표 12-1 참고). 둘째, 기준생산계획은 각 제품의 생산 일정에 맞춰 생산할 생산량을 결정한다. 셋째, 기준생산계획은 최종 제품 생산에 필요한 부품들에 대한 소요계획 수립의 주요 입력 정보로 사용된다.

일반적인 제약. 기준생산계획은 다음의 제약을 만족시켜야 한다. 첫째, 기준생산계획

〈그림 12-4〉 기준생산계획의 과정

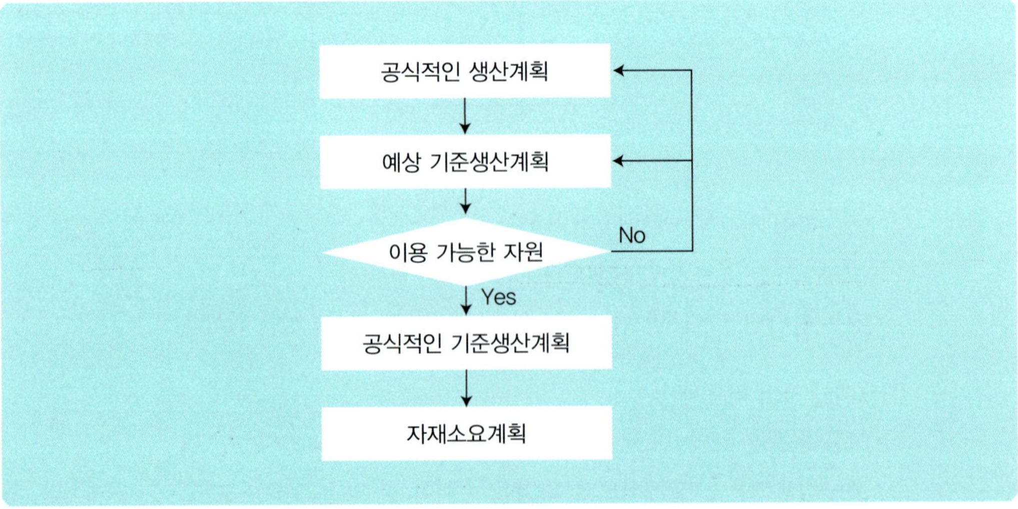

〈표 12-1〉 소비용품회사의 주간 기준생산계획

제품	1월				2월				3월			
	1주	2주	3주	4주	5주	6주	7주	8주	9주	10주	11주	12주
비누	—	1,600	—	1,600	—	2,400	—	2,400	—	3,200	—	3,200
칫솔	1,500	1,500	1,500	1,500	2,250	2,250	2,250	2,250	3,000	3,000	3,000	3,000
치약	400	—	400	—	600	—	600	—	800	—	800	—
월간 총량	10,000				15,000				20,000			

의 총량은 총괄생산계획의 총량과 일치해야 한다. 둘째, 일반적으로 몇 가지의 중요한 자원은 대부분 부족하여 특정 제품을 생산할 때 제약이 되는 경우가 흔히 발생하므로, 기준생산계획에서 결정된 한 제품의 총소요량을 원활히 생산할 수 있도록 이러한 주요 자원의 제약사항을 면밀히 고려하여 실현 가능한 계획이 되도록 할 수 있어야 한다.

12-5 예상 기준생산계획의 개발

1. 기말재고량의 계산

첫 단계로, 수요를 충족시키고 남는 기말재고량을 계산한다.

$$I_t = I_{t-1} + \text{기준생산계획}_t - \max(F_t \text{ 또는 } CO_t)$$

I_t : t기말의 기말재고량

기준생산계획$_t$: t기에 예정된 기준생산계획량

F_t: t기의 수요예측량

CO_t : t기에 예정된 실제주문량

다양한 형태와 크기의 밸브를 생산하는 제조업체를 대상으로 설명해 보자. 이 제조업체의 경영자는 3인치 밸브에 관한 기준생산계획을 작성하고자 하는데, 4월의 수요량이 80단위, 5월의 수요량이 160단위로 예측된다. 부품의 생산관리를 철저히 하기 위해 기준생산계획을 1주일 단위로 작성하면 〈표 12-2〉와 같다. 기준생산계획에서 각 달의 수요예측량은 매주 균등하게 할당하며, 실제 주문량은 매주 운송하기로 약속된 실제 주문량을 나타낸다.

〈표 12-2〉 3인치 밸브의 기말재고량

주문정책: 80단위

기초재고량: 45	4월				5월			
	1주	2주	3주	4주	5주	6주	7주	8주
수요예측량	20	20	20	20	40	40	40	40
실제주문량	23	15	8	4	0	0	0	0
기말재고량	22*	2	−18**					
기준생산계획								

*45 + 0 − 23 = 22, 22 + 0 − 20 = 2
**2 + 0 − 20 = −18

2. 기준생산계획의 양과 시간구획

두 번째 단계로서, 기준생산계획을 작성할 때 지켜야 할 점은 기말재고량에 음수가 존재해서는 안 된다는 것이다. 재고량의 부족이 발생하면, 이를 위해 기준생산계획량이 보충할 수 있도록 일정을 세워 기말재고량의 난에 양의 수나 제로(0)가 되도록 해야 한다. 계획기간의 끝까지 이러한 과정을 계속 반복한다.

예제 12-2. 〈표 12-2〉를 이용하여 3인치 밸브에 대한 기준생산계획량의 크기와 시기를 80단위의 로트로서 나타내라.

풀이

기말재고량에 음수가 생기지 않도록 기준생산계획을 설정한다.

주문정책: 80단위

기초재고량: 45	4월				5월			
	1주	2주	3주	4주	5주	6주	7주	8주
수요예측량	20	20	20	20	40	40	40	40
실제주문량	23	15	8	4	0	0	0	0
기말재고량	22	2	62*	42	2	42**	2	42**
기준생산계획			80			80		80

* 〈표 12-2〉에서는 음수(−18)이었으나 기준생산계획의 양 80이 존재하므로 62가 된다.
즉 2 + 80 − 20 = 62.

** 기준생산계획이 생기지 않으면 −38(즉 2 − 40 = −38)이었으나 80단위의 기준생산계획으로 42 (즉 2 + 80 − 40)가 된다. ■

3. 납품약속 가능량

납품약속 가능량(available to promise: ATP)이란 영업부서에서 구체적인 날짜에 납품하겠다고 약속할 수 있는 최종 제품의 양을 말한다. 납품약속 가능량은 기준생산계획을 바탕으로 경정되며, 기준생산계획량에서 실제 주문량을 제외하고 남은 제품의 양이 납품약속 가능량이 된다. 납품약속 가능량의 계산은 첫 주부터 시작하여 각 주별로 순차적으로 다음과 같이 계산한다.

1단계: 기준생산계획과 실제주문량을 바탕으로 납품약속 가능량 산정.

가. 첫 주의 약속 가능량 계산

기초재고량 + 첫 주의 기준생산계획 − (다음 기준생산계획이 잡힌 기간 직전 기간까지의 모든 기간의 실제주문량)

나. 모든 후속 기간(다음 두 가지 경우가 가능하다)

a. 기준생산계획이 잡혀있지 않으면 납품약속 가능량은 0

b. 기준생산계획이 잡혀있는 경우에는

해당 주의 기준생산계획 − (해당 주의 실제주문량 + 다음 기준생산계획이 잡힌 기간 직전 기간까지의 모든 실제주문량)

다. 각 주별 납품약속 가능량의 계산 시, 어떤 주의 납품약속 가능량이 음수가 되면 이전 주의 납품약속 가능량을 살펴보고 가장 가까운 주의 납품약속 가능량을 해당 주로 옮겨 음수가 되지 않도록 한다. 이 경우 이전 주의 납품약속 가능량은 다른 주로 옮긴 양만큼 감소시킨다. 이를 반복하여 이전의 기간으로 거슬러 올라가면서 모든 주의 납품약속 가능량에 음수가 발생하지 않도록 한다. 만약 이전 주의 납품약속 가능량으로도 해당 주의 납품약속 가능량이 음수가 되면 이 주문은 납품약속을 할 수 없다.

2단계: 1단계 이후 새로운 주문의뢰에 대한 납품약속 가능량 산정.

해당 주의 납품약속 가능량 − 해당 주의 주문의뢰양

해당 주의 납품약속 가능량이 음수가 되면 위의 1단계와 같이 음수가 도지 않도록 하거나 납품약속을 할 수 없음을 결정한다.

위에서 계산한 납품약속 가능량을 바탕으로 영업부서에서는 향후 납품가능에 대한 새로운 주문 가능 의뢰가 있을 경우 이에 대한 신속한 대응을 할 수 있다. 즉 향후 고객으로부터 납품약속 가능에 대한 의뢰가 발생할 시, 의뢰한 기간에 납품약속 가능량이

의뢰한 양보다 같거나 많을 경우 즉시 가능하다는 답을 할 수 있다. 이 경우 영업부서는 현재의 납품약속 가능속량 중에서 해당 고객이 의뢰한 양을 제외시킨다. 왜냐하면 이 약속된 물량은 더 이상 다음 의뢰 고객에게 할당할 수 없게 되기 때문이다. 따라서 해당 납품약속 가능량을 이 전 납품약속 가능량에서 제외하여 새로운 납품약속 가능량을 계산한다. 만약 해당 주의 납품약속 가능량이 주문의뢰양보다 적을 경우, 위의 2단계를 수행하여 납품약속 가능량 및 약속 가능 여부를 결정한다. .

예제 12-3. 3인치 밸브에 대해 납품약속 가능량을 계산하고, 다음과 같은 새로운 주문을 받을 때, 주문을 받을 수 있는가를 결정하고 새로운 납품약속 가능량을 계산하라.

주문	주문량	제품 인도 시기(주)
1	5	2
2	38	5
3	24	3
4	15	4

풀이

먼저 1단계의 납품약속 가능량을 계산하면 다음 표와 같다.

주문정책: 80단위

기초재고량: 45	4월				5월			
	1주	2주	3주	4주	5주	6주	7주	8주
수요예측량	20	20	20	20	40	40	40	40
실제주문량	23	15	8	4	0	0	0	0
기말재고량	22	2	62	42	2	42	2	42
기준생산계획			80			80		80
납품약속 가능량(ATP)	~~22~~ 7	~~−15~~ 0	~~72~~ 68	~~−4~~ 0	0	80	0	80

1단계

(1주) ATP = 기초재고량(45) + 기준생산계획량(0) − 실제주문량(23) = 22

(2주) ATP = 기준 생산계획량(0) − 주2의 실제주문량(15) = −15

음수가 발생하였으므로 1주의 ATP(22)에서 15만큼을 2주에 할당한다. 따라서

(1주) ATP = 22 − 15 = 7

(2주) ATP = −15 + 15 = 0

(3주) ATP = 기준 생산계획량(80) − 3주의 실제주문량(8) = 72

(4주) ATP = 기준 생산계획량(0) − 4주의 실제주문량(4) = −4

음수가 발생하였으므로 3주의 ATP(72)에서 4만큼을 4주에 할당한다. 따라서

(3주) ATP = 72 − 4 = 68

(4주) ATP = −4 + 4 = 0

(5주) ATP = 기준 생산계획량(0) − 5주의 실제주문량(0) = 0

(6주) ATP = 기준 생산계획량(80) − 6주의 실제주문량(0) = 80

(7주) ATP = 기준 생산계획량(0) − 7주의 실제주문량(0) = 0

(8주) ATP = 기준 생산계획량(80) − 8주의 실제주문량(0) = 80

이번에는 새로운 주문에 대한 주문을 받을 수 있는가의 문제를 해결하기 위해 다음과 같이 계산한다.

2단계

1. 주문 1은 2주째에 5개의 주문의뢰량

(1주) ATP = 해당 주의 납품약속 가능량(7) − 해당 주의 주문의뢰양(0) = 7

(2주) ATP = 해당 주의 납품약속 가능량(0) − 해당 주의 주문의뢰양(5) = -5

음수가 발생하였으므로 1주의 ATP(7)에서 5만큼을 2주에 할당한다. 따라서

(1주) ATP = 7 − 5 = 2

(2주) ATP = -5 + 5 = 0

2. 주문 2는 5주째에 38개의 주문의뢰량

(5주) ATP = 해당 주의 납품약속 가능량(0) − 해당 주의 주문의뢰양(38) = −38

음수가 발생하였으므로 4주의 ATP(0)를 살펴보면 ATP=0이므로,

3주의 ATP(68)에서 38개를 5주에 할당한다. 따라서

(3주) ATP = 68 − 38 = 30

(4주) ATP = 0

(5주) ATP = −38 + 38 = 0

3. 주문 3은 3주째에 24개의 주문의뢰량

(3주) ATP = 30 − 24 = 6

4. 주문4는 4주째에 15개의 주문의뢰량

(4주) ATP = 0 − 15 = −15

음수가 발생하였으므로 3주의 ATP(6)를 살펴보면 ATP=6으로 부족하며, 2주의 ATP도 지금 현재 0이고, 1주의 ATP =2이므로 1주과 3주의 ATP를 합쳐도(8) 주문의뢰량 15에 부족하므로 이 의뢰에 대한 납품약속을 할 수 없다.

따라서 최종 납품약속 가능량은 다음의 표와 같다.

주문정책: 80단위

기초재고량: 45	4월				5월			
	1주	2주	3주	4주	5주	6주	7주	8주
수요예측량	20	20	20	20	40	40	40	40
실제주문량	23	15	8	4	0	0	0	0
기말재고량	22	2	62	42	2	42	2	42
기준생산계획			80			80		80
납품약속 가능량(ATP)	~~7~~ 2	~~-5~~ 0	~~68~~ ~~30~~ 6		~~-38~~ 0	80		80

4. 기준생산계획의 확정

기준생산계획은 모든 조립품, 부품 그리고 원자재 계획의 기초이기 때문에 기준생산계획의 변경은 상당한 희생이 뒤따른다. 그러므로 경영자로부터 특별한 허락 없이 기준생산계획을 변경할 수 없는 기간인 수요시간간격(demand time fence)을 설정한다. 이 시간간격 이후는 공식적인 주문정책을 이용하여 기준생산계획을 수정할 수 있다. 이러한 시간간격을 이용함으로써 기준생산계획의 수립과 이행에 관한 다양한 수준의 통제를 할 수 있다.

이러한 시간간격의 크기는 정기적으로 검토되어야 하지만, 오랫동안 고정되어서는 안 된다. 왜냐하면 기준생산계획의 확정으로 생산비를 줄이고 부품과 원자재의 일정을 지킬 수 있지만, 고객의 수요 변화에 적응할 수 없기 때문이다. 따라서 기준생산계획의 확정은 수요 변화의 적응에 드는 비용을 고려해야 한다.

12-6 자재소요계획

1. 기본 개념과 목표

자재소요계획(material requirements planning: MRP)이란 기준생산계획에 의한 제품의 생산수량 및 일정을 토대로 그 제품의 생산에 필요한 원자재 및 중간 조립품 등의 소요량과 소요시기를 역산해서 원자재의 자재조달계획 중간 조립품들의 생산계획을 수립하여 일정관리를 겸하여 효율적인 재고관리를 모색하는 방법이다.

1980년대 제조업 변화의 중심에는 MRP(처음에는 Material Requirements Planning을 의미하였지만, 이후 Manufacturing Resource Planning으로 발전)가 있었으며, MRP는 추후 ERP(enterprise resource planning; 전사적 자원계획)으로 진화 발전하였다.

제조 부문에 새로운 패러다임이 등장함에 따라 변화의 소용돌이가 다시 치고 있다. 특히 생산전략 특성에있어 재고생산(build-to-stock)에서 주문생산(build-to-order)으로의 변화에 대하여 관심을 쏟고 있다. 재고생산에서는 생산의 시작은 재고와 어느 정도 연계가 되고, 이는 다시 수요예측과 연계된다. 그러나 주문생산에서는 수요예측으로부터 생산이 시작되는 것이 아니라 주문을 받는 것으로부터 시작된다. 그러나 주문생산에서도 원자재 수급, 제품생산, 완제품 배송 등을 최적화하는 전통적인 문제는 여전히 남아 있다.

MRP의 주요 목표는 올바른 시간에 올바른 장소에 올바른 자재를 공급하는 일이다. MRP 하의 재고관리 목표도 다른 재고관리 시스템의 목표와 다를 바 없다. 즉 고객 서비스를 극대화하고, 재고투자를 극소화하며, 생산운영 효율성을 극대화하는 것이다. 고객 서비스를 극대화한다는 것은 단순히 고객으로부터 주문을 받을 때에 제품을 보유하고 있는 것만을 의미하는 것은 아니다. 고객을 만족하게 만들기 위해서는 고객과 약속한 납기를 지키는 것과 더불어 납기를 단축시킬 수 있는 노력이 필요하다. MRP는 충족이 가능한 납기일 약속을 위해 필요한 관리정보를 제공해 줄 뿐만 아니라 약속된 납기일을 MRP 통제 시스템에 투입하여 상응한 생산이 이뤄지도록 만들게 된다.

2. MRP의 이점

상위제품의 생산에 필요한 구성품은 종속수요와 관련이 있는데, 상위제품과 구성품 간의 의존관계로 인하여 재고관리가 아주 복잡하다. 수년 동안 많은 기업들은 독립수요 시스템으로서 생산과 납기를 관리하려고 노력하였으나. 결과가 만족스럽지 않았다. 그 결과로 종속수요의 재고관리와 보충주문에 대한 일정수립에 도움을 주는 MRP가 개발되었다.

MRP는 BOM(bill of materials) 유형으로 볼 때 조립 및 제작 산업에서 가장 효과가 크며 가격경쟁력이 향상되고, 재고의 감소, 준비 비용의 감소, 유휴시간의 감소로 판매가격의 인하가 가능하며 시장수요에 대한 신속한 반응과 주일정계획의 변경이 용이해짐에 따라 고객에 대한 서비스를 향상시키게 되었다.

독립수요와 종속수요의 특징. 독립수요는 외부로부터 발생하는 최종 제품 혹은 독립적 판매가 가능한 부품의 수요를 말하며 생산시스템의 외부에서 발생하므로 불확실성을 가지게 된다. 이러한 불확실성에 대비하기 위해 재고가 특정수준 이하로 떨어지면 생산을 통해 이를 보충하는 형태를 보이게 된다. 이에 반하여 종속수요는 최종 제품 수요에 종속적인 함수로서 발생하며 특정한 조립계획에 의해 발생시기가 결정되므로 종속수요를 만족시키기 위한 생산은 독립수요를 만족시키기 위한 생산과 연계되어서 이루어져야 한다. 즉 MRP의 핵심 개념은 독립수요로부터 종속수요의 생산계획을 수립하는 것이다.

MRP의 원칙. 많은 기업이 전통적인 재주문점 시스템에서 MRP시스템으로 바꾸고 있는데, MRP에서는 재주문점 시스템과 다른 다음과 같은 원칙이 있다.

첫째, MRP는 상위제품의 생산 일정에 의해 구성품, 하위조립품 그리고 원자재를 위한 종속수요를 계산한다. 반대로 재주문점 시스템은 재주문점을 정하기 위해 확률적 예측 방법을 이용한다.

둘째, MRP는 재고부족을 피하기 위해 조달기간을 고려하여 보충주문을 실시한다. 반대로 재주문점 시스템에서는 재주문점에 도달할 때까지는 다시 주문을 하지 않는다.

MRP의 주요 요소는 기준생산계획(MPS), 자재명세서(BOM) 그리고 재고기록철이다. MRP는 이러한 정보를 이용하여 생산주문을 하거나, 주문량을 조정하거나 또는 늦은 주문을 독촉한다. 그러므로 MRP는 재고회전률의 향상과 운반조달기간의 단축 등 여러 가지 면에서 향상된 성과를 기대할 수 있다.

3. 자재명세서, MRP의 재고기록

1) 자재명세서

자재명세서(bill of materials: BOM)는 완제품을 구성하는 모든 부속과 조립품(assembly)을 나타내는 목록으로서 기술문서이다. 〈그림 12-5〉는 ATV의 다단계 자재명세서(multilevel bill of materials)이다.

이것은 품목 간에 존재하는 상위품목-부속(parent-components) 관계와 상위품목 한 단위를 만드는 데 필요한 각 부속들의 사용량(planning factor)을 보여준다. 예를 들면, 'engine assembly'는 'engine block'의 직상위품목이고 역으로 'engine block'은 'engine assembly'의 부속이다. '24-inch solid steel bar'는 '6-inch steel bar'와 '12-inch steel bar'에 쓰이는 공용부속(common component part)이다. 또한 하나의 'piston assembly'를 만들기 위해서는 4개의 'connecting rods'가 필요함을 나타내고 있다. 한 대의 ATV를 만들기 위해서는 4개의 'piston subassembly'가 필요하고 1개의 'piston subassembly'에는 3개의 'piston ring'이 필요하므로 한 대의 ATV를 만들기 위해서는 12개의 'piston ring'이 필요함을 알 수 있다.

자재명세서는 다단계로 표시되는데 0단계에서 시작한다. 자재명세서의 하위 구성요소로 내려갈수록 단계번호는 증가한다. 0단계는 최종 제품으로 독립수요(independent demand) 품목이다. 이 예에서는 완성된 ATV가 이것에 해당한다. 독립수요는 추세와 계절적 변동과 전반적인 시장 상황에 좌우된다. 0단계의 총소요량은 기준생산계획에서 온다. 다음은 1단계인데 ATV 한 대를 최종적으로 조립하는 데 필요한 모든 부속과 중간조립품으로 구성되어있다. 1단계 부속과 중간조립품의 소요량은 0단계인 ATV의 수요로부터 계산한다. 그러므로 1단계와 그 이하 단계에 속하는 모든 항목의 소요량은 종

〈그림 12-5〉 ATV사의 자재명세서

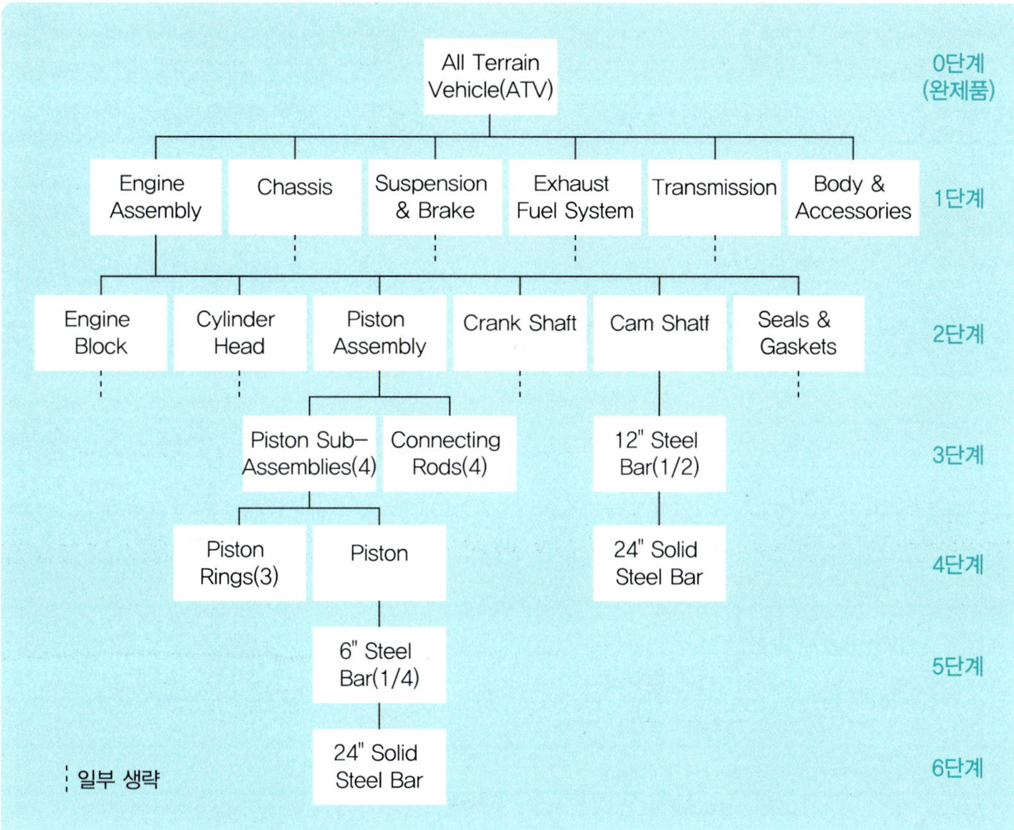

속수요(dependent demand)라고 부른다. 예를 들어, ATV를 조립하는 데 들어가는 engine assembly, chassis, suspension and brake, transmission는 종속수요 항목이다. 하지만 동일한 부속이나 중간조립품들도 고객들에게 수리 부속으로 팔리는 경우는 독립수요 항목이다.

다단계 자재명세서는 〈표 12-3〉과 같이 톱니식 자재명세서(indented BOM)로도 나타낼 수 있다. 톱니가 한 단계씩 안으로 들어갈 때마다 단계번호가 1씩 증가한다. 〈표 12-3〉의 톱니식 자재명세서는 〈그림 12-5〉의 다단계 자재명세서를 반시계 방향으로 90도 회전시킨 것으로 볼 수도 있다.

또 다른 형태의 자재명세서로 수퍼 자재명세서(super BOM)가 있는데 이것은 계획 목적에 유용하다. 이것은 계획 자재명세서(planning BOM), 유령 자재명세서(phantom BOM), 또는 족 자재명세서(family BOM)로도 불린다. 〈그림 12-5〉의 ATV사의 자재명세서를 예로 들면 배기량이 서로 다른 엔진과 변속장치 선택사양이 있는 한개군의 ATV들(즉 다른 모델들)을 나타내기 위하여 단순화된 제품구성도를 그릴 수 있다. 사용량 대신 각 선택사양의

〈표 12-3〉 ATV사의 톱니식 자재명세서

부품명	단계	사용량
Engine assembly	1	1
Engine block (components not shown)	2	1
Cylinder head (components not shown)	2	1
Piston assembly	2	1
Piston assembly	3	4
Piston rings	4	3
Pistons	4	1
6-inch steel bar	5	1/4
24-inch solid steel bar	6	1
Connecting rods	3	4
Crank shaft (components not shown)	2	1
Crank shaft	2	1
12-inch steel bar	3	1/2
24-inch steel bar	4	1
Seal and Gaskets (components not shown)	2	1
Chassis (components not shown)	1	1
Suspension and brake (components not shown)	1	1
Exhaust and fuel System (components not shown)	1	1
Transmission (components not shown)	1	1
Body and accessories (components not shown)	1	1

사용 비율을 표시한다. 〈그림 12-6〉을 보면 ATV는 모델 A, B, C가 각각 $33\frac{1}{3}\%$ 씩임을 알 수 있고, 변속장치는 자동이 75%이며 수동이 나머지 25%임을 알 수 있다. 그러므로 ATV사의 1월 생산계획량 120대는 세 가지 모델을 각각 40대씩 생산함을 의미한다. 마찬가지로 120대의 75%인 90대는 자동변속차량이며 나머지 30대는 수동변속 차량임을 알 수 있다.

수퍼 자재명세서를 이용하면 이 회사가 전체 ATV 수요를 예측하고 개별 모델과 변속장치별 차량의 대수는 계산할 수 있으므로 선택사양별로 예측을 하지 않아도 된다. 이리하여 계획된 생산을 수행하기 위하여 필요한 부속들의 수량을 즉시 알 수 있을 뿐만 아니라 기준생산계획의 수를 줄인다. ATV사의 예를 보면 모델별, 선택사양별로 기준생산계획을 구하는 대신 한 개 군의 기준생산계획을 구하므로 6(3×2)개의 기준생산계획이

〈그림 12-6〉 ATV사의 수퍼 자재명세서

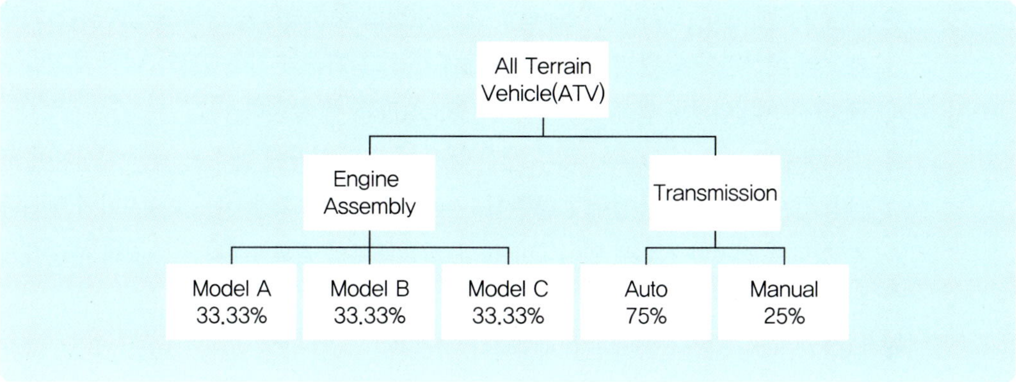

한 개의 기준생산계획으로 줄어든다.

각 선택사양의 정확한 비율을 모를 때에는 불확실성을 감안하여 약간씩 높게 잡을 수 있다. 예를 들면, ATV사는 자동변속장치와 수동변속장치의 비율을 각각 78%와 27%로 올릴 수 있다. 이렇게 하면 결국 이 회사는 수요의 불확실성에 대비하여 생산계획량을 5% 늘리는 것이다. 이것은 선택사양 과계획(option overplanning)이라고 불린다.

2) 자재소요계획 용어

자재소요계획의 계산과정을 알아보기 전에 그것에 사용되는 용어를 정리해 보자.

- 상위품목(parent): 하위 단계 부속의 수요를 낳는 항목을 말한다. 0단계는 최종 제품이다. 이것은 모든 1단계 부속의 상위품목이다. 마찬가지로 1단계의 각 항목은 그것을 만드는 데 필요한 2단계 부속들의 상위품목이다. 예를 들면, 〈그림 12-5〉에서 'piston assembly'는 'piston subassembly'와 'connecting rods'의 상위품목이다.
- 부속(components): 상위품목이 필요로 하는 품목을 부속이라 한다. 예를 들면, 〈그림 12-5〉에서 'piston subassembly'는 'engine assembly'의 부속이다.
- 총소요량(gross reqirement): 어떤 항목의 기간별 소요량으로 보유중인 재고와 리드타임을 감안하기 전의 값이다. 어떤 항목의 총소요량은 재고로 충당하거나 생산하여 충당한다.
- 순소요량(net reqirement): 한 기간의 소요량 중 충족되지 않은 양을 말한다. 이것은 그 기간의 총소요량에서 보유재고와 예정입고를 뺀 값이다.
- 예정입고(scheduled receipt): 이미 발주된 주문 중 특정 기간에 입고되기로 예정된 양이다. 이 정보는 주문이 발주되면 자자재소요계획 모듈에 의해 자동적으로 갱신된다. 예를 들면, 납품 리드타임이 2주인 부속이 첫째 주에 발주되면 자동적으로 셋째 수

에 예정입고로 잡힌다.

- 예상보유재고(projected onhand inventory): 매 기간별로 총소요량을 충족시키고 남는 기말 재고의 예상치이다. 각 기간의 예상보유재고는 그 기간의 기초재고와 이전 계획발주에 따른 예정입과의 합에서 그 기간의 총소요량을 뺀 값이다.
- 계획발주(planned order release): 내부 생산 품목의 경우 현장에 발주될 생산 지시이며 구매품목인 경우는 납품업체에 발주될 구매주문이다. 계획발주는 소요시기에 투입할 수 있도록 적절한 시기에 일어나야 한다. 상위품목의 계획발주량은 그것의 부속에게는 총소요량이 된다.
- 단위기간(time bucket): 자재소요계획에서 사용되는 기간이다. 통상적으로 일(day) 혹은 주(week)로 표현된다. 현재 단위기간을 행위기간(action time bucket)이라고 한다.
- 전개(explosion): 상위품목의 계획발주량을 해당 부속의 총소요량으로 변환하는 과정을 일컫는 일반적 용어이다.
- 사용량(planning factor): 직 상위품목을 한 단위 만드는 데 필요한 특정 부속의 수량을 말한다. 예를 들어, 〈그림 12-5〉를 보면 한 개의 'piston assembly'를 만드는 데에는 'connecting rods'는 4개가 필요함을 알 수 있다.
- 확정주문(firmed planned order): 계획된 주문 가운데 상황이 바뀌더라도 자재소요계획 프로그램이 자동적으로 변경하지 못하는 것이다. 이렇게 주문을 확정하는 것은 앞에서 기준생산계획을 설명할 때 논의한 시간구획의 목적과 같이 시스템 불안을 막기 위함이다.
- 페깅(pegging): 특정 부속의 총소요량과 그 소요량을 발생시킨 계획발주를 연결하는 것으로, 기본적으로 자재소요계획 전개 과정의 역이다.
- 최하위계층코딩(lowlevel coding): 하나의 부속은 자재명세서의 여러 단계에 존재할 수 있다. 이때 자재소요계획 전개 시 중복 계산을 피하기 위하여 이러한 부속에 자재명세서 상의 최하위 단계번호를 배정한다. 예를 들어, 〈그림 12-5〉를 보면 '24-inch solid steel bar'는 4단계와 6단계에 나타나는 공용부속이다. 이 부속의 계획발주를 4단계와 6단계에서 따로따로 계산하는 대신에 최하위 단계번호 6을 이 부속에 배정한다. 4단계에서의 이 부속의 순소요량을 6단계의 순소요량에 더하고 자재소요계획 전개는 6단계에만 실행한다.
- 로트 크기(lot size): 자재소요계획 계산과정에서 준문량의 크기를 말한다. 로트의 크기를 결정하는 데는 몇 가지 규칙이 사용될 수 있는데 고정 주문량(fixed order quantity: FOQ)과 로트 대 로트(L4L 또는 LFL: lot for lot) 등이 있다. 로트 대 로트 규칙은 매 기간별 필요한 만큼 주문을 내는 것이다. 고정 주문량 규칙 하에서 그 크기가 50이면 주문은 50의 배수로 결정된다. 순소요량이 85인 경우 L4L규칙을 적용하면 크기가 85인 주문이 발생하지만 FOQ 규칙을 적용하면 크기가 100인 주문이 발생된다.

- 안전재고(safety stock): 안전재고는 수요·공급·품질·리드타임 등의 불확실성에 대비하여 설정하는데, 예상보유재고가 이 값 이하로 내려가지 않도록 해야 한다.

예제를 이용하여 자재소요계획의 전개 과정을 살펴보자.

예제 12-4. ATV사의 자재소요계획

ATV사의 모델 A를 예로 들어 자재소요계획 로직을 설명한다. 우선 총소요량은 다음의 기준생산계획표에서 가져오고 연초 재고는 재고현황을 보면 30이다. 상위품목-부속 관계와 사용량은 BOM으로부터 알 수 있다(그림 12-5 참고). 다음에 제시된 로트크기(Q), 리드타임(LT), 안전재고(SS)를 사용하는 것으로 가정하고 모델 A와 그것의 몇 가지 부속에 대한 자재소요계획 계산과정을 보인다.

기준생산계획표

기간	모델 A	모델 B	모델 C
1월 첫째 주	10	10	10
1월 둘째 주	10	10	10
1월 셋째 주	20	0	10
1월 넷째 주	0	20	10

기간	모델 A	모델 B	모델 C
2월 첫째 주	20	0	0
2월 둘째 주	0	20	0
2월 셋째 주	0	02	0
2월 넷째 주	20	20	0
합계	80	80	60

풀이

0단계: 자재소요계획 계산—모델 A ATV

첫 행은 계획기간인 1월과 2월의 8주간을 나타낸다. 총소요량은 기준생산계획으로부터 직접 가져온다. 제2주의 예정입고 10대는 지난 주에 나간 주문(또는 그 이전에 발주됐지만 제 2주에 입고되기로 일정이 조정된 주문)에 의한 것으로 발주 시점으로부터 리드타임(2주)만큼 경과한 후 기간에 자동적으로 예정입고로 잡힌다. (예정입고는 해당 기간 이전에 발주된 주문이 있을 때에만 있을 수 있음을 기억하라.) 모델 A의 주문량은 10의 배수이고 리드타임은 2주이며 안전재고는 15대이다. 제1주의 예상보유재고 20대는 기초재고 30대에서 그 주의 총소요량 10대를 빼면 나온다. 제2주의 예상보유재고는 전주의 예상보유재고 20대에 그 주의 예정입고 10대를 더하고 그 주의 총소요량 10대를 빼면 나온다.

제3주에는 모델 A ATV가 추가로 입고되어야 예상보유재고가 안전재고인 15대 이상 유지될 수 있다. 지난주에서 넘어오는 재고 20대는 모두 이번 주의 총소요량 20대르 충족하는 데 쓰이므로 순소요량은 15대이다. 주문은 10대의 배수여야 하므로 20대가 되며 이 주문은 리드타임 2주를 고려할 때 제1주에 발주되어야 한다. 그래서 제1주의 계획발주 20대가 결정되었다. 제3주의 기말 재고 20대를 더하고 총소요량 20대를 빼면 구할 수 있다.

이와 마찬가지로, 제5주와 제8주의 총소요량 20대도 주초 재고로 충당되며 이때 안전재고 수준을 지키기 위하여 15대씩 순소요량을 발생한다. 리드타임 2주와 로트크기(10의 배수) 규칙을 지키면서 이들 순소요량을 충족시키기 위하여 제3주와 제6주에 계획발주가 20대씩 잡힌다.

1단계: 자재소요계획 계산—Engine assembly

〈그림 12-5〉의 자재명세서에 의하면 Engine assembly의 총소요량은 모델 A ATV의 계획발주로부터 도출됨을 알 수 있다. 그리고 사용량이 1이므로 제1주, 제3주, 제6주의 모델 A ATV의 계획발주가 그대로 Engine assembly의 해당 주 총소요량이 된다. 제1주

모델A ATV–0단계		1	2	3	4	5	6	7	8
총소요량		10	10	20	0	20	0	0	20
예정 입고			10						
예상보유재고	30	20	20	20	20	20	20	20	20
계획발주		20		20			20		
Q=10, LT=2, SS=15		×1		×1			×1		
Engine assembly–1단계		1	2	3	4	5	6	7	8
총소요량		20		20			20		
예정 입고		20							
예상보유재고	2	2	2	0	0	0	0	0	0
계획발주		18			20				
Q=LFL, LT=2, SS=0		×1			×1				
Piston assembly–2단계		1	2	3	4	5	6	7	8
총소요량		18			20				
예정 입고		20							
예상보유재고	10	12	12	12	22	22	22	22	22
계획발주				30					
Q=30, LT=1, SS=10				×4					
Engine assembly–1단계		1	2	3	4	5	6	7	8
총소요량				120					
예정 입고									
예상보유재고	22	22	22	52	52	52	52	52	52
계획발주			150						
Q=50, LT=1, SS=20									

의 예정입고 20대는 2주전에 발주된 주문이다(물론 그 이전에 발주되었지만 1주에 입고되기로 조정됐을 수도 있다). 제3주와 제6주의 총소요량은 같은 기간에 18대와 20대의 순소요량을 발생시키고 이것은 (리드타임이 2주이므로) 제1주와 제4주에 18대와 20대의 계획발주를 발생시킨다. 이때 안전재고는 0이고 주문의 크기결정은 로트 대 로트 규칙을 따르므로 계획발주량은 순소요량과 같다. 안전재고가 0이므로 예상보유재고는 0이 될 수 있다.

2단계: 자재소요계획 계산—Piston assembly

Piston assembly의 총소요량은 Engine assembly의 계획발주로부터 직접 도출한다. 그러므로 Piston assembly의 총소요량은 제1주와 제4주에 각각 18대와 20대이다. 예상보유재고와 계획발주도 앞의 계산 방법을 사용하면 구할 수 있다. 이때 예상보유재고가 안전재고 10대 밑으로 떨어지지 않도록 해야 하며 주문량은 30의 배수여야 한다.

3단계: 자재소요계획 계산—Connecting rods

〈그림 12-5〉의 자재명세서에 의하면 Piston assembly 1개를 만들기 위하여 4개의 Connecting rod가 필요하다. 그러므로 제3주의 Connecting rod 총소요량은 동 기간의 Piston assembly 계획발주량의 4배이다. 모델 A ATV의 총소요량은 전체 계획기간 8주 동안 각 기간에 대하여 알려져 있지만 자재소요계획 계산 시 리드타임만큼 기간을 앞으로 당겨야 하므로 Connecting rod의 계획발주는 단지 제2주까지만 거슬러 올라갈 수 있다. 바로 이런 점이 앞에서 언급한 가시성 상실(lose of visibility)이다.

Connecting rod는 하위품목이 없으므로 ATV사는 이 부속을 구입한다고 가정할 수 있다. 따라서 계획발주는 구매 부서가 이 부속의 공급자에게 주문량과 납기를 알려 줄 때 이용될 것이다. 생산 활동 관리는 현장의 일정계획, 작업 투입 순서 결정, 생산 경로 결정, 그 외 여러 가지 관리 업무의 전반을 포함한다. 공급사슬에서 제조업체들은 자신의 계획발주 정보를 전자문서교환(EDI), 팩스, ERP등을 통하여 공유할 수 있다. 'Piston assemblies'는 내부에서 생산하므로 이 항목의 계획발주 정보는 제조 현장의 담당자에게 통보되어 생산 시점을 결정하는 데 사용된다. 결국 구매품목의 계획발주는 공급자에게 독립수요 항목의 총소요량이 된다. 이 정보를 정확하고 신속하게 전략적 공급자에게 알리는 것은 효과적인 공급사슬 정보시스템의 필수사항이다. ■

4. MRP의 계획 요인

MRP의 계획 요인은 MRP시스템의 전체적인 이행에 중요한 역할을 하므로, 경영자는 이러한 요인을 조정하여 재고관리 활동을 실시한다.

1) 조달기간

주문을 발주한 후 부품이 입고될 때까지 허용된 시간이다. 조달기간이 필요이상으로 길면 재고유지비가 증가하며, 짧으면 재고부족 또는 주문독촉이 일어난다. 자체적으로 생산하는 경우에는 조달기간이 준비 시간, 작업처리시간, 이동 시간 그리고 대기 시간의 추정치로 구성된다. 준비 시간, 작업처리시간 그리고 이동 시간은 쉽게 추정할 수 있으나 대기 시간은 어렵다. 공정 중심의 설비(Job Shop)에서는 작업장에서의 작업량이 불규칙하므로 대기 시간이 많이 생기며, 일반적으로 조달기간에서 상당한 비중을 차지한다. 그러나 제품 중심의 설비(조립공장)에서는 제품경로가 표준화되어 대기 시간을 쉽게 예측할 수 있으며, 조달기간의 비중이 대체로 적다.

2) 로트량 결정 규칙

MRP 시스템에서 순소요량은 그 품목의 조달기간만큼 앞서 발주함으로써 필요한 기간에 필요한 양이 충족되게 한다. 순소요량에 맞추어 발주하게 되면 과다한 발주비용이 발생하므로 1회 발주시 여러 기간의 순소요량을 함께 발주하는 것이 경제적이다. 이때 발주량을 결정하는 것이 로트량 결정 규칙이다.

여러 기간의 소요량을 함께 발주하면 발주비용은 감소되나 기간이전에 도착한 양에 대한 재고유지비가 발생한다. 그러므로 발주비와 재고유지비의 합이 총비용을 최소화하는 로트량을 결정해야 한다.

로트량 결정 규칙은 로트의 크기와 시기를 결정하는 것으로 대체로 다음과 같이 두 가지로 분류하고 있다.

- 고정 로트량: 고정 로트량 결정 규칙은 로트 크기가 미리 결정된 일정한 양으로, 주문할 때마다 주문량이 동일한 고정 주문량(fixed order quantity: FOQ)이라 한다. 로트 크기는 일정 기간의 총소요량과 안전재고의 합계에서 현재의 재고량을 뺀 것이다. 그리고 일정 기간의 마지막에는 안전재고 수준이 보유재고량과 일치되어야 한다.
- 동적 로트량: 동적 로트량의 결정 규칙은 주문할 때마다 주문량이 다르며, 주문량은 일정한 기간 동안 재고부족을 막을 수 있는 충분한 양으로 기간 발주량(periodic order quantity: POQ)이라 한다. 로트 크기는 일정 기간의 총소요량과 안전재고의 합계에서 현재의 재고량을 뺀 것이다. 그리고 일정 기간의 마지막에는 안전재고 수준이 보유재고량과 일치되어야 한다.

  POQ의 특수한 경우인 대응발주량(lot for lot: L4L)은 단일계획기간 동안 주문량을 총소요량과 일치시켜 재고 수준을 최소한으로 하는 것이 목적이다. 로트량은 일주일의 총소요량과 안전재고의 합계에서 현재의 재고량을 뺀 것이다.

〈표 12-4〉 부품 RC의 재고 기록

부품: RC 명세: 등받이 – 받침쿠션		로트크기: P=3 조달기간: 2주 안전재고: 50단위					
주		1	2	3	4	5	6	7
총 소요량		150	0	0	120	0	150	120
예정입고		230	0	0	0	0	0	0
예상보유재고	**47**	127	127	127	200	200	50	50

예제 12-5. 〈표 12-4〉는 동적 로트크기의 원칙에 의한 재고기록으로, 이를 이용하여 (1) P=3의 POQ 원칙과 (2) L4L 원칙으로 MRP 재고기록을 계산하라.

풀이

P=3의 POQ원칙에 의한 부품 RC의 MRP 재고기록

부품: RC 명세: 등받이 – 받침쿠션							로트크기: P=3 조달기간: 2주 안전재고: 50단위
주		1	2	3	4	5	6	7
총 소요량		150	0	0	120	0	150	120
예정입고		230	0	0	0	0	0	0
예상보유재고	**47**	127	127	127	200	200	50	50
계획주문입고					① 193			③ 120
계획발주			② 193			④ 120		

(1) P=3의 POQ원칙에 의하면 다음과 같다.

보유재고량이 7로 떨어지는 ①(4주)을 위해 주문을 하는데, 이후의 3주간(4주, 5주 그리고 6주)에 재고부족이 생기지 않도록 193단위[(120+0+150)+50−127]의 주문을 ②(2주)에서 실시한다. 그 후 보유재고량이 −70으로 떨어지는 ③(7주)에도 3주간에 재고부족이 생기지 않도록 해야 하나, 계획기간이 8주까지므로 2주간(7주와 8주)에 대하여 120단위[(120+0)+50−50]의 주문을 ④(5주)에 실시한다.

L4L 원칙에 의한 부품 RC의 MRP 재고기록

부품: RC 명세: 등받이 – 받침쿠션								로트크기: L4L 조달기간: 2주 안전재고: 50단위
주		1	2	3	4	5	6	7
총 소요량		150	0	0	120	0	150	120
예정입고		230	0	0	0	0	0	0
예상보유재고	**47**	127	127	127	50	50	50	50
계획주문입고					① 43		③ 150	⑤ 120
계획발주			② 43		④150	⑥ 120		

(2) L4L원칙에 의한 재고기록철은 다음과 같다.

보유재고량이 7단위로 떨어지는 ①(4주)에서 다음 한 주일을 위해 43단위(120+50−127)의 주문을 ②(2주)에서 실시한다. ③과 ⑤에서도 마찬가지다. ■

로트량 규칙의 비교. 로트량 규칙의 선택은 재고관리에 아주 중요한 것으로, 규칙을 비교하면 다음과 같다.

- 고정 로트량(FOQ) 원칙은 소요량과 정확히 일치하지 않아 여유분이 (안전재고를 초과하는 재고량으로 재고부족을 막기에는 적은 양) 생기므로 평균 재고 수준이 아주 높다.
- 기간 로트량(POQ) 원칙은 소요량의 증가와 감소에 따라 로트량을 조정하여 주문을 하므로 재고량이 줄어든다.
- 대응 발주량(L4L) 원칙은 재고투자를 아주 줄이나 주문 횟수가 늘어나는데, 주문비와 준비비가 작은 부품과 값비싼 부품에 적용된다.

일반적으로 고정 로트량 원칙은 여유분을 발생시켜, 생산 과정에서 예상치 못한 폐물손실과 능력애로, 부정확한 재고기록 그리고 불안정한 총소요량으로 인한 위험을 완충시킬 수 있다. 그러나 동적 로트량 원칙은 여유분을 없애 재고 수준을 낮추나, 생산 과정에서의 여러 문제에 대해 불안정하다.

3) 안전재고와 안전 조달기간

MRP에도 불확실한 환경 요인에 대비한 완충장치(buffering mechanisms)를 도입할 필요가 있다. 물론 이러한 완충장치는 운영이 제대로 이뤄지지 못하는 MRP 시스템을 보완해 주기 위한 것은 아니다. 즉 이러한 완충장치의 사용보다는 가급적 효과적인 MRP 시스템의 운영체계를 구축하여 불확실성을 극복하는 것이 바람직하다. 그럼에도 불구하고 불확실한 요소의 작용이 예견되는 경우는 MRP 계획상에 이를 반영하는 것이 필요하다.

기본적으로 MRP 시스템에 영향을 미치는 불확실성의 원천은 수요의 불확실성과 공급의 불확실성을 들 수 있다(Vollman et al., 1992). 이 불확실성의 원천들은 다시 수량 불확실성과 시간 불확실성의 두 가지로 나눠 생각해 볼 수 있다. 즉 수요 측면의 불확실성은 고객이 주문량을 변경시키는 수요량 불확실성(demand quantity uncertainty)과 주문납기를 변경시키는 수요시기 불확실성(demand timing uncertainty)으로 나눠볼 수 있으며, 공급 측면의 불확실성은 공급업체의 납품수량이 변화하는 공급량 불확실성(supply quantity uncertainty)과 공급업체의 납품시기가 변화하는 공급시기 불확실성(supply timing uncertainty)으로 나눠 볼 수 있다. 이러한 불확실성을 MRP시스템에 반영하기 위해서는 안전재고를 사용하거나 안전 조달기간(safety lead time)을 사용할 수 있다. 안전재고는 예기치 못한 불확실성에 대비하여 평균적으로 필요한 수량을 초과해서 가지는 일정 수준의 재고량을 말한다. 안전 조달기간을 사용한다는 것은 조달기간을 실제보다 늘린다는 것을 의미하기보다는 실제로 필요한 시기보다 빨리 생산이 완료될 수 있도록 주문발송기일과 주문수령기일을 앞당긴다는 것을 의미한다.

안전재고, 안전 조달기간, 안전 생산능력 어느 경우든 재고 수준을 높이는 효과를 가져오게 되며 바람직한 현상은 아니므로 신뢰할 수 있는 공급자관계의 개발, 효과적인 생산통제 등을 통해 조달기간이나 생산 조달기간을 관리함으로써 불확실성을 줄여나가야 한다.

5. 능력소요계획

앞에서 기준생산계획과 MRP의 우선순위계획이 어떻게 연결되는지를 살펴보았다. 우선 계획 후 MRP는 생산에 대해 보다 더 세부적인 일정을 제공하게 된다. 따라서 단기적으로 충분한 생산능력이 있는지를 검토해야 하는데 이것이 능력소요계획(CRP)이다.

MRP는 능력의 제한에는 별로 민감하지 않다. 단지 기준생산계획을 충족시키기 위하여 필요한 자재 및 구성품들을 결정한다. 자세한 능력계획은 계획된 생산을 작업센터별로 수용능력(예컨대 작업 시간 수 등)으로 전환한 것을 기초로 하여 작업부하보고서를 산출함으로써 수행된다. 충분한 능력이 없으면 초과근무, 부서 간의 이동, 하청 등에 관해 의사결정을 해야 한다. 기준생산계획, 능력소요계획과 MRP의 통합을 폐쇄 MRP시스템이라고 부른다.

능력소요계획을 통제하기 위한 수단인 입-출력 통제는 계획입력과 실제입력 그리고 계획산출과 실제출력을 비교하여 작업장이 계획대로 이행되는가를 나타낸다.

6. 제조자원계획

생산의 정보시스템인 MRP에 의한 데이터베이스는 기업의 다른 기능 영역에 귀중한 보고서를 제공하는 데 이용될 수 있다. MRP시스템을 시뮬레이션으로 향상시켜 경영자는 선적, 원가, 간접비 배분, 재고, 비축 그리고 수익에 관한 이행보고서를 받을 수 있다.

이러한 기능이 기본적인 MRP 시스템에 추가된 것을 제조자원계획이라 한다. MRPII의 정보는 생산, 구매, 마케팅, 재무 그리고 기술 부문의 주요 관리자들에게 이용되어, 기업 전체 계획을 개발하고 검토하며 그리고 판매목표, 생산능력 그리고 현금흐름의 제약을 인식할 수 있다.

7. 배송소요계획

배송소요계획(distribution reqirements planning: DRP)은 유통망에서 최종 제품의 기간별 재고보충 계획이다. 배송소요계획은 자재소요계획을 논리적으로 확장한 것으로 자재소요계획과 유사하다. 배송소요계획은 최종 제품의 기간별 총괄 순소요량을 결정하여 실제 유통 시스템과 생산계획 및 통제 시스템을 연결하고 기준생산계획 조정에 필요한 수요정보를 제공한다. 자재소요계획과 배송소요계획의 주된 차이는 자재소요계획은 기준생산계획에서 정해진 생산계획에 따라 기간별 부속의 소요량을 계산하는 반면, 배송소요계획은 최종 제품에 대한 고객의 수요에 따라 움직인다. 그러므로 자재소요계획은 종족수요에 대해 적용하는 반면 배송소요계획은 독립수요에 대해 적용한다. 자재소요계획이 집행되면 그 결과는 생산시설에서 최종 제품의 재고 발생인 반면, 배송소요계획은 기간별로 생산 시설의 완제품 재고를 중앙창고나 물류센터로 기간별로 옮긴다.

배송소요계획 시스템은 생산계획 및 통제 시스템의 시야를 유통시스템으로 확장하여 기업이 생산계획을 조정하고 완제품의 재고과잉을 피할 수 있게 하는데 이것은 배송소요계획 시스템이 지니는 또 하나의 분명한 이점이다. 이제 과잉재고가 채찍 효과의 주된 원인이라는 점을 분명히 이해할 수 있을 것이다. 배송소요계획은 생산 및 유통 시스템이 완제품 재고와 생산능력을 효과적으로 배분하여 고객 서비스와 재고자산 투자를 개선하는 데 필요한 기간별 정보를 제공한다.

8. 전사적 자원계획

1) ERP의 개념과 유래

ERP(enterprise resource planning)는 전사적 자원계획으로 불리는데 여러 가지 기능(제조 및 자재관리, 구매, 물류관리, 인적자원관리, 재무, 회계, 고객관리, 공급자관리)을 연결하는 포괄적 시스템으로 공급사슬경영, e-비지니스, 글로벌 비즈니스의 출현과 성장으로 인하여 공급자, 고객, 해외 지사들과 정보를 직접 교환할 필요성이 대두됨에 따라 조직의 전 부문을 통합하기 위한 공유 데이터베이스를 운영하며 자료를 한번만 입력하여 모든 사용자가 활용할 수 있도록 하는 통합 정보시스템이라고 할 수 있다.

그러나 ERP시스템을 도입했다고 해서 반드시 감원이 된다고 말 할 수는 없는 것이다. ERP시스템 도입의 주된 목적은 감원이 아니라 영업, 생산, 구매, 자재, 회계, 인사 등 회사 내 모든 업무를 정보기술(Information Technology: IT) 자원을 활용하여 동시에 통합 처리되고 정보를 실시간으로 주고받을 수 있으며 비즈니스 프로세스(business process, 업무 절차) 역시 ERP가 최신 프로세스(best practice)를 내장하고 있기 때문에 기업체들은 별도의 첨단경영 기법이나 경영컨설팅 또는 비즈니스 프로세스 리엔지니어링(business process reengineering: BPR)을 하지 않고 ERP 도입을 통해 자동적으로 경영혁신이 되는 효과가 있다.

이와 같이 ERP는 기업체들에게 경영혁신을 위해 업무 처리능률을 극대화하기 위한 '최신 프로세스(best practice)'와 최첨단의 'IT' 등 크게 두 가지를 가져다주게 되는데, 이는 결국 급변하는 경영환경의 변화와 정보기술의 발전에 필사적으로 대응하려는 기업의 고민을 동시에 해결시켜 주는 솔루션(solution)이라고 할 수 있다.

2) ERP의 성공적인 도입방안

ERP는 꾸준히 발전해왔으며 이제는 대부분의 기업이 전자상거래, 고객관계관리, 공급자관계관리 등과 관련된 모듈들의 통합을 요구한다. 많은 기업들은 잘 설계·구축된 ERP는 곧 중요한 경쟁 우위가 된다고 믿고 있는 반면, 연구자들과 현업 실무가들 사이에는 ERP의 유용성뿐만 아니라 단일 공급자 솔루션(single integrator solution)과 기능별 최고 솔루션(best-of-breed solution)을 조합하는 모듬식 솔루션의 장·단점에 대한 논란이 여전히 있다. ERP는 잘못된 사업상 결정을 해결해 주는 만병통치약이 아니라 경쟁력을 향상시키는 데 사용할 수 있는 소중한 수단임을 이해하는 것이 중요하다.

모듬식 솔루션은 공급사슬관리에 필요한 여러 가지 기능별로 최고의 모듈을 택하여 결합한다. 이때 각 모듈을 공급하는 소프트웨어 업체는 다를 수 있다. 이렇게 구성된 시스템은 서로 다른 응용 소프트웨어를 포함하며 이들은 해당 ERP 도입 프로젝트의 요구범위를 모두 달성하기 위하여 하나의 시스템으로 조정되고 통합되어야 한다. 이 방식에 대한 주된 반대는 여러 소프트웨어 공급자가 제공하는 복수의 응용 소프트웨어를 연결하기 위하여서는 복수의 데이터베이스가 필요할 수도 있다는 점이다. 이 점은 시스템이 데이터베이스를 신속하고 효율적으로 갱신하는 능력에 심각한 지장을 초래할 수도 있다. 이런 약점은 구식 자재소요계획 시스템의 문제와 매우 유사하다.

단일 공급자 솔루션을 도입하는 방식은 한 공급자로부터 모든 모듈을 도입하여 ERP를 구축하는 접근이다. 이 방식의 장점으로 생각할 수 있는 것은 우선 모든 모듈이 잘 결합되어 시스템 구축과 운영이 쉬울 것이라는 점이다. 기업의 글로벌화가 더욱 심화되면서 단일 공급자 솔루션의 매력은 더 커진다. 하지만 정보기술이 꾸준히 진화하고 ERP 소프트웨어 시장에서 경쟁이 치열해지면서 공급자들은 호환성이 향상된 제품을 개발하고 있다. 이에 따라 모듈식 솔루션의 구축은 점점 더 쉬워지고 있다. 기능별로 최고의 솔루션을 제공하는 소프트웨어 업체들은 주요 ERP 공급업체들이 제공하지 않는 특정 응용 프로그램을 가지고 시장에서 중요한 역할을 계속 유지할 것이다. 아래에서 몇 가지 예를 보기로 한다.

북햄(Bookham Technology)사는 본사가 영국에 있으며 영국, 프랑스, 이탈리아, 일본, 중국에 판매 지점을 둔 광학 부품 기업인데 최근에 고객, 협력사, 종업원을 더 잘 연결하기 위하여 200만 파운드 예산으로 정보시스템 개선 프로젝트에 착수하였다. 이 프로젝트는 기존의 7개 구식 정보시스템을 하나의 글로벌 엔터프라이스 솔루션으로 교체하는 것이다. 이 회사는 SAP사의 일체형 솔루션을 채택하였다.

GM은 어떻게 하면 자기들이 판단하기에 자동차 업체용 소프트웨어 개발에 가장 뛰어난 몇몇 업체들을 활용하면서 ERP를 구축할 것인가 하는 문제에 직면하였다. 그래서 GM은 SAP사의 재무관리 모듈과 간접자재관리 모듈을 택하고 피플소프트(Peoplesoft)사의 인적자원관리 모듈을 택하였다. GM은 TSI인터내셔널소프트웨어(TSI International Software Ltd)사의 통합 소프트웨어를 사용하여 이 두 회사의 제품을 연결하였다.

많은 회사에게 ERP 도입은 정말 만만치 않은 일로 판명되었다. 대부분의 ERP는 몇몇 선정된 기업들의 우수 사례(best practice)를 토대로 하여 개발되었다. 그렇기 때문에 이런 시스템의 구축을 위한 한 가지 조건은 사용자의 비즈니스 프로세스가 해당 소프트웨어의 로직과 일치해야 한다는 것이다. 이런 로직들은 ERP를 도입하는 기업의 프로세스와 매우 다를 수 있다. 기업의 비즈니스 프로세스를 소프트웨어에 맞춘다는 접근은 주어진 프로세스에 맞추어 소프트웨어를 설계하는 관행과는 근본적으로 다르다.

성공적인 ERP 도입의 두 가지 주요 요구사항은 컴퓨터 지원과 정확하고 현실적인 입력이다. 일부 기업은 전체 시스템을 한 번에 도입하지 않고 현재 사업 운영에 절대적으로 중요한 모듈들만 선택적으로 도입하기도 한다. 다른 모듈들은 나중에 추가한다. 이런 방식은 기존 시스템의 중단을 최소화하면서 새 시스템을 가장 신속하게 도입하도록 한다. 하지만 여러 가지 사유로 실패한 경우도 많다. ERP 도입 실패의 몇 가지 공통된 이유를 보면 다음과 같다(김승철 외, 2009).

- 최고경영자의 관심 결여: 경영진은 새로운 ERP 구축을 위해 충분한 예산을 흔쾌히 책정하면서도 구축 과정에서 지속적으로 지원하는 데에는 적극적이지 않을 수 있다. 이런 경우 사용자들은 새로운 ERP의 성능에 대한 인식 부족과 배우려는 관심 부족으로 이전의 프로세스나 시스템으로 회귀할 수 있다.
- 적절한 훈련의 부족: 많은 직원들이 기존의 구식 자재소요계획 시스템에 이미 익숙

할 수 있다. 그래서 새로운 ERP가 구축되면, 최고경영진은 그것을 사용할 직원들이 이미 충분히 준비되어 있다고 가정하고 신규 시스템을 가동하고 운영하는 데 필요한 훈련의 중요성을 과소평가할 수 있다. 예산의 부족도 훈련의 부족을 초래할 수 있다.

- 소통 부족: 기업 내부에서의 소통 부족이 기업과 ERP 공급자 간의 소통 결여도 성공적인 구축의 장애 요인이다. 소통 부족이 보통 잘못된 사양이나 요구 조건을 초래한다.
- 비호환적인 시스템 환경: 경우에 따라서는 기업 환경의 특수성으로 인하여 ERP가 별 이점이 되지 못할 수도 있다. 예를 들면, 소도시에서 가족끼리 운영하는 중고차 가게에서는 고가의 ERP를 구축하여도 별 이점이 없다.

요약

이 장에서는 생산시스템의 엔진이라고 할 수 있는 생산계획의 계층적 구조와 각 단계의 생산계획 방법에 대해 상세히 살펴보았다. 생산계획의 최상의 단계인 총괄계획은 마케팅, 재무, 인사 등의 다른 부서와의 전략적 통일 및 조화를 위한 매우 중요한 단계라고 할 수 있다. 이를 바탕으로 장기간의 생산계획의 방향성이 제시되며 생산 인력자원 및 설비가 결정된다. 기준생산계획은 총괄계획을 근거로 최종 제품에 대한 구체적이고 실제적인 생산계획을 수립하며 마케팅에서 사용하는 납품약속가능량 수립의 기준이 된다. 기준생산계획을 바탕으로 자재소요계획을 수립하며 이 계획을 통해 생산라인에서의 작업지시가 이루어지며, 이와 동시에 구매에서의 원재료 구매계획 수립의 근거가 된다. 이러한 생산계획시스템은 정보통신기술의 발전에 힘입어 ERP로 발전하게 되었다.

복습문제

1. 총괄생산계획의 의의와 목적은 무엇인가?
2. 총괄생산계획과 관련된 요소들을 설명하고 상호 어떻게 관련되는지 설명하라.
3. 총괄생산계획과 관련된 비용을 설명하고 어떤 전략을 취할 수 있는지 논하라.
4. 기준생산계획의 목적과 관리 문제에 대해 언급하라.
5. 개략적 생산능력계획의 의의를 말하고 전체 요인 방법이 무엇인지 설명하라.
6. ERP구축을 위한 세 시스템(기술관리시스템, 생산계획/관리시스템과 자재관리시스템)의 효율적인 연계방안을 제시하라.
7. 다음과 같은 자료가 주어져 있을 때 [전략 1]은 개당 생산 단위가격이 100원이며 연간 재고유지 비용은 평균 재고가치의 20%이다. 보관비용(최대재고 수준에 근거)은 단위당

0.9원이다. 즉 순수한 재고 수준을 변동시키는 전략이다.

[전략 2]는 10단위/일이나 조업 수준 변화를 통하여 〈20단위/일〉를 생산한다. 매 시기마다 조업 수준은 변화하게 되며 회사는 이 비용으로 3,500원을 소비한다. 즉 재고 수준과 조업 수준을 변동시키는 혼합전략이다.

[전략 1]과 [전략 2]를 발생되는 비용을 계산하여 서로 비교하라.

월별	수요예측	생산일수
1	220	22
2	90	18
3	210	21
4	396	22
5	616	22
6	700	20

월별	수요예측	생산일수
7	378	21
8	220	22
9	200	20
10	115	23
11	95	19
12	260	20
합계	3,500	250

8. ABC회사는 단일제품을 생산판매하고 있는데 현재의 재고량과 향후 6개월간의 월별 수요예측치는 다음과 같다.

월	1월	2월	3월	4월	5월	6월
기초재고	200					
수요예측치	500	900	800	550	760	650

관련비용 및 기타자료는 다음과 같다.

- 재고유지 비용 = 100원/단위/월
- 추후납품비용 = 200원/단위/월
- 채용비용 = 5000원/1인
- 해고비용 = 10,000원/1인
- 정규임금 = 200원/시간
- 단위당소요작업 시간 = 4시간/단위
- 월간작업 시간 = 22일
- 일간작업 시간 = 8시간
- 현재고용 수준 = 15명

회사는 두 가지 전략 중에서 선택하려 하는데 관련 자료를 제시하고 대안을 선택하라.

[전략 1] 고용 수준을 변동시켜 매월 필요한 양만큼 정확히 생산한다.

[전략 2] 매월 평균소요량을 생산하며 고용 수준도 여기에 맞추어 일정하게 유지한다. 그리고 수요변동은 재고와 추후납품으로 흡수한다.

9. 부민전자(주)는 안정된 정상 작업 시간을 통한 생산과 재고를 사용하는 전략으로써 12개월의 계획 대상기간에 대하여 다음과 같은 수요예측치와 비용자료를 이용하여 총괄생산계획을 수립하고자 하였다. 정상작업을 통한 각 기간별 생산량은 350단위로 일정하고

최초의 기초재고는 0 이며 각 기간의 기말재고는 다음기간의 기초재고로 이월된다. 기간별 생산, 수요, 재고량을 도시법으로 그리고 총비용을 계산하라. 단, 재고가 부족하면 추후 납품하기로 한다.

월별	1	2	3	4	5	6	7	8	9	10	11	12	계
수요	250	250	150	200	350	350	400	550	500	600	350	250	4,200

비용: 정상작업비용 = 2천 원/단위
생산: 재고비용 = 기간별 평균 재고 1단위당 1천 원
비용: 추후납품비용 = 기간별 단위당 5천 원

10. 부민전자의 경우 기준생산계획을 작성하고자 한다. 7월의 수요량이 400단위, 8월의 수요량이 500단위로 예측된다. 기준생산계획을 1주일 단위로 작성하고 각 달의 수요량은 매주 균등하게 할당하며, 고객 주문은 매주 운송하기로 약속된 실제 주문량을 나타낸다. 로트크기가 200단위의 경우 주 일정계획량의 크기와 시기를 결정하라. 단, 7월의 기초재고는 180단위로 한다.

    7월 주문량: 1주(150), 2주(150), 3주(100), 4주(100)

11. MRP와 재주문점시스템은 어떻게 다른가?
12. MRP의 유형은 어떤 것이 있는가?
13. MRP의 재고기록에 포함되는 계획 요인은 무엇인가?
14. 기말 보유재고량은 MRP에서 어떻게 계산할 수 있는가?
15. 로트량 결정의 배경을 말하고 분류내용을 설명하라.
16. 로트량 결정 규칙들을 상호 비교하라.
17. MRP시스템에서 안전 재고와 안전 조달기간의 역할은 무엇인가?
18. MRP의 입력자료는 무엇인가?
19. 재생시스템과 순환시스템은 어떻게 다른가?
20. 우선순위계획은 왜 중요하며 MRP와 어떤 관련을 갖고 있는가?
21. 능력 소요 계획을 설명하고 MRP와 어떤 관련을 갖고 있는가?
22. MRPII를 설명하라.
23. MRP의 성공적인 운영을 위한 전제 조건은 무엇인가?

24. 다음 표의 MRP재고기록을 완성하여라. H10-A는 구매품이 아닌 회사 내 제작품이다.

부품: H10-A 명세: 의자 좌석 조립품											로트크기: 80단위 조달기간: 4주 안전재고: 10단위
주		31	32	33	34	35	36	37	38	39	40
총소요량			60				35		45		60
예정입고				80							
예상보유재고	20										
계획주문입고											
계획발주											

(1) FOQ = 80단위로 기록을 완성하라.

(2) L4L을 이용하여 기록을 완성하라.

(3) 평균 로트가 80단위가 될 수 있도록 유지하면서 POQ를 이용하여 기록을 완성하라.

마무리사례: APS 생산계획 정보시스템

ERP를 적극적으로 구축하여 활용하는 삼성전자를 비롯한 여러 기업은 ERP의 통합관리 시스템으로서의 기능에는 매우 만족하였지만 도입 전에 기대했던 생산관리에서의 계획 기능은 기대에 못미치다는 것을 깨닫고 보다 계획 기능이 고도화된 생산계획 시스템을 필요로 하였다.

ERP 시스템의 계획 기능에서 야기되는 문제들, 즉 자원의 제약을 고려하지 못함으로 인한 실행 가능하지 않은 비현실적인 계획이 수립되고 복잡한 생산환경과 납기를 수용하지 못하는 문제를 해결하기 위해 개발된 정보시스템이 APS(advanced planning system)이다.

APS는 ERP 시스템에서 제공되는 통합 정보를 활용하여 여러 생산조건과 제약조건을 동시에 고려하여 실행 가능한 계획을 수립되도록 하고자 하는 목적을 지닌 정보시스템으로서 생산계획 수립에 있어서 ERP의 두뇌 역할을 담당한다. 이러한 특징들 때문에 1990년대 후반부터 삼상전자를 비롯하여 LG전자, 한국타이어, 포스코, 그리고 동국제강 등 대다수의 기업이 ERP 기반 위에 APS 시스템을 도입하여 활용하고 있다. APS를 통해 얻을 수 있는 혜택은 다음과 같다.

- 최적에 가까운 계획을 통해 Throughput 증대
- 납기를 기반으로 한 계획수립으로 원자재, 재공품, 그리고 완제품의 재고 감축
- 납기 보장 계획 수립을 통한 고객 서비스 향상
- 복잡한 생산환경과 변수 및 제약조건을 고려한 현실적인 생산계획 도출
- 납기 변경 요청 등 생산환경 변화에 대한 유연한 생산계획 도출

자료: 삼성코닝정밀유리, 2007.

13 재고관리

도입사례

'산'처럼 쌓이는 반품재고 약 "이젠 한계점 왔다"

제약-유통- 약국 책임 공방만 거듭, 근본적 대책 필요

반품 문제는 의약분업 이후 십여 년간 해결되지 않는 고질적 난제에 속한다. 동일한 문제와 미봉책이 거듭되는 어이없을 만큼 똑같은 현실이 반복되고 있다. 뚜렷한 규정 없이 어영부영 시장 원리에만 맡기다 보니 제약과 유통, 약국이 서로 피해자라며 어려움을 호소하고 책임을 떠넘기고 있는 것이다. 하지만 앞으로도 이렇게 얼렁뚱땅 넘어가기에는 시장의 피곤이 극에 달한 상태다.

유통물류센터는 반품 창고로 전락

사실 반품으로 인해 가장 곤란을 호소하는 곳은 유통이다. 제약사의 눈치를 보느라 무작정 반품을 가져가라고 할 수도 없고, 또 약국 눈치를 보느라 반품을 가져오지 않을 수도 없다. 그러다 보니 중간에 끼어서 치이기 일쑤다. 실제 국내 유력 유통업체 A사는 경기지역에 대규모로 오픈한 물류창고 한 켠을 아예 운영하지 못하고 있다. 코 앞에 닥친 일련번호 제도에 대비해야 하지만 이를 위한 공간 활용의 효율성은 전혀 따지지 못하고 있는 실정이다.

반품 의약품 때문이다. 창고 한 켠에 반품된 약이 산처럼 쌓여있다. 문제는 앞으로도 줄기는 커녕 늘어만 갈 것 같아 유통사의 고민이 이만저만이 아니다. 업체 한 관계자는 "새롭게 오픈한 물류센터가 반품약으로 인해 말

학습목표

1. 재고관리의 개념과 재고의 특성에 대하여 알아본다.
2. 재고 통제 시스템에 대하여 이해한다.
3. 경제적 주문량 및 경제적 생산량 모형에 대하여 알아본다.
4. 재고 관련 비용과 재고회전율에 대하여 이해한다.
5. 통합적 재고관리 방법에 대하여 알아본다.

▼ 한 유통회사의 반품 보관 상황.

그대로 창고로 전락하고 있다"며 "약국 반품을 받지 않을 수도 없고, 제약사는 이런저런 이유로 반품을 기피하니 상황은 더욱 악화되고 있다"고 설명했다. 또 다른 업체 역시 마찬가지다. 이 업체는 아예 창고 한 칸을 반품 전용으로 쓰고 있다. 유통사들은 근본적인 대책 마련에 앞서 현실적으로 제약사의 이중적인 태도가 바뀌어야 한다고 지적하고 있다.

업체 한 관계자는 "반품 때문에 문제가 생겨 약사회가 나서면 적극적인 태도를 취하다가 정작 유통사와는 업무 진행이 안 되는 일이 다반사다"며 "원 생산자로서 반품에 대한 책임의식이 필요하다"고 꼬집었다.

약국·유통 불용재고 한 해 2,000억

그럼 실제 약국과 유통업계의 반품 부담은 얼마나 될까. 유통협회가 심평원의 완제의약품유통정보통계집을 기초로 추정·집계한 불용재고 현황에 따르면 지난 2015년 도매유통사의 불용재고 의약품 규모는 약 1,616억 원이다(재출고율을 50% 가정). 문제는 이같은 불용재고 의약품의 규모는 매년 증가하는 추세라는 것. 2013년의 경우 1,037억 원, 2014년 1,528억 원, 2015년 1,616억 원으로 지속적으로 늘어나고 있는 상황이다.

불용재고로 인한 부담은 약국 역시 마찬가지다. 지난 2012년도 의약품정책연구소의 연구 결과에 따르면 약국은 매년 약 859억 원 규모의 불용재고 의약품으로 어려움을 겪고 있다. 한 관계자는 "이같은 추산에 따르면 약국과 유통사는 매년 평균 2,000억 원대 이상의 불용재고를 안고가는 상황"이라며 "불용재고는 약국과 유통사의 책임이 아님에도 책임을 져야 하는 것이 문제"라고 지적했다.

자료: 약사공론, 2017년 5월 16일자.

13-1 재고관리의 기초

1. 재고관리의 개념

재고란 경제적 가치가 있는 것이나 현재의 상황에서 사용되지 않는 자원으로서, 자재와 완성된 제품뿐만 아니라 정보, 현금, 부동산, 기술, 인력 등에도 사용될 수 있는 개념이다. 재고관리는 언제, 얼마만큼의 양을 주문 또는 생산할 것인가의 문제인데 재고유지 비용을 최소화하면서도 재고 절품으로 인한 위험을 제거하는 데 목적이 있다. 극단적으로 물류는 '재고의 통제와 관리'라고 요약할 만큼 재고관리는 수송과 더불어 물류에서 가장 중요한 활동 분야의 하나이다.

흔히 재고는 위험을 관리하는 물류(logistics of risk)라고 일컬어지고 있다. 왜냐하면 재고 의사결정이 잘못되면 기업이 적절한 구색을 갖추지 못하게 되고, 그 결과 어떤 품목은 재고부족 상황을 맞으나 다른 품목은 재고과잉 현상을 초래한다. 원자재 재고의 부족은 조업 중단을 야기할 수 있고, 완제품 재고의 부족은 마케팅 측면의 어려움을 낳고 고객과의 관계를 악화시키는 요인이 된다. 반면에 재고과잉은 기업의 비용을 증가시키고 수익을 악화시킨다. 따라서 재고 의사결정은 필연적으로 위험을 수반한 결정으로서, 재고관리의 효율적 수행여부는 전체 물류시스템의 성과를 높이는 데 핵심적 역할을 한다.

이 절에서는 기업이 재고를 보유하는 이유, 재고의 다양한 유형, 재고비용과 같은 재고관리에서의 기본적인 개념들을 살펴보기로 한다.

1) 원자재 재고

원자재 재고는 기업의 생산 기능을 지원하는 재고이다. 원자재 재고들을 보유하는 이유는 여러 가지를 들 수 있다.

첫째, 구매에서의 경제성을 높인다. 즉 원자재를 한 번에 대량으로 구매함으로써, 대량구매시 적용되는 가격할인의 혜택을 받을 수 있다.

둘째, 화물의 대량운송으로 인한 운임할인에 따른 운송비 절감을 기대할 수 있다.

셋째, 수급의 불확실성에 적절히 대비할 수 있다. 원자재 재고의 부족은 조업중단의 위급한 상황을 야기할 수 있다. 예를 들어, 일본의 고베 지진 발생으로 인해 고베항을 이용하던 일본의 자동차 회사를 비롯하여 많은 일본 기업들이 미국 등 해외 공장에 공급되어야 하는 원자재를 적기에 공급하기 위해 비상사태에 돌입한 적이 있다. 고베 지진 이후 무재고 생산을 신봉하던 많은 일본 기업들이 어느 정도의 재고 보유를 허용하고 있다. 이에서 볼 때에 기업들이 원자재의 운송 지연이나 납기 지연 등을 감안하여 어느 정도의 재고는 완충 또는 안전재고로서 보유하는 것이 필요하다고 할 수 있다.

넷째, 미래의 가격상승, 파업, 환율 변화 등의 불확실성에 대비하여 원자재를 안정적으로 확보하고자 하는 투기적 성격으로서 재고를 보유할 수 있다. 예를 들어, 항공사가 유가 상승에 대응하여 일정량의 석유를 미리 구매한다든지, 자동차 메이커들이 철강 산업의 파업위협이 있을 경우 파업발생에 대비하여 평상시보다 훨씬 많은 철강재를 구매하는 것은 투기적 구매의 예라고 할 수 있다.

다섯째, 원자재의 계절적 공급의 이유 때문에 보유하기도 한다. 농산물을 비롯한 일부 원자재는 대개 1년 중 정해진 기간 동안에만 대량으로 공급이 가능하다. 식품 업계에서는 이러한 품목들을 재고로 보유함으로써, 연중 전반에 걸쳐서 생산에 필요한 원료를 확보하여서 공장을 정상 가동시킬 수 있고 수요를 충족시킬 수 있다.

이러한 재고 확보정책으로 인하여, 공급사에 일정 물량의 구매를 보장함으로써 안정된 품질과 저렴한 가격으로 구입할 수 있는 기회가 된다.

2) 완제품 재고

완제품 재고는 주로 메이커나 도·소매상의 고객의 주문에 대비하여 보관한다. 완제품 재고를 보유하는 이유는 생산의 경제, 수송비 절감, 계절적 수요에 대한 대응, 적절한 고객 서비스의 수준의 제공 등을 들 수 있다.

첫째, 기업은 생산에서 규모의 경제를 달성하고자 한다. 기업은 일정 규모의 로트(lot) 단위로 생산함으로써 잦은 생산라인 전환으로 말미암은 비용을 극소화하고 균형된 생산량을 유지함으로써 제품 단위당 비용을 최소화할 수 있다. 이 경우 기업이 때로는 수요에 앞서 생산한다는 것을 의미하며 판매가 될 때까지 일부 생산된 제품은 재고로서 보관되어야 한다.

둘째, 일정 수량 이상으로 생산된 제품 재고의 대량수송에 대하여는 운송 업체로부터 저렴한 운임, 운송 시간의 단축 등 양질의 서비스를 기대할 수 있다.

셋째, 완제품 재고는 마케팅 관점에서 고객 서비스를 증가시키거나 매출상 실비용을 줄이는 것이다. 즉 고객이 원하는 제품이 품절이 되면 고객은 불만족하게 되고, 기업은 판매기회를 상실하게 되며, 매출상실과 더 나아가서는 고객 상실이라는 비용을 발생시키게 된다.

넷째, 에어컨이나 스키용품 등 계절성 상품의 경우 피크 수요에 맞추어 생산능력을 가지는 것은 낭비이다. 그러므로 최대 수요에 미치지 못하는 생산능력을 가지고 연중 내내 생산량을 균형되게 유지하는 것이 기업의 입장에서 바람직하다. 과잉의 경우 비수기에 생산된 완제품 재고는 성수기에 판매될 때까지 재고로서 보관되어야 한다.

마지막으로, 생산 및 고용을 일정 수준 유지함으로써 장기적인 인건비의 절감과 제품 품질의 안정을 기대할 수 있다.

3) 재고관리에서의 기능부서 간 갈등

어느 정도의 재고가 적정한가에 대하여는 마케팅 부서, 생산부서, 재무부서 등 기능부서별로 각각 다른 시각을 갖는다. 예를 들어, 재무부서는 재고회전율을 높이고 유동자산을 줄이며 높은 자산 수익률을 올리기 위해 낮은 재고 수준을 원한다. 또, 생산부서는 제조비용을 최소화하고 초과작업 임금을 회피하기 위해서 한 제품의 생산에 장시간 공장가동을 원한다. 마케팅 부서가 고객의 요구에 따라서 어떤 특정 제품을 소량으로 공급 받고자 한다면, 생산부서는 규모의 경제상 이와 같은 요구를 받아들일 수 없어 두 부서 간 갈등 일어나게 된다.

물류 담당자는 재고와 다른 물류 영역들 간의 비용 상쇄 관계를 검토할 뿐만 아니라 각 직능 부서들 간의 재고의 비용 상쇄 효과를 고려하여 최적 재고량을 결정해야 하는 위치에 있다.

2. 재고의 특성

재고를 충분히 보유하게 되면 고객 수요에 언제든지 빠르게 대응할 수 있는 장점이 있다. 그러나 재고를 충분히 보유하게 되면 자재구매비용이나 저장공간비용 등이 많이 발생하게 된다. 재고비용의 측면에서 왜 많은 재고를 가져야 하는지 혹은 적은 재고를 가져야 하는지를 살펴보면 다음과 같다(Krajewski and Ritzman, 2008).

1) 재고를 적게 가져야 하는 이유

적은 재고를 가져야 하는 이유는 재고의 수준에 따라서 비례적으로 증가하는 비용을 억제하기 위해서이다. 대표적인 예로서는 이자 혹은 기회비용, 저장 및 처리 비용, 세금, 보험 및 감소 비용 등을 들 수 있다.

- 이자비용 혹은 기회비용(interest costs or opportunity costs): 재고를 가지기 위해 필요한 금융자원을 확보하려면 필요한 자금을 대출받거나 자금이 있더라도 다른 수익을 얻을 수 있는 투자기회를 포기해야 한다. 이자비용이든 기회비용이든 이러한 금융비용은 재고유지 비용의 가장 큰 부분을 차지하게 된다.
- 저장비용 및 처리비용(storage costs and handing costs): 재고를 보유하기 위해서는 저장 공간이 필요하게 된다. 또한 저장 공간으로 들여오거나 인출해 나가기 위해서는 그에 따른 처리비용이 발생한다. 저장 공간을 장단기로 임차하는 경우에도 이와 같은 저장·취급비용은 발생하게 된다. 재고를 저장하는 대신에 다른 생산적인 일에 저장 공간을 사용할 수 있을 경우 기회비용도 발생하게 된다.
- 세금, 보험 및 감소비용(taxes, insurance, and shrinkage costs): 연말재고의 수준이 높을 경우 보다 많은 세금이 부과되며, 보험료도 높아지게 된다. 또한 재고가 많을 경우 고객이나 내부 종업원에 의한 도난비용, 유행이나 모델변경에 따른 가치저하비용(진부화비용) 혹은 물리적인 파손이나 부패 등에 의해 발생하는 노후화비용 등의 감소비용도 증가하게 된다.

2) 재고를 많이 가져야 하는 이유

재고를 가지는 근본적인 이유는 고객 수요에 신속하게 대응하기 위해서이다. 그 외에도 빈번한 주문 혹은 작업준비에 따른 비용증가를 억제하기 위해서 혹은 운송의 효율성이나 설비의 이용률을 높이기 위해서도 높은 재고 수준을 유지할 필요성이 있다.

- 고객 서비스(customer service): 재고를 충분히 보유하게 되면 고객의 수요에 신속하게 대응할 수 있는 능력, 즉 고객 서비스 능력이 높아지게 된다. 반대로 재고 수준이 낮은 경우는 품절이나 미충족주문 등과 같이 판매기회를 상실하거나 고객에 대한 신뢰성

을 상실하게 될 가능성이 높아지게 된다.

- 주문 비용(ordering costs): 필요한 재료나 부품을 주문하기 위해서는 공급업체를 선정하고 계약을 체결하며, 주문을 내고 이를 통제하는 일련의 활동들이 수반되어야 한다. 이러한 활동들은 시간과 비용을 모두 필요로 하게 되는데 일반적으로 주문 횟수가 많을수록 비례하여 증가하게 된다. 따라서 주문 비용을 줄이려면 주문 횟수를 감축해야 하는데, 이는 단위주문량의 크기를 증가시키게 되고, 따라서 평균적인 재고 수준은 높아지게 되는 것이다.
- 작업준비 비용(setup cost): 상이한 부품이나 품목을 생산하기 위해서 기계를 조절하는 데에 소요되는 비용을 작업준비 비용이라고 한다. 작업준비 비용에는 기계조절, 세척, 작업도구 혹은 장착물 준비 등에 필요한 노동력과 시간의 사용비용이 포함된다. 초기 기계가동 기간에는 폐기비용이나 재작업비용이 더 많이 발생할 수도 있다. 작업준비 비용을 줄이기 위해서는 작업준비 횟수를 줄여야 한다. 작업준비 비용은 작업준비를 통해 생산하는 단위생산량의 크기와는 별 상관이 없기 때문에 가급적 단위생산량을 늘여서 작업준비 횟수를 줄여야 한다. 결과적으로 작업준비 비용을 줄이려면 평균적인 재고의 수준은 높아지게 된다.
- 작업인력 및 설비비용(labor and equipment utilization): 단위생산량의 크기를 늘리면 작업준비에 따르는 비생산적인 시간이 줄어들게 되므로 생산자원의 이용률을 높일 수 있다. 또한 재고를 충분히 가지면 부품 재고의 부족으로 인한 생산 일정 변경비용의 발생도 줄일 수 있다. 아울러 재고를 충분히 가질 경우는 수요가 계절성을 가지거나 주기성을 가질 경우에도 산출률을 안정적으로 유지시켜 줄 수 있다.
- 운송비용(transportation cost): 완성품재고를 늘리는 경우 운송의 효율성을 높여서 보다 저렴하게 제품을 전달할 수 있으며, 재고부족에 따른 긴급수송의 필요성 때문에 고비용 운송수단을 이용하게 되는 일이 줄어들게 된다. 또한 동일한 공급업체로부터 여러 개의 부품을 일괄해서 구입할 경우 이를 결합하여 운송하게 되면 운송의 효율성을 높여서 낮은 운송요율을 부담하는 이점을 가질 수 있다.
- 수량할인(quantity discounts): 주요 공급업체의 납품가격이 상승할 기미가 있을 경우 필요한 양보다 많이 구매하게 되면 결과적으로 낮은 가격에 구매한 효과를 얻을 수 있다. 또한 단위 주문량을 크게 유지할 경우 그렇지 않을 경우에 비하여 가격협상력이 높아져서 보다 저렴한 가격에 구입할 수 있는 이점이 있다. 이와 같이 단위주문량의 크기를 늘림에 따라서 단위구매가격이 낮아지는 효과를 수량할인이라고 한다.

3. 재고관리의 중요성

재고는 마케팅이나 구매부서와 같은 타부서의 결정에 의해서도 상당히 영향을 받는다. 예를 들어 판매예측의 정확도가 높아지면 재고소요량이 줄어든다. 또 고객 서비스 수준을 높이고자 하면 재고투자액은 당연히 늘어난다. 판매 후 지원을 최우선으로 하는 전략적 결정은 수리용 소모품(spare) 품목에 대한 투자를 증대시킨다. 기업의 재고투자가 기업 내의 여러 부문의 전략적 의사결정에 의해 결정된다는 사실은 재고관리의 중요성을 더욱 부각시켜준다.

재고자산은 엄청난 투자를 필요로 한다. 이 때문에 경영자들은 무조건 재고를 줄이는 데 주된 관심을 가지고 이에 맞추어 평가지표를 설정한다. 그러나 이런 것은 재고 투자와 그로 인한 편익 간의 상충관계(trade-off)를 제대로 반영하지 못한다. 흔히 쓰는 재고 평가지표로 재고회전율(inventory turnover)을 들 수 있다. 재고회전율은 판매액과 재고 수준 간의 관계를 나타내는데 '판매율 ÷ 평균 재고액'으로 표시된다. 회전율은 한 회사를 동종의 다른 회사와 비교하는 데 많이 쓰이기도 한다. 회전율이 높을수록 재고에 대한 투자수익률이 높다는 것을 의미한다. 재고와 판매활동을 연결시키는 지표이지만 재고를 보유함으로써 얻을 수 있는 편익을 반영하지는 못한다.

이 때문에 어떤 기업은 고객 서비스 수준을 측정한다. 이 중 하나가 주문충족비율(fill rate)이다. 이는 고객이 요구할 때 바로 공급할 수 있는 수량의 비율이다. 주문충족비율이 98%라는 것은 고객이 요구한 것 중 2%만 없어서 바로 판매할 수 없다는 것이다. 그 외에도 절품회수, 절품된 품목을 다시 공급할 때까지 소요되는 시간, 공급받지 못한 고객의 비율도 재고의 편익을 반영한다.

재고는 자금을 묶고 저장 공간을 필요로 하며 관리활동을 유발시킨다. 부정확한 수요예측, 비효율적인 스케줄링, 생산준비활동이나 주문활동에 소요되는 간접비용에 대한 관심 부족 등의 문제가 발생하고 이로 인해 재고가 쌓여 있더라도 재고발생의 원인을 제대로 알기는 힘들다. 축적된 재고 그 자체가 문제를 덮어버리는 경우가 많기 때문이다. 이와 같은 재고가 가지는 부정적 측면 때문에 재고의 감축을 추구하는 것이 일반적이다. 그러나 재고를 잘 관리하면 재고로 인한 혜택이 비용을 충분히 충당하고도 남는다. 재고의 부족은 생산 공정을 멈추게 할 수 있으며, 하잘 것 없는 부품의 재고가 동이나 값비싼 중간조립품들이 생산 공정 내에서 대기할 수도 있다. 필요한 부품이 제때 필요한 곳에 있음으로 인해 기업의 다양한 목표를 달성하는 것이 용이해진다. 재고회전율을 높일 수 있고 서비스 수준을 향상시킬 수 있으며 결과적으로 이윤을 증가시킬 수 있다.

4. 재고의 네 가지 유형

1) 원자재

원자재(raw materials: RM)는 가공하지 않은 구입 자재로서 제조 과정이 완료되면 완제품의 일부가 된다. 원자재를 보유하는 데는 여러 가지 이유가 있을 수 있는데, 제품 가격할인혜택을 받기 위한 대량구입, 가격 상승에 대비한 비축, 납기나 품질 불안정에 대비한 안전재고 확보, 물량 품절을 대비한 비축 등을 들 수 있다.

2) 공정재고

공정재고(work-in-process: WIP)는 가공 중인 자재로서 아직 판매하기에는 완전하지 않은 자재 재고를 말한다.

3) 완제품

완제품(finished goods: FG)은 출고 가능한 완성된 제품이다. 완성품 재고는 예상치 못한 수요변동 시의 경우나 생산중단에 대처하기 위한 완충 역할을 하기도 하며, 작업준비 비용이 높을 때에는 생산의 경제성을 달성한 결과로 생기기도 하고, 계절성 제품의 경우에는 성숙기에 물량 증가시 안정적인 공급을 할 수 있다.

4) 유지보수 운영 용품

유지보수 운영 용품(maintenance, repair & operating: MRO)은 생산 활동을 유지하는 데 필요하지만 제품의 일부가 되지 않는 자재나 원료를 말한다. 윤활유, 절삭공구, 청소용품 등이 그 예이다. 유지보수 운영 용품을 보유하는 주된 이유는 구매단가를 내리거나 이들의 소진으로 인한 생산 중단을 피하기 위함이다.

5. 재고관리 비용

재고와 관련해서 발생하는 비용으로는 크게 주문 비용, 생산준비 비용, 재고유지 비용, 재고부족 비용 등을 들 수 있는데 이들 비용은 기본적으로 재고관리시스템의 선택 및 운영방침에 결정적으로 영향을 미치게 된다.

1) 주문 비용

외부에서 구매하는 경우에는 구매처 및 가격의 결정, 주문에 관련된 서류작성, 물품수송, 검사, 입고 등의 활동이 주문 비용을 발생시킨다. 외부에서 구입하지 않고 자체적으로 생산할 때에는 생산준비 비용이 주문 비용의 역할을 하는데 생산 공정의 변경, 기계, 공구의 교체 및 이로 인한 작업 시간의 손실 등이 그 내역을 구성한다. 일반적으로 재고관리에서는 주문 비용이나 생산준비 비용은 주문량 또는 생산량의 크기와 관계없이 항상 일정하게 발생하는 비용이라 간주한다. 예를 들어 물품수송 비용의 경우, 수송량에 관계없이 비용이 일정하게 발생한다면 이는 주문 비용으로 고려해야 하지만, 제품 1개당 일정액을 지출해야 하는 경우에는 구입원가에 포함시켜 재고유지 비용을 계산할 때 고려해야 한다.

2) 재고유지 비용

재고유지 비용은 재고를 유지·보관하는 데 소요되는 비용이다. 재고유지 비용 중 가장 큰 비중을 차지하는 항목은 이자 비용 또는 자본 비용으로, 현금이나 유가증권 등의 유동자산으로 가지고 있지 않고 재고 형태로 자금이 묶임으로써 지출하는 비용으로 기회 비용(opportunity cost)적인 성격을 가지고 있다. 이외에도 재고유지 비용에는 취급, 공간, 보험, 세금, 도난, 진부화 및 파손 등에 따른 비용이 포함된다.

자본 비용은 실제자본 비용과 기회 비용 중 높은 것에 기준을 둔다. 만약 한 기업의 투자수익률(ROI)이 최소한 세전 15%이고 차입금에 대한 지불 금리가 15% 이하라면, 재고에 투자함으로써 발생하는 자본 비용은 15% 이상으로 설정해야 한다. 공간 비용의 추정은 비교적 까다롭다. 창고를 소유하거나 임대한 기업의 경우 창고의 일부만이 재고로 채워져 있다면 추가 재고의 방생은 공간 관련 비용을 거의 발생시키지 않을 것이다.

이 경우 창고유지 비용은 재고량에 상관없이 발생하는 매몰 비용(sunk cost)이다. 그러나 재공품 재고의 증가는 생산현장의 공간을 잠식하며 결과적으로 여러 가지 관리적 어려움을 야기한다. 이 경우에는 부피가 작은 제품보다는 큰 제품에 더 많은 공간 비용이 부과되어야 한다.

3) 재고고갈 비용

재고고갈 비용은 재고부족으로 인해 발생하는 판매 손실 또는 고객의 상실 등을 비용화한 것으로 이 역시 기회비용의 개념에 그 근거를 두고 있다. 이러한 기회비용은 개념상으로 명확하지만 실제 측정은 매우 어렵다.

제조기업인 경우 재고고갈 비용은 조업중단이나 납기지연으로 인한 손실액까지 포함한다. 재고가 동이 나는 경우 고객은 공급이 재개될 때까지 기다릴 수도 있고(back-order) 다른 곳으로 주문을 돌릴 수도 있다. 전자의 경우 주문적체상황을 지속적으로 파악하는 데 상당한 간접비용이 발생하며, 또한 기다리고 있는 고객의 주문을 빠른 시간 내에 처리하기 위해 값비싼 운송수단을 이용할 때에도 추가비용이 발생한다. 그리고 고객이 겪는 불편이 미래의 고객 상실로 이어질 가능성도 배제할 수 없다. 고객이 다른 곳으로 주문을 돌리는 경우에는 판매 손실과 고객 상실로 인한 직접적인 손실액을 추정해야 한다.

6. 재고 측정지표

재고를 적절하게 유지하기 위해서는 재고 수준의 적정성을 평가하기 위한 측정치의 사용이 필요하다. 물론 재고의 수량 혹은 부피 등과 같이 물리적인 상태를 점검하는 방법도 있겠으나 일반적으로 재고 수준의 적절성을 평가하기 위해 사용되는 측정지표로는 평균총재고가치, 공급주수 및 재고회전율의 세 가지를 들 수 있다.

1) 평균총재고가치

평균총재고가치(average aggregate inventory value)는 재고로 보유하고 있는 총자재의 가치를 합한 측정지표이다. 따라서 평균총재고가치는 각 재고품목의 수량과 단위가치를 곱하여 모두 더한 값으로 나타낸다. 평균총재고가치는 기업의 자산이 얼마나 재고로 묶여 있는지를 나타내므로 과거의 수준이나 경쟁업체의 수준에 비하여 상대적으로 재고의 수준이 적정한지를 평가하는 데에 사용될 수 있다.

2) 공급주수

공급주수(weeks of supply)는 현재 보유하고 있는 총재고를 사용해서 몇 주(평균적인 재고 수준이 낮을 경우는 일 혹은 시간 단위를 사용할 수도 있음)간의 수요를 충당할 수 있는지를 나타낸다.

평균총재고가치를 측정할 때는 원재료, 재공품, 완성품 등 모든 품목의 가치를 사용하지만 주당매출원가를 산정할 때는 완성품의 매출원가만을 사용하게 된다. 고객에 대한 서비스 수준이 동일하다면 공급주수는 적을수록 바람직한 측정치가 된다.

$$\text{공급주수} = \frac{\text{평균총재고가치}}{\text{주당매출원가}}$$

3) 재고회전율

재고회전율(inventory turnover)은 연간 수요를 충족시키기 위해서 평균적인 총재고 수준이 몇 번이나 사용되어야 하는지를 나타낸다. 따라서 재고회전수가 높다는 것은 평균적으로 적은 수준의 재고를 보유하고 있음을 나타내며 기업의 금융자산 활용도가 높다는 것을 의미한다.

$$\text{재고회전율} = \frac{\text{연간 매출원가}}{\text{평균 총재고가치}}$$

13-2 재고 통제 시스템

재고 통제(inventory control)는 기업이 수립한 재고정책을 기계적으로 시행하는 절차를 말한다. 통제가 하는 첫 번째 역할은 재고 변동 여부를 계속적으로 반영하여 기업이 특정 지점에서 소유하고 있는 현재 재고를 파악하는 일이다. 또, 통제 시스템은 기업이 재고 수준을 파악하여 이를 기존의 재고정책과 비교한 후 주문시기와 주문량을 결정해야 하는 절차를 얼마나 자주 실시해야 할지 지정해 준다. 즉 기업은 통제 활동을 계속적으로 실시할 수도 있고, 어떤 주기를 두고 실시할 수도 있는 것이다.

여기서는 재고 수준을 매일 계속적으로 점검하고 재고보충 여부를 결정하는 Q 시스템이라 불리는 고정 주문량 시스템과 매주 또는 매달 간격을 두고 재고보충 여부를 결정하는 P 시스템이라 불리는 정기 주문 시스템의 두 재고 통제 기법에 대해 살펴보기로 한다.

1. 고정 주문량 시스템

고정 주문량 시스템(fixed order quantity system)은 영속적 조사시스템(perpetual review system) 혹은 Q 시스템이라고도 한다. 이 방법은 재고가 인출될 때마다 재고량을 조사하여 재주문할 시점이 되었는지를 판단하는 것이다. 컴퓨터의 도움을 받아 재고 현황은 현재 시점에서 계속 파악되겠지만, 재주문점 여부의 판단은 실제로는 연속적이기보다는 하루에 한 번 일어난다고 볼 수 있다.

연속조사는 재고기록과 연결된 컴퓨터와 각종 인식장비의 출현으로 한층 쉬워졌다. 계속적인 제품의 점검이 일어날 때마다 제품의 재고상태에 대한 판단이 내려지고, 재고상태가 너무 낮다고 판단되면 새로 주문을 한다. 이때의 주문량은 EOQ 모형에 의해 결정된 대로 고정되어 있다. 이와 같이 Q 시스템에서는 주문량은 언제나 일정하지만, 주문 사이의 기간은 바로 전의 주문주기 동안의 수요량에 따라서 변화한다.

즉, 재고출고로 재고가 재주문점 R까지 떨어지면 Q 단위의 주문을 한다. 재주문점 R은 허용되는 최소의 재고 수준이다. Q는 EOQ에 기초를 두지만 가격할인이 적용되는 수량, 운반컨테이너의 용량 등의 요인에 의해 달라질 수도 있다.

2. 정기 주문 시스템

동일한 공급자로부터 수많은 품목을 구입하는 경우에는 정기 주문 시스템을 적용하는 것이 유리하다. 정기 주문 시스템(fixed order interval system)에서는 주문과 주문 사이의 기간은 일정하지만 주문량은 매번 변하게 된다. 따라서 정상적인 수요보다 더 많은 수요가 있게 되면 주문량이 더욱 많아지게 된다.

앞에서 설명한 고정 주문량 시스템이 재고 수준의 계속적인 관찰이 필요한 것과는 달리 정기 주문 시스템은 주문할 시점에 얼마를 주문할 것인가를 결정하기 위하여 재고 수준의 정기적이고 주기적인 실사가 필요하다. 따라서 이를 주기적 조사(periodic review) 시스템 또는 P 시스템이라고도 한다. P 시스템은 Q 시스템과 달리 재 주문점이 없고, 대신에 요구되는 최대 재고 수준이 있으며, 주문량이 수요에 따라 변동하므로 EOQ를 갖지 않고, 주문기간은 고정되어 있다.

3. Q 시스템과 P 시스템의 비교

Q 시스템과 P 시스템의 장·단점은 〈표 13-1〉에서 보듯이 상황에 따라 달라진다. 이 표는 각 시스템의 세 가지 장점을 나타내고 있다. 한 시스템의 장점은 다른 시스템의 단점이 된다.

P 시스템의 장점. P 시스템의 첫 번째 장점은 재고가 주기적으로 보충된다는 것이다. 이러한 특징은 경영자의 입장에서 관리가 용이하다는 장점을 가지고 있고, 정기 수송편을 이용할 수 있다는 장점이 있다. 예를 들어, 자체 수송 차량이 정기적으로 공급회사가 위치한 도시 근처에 운행할 일이 있다면 회송시 이 차량을 주문품의 수송에 이용할 수 있다.

두 번째 장점은 다수 품목의 주문이 조합될 수 있다는 것이다. 비슷한 품목들은 같은 공급자에게 단일 구매주문으로 낼 수 있어 가격할인이 가능하다. 가격할인이 없더라도 합쳐진 주문은 문서작업을 쉽게 하고 주문비를 감소시킨다.

세 번째 장점은 재고현황에 대한 정보가 정기적으로만 요구된다는 것이다. 따라서 자동화된 재고시스템을 갖지 못해서 어쩔 수 없이 수작업을 해야 하는 기업은 언제 재주문할 것인지를 결정하기 위하여 연속적으로 관찰해야 하는 수고를 덜 수 있는 것이다.

Q 시스템의 장점. Q 시스템의 첫 번째 장점은 조사 빈도가 품목마다 달라진다는 것이다. P 시스템에서 주문의 조합이 쉽다는 장점은 품목의 주문주기가 같을 때 장점으로 작용하는 것이다. Q 시스템에서는 품목들의 상태파악 빈도를 따로 관리하여 총주문비와 재고유지비를 감소시킬 수 있다.

두 번째 장점은 고정된 주문량을 가지므로 특정 수량 이상일 때 할인을 해주는 상황을 유리하게 이용할 수 있다. 세 번째 장점은 안전재고의 양이 적다는 것이다. Q 시스템

〈표 13-1〉 Q 시스템과 P 시스템의 비교

P 시스템의 장점	Q 시스템의 장점
고정적인 보충간격	보충간격을 개별화할 수 있음
같은 공급자에 대한 발주를 조합할 수 있음	수량할인의 경우 적합
계속적인 실사가 불필요	안전재고의 감축

은 리드 타임 동안의 수요의 불확실성에만 대처하나, P 시스템은 이에 추가하여 발주 전 재고 소진의 가능성에도 대비해야 하기 때문에 P 시스템에서 요하는 안전재고 수준은 더 커진다.

결론적으로 각 기업이 처한 상황에 두 시스템의 장·단점을 어떻게 적용시킬 수 있는가 하는 것이 어떤 재고 통제 시스템을 선택할 것인가의 기준이 된다. 그러므로 경영자는 사업환경과 각 시스템의 장·단점을 신중히 검토하여 의사결정을 할 수 있어야 한다.

13-3 경제적 주문량 모형

재고관리모형은 기준변수로 재고와 관련된 총비용을, 결정변수로 주문량, 주문 횟수와 안전재고 수준을, 환경변수로 해당품목의 수요가 확정적이냐 확률적이냐, 그리고 발주한 품목이 도착하기까지의 소요시간인 조달기간의 성격에 의해 영향을 받는다. 수요와 조달기간의 성격에 따라 확정적 재고모형과 확률적 재고모형으로 나눌 수 있다. 가장 간단한 형태의 재고모형인 경제적 주문량모형(economic order quantity: EOQ)을 살펴보자.

1. 경제적 주문량 모형(EOQ)

자재나 제품의 구입에 따르는 제 비용과 이에 따르는 재고 유지비 등을 고려하여 가장 경제적이라고 판단되는 자재 또는 제품의 주문량을 말한다.

모델. EOQ 모델은 다음과 같은 가정을 전제로 한다.

$$TC = \text{주문 비용} + \text{유지 비용} + \text{구매비용}$$
$$= S \times D/Q + H \times Q/2 + C \times D$$
$$Q' = (2 \times \mathrm{b} \times \mathrm{S/H})\tfrac{1}{2}$$

S: 주문 비용
H: 유지 비용
C: 구매비용
D: 수요

가정.

1. 매일의 재고 사용량을 알고 있고 또 재고량에 일정하다.
2. 상품인도기간(lead time)을 알고 있고, 2시간이 경과하면 즉시로 다시 보충된다.
3. 주문 비용과 유지 비용은 관련된 모든 비용을 포함하며 일정하다.
4. 단위당 구매 가격은 구매량과 관계없이 일정하다.

〈그림 13-1〉 경제적 주문량(EOQ) 모형

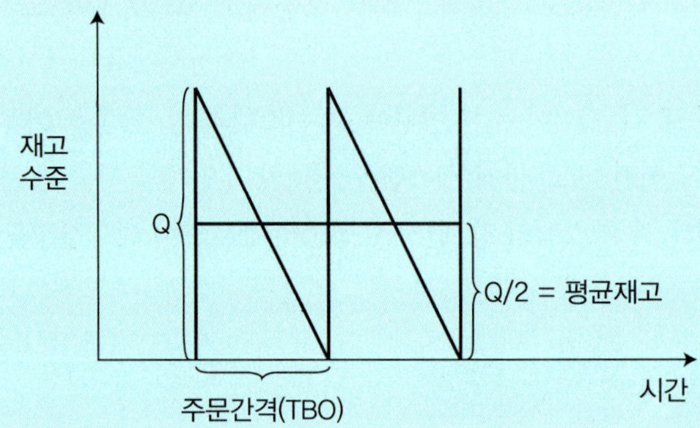

5. 재고 유지비는 평균 재고량 변동에 정비례하여 변한다.
6. 해당 상품의 주문은 다른 상품의 주문과는 무관하다.
7. 주문량은 일시에 입고된다.

총재고비용(total inventory cost). 경제적 주문량의 가정을 전제로 해서 〈그림 13-1〉에 시간에 따른 재고 수준이 나타나 있다. 시간의 경과에 따라 재고 수준은 톱니와 같은 모양을 그리면서 주기적으로 변동한다. 어떤 기간 중의 평균 재고는 로트크기(Q) 1/2과 같다. 따라서 주문량 Q만큼 주문하게 될 때 드는 총비용은 다음과 같다.

총비용 = 연간 재고유지비 + 연간 발주비 혹은 생산준비비

즉, $C = \frac{Q}{2}(H) + \frac{D}{Q}(S)$

C: 연간 총비용

D: 연간 총수요

H: 연간 재고유지 비용, 흔히 품목원가의 백분율로 표시

S: 일회 소요되는 발주비 또는 생산준비비(로트당 원으로 표시)

Q: 1회 주문량

연간 재고유지비는 평균 재고에 단위당 재고유지비를 곱한 것과 같다. 이 비용은 Q가 증가함에 따라 같이 증가한다.

연간 재고유지비 = (평균 재고) × (연간 재고유지비)

연간 발주비 = (연간 수요/1회) × 1회 주문비

총비용은 이 두 요소를 합친 것이다. 예를 들어 매년 1,200단위를 주문해야 하고 일

회 주문량이 100단위라고 하면, 그 해에는 12회의 주문이 있게 된다. Q가 증가함에 따라서 주문 횟수가 적어지기 때문에 연간 발주비 및 생산준비비는 감소한다. 왜냐하면 주문 횟수가 적어지기 때문이다. 발주량을 크게 하면 평균 재고가 커서 연간 재고유지비는 커지고 발주빈도와 연간 발주비는 적어진다.

예제 13-1. 동아상회는 여러 상품을 취급한다. 이 선물가게에서 최고 판매고를 보이는 품목은 인형이다. 판매는 주당 18단위이고, 공급자가 단위당 판매가격 60원을 부과한다. 공급자와의 발주비는 45원이다. 연간 재고유지비는 인형 값의 25%이고, 동아상회는 연간 52주동안 문을 연다. 390개의 일회주문을 한다면 재고와 관련된 연간 총비용은 얼마인가?

풀이

D = (18단위/주당)(52주/연간) = 936

H = 0.25(60원/단위) = 15원

$$\text{연간 총비용 } C = \frac{Q}{2}(H) + \frac{D}{Q}(S) = \frac{390}{2}(15\text{원}) + \frac{936}{390}(45\text{원})$$

$$= 2{,}925\text{원} + 108\text{원} = 3{,}033\text{원} \blacksquare$$

경제적 주문량의 계산. 〈그림 13-2〉는 앞의 예제에서 인형에 대한 일회 주문량 Q의 변화에 따른 총비용의 변화를 보여주고 있다. 재고유지비와 발주비가 주문량의 변화에 따라 변동하는 모습도 보여 주고 있다. 재고유지비와 발주비의 합이 총비용곡선으로 나타나 있다. 그래프에서 최적주문량 즉 EOQ는 총비용곡선상의 최저점을 나타내 준다. 〈그림 13-2〉에서 보듯이 EOQ는 연간 재고유지비가 연간 발주비와 같을 때의 주문량이다.

$$\frac{Q}{2}(H) + \frac{D}{Q}(S)$$

〈그림 13-2〉 경제적 주문량의 계산

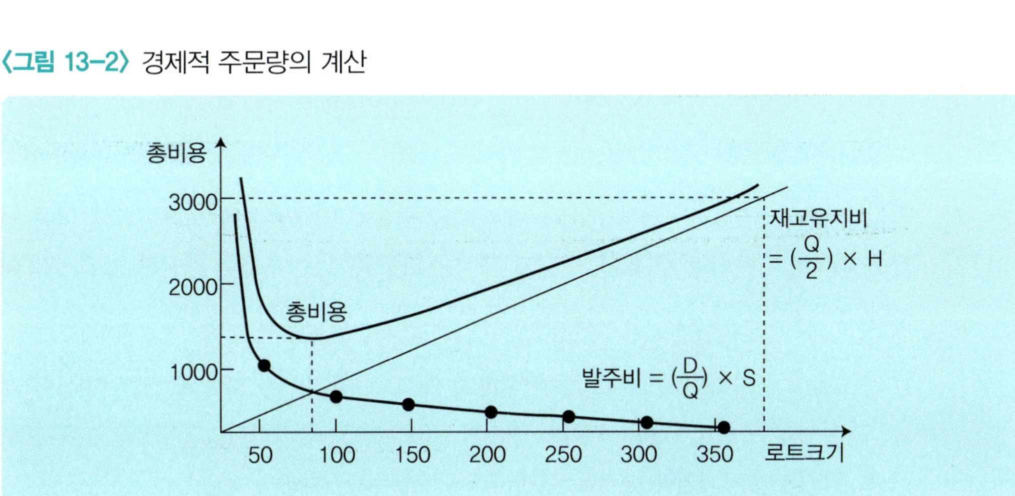

위 식에서 Q를 놓고 풀면

$$EOQ = \sqrt{\frac{2DS}{H}}$$

다음은 연간 최적주문 횟수를 구하는 방법을 알아보자. 주문 횟수는 총수요를 최적 주문량으로 나누면 된다. 주문간격(time between orders: TBO)은 Q 단위의 주문을 다시 하는 데 걸리는 시간인데 주문 횟수와 관련이 있다. 즉 주문 횟수의 역수인 최적주문량을 총수요로 나눈 것이다. EOQ를 사용해서 월 단위로 표현할 때, TBO는

$$TBO = \frac{EOQ}{D}(12\text{개월/년})$$

예제 13-2. 인형의 EOQ와 연간 총비용을 계산하라. 얼마나 자주 주문해야 하는가?

풀이

EOQ는 75단위이고 비용은 1,124원이다. 이 비용은 현재의 390단위 주문 비용 3,033원의 현 정책보다 훨씬 저렴한 것이다.

$$EOQ = \sqrt{\frac{2DS}{H}} = \sqrt{\frac{2(936)(45)}{15}} = 74.94 ≒ 75$$

$$C = \frac{75}{2}(15\text{원}) + \frac{936}{75}(45\text{원}) = 562\text{원} + 562\text{원} = 1{,}124\text{원}$$

EOQ를 사용하여 주문간격(TBO)을 (연간 52주 영업을 한다고 가정할 때) 월 간격과 주 간격으로 표현하면,

$$TBO = \frac{EOQ}{d}(52\text{주}) = \frac{75}{936}(52) = 4.17\text{주}$$

$$TBO = \frac{EOQ}{D}(12\text{개월}) = \frac{75}{936}(12) = 0.96\text{개월}$$ ■

민감도 분석. 민감도 분석(Sensitivity Analysis)은 중요한 매개변수를 변화시켜서 어떤 영향을 미치는지 분석할 수 있다. 민감도 분석은 다음과 같은 문제를 해결하는 데 도움이 된다.

1. 수요율이 증가하면 주기재고는 어떻게 될까? D가 분자이기 때문에, EOQ(최선의 재고 사이클 수준)는 연간 수요의 평방 루트의 비율로 증가한다. 그러므로 수요가 로트 크기는 증가되어야 하지만, 실제 수요보다는 낮은 비율이 된다.

〈표 13-2〉 민감도 분석의 예

			총비용	
재고유지비(%)	발주비	최적주문량(Q*)	Q*의 경우	Q = 75
24	44	75.63	1089.08	1089.12
24	46	77.33	1113.57	1114.08
26	44	72.66	1133.55	1134.12
26	46	72.29	1159.03	1159.08

이것 때문에 부품의 공유성이 크거나, 고객지향적 제품이 아닌 경우와 같이 반복성이 높으면 비용을 줄이는 데 도움이 된다. 다시 말하면, 두 부품(D_1과 D_2)의 수요가 부품의 공유성을 통해 D로 결합되면, D의 EOQ는 EOQ_1과 EOQ_2의 합계보다 더 적어진다는 의미이다.

2. 발주비가 감소하면 주문량은 어떻게 될까? S를 줄이면 EOQ가 적어지고, 따라서 평균 재고 사이클도 감소된다. 주문량이 적으면 적을수록 경제적인 생산이 된다. 이 때문에 준비 시간과 비용을 줄이려고 하는 것이다.
3. D, H 그리고 S를 추정하는 데 있어서 오차는 어느 정도 중요한가? EOQ가 변수들의 재곱근의 함수이기 때문에, 추정에서 발생한 오차에 민감하지 않다. 〈표 13-2〉에서 그 결과를 보여주고 있다.

경제적 주문량 모형의 한계. 경제적 주문량은 앞에서 기술한대로 다섯 가지 전제가 만족될 때에만 성립된다. 그러나 이런 전제를 만족시키는 현실은 거의 없기 때문에, EOQ 모델이 실제 현장에서 적용하기 어렵다. 다음은 여러 가정을 완화시킨 경우 설명하려고 한다.

13-4 경제적 생산량 모형

1. 경제적 생산량 모형의 개념

기본적 EOQ 모형에서는 주문량이 한 번에 모두 도착하는 것을 전제로 하였다. 즉 조달기간이 일정하기 때문에 조달기간이 끝나 재고 수준이 0이 되면서 모든 주문량이 동시에 도착하여 한꺼번에 입고된다. 그러나 이러한 가정은 현실적으로 맞지 않는 경우가 있다. 납품업자에게 품목을 주문했을 때 한 번에 모두 이를 공급받지 않고 조금씩 계속하여 공급받는 경우가 많다. 예컨대 철강 1,000톤을 주문하였을 때 이들 모두를 하루에 공급하기는 어렵기 때문에 하루에 몇 톤씩 몇일 동안 계속해서 공급받게 된다. 특히 주문한 철강을 오랫동안 사용하는 경우에는 더욱 그렇다.

이러한 환경에서 공급되는 기간에도 계속 사용하기 때문에 재고 수준은 일시적이 아니라 완만하게 증가한다. 재고는 공급이 끝날 때 최고 수준에 도달한 후 이제 공급이 끝났기 때문에 매일의 수요량(사용량)만큼씩 감소하기 시작한다.

이러한 재고의 증감패턴은 기업이 품목의 생산자이면서 동시에 사용자인 경우에도 적용된다. 만일 매일 꾸준하게 그 품목을 생산하여 사용한다면, 즉 생산율과 사용률이 같으면 재고는 쌓이지 않는다. 그러나 기업은 일반적으로 배치생산(batch production) 방식을 취한다. 생산기간 동안에도 그 품목을 사용하기 때문에 재고는 한 번에 쌓이는 것이 아니라 일정한 기간 동안 점진적으로 쌓이게 된다.

생산의 경우 생산율이 사용률보다 크기 때문에 생산기간 동안 (생산율－사용률)의 비율로 증가한다. 예컨대 하루의 생산율이 20개이고 사용률이 10개이면 하루에 20－10 = 10개의 비율로 재고는 증가한다. 만일 이 품목을 10일 동안 생산한다면 최대재고 수준은 10×10 = 100이 된다. 이제 다른 품목을 생산하기 위하여 이 품목의 생산이 중단되는데 그러나 비생산기간에도 사용률은 그대로 발생하므로 재고는 매일 사용률만큼씩 감소하기 시작한다. 결국 재고는 고갈이 되고 다시 경제적 생산량(economic production quantity: EPQ)의 생산에 착수해야 한다. 이와 같은 주기가 계속해서 반복하게 된다. 이러한 경우 EOQ 분석의 목적은 경제적 생산량 Q를 결정하는 것이다. 만일

d = 사용률(usage rate) 또는 수요율(demand rate)/일

p = 생산율(production rate)/일

t = 생산일수

라고 정의하면 생산율 p가 수요율 d보다 큰 경우가 더욱 일반적이다.

만일 $p=d$이면 재고가 쌓이지 않는다. $p>d$이면 생산기간 동안에는 매일 $(p-d)$만큼씩 일정하게 재고가 증가하여 생산이 중단될 때의 최대재고 수준은 $(p-d)_t$가 된다. 생산이 중단된 후의 재고는 일정한 비율 d로 계속 감소하여 완전 고갈된다. 이러한 재고패턴이 〈그림 13-3〉에 표시되어 있다.

2. 총비용의 결정

품목을 외부에 주문하는 것이 아니라 자체 공장에서 생산하므로 발주비 대신에 작업준비비가 발생한다. 그런데 작업준비비는 기본적 EOQ모형의 발주비용과 성격상 아주 유사하다. 작업준비비는 생산량의 크기에 관계없이 매 생산량마다 일정하며 생사량 규모가 크면 클수록 생산 횟수는 적어지고 따라서 연간 작업준비비는 감소한다. 만일

〈그림 13-3〉 경제적 생산량모형

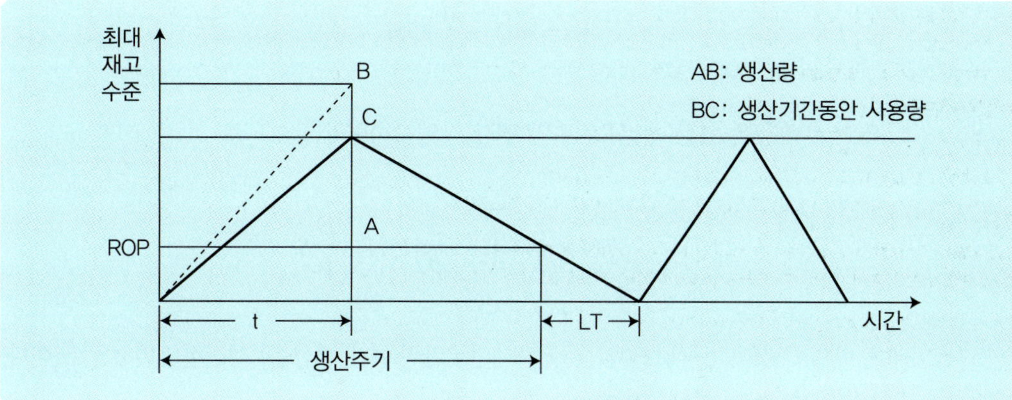

D = 품목의 연간 수요량

S = 1회 작업준비비

라고 정의하면 연간 작업준비비는 다음과 같다.

$$\text{연간 작업준비비} = (\text{연간 생산 횟수})(\text{1회 작업준비비})$$
$$= \left(\frac{D}{Q}\right) \times s$$

앞에서 언급한 바와 같이 생산율 p가 수요율 d보다 큰 것을 전제로 하므로 매일의 초과 생산량 $(p-d)$ 단위가 재고로 t일 동안 쌓이게 되므로 최대재고 수준은 다음과 같다.

$$\text{최대재고 수준} = (p - d)$$

생산기간 동안 매일 p단위 생산량 Q단위를 생산하므로 $Q = pt$이다. 따라서 다음과 같다.

$$\text{최대재고 수준} = (p - d)\frac{Q}{p} = \left(1 - \frac{d}{p}\right)Q$$

평균 재고 수준은 최대재고 수준의 1/2이므로

$$\text{평균 재고 수준} = \frac{1}{2} = \left(1 - \frac{d}{p}\right)Q$$

이다. 그러므로 연간 재고유지비는 다음과 같이 표현할 수 있다.

$$\text{연간 재고유지비} = (\text{평균 재고 수준})(\text{단위당 연간 재고유지비})$$
$$= \frac{1}{2} = \left(1 - \frac{d}{p}\right)QH$$

연간 총비용은 연간 재고유지비와 연간 작업준비비의 합이므로

$$TC = \frac{1}{2} = \left(1 - \frac{d}{p}\right)QH + \frac{D}{p}S$$

이다. 만일 공장이 1년에 250일 가동한다면 P단위(연간 생산율) 생산한다면 $d = \frac{D}{250}$이다. 따라서 $p = \frac{P}{250}$이고, $\frac{d}{p} = \frac{D/250}{P/250} = \frac{P}{D}$이다. 그러므로 위의 식은

$$TC = \frac{1}{2}\left(1 - \frac{d}{p}\right)QH + \frac{D}{P}S$$

로 표현할 수 있다. 위 식을 Q에 관하여 적분하고 이를 0으로 놓으면 경제적 생산량을 결정할 수 있다. 즉 다음과 같다.

$$Q^* = \sqrt{\frac{2DS}{\left(1 - \frac{D}{P}\right)H}}$$

이 Q^*는 총비용을 최소로 하는 경제적 생산량이다.

생산개시와 다음 생산개시 사이의 주기와 생산기간은 다음과 같이 구한다.

$$\text{생산주기(일)} = \frac{Q^*}{d} \text{ 혹은 생산주기(연)} = \frac{Q^*}{D}\text{이고,}$$

$$\text{생산기간(일)} = \frac{Q^*}{p} \text{ 혹은 생산기간(연)} = \frac{Q^*}{P}\text{이다.}$$

예제 13-3. 어떤 완구공업사는 장난감자동차를 조립하는 데 1년에 48,000개의 고무바퀴를 사용한다. 이 바퀴는 자체 생산 품목인데 하루 800개를 생산할 수 있다. 이 장난감자동차는 매일 일정한 수량을 조립한다. 고무바퀴의 단위당 재고유지비는 100원, 한 번의 작업준비비는 4,500원이다. 이 회사의 연간 가동일수는 240일이다.

(1) 최적 생산 로트량을 결정하라.

(2) 최소 총비용은 얼마인가?

(3) 최적 사이클타임(생산주기) 일은 얼마인가?

(4) 최적 생산기간(일)은 얼마인가?

풀이

1년에 48,000개, 가동일수는 240일이므로 d = 48,000/240 = 200(개/가동일)이다.

(1) $Q^* = \sqrt{\dfrac{2DS}{\left(1-\dfrac{D}{P}\right)H}} = \sqrt{\dfrac{2\times(4800)\times(4500)}{\left(1-\dfrac{200}{800}\right)H}} = 2400$개

(2) $TC = \dfrac{1}{2}\left(1-\dfrac{d}{p}\right)QH + \dfrac{D}{Q}S$

$= \dfrac{1}{2}\left(1-\dfrac{200}{800}\right)2400\times100 + \dfrac{48000}{2400}\times4500 = 180000$원

(3) $\dfrac{Q^*}{d} = \dfrac{2400}{200} = 12$(가동일)

(4) $\dfrac{Q^*}{p} = \dfrac{2400}{800} = 3$(가동일) ■

13-5 통합 재고관리

공급사와 고객을 포함하는 물류시스템 전반에 걸친 재고의 통합 관리를 통하여 재고의 합리적 수준을 유지하고자 하는, 비교적 최근에 적용되기 시작한 새로운 재고관리 기법인 JIT, MRP, VMI 중심으로 설명하고자 한다.

1. 적시관리에서의 재고관리

1) 적시관리 재고관리 시스템의 개념 및 구성 요소

일반적으로 적시관리(JIT)가 지향하는 목적은 재고 감축, 제품 품질 향상, 생산 효율성 극대화, 최적 서비스 제공을 들 수 있다. 기업 내 물자의 흐름이 원활하다면 기업이 특정 품목을 필요로 하는 바로 그 시점에(just in time) 그 품목이 도착하게만 하면 재고를 보유할 필요가 없다. 그러나 언제 필요할지도 불명확하고, 가동 준비 시간도 몇 시간씩 소요되며, 수주까지 소요되는 시간도 만만치 않고, 하자가 있는 부품이 납품될 수도 있기 때문에 만일의 경우를 대비하여(just in case) 재고가 필요한 것이다.

JIT는 여러 가지 측면에서 볼 수 있다. 먼저 JIT는 기업이 생산 공정에서의 낭비의 제거에 초점을 둔 하나의 철학이라고 할 수 있다. 또 JIT는 필요 품목을 필요한 시기에, 필

요 수량만큼 생산하는 시스템이다. 그리고 JIT는 바로 그 수량을 제조하기 위해, 바로 그 시점에, 바로 그 장소에서, 바로 그 원자재를 유지하는 것을 목적으로 하는 재고 통제 철학이기도 하다. 또한 JIT는 고품질 제품, 고생산성 수준, 저 재고 수준, 경로구성원과의 장기적 관계 개발을 목적으로 제조 활동에서 가치 부가적이 아닌 활동을 제거하고자 하는 프로그램인 것이다.

JIT시스템은 부품 소요시기 및 수량 예측으로 정확성, 가동 준비 시간의 단축, 리드타임의 단축, 품질통제의 강화를 통하여 특정 품목이 필요로 하는 바로 그 시점에 정확히 작업장에 도달하여 생산 과정에 투입될 수 있도록 부품과 자재를 공급하는 시스템인 칸반 시스템에 기반을 두고 있다. JIT 개념은 도요타 자동차 회사가 미국에서 처음으로 발전시킨 칸반 시스템의 미국식 해석이라고 할 수 있다. 도요타 자동차에서는 과거 수 시간이 소요되던 작업 변경 시간을 불과 몇 분의 시간으로 단축함으로써 필요시 거의 지체 없이 특정 품목의 제조가 가능하도록 생산라인을 변경할 수 있다. JIT시스템에서 재고는 미미하며, 재고는 거의 연속적으로 움직이고 있다고 보면 될 것이다. JIT는 자재가 제품으로 변환되는 전 과정을 통합, 통제하는 도구로서 언제, 무엇이 보관, 이동, 제조, 검사될 것인지에 대하여 정확히 명시하고 있다.

JIT가 성공하기 위해서는 작업자와 관리자 간의 팀워크가 필요하며, 개별 작업자의 작업이 기업 전체의 전략적 측면에서 중요하다는 것을 인식하는 것이 필요하다. 또, 공급사가 시스템의 원리를 이해하고, 품질 통제를 철저히 하는 등 필요한 협력을 제공해야 한다. 작업 현장에서의 여건이나 관행도 JIT를 뒷받침할 수 있도록 최상의 상태로 유지되어야 한다.

또한 작업의 흐름이 막힘이 없이 원활하게 진행될 수 있어야 하기 때문에, 이것이 가능할 수 있도록 완제품 수요가 일정해야 한다. 완제품 수요가 일정하도록 유지하기 위해서는, 제품 라인의 축소와 모델의 제한이 필요하다. 즉 시장 공략 초기의 일본 메이커처럼 저가의 단순한 모델에 역점을 두는 경우 JIT는 성공적이지만, 다양한 고가의 제품을 추구할 경우 JIT는 해답이 아니다. 따라서 JIT시스템의 채택 여부는 기업의 마케팅전략과도 연계되어 있다. 납품되는 원부자재가 품질 요구 수준에 도달하는가와 원부자재의 물적 유통을 관리하는 로지스틱스 시스템의 효율성과 정확성에 따라, JIT시스템의 성공여부가 달라진다.

JIT 개념의 네 가지 주요한 요소들은 무재고, 짧은 리드 타임, 소량 다빈도 보충, 고품질 또는 불량률 제로를 들 수 있다. JIT시스템은 2-용기시스템 또는 재주문 시스템과 매우 비슷한 방식으로 운영된다. 이 시스템에서는 생산에 필요한 부품을 하나의 용기로부터 계속 충당하다가, 그 상자가 비게 되면(이것은 부품 재고보충을 유발하는 요인이 된다), 두 번째 상자가 부품을 보충해 준다. 도요타는 모든 제품의 매일의 계획을 지원하는 안정된 주일정계획의 덕택으로 아주 성공적인 시스템을 운영해 왔다.

JIT시스템은 현재 재고가 어느 수준에 도달하면 새로운 주문을 수행하여 재고를 끌어오는 풀(pull) 시스템이다. 또, JIT는 개별 부품이나 품목에 대한 수요가 완제품에 대한 수요에 의해 유발된다는 점에서 종속적 수요이다.

2) 적시관리와 전통적인 재고관리의 비교

〈표 13-3〉은 JIT 철학이 전통적인 재고관리와 다른 중요한 관점들을 강조하고 있다. 여기서는 그 중요한 차이점을 하나씩 살펴보기로 한다.

1. JIT는 구매자나 판매자 모두에게 과도한 불필요한 재고를 제거하려고 한다. JIT는 단순히 구매자가 이전에 보유하던 재고를 판매자로 하여금 보유케 하는 것과는 다르다. 성공적인 JIT의 적용은 양자 모두의 입장에서 재고를 줄일 수 있도록 해준다.
2. JIT는 단기 생산가동을 수반하고, 제품마다 다빈도를 변화하는 제조 활동을 필요로 한다. 역사적으로 생산 활동은 장기 공장가동과 관련된 규모의 경제부터 이익을 누려왔다. 그러므로 단기, 소량생산에 따른 공정개선비용의 통제와 최소화가 JIT 프로그램의 성공에 중요한 요소가 된다.
3. JIT는 기업이 필요로 할 때 그 시점에 자재나 부품을 전달함으로써 대기 시간을 최소화한다.
4. JIT 개념은 재고에 대한 욕구에 즉시적으로 부응하기 위해 짧고 일관성 있는 리드타임을 유지한다.
5. JIT시스템은 고품질의 제품입고와 아주 효율적인 물류 활동에 의존하고 있다.
6. JIT 개념은 구매사와 공급사 간의 긴밀한 상호 작용을 요구한다. 즉 JIT가 성공하기 위해서는 공급경로 전반에 걸친 재고 최소화가 필요하다. JIT는 단지 재고를 다른 경

〈표 13-3〉 적시관리(JIT)와 전통적인 재고관리의 비교

요소	전통적 접근	JIT 접근
1. 재고(안전재고)	재고는 자산이며 안전재고는 필요	부채이며 안전재고는 불필요
2. 생산가동 • 작업교체시간 • 로트 크기	장시간 가동 관심이 적다. EOQ	단시간 가동 철저히 단축시킨다. 즉시 필요한 양만큼의 크기
3. 대기 시간	필요하다.	없애버린다.
4. 조달기간	길어도 된다.	단축시킨다.
5. 품질	중요하다.	100% 추구
6. 공급사와의 관계 • 공급 원천 • 작업자	적대적인 관계 다수의 공급사 지시나 명령에 의한 관리	협력자로서의 관계 단일의 공급사 합의에 의한 관리

로 구성원에게 전가하는 방식으로는 성공을 거둘 수 없다.

JIT 접근법을 자세히 살펴보면 그것은 EOQ나 고정기간주문접근법 같은 보다 기본적인 재고관리 시스템과 비슷하다. JIT와 전통적인 접근법 사이에 존재하는 중요한 차이는, JIT에서 강조하는 짧고 일관성 있는 리드타임과 재고 최소화 또는 무재고화에의 노력 등이다. 사실 JIT 개념은 반응성과 유연성을 높임으로써 재고비용을 절감하게 해준다.

성공적인 JIT시스템의 운영은 효율적이고 신뢰성 있는 생산, 제조 공정에 기반을 두고 있다. 또 JIT시스템은 수요가 발생한 바로 그 시점에서 부품이나 재공품의 전달을 요구하고 있기 때문에, 완제품 수요를 예측하는 데 사용되는 예측 과정의 정확성에 의존하고 있다.

2. 자재소요계획과 생산자원계획

EOQ 모형은 수요가 일정할 때에는 잘 적용이 되지만, 대부분의 제조업에서는 이런 가정이 맞지 않는다. 따라서 만성적인 재고과잉과 재고부족의 악순환을 겪게 되지 않을 수 없다. 이에 대한 대안으로서 자재소요계획(materials requirement planning: MRP)은 특히 완제품의 수요에 종속적인 부품이나 원자재의 재고관리에 적합하다. MRP의 기본 개념은 오랫동안 존재해 왔으나, 최근 컴퓨터와 정보시스템 등의 발전에 따라 기업들이 MRP 접근법으로부터 보다 큰 이익을 누리는 것이 가능하게 되었다.

1) MRP 시스템의 개념과 운영

MRP는 자재관리를 위한 소프트웨어로, 최종 제품을 제조하기 위하여 필요한 중간 조립품과 자재 등이 언제 얼마만큼 필요한지 계산하여 계획발주를 계산하는 데 사용된다.

MRP 시스템의 첫 번째 목적은 원자재나 부품의 계획생산 및 배송을 통해 원자재·부품의 가용성을 확보하는 것이다. 두 번째 목적은, 가능한 한 가장 낮은 수준의 재고를 유지하는 것이며, 마지막으로 제조 활동, 배송일정계획, 구매활동 등에 대한 효율적인 계획을 수립하는 것 등이다.

MRP는 고객이 요구하는 완제품의 양과 그것을 공급받고자 하는 시기를 결정하는 것으로부터 시작한다. 그러나 효율적인 운영을 위해서는 다음의 전제 조건이 필요하다.

1. 어떤 제품을 언제 얼마만큼 생산할 것인가 하는 것을 결정하는 주 일정계획이 정확하게 수립되어 있어야 한다.
2. 모든 재공품목은 중복되지 않도록 분류되어 쉽게 확인, 구별될 수 있어야 한다.
3. 완제품을 생산하는 데 소요되는 원자재, 부품 등의 소요량을 표시하는 자재원 단위가 있어야 한다.

〈그림 13-4〉 MRP 시스템

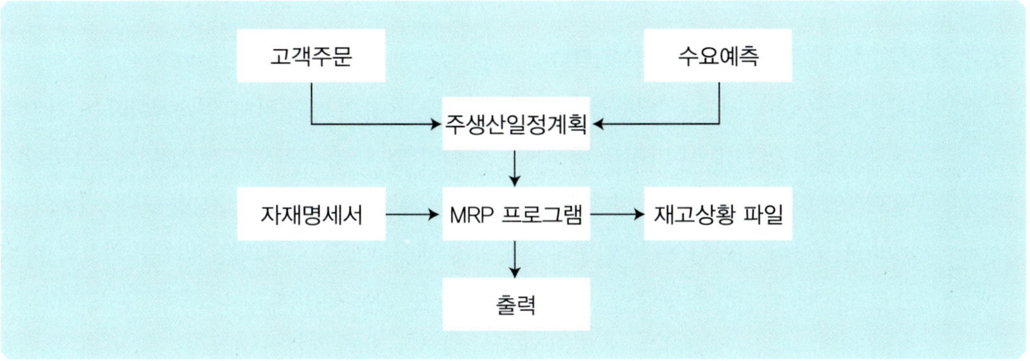

4. 모든 재고품목의 재고현황을 파악할 수 있는 재고현황 기록이 유지되어 있어야 한다.

〈그림 13-4〉는 MRP 시스템이 어떻게 운영되고 있는가를 보여준다.

MRP 시스템의 주요 구성 요소에는 다음과 같은 것들이 있다.

첫째, 주생산 일정 계획은 MRP 시스템을 운영하기 전 완제품에 대한 생산 일정과 수량에 관한 종합 계획이다. 따라서 이 주생산 일정 계획을 뒷받침하기 위한 자재의 획득이나 부품조립의 일정을 계획하는 것이 MRP 시스템이다.

둘째, 자재명세서는 제품구성 파일이라고도 불리는 것으로 완제품이 어떻게 제작되는가와 부품과 부분품의 상호 관계를 나타내주는 자료이다. 자재명세서로부터 제공되는 정보는 완제품을 조립하는 데 있어 부품과 부분품과의 상호 관계를 고려하여 재고현황 기록과 연결시켜 자재소요량을 정확히 파악하는 것이다. 자재명세서를 작성하기 위해서는 먼저 제품 구조도를 작성하여 파악해야 한다. 이러한 제품 구조도를 바탕으로 자재명세서를 작성하게 되는 것이다.

셋째, 재고상황파일은 품목기본 파일이라고도 하며, 현재의 재고상황을 개개의 품목에 대하여 정확히 보고하는 것이다. 이러한 재고상황 파일은 여러 가지의 재고업무에 따라 변동된다. 즉 재고의 입고, 출고, 주문, 미납품 처리, 주문취소 등에 의한 일별 업무와 변동하는 수량에 따라 관리되는 것이다.

MRP 시스템에 입력된 자료 즉, 주생산 일정 계획, 자재명세서, 재고상황 파일이 MRP 프로그램에서 처리되면 다음과 같은 보고서를 산출시킨다.

첫째, 주문품목 현황보고서는 주생산 일정 계획에 소요되는 자재를 적기에 조달하기 위하여 주문시점, 주문량, 거래선 등이 포함된 보고서이다. 둘째, 독촉, 취소, 추가주문품목 현황보고서에서는 주문된 부품이 납기를 지키지 않아 주문기간을 초과한 품목, 주생산 일정이 변경에 따라 주문이 취소된 품목, 추가 주문할 품목 등의 상황을 보고한다. 셋째, 재고현황 보고서는 현재 보유하고 있는 재고, 현재 이미 주문되어 있는 수량 등의 내용이 포함된 재고현황에 대한 보고서이다.

2) MRP, EOQ, JIT 간의 비교

MRP와 EOQ의 비교. 전통적인 재고시스템은 수요가 일정하며 연속적이라는 가정에서 출발하고 있는데 이 가정은 현실과는 차이가 있다. 따라서 필연적으로 재고부족이나 재고과잉 현상이 발생하게 된다. 반면에 MRP는 원자재와 부품의 수요를 최종 제품의 납기와 소요량이 나타나 있는 일정계획에 의해 계산하므로 소요되는 자재를 최소의 비용으로 적시에 완전하게 공급할 수 있는 것이다. 또 전통적인 재고시스템에서는 과거의 자료에 의해 수요를 예측하는 데 반하여 MRP에서는 최종 제품의 제품구조에 따라 일정계획을 참고하여 논리적인 방법에 의해 수요예측을 행하므로 보다 합리적이라고 할 수 있다. 〈표 13-4〉에서 MRP 기법과 전통적인 재고관리 기법(EOQ/ROP 방식)을 비교하였다.

MRP와 JIT의 비교. MRP와 JIT, MRP가 계획을 중심으로 한 정보 처리적인 시스템이라면 JIT는 작업현장을 중심으로 한 실물 생산 처리적인 시스템이라 할 수 있다. MRP는 필요하다고 생각될 때 필요한 양만큼 생산하지만, JIT에서는 요청받을 때 요청받은 양만큼 생산한다. 또, MRP가 미국식 관리 기법이라고 하면 JIT는 일본식 관리 기법이다. 두 시스템을 비교하면 〈표 13-5〉와 같다.

MRP의 장단점. 주일정계획이 수립된 후 진행되는 MRP 프로그램은 시간경과에 따른 재고계획이나 재고수령을 하게 된다. 정해진 수량의 완제품의 조립과 제조를 위한 원자재나 부품 등의 종속적 수요를 산출해내는 것이므로 MRP는 PUSH접근법이다. 즉 MRP는 전형적으로 부품과 원자재나 어떤 특정 완제품의 수요에 의존하고 있을 때 적용되는 것이다. 그러나 보다 넓은 범위의 재고보충에도 적용이 가능하다.

실제 수요는 생산계획을 세우는 데 열쇠가 되기 때문에 MRP 시스템은 완제품 수요에 빨리 반응할 수 있어야 한다.

MRP 시스템의 주요한 이점은 다음과 같다.

- 합리적인 안전재고 수준을 유지하려 하고, 가능한 한 재고를 최소화 또는 제거하려 한다.
- 공정상 문제나 잠재적 공급사슬의 문제점들을 발생 전에 시간 여유를 두고 확인할 수 있고, 필요한 대응책을 취할 수 있다.
- 생산계획이 완제품 수요의 예측뿐 아니라 실제 수요에도 기반을 두고 이루어진다.
- 기업의 물류시스템 내에서의 단계별 자재주문을 조정한다.
- 공장의 배치생산, 조립 공정에 가장 적당하다.

그러나 다음과 같은 단점을 가진다.

〈표 13-4〉 MRP 기법과 EOQ/ROP의 비교

비교항목	MRP 기법	EOQ/ROP 방식
수요	종속적 수요	독립적 수요
주문을 보는 관점	요구	보충
예측	일정계획에 근거	과거의 수요에 근거
통제 개념	모든 제품을 통제	ABC분석에 의한 통제
목표	제조 부문의 요구 충족	고객의 요구 충족
로트 크기	불연속적	EOQ
수요 형태	변동적이나 예측 가능	임의적
재고 형태	원자재와 부품	완제품

〈표 13-5〉 MRP와 JIT의 비교

비교항목	JIT 기법	MRP 시스템
재고	부채로 봄	자산으로 봄
로트 크기	즉시 필요한 양만큼의 크기	일정계획에 따라 결정
준비 정도	무의미 함	관심이 낮다.
기대 정도	제거해야 함	필요한 투자로 본다.
납품업자와의 관계	협력자로 봄	적대관계
품질 상태	무결점을 추구	얼마간의 불량률 허용
조달기간	되도록 짧은 것을 기대	길수록 좋다
작업자	합의해 의한 관리	규정에 의한 관리

- 그 운영이 컴퓨터와 연결되어 있어서 시스템 운영 중에는 변화를 주기가 어려울 수 있다.
- 전 계획기간에 걸쳐 예정입고, 보유재고, 순 소요량, 계획발주와 같은 생산 관련 정보를 제공하여 작업 계획을 미리 세울 수 있게 한다.
- 기업이 재고 수준을 줄이고 소량의 주문 형태로 변화하는 과정에서 주문 및 수송비의 상승을 유발할 수 있다.
- 일반적으로 단기 수요 변화에 민감하게 반응할 수 없다.
- 시스템이 복잡해질 수 있고, 때로는 의도된 것처럼 정확히 운영되지 않을 수도 있다.
- 가시성(visibility)을 상실한다.
- 생산능력과 현장의 상황을 무시한다.

3. 공급자관리재고

1) 개념

공급자관리재고(vendor managed inventory: VMI)는 고객기업의 재고 및 주문관리를 고객이 직접 하지 않고 공급사가 책임지는 재고관리 및 조달시스템이다. VMI 방식이 되면 소매점 고객의 점포별 매출 및 재고정보가 공급사(vendor)에 입력되어 데이터베이스화된다. 소매점의 매출정보에 근거하여, 공급사는 미리 소매점과 약정한 바에 따라서 언제, 얼마의 수량을 주문할 것인지를 결정하여 시행하게 된다. 공급사는 고객의 매출 및 재고 수준 정보에 근거하여 재고가 일정 수준 이하일 경우에만 상품을 배송한다.

VMI가 지향하는 목표는 품절률을 낮춤으로써 점포를 방문하는 소비자들이 언제나 원하는 상품을 구입할 수 있도록 재고를 구비함으로써 소비자의 만족도를 높이는 것에 있다. 상품의 판매에 따라 점차로 재고가 줄게 되며, 즉각 정확한 보충 발주를 하여, 될 수 있는 한 신속히 그 상품을 구입하여, 재고를 보충하는 것이 필요하다. 그런데 이를 소매점이 주관할 경우 아무리 품절을 하지 않도록 보충 발주를 섬세하고 치밀히 행하더라도, 공급사가 재고를 보유하고 있지 않거나 혹은 출하할 때까지 필요 이상의 시간이 걸려 납기를 지킬 수 없게 되면 아무 소용이 없게 된다. VMI는 이 점을 해결하는 방법이라고 할 수 있는 것이다.

종래의 수요예측은, 공급사의 영업사원에 의한 경험적 예측이나 공장에서의 출하수량 실적에 기초하여 이루어졌다. 그러나 수요예측이 POS 데이터 등 소비자의 실수요를 기초 자료로 사용함으로써 그 정확성이 비약적인 향상을 꾀할 수 있게 되었다.

소비자의 실수요를 정확하게 파악하는 것은 생산자 측의 모든 활동을 효율화하는 출발점이 된다. 이에 의해 과잉생산의 방지나 과잉재고의 방지를 통해 해당 상품의 제조원가가 절감되며 나아가서는 그만큼 상품 원가의 인하가 가능해진다.

VMI에서는 메이커나 도매업이 그 발주를 대행하여 실시하기 때문에 소매업은 공급사와 사전에 포괄적인 승인 계약을 맺거나 혹은 사후에 승인하는 식이 된다. 그렇다고 하여 소매업이 공급사에 대한 최대의 권리를 포기하는 것은 아니다.

2) VMI의 효과

VMI를 실시함으로써 소매업의 입장에서는 컴퓨터의 발주처리 비용이 불필요하게 되어 상품의 리드타임의 단축이나 대폭적 재고 감축이 실현된다. 더구나, 소매업의 점포에서의 품절 비율이 대폭 낮아져서 그만큼 매출을 증가시키는 것이 된다. 이는 곧 눈에 보이는 성과이다.

그러나 그보다 더 귀중한 효과는, 눈에는 보이지 않더라도 VMI라는 강력한 관계를 가지는 것이며, 나아가서는 특정한 거래처와의 파트너십을 강화하는 것이 된다는 점이다. VMI 도입의 결과, 머천다이징의 모든 분야에서, 파트너간의 협조관계가 강화된다. 예를 들면, 상품의 대폭적인 원가 절감을 검토의 과제로 하는 것 같은 것이다. 이와 같이 VMI라는 필터를 통해서, 보다 높은 목표를 향하여 공동 노력을 기울이고 한층 더 높은 고객 지향적 전략을 실행하는 것이 가능해지는 것이다.

또한 VMI에 의해서 검품작업의 합리화를 꾀할 수 있다. 원래 검품은 발주된 상품이 그 발주대로 입하되어 있는 것을 확인하는 것이기 때문에 VMI에 의해서 소매업 측의 발주 행위 자체가 없어져 버림으로써 검품작업 자체가 없어지는 것을 의미한다.

통상의 경우, 소매업의 모든 상품을 VMI의 대상으로 하는 것은 불가능하다. 그 일부가 자동보충발주로, 나머지가 VMI라고 하였던 것 같이, 양자의 혼합 형태가 되는 것이 일반적이다. VMI의 상대거래처와 고객-공급자 파트너십의 관계를 구축하는 것이 필수 조건으로 한다.

3) VMI 시스템 구축에서의 잠재적 문제점

첫째, 소매상이 데이터 공유를 꺼려할 수 있다. 특히 소매점이 유통업체 상표를 갖고 있어서 메어커와 경쟁적 입장이 될 경우, 소매점은 마케팅 계획이라든가 제품 전략을 메이커와 공유하지 않으려고 할 것이다. 어떤 절차적, 기술적 이유에서이든 간에 소매점이 매출 정보를 공급사에게 제공하지 않을 경우 어쩔 수 없이 완충 재고의 필요성이 높아지며 재고품절의 위험도 증가할 것이다.

둘째, 계절성 상품의 경우 VMI의 가치가 별로 높지 않을 수 있다. 패션 상품 특히 의류의 경우는 공급사가 대개 시즌 전의 예측에 따라 상품을 제조하게 되며 시즌 중에 제조를 하는 물량은 많지 않다. 통상 이런 예측은 실제 수요와는 불일치하게 되며 이 경우 제품 재고의 과소 또는 과다 재고현상이 발생하게 된다.

셋째, VMI 시스템의 채택을 위해서는 고객과 공급사 측면에서 상당한 투자가 필요하며, 과정과 절차의 수립에도 시간과 노력이 소요된다. 고객 기업은 원자재 관리 기능을 공급사에게 양도해야 하며, 그 결과 고객 기업은 공급사에 더 의존적이 된다.

넷째, 표준화된 절차가 결여되어, 어떤 고객과 VMI 시스템을 운용하고 있다고 해도, 절차적 및 과정적 문제로 말미암아 다른 고객에게 이를 바로 적용할 수 없는 문제점이 있다.

다섯째, 실재고가 데이터베이스의 기록과 상이할 수 있다. 부정확한 기록, 표찰 부착상의 오류, 손망실 등이 발생할 수 있다. 이런 오류를 바로 잡기 위해서는 실사가 필요할 것이다.

요약

이 장에서는 재고관리에 대하여 학습하였다. 재고는 조직이 미래의 사용을 목적으로 보유하고 있는 자원으로 원자재, 재공품, 완제품, 부품, 및 기타 각종 경영 자원을 들 수 있다. 기업이 재고를 보유하는 데는 여러 가지 동기가 내재되어 있으며 이러한 재고를 관리하는 목적은 고객 서비스 수준을 최대화하는 것과 이러한 수준으로 서비스를 제공하는 데 관련된 여러 비용의 최소화 등 두 가지로 크게 구분할 수 있다. 재고관리의 핵심내용은 재고관리의 개념과 재고의 특성에 대하여 파악할 필요가 있으며 재고 통제 시스템에 대하여 학습하였다. 경제적 주문량 및 경제적 생산량 모형에 대하여 학습하였으며 재고 관련 비용과 재고회전율에 대하여 학습하였다. 효과적인 재고관리를 위해서는 재고와 관련된 부서 및 재고담당자들의 비합리적인 요소, 최고의사결정자의 재고정책의 변경, 그리고 위험선호경향 등 행동과학적인 측면의 문제를 또한 고려해야 한다. 이를 위해 통합적 재고관리 방법에 대하여 학습하였다.

복습문제

1. 네 가지 기본적인 재고 유형을 기술하라.
2. 재고 회전율이란 무엇이며 재고관리에 어떻게 쓰이는가에 대하여 논하라.
3. EOQ 모형의 가정은 무엇인가?
4. 왜 재고관리가 공급사슬관리에 중요한가에 대하여 설명하라.
5. 아놀드파마 기성복 대리점에서 단체로 여름 셔츠를 주문시 공급자 가격을 아래와 같이 책정하였다.

주문량	단위당 가격($)
0 ~ 99	50
200 ~ 299	45
300단위 이상	40

주문 비용은 주문당 20달러이고, 연간 재고유지비는 구매단가의 15%이다. 연간 수요는 2,000단위이다. 최적구매량은 얼마인가?

6. 한 제품의 단위당 가격이 100원이고 그 원가는 70원이다. 판매되지 않은 제품에 대한 잔존가치는 30원이다. 수요에 대한 확률이 다음 표와 같다고 할 때, 최적주문량을 구하라.

수요(개)	35	36	37	38	39	40
확률	0.10	0.15	0.25	0.25	0.15	0.10

7. 어떤 제품이 개당 100달러에 팔리고 비용은 항상 개당 70달러이다. 팔리지 않은 물품의 처분가치는 20달러이다. 수요는 기간 중 35에서 40개로 예상된다. 적어도 35개는 확실하게 팔리고 아무리 많이 팔려도 40개를 초과하지는 않는다는 의미이다. 이 상황의 수요확률과 관련 누적확률분포(P)는 아래에 있다. 몇 개를 주문해야 하는가?

수요량	수요의 확률	누적확률
35	0.10	0.10
36	0.15	0.25
37	0.25	0.50
38	0.25	0.75
39	0.15	0.90
40	0.10	1.00

8. 구매한 품목이 개당 20달러이고, 내년의 수요는 1,000개일 것으로 예상된다. 만약 추가로 주문할 때마다 5달러가 들고 개당 연간 저장 비용은 4달러라면, 몇 개씩 주문해야 하는가?

(1) 일 년에 총주문 비용은 얼마나 드는가?

(2) 일 년에 총저장비용은 얼마나 드는가?

9. 어떤 상품의 일일 수요는 120개이고, 표준편차는 30개이다. 재고조사 주기는 14일이고 조달기간은 7일이다. 재조사 때 130개가 있었다. 만약 단 1%정도의 품절 위험만 감수하려면 몇 개를 주문해야 하는가?

10. 어떤 회사가 200개의 상품을 보유하고 있으며, 두 주에 한 번씩 영업사원이 점포를 방문할 때마다 주문을 한다. 상품 수요는 일일 20개이고 표준편차는 5개이다. 조달기간은 7일이다. 경영진은 이 상품이 품절되지 않는 확률이 90%가 되는 것을 목표로 하고 있다. 상품은 180개 남아 있고 오늘 20개가 팔렸다고 가정한다. 영업사원은 오늘 오후 늦게 오기로 되어 있다. 몇 개를 주문해야 하는가?

마무리사례: GS칼텍스 재고운영의 패러다임을 변화시키다

대형백화점이나 대형마트에 가게 되면 여러 브랜드, 여러 상품 중에 자신의 입맛에 맞는 제품을 선택할 수 있어 편리하다. 하지만 너무 많은 종류의 제품들이 있으면 오히려 물건을 조사하고 선택하는 데 비효율을 낳기도 한다. 과유불급의 상황이 발생할 수도 있는 것이다. 물론 딱 맞는 상황은 아니지만 회사의 재고관리도 과유불급의 상황이 있을 수 있다.

공장에서 생산활동에 필요한 자재의 최적보유량을 계획, 통제하는 재고관리 활동, 재고보유에는 관리비뿐만 아니라 감가상각비 등 다양한 비용이 소요되므로 관리를 통해 재고보유의 이익과 비용의 균형을 유지할 수 있는 적정 수준의 재고운영이 필수적이다.

회사 여수공장 자재창고 저장품의 재고는 최근 공장 신·증설에 따라 지속적으로 증가하며, 늘어가는 재고에 대한 관리 필요성이 대두되었다. 이러한 상황에서 전략구매 부문, 정비 부문, 설계 부문 등 다양한 부서의 협업으로 재고운영 패러다임을 변화시킴으로써 재고 건정성 확보을 통한 성공 사례의 결과가 나타났다.

자재라고 해서 모두 같은 종류의 자재는 아니다. 자재는 그 용도와 사용시기 등에 따라 분류할 수 있는데 현재 회사는 약 3만 5천여 개의 부품자재를 다루고 있으며, 크게 아래의 표와 같이 분류하여 이를 관리하고 있다.

창고 자재	MRO : Maintenance, Repair & Operation	일반 자재	Normal : 상시 재고 유지 자재
			ORO(On the Request Only) : 현장 필요 시 확보 품목
			기타(DNR/DEL) : 폐기 예정 품목
		중요 장치 관련 자재	INS(Insurance Spares) : 공정 가동 보증용 중요 부품
			FA(Fixed Asset) : 고정자산성 부품
	건설 잉여 자재		

여기서 공장의 유지, 보수를 위한 자재(MRO) 중 정확한 사용시점은 모르지만 상시 재고로 가지고 있어야 하는 유지 자재(Normal)와 대정비작업(TA) 등 현장의 요청과 사용 시점에 따라 공급이 필요한 자재(ORO)가 이번 자재 관리의 핵심 타깃이었다. 그 만큼 회사 설비에서 중요하고 쓰이고, 수량도 많은 핵심 자재이기 때문이다.

재고 건전성은 단순히 재고를 줄인다고 확보할 수 있는 것이 아니다. 적정 재고 선정에 가장 중요한 포인트는 공장의 장비 신뢰도를 잃지 말아야 한다는 것이다. 급하게 필요하거나, 항상 보유해야 하는 자재까지 감축해버린다면, 공장의 원활한 가동에 영향을 주기 때문이다. 그래서 초반 중요 부품을 선정하는 가이드 작업에 더욱 심혈을 기울였다.

이런 큰 명목하에 크게 두 분류의 개선안을 도출하기에 이르렀는데 하나는 재고 감축 활동과 관련된 개선안이며, 다른 하나는 비용에 대한 사용부서의 책임의식 강화이었다.

재고라는 것은 언젠가는 사용될 필요성이 높은 자재이기에 공장에 많이 구비되어 있을수록 정비는 편리하다. 결국 이러한 재고가 감축된다는 것은 정비하는 데 있어 불편을 야기할 수도 있다는 것인데 하지만 재고 건전성 확보를 통해 방만한 재고 운영을 막는 것은 꼭 필요한 일이다. 이는 무분별하게 재고를 보유하고 있을 수는 없기 때문이다. 그래서 어쩌면 상반되는 입장을 가진 자재관리팀과 정비기획팀, 사용부서들의 협업, 거기에 관련 있는 많은 유관부서들의 동의와 협조가 없었다면 공장의 재고 건전성은 확보하기 어려웠을 것이다. 결국 협업과 노력 끝에 재고관리 비용을 약 25% 가량 감축시킬 수 있었고, 앞으로 50% 이상의 비용을 감축하기 위해 지금도 관련 부서들은 협업을 하고 있었다.

자료: The GSC Way (2016).

| 참고문헌 |

강금식 (2010), 생산운영관리, 3판, 박영사.

김기영 (1999), 한국제조업의 경쟁력 재발굴, 나남.

김길선 외 (2006), 디지털 시대의 생산관리, 법문사.

김대수 외 역 (2009), 공급사슬관리, 시그마프레스.

김승철 외 역 (2009), 공급사슬관리, 한경사.

김재일 외 (2009), 물류 및 공급사슬관리의 전략적 이해, 박영사.

김연성 외 역 (2010), 생산관리, 한경사.

김연성 외 역 (2010), 생산운영관리, 한경사.

김윤상 (2006), 생산운영관리, 박영사.

김태웅 (2007), 생산운영관리의 이해, 신영사.

노부호 (2006), 현대생산관리, 무역경영사.

문상원 (2003), 물류의사결정, 비봉출판사.

백승규 · 이승규 (2006), 생산관리 — 전략과 분석, 석정.

신용하 (2003), 기술경영론, 남양문화.

신흥철 (1993), 관리회계의 혁신: 성공기업을 위한 전략적 관리회계의 실행, 경문사.

안상형 · 이명호 (2008), 현대통계학, 학현사.

안영진 외 (2011), 생산운영관리, 박영사.

원석희 (2004), 서비스 운영관리, 형설출판사.

윤재홍 (2010), 기술경영론, 두양사.

윤재홍 (2012), 품질경영론, 한경사.

이명호 · 유지수 (2009), 최신 생산 · 운영관리, 무역경영사.

이상범 (2011), 현대생산운영관리, 명경사.

이순용 (2008), 생산운영관리론, 법문사.

이재관 (2007), 생산관리, 법문사.

정선양 (2010), 전략적 기술경영, 박영사.

Abernathy, W. J. and J. M Utterback (1978), "Patterns of Industrial Innovation", *Technology Review*, June-July.

Adam, E. E. Jr. and R. J. Ebert (1992), *Production and Operation Management*, 2nd ed., Prentice-Hall.

Ansoff, H. I. (1984), *Implementing Strategic Management*, Prentice-Hall.

Atkinson, J. H. Jr., G. Hohner, B. Mundt, R. B. Troxel, and W. Winchell (1991), *Current Trends in Cost of Quality: Linking the Cost of Quality and Continuous Improvement*, National Association of Accountants.

Browne, J. et. al. (1988), "Classification of Manufacturing Systems," *The FMS Magazine*, Vol.25, No.11, 1988.

Browne, J. and R. K. Sarin (1987), *Modern Production/operation Management*, 8th ed., John Wiley & Sons.

Browne, J. and N. J. Aquilano (1985), *Production and Operation Management: A Life Cycle Approach*, 4th ed., Richard D. Irwin.

Crittenden, V. L.(1989), "Understanding Functional Level Decision Making at the Marketing/Manufacturing Interface," Unpublished Ph. D. Dissertation, Harvard University.

Crosby, P. B. (1982), *Quality is Free*, New American Library.

De Mayer, A. and K. Ferdows (1988), "Managerial focal Points in Manufacturing Strategy," *International Journal of Production Research*, Vol.25, No.11.

Deming, W. E. (1982), *Quality, Productivity and Competitive Position*, MIT Center for Advanced Engineering.

Drucker, P. F. (1990), "The Emerging Theory of Manu- facturing," *Harvard Business Review*, May-June.

Evans, J. R., D. R. Anderson, D. J. Sweeney, and T. A. Williams (1999), *Applied Production Operation Management*, 2nd ed., West Publishing.

Feigenbaum, A. V. (1991), *Total Quality Control*,

3rd ed., McGraw-Hill.

Ferdows, K. and A. De Meyer (1991), "Lasting Improvements in Manufacturing Performance: In Search of a New Theory," *The Journal of Operation Management*, No.2.

Fitzsimmons, J. A. and R. S. Sullivan (2008), *Service Operation Management*, McGraw-Hill.

Gaither, N. (1992), *Production and Operation Management: A Problem-Solving and Decision-Making Approach*, 5rd ed., The Dryden Press.

Garvin, D. A. (1984), *Operation Strategy: Text and Cases*, Prentice-Hall.

________ (1987), "Competing on the Eight Dimensions of Quality," *Harvard Business Review*, November-December.

Groover, M. P. (2000), *Automation, Production Systems and Integrated Manufacturing*, 2nd ed., Prentice-Hall.

Hoerte, S. A., P. Lindberg, and C. Tunaelv (1987), "Manufacturing Strategy in Sweden," *International Journal of Production Research*, Vol.25, No.11.

Howell, R. A. and S. R. Souey (1987), "The New Manufacturing Environment: Major Trend for Management Accounting", *Management Accounting*.

Johnson, T. H. and R. S. Kaplan (1987), "The Rise and Fall of Management Accounting," *Management Accounting*.

________ (1991), *Relevance Lost the Rise and Fall of Management Accounting*, Harvard Business School Press.

Jarrett, J. (1991), *Business Forecasting Model*, Blackwell.

Kaplan, R. S. and D. P. Norton (2000), "Linking Balanced Scorecard to Strategy," *California Management Review*, 63.

Kaplan, R. S. and D. P. Norton (1999), "The Balanced Scorecard-Measures That Drive Performance," *Harvard Business Review*, 71-79.

Lawrence, D. (2007), (Larry) Miles와 Harry Erlicher의 가치공학의 설명.

Lambert, D. M. and M. C. Copper (2000), *Issues in Supply Chain*.

Krajewski, L. J. and L. P. Ritzman (2008), *Operations Management; Strategy and Analysis*, 8th ed., Addison-Wesley.

Lovelock, C. H. and D. H. Maister (1982), "Managing Facilitator Service", *Sloan Management Review*.

Makridakis, S. and S. C. Wheelwright (1990), *Forecasting Methods for Management*, 5th ed., John Wiley & Son.

Marvin E. Mundel (1998), *Motion and Time Study*, 7th ed., Prentice-Hall.

Meredith, J. R. (2004), *The Management of Operations*, 4rd ed., John Wiley & Sons.

Miller, J. G. and T. E. Vollman (1985), "The Hidden Factory", *Harvard Business Review*, September-October.

Monden, Y. (1998), *Toyoda Production System*, 3rd ed., American Institute of Industrial Engineers.

Niebel, B. W. (1993), *Motion and Time study*, 9th ed., Irwin.

Noori, H. (1990), *Managing the Dynamic of new Technology: Issues in Manufacturing Management*, Prentice-Hall.

Porter, M. E. (1998), *Competitive Advantage: Creating and Sustaining Superior Performance*, The Free Press.

________ (2006), *Competitive Strategy: Techniques for Analyzing Industries and Competitors*, The Free Press.

Richardson, P. B. (1998) "Managing Cost Strategically", *Journal of Cost Management*, Summer.

Richardson, P. B. and J. R. M. Gorden (1980), "Measuring Total Manufacturing Performance," *Sloan Management Review*, Winter.

Roth, A. V. (1989), "Linking Manufacturing Strategy and Performance: An Empirical Investigation," Working Paper, Boston University, School of Management.

Schonberger, R. J. (1986), *World Class Manufacturing: The Lessons of Simplicity Applied*, The Free Press.

Schonberger, R. J., G. D. Scudder, and D. R. Elm (1989), "Innovation in Manufacturing," *Journal of Operation Management*, Vol.8, No.1.

Schroeder, R. G. (2006), *Operation Management*, 2nd ed., McGraw-Hill.

Schroeder, R. G., J. C. Anderson, and G. Cleveland (1986), "The Content of Manufacturing Strategy: An Empirical Study," *Journal of Operation Management*, Vol.6, No.4.

Shank, J. K. (1989), "Strategic Cost Management and Value Chain," *Journal of Management Accounting Research*.

Shank, J. K. and Vijay Govindarajan (1992), "Strategic Cost Management and the Value Chain," *Journal of Cost Management*.

Skinner, W. (1979), *Manufacturing in the Corporate Strategy*, John Wiley & Sons.

Slack, N. (2000), *The Manufacturing Advantage*, Management Books.

Solow, R., M. Michael, L. Dertouzos, and Richard K. Lester (1990), *Made in America*, MIT Commission on Industrial Productivity. (신영수 역, 시사영어사.)

Stevenson, W. J. (1990), *Production/Operations Management*, 3rd ed., Rechard D. Irwin.

Swamidass, P. M. and W. T. Newell (1987), "Manufacturing Strategy, Environmental Uncertainly and Performance: a Path Analytic Model," *Management Science*.

Taubert, W. H. (1968), "A Search Decision Rule for the Aggregate Scheduling Problem," *Management Science*, Vol.14, No.6.

Vollmann, T. E., W. L. Berry, and D. C. Whybark (1992), *Manufacturing Planning and Control Systems*, 3rd ed., Rechard D. Irwin.

Wright, Paul Kenneth and David Alan Bourne (1988), *Manufacturing Intelligence*, Addison-Wesley.

Woodward, J. (1991), *Industrial Organization: Theory and Practice*, 2nd ed., Oxford University Press.

山本 尙利 (1993), 中長期 經營戰略のための技術投資評價法, 日本能率協會マネジメントセンタ.

3장

1~12. 생략

13. (1) 물적노동생산성 = 2000/200 = 10대

가치노동생산성 = 2000/200 = 10백만 원

(2) 자본생산성 = 2000/500 = 4원

(3) 부가가치생산성 = {2000 − (800 + 150 + 50)}/200 = 5백만 원

(4) 총요소생산성 = 1000(400 + 500) = 1.11

(5) 종합생산성 = 2000/1900 = 1.05

14. 생략

5장

1~8. 생략

9. (1)

표본번호	X	범위
1	10.0	0.4
2	10.1	0.6
3	9.95	0.3
4	10.2	0.6
5	10.0	0.6
합 계	50.25	2.5

X = 10.05

R = 0.5

$UCL_x = 10.415$

$LCL_x = 9.685$

$UCL_R = 1.14$

$LCL_R = 0$

(2) 모든 점이 관리한계 내에 있으므로 공정이 통제되고 있다.

10. 중심선 = 3

$p = 0.03$

$UCL_P = 3 - 3\sqrt{3(1-0.03)} < 0$이므로 0에 설정

$C = 4.2 \quad \sqrt{C} = 2.05$

11. $UCL = 10.35$

$LCL = 4.43(2.05) < 0$ $LCL_C = 0$

9장

1~5. 생략

6. 7.95, 11.58

7. 규모가 6.25보다 작을 때 A

8. 전체 1600t, 중위수 800~801t, 위치(X=1, Y=1)

9. 생략

10. A에서 86, B에서 81.8, C에서 86.55 그러므로 C이다.

11. TC(A) = 100 + 6Q

TC(B) = 200 + 5Q

TC(C) = 400 + 4Q

TC(A) = TC(B)에서 Q = 100

TC(B) = TC(C)에서 Q = 200

입지별 유리한 생산량

입지	생산량(단위)
A	0~100
B	101~200
C	201~이상

11장

1~6. 생략

7. (1) 108

(2) 123

(3) a = 98.86 =b10.54

(4) y= 141.02

8~9. 생략

10. (1) 회귀식 Y = 32.07 + 14.96X

(2) 약 182개

11. 97.5(천대)

12장

1~8. 생략

9. 그래프로 나타내면

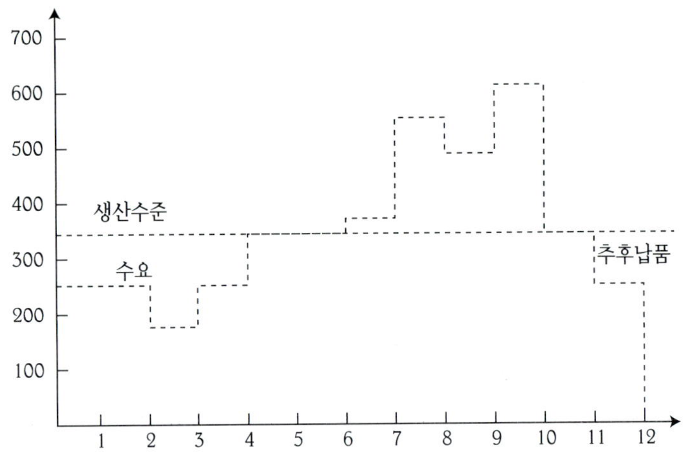

월별	1	2	3	4	5	6	7	8	9	10	11	12	계
수요	250	250	150	200	350	350	400	550	500	600	350	250	4,200
생산계획													
정상	350	350	350	350	350	350	350	350	350	350	350	350	4,200
생산량	100	100	200	150	0	0	−50	−200	−150	−250	0	100	0
재고량													
기초	0	100	200	400	550	550	550	500	300	150	0	0	
기말	100	200	400	550	550	550	500	300	150	0	0	0	
평균	50	150	300	475	550	550	525	400	225	75	0	0	3,300
추후납품	0	0	0	0	0	0	0	0	0	100	100	0	200
비용													
생산비	700	700	700	700	700	700	700	700	700	700	700	700	8,400
재고비	50	150	300	475	550	550	525	400	225	75	0	0	3,300
추후납품비	0	0	0	0	0	0	0	0	0	500	500	0	1,000
총비용	750	850	1000	1175	1250	1250	1225	1100	925	1275	1200	700	12,700

10.

(재고량:180)	7월				8월			
	1	2	3	4	5	6	7	8
수요예측량	100	100	100	100	125	125	125	125
주문량	150	150	100	100	0	0	0	0
예상재고량	30	80	180	80	155	30	105	180
주일정계획		200	200		200		200	200

11~23. 생략

24. (1) 부품: H10-A　　로트크기: 80단위

명세: 의자 좌석 조립품　　조달기간: 4주

안전재고: 10단위

주		31	32	33	34	35	36	37	38	39	40
총소요량			60				35	45			60
예정입고				80							
예상보유재고	20	20	−40	40	40	40	85	85	40	40	60
계획주문입고											
계획발주											

(2) 부품: H10-A　　로트크기: 80단위

명세: 의자 좌석 조립품　　조달기간: 4주

안전재고: 10단위

주		31	32	33	34	35	36	37	38	39	40
총소요량			60				35		45		60
예정입고				80							
예상보유재고	20	20	−40	40	40	40	85	85	40	40	60
계획주문입고							5		45		
계획발주			5	45		60					

(3) 부품: H10-A　　로트크기: 80단위

명세: 의자 좌석 조립품　　조달기간: 4주

안전재고: 10단위

주		31	32	33	34	35	36	37	38	39	40
총소요량			60				35		45		60
예정입고				80							
예상보유재고	20	20	−40	40	40	40	85	85	40	40	60
계획주문입고							60				60
계획발주			50				60				

13장

1~4. 생략

5. EOQ는 40,000일 때 115단위
45,000일 때 109단위
50,000일 때 103단위
TC가 103일 때 100,775단위
200일 때 90,875단위
300일 때 81,033단위
실제 최적구매량은 300단위

6. 생략

7. 수요에 대한 과소 평가비용은 기회손실 C_u = 100달러 − 70달러 = 30달러이다. 수요에 대한 과대 평가비용은 발생하는 손실이 C_0 = 70달러 − 20달러 = 50달러이다.

팔릴 최적 확률은

$$P \le \frac{C_u}{C_0 + C_u} = \frac{30}{50+30} = 0.375$$

위의 분포표를 참조하면 이는 37번째에 해당한다.
다음은 이 문제에 대한 완전한 한계 분석이다. 최저 비용은 37개가 팔렸을 때이다.

		판매수량					
수요량	수요의 확률	35	36	37	38	39	40
35	0.10	0	500	100	150	200	250
36	0.15	30	30	50	100	150	200
37	0.25	60	60	0	50	100	150
38	0.25	90	90	30	0	50	100
39	0.15	120	120	60	30	0	50
40	0.10	150		90	60	30	0
총비용		75	53	43	53	83	125

8. 매번 주문해야 하는 양은 $Q = \sqrt{\frac{2D}{H}S} = \sqrt{\frac{2(1{,}000)5}{4}} = 50$

(1) 일 년 간의 총 주문비용은 $\frac{D}{Q}S = \frac{1{,}000}{50}$(5달러) = 1,000달러

(2) 일 년 간의 총 저장비용은 $\frac{Q}{2}H = \frac{50}{2}$(4달러) = 100달러

9. $\sigma_{T+L} = \sqrt{(14+7)(30)^2} = \sqrt{(18{,}900)} = 137\text{-}5$

z=1.64

$q = \bar{d}(T + L) + z\sigma_{T+L} - I$
= 120(14 + 7) + 2.33(137.5) − 130
= 2,710개

10. I = 180, T = 14, L = 7, $\bar{d}$ = 20으로 정해져 있다.

$\sigma_{T+L} = \sqrt{21(5)^2} = 23$

z= 1.64

$q = \bar{d}(T + L) + z\sigma_{T+L} - I$
= 20(14 + 7) + 1.64(23) − 180
= 278개

| 찾아보기 |

ㄱ

가용자본수익률 80
가치공학 201
가치분석 201
가치생산성 45
간트도표 32
간트차트 109
감성품질 123
개략능력계획 333
거점과 지점 258
검사특성곡선 157
결점수 관리도 147, 152
결정계수 324
경영과학 34
경쟁 우선순위 72
경쟁 차원 68
경제적 부가가치 80
경제적 생산량 모형 383
경제적 주문량 모형(EOQ) 379
경험곡선 259
계량적 품질측정 145
계량치 관리도 146, 148
계수적 품질측정 145
계수치 관리도 150
계획 17
고객 관점 80
고객 만족도 28
고객 친밀도 83
공급관리 282
공급사슬 17
공급사슬관리 36, 278
공급사슬관리 통합 294
공급자관리재고 286
공급주수 376
공장 내 공장 259
공장자동화 35
공정 211
공정계획 334
공정관리도 136
공정능력 153
공정능력률 154
공정능력지수 154
공정부하 261
과잉지대 88
과학적 관리법 30
관리도 146
관리상한 151
관리하한 151
관리한계 149
구매관리 281
국가기술표준원 121
국가품질 경영대회 121
국가품질상 142
규격범위 154
규모의 경제 254
규모의 비경제 256
균형성과표 58, 79
그리나 123
그린벨트 138
기계생산성 46
기능분석 시스템 기법 202
기대 생산능력 251
기대소요시간 111
기술 165
기술경영 165, 167
기술 혁신 주기 173
기술획득 170
기준생산계획 333
길브레드 부부 32

ㄴ

나카네 74
낙관적 시간 111
납기 54, 70
납품약속 가능량 343
내부 실패 비용 128
내부 프로세스 관점 80
내부핵심경쟁력 78
네트워크 104
노동생산성 46
누적 이론 74
능력 250
능력계획 249
능력 공유 262
능력 이용률 250
늦은 시간 107

ㄷ

다구찌 157
다요소생산성 45
다이찌 오노 35
대기행렬 269
대량고객화 26, 38, 207
데밍 123
데밍상 142
데이비드 노턴 79

독립수요 347
동시공학 200

ㄹ

라이선싱 171
런차트 133
레거시 시스템 182
로버스트 설계 159
로버트 캐플란 79
로트허용 불량률 156
뢰스리스버거 34
리스크관리 99

ㅁ

마디형 네트워크 104
마스터 블랙벨트 138
말콤 발드리지 142
메이요 34
모듈 206
모듈러 설계 206
모래성 이론 74
모토롤라 130
목표시장 89
목표완료일 114
무결점주의 74, 129
무재고 74
무차별지대 88
물적생산성 45
미국 프로젝트관리협회 98

ㅂ

반응시간 24
배달 속도 70
배달 신뢰성 71
배송 18
배송소요계획 333, 360
범위관리 99, 102
범위 관리도 146, 148
범위의 경제 257
변환 과정 16
병목 공정 262
병목활동 50
부가가치사슬 195
부가가치생산성 45
부분생산성 45
부적합 품질비용 127
분업 29
불량개수 관리도 147
불량률 관리도 147
블랙벨트 138
비관적 시간 111
비용우위전략 77
빠른 시간 107

ㅅ

사물인터넷 38
사후관리기술 142
산업용 로봇 175
산업혁명 28
산출물 16
상쇄관계 이론 72
샘플링 검사 155
생산 18
생산계획시스템 332
생산능력 249
생산능력의 효율성 252
생산능력 이용률 252
생산성 44
생산성 딜레마 44
생산운영관리 16
생산운영 성과 57
생산율 334
생산자 위험 156
서비스 219
서비스 개념 230
서비스 과학 36
서비스 기술 182
서비스 삼각형 223
서비스 생산성 51
서비스 운영전략 230
서비스 전달 시스템 230
서비스 청사진 232
서비스 품질 219
서비타이제이션 38
선행지표 84
설계 생산능력 251
설계 유연성 71
설계품질 124
성과측정 지표 296
성능품질 123
소비자 위험 156
손실함수 158
손익분기점 분석 263
수량 유연성 71
수명주기 100
수송비 242
수요예측 301
시간관리 99
시게오 싱고 139
시계열 분석 305
시계열 예측 방법 307
시뮬레이션 245
식스 시그마 130
신뢰품질 123
실제 생산량 252

실패모드영향분석 137
심플렉스법 34
싱고 시스템 138

ㅇ

아담 스미스 28
아웃소싱 262, 289
안전재고 358
에너지생산성 46
엘리 위트니 29
여유 생산능력 264
여유시간 108
연구개발 168
예방비용 128
완제품 재고 370
왓트 28
외부 실패 비용 128
외부환경 분석법 77
요인평가법 243
우연원인 144
운영전략 67
운영 탁월성 83
원가 53
원가관리 99
원인결과도 135
원자재 재고 369
원재료비 242
위컴 스키너 35
위험우선순위수치 137
위험지대 88
유연생산시스템 35, 174, 215
유연성 71
의사결정나무 263
의사소통관리 99
이동량-거리분석 244
이동평균법 310
이상원인 144
이시카와 135
이시카와 다이어그램 135
이해관계자관리 99
인공지능 38
인과형 예측 방법 322
인적자원관리 99
일정관리 103
일정 단축 114
입지 240
입지손익분기분석 242

ㅈ

자동반송 시스템 175
자동창고 시스템 175
자본 비용 375
자본생산성 46
자산관리 55
자원소요계획 333
자재명세서 334, 348
자재소요계획 333, 346
작업분류체계 102
작업준비 시간 214
작업패키지 102
재고 368
재고고갈 비용 375
재고관리 368
재고관리 비용 374
재고기록철 348
재고생산 334
재고유지 비용 375
재고 측정지표 375
재고회전율 373, 376
재무 관점 80
적시공급 129
적시관리 387
적시생산 129
적시생산시스템 215
적합품질 123, 124
전략 맵 84
전략적 의사결정 19
전략적 포지션 73
전략 적합성 89
전방위전략 86
전술적 의사결정 19
정보기술 167
정성적 예측 305
제너럴일렉트릭 130
제조를 위한 설계 200
제품-공정 매트릭스 213
제품기술 166
제품수명주기 26
조달 18
조달관리 99, 282
조립라인 32
조 올리키 35
조지 단찌히 34
조직분류체계 103
종속수요 347
종합생산성 46
종합적 품질경영 125
주란 123
주문 비용 374
주문생산 334
주문획득요건 75, 76
주요경로 105, 108
중앙통제 컴퓨터 175
지속가능성 38
지수평활법 312

지역비 242
진실의 순간 223
집중화 공장 259

ㅊ

차별화전략 77
찰스 바베지 29
채찍 효과 283
챔피언 138
체크시트 134
초점전략 77, 86
총경과시간 106
총괄계획 333
총비용 비교법 242
총요소생산성 45, 46
총품질비용 128
최소요건 75, 76
추세 303

ㅋ

컴퓨터통합시스템 178
크로스비 123
클라우드 컴퓨팅 38

ㅌ

테리 힐 75
테일러 시스템 31
통계적 공정관리 145
통계적 품질관리 144
통상적 시간 111
통합관리 99
투입물 16
투자수익률 80

ㅍ

파레토도 133
파레토 법칙 134
파이겐바움 123
평가비용 127
평균총재고가치 376
평균치 관리도 146, 149
포카요케 233
표본추출검사 145, 156
표준정규분포표 115
표준화 29, 206
품질 52
품질경영상 142
품질공학 157
품질관리 99
품질 기능 전개 202
품질 로버스트 설계 209
품질변동 144
품질비용 126
품질손실계수 158
품질의 집 203
프레드릭 테일러 30
프로세스기술 166
프로젝트 가치지수 198
프로젝트 관리 97
프로젝트 수명주기 100
피드백 16

ㅎ

하그리브스 28
학습 및 성장 관점 80
한국표준협회 121
합격품질 수준 156
합작투자 172
해리스 33
해외직접투자 171
핵심역량 89
헨리 간트 32, 109
헨리 포드 32
호손 34
화살표형 표기법 104
환경경영시스템 142
환경친화설계 209
환류 16
활동기간 106
회귀분석 322
회수 18
획득가치 28
획득가치분석 116
효과적 지대 88
후행지표 84
휴리스틱 기법 245
흐름도 135
희생가치 28
히스토그램 136

기타

ERP시스템 183
NC 공작기계 175
PDCA 사이클 125
PDM 방식 104
p 관리도 150
QR 코드 187

A

A-cost 127
activity on node 104
AI 38
AQL(acceptable quality level) 156

assembly line 32

B

BOM(bill of materials) 347
bottleneck operation 50
BSC(Balanced Score Card) 58
buying management 281

C

capacity 250
capacity utilization rate 250
cause and effect diagram 135
c chart 152
CE(Concurrent Engineering 200
CIM(Computer Integrated Manufacturing) 35
competencies 89
conformance quality 124
core capabilities 89
Cost leadership 77
cost of quality 126
critical path 105
Crosby 123
customer intimacy 83

D

David Norton 79
design capacity 251
design quality 124
DFE(design for environment) 209
DFM(Design for Manufacturability) 200
Differentiation 77
DMAIC 132
DPMO(Defects per million opportunities) 131

E

Earned Value Management 116
ECO(Engineering Change Orders) 196
economies of scope 257
EF-cost 128
Effective Zone 88
end of pipe technology 142
ERP 346
ERP(enterprise resource planning) 182, 360
EVA(economic value added) 80
Excessive Zone 88

F

FAST(Function Analysis Systems Technique) 202
Feigenbaum 123
Fishbone diagram 135
FMS 215
FMS(flexble manufacturing system) 35
Focused strategy 77

G

Gantt chart 32, 109
GE 130
Gryna 123

H

Hawthorne 34
Hazardous Zone 88
Henry Gantt 109
HOQ 203
hub-and-spoke 258

I

IF-cost 128
Indifference Zone 88
input 16
inventory turnover 373
IoT 38
Ishikawa Diagram 135
Ishikawa Kaoru 135
ISO 9000 140
ISO 9001 140
ISO 14001 142
ISO(International Organization for Standardization) 140

J

Jinichiro Nakane 74
JIT 215
Juran 123
just-in-time 129

L

Lagging Indicator 84
Leading Indicator 84
licensing 171
location 240

M

mass customization 26, 207
moduar design 206
module 206
Motorola 130
MRP 346
MRPII 360
multifactor productivity 45

O

operational excellence 83
operations management 16
operations performance 57
operations strategy 67
order qualifier 75
order winner 75
output 16

P

partial productivity 45
P–cost 128
PERT(program evaluation and review technique) 110
PMI(Project Management Institute) 98
precedence diagramming method 104
process 211
process capability index 154
process capability ratio 154
process capacity 153
procurement management 282
productivity 44
productivity dilemma 44
product life cycle 26
product–process matrix 213
PWP(plant within plant) 259

Q

Q Cost 126
QFD(quality function deployment) 202
qualitative forecasting 305
quality cost 126
quality robust design 209

R

R chart 146, 148
R&D 168
Robert Kaplan 79
ROCE(return on capital employed) 80
ROI(return on investment) 80
run chart 133

S

service blueprint 232
service triangle 223
servitization 38
set–up time 214
Shigeo Shingo 139
six sigma 130
standardization 29, 206
strategy map 84
supply management 282
sustainability 38

T

Taylor system 31
technology 165
Terry Hill 75
time series analysis 305
total elapsed time 106
total productivity 45
TQM 125

W

WBS(Work Breakdown Structure) 102
work packages 102

X

x chart 146

Z

zero defect 129
Zero defects 74
Zero Inventory 74

저자 소개

김대철(dckim@hanyang.ac.kr)

한양대학교 경영학부 교수

고려대학교 공과대학에서 산업공학 학사, 석사를 받았으며, 미국 펜실바니아 주립대학에서 산업공학 박사학위를 취득하였다.

LG CNS Entrue 컨설팅 부문에서 책임컨설턴트와 AspenTech 한국지사에서 컨설팅 담당 이사를 역임하였다.

최근 주요 관심 분야는 서비스 운영관리, 프로젝트 경영, 공급사슬관리 등이다.

김승철(sckim888@hanyang.ac.kr)

한양대학교 경영대학 교수

서울대학교에서 국제정치학 학사, 미국 하와이대학교에서 경영학 석사, 미국 오레곤대학교에서 경영학 박사 학위를 받았다.

홍콩중문대학교 경영대학 교수와 세종대학교 경영대학 교수를 역임하였으며, 한국프로젝트경영학회 회장과 한국생산관리학회, 한국경영과학회, 기업경영학회 부회장을 역임하였다. 현재 한국SCM학회의 공동회장과 PM전문가협회 회장을 맡고 있다.

주요 관심 분야는 생산운영 전략, 프로젝트경영, 공급사슬관리(SCM), 서비스경영 등이다.

저자 소개

윤재홍(jhyoon@dau.ac.kr)

동아대학교 경영학과 교수

연세대학교에서 행정학 학사를 받았으며, The University of Kansas에서 MBA를 받았고, 연세대학교에서 오퍼레이션 관리 전공으로 경영학 박사 학위를 취득하였다.

동아대학교 경영문제연구소장, 부산울산창업보육센터협의회(BUBIA) 회장, 한국지식서비스학회(KKASS) 회장, 한국생산관리학회, 한국품질경영학회 이사를 역임하였다. 2005년 한국생산관리학회에서 우수논문상을 수상하였다.

주요 관심 분야는 운영전략, 품질경영 그리고 기술경영 등이다.

이창원(leecw@hanyang.ac.kr)

한양대학교 경영대학 생산서비스전공 교수 및 의료경영MBA트랙 교수

세인트루이스대학교에서 경영학박사학위를 취득하였다.

EJOR, ESWA, I&M, IJIM, JMS, JORS, SCM:IJ 등 국내외 학술지에 45여 편의 논문을 게재하였고, 현재 경영과학세계총회 아태담당 부회장, 국내외 학술지의 편집위원장, 객원편집위원장, 편집위원, 심사위원으로 활동 중에 있다.

강의 및 연구 분야는 생산/서비스전략, 품질리더십, 유헬스케어, 기술사업화, 시스템창업 등이다.